杨珍 著

清朝皇位继承制度

第三版

学苑出版社

图书在版编目（CIP）数据

清朝皇位继承制度 / 杨珍著. —3版. —北京：学苑出版社, 2021.2
ISBN 978-7-5077-6136-8

Ⅰ.①清… Ⅱ.①杨… Ⅲ.①帝王—继承人（法律）—政治制度—中国—清代 Ⅳ.①D691.2

中国版本图书馆CIP数据核字（2021）第030046号

责任编辑：刘 涟　张佳乐　杨 雷
出版发行：学苑出版社
社　　址：北京市丰台区南方庄2号院1号楼
邮政编码：100079
网　　址：www.book001.com
电子邮箱：xueyuanpress@163.com
联系电话：010-67601101（营销部）、010-67603091（总编室）
印　刷　厂：英格拉姆印刷（固安）有限公司
开本尺寸：889×1194　1/16
印　　张：33.75
字　　数：508千字
版　　次：2022年4月第3版
印　　次：2022年4月第4次印刷
定　　价：180.00元

再版前言

清朝皇位继承制度历时约三个世纪。由于时间跨度长、史料零散、若干关键性史料缺失、若干重要事件迷雾重重等原因，对这一制度做整体考察难度较大。我用了近20年的时间，发掘满文、汉文史料，进行一系列专题研究，并吸收了前辈与同行的研究成果，在此基础上完成本书。

本书首次出版于2001年。20年后重读本书，感到有不少需要改进之处。如书中有的内容不够简明，有的表述比较繁复等。本书的特点也很突出，即具有一定开拓性和创新性。在清朝皇位继承制度这一研究领域，本书至今仍处于前沿位置。其学术贡献，主要体现在以下方面：

第一，利用当时新发掘的满汉文史料，特别是130多条原始满文档案，阐释清朝皇位继承问题。第二，从清朝皇权的发展演变，满汉文化的相互冲撞、交流与融合这两个方面，观察、阐析清朝皇位继承制度的变革，生动细致地展示了这一制度的兴衰历程。第三，全书体现了贯通的研究视角。将清朝前期、中期和晚期的皇权与皇位传承纳入一个总体序列中，进行综合研究；将清朝皇位继承制度与中国古代其他王朝皇位继承制度进行比较，揭示清朝秘密建储制度对中国古代传统建储制度的改革与创新。第四，析述历代清帝皇位传承实践的同时，分析、总结他们的皇位继承思想。第五，关于皇子与王公大臣在康熙帝两废太子中的作用、"雍正杀子"以及乾隆初年理亲王弘晳"心怀异志"案等问题，本书做了新的探究。

此次再版，对书中部分内容做了补充和订正。修订过程中，得到学友张晓辉的鼎力相助，在此致以衷心感谢。

杨 珍
2021年3月

作者简介

杨珍，中国社会科学院古代史研究所（原历史研究所）研究员，曾任历史研究所副所长，博士生导师，国家清史编纂委员会委员，享受国务院政府特殊津贴专家。研究清史凡40年，致力于发掘、利用满、汉文档案与史料，对清朝宫廷政治中一些重要问题和史实加以补正，并提出新诠释。主要著作有《清朝皇位继承制度》《清朝皇权与君臣》《清前期宫廷政治释疑》等。

目录

第一章　绪　论　001
第一节　皇权与皇权传承　003
第二节　清朝皇权与皇权传承　009
第三节　清朝皇位继承制度研究回顾　013
一、清朝入关前的汗位（皇位）继承　013
二、康雍之际皇位继承　014
三、秘密建储制度　016
四、晚清皇位继承　017
五、清朝皇位继承制度的总体研究　018

第二章　汗位推选制度　021
第一节　汗位推选制的产生与实施　023
一、后金汗权的建立与努尔哈赤选立继承人的失败　023
二、八王共治国政制与皇太极继位　029
第二节　崇德时期的皇位传承　039
一、天聪汗权向崇德皇权的转变　039
二、皇太极的建储意图　041
三、形同而质异的汗位推选制　046
第三节　汗位推选制的消亡　059
一、清朝入关与皇权高度集中、强化的奠基阶段　059
二、顺治帝的建储意图　062
三、顺康之际皇位交接　085

第四节　关于汗位推选制的几点思考　　　　　　　　089
　一、与氏族推选制及世选制的异同　　　　　　　　089
　二、短暂的最高权力传承制度　　　　　　　　　　092
　三、天、崇、顺、孝（庄）权力传承思想之演变　　093

第三章　嫡长子皇位继承制度（上）　　　　　　　099

第一节　实施嫡长子皇位继承制的政治环境　　　　　101
　一、康熙朝皇权的集中与强化　　　　　　　　　　101
　二、崇儒重道方针的确立　　　　　　　　　　　　109
　三、建储前的形势　　　　　　　　　　　　　　　114
　四、满汉朝臣对建储的态度　　　　　　　　　　　119

第二节　康熙帝对子嗣的教育　　　　　　　　　　　124
　一、以满文化为本、汉文化为用的教育宗旨　　　　125
　二、文武兼备的培养目标　　　　　　　　　　　　128
　三、注重实践的施教特色　　　　　　　　　　　　130
　四、亲自谕教　严格要求　　　　　　　　　　　　133

第三节　权力关系：皇帝与储君、储君与皇子之间　　136
　一、皇帝与储君关系的嬗变　　　　　　　　　　　136
　二、太子党的构成特点　　　　　　　　　　　　　152
　三、皇子中反太子派的形成　　　　　　　　　　　165

第四章　嫡长子皇位继承制度（下）　193

第一节　两废太子　195
一、皇权的限度：嫡长子皇位继承制下储权对皇权的反作用　195
二、反太子派与皇太子的第一次较量：一废太子　201
三、反太子派与皇太子的第二次较量：二废太子　229
四、康熙朝晚期的储位之争　244

第二节　秘密建储计划　260
一、秘密建储计划的形成　260
二、康熙帝的秘密建储思想　267
三、皇十四子允禵西征　272

第三节　康熙帝之死　278
一、三种文字六则记载　278
二、传位疑点　282
三、"惟一的、可疑的见证人"　286

第四节　关于康熙朝嫡长子皇位继承制的几点思考　289
一、与历代汉族王朝不同之处　289
二、严格与宽容：满汉文化形成的差异　291
三、下五旗王公扮演的角色　294
四、对嫡庶有别原则的部分背离　297
五、康熙帝的性格、作风因素　300
六、皇权高度集中与强化态势的影响　301

第五章　秘密建储制度　303

第一节　秘密建储方针的成功实践　305
一、雍正帝急于秘密建储的背景分析　305
二、雍正帝的秘密建储思想　320
三、雍正帝杀子辨疑　330

第二节　秘密建储制度的确立　339
一、秘密建储制度化与乾隆帝的建储思想　339
二、弘晳"心怀异志"案　371
三、乾隆帝内禅与秘密建储　385

第三节　成为"家法"后的秘密建储制度　399
一、继续专权　颓势难挽　399
二、嘉道二帝建储　404
三、清朝中衰之势在皇位传承中的反映　412

第四节　关于秘密建储制度的几点思考　418
一、对秘密建储制度的总体评估　418
二、皇权极度集中与强化的有机组成部分　429
三、秘密建储制度的建立是一个历史过程　430
四、秘密建储制度的多元文化特色　432
五、两种皇位继承制度下统治集团成员的不同关系　436

第六章　懿旨确立嗣君　　　　　　　　　　　　**441**

　第一节　晚清皇权　　　　　　　　　　　　　**443**

　　一、主权不断丧失与皇权的重大变化　　　　**443**

　　二、慈禧专权　　　　　　　　　　　　　　**446**

　　三、地方势力的增长　　　　　　　　　　　**467**

　第二节　内外矛盾交织下的皇位传承　　　　　**470**

　　一、秘密建储制度的终结　　　　　　　　　**470**

　　二、光绪帝继统　　　　　　　　　　　　　**471**

　　三、戊己废立　　　　　　　　　　　　　　**476**

　　四、最后一次皇位交接　　　　　　　　　　**480**

　第三节　慈禧的权力传承思想　　　　　　　　**482**

　　一、对秘密建储制度的吸收借鉴　　　　　　**483**

　　二、传位不传权的主旨　　　　　　　　　　**484**

　　三、联姻的策略　　　　　　　　　　　　　**485**

结　语　　　　　　　　　　　　　　　　　　　**489**

附　录　　　　　　　　　　　　　　　　　　　**494**

　附表一：清朝皇帝简表　　　　　　　　　　　**494**

　附表二：清朝皇子简表　　　　　　　　　　　**497**

主要参考资料　　　　　　　　　　　　　　　　**517**

第一章 绪论

秦、汉、隋、唐、宋、元、明、清等大一统中央王朝的皇权传承（皇位继承），是统治古代世界人口四分之一乃至三分之一，[1]经济、文化高度发达，疆域辽阔的泱泱大国的最高权力传承。由于皇帝集国家权力于一身，皇权传承情况如何，直接关系到王朝的治乱兴衰。自西汉起，中国历代汉族王朝，都实施了以宗法制为基础的嫡长子皇位继承制。这一制度实施过程中，虽然问题迭出，但它仍是古代世界各个封建国家中，实施年代悠久、规制完备、内容丰富、经验教训良多的最高权力传承制度，对于中国皇权长达两千年的发展演变，起有重要的维系作用。

以满族统治者为主体而建立的清朝，[2]是唯一一个跨越中国古代和近代两个历史时期的王朝。清朝皇位继承制度，与其他王朝有着诸多不同之处。其中，尤以实施嫡长子皇位继承制失败后，在皇权的集中、强化达于极致的政治背景下，成功地创建、实施秘密建储制度，最为突出。

第一节　皇权与皇权传承

公元前221年秦始皇统一六国后，为适应新形势的需要，依据秦国原有的政治制度，并吸取夏、商、周及关东六国政治制度之长，创建了皇帝制度，中国成为专制主义中央集权制国家。

中国皇帝制度，是以皇帝为核心，绝对专权的官僚政治制度。从秦始皇建立第一个大一统中央王朝开始，这一君主专制政体，在中国存在2100余年（前211—1911）之久。

---

[1] 参见［英］科林·麦克伊韦迪、理查德·琼斯：《世界人口历史图集》，陈海宏、刘文涛译，第197、414页，北京：东方出版社，1992年。
[2] 满族，即满洲族，近年来学界多称之为"满洲"。本书兼用"满族""满洲"。

皇权即皇帝拥有的国家全部统治权。它的行使及其传承，即行权与传权，是皇权的主要组成部分。国家统治权的行使中，皇帝对大政方针的决策权乃是重中之重。

皇帝制度下，举凡国家立法、司法、人事、财政、军事、外交、内政、文化教育等方面的权力，无不为皇帝所独揽，广大民众的生产、生活、习俗以及思想，也在皇帝不同程度的监控之下。"溥天之下，莫非王土；率土之滨，莫非王臣"[1]的诗句表明，早在周朝，人们就已产生一切权力归于最高统治者（王）个人的思想。其后，在社会剧烈变动，诸侯兼并战争愈演愈烈，中国的大一统局面日益临近的形势下，经过诸子百家中一些学派的发展、鼓吹，上述思想终于演变为绝对专权的大一统政治理念，并在秦始皇创建的皇帝制度中得到充分体现。

一般而言，唯有皇帝才是皇权的拥有者。但是，在特殊情况下，皇权的拥有者也可以是其他人，如母后、外戚、宗室、权臣、宦官等。他们采取垂帘听政、摄政、辅政等方式，代行皇权，造成皇权与皇位相分离的局面。王莽、武则天等人就是通过上述途径，最终夺取皇权，建立了新的王朝。

皇帝终身制与皇统世袭制，是中国皇帝制度的基本特征，它们是皇权的独占性与排他性的具体体现。中国皇帝制度，具有富于宗法色彩的"家天下"性质。[2]

中国皇权的专制主义本质，使其有着不断集中与强化权力，最终达到极致而消亡的内在发展逻辑。皇权集中、强化的程度，决定了广大民众的权力被剥夺的程度。在统治集团内部，皇权的集中、强化程度，则与皇帝本人处理皇权与相权以及皇权与储权的关系问题密切相关。

皇帝由于治理国政与传承皇权的需要，不得不将部分权力赋予丞相与储君（皇太子），相权与储权相继而生。这是王朝最高统治集团内部权力分配的主要形态。后妃、外戚、宗室、权臣、宦官等干政，不同程度地攫

---

[1] 《诗经》（不分卷），《小雅·北山》。
[2] 参见白钢：《中国皇帝》，第365-366页，天津：天津人民出版社，1993年；《中国政治制度通史》第1卷，《总论》，第180-183页，北京：人民出版社，1996年。

取皇权，则是最高统治集团内部权力分配的特殊形态。皇帝与丞相，皇帝与储君之间的权力分配问题，不仅事关王朝的稳定与发展，对于皇帝能否真正掌握实权，以及有效制约后妃、外戚、宗室、权臣、宦官等势力干政，也具有正反两方面的重要影响。

皇帝与其治理国政的主要助手丞相的关系复杂多变。丞相既依附于皇帝，充当皇帝实现其最高统治权的得力工具，同时也是官僚集团权力及其利益的代表者。另一方面，丞相的存在，对于皇帝行使其权力，起着一定牵制、制约作用。因此，丞相制度在客观上具有防止或延缓皇权极度集中与强化的功能，是扼制皇权向极端方向恶性发展的一项重要制度。不过，丞相有时也倚恃其具有统率百官的地位，扩充自身权力，对皇权构成威胁。皇权与相权之间产生矛盾与冲突的现象，历代屡见不鲜。

皇帝与丞相的权力分配之争，以及双方在斗争中的优劣地位，在很大程度上决定着皇权的集中、强化或分散、削弱。明太祖朱元璋于洪武十三年（1380）废除丞相制后，皇权与相权之争在形式上不复存在，但其遗留问题，仍有待进一步解决。

皇帝由于治理地方的需要，还不得不将部分权力赋予地方官员，因而出现二者之间关于地方权力的分配问题。鉴于东汉后期及唐朝后期地方权力过大，形成割据局面，导致国家大分裂的教训，从宋朝开始，历代王朝采取各种措施，将地方权力集中于中央，并加强对地方的监督、控制。

建储与皇帝同储君的矛盾（皇储矛盾），是困扰历代帝王的又一棘手难题。

皇位继承制度是皇帝制度的重要组成部分。皇位继承的实质，是皇权的传承。皇位继承人选的决策权掌握在何人之手，以及皇位传承运作状况，是衡量皇权集中与强化程度的一个重要方面。

中国古代自西周时起，确立了嫡长子王位继承制，它是周代逐渐完备的宗法制核心嫡长子继承原则，在王位传承中的体现。嫡长子王位继承制，即中国封建社会两千多年中为历代汉族王朝所实行的嫡长子皇位继承制的前身。据《春秋公羊传》《左传》的解释，嫡长子皇位（王位）继承制的原则为"立适（嫡）以长不以贤，立子以贵不以长"[1]。"大（太）子死，有母弟则立之，无则立长；年钧择贤，义钧则卜：古之道也。"[2] "王后无适，则择立长，年钧以德，德钧以卜。"[3]可见，嫡长子皇位继承制根据宗法制的核心嫡长子继承制，为皇位传承问题提供了解决规则，即所谓有嫡立嫡，无嫡立长。

值得注意的是，虽然嫡长子皇位继承制确立了皇位继承规则，但在实施中，常常由于各种客观原因而难以贯彻。实际情况的复杂性，远非制度与规则所能预定、概括。例如，如果皇帝无子，则无法实行父死子继，只有以兄终弟及或其他类似方式，解决皇位传承问题。据统计，秦和两汉总计28个皇帝中，以嫡子即位者仅有西汉三帝，东汉皇帝中竟无一人是嫡子；两宋18个皇帝中只有三人是嫡子；明朝16个皇帝中仅有五人是嫡子。中国历史上，嫡长子继承皇位的不多，庶长子反而多些。[4]

中国封建王朝实行嫡长子皇位继承制，册立储君，是从汉高祖刘邦开始。[5]皇帝册立储君后，储权随之产生。实质上，储权是皇帝对于储君未来所拥有的皇权的部分预授，即皇帝将其本人权力与财富的一部分，提前授予储君。

皇帝与储君之间具有既相互依存，又存在矛盾与冲突的双重关系。皇太子是皇帝的法定继承人，其拥有的权力出自皇权。皇帝征战远行，暂离京师之际，大都由皇太子监国，综理政务，即使在平日，皇太子也对皇帝治国起有重要辅佐作用。可是，无论立嫡或立长，只要公开立储，皇太子长大成人后，皇储矛盾便难以避免。有时，这一矛盾达到相当尖锐的程度，造成政局的动荡。

皇位的传承是王朝头等大事。王朝中各个利益集团，也将它视为改变原有权力分配格局的良机，以种种方式影响、干预皇帝对储君的选择，或利用皇储矛盾，上下其手，或参与储位之争，以谋求自身的现实利益与长

---

1 《春秋公羊传》，隐公元年。
2 《左传》，襄公三十一年。
3 《左传》，昭公二十六年。
4 杨鸿年、欧阳鑫：《中国政制史》，第25-26页，合肥：安徽教育出版社，1989年。
5 《史记》卷8，《高祖本纪第八》；《汉书》卷1上，《高帝纪第一上》。

远利益。建储、皇储矛盾以及它所引发的统治阶层内部纷争，往往对朝政产生重大影响，甚至成为王朝衰败的导火线。

皇权的传承（皇位传承）之所以是皇权最易被削弱、突破的环节，还由于它所引发的利益冲突、权力角逐中，有血缘关系、亲情关系缠绕其间，统治集团成员之间的情感冲突，有时也异常激烈。因此，王朝最高统治者在解决皇位传承问题时，较之处理其他重大问题，受到更多的主客观因素的制约，难于摆正理智与情感的天平。

秦始皇、汉武帝、唐太宗与康熙帝，都是中国古代雄才大略之君。秦始皇、汉武帝（尤其是前者）的开创精神，唐太宗的恢宏气魄以及康熙帝的成熟风度，分别体现出中国封建社会早期、中期和晚期的特点与时代风貌。中国历史上，这四位杰出帝王各自处于他人无法替代的重要地位。[1]可是，当他们处理皇位继承问题时，却无一例外地出现失误，有的甚至一筹莫展，窘态百出。

秦始皇嬴政生前没有预立太子，临终前赐书长子扶苏曰："与丧会咸阳而葬。"有以扶苏继承皇位之意。但玺书为丞相李斯、宦官赵高等人合谋篡改，矫诏令扶苏自尽，秦始皇幼子胡亥继位，是为秦二世。胡亥"极愚"，唯听赵高之言，"残虐以促期，虽居形便之国，犹不得存"。[2]秦朝仅历15年而亡。

汉武帝刘彻晚年，宠臣江充利用已有的皇储矛盾，"掘蛊太子宫"，诱使武帝怀疑太子刘据与其生母卫皇后合谋，以"巫蛊"加害于己。太子铤而走险，起兵以除江充，与丞相刘屈氂"大战长安，死者数万人"。太子兵败，卫皇后与太子先后自杀。事后真相大白，武帝"怜太子无辜，乃作思子宫为归来望思之台于湖，天下悲之"[3]。汉武帝病危时，立年仅八岁的儿子刘弗陵（即汉昭帝）为太子，为免除母后干政之虑，特于此前赐死其生母钩弋夫人。[4]

唐太宗李世民废黜太子李承乾（长孙皇后所生）后，在立魏王李泰还

---

1 参见杨珍：《康熙皇帝一家》，修订本，《结束语》，北京：学苑出版社，1997年。
2 司马迁：《史记》卷6，《秦始皇本纪第六》。
3 《汉书》卷6，《武帝纪第六》；《钦定古今储贰金鉴》卷1，《戾太子据》。
4 《资治通鉴》卷22，《汉纪》14，（汉武帝）后元元年。

是晋王李治（唐高宗）问题上犹疑不决，屡次与大臣相商，并为此而"流涕"。最后，"御两仪殿，群官尽出，独留（长孙）无忌及司空房玄龄、兵部尚书李勣，谓曰：'我三子一弟，所为如此，我心无憀。'因自投于床，抽佩刀欲自刺。无忌等惊惧，争前扶抱，取佩刀以授晋王"[1]。唐朝的奠基者，开创贞观之治的一代名君，竟因传权问题难以解决而痛不欲生，"自杀"未遂，这一幕带有讽刺意味的闹剧，发人深思。

康熙帝玄烨第一次废黜皇太子允礽时，在诸王大臣、侍卫、文武官员前垂泪宣布这一决定。"谕毕，上复痛哭仆地，诸大臣扶起。"[2]两立两废太子，在中国历史上前所未有，这使极其重视身后令名的康熙帝备感难堪。在为二废太子事向诸王大臣颁发的"御笔朱书"中，他不得不沉痛地说："朕不但书此谕旨时有愧，即与天下之人亦有愧焉。"[3]康熙帝因储位问题消耗极大精力，心力交瘁，皇储矛盾与储位之争对于康熙朝后期朝政，产生相当大的消极影响。

上述四位历史名君，除去秦始皇未曾建储外，其余三帝或是在建储方面，或是在处理皇权与储权的关系方面，都遇到难以克服的困难，有的甚至酿成悲剧。由此可见，公开建储及储权问题，是嫡长子皇位继承制的显著缺陷。

纵观中国古代史，皇权的集中、强化呈现不断上升趋势，至明清时期臻于高峰。可是，嫡长子皇位继承制这一传统的皇位传承模式，虽然存在种种弊端，有时甚至直接威胁王朝统治，却被沿袭近两千年之久，始终无所改进。

中国历代王朝的兴衰历史表明，皇权的集中、强化程度，决定了皇位传承的运作状况，以及能否出现皇位传承制度的改进或变革，而皇位传承也对皇权的集中与强化，产生不同程度的促进或阻碍作用。皇位传承制度

---

1 《旧唐书》卷65，《列传》15，《长孙无忌》；另参见《钦定古今储贰金鉴》卷4，《太子承乾·魏王泰附》。按，有的学者认为这段记载有失实之处，参见胡如雷：《李世民传》，第239—240页，北京：中华书局，1984年。

2 《清圣祖实录》卷234，康熙四十七年九月丁丑。

3 台北故宫博物院：《清代起居注册·康熙朝》第21册，第11606页，台北：台湾联经出版事业公司，2009年。

的变革，长期处于相对滞后状态，这对于皇权的集中、强化与巩固，是一重要制约因素。只有当皇权传承模式（皇位继承制度）出现相应变革，决定皇位传承的权力完全掌握在皇帝之手，皇权的极度集中与强化，方能真正完成。

总之，嫡长子皇位继承制是历代王朝解决皇位传承问题的基本准则，不过，它的实施往往也是造成统治集团内讧与王朝动乱的原因之一。直到清朝确立秘密建储制度后，这一状况才发生根本性的改变。

第二节　清朝皇权与皇权传承

清朝皇权既是中国古代最后一个大一统中央王朝的皇权，也是中国皇权两千余年发展历程中最后一个皇权。对于此前历代皇权行使中的经验得失，它扮演了总其成的角色。

清朝皇权还是以少数民族统治者为主体而建立的大一统中央王朝皇权，它具有不同民族文化相融合的特色。

清朝皇权又是世界已进入资本主义取代封建主义时代，中国受到西方列强威胁、侵略这一新形势下的皇权。清朝晚期（1840年以后），皇权发生重大变化。

自努尔哈赤建立后金至清朝灭亡，清朝皇权（汗权）存在的300年（1616—1911）间，曾出现四次重要转折。第一，清朝入关前，天聪汗权转变为崇德皇权；第二，顺治时期，由具有地方政权性质的皇权转变为中央王朝皇权；第三，乾隆时期，皇权的集中与强化达于极致；第四，道光后期，以道光二十二年（1842）中英《南京条约》的签订为起点，由于主权的不断丧失，皇权逐步被分割，已非清朝最高统治者所独掌。

从康熙中期至道光中期，清朝皇权始终处于高度集中、强化状态，持续时期长达一个半世纪以上，为历代中央王朝所未有，构成清朝皇权的一个显著特点。这是清朝在情况十分复杂、矛盾异常尖锐的国内外环境中，能够存在268年（1644—1911）之久，仅次于唐朝（618—907，总计290

年)与明朝(1368—1644,总计277年)的一个重要原因。

朱元璋废除丞相制度,兼并相权后,拉开明清两朝皇权不断集中与强化的序幕。但是,朱元璋本人及明朝诸帝,始终未能建立一个与没有相权的皇权相适应的新的中枢辅政体制,而代替丞相制的内阁制度,无法完全适应高度集权的新形势下皇权运作的需要。明中期以后,皇帝多怠政,致使高度集中的皇权有所分散,部分权力分别落入内监与内阁首辅之手,加以其他原因,明朝统治日渐削弱。清朝吸取这一教训,在总结明朝内阁制度的特点、利弊得失以及明帝施政情况的基础上,创建新的中枢辅政机构军机处,并逐步加以改进、完善。这一由雍正帝创建,乾隆帝正式确立为制度的新的中枢辅政模式,便于皇帝牢牢控制、直接指挥这一机构全体成员,迅速、全面了解各方面情况,制定决策,并高效率地加以贯彻,从而大大提高了统治效能。由此,官僚集团的权力被进一步收归皇帝所有,皇帝与官僚集团之间新的权力分配格局,得以确定。朱元璋废除相权后的未竟之业,直至雍乾时期才最终完成。

朱元璋只是在皇权与相权的权力分配方面,进行了大刀阔斧的改革,并未触动皇权与储权的关系。相反,他于洪武元年(1368)按照嫡长制原则,立长子朱标为皇太子,[1]并将实行嫡长子皇位继承制确立为定制。[2]明朝皇权的集中与强化之所以未能达到朱元璋所预期的效果,皇帝与储君之间的权力分配模式仍因袭旧制而无任何改进,也是原因之一。所以,嫡长子皇位继承制对于皇权的集中与强化所产生的种种负面影响,在明朝仍然存在,靖难之役、成祖二子(朱高煦、朱高燧)争夺储位以及万历年间持续多年的国本之争,都是其典型表现。

清朝最终能够将皇权的集中与强化进程推向极致,一个不容忽视的原因,是它确立了皇帝与储君之间新的权力分配模式,解决了困扰历代统治者近两千年之久的皇储矛盾与储位之争问题。

清朝历史上,先后有过四种不同的皇位继承形态,即汗位推选制、嫡长子皇位继承制、秘密建储制和懿旨确立嗣君。它们分别代表四种类型的

---

1 《明太祖实录》卷29,洪武元年正月乙亥。
2 朱元璋:《皇明祖训·法律》;另参见《明太祖实录》卷51,洪武三年四月乙丑。

权力传承模式。清朝皇位继承形态的复杂性、多样性,为其他大一统中央王朝从未曾有。

汗位推选制。后金汗(皇帝)生前不立储嗣,不存在储权。后金汗去世后,由诸贝勒在"八王"(诸贝勒)中推选后金新汗。

嫡长子皇位继承制。此制于康熙十四年(1675)实施,于康熙五十一年(1712)被废止。康熙帝随后拟定、实施的秘密建储计划,虽然功亏一篑,却为雍乾二帝创建秘密建储制度,积累了经验。

秘密建储制。此制具有以下与嫡长子皇位继承制所不同的重要内容:其一,皇帝全权决定储君人选;其二,择贤而立;其三,对储君人选严格保密,除去皇帝本人外,包括储君在内的一切人均不知情;其四,对储君暗中进行考察和培养。

雍正、乾隆、嘉庆、道光诸帝,曾相继实行秘密建储制度,历时128年。

懿旨确立嗣君。嗣君人选的决定权由王朝最高统治者慈禧皇太后掌握,但在特殊情况下也受到各种势力的较大牵制。与历代清帝不同,慈禧考虑储位问题的出发点并非其身后的权力交接,而是旨在维护已有的权力分配格局,即确立新帝后,其本人仍能继续掌握实权。同其他三种皇位继承形态相比,懿旨确立嗣君模式,更突出地带有狭隘的个人私欲色彩。这一皇位传承形态,出现在慈禧专权的47年期间。

秘密建储制度的确立,是清朝皇权高度集中与强化达于极致这一政治势态合乎逻辑的发展。它在两个方面有力推动了皇权的集中与强化。第一,皇帝全权决定储君人选,彻底排除官僚集团以及后妃、外戚、宗室、权宦等对皇位传承的干预或影响,从他们手中收回参与决定储君人选的权力。第二,取消储权。储权是嫡长子皇位继承制的产物,实施秘密建储制度后,储君不再公开册立,储权不复存在。(秘密)建储而无储权,致使储位与储权相分离,既杜绝皇储矛盾与储位之争,又较为成功地解决了"国本"问题。这是康、雍、乾三帝在总结历代王朝经验教训的基础上,对中国皇位继承制度做出的改革。这一富有创造性的举措,也是中国封建社会晚期,皇权政治已趋成熟这一重要特点,在皇位继承制度中的反映。

废除相权与废除储权，是中国封建社会晚期（明清时期）皇权高度集中与强化的两个标志。作为中国皇权发展史上具有重大意义的两个创举，两者相隔约四个世纪（洪武十三年废除丞相制，至雍正元年首次秘密建储，乾隆四十三年秘密建储制度正式确立，即1380—1778），分别由明清两朝最高统治者所完成。这一情况，折射出封建社会晚期皇权不断集中与强化历程的曲折性。

军机处的建立与秘密建储制度的确立，即相权遗留问题的解决与储权的终结，同时出现在康乾盛世，并非巧合。它表明康、雍、乾三帝对于皇权的集中、强化，是从全方位的角度进行考虑，并非仅仅局限于进一步解决皇帝与官僚集团之间的权力分配问题，而且还力图解决皇权与储权的矛盾。这是康、雍、乾三帝不同于其他帝王之处。自然，这也是当时国内外形势严峻，为王朝生存而不得不然之举。

雍乾时期，皇帝开始在没有相权与储权的前提下，大权独揽，行使皇权，这是中国皇权史上的一个重大变化。

值得深思的是，明朝皇权高度集中的态势，在明成祖朱棣时期，即明朝开国三十余年后，已基本定型，其后不但未有发展，反而出现逐步削弱之势。可是，以后金的建立为开端，自清太祖努尔哈赤至乾隆帝共六代帝王，历时百余年，清朝皇权的集中与强化始终呈现上升趋势，并达到最高峰，而皇位继承制度，在此期间也先后出现三种不同形态（汗位推选制、嫡长子皇位继承制、秘密建储制）。清朝皇权高度集中与强化历程的持续性与皇位继承形态的多变性，不仅为明朝望尘莫及，也大大超出秦、汉、隋、唐、宋、元诸朝。

毋庸讳言，当清朝皇权的集中、强化臻于极致，皇位继承制度出现重大变革，皇权传承得到切实有效的保证时，皇权的最大弊端，即它的独断、专制性，以及缺少制度监督与约束的缺陷，也得到最充分地暴露。这是隐伏着的最大的不稳定因素。因此可以说，皇权的极度集中、强化与皇位继承制度的变革，共同开启了中国皇权走向灭亡的最后路程。

第三节　清朝皇位继承制度研究回顾[1]

我国史学界有关清朝皇位继承制度的研究，大多集中在对于不同时期皇位继承个案的考察方面，而且是以清朝入关前及康雍时期皇位继承问题的研究为起始，逐步扩大到其他时期。

一、清朝入关前的汗位（皇位）继承

研究成果有赵光贤《清初诸王争国记》（《辅仁学志》12卷，1、2合期，1943年）、李光涛《清太宗夺位考》（台湾《大陆杂志》6卷5期，1953年）、陈捷先《清初继嗣探微》（载陈捷先《满洲丛考》，台湾大学文学院，1963年）、李学智《清太祖时期建储问题的分析》（台湾《思与言》8卷2期，1970年）、金承艺《皇太极的继承汗位》（台湾《大陆杂志》61卷6期，1980年）、周远廉《后金八和硕贝勒"共治国政"论》（《清史论丛》第2辑，1980年）及《太子之废——清初疑案之一》（《社会科学辑刊》，1986年第1期）、李鸿彬《皇太极继嗣的几个问题》（《历史档案》，1981年第3期）、王佩环《从乌拉那拉氏殉葬看清初皇权斗争》（《中央民族学院学报》，1982年第1期）、王思治《皇太极嗣位与诸大贝勒的矛盾》（《历史档案》，1984年第3期）、白新良《论皇太极继位初的一次改旗》（《南开史学》，1981年第2期）、徐凯《清代八旗制度的变革与皇权集中》（《北京大学学报》，1989年第5期）、杜家骥《清太宗嗣位与大妃殉葬及相关问题考辨》（《清史研究》，1997年第3期）及《清太宗出身考》（《史学月刊》，1998年第5期）、杨珍《后金八王共治国政制研究》（《中国史研究》，2000年第1期）等。这些论文分别对努尔哈赤先后立褚英和代善为嗣以及皇太极的继位等问题予以析述。房兆楹《清初满洲家庭里的分家子和未分家子》（载《国立北京大学五十周年纪念论文集》，文学院第三种，北京大学出版部，1948年）一文，在阐释分家子和未分家子这一满洲旧俗时，也论及"清初诸王争权"问题。

---

[1] 本节写于2001年2月，2021年2月补充修订；所述只是有关研究成果的一部分，还有一些论著因篇幅所限，恕不列举。

关于皇太极去世后清朝继统危机，李格《关于多尔衮拥立福临问题的考察》(《清史论丛》第2辑，1980年)、张玉兴《多尔衮拥立福临考实》(《故宫博物院院刊》，1984年第1期)、王思治《多尔衮摄政后满洲贵族之间的矛盾与冲突》(《清史论稿》，巴蜀书社，1987年)、宋国强《多尔衮争位质疑》(《满族研究》，1994年第1期)、王锺翰《释汗依阿玛》(载《明清档案与历史研究》，中国第一历史档案馆六十周年论文集上册，中华书局，1988年)、许曾重《太后下嫁说新探》(《清史论丛》第8辑，1991年)、许鲲《清初有关法令与"太后下嫁"传说》(《满族研究》，1995年第1期)、姚念慈《多尔衮与皇权政治》(1996年《清史论丛》)、张杰《顺治帝福临继位原因新析》(《故宫博物院院刊》，2001年第6期)、阎崇年《顺治继位之谜新解》(《承德民族师专学报》，2006年第3期)等文均有论析。商鸿逵《清代孝庄、孝钦两太后比评》(《故宫博物院院刊》，1982年第3期)、姜相顺《论孝庄文皇后》(载《沈阳故宫博物馆文集 1983—1985》，沈阳故宫博物馆，1985年)、李鸿彬《清初杰出的女政治家——孝庄文皇后》(《满族研究》，1998年第2期)等文，也论及孝庄在清朝继统危机中所起的作用。

此外，吴志良、金国平《耶稣会传教士安文思手稿所记顺治晏驾与康熙继位》一文(载《明清档案与历史研究论文集》上，新华出版社，2008年)，论述了顺康之际皇位继承问题。

二、康雍之际皇位继承

康熙朝后期储位之争及雍正帝的继位，是清朝皇位继承问题研究中的热点所在，数百年来民间对此也有各种传说。20世纪30年代初，孟森《清世宗入承大统考实》(载《清初三大疑案考实》，北京大学，1935年)一文，分析大量史料，得出雍正帝矫诏夺位属实的看法，认为根据康熙帝的意图，"将来神器之所归者，乃十四阿哥允禵"。这是雍正帝继位问题由民间传说转变为学术研究课题的标志。与此同时，孟森于20世纪30年代前期编纂的《明清史讲义》(中华书局，1981年)中，对康雍时期的皇位继承问题做了较为详尽的叙述。此后，学术界在此问题上形成两种不同观点。

一种为"允禵说"。此说认为允禵是康熙帝晚年所属意者，雍正帝的继位存在种种疑点。代表者有王锺翰（《清世宗夺嫡考实》《胤禛西征纪实》，载《清史杂考》，中华书局，1957年）；清圣祖遗诏考辨》，载《清史新考》，辽宁大学出版社，1990年）、庄吉发（《清世宗拘禁十四阿哥允禵始末》，台湾《大陆杂志》49卷2期，1974年）、陈捷先（《清世宗继统与年羹尧之关系》，台湾《成功大学学报》第10号，1975年）、金承艺（《从"胤禵"问题看清世宗夺位》，台湾"中央研究院"《近代史研究所集刊》第5期，1976年）；《胤禛：一个帝梦成空的皇子》，同上，第6期，1977年）；《胤禛、非清世宗本来名讳的探讨》，同上，第8期，1979年）、黄培（《清世宗与年羹尧之关系》，台湾《大陆杂志》16卷4、5期，1958年）；《史料、史学和雍正帝的即位疑案》，载《陶希圣先生八秩荣庆论文集》，台湾食货出版社，1979年）、许曾重（《清世宗胤禛继承皇位问题新探》，《清史论丛》第4辑，1982年）等。

我在《关于康熙朝储位之争及雍正继位的几个问题》（《清史论丛》第6辑，1985年）一文中，提出允祉、胤禛、允禵互为竞争对手，康熙帝去世前并未最后确定储位人选的观点。其后依据中国第一历史档案馆所藏康熙朝满文档案重新思考，我改变了原有看法，认为允禵是康熙帝生前所属意者，撰写了《满文档案所见允禵皇位继承人地位的新证据》（《中国史研究》1990年第3期）、《允禵皇位继承人地位问题研究》（1992年《清史论丛》）、《康熙朝隆科多事迹初探》（1994年《清史论丛》）等文。

吴玉年《抚远大将军奏议跋》（《禹贡》6卷12期，1937年）、吴丰培《抚远大将军允禵奏稿·序》（载《抚远大将军允禵奏稿》，全国图书馆文献缩微复制中心，1991年）、王锺翰《胤禛与抚远大将军王奏档》（《历史研究》，1993年第2期）等文，分别就抚远大将军允禵奏稿问题予以考述。

另一种为"雍正说"。代表者如冯尔康（《康熙朝的储位之争和胤禛的胜利》，《故宫博物院院刊》，1981年第3期；《康熙十四子胤禵改名考释》，《历史档案》，1981年第4期；《雍正继位之迷》，中国人民大学出版社，1990年）、史松（《雍正并非篡权——雍正即位考辨》，《河北大学学报》，1983年第2期）、杨启樵（《雍正帝及其密折制度研究》，香港三联书店，1981年）等。钱宗范《雍正传位乾隆原因浅议》（《清史研究通讯》，1987年第3期）、张羽新《康熙因宠爱乾隆而传位于雍正考——雍正夺嫡辨正》（《故宫博物院院刊》，1992年第1期）、郭成康《传闻、官书与信史：乾隆皇帝之谜》（《清史研究》，1993年第3期）等文认为，康熙帝晚年十分喜爱弘历，故传位于胤禛，雍正帝以弘历为皇位继承人，体现了康熙帝的意旨。

近年支持"雍正说"的研究成果有：张双志《雍正继位新解》（《清史研究》，2007年第4期）、冯尔康《雍正继位新探》（天津人民出版社，2008年）、吴志良与金国平《西方文献对雍正继位的记载》（《国际汉学》，2009年第2期）、杨启樵《雍正篡位说驳难》（上海书店出版社，2012年）、罗东阳《朝鲜使臣见闻记述之康雍史事考评——以争储及雍正继位为核心》（《东北师大学报》，2013年第2期）、吴秀良《允禵更名与雍正继位问题再探讨》（《清史研究》，2013年第3期）、董建中《从大统授受看雍正继位之谜》（载《澹澹清川：戴逸先生九秩华诞纪念文集》，中国人民大学出版社，2016年）、常建华《从西方文献看雍正帝继位的合法性》（《天津师范大学学报》，2017年第2期）等。

吴秀良《康熙朝储位斗争记实》（张震久、吴伯娅译，北京：中国社会科学出版社，1988年）是国外研究康熙朝储位之争问题的专著。该书认为雍正帝是合法继位。

上述两说都涉及对于康雍之际其他重大问题的看法。[1]由于能够说明雍正帝继位真相的关键性档案史料已无存，因此，两说并存的局面还将继续下去。

三、秘密建储制度

许曾重《清世宗胤禛继承皇位问题新探》（《清史论丛》第4辑，1982年）一文，认为允禵被任命为抚远大将军，是康熙帝总结有关经验教训后，以新的方式选择培养皇储的决定性环节，但该文未能指出此举与秘密

---

1 参见杨珍：《雍正继承皇位问题讨论综述》，载《清史研究通讯》1984年第1期。

建储之间的联系。李宪庆、白新良《康雍之际继嗣制度的演变》(《社会科学辑刊》,1983年第3期)一文,率先指出康熙帝晚年已有秘密建储的打算,至雍正初,便把它定为一项建储制度。在此研究基础上,我于《康熙晚年的秘密建储计划》(《故宫博物院院刊》,1991年第1期)一文中,提出康熙帝拟定、实施秘密建储计划,因而是清朝秘密建储制度开创者的看法。

韦庆远在《论封建皇权和皇位继承问题》(《中国历史博物馆馆刊》,1986年第3期)一文中指出,雍正帝"密建皇储",但并未废弃宗法制度,而是采取了既扬弃又利用的双重态度。李鹏年《雍正创建秘密立储制度》(载《清宫史事》,紫禁城出版社,1986年)一文以档案、图片相配合,论述中国第一历史档案馆所藏秘密建储的有关文物。张玉芬《乾隆建储始末》(《辽宁师范大学学报》,1988年第2期)、朱诚如《乾隆建储与训政述评》(《故宫博物院院刊》,2000年第4期)等文,详述了乾隆帝建储经过;白新良《论乾隆帝秘密建储》(《故宫博物院院刊》,1989年第2期)一文,对此问题做出比较全面的论述。

杜家骥《也谈清代秘建储君制度》(《求是学刊》,1998年第4期)、杨永康《〈钦定古今储贰金鉴〉与乾隆帝之立储思想》(《史学月刊》,2006年第12期)、刘洋《"圆明园密旨"与乾隆帝嗣统考辨》(《历史档案》,2013年第1期)、喻大华《清朝秘密立储平议》(《明清论丛》,2014年第2期)等文,也分别对秘密建储等问题予以论述。

四、晚清皇位继承

王开玺《道光帝确曾立奕䜣为皇太子》(《历史档案》,2007年第3期),探讨了道咸之际皇位传承问题。郭卫东《略论慈禧的三次立嗣》(《社会科学战线》,1990年第2期)、《简论慈禧与载漪的关系——兼议有关论著中的史实叙述》(《清史研究通讯》,1990年第2期)、《己亥建储若干问题考析》(《北京大学学报》,1990年第5期)、《光绪帝继位危机与外国干预》(《故宫博物院院刊》,1993年第4期)等文,对慈禧在光绪朝皇位继承个案中所起作用以及列强干预等问题,进行了深入地专题研究。张玉芬《列强与晚清皇权更迭》(第二届国际满学研讨会论文,1999年)、周育民《己亥建储与义和团运动》(《清史研究》,2000年第4期)等文对此也有论述。

此外,已出版的清帝传记[1],分别论述了各位传主的继位问题。不少通史、断代史及专史著作中,对此也有论析,兹不详举。

五、清朝皇位继承制度的总体研究

谢俊美在《政治制度与近代中国》(上海人民出版社,1995年)一书中,综论清朝皇位继承制度的演变,第一次提出清朝曾先后采用旗主贝勒公议共举的立嗣制度、立嫡长的皇位继承制度、秘密建储制度和懿旨钦定储位的做法。邢宏伟《清代建储制度变迁》(载《清代宫史丛谈》,紫禁城出版社,1996年)一文,简述了清朝皇位继承制度的演变。张玉芬《清朝皇嗣制度》(大连出版社,1991年)一书,是我国史学界第一部有关清朝皇位继承制度的著作。

《中国政治制度史》(韦庆远主编,中国人民大学出版社,1989年)、《清朝典制》(郭松义、李新达、李尚英著,吉林文史出版社,1993年)、《中国政治制度通史·清代卷》(郭松义、李新达、杨珍著,人民出版社,1996年)等书,都在有关章节对清朝皇位继承制度进行了简要论述。

王佩环《论清代前期的皇权斗争》(载《沈阳故宫博物馆文集1983—1985》,沈阳故宫博物馆,1985年)、王思治与吕元骢《清代皇位继承制度之嬗变与满洲贵族间的矛盾》(《满学研究》第3辑,1996年)、朱诚如《清康雍朝宫廷内部矛盾与皇嗣制度的改革》(《故宫博物院院刊》,1999年第3期)等文,分别对清朝前期(包括入关前)与中期统治集团内部权力之争与皇位继承进行考察,均未涉及晚清皇位继承问题。

杨珍《清朝皇位继承制度》(学苑出版社,2001年)将清朝皇位继承制度的嬗变与清朝皇权发展历程视为一个整体,予以考察。杜家骥《清朝满族的皇家宗法与其皇位继承制度》(《清史研究》,2005年第2期)从满

---

[1] 如吉林文史出版社1993年出版的《清帝列传》等。

洲宗法传统等视角，阐述了皇子嫡庶身份与皇位传承的关系。

从20世纪30年代至今，清朝皇位继承制度研究大致分为几个阶段：1949年以前，皇太极继位问题颇受关注，康熙朝储位之争及雍正帝继位问题成为研究重点。1949—1978年，上述状况没有大的改变。1978年后，这一研究逐步扩大到顺治帝、康熙帝等继位问题、秘密建储制度及晚清的皇位继承，但主要还是做个案研究；部分研究者也开始重视对于清朝皇位继承制度的综合考察。2001年至今，康雍之际皇位继承个案仍是研究重点。

清朝皇位继承制度的研究已历百年。百年来，在新史料的利用、研究的深入、研究领域的拓宽等方面，有很大提高和进展。学术探索永无终点，清朝皇位继承制度研究依然有广阔的发展空间。

第二章

汗位推选制度

汗位推选制度，是清朝第一种皇位继承形态。从它的正式出台至最后一次实施，历时21年（天命七年至崇德八年，1622—1643），在清朝先后四种皇位继承形态中，实施阶段最为短暂。

　　事实上，汗位推选制度是清朝入关以前，当它还是一个地方政权时所实行。清军入关后，清朝实现由地方政权向全国政权的转变，这一制度也完成其历史使命，寿终正寝。

　　清朝四种皇位继承形态中，唯有汗位推选制，集中体现出女真族（满族）的政治、文化特点。它是女真（满族）社会以超常速度由奴隶制向（封建）农奴制发展这一特定历史阶段的产物。

第一节　汗位推选制的产生与实施

一、后金汗权的建立与努尔哈赤选立继承人的失败

　　明万历十一年（1583），出身于建州左卫指挥使世家的努尔哈赤以父祖遗甲十三副起兵，经过33年征战，基本统一女真各部。万历四十四年（1616），努尔哈赤于赫图阿拉（今辽宁省新宾县）称"覆育列国英明汗"，即汗位，建立后金，年号天命。后金汗权的诞生，为其后将近300年的清朝皇权发展进程，拉开帷幕。

　　后金是努尔哈赤以其家族为核心，以八旗为基础创建的地方政权。努尔哈赤在后金具有至高无上的权威，操生杀予夺之权，汗命即是法律。[1]他既是后金汗，又是后金全体臣民的父家长，"汗非只一二人之父，乃举

---

[1]《天聪朝臣工奏议》卷上，第9页，《胡贡明陈言图报奏》，辽宁大学历史系清初史料丛刊本，1980年。

国之父也"[1]。天命八年（1623）正月二十七日，努尔哈赤对诸贝勒大臣说："天子为汗，汗子为诸贝勒大臣，诸贝勒大臣之子即为民，主之子即为奴。""汗以天为父"，"诸贝勒大臣以汗为父"，"民以诸贝勒大臣为父"，"奴以主为父"。汗顺天意。贝勒大臣"受汗之恩"，应顺汗意，否则将被褫职、削爵。民违贝勒大臣之法度，奴违主命，"而为盗贼奸宄强暴之事"，将灾祸及身，"刑戮相随也"。"汗与贝勒乃天所授"，应修道行善，以副天意，否则基业废矣。"大臣乃汗之所授"，应竭尽忠勤，"否则汗必罪之，其身败矣"。[2] 努尔哈赤通过这一以父权家长制为核心的统治模式，将其绝对专权逐层贯彻到后金社会最底层。所谓"汗与贝勒乃天所授"，实质上是借助天命观，让人们相信努尔哈赤家族对后金的垄断统治所具有的合法性。

努尔哈赤在其起兵后期，对女真氏族社会中的狩猎组织牛录加以改造，创建四旗，1615年即后金建立的前一年，又将四旗扩展为八旗。八旗是将后金"一国之众"，即女真族全体成员及少数蒙古人、汉人和大量奴隶尽行编入，予以严格控制、管理的政治、经济、军事合一组织，是后金统治的基础。努尔哈赤作为后金国汗，是后金全体臣民的父家长，拥有八旗的一切。他将八旗作为私产，赐与其子侄，使之充任各旗旗主，即八和硕贝勒。八和硕贝勒代替努尔哈赤分养国人，各旗全体人员，均为本旗旗主的属人，双方是主奴关系。各旗旗主掌握本旗军政大权，成为后金汗之下最具权威者，但他们的爵位、属人、财产和权力概为父汗所赐，也随时可被父汗剥夺或重新调配。他们之间互不统属，只听命于父汗。努尔哈赤对八旗的绝对控制，是其得以掌握后金最高权力，实行专权统治的重要前提。同时，后金的各种收入及一切俘获（包括人口）都由八旗均分；八旗不仅出兵作战，负责赡养旗下属人，还承担后金的各种劳役，以及各项财政支出。八旗实力基本相当，承担国家部分职能，具有相对独立的地位，这是八和硕贝勒据以参与政务，并拥有很大发言权的主要资本。

---

[1] 中国第一历史档案馆、中国社会科学院历史研究所译注：《满文老档》上册，第559页，北京：中华书局，1990年。
[2] 《满文老档》上册，第404-405页。

努尔哈赤的子、侄、孙中,多数人均非掌旗贝勒,只是一般贝勒,他们分别隶属于其父兄所掌旗内,仅领有少量牛录,受制于父兄,二者之间不可避免地存在矛盾。不过,这些贝勒都参与议政,并时常率军出征,终究具有一定实力,因而又是牵制本旗旗主的力量。

努尔哈赤的绝对专权,始终是以诸贝勒大臣议政会议为辅助。这既是天命汗权所保留的氏族民主制残余,也为天命汗在频繁征战中集思广益,进行决策所必需。

氏族领导成员集体讨论、决定重大事项,是氏族社会的习俗,女真族也有这一传统。后金政权建立前,努尔哈赤的主要辅佐者,最初是他的亲信额亦都、费英东、何和里、安费扬古、扈尔汉等"五大臣"。

天命时期议政会议主要成员,是以努尔哈赤的四位年长子侄,即四大贝勒代善、阿敏、莽古尔泰、皇太极为核心,包括诸小贝勒。后金高层官员在其中所起的作用,降为次要,当努尔哈赤在后金建立前的亲信"五大臣"于天命年间相继去世后,这种趋势愈加显著。议政大权日益集中在努尔哈赤家族之手,无疑更有利于父权家长制的统治。

天命汗权诞生之际,努尔哈赤58岁。[1]早在此前,他已虑及继承人问题,并曾采取相应措施。

"生女真之俗,生子年长即异居。"[2]按照这一传统的社会习俗,女真族家庭中年长诸子析产另居,自立为业,幼子则留在父母身边,在父亲死后继承家产。年长诸子分家时析产之多寡,视父母之好恶而决定。如努尔哈赤,"十岁时丧母,继母妒之,父惑于继母言,遂分居,年已十九矣,家产所予独薄"[3]。这种未分家子制度,即幼子继承制。满洲人尚武,自幼接受骑射教育,使年长诸子及时分家另过,是为避免家庭中出现以强凌弱,相互残杀的局面,当为父者年老而尚有少妻幼子时,此举尤为必要。[4]古代

---

1 本书所述人的年龄,除注明周岁外,均为虚岁。
2 《金史》卷1,《本纪第一》,《世纪》。
3 《满洲实录》卷1。
4 房兆楹:《清初满洲家庭里的分家子和未分家子》,载《国立北京大学五十周年纪念论文集》文学院第三种,北京:北京大学出版部,1948年。

北方游牧民族如蒙古族，也有幼子继承制习俗。[1]但是，幼子继承制只是一种家产继承制度。幼子所承继，或数位未分家子所均分的，只是父亲的产业。女真族部落酋长身份与地位的继承，即政治权力的交接，则采取兄终弟及，或父子相承的做法，而资历、才力与功绩都远远胜于幼子的年长诸子，往往更具有优势。[2]《建炎以来系年要录》载："初，太祖旻（金太祖阿骨打）有约，兄终弟及，复归其子。"[3]反映了女真族在解决权力继承问题中的具体情况。

上述传统习俗，对于努尔哈赤考虑权力继承人问题具有重要影响。

明万历三十九年（1611），努尔哈赤将颇具才略，"有战功，得众心"[4]的同母弟舒尔哈齐幽死，[5]消除了一位对他的权力与地位具有直接威胁的对手。这一举措既杜绝了在选择权力继承人问题上实行兄终弟及做法的可能性，也为其择子为储嗣扫除了障碍，同时，它还是努尔哈赤建立汗权之前，大力集中权力的一个重要步骤。

明万历四十年（1612），努尔哈赤命长子褚英执政，含有以之作为其继承人的意图。

褚英之母佟佳氏，"归太祖最早"[6]。据《满洲实录》载，努尔哈赤长子褚英与次子代善，均为"太祖未即位时先娶之后"所生[7]。努尔哈赤生前，佟佳氏尚未被视为他的第一位皇后，只是他的正室。[8]褚英自少年时代随父征战，屡建战功，先后被赐予洪巴图鲁和阿尔哈图土门称号，前者为勇士

1　参见邢莉：《游牧文化》，第210-218页，北京：北京燕山出版社，1995年。
2　参见房兆楹：《清初满洲家庭里的分家子和未分家子》，载《国立北京大学五十周年纪念论文集》文学院第三种；刘小萌：《满族习惯法初探》，载《满族的社会与生活》，北京：北京图书馆出版社，1998年。赖惠敏《天潢贵胄：清皇族的阶层结构与经济生活》（台湾"中央研究院"近代史研究所，1997年），对此问题也有论析，参见该书第227-235页。
3　《建炎以来系年要录》卷84，绍兴五年春正月。
4　[朝鲜]李民寏：《建州闻见录》，第42页，辽宁大学历史系清初史料丛刊本。
5　《清史稿》卷251，《列传》2，《诸王》1，《庄亲王舒尔哈齐》；黄石斋《建夷考》，转引自孟森：《清太祖杀弟考实》，载《明清史论著集刊》上册，第176-178页，北京：中华书局，1984年。
6　《清史稿》卷214，《列传》1，《后妃》。
7　《满洲实录》卷8，天命十一年八月。
8　有的学者认为，努尔哈赤时期仍沿袭金、元习俗，实行并后（多妻）制。参见定宜庄：《满族的妇女生活与婚姻制度研究》，第55-61页，北京：北京大学出版社，1999年。

之意，后者意为谋略（译为"广略"），可见褚英是位有勇有谋之人。其父之所以"委以政"，除去他的才干以及在努尔哈赤统一女真各部过程中卓有功绩外，还因其身为长子。对此，努尔哈赤本人亦直言不讳。

努尔哈赤曾坦称褚英心地狭窄，并无治国所需要的宽宏气度，让他当政并不合适。可是，"倘令其弟当政，但焉能弃其兄而令其弟执政？"[1]表明他有浓厚的重长意识。但应指出，这并不等同于汉族宗法制度的核心嫡长制继承制。[2]

至于褚英很快又失去继承人地位，固然与他"并未以公诚之心治理父汗交付之大国"，"结怨于"五大臣及"汗爱如心肝之四子"[3]有一定关系，但更关键的因素，还是由于努尔哈赤指定继承人的做法，不能为仍然具有氏族民主制思想残余的五大臣及褚英诸弟所接受。此外，也与四大贝勒自身实力不断增长，逐步产生分权倾向有关。四大贝勒中，阿敏的分权倾向最重，皇太极继位前夕，阿敏曾提出率领镶蓝旗"出居外藩"，另立门户的请求。因此，褚英以长子身份获得继承人地位，无法慑服众人，尤其是无从处理好与诸弟及五大臣的关系。这一矛盾的总爆发，只是时间问题。

由于代善、皇太极、莽古尔泰、阿敏与五大臣联名控告褚英，称其曾扬言，俟其继位后，将诛杀与己不睦之诸弟、众大臣；其后，褚英亲信又揭发他诅咒其父、诸弟及五大臣；努尔哈赤认为褚英的存在会败坏国家，危及众人，因而当囚禁两年之后，于明万历四十三年（1615）将他处死。[4]

清除褚英之举，有利于维护女真族最高领导层的团结，这对于翌年努尔哈赤建立后金，确立汗权，起到促进作用。可是，努尔哈赤并未真正认识到第一次选择继承人失败的复杂原因，而是继续坚持立长的做法。

---

1 《满文老档》上册，第20页。
2 有的学者认为，满族极重嫡庶之分。皇太极是以嫡子身份继位，这与满族之重嫡、严嫡庶之分的宗法是一致的。参见杜家骥：《清皇族与国政关系研究》，第19页，台北：台湾五南图书出版有限公司，1998年；《清太宗出身考》，载《史学月刊》1998年第5期。[日]冈田英弘《清太宗继位考实》（台湾《故宫文献》第3卷第2期，1972年）一文也指出，努尔哈赤共有16子，其中可称为嫡子者（四位大福晋所生的八子）包括褚英、代善、皇太极等人。
3 《满文老档》上册，第20页。
4 《重译满文老档·太祖朝》第一分册，第19—21页，辽宁大学历史系清初史料丛刊本，1978年。

褚英死后，独领两旗、军功卓著的代善成为长子。实际上，在此之前，他已和褚英一样，被父汗另眼相看，受到特殊荣宠。例如，努尔哈赤曾让这对"同母所生之二子执政，赐国人过半"，而努尔哈赤对其他诸子"所赐国人、敕书等诸物"，皆已从减。[1]

　　努尔哈赤曾言待其死后，将"诸幼子及大福晋交由大阿哥（代善）抚养"[2]。向继承人托付幼子与爱妻，乃人之常情。看来，代善很可能是在褚英被处死后不久，后金建立之始，即被努尔哈赤确定为继承人。这反映出后金汗因年事已高，急欲确定汗位继承人的迫切心情。

　　然而，努尔哈赤无视前车之鉴，只能重蹈覆辙。

　　天命五年（1620）三月，努尔哈赤的一位庶福晋揭发代善与努尔哈赤的大福晋之间有暧昧关系，代善与父汗的关系发生裂痕。从种种迹象看，这一事件很有可能是皇太极等人在忌妒心理驱使下，为角逐汗位而对代善伺机陷害所致。是年九月，代善因听信后妻谗言，虐待其子硕托，致使岳托想叛逃明朝。努尔哈赤审明此案后，怒斥代善："像你这种人如何够资格当一国之君？"于是代善丧失了继承人的地位。[3]

　　两次选择权力继承人先后失败，迫使努尔哈赤不得不改变思路，摸索新的方法，以解决汗位继承人问题。这种情况同其曾孙康熙帝在两立两废太子后，认真总结经验教训，另辟蹊径，实行秘密建储计划，不无相似处。他们两人都因在选择权力继承人方面受挫，转而采取了新的权力传承方式。但康熙帝是开创与扬弃并行，他所创立的秘密建储计划，是对此前嫡长子皇位继承制的总结与超越，具有政策创新的性质，而努尔哈赤所创立的汗位继承制度，则具有倒退的性质。

1　《满文老档》上册，第21页。
2　《满文老档》上册，第134页。按，努尔哈赤托付代善照料，代善与其发生暧昧关系的大福晋，满文老档中并未直书其名。学者们有两种看法，一种认为是指大妃乌拉（喇）纳喇氏，阿济格、多尔衮、多铎之母；一种认为是指继妃富察氏，莽古尔泰、莽古济格格、德格类之母。我同意前一种意见。天命五年（1620）代善与大福晋之事被揭发时，乌拉纳喇氏31岁，代善37岁。而富察氏改嫁努尔哈赤后的头生子莽古尔泰，是年已34岁，以富察氏16岁时所生为计，这时富察氏也已50岁，与比她年少13岁的代善发生暧昧关系的可能性不大。是年二月，富察氏为其子莽古尔泰所杀。
3　《旧满洲档·昃字档》《旧满洲档·藏档字》《旧满洲档·无编号残档》，转引自［日］冈田英弘：《清太宗继位考实》，载台湾《故宫文献》第3卷第2期，1972年。

二、八王共治国政制与皇太极继位

（一）建立在八王共治国政制基础上的汗位推选制

长子褚英、次子代善先后失去汗位继承人地位，这其中固然有两人本身的原因，但以四大贝勒为主的众贝勒的攻讦，则是其症结所在。所以，努尔哈赤将建储与后金统治集团内部的权力分配相联系，从一新的视角进行总体考虑。还在废除代善嗣位时，他即已表露出这种意向。

据《旧满洲档》记载，天命五年（1620）代善嗣位被废时，努尔哈赤曾说："此后立阿敏台吉、莽古尔泰台吉、皇太极、德格类、岳托、济尔哈朗、阿济格阿哥、多铎、多尔衮八王为八和硕贝勒。为汗者接受所给予的八旗人众，食其贡献。政务上汗不得恣意横行；汗承天命执政，任何一位和硕贝勒若违犯扰乱政治的恶行，其余七位和硕（贝勒）集会议处，该辱则辱之，可杀则杀。生活道德谨严，勤勉政事者，纵使治国之汗出于一己私怨，欲罢黜降等，其他七旗对汗可以不让步。"[1]这番话虽然还未涉及八王选举新汗及共同理政问题，却已反映出限制后金新汗的权力、八王对新汗的监督以及八王之间相互制约等一系列新的思路。

一年后，另一件事再次给努尔哈赤很大震动，对八王共治国政制的出台起到推动作用。

据朝鲜史籍记载，努尔哈赤曾向其从弟、正黄旗固山额真阿敦秘密咨询众子中可为嗣汗者。阿敦先是向努尔哈赤对以皇太极，后又向代善密通消息，称皇太极与莽古尔泰、阿济格"将欲图汝。事机在迫，须备之！"代善遂于父汗前泣告，努尔哈赤"即招三子问之，自言无此"[2]。于是，天命六年（1621）九月，阿敦"因挑唆大贝勒、莽古尔泰贝勒与四贝勒不和，诋毁国政，并用逸挑唆其他小贝勒"，被"缚以铁索，囚禁于牢中"，

---

1 《旧满洲档·昃字档》《旧满洲档·藏档字》《旧满洲档·无编号残档》，转引自[日]冈田英弘：《清太宗继位考实》，载台湾《故宫文献》第3卷第2期，1972年。按，据冈田英弘称："原文多铎和多尔衮之间没有句点。此时多尔衮九岁，多铎七岁，如此年幼，大概是二人合管一旗的缘故才产生八旗九王的情形。"

2 王锺翰辑录：《朝鲜〈李朝实录〉中的女真史料选编》，第283—284页，辽宁大学历史系清初史料丛刊本，1979年。

后被处死。¹这从一个侧面显示，努尔哈赤废除代善的嗣位后，起初并未完全放弃再立嗣汗的打算。

阿敦事件表明，四大贝勒之间，尤其是代善同皇太极之间的矛盾已十分尖锐。代善虽然遭到很大挫折，实力犹存，被皇太极视为获取汗位的最大障碍。甚至连朝鲜人也认为，皇太极与代善"位次相逼，猜忌必深"²；皇太极"虽英勇超人，内多猜忌，恃其父之偏爱，潜怀弒兄之计"³。

阿敦事件使努尔哈赤认识到，如果再立嗣汗，无论所立何人，这一举措只会起到火上浇油作用，致使诸子之间的矛盾进一步发展，甚至威胁到后金的统治。因此，必须另辟立嗣新路。

下述史实，同样表明当时后金嗣位问题的复杂程度及其牵连之广。

天命六年（1621）十一月，都堂达尔汉侍卫向济尔哈朗、斋桑古、岳托、硕托等四位贝勒索取财物，盗取缎匹、财帛案发露。努尔哈赤惩处达尔汉的同时，严厉斥责济尔哈朗等人："尔等行贿，或欲塞上面诸嫂（原档残缺）之口；或图勿使上面诸叔父兄长为汗，而自谋汗位而已……""遂治其罪……监禁三日三夜。汗亲往禁三贝勒之处，痛斥诸子，唾其颜后，乃遣回家。"⁴此事详情已无考，但反映出诸小贝勒也卷入角逐汗位的旋涡。努尔哈赤为此苦思焦虑，忧心忡忡。

努尔哈赤在择选汗位继承人的过程中之所以备感棘手，关键乃因实力不断扩大的八和硕贝勒，特别是四大贝勒在希图汗位的同时，极力谋求其自身政治、经济力量的进一步发展。随着这一分权倾向日渐增长，后金继统问题更加复杂起来。

需要指出，实行绝对统治的汗权，竟以具有相对独立性的八旗为依托，这既是后金最高权力（天命汗权）结构的独特之处，也是其突出弱点，是后金政权还很不成熟的体现。它是后金社会相对封闭，经济、文化尚不发达这一客观环境的产物。后金最高权力结构的这种状况，只有当具

---

1 《满文老档》上册，第241–242页、第478页。
2 吴晗辑：《朝鲜李朝实录中的中国史料》第8册，第3137页。北京：中华书局，1980年。
3 王锺翰辑录：《朝鲜〈李朝实录〉中的女真史料选编》，第284页，辽宁大学历史系清初史料丛刊本。
4 《满文老档》上册，第247页。

备至高无上权威的父家长努尔哈赤在位时，方能存在。而后金新汗则无此身份，并不具备这一权威，因而也就不可能控制、驾驭八和硕贝勒，有效行使汗权。八王共治国政制的提出，表明努尔哈赤已意识到，如不采取有力措施，八旗分权倾向日趋严重，汗权将难以巩固，汗位继承人问题亦无法得到妥善解决。

天命七年（1622）三月，努尔哈赤提出在他身后实行八王共治国政制度（以下简称八王共治制）。其主要内容是：

其一，以各掌旗贝勒即八和硕贝勒为八王。[1]

其二，"继父而为国君者，毋令力强者为君。倘以力强者为国君，恐尚力恣纵而获罪于天"。"八王同议，必然无失。尔八王中择其能受谏者即嗣父为国君。若不纳谏，所行非善，尔八王即更择其能受谏而好善者立之"。被更换者"若不乐从商议，艴然作色而拒之……则强行拒之也"。据此，后金新汗将由八王中产生，八王具有选举、更换后金新汗的权力。这表明努尔哈赤拟将自己对汗位继承人选的决定权，转交给八王，以集体决策的方式，选立新汗。

其三，"八王面君时，勿一二人相聚，须众人皆聚之，共议国政，商办国事"。

其四，强调八王之间的相互监督与牵制，试图通过集体力量，抑制八王的分权倾向。规定平日八王须共同晋见国君；八王"若因事他出，宜告众商议"，"如有祭祀等事，皆告于众而往"。"若不记父汗训诲之言，不纳众兄弟之谏，竟行背逆之事"，定予惩罚，甚至"囚禁之"；八王中如有不称职者，"其余七人""则当易之，择其子弟为王"。如"艴然作色而拒之……则强行拒之也"。

其五，继续实行后金各项收入及俘获所得，皆由八家即八旗均分原则，以强调在经济上八王与国君利益均分，后者并无特权。

---

[1] 除去四大贝勒代善、阿敏、莽古尔泰、皇太极等四人是在"八王"之内外，另外四人即"四小王"具体是指何人，目前尚无定论。从努尔哈赤去世后，总计15人共同推选新汗等事实看，所谓"八王"并非是一确定之数，而是指"八家"，即八旗，包括掌旗贝勒以及他们的亲兄弟，或其年长之子。他们均为努尔哈赤的子、侄、孙。参见《清太宗实录》卷1，天命十一年八月庚戌、九月辛未。

其六,"国君于每月初五日、二十日御殿二次。除夕谒堂子拜神主后,先由国君亲自叩拜众叔、诸兄,然后坐汗位,汗与受汗叩拜之众叔、兄,皆并坐于一列,受国人叩拜"。这一新的朝仪,进一步反映出八王在政治上具有与后金嗣汗分庭抗礼之势。[1]

八王共治制规定,由努尔哈赤的子、侄、孙所组成的八王,不仅有推举新汗的权力,而且具有被推举权,即不论辈份与年龄长幼,均有资格承继汗位,并无某人特殊,享有优先权。可见,这时女真社会尚不存在有如汉族社会的宗法制度。无宗法制度,自然也无嫡庶之分。

八王分别代表八旗,共同推举新汗,也就是说,八旗无一例外具有选立新汗之权,新汗可能出自八旗中任何一旗,八旗旗主均有可能成为后金新汗。事实上,早在汗位推选制出台前,努尔哈赤的有关做法中,即已含有这一宗旨。如他先后属意的继承人褚英、代善,分别是两白旗、两红旗旗主。最终通过汗位推选制继承汗位的皇太极,原是正白旗旗主。[2]

八王共治制自宣布后,即开始部分实施。如八旗贝勒定期"齐集八角殿(即大政殿,努尔哈赤临朝处)审事"[3];下级官员的任免,由上级官员"于诸贝勒集八角殿之日,乞请在案"[4];八旗分别缮录奖惩档子,各旗奖惩升降官员,"八册皆录"[5];后金向汉人下达命令,"皆以八王之书颁发"[6];等等。八王共治制的全面实施,则是在天聪年间了。

八王共治制的制定与部分实施,是努尔哈赤在天命年间所做出的重大决策之一。按照努尔哈赤的决定,在其身后,后金国的政体将发生重大改变,由父家长制绝对专权的政治体制,转变为八王分权的政治体制。这在中国古代史上是罕见的。

---

[1] 《满文老档》上册,第345-348页;另参见《清太祖武皇帝实录》卷4,天命七年三月初三日,载《清入关前史料选辑》第1辑,第374-375页,北京:中国人民大学出版社,1984年。

[2] 皇太极继承汗位后,将正白旗和镶白旗改为正黄旗和镶黄旗,将镶黄旗和正黄旗改为正白旗和镶白旗。参见白新良:《论皇太极继位初的一次改旗》,载《南开史学》1981年第2期。

[3] 《满文老档》上册,第479-480页。

[4] 《满文老档》上册,第467页。

[5] 《满文老档》上册,第480页。

[6] 《满文老档》上册,第550页。

八王共治制的出台，表明努尔哈赤创建了后金第一个汗位继承制度，即汗位推选制。在八王共治制的新的政治体制下，虽然后金新汗的权力将被削弱，八王（八和硕贝勒，有时称八贝勒或诸贝勒）的权力与作用被进一步突出，但是，由于确定了后金新汗与八王之间、八王彼此之间相互监督与制约的制度，八王不断增长的分权倾向将被扼制，后金新汗的统治，也将因此得到保证。这是努尔哈赤精心设计的"两全"之策。

八王共治制下，八王集体决策，共同处理后金军国大事，因而决定后金汗位继承人选的权力，也就理所当然地由八王共同拥有。可见，汗位推选制是建立在八王共治制这一分权政治体制的基础上，以八王共治制的存在为先决条件，两者有着主从关系。

（二）八王共治国政制对于皇太极的"保护"作用

天命七年（1622）三月，努尔哈赤提出八王共治制及汗位推选制，其主要目的，在于遏制八王（八旗）分权倾向进一步发展，平衡八王权力，平息汗位之争。由于努尔哈赤家族垄断了后金政权，八旗旗主即八王均为努尔哈赤的子、侄、孙，所以，八王共治制的部分实施与汗位推选制的确立，是在努尔哈赤家族内部，实行了以权力平衡为基点的新的权力分配制度。努尔哈赤以此大力强调血缘关系对于维系、促进其家族内部团结的纽带作用，并力图加强八旗制度，使其家族对于后金权力的垄断，进一步制度化与合法化。

所谓八旗（八王）分权倾向，主要是指四大贝勒而言。因此，基本上可以认为，八王共治制是努尔哈赤为遏制四大贝勒的权势，调解他们因争夺嗣位引发的尖锐矛盾，而采取的针对性措施。

八王共治制规定后金的各项权力，由八王共同执掌，后金的一切收入，也由八王共享。这是努尔哈赤保证八王实力均衡、权力相等之举。事实上，八王只有处于平等地位，才能做到相互牵制，相互监督，在推选新汗时，不会受到某一强有力者的控制与操纵。然而，这只是努尔哈赤的一厢情愿，与后金现实并不相符。八王共治制的部分实施，并未能使八和硕贝勒真正达到实力均衡。

四大贝勒与诸小贝勒之间政治地位、政治权力相差悬殊的情况，由来已久。四大贝勒长时期跟随汗父征战，负责处理日常政务，是努尔哈赤最得力的助手，为后金的建立立下殊功。后金八旗，努尔哈赤自将两旗，其他六旗内，四大贝勒即拥有五旗。[1]早在天命元年（1616），努尔哈赤即命四大贝勒"共理机务"，[2]六年（1621）二月又令他们"按月分直"，"国中一切机务，俱令直月贝勒掌理"[3]。况且四大贝勒与诸小贝勒在努尔哈赤家族内的地位，原本就有"父兄"辈与"子弟"辈之分。"共理机务"与"按月分直"，使四大贝勒的地位与权力进一步增长，影响力更为扩大。这是由后金的历史特点所造成的，并未随着八王共治制的部分实施而消失。

当然，八王共治制的部分实施，客观上将在一定程度上提高诸小贝勒的地位，分散、削弱四大贝勒的实力，反映出努尔哈赤拟使八和硕贝勒相互牵制的意图。可是，事实上四大贝勒的权力仍然凌驾诸小贝勒之上。这在皇太极即后金汗位时与诸贝勒的誓词中，也显现无遗。

天命十一年（1626）九月初一日皇太极继汗位，翌日与众贝勒宣誓。后金汗皇太极宣誓，欲"敬兄长，爱子弟，行正道"；三大贝勒宣誓要"教养""善待"子弟，并要求子弟"听其父兄之训""忠于君上""力行其善道"；诸小贝勒宣誓不背"父兄之训""尽忠于上"[4]。四大贝勒作为父兄，有责任教养子弟即诸小贝勒，而诸小贝勒必须接受父兄的管束，尽"子弟"的义务与责任。

其实，四大贝勒的自身条件与威望，存在较大差异。大贝勒代善，性格较为"宽柔"，乏"威暴桀骜之势"[5]。天命五年（1620），他丧失了继承人的地位，在政治上严重受挫。二大贝勒阿敏是努尔哈赤之弟舒尔哈齐之子，其性格乖张，不善与人相处。三大贝勒莽古尔泰是一鲁莽之人，竟

---

1 ［朝鲜］李民寏：《建州闻见录》，第42页，辽宁大学历史系清初史料丛刊本。按，天命前期掌领八旗的具体情况是，努尔哈赤自掌两黄旗，代善掌两红旗，莽古尔泰掌正蓝旗，皇太极掌正白旗，阿敏掌镶蓝旗，褚英长子杜度掌镶白旗。参见王锺翰辑录：《朝鲜〈李朝实录〉中的女真史料选编》，辽宁大学历史系清初史料丛刊本，第284页。
2 《清太宗实录》卷1。
3 《清太宗实录》卷5，天聪三年正月丁丑。
4 《清太宗实录》卷1，天命十一年九月庚午、辛未。
5 ［朝鲜］李民寏：《建州闻见录》，第45页，辽宁大学历史系清初史料丛刊本。

"潜弑其生母,幸事未彰闻"。[1] 较之上述三人,皇太极的综合素质较高。他兼具政治与军事才能,机敏果敢,深受努尔哈赤器重。当努尔哈赤向正黄旗固山额真阿敦秘密咨询汗位继承人选时,阿敦对皇太极的评价为"智勇俱全,人皆称道者"[2],这一看法是比较客观的。

皇太极的另一重要优势,是得到诸小贝勒的拥护。

诸小贝勒积极靠拢皇太极,有多方面的原因。主要是由于他们发展个人政治、经济实力的企图,受到其父兄即所在旗三大贝勒的压制,因而将实现这一目标的希望,寄托在继承汗位的可能性日益增长的皇太极身上。皇太极深谋远虑,因势利导,与诸小贝勒结成小集团,以扩大自身力量。

努尔哈赤虽然提出八王共治制,但又承认八王之中四大贝勒的实力超过四小贝勒,以及四大贝勒亦有高低之分这一现实,并未采取改变这种格局的任何措施。这种态势必然导致的结果是,无论努尔哈赤生前或身后,在八王共治制(部分)实施过程中,四大贝勒始终居于主导地位;后金新汗的推选,也会由他们所操纵,新汗将从他们四人中产生的可能性也最大。

努尔哈赤希望通过八王共治制,平衡八王权力,平息汗位之争的目的,并未完全实现,但是,天命后期八王共治制的部分实施,却在客观上成全了皇太极,使他在这一制度的监督与"保护"下,如愿以偿,比较顺利地登上汗位。

八王共治制出台时,皇太极已是八和硕贝勒中汗位竞争力最强的一位,但另一方面,其骄纵揽权、拉党结派的倾向,也愈益明显。八王共治制的部分实施,促使他收敛了骄横之气。

天命八年(1623)六月,大贝勒代善揭发了牵涉到皇太极的乌尔古岱事件。代善的揭发,反映出三大贝勒,尤其是代善本人与皇太极之间在汗位继承问题上的激烈较量。

天命七年(1622)八月,都堂乌尔古岱额驸接受汉族官员馈赠的黄金,随即将此事请示可能正在"按月分直"的皇太极。皇太极指示他"不

---

[1] 《清太宗实录》卷9,天聪五年八月甲寅。
[2] 吴晗辑:《朝鲜李朝实录中的中国史料》第8册,第3145页。

如暂留此金，以待事发"。此事只是皇太极和三小贝勒岳托、济尔哈朗、德格类知悉，他们不仅对三大贝勒封锁消息，亦未禀报努尔哈赤。[1]这一事件反映，代善丧失继承人地位后，皇太极在后金最高统治层内部的势力逐步增长，并已争取到三大贝勒的子弟，即代善之子岳托、阿敏之弟济尔哈朗、莽古尔泰之弟德格类的支持，彼此关系密切。皇太极的这种做法表明，他的揽权已达到不择手段，不计后果的程度，他与三大贝勒之间的矛盾，因此进一步加深。八王共治制部分实施后，皇太极仍如此行事，引起努尔哈赤的警觉。

乌尔古岱事件发生后，努尔哈赤严厉指责皇太极："尔若贤良，则凡事秉公从宽处之，兄弟之间皆平等以待相互敬爱。尔果独善其身超越他人而行，置众兄于不顾，尔欲为汗乎？聚朝而散时，尔送众兄，则众兄之子弟必报尔，送尔至家，此方合礼仪耳。尔不送众兄，而众兄之子弟送尔，尔何故默然受之？尔之贤明何在？"他又说："四贝勒乃为父我之爱妻所生之唯一之后嗣，故不胜爱悯。尔之贤哲何在？何其愚也？"于是为此"悲之"[2]。努尔哈赤认为，皇太极为谋求汗位，拉拢诸小贝勒，对兄长傲慢无礼，并非像人们所赞誉的那样"贤明""贤哲"，因此还够不上是位"有德者"。他的斥责中，除去失望与忧虑，还有恨铁不成钢的关爱之情。这对皇太极既是一个打击，也促使他重新考虑在竞争汗位中的策略。

天命八年（1623）八月二十日，努尔哈赤与诸贝勒谈话中指出："尔等皆有过失（按，是何原因促使努尔哈赤这样说，《满文老档》未载）。"翌日，代善、莽古尔泰与皇太极分别上书父汗，对各自所犯过失表示悔恨。皇太极的奏书中写道："我之过，乃在于我获罪于父，若引退而居，则恐斥之尔何故竟然退之……"努尔哈赤览毕三人所奏后说："倘尔等皆能修心为政谋之终生，则乃为父之所悦也。东珠涂之其光仍发，善人获罪其心可得。知过必改，岂能谓之不善。"[3]此言对皇太极更具有针对性，说明在努尔哈赤看来，只要改过，即可将"力强"[4]与"有德"相统一而兼备之。

---

1 《满文老档》上册，第505-509页。
2 《满文老档》上册，第505-509页。
3 《满文老档》上册，第553-554页。
4 《满文老档》上册，第345页。

此后，皇太极吸取教训，改变骄横作风，处事较为谨慎，成功地改塑了自己的形象，从而博得父汗的认可，也在一定程度上安抚了三大贝勒。这显示出皇太极具有较强的随机应变能力与超出众贝勒的权术，他在竞争汗位的斗争中，因此处于更为有利的地位。显而易见，如果皇太极不再出现重大过失，那么，努尔哈赤身后八和硕贝勒推选嗣汗之际，他将成为众望所归者。

依据八王共治制，八王应在努尔哈赤去世后，推选汗位继承人，但实际上，努尔哈赤对于这一后金政权命脉所系之事异常关注，他本人对汗位继承人的选择意向，依然起有决定性作用。从努尔哈赤去世时"为国事、子孙，早有明训，临终遂不言及"[1]的情况看，他已默认汗位将由皇太极继承这一最有可能出现的结局。如果皇太极不中其意，努尔哈赤当采取有效措施，以排除其继承汗位的可能性。但是他没有这样做，也就说明皇太极继承汗位比较符合其心愿，他对皇太极在天命八年（1623）以后的表现，是基本满意的。

事实证明，八王共治制部分实施后，最大获益者是皇太极。这一制度所营造的天命后期后金统治集团内部的政治氛围，使最具实力的皇太极免于成为众矢之的，为其登上汗位创造了条件。

据《清太宗实录》载，天命十一年（1626）八月十一日下午努尔哈赤去世，当晚，代善父子决定推选皇太极为汗位继承人，并于翌日上午取得阿敏、莽古尔泰及诸小贝勒的认可，汗位推选在当天下午结束。九月初一日，35岁的皇太极正式即后金汗位。[2]皇太极的继位当然不会如此顺利。在此期间，阿敏向皇太极提出率镶蓝旗"出居外藩"，另立门户，但未能如愿。[3]另外，朝鲜人的有关记载中，也反映出当时各贝勒之间在这一问题上的矛盾与斗争[4]。但从总体看，应当说此次汗位传承过程相对顺利，没有

---

1 《清太祖武皇帝实录》卷4，天命十一年八月十一日庚戌，载《清入关前史料选辑》第1辑，第392页。
2 《清太宗实录》卷1，天命十一年八月庚戌、九月庚午。
3 《清太宗实录》卷48，崇德四年八月辛亥。
4 ［朝鲜］李肯翊：《燃藜室记述》二十七，《丁卯虏乱》，载《清入关前史料选辑》第1辑，第437页。

出现类似皇太极去世后的继统危机。

  天命、天聪汗权交替之际，曾经发生大妃乌拉纳喇氏殉葬一事。据成书于崇德元年（1636）的《清太祖武皇帝实录》记载，乌拉纳喇氏"饶丰姿，然心怀嫉妒，每至帝不悦，虽有机变，终为帝之明所制，留之恐后为国乱，预遗言于诸王曰：'俟吾终必令殉之。'"努尔哈赤死后，诸子遵父命令其从殉。[1]乾隆年间所修《满洲实录》一书的满文记载中，的确有"汗留之恐后为国乱，故预先遗文诸贝勒，其死后，务必令之从殉"等语[2]。照常理分析，努尔哈赤让当时年仅37岁的大妃生殉，是为杜绝大妃在其身后再有不检点事发生，反映了这位后金政权创立者妒忌与褊狭的一面。至于是否还有其他原因，尚待进一步考察。但无庸置疑，大妃的被迫殉葬与皇太极继承汗位之间，并无内在联系。皇太极被众贝勒推选为嗣汗，是大势所趋，水到渠成，努尔哈赤生前亦明了于心，似无必要以迫使大妃殉葬的方式，为皇太极的继位扫除障碍。另据朝鲜史籍记载，努尔哈赤临终前欲传位于大妃之子多尔衮（是年15岁），因其年幼而令代善摄政[3]；顺治年间，多尔衮"以为太宗文皇帝之位，原系夺立"[4]；这些说法皆不足信。[5]

  在努尔哈赤的专权统治下，八王共治制对于考察、锻炼、培养汗位继承人，具有一定效果。同时，八王共治制使四大贝勒因角逐嗣位而产生的矛盾，有所缓解，从而促进后金最高统治层的团结，维护了后金进入辽沈地区后的统治地位。但另一方面，它为皇太极继位后改变八王分权状况，集中汗权，巩固统治，加速后金汗权向皇权的转变，造成严重障碍。

  皇太极在八王共治制所营造的政治氛围的"保护"下，通过八王推选方式，比较顺利地承继汗位后，随即尝到八王共治制全面实施的苦果，开始了将之废除的艰难历程。

---

1 《清太祖武皇帝实录》，载《清入关前史料选集》第1辑，第392-393页。
2 参见杜家骥：《清太宗嗣位与大妃殉葬及相关问题考辨》，载《清史研究》1997年第3期；《满洲实录》卷8，天命十一年七月二十三日。
3 ［朝鲜］李肯翊：《燃藜室记述》二十七，《丁卯虏乱》，载《清入关前史料选辑》第1辑，437页。
4 吴晗辑：《朝鲜李朝实录中的中国史料》，第9册，第3812页。
5 参见李鸿彬：《皇太极继位的几个问题》，载《历史档案》1981年第3期。

第二节 崇德时期的皇位传承

一、天聪汗权向崇德皇权的转变

努尔哈赤去世后,皇太极在诸贝勒推举下,于天命十一年(1626)九月继承汗位,年号天聪,是为清太宗。后金汗权已走过其初期阶段,步入向清朝皇权的过渡时期。

天命六年(1621)后金进入辽沈地区后,女真(满族)社会在加速其封建化进程的同时,各种社会矛盾暴露得更为充分。因此,促使后金汗权向皇权转变,是适应新的形势,发展后金经济,缓和社会矛盾所必需,是为最终战胜明王朝并取而代之的决定性步骤。然而,八王共治制在努尔哈赤去世后的全面实施,将后金最高权力分散化,使后金汗权在向清朝皇权的转变过程中,出现倒退。

皇太极继位时,并不具备努尔哈赤拥有的绝对权威,也无实行家长制绝对统治的实力。他所面对的是八王共治制由部分实施转向全面实施的现实,这使天聪汗权陷于阻力重重、举步维艰的境地。后金军国大计必须经过以三大贝勒为首的众贝勒共议后,方能贯彻执行,汗权因而受到很大削弱。此后将近十年间,亦即整个天聪时期(1627—1636),皇太极不得不以很大精力,采取各种措施,消除三大贝勒的抵制甚至公然对抗,以便用皇权的绝对统治,取代八王共治制的分权统治,因而在一定程度上影响了后金的发展。八王共治制的严重缺陷与危害,这时方充分显露。

此外,后金汗权的自身特点,如父权家长制的统治结构,浓厚的家族血缘关系色彩,以及主奴关系居于主导地位,君臣尊卑界线混淆不清,政权机构尚不完备等,也为天聪汗权向崇德皇权的转变,增加了难度。

但是,天聪汗权向崇德皇权的转变进程,为后金所面临的形势与客观需要所推动,不以任何个人意志为转移。

皇太极继位后,采取各种措施,尤其是成功地利用诸小贝勒与其父兄即三大贝勒在政治、经济方面的矛盾,逐步削弱三大贝勒的权势。天聪六年(1632)元旦,皇太极南面独坐,接受朝贺,汗与三大贝勒并坐受礼之制，从此不复存在。这意味着八王共治制的实施已近尾声。

天聪九年（1635）五月，多尔衮等率军顺利招降察哈尔林丹汗余部，获元朝传国玉玺，漠南蒙古全部归入后金版图。这一重大胜利大大增强后金的实力，提高了皇太极的威信，并为他采取集中权力的新步骤，提供了有利条件。

是年十二月发生蓝旗事件。此前不久，皇太极以大贝勒代善宴请与皇太极不和的莽古尔泰妹、哈达公主莽古济为由，对其严加斥责。

天聪六年（1632）十二月，蓝旗贝勒莽古尔泰死，其弟德格类继任。九年（1635）十月，德格类患暴疾而亡。两个月后，莽古济属下冷僧机，首告莽古尔泰、德格类生前曾与莽古济、屯布禄、爱巴礼等人密谋叛乱。尽管当时有人提出质疑，皇太极仍借此兴起一场大狱。

蓝旗事件的结局是，莽古济被处死，屯布禄、爱巴礼及"亲支兄弟子侄，俱磔于街"。莽古尔泰一子处死，余子及德格类之子，俱降为民。两贝勒之人口财产，全部归皇太极所有，并"以其所愿"，赐给贝勒大臣。"以正蓝旗附入汗之旗分。"[1]

这是皇太极继承汗位后，与八王即八旗旗主之间权力斗争的一个重大转折点。蓝旗事件刚刚结束，包括大贝勒代善在内的诸贝勒誓告天地，表示今后要"恪守忠贞"，"竭尽其力，效忠于上"[2]。至此，皇太极对八旗旗主的控制大为加强，后者已丧失联合对抗皇太极的可能性，以他们为核心的议政会议，终于为皇太极所掌握。

天聪九年（1635），皇太极改族名曰满洲。[3]十年（1636）四月，受尊号曰宽温仁圣皇帝，建国号曰大清，改元崇德。[4]这是清朝皇权诞生的标志。

崇德皇权是清朝皇权的初期阶段，历时八年。在此期间，皇太极进一步集中权力，并在政治上完全取得优势地位。他与八旗旗主之间开始具有

---

1 中国第一历史档案馆：《清初内国史院满文档案译编》上册，第212-214页，北京：光明日报出版社，1989年；《清太宗实录》卷26，天聪九年十二月辛巳。
2 《清太宗实录》卷26，天聪九年十二月甲辰。
3 《清太宗实录》卷25，天聪九年十月庚寅。
4 《清太宗实录》卷28，天聪十年四月乙酉。

严格的上下尊卑关系，并通过他所制定的一系列制度、政策和法令，控制八旗旗主，迫使后者在重大问题上服从皇帝的意志与决策。虽然八旗旗主还可倚恃部分权力，在某些局部问题上与皇太极抗衡，一定程度上牵制皇权，但从总的方面看，他们处于劣势，已无法动摇大局。

从整体而论，皇太极继位以来集中皇权（汗权）的诸般措施，旨在以专制主义的皇权统治，取代父权家长制的汗权统治，逐步削弱家族血缘关系及氏族民主制思想残余在政权机构中的影响，促使清朝政权朝着建立在皇权绝对统治下的官僚政治体制这一目标转化。此项重大变革在皇太极去世前虽然尚未完成，但已粗具规模，初见成效。对于尚为地方政权的清王朝（后金）而言，这是一次质的飞跃。

皇太极集中皇权的同时，还大力纠正努尔哈赤所推行的民族压迫政策，缓和满汉关系，稳定统治秩序，使遭到破坏的生产重新得到恢复，对于建立以满族统治者为主体，满汉地主阶级联合统治的王朝，作出具有决定意义的贡献。

在上述诸方面改革的推动下，清朝（后金）于政治、军事、经济、文化等方面，都有了长足发展。一个已统一东北全境，国力不断增强的地方政权，崛起于明朝首都北京近旁，并在同明朝的军事、政治较量中，取得重大胜利。皇太极去世时，清朝正处于即将挥师入关，建立大一统中央王朝的前夕。

二、皇太极的建储意图

皇太极共有11子。其中，第五子以下诸子，是在崇德二年（1637）正月以后出生，头五子中，第二、三子皆于天命年间幼殇。因此，皇太极35岁承继汗位后，整个天聪时期（1627—1636），仅有三位皇子，即长子豪格，第四子叶布舒，第五子硕塞。豪格生于明万历三十七年（1609），天聪元年（1627）已19岁，他比叶布舒年长18岁，比硕塞年长19岁，在皇太极诸子中最为突出。

豪格"生而英毅，多智略"[1]，天命年间立有战功，授为贝勒，天聪六

---

1 鄂尔泰等修：《八旗通志初集》卷131，《宗室王公列传》3，《肃亲王豪格》。

年（1632）封和硕贝勒，崇德元年（1636）晋封和硕肃亲王。其生母是继妃乌拉纳喇氏。[1]崇德年间，豪格始终独领正蓝旗。

豪格不但居长，战功卓著，生母还是皇太极的正室，这使他在天聪年间皇太极之子中备受瞩目。天聪五年（1631），朝鲜国王问询刚刚由后金返回的李朝使臣："汗子与其父何如？"使臣回答说："其子名好古伐（豪格），于年二十余，容貌不凡，颇有弓马之才。且贵荣介（代善）有子六人，皆有兵权。但八王互相猜疑，岂得久安乎？臣之妄见，必有相残之事矣。"[2]当时，除去豪格外，皇太极另外两子叶布舒与硕塞都还只有五六岁，与代善诸子多已成年，且颇具权势的情况，形成很大反差。这种情形下，豪格处于无人可以替代之位，更当为其父汗所看中。

然而，皇太极虽然对豪格较为信任，但父子关系并不十分融洽。皇太极认为豪格"庸愚"，曾斥责他与岳托私相交结，"怀异心以事朕"[3]。表明对长子有一定成见。这是皇太极在选择皇位继承人时，不曾属意于豪格的原因。

天聪十年（1636）四月，后金实现由天聪汗权向崇德皇权的转变，皇太极着手建立各项规制。

"太祖初起，草创阔略，宫闱未有位号。"[4]天命、天聪年间，后宫建制尚未提上日程。皇太极确立皇权后，方对此予以重视。崇德元年（1636），"五宫并建，位号既明，等威渐辨"[5]。清朝宫闱之制至此始具雏形，为其入关后进一步建立与完善后宫制度，奠定了基础。是年七月册封的五宫后妃是：清宁宫中宫国君福晋，即中宫皇后博尔济吉特氏（谥"孝端文皇后"），东宫关雎宫大福晋宸妃博尔济吉特氏，西宫麟趾宫大福晋贵妃博尔济吉特氏，东宫衍庆宫侧福晋淑妃博尔济吉特氏，西宫永福宫侧福晋庄妃博尔济吉特氏（谥"孝庄文皇后"）。[6]五宫并建意味着清帝妻室中出现

---

1 《星源集庆》，第27页，奉天爱新觉罗宗谱修谱处，1938年。
2 吴晗辑：《朝鲜李朝实录中的中国史料》第9册，第3487、3488页。
3 《清太宗实录》卷30，崇德元年八月辛巳。按，岳托为代善长子，豪格的堂兄。参见《八旗通志初集》卷136，《宗室王公列传》8，《克勤郡王岳托》。
4 《清史稿》卷214，《列传》1，《后妃》。
5 《清史稿》卷214，《列传》1，《后妃》。
6 《满文老档》下册，第1529–1535页。

嫡庶之别，清朝皇子开始有了嫡庶之分。这表明满族最高统治者在后宫制度上，开始仿效汉族王朝的有关做法。[1]

皇太极后宫地位最高的五宫后妃，全部是蒙古贵族女子，充分体现了后金（清）的满蒙贵族联姻政策。五宫后妃中，孝端皇后与宸、庄两妃来自科尔沁部，是姑侄关系。宸妃与孝庄是亲姐妹，孝庄比姐姐小四岁，却提前九年率先嫁给皇太极。天命十年（1625）孝庄嫁到后金时，年仅13岁，尚未脱离童稚，而天聪八年（1634）她的姐姐嫁给皇太极时，已是26岁的成熟女子。[2]

这位迟嫁的博尔济吉特氏后来居上，"有宠于太宗"[3]，五宫并建时受封为东宫宸妃，仅次于其姑母中宫皇后，位于诸妃之首。崇德二年（1637）七月初八日夜，宸妃生子（排行第八子），该子是五宫后妃所诞育的第一位皇子。皇太极欣喜万分，破例颁诏大赦，这是清朝因皇子出生而颁发的第一道大赦令。诏书中说："今蒙天眷，关雎宫宸妃诞育皇嗣，朕稽典礼，欲使遐迩内外政教所及之地，咸被恩泽……"[4]

据《清太宗实录》载："汉之储君曰皇太子，蒙古之继位者曰王台吉。"太祖为皇太极命名之日，"我国中尚未谙汉人、蒙古书籍文义。太祖初未尝有必成帝业之心，亦未尝定建储继立之议……洎乎国运日隆，大命攸集，太祖称帝以后，国人旁罗史籍，娴习文义，乃知与汉人、蒙古储君之称，音义相符"[5]。皇太极将宸妃所生之子称为"皇嗣"，含有以该子作为皇位继承人之意，这也是当时清朝（后金）建储制度尚未确立，关于储君的称谓还不规范这一客观情况的具体反映。

《清太宗实录》载，宸妃于崇德二年（1637）七月初八日夜生子，初九日凌晨，皇太极做一奇梦，"梦在太祖前，与和硕礼亲王代善同处一室""仰观见天""祥云绚烂"。梦中，代善奏称，麟趾宫贵妃养女淑济说，

---

1 参见定宜庄：《满族的妇女生活与婚姻制度研究》，第61-62页。
2 宸妃生于明万历三十七年（阴历己酉，1609），崇德六年（1641）卒，终年33岁。《星源集庆》《清皇室四谱》等史籍称宸妃为"己亥年（1599）生"，有误。
3 张采田：《清列朝后妃传稿》，绿樱花馆平氏墨版，传上，第43页，1929年。
4 《清太宗实录》卷37，崇德二年七月壬午。
5 《清太宗实录》卷1，天命十一年九月庚午。

有火自天降，入宫中，殊为美观。"奏未竟而上寤，翼且召文臣至，以梦告之。对曰，天谓乎上，云物从之。此非常之贵征也。"[1]看来，早在宸妃怀孕期间，皇太极即有如若生子，当立为储嗣的想法，这是产生此梦的心理渊源。同时，他借助此梦，将这一意图首先透露给文臣，因为较之诸王贝勒，具有较高汉文化素养的满汉文臣，对此更易接受，而且还可通过解梦的方式，进一步提高这位皇嗣的地位。顺治年间开始编纂，成书于康熙二十一年（1682）的《清太宗实录》中有上述记载，说明皇太极拟以宸妃之子为皇储，乃是不争之事，亦为皇太极的后世子孙所承认。

皇太极特为宸妃生子而颁诏大赦，并将该子称之为皇嗣，此事立即在内外蒙古，乃至邻国朝鲜，引起强烈反响。

崇德二年（1637）八月、九月，巴林部落、扎鲁特部落、科尔沁部、四子部落、翁牛特部落、奈曼部落等王公台吉，或亲自前来盛京，为"宽温仁圣皇帝（皇太极）诞生皇子"事行庆贺礼，或"以关雎宫宸妃诞生皇子"，遣官进献物品，上表庆贺。[2]这种做法，是皇太极其他儿子出生时所不曾有的。可见，自身利益与后金休戚相关的蒙古王公，对皇太极的上述举措十分重视，已将这位还未正式册封的皇嗣另眼相看了。

皇太极拟以来自科尔沁部的宸妃所生之子为继承人，也有借此进一步笼络内外蒙古，加强满蒙贵族联盟的政治用意。在与明朝争天下时，提高内外蒙古对清朝的向心力，进一步获得他们的支持，是极其必要的。

崇德三年（1638）元旦，朝鲜使臣至盛京"进表朝贺"，"上皇太子笺文"，并"献皇太子礼物"。[3]是年二月，《李朝实录》中有如下记载：出使盛京的朝鲜使臣向国王报告，"闻（皇）长子（豪格）不肖，故以上年所生子有立嗣之意云"[4]。是年十一月，朝鲜国王为清朝给还逃人事，除"叩谢皇恩"外，"又向皇太子奉笺谢恩"[5]。看来，朝鲜一方尚不知晓，宸妃之

---

1 《清太宗实录》卷37，崇德二年七月乙亥。
2 《清太宗实录》卷38，崇德二年八月庚子、丁未、癸丑、乙卯，九月丙戌。
3 《清初内国史院满文档案译编》上册，第257—258页。
4 吴晗辑：《朝鲜李朝实录中的中国史料》第9册，第3618页。
5 《清初内国史院满文档案译编》上册，第389页。按，《清太宗实录》载，宸妃之子出生前两个月，朝鲜国王曾进皇太子笺，见该书卷35，崇德二年五月乙酉条。事出何因，待考。

子已于是年正月二十八日夭折。

上述情况，都是皇太极准备自立储嗣的佐证。

皇太极不与诸王贝勒商议，毅然按照个人意志选择储嗣，并以颁发大赦诏书的形式，表明这一意愿，这是对努尔哈赤所制定的八和硕贝勒推选嗣汗原则的公然违背。经过天聪时期的一系列有关措施，崇德初年，皇太极的权力已较为集中，其本人在诸王贝勒及大臣中树立起较高权威，因此，皇位传承权方能操之于皇帝手中。是举充分显现出崇德皇权的实力，我们不能因宸妃之子早卒，这一建储意图未能付诸实施，而低估其重要意义。

娇子数月而殇，宸妃精神上受到很大打击，于崇德六年（1641）九月病逝。皇太极极为悲痛，[1]为之隆重治丧。然而，宸妃丧事期间，郡王阿济格、郡王阿达礼、贝勒罗洛宏等人，竟于军中戏舞弹弦作乐。[2]皇太极改元称帝后，诸王贝勒的权势进一步被削弱，他们对皇太极大为不满，又不敢明言，更不能公开与皇太极对抗，只有借其爱妃去世之机，发泄积愤。

皇太极拟以宸妃之子为皇位继承人，宠爱宸妃是一重要因素，当然也是从加强与巩固满蒙贵族联盟的政治需要出发。此外，以贵显而论，因中宫皇后无子，而长子豪格之母不在五宫之列，所以，皇太极诸子中，宸妃之子应排在首位。

皇太极虽未明言废除汗位推选制，但其显示的立储意图表明，他将采取新的做法，按照其本人意愿，选择皇位继承人。

总之，崇德皇权的建立，标志着八王共治国政制的终结，建立在八王共治国政制基础上的汗位推选制，也随之而消亡。其后皇太极之子福临的继位，虽然仍采取推选的形式，但这只是在特殊情况下的一种权宜之计，其内容已发生很大改变。

1　《清太宗实录》卷57，崇德六年九月庚寅、癸巳、丙申；卷60，崇德七年五月癸酉。
2　《清太宗实录稿本》，第78页，辽宁大学历史系清初史料丛刊本；《清太宗实录》卷64，崇德八年正月戊申、辛酉。

三、形同而质异的汗位推选制

宸妃之子死后第三天，崇德三年（1638）正月三十日，孝庄之子福临（顺治帝）出生。这是由五宫后妃所诞育的第二位皇子（排行第九子）。由于宸妃之子已殇，福临便成为皇太极诸子中最为显贵者。他仿佛正是为了替代早折的小皇兄，适时来到人世。不过，这位新生儿似乎并没有引起皇太极过多的关注，这或许同他尚沉浸在痛失皇嗣的悲伤之中，有一定关系。

历史证明，为皇太极所属意的"皇嗣"，并未能够继承皇位，但接踵而至的皇九子，却最终成为他的继承人。然而，皇太极当时无法预料这一切。

宸妃之子殇逝，孝庄之子出生之际，皇太极已47岁。自此以降，直到52岁去世，他再未采取任何建储举措。皇八子死时，其母宸妃只有30岁，皇太极自然希望爱妃再生贵子，以之重新作为皇嗣之选，但宸妃33岁而逝，皇太极的企盼落空。加之明清较量已至最后的关键时期，皇太极集中全力指挥对明作战，日理万机，无暇他顾，这也是建储之事暂未提及的原因之一。

看来，皇太极虽然对汗位推选制持否定态度，可是，当其爱妃之子夭折，他拟按照个人意愿选择接班人的意图受挫后，对于通过何种途径解决皇位传承问题，尚缺乏全面、深刻的思考。

据崇德三年八月《李朝实录》载："清人……诸王辈皆分党，多有乖争之事，汗死则国必乱矣。虎口（豪格）即汗之侧生子，不定名位。又有十四岁子，而以侧生，故不得为嗣，他日必有争立之举。"[1] 所谓"十四岁子"，大约是指皇太极第四子叶布舒，生于天聪元年（1627），生母为庶妃颜札氏。崇德三年，他12岁，是诸皇子中除长子豪格外年龄最长者。《李朝实录》所述情况，反映出崇德时期，随着五宫后妃的册立，人们对于皇位继承人选的看法（这种看法直接影响到朝鲜使臣），同天命、天聪时期已有不同，认为皇子生母名份之高低，是决定其子能否成为皇位继承

---

[1] 吴晗辑：《朝鲜李朝实录中的中国史料》第9册，第3627页。

入的一个重要因素。

崇德八年（1643）八月初九日，皇太极突然病逝。他生前未立储嗣，也未建立新的建储制度，这在客观上为汗位推选制的再度实施，提供了历史舞台。不过，清朝最高统治集团成员采用汗位推选制解决继统问题的同时，也为这一过时的最高权力继承制度，注入新的内容，并在一定程度上改变了它的性质。

皇太极死后，其弟睿亲王多尔衮与皇长子肃亲王豪格争位激烈，相持不下，一时出现继统危机。以孝庄为核心的崇德后宫作为皇权的代表者，与两黄旗重臣图赖、索尼、鳌拜等人联合，迫使多尔衮、豪格做出让步。八月十四日，诸王大臣于崇政殿定议，由年仅六岁的皇九子福临即皇帝位，45岁的郑亲王济尔哈朗与32岁的多尔衮共同辅理国政。二十六日福临即位，以明年为顺治元年。清朝入关前夕出现的继统之争，终于得以平复。

继统危机的解决过程中，以下情况尤为值得注意。[1]

第一，"立帝之子"，成为清朝最高统治集团内多数成员的共识。

皇太极死后，在立储问题上最有发言权的宗室共有六人，即四位亲王（代善、多尔衮、豪格、济尔哈朗）和两位郡王（多铎、阿济格）。郡王多铎（崇德四年由和硕亲王降为多罗贝勒，七年晋为郡王）与阿济格是多尔衮的同母兄弟，支持多尔衮继位；四位亲王中，代善和济尔哈朗都主张立帝之子；豪格身为皇太极长子，积极谋求继位。[2]多尔衮虽然极想自立为帝，但下述史料，透露出他的矛盾心态。

顺治二年（1645）底，多尔衮曾追述："昔国家有丧时"，"英王（阿济格）、豫王（多铎）皆跪予前，请即尊位……予端坐不动曰：'尔等若如此，予惟有一死而已……'"[3]尽管这是事后之言，不足为凭，但起码表明他当时顾虑重重，所以只能忍痛拒绝这一心仪已久的请求。

福临被议立不久，阿达礼、硕托等人密谋拥立多尔衮。多尔衮得知

---

[1] 参见许曾重：《太后下嫁说新探》，载《清史论丛》第8辑，北京：中华书局，1991年。关于顺治帝继位问题，本书吸收了许先生的部分观点。

[2] ［朝鲜］《沈阳状启》，第514-515页，辽宁大学历史系清初史料丛刊本，1983年；《清史稿》卷249，《列传》36，《索尼》；《清世祖实录》卷37，顺治五年三月己亥。

[3] 《清世祖实录》卷22，顺治二年十二月癸卯。

后,"惧罪及己,是以出首"[1],并将硕托、阿达礼等迅速处死。

多尔衮的上述表现乃多种因素所致,其中重要一点,是他深知立帝之子已成为众人共识,大势所趋,所以不愿也不敢冒天下之大不韪,而只有通过其他方式,以部分地满足其强烈的权力欲。他接受孝庄与两黄旗大臣的要求,在崇德八年八月十四日定立嗣君会议上提出立福临为帝,由他和济尔哈朗辅政的方案,正是他认识到立帝之子已成不可扭转之势后,作出的明智之举。多尔衮是明清之际一位很有政治眼光的杰出人物,他在拥立福临继位问题上所表现出的识大体,与多铎、阿济格等人昧于形势、一味从个人私利考虑,形成鲜明对比。这也体现出兄弟三人在政治素养、总体素质上的高低之分。

从形式上看,福临的继位是由诸王大臣共同议定,事实上,与努尔哈赤生前制定的由八和硕贝勒推举嗣汗的做法,已有很大不同。

八王共治制规定,新汗是在分任八旗旗主的八王(努尔哈赤的子、侄、孙)中产生,八王皆有被推选的资格。这表明以父死子继为重要内容之一,体现皇权绝对排他性的皇统世袭制,在后金汗国尚未确立。然而,皇太极称帝并改元崇德后,经过八年集中皇权、巩固皇权的斗争,当他去世时,人们已开始重视、遵循父死子继的皇位传承原则,在此基础上,清朝最高统治集团成员形成"立帝之子"的共识。

努尔哈赤死后,皇太极之所以被诸贝勒推立为新汗,除去他是先汗之子外,另一重要原因,是其"勇力绝伦,颇有战功"[2],"才德冠世","众皆悦服"[3]。然而,若以才力功绩而论,皇太极诸子中唯有长子豪格最为突出,年仅六岁的福临当被排除在外。

所以,福临的继位,既不符合努尔哈赤确定的八王推立嗣汗宗旨,也与皇太极主要凭依自身实力继承汗位的情形大相径庭。由于他在皇太极诸子中居贵显之首,从而得以在皇权的扶持下承继皇位,其母孝庄也在其中起有关键性作用。换言之,皇太极去世时,皇位继承人选的自身权势及其

---

1 《清世祖实录》卷90,顺治十二年三月庚子。
2 [朝鲜]李民寏《建州闻见录》,第45页,辽宁大学历史系清初史料丛刊本。
3 《清太宗实录》卷1,天命十一年八月庚戌。

才力等条件，已退居次位，起有更重要作用的，是此人与皇权之间的关系，即与皇太极之间的血缘关系，以及根据其生母地位而决定的贵显等级。幼儿福临正是依恃皇权的力量，成为皇位继承人。

第二，两黄旗大臣异军突起，成为皇权的有力捍卫者。

从继统危机发生乃至解决，两黄旗大臣始终表现出参议皇嗣人选的主动性，令人刮目。

皇太极刚刚去世，两黄旗主要大臣"图尔格、索尼、图赖、锡翰、巩阿岱、鳌拜、谭泰、塔瞻八人，往肃王（豪格）家中，言欲立肃王为君，以上（福临）为太子，私相计议"[1]。可见，两黄旗内部已形成一支主张立帝之子的中坚力量。

八月十四日会议前夕，即"太宗崩后五日，睿亲王多尔衮诣三官庙，召索尼议册立。索尼曰：'先帝有皇子在，必立其一，他非所知也'"[2]，明确表示应立帝之子。而多尔衮身为亲王，这一屈躬摸底之举，亦从反面证明两黄旗大臣的态度很受重视。

八月十四日"黎明，两黄旗大臣盟于大清门，令两旗巴牙喇兵张弓挟矢，环立宫殿，率以诣崇政殿"。造成先声夺人之势。会议开始后，索尼与鳌拜"首言立皇子，睿亲王令暂退"[3]。接着，议立豪格、多尔衮、多铎、代善的方案先后出台，各方不能达成一致。在陷入僵局的关键时刻，两黄旗大臣"佩剑而前曰：'吾属食于帝，衣于帝，养育之恩与天同大，若不立帝之子，则宁死从帝于地下而已。'"此前，豪格已表示"'福小德薄，非所堪当'，固辞退去"。这时，代善以老病为由抽身离开会场，阿济格"随而出"，多铎"默无一言"。多尔衮见自立无望，迫于两黄旗大臣的压力，提出"当立帝之三子（编者注：第三子为第九子之误）。而年岁幼稚，八高山军兵，吾与右真王（济尔哈朗）分掌其半，左右辅政，年长之后，当即归政"[4]。这一建议为与会者接受，从而为皇太极死后皇权交接的顺利完成，铺平道路。还应看到，此次会议最后议定福临为皇位继承人时，六

---

1 《清世祖实录》卷37，顺治五年三月己亥。
2 《清史稿》卷249，《列传》36，《索尼》。
3 《清史稿》卷249，《列传》36，《索尼》。
4 ［朝鲜］《沈阳状启》，第514页，辽宁大学历史系清初史料丛刊本。

位实力最强、最有发言权的亲王、郡王中，竟有三人（豪格、代善、阿济格）于中途退出会场，这是与议立皇太极为嗣汗时迥然不同的情况，说明斗争的复杂性与激烈程度都超出前者。

会议之后，索尼与谭泰等共六位两黄旗大臣"盟于三官庙，誓辅幼主，六人如一体"[1]。

不久，硕托、阿达礼等人拥立多尔衮的密谋暴露。[2]八月二十二日，两黄旗大臣、侍卫共210人"盟誓天地"，效忠幼主，"如效先帝时"，不得"谄事诸王"，"结党谋逆"[3]。

按照八王共治制所规定的汗位推选制原则，议定新帝，乃宗室诸王分内之事，因此，议立皇太极为嗣汗时，八旗大臣并无发言权。八月十四日会议上，诸王宗室，特别是爵位最高的四位亲王、两位郡王本应是主角，参加会议的两黄旗大臣，只应充任陪衬角色，遵诸王旨意行事，唯前者马首是瞻。但是，恰恰相反，两黄旗大臣不仅于会前以武力示威，会议伊始先声夺人，当众人之议"未及归一"时，两黄旗大臣再次挺身而出，慷慨陈词，表达立帝之子的坚定决心，从而迫使多尔衮提出上述方案。解决继统危机的全过程中，两黄旗大臣作为一个特殊的政治群体，始终居于主动地位，在关键时刻起到重要作用。两黄旗大臣这种反客为主、敢于公开与诸王抗争的表现，与其身份不相符合，在后金历史上从未曾有。

两黄旗乃皇帝自将之旗，两黄旗大臣的切身利益，与崇德皇权休戚相关。继统危机中，两黄旗大臣之所以能与崇德后宫的主张相一致，舍弃豪格，力主立福临为帝，很大程度上是为维护其既得利益这一动机所驱使。如果豪格称帝，正蓝旗的地位将大大上升，这对两黄旗大臣极为不利，只有福临继位，才能避免这一结果。

下述情况，从另一角度反映出两黄旗大臣的重要作用。

当多尔衮拒绝阿济格和多铎的劝请后，阿济格和多铎曾一语道破多尔衮之顾虑所在："汝不即位，莫非畏两黄旗大臣乎？"[4]

---

1 《清史稿》卷249，《列传》36，《索尼》。
2 《清世祖实录》卷1，崇德八年八月丁丑。
3 《清世祖实录》卷1，崇德八年八月癸未。
4 《清世祖实录》卷63，顺治九年三月癸巳。

继统危机解决后，豪格曾对人说："固山额真谭泰、护军统领图赖、启心郎索尼向皆附我，今伊等乃率二旗，附和硕睿亲王。""和硕睿亲王非有福人，乃有疾人也，其寿几何，而能终其事乎？设不克终事，尔时以异姓之人主国政，可乎？"[1]豪格因未能继承帝位，牢骚满腹，认为多尔衮是因得到两黄旗的支持，才登上摄政之位；并预言如果多尔衮英年早逝，两黄旗大臣将继而代之。

豪格的上述看法，反映出两个重要事实。其一，经过皇太极的多次惩治，八旗旗主、诸王贝勒普遍受到贬抑，唯有皇太极独尊，凌驾诸王之上，而诸王贝勒的权势，皆不足以与皇权相抗衡。其二，与崇德皇权的发展同步，两黄旗因是"皇上旗份"，实力不断增长。继统危机中，无论何人，必须同两黄旗大臣联合，实质上也是借助皇权的力量，方有可能在这场政治角逐中，取得胜利。豪格正因失去两黄旗大臣支持，成为角逐中的失败者。痛定思痛之后，他才有此认识，为时晚矣。多尔衮也主要由于未能获得两黄旗大臣的支持，被迫退出皇位之争。

两黄旗大臣能够在继统危机的解决过程中发挥重要作用，是崇德皇权已较为集中、皇权基础较为牢固的体现，同时，还有更深层的原因。

依据八旗制度，八旗大臣是各旗旗主的家仆属人，与旗主之间具有隶属关系，上下尊卑分明，不可逾越。两黄旗大臣亦无例外。两黄旗旗主皇太极去世后，两黄旗大臣的家仆属人身份并未改变。

两黄旗大臣的权势来自皇权，必须以皇权为依恃，皇太极在世时如此，其死后亦然。否则，解决继统危机过程中，他们就不可能与诸王相抗衡，并为诸王所畏惧，甚至被认为有"主国政"之势。

质言之，皇太极暴卒后，两黄旗大臣唯有以清皇室为靠山，在其支持下才能采取一系列前所未有的行动。在皇太极未立储嗣而亡的特定历史条件下，与皇权关系最为紧密，并在某种意义上讲可以代表皇权者，非皇太极妻室即崇德后宫莫属。

第三，作为维护皇权、抵制诸王图谋帝位的核心力量所在，以孝庄为代表的崇德后宫是两黄旗的强大后盾。

---

[1]《清世祖实录》卷4，顺治元年四月戊午。

为了更好地认识以孝庄为代表的崇德后宫在清朝继统危机中所扮演的重要角色，有必要对崇德后宫权力的产生背景，做一综合考察。

崇德后宫之所以能够参与解决继统危机，并发挥关键性作用，同清朝入关前女真（满族）社会的传统习俗，密不可分。

明朝末年，女真人的经济生产尚未完全转变为农业耕作，传统的渔猎采集还占有较大比重。因此，女真妇女在其中处于重要地位，除参加狩猎外，主要负责采集，并经常赴关市从事贸易。[1] 所谓"女人之执鞭驰马，不异于男。十余岁儿童，亦能佩弓箭驰逐。少有暇日，则至率妻妾畋猎为事"[2]，是女真社会习俗在一个方面的浓缩写照。史载，天命、天聪时期，后金汗常常率领诸福晋、诸贝勒及其福晋，一同出猎。[3] 后金进入辽沈地区后，因男子常常外出作战，妇女大多参加农业耕作。如天命后期，诸贝勒曾下令"著所有妇孺皆出，耕锄田禾，作速培土"[4]。可见妇女是田间劳动的主力。

由于在经济生产中担负重要角色，女真族妇女的总体社会地位，与汉族封建社会中的妇女有很大不同。这突出表现在部分女真贵族女子跻身领导层，拥有较大权势和一定的政治影响力。如女真社会中除男性酋长外，也有女性酋长。[5] 天命八年（1623）五月，努尔哈赤责"诸女骄纵无度"，"凌侮己夫"，竟使"贤而有功"的夫婿受制于己。[6] 这从一个侧面显示了女真贵族女子的权力欲望。努尔哈赤第三女哈达公主莽古济，深深卷入皇太极与三大贝勒的权力之争，并于天聪九年（1635）的蓝旗事件中被指告与兄莽古尔泰等"谋逆，服诛"，即是典型一例。[7] 蓝旗事件发生后不久，诸贝勒在效忠誓词中遵照皇太极旨意，写入不得将"机密重事，出告于妻妾

---

1 参见王冬芳：《满族崛起中的女性》，第79—81页，沈阳：辽宁民族出版社，1996年。
2 [朝鲜]李民寏《建州闻见录》，第44页，辽宁大学历史系清初史料丛刊本。
3 《满文老档》上册，第634页；《清初内国史院满文档案译编》，上册，第159、160页。
4 《满文老档》上册，第704页。
5 [朝鲜]申忠一：《建州纪程图记》，第11、19页，辽宁大学历史系清初史料丛刊本，1979年。
6 《满文老档》上册，第484—485页。
7 唐邦治：《清皇室四谱》卷4，《皇女》。

旁人者"等内容。¹可见，直至天聪后期，后金统治集团成员将军国大事商之于妻妾，仍是较普遍的现象。

天命十年（1625）六月二十七日夜，明将毛文龙部三百兵突袭后金的一个村落，准备越墙时被村中三位妇人撞见。当其中一位的丈夫"命村人持弓佩撒袋之际"，她们三人已持刀先后登墙，"砍杀追赶"，迫使三百兵狼狈逃窜。事后，努尔哈赤对她们予以表彰嘉奖，分别授予备御、千总等职，"并于国中宣扬其名"²。这三位寻常妇人以一当百，执刀驱敌事例，应当说很具有代表性，体现出女真族妇女英武强悍的总体风貌。而皇太极去世后，孝庄在清朝继统危机中的所作所为，则是女真（满族）妇女特有的民族气质与作风，在另一种场合下的充分表现。

后金建立后，女真社会开始向（封建）农奴制过渡，但女真妇女尚未受到封建礼法的束缚，她们能够较自由地同男子一道，参与各种社会活动。每当努尔哈赤设宴款待诸贝勒大臣时，他的福晋以及满蒙贝勒福晋常常作陪。³又如天命十年（1625）正月初二日，努尔哈赤带领众福晋、八旗诸贝勒及其福晋、蒙古诸贝勒及其福晋、众汉官及其妻子一起来到盛京城外太子河上，"玩赏踢球之戏"，入夜方归。⁴

清朝入关前，凡后金（清）最高统治者迎送蒙古王公，特别是其福晋的母家戚属时，常常是汗与诸福晋、诸贝勒与其福晋等一起，远行数里迎送。这种例子在《满文老档》中多有记载。⁵所以，皇太极的福晋们对于后金最高统治层成员的情况相当熟悉，与其多有交往，乃顺理成章之事，而孝庄只是比皇太极的其他妻妾更为有心，目光更加远大罢了。

考察崇德后宫的有关情况，不应忽略盛京皇宫所具有的地理空间特点。

清朝入关后建立对全国的统治，从一个地方政权发展为全国政权。它的统治中枢所在地，即北京皇宫紫禁城，占地72万多平方米，共有宫殿

---

1 《清太宗实录》卷26，天聪九年十二月甲辰。
2 《满文老档》上册，第634页。
3 《满文老档》上册，第291、348页。
4 《满文老档》上册，第619页。
5 《满文老档》上册，第499页；下册，第1361页、1381页。

9000多间。[1]而崇德时期清廷中枢所在地，即盛京皇宫，仅占地六万余平方米，约是紫禁城的十二分之一；全部楼台殿阁500余间，约为紫禁城的十八分之一。[2]盛京皇宫内，皇太极与皇后的寝宫清宁宫以及宸妃的关雎宫、贵妃的麟趾宫、淑妃的衍庆宫、庄妃的永福宫，全部集中在一座四合院里。皇太极常朝之所、举行重大庆典活动的崇政殿，与作为后妃生活区的这座四合院之间，仅有一座三层的观赏性建筑凤凰楼相隔。[3]相对狭小的空间，使后金最高领导层的活动不可能完全避开后宫眷属，而五宫后妃们也很容易了解到近在咫尺的后金最高层会议上发生的情况。更何况按照满族（女真）的传统习俗，皇太极举办重大宴会等活动时，福晋们大都在场，无须刻意回避。

《满文老档》中有多处记载证实，直至崇德时期，清朝内廷与外廷的界线还很不分明。皇太极经常在其寝宫清宁宫中召见或宴请后金统治集团成员、国戚懿亲及蒙古王公、外藩戚属。如崇德四年（1639）十二月，麟趾宫贵妃之父，阿霸垓部首领额齐格诺颜等人"各率所属归附，贡献方物"，皇太极特于清宁宫赐宴。[4]这种场合下，不仅中宫皇后出席，麟趾宫贵妃以及包括孝庄在内其他三位"五宫后妃"成员，也会参加作陪。

盛京皇宫较为狭小的内部空间，将理政之所与后妃寝宫连接紧密，加之清朝开国之初各种朝纲规制尚未完备，中宫所在地清宁宫，同时亦为皇太极处理政务之处。这种情况在儒家伦理思想占统治地位的汉族王朝内，绝无可能出现，而清朝入关后也逐步消失。将内宫兼做二用、家事与国政不分的现象，应当说是崇德皇权还不成熟，八旗制度中家族制色彩浓厚的一种客观反映。

在上述各种因素交互影响的特定境况下，清朝入关前，后妃们同诸王贝勒大臣之间不可避免地有较多接触，相互比较了解，她们参与政务的客观条件，是完全具备的。康熙年间，孝庄曾谦称："予虽在宫壸，太宗行政

---

1 《故宫博物院导引》，第2页，北京：紫禁城出版社，1983年。
2 参见佩环、霁虹：《塞外汗王宫》，第1页，北京：紫禁城出版社，1996年。
3 参见姜相顺、佟悦：《盛京皇宫》，第53、54、66—70页，北京：紫禁城出版社，1987年。
4 《清太宗实录》卷49，崇德四年十二月壬寅、癸卯。

亦略知之。"¹其实，对于孝庄来说，并非"略知"，而是了然于心。否则，她不可能有其后的所作所为，成为明清之际政治舞台上具有重要影响之人。

中国封建社会中，后妃作为君主的附属品，其总体地位的高低，往往同皇权的集中程度成正比。

皇太极改元称帝后，随着皇权的一步步集中和巩固，他开始在朝野上下树立起较高权威。在他去世前，崇德皇权已初步表现出君主专制政体所具有的独占性与排他性特征。崇德后宫的政治地位以及所能产生的影响与作用，皆已超过天命后宫和天聪后宫。

崇德时期，皇太极通过各种措施打击八旗旗主（八和硕贝勒），以加强皇权，但八旗属员唯知其主的观念，仍在人们头脑中根深蒂固。皇太极生前未立储嗣，他的八个儿子（早卒者除外）中封有亲王爵位者，只有长子豪格一人，而豪格是正蓝旗旗主，与两黄旗之间没有隶属关系。由于皇太极其他诸子或无军功，默默无闻，或年纪幼小，不谙世事，所以，当皇太极突然去世后，其主要后妃便无可争辩地成为两黄旗的女主人，与两黄旗大臣之间，具有隶属关系。换言之，在这种极其特殊的情况下，只有她们，才能名正言顺地代表"先帝"，及时填补两黄旗主人的空缺，而她们之中的佼佼者孝庄，也就成为后宫的主心骨。

孝庄本人的综合素质与能力，是她能够在继统危机中发挥作用的又一重要原因。

努尔哈赤是一位很有远见的政治家，早在后金建立之前，即令额尔德尼等人创制满文。他不仅要求子孙后辈精于骑射，不忘国本，还一向重视对他们进行文化教育。²天命十年（1625）孝庄嫁与皇太极时，年仅13岁，她本人的学习情况，可以从其侍女苏麻喇姑为其伴读时学有所成，其后成为幼年玄烨的启蒙老师这一事实，³得到间接反映。

孝庄"性知书"⁴，"嗜古好学"⁵。这一良好习惯伴其终身，并对她所抚

1　参见中国第一历史档案馆：《康熙起居注》第1册，第68页，北京：中华书局，1984年。
2　《满文老档》上册，第218页。
3　昭梿：《啸亭续录》卷4，《苏麻喇姑》。
4　张采田：《清列朝后妃传稿》传上，第30页。
5　《御纂内则衍义》，福临序文。

育、培养的顺治帝与康熙帝，产生了不同程度的积极影响。

历经三朝（天命、天聪、崇德）的后宫生活，使孝庄目睹天命末年以来的重大事件以及发生在后金最高统治层内部的权力之争，这对于她增长见识、提高分析力大有裨益。由于这种特殊环境的熏陶，孝庄从少女时代就关心朝政，关注清皇室亦即清朝的命运和前途，直至暮年，仍"以爱民为念"[1]。继统危机中，她之所以显示出较强的应变能力，能够于幕后控制、指挥两黄旗，与她在多年的宫廷生活里耳濡目染，善于学习、观察，并注重吸取经验教训，均有一定因果关系。当然，她在长期交往中与诸王贝勒、两黄旗大臣之间建立一些联系，具有一定威信，也是不可或缺的。

历代王朝建立伊始，最高统治者首先采取的重大措施之一，是制定冠服制度，此为新王朝"辨等威，明贵贱"，确立统治秩序所必需。皇太极于崇德二年（1637）二月特谕诸王、贝勒："服制者，立国之经"[2]，可见其重视程度。史载："清自崇德初元，已厘定上下冠服诸制。"[3]又载，"苏麻喇姑，孝庄文皇后之侍女也"，"国初衣冠饰样，皆其手制"[4]。据此，可做出以下判断：

第一，天聪年间，孝庄以其聪颖机敏，富有才力而在皇太极的众福晋中崭露头角，为皇太极所赏识。所以，当他建国号曰大清，改元崇德后，随将制定清朝衣冠服饰这一重任，交付孝庄。正因孝庄主管此事，才能做出让其贴身侍女苏麻喇姑参加衣冠饰样制作的安排。

第二，苏麻喇姑作为陪嫁女子，跟随孝庄已历十载。在女主人的指教下，她从一个出身贫苦牧民家庭的幼女，成长为具备一定文化素养之人，而且心灵手巧，擅长女红，富有一定创造性。孝庄的突出才能，是她能够培养出这样一位出色侍女的重要原因，为皇太极其他后妃所不及。其不拘一格，委派侍女部分承当此项重任，除去表明知人善任外，还显示出她的魄力及其在满族统治集团中的重要地位。事实证明，苏麻喇姑圆满地完成任务，并为后世所铭记。

1　《康熙起居注》第2册，1702页。
2　《清太宗实录》卷34，崇德二年四月丁酉。
3　《清史稿》卷103，《志》78，《舆服》2。
4　昭梿:《啸亭续录》卷4，《苏麻喇姑》。

综上所言，早在天聪、崇德时期，孝庄多方面的才能即已逐步为满族上层统治成员所熟知，她参与并主管崇德初元衣冠服饰的创制，是其从政的标志之一。康熙二十六年（1687）十二月孝庄去世，诸王贝勒、文武群臣"公疏奏请节哀"时，称太皇太后"佐太宗文皇帝，肇造丕基，启世祖章皇帝式廓大业"[1]，并非尽为虚语。

下述一系列情况，也对孝庄较为有利。

皇太极去世时，五宫后妃中除去早逝的宸妃外，其他四位都健在。孝庄尽管排在五宫之末，但其亲子福临年已六岁，而皇后与淑妃皆无子，麟趾宫贵妃之子博穆博果尔只有三岁。麟趾宫贵妃与淑妃原为察哈尔部林丹汗之妻，[2]皇太极与其结合并纳入五宫之列，主要是出于安抚外藩的政治目的。崇德改元前夕，她们两人才来到后金，其实际地位与政治影响力远远不及孝庄，无论对于清朝最高层情况的了解，或是在诸王贝勒大臣中的基础，她们都无法与早来将近十年的孝庄相比。

孝庄是中宫孝端皇后的亲侄女。因孝端本人较少政治才能，又未生子，在皇太极突然去世的情况下，她也十分需要有这样一位既有决断又是其近亲的后宫成员作为倚靠，唯有如此，方能同舟共济，共渡难关。

通过联姻方式建立与蒙古贵族的联盟，以孤立明朝、巩固后方，是努尔哈赤时就已制定的国策，皇太极仍之。皇太极的五宫后妃全部是蒙古族人，其中一后二妃即孝端与宸妃、孝庄姑侄三人，都来自科尔沁部。蒙古诸部中，该部归附清朝最早，对满族统治者最为忠诚。清朝入关前征伐察哈尔林丹汗部等一系列军事行动中，科尔沁部王公无不积极参与，立下汗马之功。皇太极去世之际，清朝正处于与明朝争夺对全国统治权的关键时期，更需要加强与蒙古各部的联盟，利用后者的兵力对明作战。因此，立福临为帝，不仅得到孝端的全力支持，麟趾宫贵妃及淑妃起码不会反对，能够形成四宫后妃通力合作局面。更重要的是，由于这一决定对巩固满蒙贵族联盟大为有益，且又事关清朝前途和命运，所以易于得到诸王大臣首肯，达成共识。

1　《康熙起居注》第2册，第1692-1693页。
2　参见唐邦治：《清皇室四谱》卷2，《后妃》。

皇太极曾将出生数日的婴儿视为"皇嗣",欲立为储君。尽管他未能达到目的,但这一做法却开创清朝以皇子生母身份高低为取舍,可立幼子为皇嗣的先例。孝庄力主立福临为帝,正因有此前例可援。既然出生不及一月的婴儿可做储嗣,福临已经六岁,其年龄不应成为一个突出的不利因素。皇太极当年视尚在襁褓中的爱子为皇嗣,他大概不会想到,此举对其死后清朝解决皇位继承人问题,有重要影响。

使自己唯一的亲子成为皇位继承人,是孝庄在福临出生后便产生的宿愿。因此,当皇太极暴卒,多尔衮与豪格争位激烈,相持不下时,她抓住这一难得机遇,充分发挥自己的睿智和才干,凭着将近20年宫廷生活中积累的经验,以及对满族统治集团内部情况和重要人物的长时期观察与分析,在取得孝端的支持后,迅速制定出联合两黄旗重臣,争取礼亲王代善和郑亲王济尔哈朗,孤立肃亲王豪格,逼迫睿亲王多尔衮采取合作等策略。同时,利用诸王之间,特别是多尔衮同豪格之间的矛盾,由她本人幕后指挥,两黄旗大臣冲锋陷阵,加以施展各种手腕,终于如愿以偿,六龄童福临顺利登上皇帝宝座。

由于编纂体例等原因,孝庄在继统危机解决过程中所起的作用,清代史籍中无任何记载。然而,我们不能因此忽视这一情况。

皇太极去世后,以孝庄为代表的崇德后宫与两黄旗大臣的联合,在很大程度上决定了其后自顺治元年至康熙八年(1644—1669),整整26年期间清朝的政治格局,直至康熙帝清除鳌拜集团,才发生变化。这是观察、研究清朝入关初期历史的一个十分重要的视角。

孝庄之子福临继位,是通过汗位推选制的形式而实现,实质上则是皇权力量已高于八旗诸王势力这一政治形势使然。清朝继统危机迅速、圆满地得以解决,表明清朝皇权已走过它的最初历程。清朝皇权高度集中与强化的奠基阶段开始前的序曲,至此落下最后一个音符。

第三节　汗位推选制的消亡

一、清朝入关与皇权高度集中、强化的奠基阶段

顺治元年（1644）四月，摄政王多尔衮率领清军入关，击败李自成农民军，进驻北京。是年十月，顺治帝在北京举行了第二次登极大典。清朝皇权由偏居一隅的地方性统治权威，开始转变为君临天下，统治全国的最高权力，这是继天聪汗权转变为崇德皇权后，清朝皇权发展史上第二次具有重要意义的转折。

然而，清军入关，定都北京，只是清朝由地方政权转变为全国政权这一艰巨历程的第一步。统一战争刚刚开始，清统治集团所面临的任务异常艰巨。所以，对于摄政王多尔衮来说，只有最大限度地集中、强化他所代行的皇权，保证最高决策权不受干扰，才能迅速制定并贯彻一系列战略、策略与大政方针，发挥、扩大清朝自身力量，在逐鹿中原中，夺取最后胜利。

多尔衮的集权，主要体现在打击诸王贝勒，进一步剥夺其特权，削弱他们在朝中的作用和影响，逐步将最高决策权尽收己手。他为此采取了一系列措施。如入关前夕"罢诸王贝勒等办理部院事务"；命都察院稽查诸王贝勒等违法言行；入关后严禁诸王大臣干预政务及交接汉官，以保证行政和人事权力的集中与统一；削弱亲王旗主与本旗官员的主仆关系，禁止满汉大臣往来王府；等等。[1]

多尔衮打击诸王，以济尔哈朗与豪格作为重点。顺治四年（1647）二月，济尔哈朗罢议政。同年七月，多尔衮以胞弟豫郡王多铎为辅政叔王。[2] 顺治五年（1648）三月，多尔衮兴起大狱，豪格被"幽系"，不久去世，济尔哈朗也进一步遭到打击。是年十一月，三朝元老礼亲王代善病逝。至此，诸王贝勒中已无人能与多尔衮相抗衡。

1　《清世祖实录》卷2，崇德八年十二月乙亥、丁丑；卷44，顺治六年六月壬寅；卷49，顺治七年五月乙卯。

2　吴晗辑：《朝鲜李朝实录中的中国史料》第9册，第3812页；参见《清世祖实录》卷33，顺治四年七月庚子、辛丑。

需要指出，摄政时期皇权的集中与加强，与清朝统一中原的战争同步进行，二者有着相辅相成的关系。清朝定鼎北京后，在军事上不断取得重大胜利。顺治二年（1645）清军先后击败李自成农民军及张献忠农民军。在此前后，弘光、隆武、绍武等南明朝廷亦相继灭亡。这与多尔衮大力集中权力，以保证清朝中央政权机构协调运作，密切相关。另一方面，清朝统一大业进展相对顺利的客观形势，也使清朝皇权得到巩固，统治力进一步加强，为多尔衮的不断集权，提供了不可或缺的支持。

毋庸讳言，多尔衮的称帝欲望十分强烈。他集中、强化权力而采取的诸多举措，固然为清廷统一全国所必需，并在客观上加强了皇权，对于清朝由地方政权向全国政权的转化，起到推动作用，但同时也是为其扩大个人力量，最终获取皇位扫除障碍。这就势必构成对顺治帝的严重威胁。

顺治五年（1648）三月，多尔衮在打击济尔哈朗及豪格的同时，对两黄旗重臣索尼和鳌拜给予惩处，借以削弱皇室的力量。

是年十一月，多尔衮"背誓肆行，妄自尊大，自称皇父摄政王。凡批票本章，一以皇父摄政王行之"[1]。不仅"所用仪仗、音乐及卫从之人，俱僭拟至尊，盖造府第，亦与宫阙无异"，更有甚者，"凡一切政事及批票本章，不奉上命，概称诏旨，擅作威福，任意黜陟"[2]。他已成为"中国实际上之统治者"[3]。

多尔衮摄政时期，顺治帝形同虚设，少年天子与摄政王之间矛盾尖锐。顺治帝亲政后追述："于时睿王摄政，朕惟拱手以承祭祀，凡天下国家之事，朕既不预，亦未有向朕详陈者。"[4]他还时常受到多尔衮亲信的欺凌，甚至连人身安全亦无保证。[5]

顺治七年（1650）十一月，多尔衮以"有疾不乐"，率诸王大臣等"猎于边外"，十二月初九日于喀喇城（今河北承德西南滦河镇）去世，终

---

1 《清史稿》卷218，《列传》5，《多尔衮》。
2 《清世祖实录》卷53，顺治八年二月己亥。
3 ［德］魏特：《汤若望传》，杨丙辰译，第234页，北京：商务印书馆，1949年。
4 《清世祖实录》卷88，顺治十二年正月戊戌。
5 《清世祖实录》卷63，顺治九年三月癸巳。

年39岁。[1]长达七年之久的清初最高统治权力之争，至此告一段落。

多尔衮自称皇父摄政王后，其夺取皇位的图谋之所以始终没有付诸行动，一是继统危机期间所出现的孝庄与两黄旗大臣的政治联合，形成一支扼制多尔衮这一图谋的有力力量；二是清朝正处于蓬勃进取、蒸蒸日上阶段。统一大业使清朝统治集团成员获得愈来愈多的利益，从而进一步增加了他们对于皇权的向心力，这种向心力对于分裂倾向的制约作用，不容忽视。

还应看到，满族内部具有很强的凝聚力，这是它能够崛起于东北一隅，不断发展壮大，在与明朝的较量中以弱胜强，终于入主中原，并统治中国268年之久的一个重要原因。康熙帝曾指出："汉人心不齐，如满洲、蒙古，数十万人皆一心。朕临御多年，每以汉人为难治，以其不能一心之故。"[2]他认为，内部能够团结一致，万众齐心，是满族人的一个突出优点，是强于汉人之处。这一民族特点，在部分满族统治阶层成员身上，也有所体现。清朝入关前夕及顺治朝初年，围绕皇位问题展开的斗争中，多尔衮最终都能顾及清朝的统治大局，维护满族统治集团内部的团结，从而避免了满族统治集团最高层的分裂。[3]如果多尔衮为争夺皇位而孤注一掷，造成满族内部厮杀混乱局面，清朝入关及其统一中国的进程，将大为延缓，甚至遭到严重挫折。多尔衮的这种做法，在中国古代统治者中是罕见的。

与中国历史上其他大一统中央王朝相比，只有清朝开国之君为一幼童，而全面代行皇权的摄政王，不仅是一位王朝的开创者，还是一位怀有强烈的称帝欲望，但因种种主客观原因未能如愿以偿者，其所作所为对顺治帝构成严重威胁的同时，在客观上又使清朝皇权得以逐步集中与加强。清朝开国初年的皇权，具有上述特点，是其与以往大一统中央王朝不同之处。

顺治八年（1651）正月，14岁的顺治帝亲政。由于多尔衮摄政时期采取了诸多有效措施，宗室贵族的权势已进一步削弱。开国诸王如礼亲王代

---

1 《清世祖实录》卷51，顺治七年十一月壬戌、十二月戊子。
2 《清圣祖实录》卷270，康熙五十五年十月壬子。
3 参见许曾重：《太后下嫁说新探》，载《清史论丛》第8辑。

善、肃亲王豪格、豫亲王多铎、睿亲王多尔衮、英亲王阿济格（顺治八年十月被勒令自裁）等人，已因不同原因相继去世。仅存者郑亲王济尔哈朗并非嫡系，其他亲王、贝勒等大都年纪尚轻，既无战功，又乏从政经验，无从构成对皇权的威胁。这些政治因素对顺治帝进一步集中、加强皇权，十分有利。

顺治八年（1651）二月，多尔衮为人告发生前"谋逆"，遂被撤去追封的"诚敬义皇帝"号，籍没家产，平毁墓葬。顺治帝在孝庄与两黄旗大臣的支持下，实施以"奸"反"奸"、欲擒先纵、打击重点、团结多数的策略，在一年多内，分做三批，顺利清除多尔衮的党羽。同时，原为多尔衮掌握的正白旗改由皇帝自将，与两黄旗一起，组成上三旗。

顺治帝亲政后，清朝皇权的集中与强化有较大进展，但又出现皇太后与皇帝，即孝庄母子之间的权力之争。在此政治背景下，年轻的顺治帝产生按照其本人好恶，择立皇位继承人的意图，并拟以此作为加强皇权的一个重要步骤。

二、顺治帝的建储意图

（一）孝庄太后与顺治帝的关系

孝庄母子的关系，以顺治八年（1651）正月少年天子亲政为界，形成两个截然不同的阶段。

当皇太极猝死，清朝出现继统危机时，是孝庄与两黄旗重臣经过激烈斗争后，拥立福临为帝；又是他们在多尔衮七年摄政时期，顶住多尔衮的威胁与压力，成功地维护了顺治帝的皇位，保护了幼年皇帝的人身安全，使其最终得以亲政。在此期间，孝庄母子相依为命，顺治帝对母亲深怀感激与敬佩。不料，他亲政后的十年中，这对母子之间逐渐产生不可调和的矛盾，双方都为之痛苦不堪。当顺治帝临终时，他们的关系已发展到水火不容的地步。这在所谓顺治帝遗诏内，暴露无遗。

十八年（1661）正月，顺治帝因患痘疹（天花）去世，年仅24岁。清廷公布的顺治帝遗诏中，命皇三子玄烨继位，由上三旗大臣索尼、苏克萨哈、遏必隆、鳌拜辅政。遗诏历数顺治帝亲政期间14条失误，如"纪纲法度，用人行政，不能仰法太祖太宗谟烈"；"渐习汉俗，于淳朴旧制，日有更张，以致国治未臻，民生未遂"；不能"优遇"宗室诸王贝勒，"不能信任"满洲诸臣；"委任汉官，即部院印信，间亦令汉官掌管，以致满臣无心任事，精力懈弛……"[1] 顺治帝生前曾几次下诏自责，但大都笼统而言，很少涉及具体问题，与遗诏的口吻判若两人。何况他染患天花后，从发病到去世不足六日，病势凶猛，其间不可能静思默想，总结失误。这些自责之辞，显然非顺治帝本意，而是体现出孝庄等人对顺治帝的看法和评价，即全面否定顺治帝的政绩，认为他所实施的满汉关系政策，以及他对满汉两种文化的不同态度，已在一定程度上危害到清朝的统治。一位"宾天"的皇帝受到如此鞭挞，而且主要出自其生母之意，实为中国历代王朝所仅见。

清朝入关初期，以孝庄为代表，包括两黄旗勋旧重臣在内的老一辈满洲贵族的思想观念，大都落后于他们所面临的社会变迁与文化转型形势。如孝庄"甚厌汉语，或有儿辈习汉俗者，则以为汉俗盛则胡运衰，辄加禁抑"。[2] 他们与郑亲王济尔哈朗等人一起，共同构成满洲贵族中保守势力的中坚。而满洲贵族中的年青一代，受到汉族文化的较多影响，顺治帝则是其代表。

顺治帝亲政后，虽然对多尔衮本人大张挞伐，但基本遵循多尔衮摄政时期的大政方针，并有所发展。他与多尔衮的最大不同之处，是更加重视满汉关系，却相对忽视满蒙贵族联盟。在"首崇满洲"[3]的前提下，顺治帝给予汉官一定权力，以期进一步团结汉族士绅，缓和满汉民族矛盾，扩大统治基础，进而完成统一大业，巩固清朝统治。同时，他在集中、强化皇权方面，也采取了一系列措施，并为此投入很大精力。

多尔衮在其摄政期间，不睬满汉朝臣的多次奏请，对幼龄皇帝的读书学习有意予以拖延。顺治帝亲政后经过长期苦学，方逐步具备较高的汉文化素养。不过，满族传统文化对他的影响，仍占有主导地位。满族文化的

---

[1] 《清世祖实录》卷144，顺治十八年正月丁巳。
[2] 吴晗辑：《朝鲜李朝实录中的中国史料》第9册，第3938页。
[3] 《清世祖实录》卷72，顺治十年二月丙午。

鲜明特征，表现在其特有的语言文字、尚武精神、骑射技艺以及特有的服饰、发饰、风俗习惯、民族意识等等方面。[1]对此，顺治帝从未有过异议，或做出任何改变。在圈地、严惩逃人、剃发易服等重大问题上，他更是从满族统治者的利益出发，态度坚决，从无动摇。

顺治帝与孝庄、两黄旗大臣在有关政策上的分歧与争论，清代官私著述中很少记载，唯有顺治九年（1652）围绕达赖五世晋京问题，清廷内部出现严重分歧一事，《清世祖实录》中有所披露。

早在皇太极时期，清朝就已相当重视在西藏与蒙古地区广为传播的喇嘛教。加以清朝统治者实行满蒙贵族联姻政策，不仅皇太极的五宫后妃及顺治帝的两位皇后尽为蒙古贵族女子，包括多尔衮、豪格在内相当一部分满洲亲贵的福晋，亦皆来自蒙古贵族家庭，她们都是虔诚的喇嘛教信徒。多尔衮摄政时期，喇嘛教在北京地区广泛传布，高层喇嘛僧徒具有一定权势。而顺治帝则认为，喇嘛教的逐鬼活动"不过欲惑人心耳"[2]。这多少反映出少年天子对喇嘛教的看法，与笃信该教的孝庄太后有所不同。

顺治九年（1652）达赖五世来京觐见顺治帝，是当时清廷的一件大事。皇太极生前及多尔衮摄政时期，都曾邀请达赖来访，其目的在于使之协助清朝完成统一喀尔喀蒙古之举。[3]需要说明的是，关于达赖来朝以及顺治帝是否出边亲迎等问题，中外学者已多有论述[4]。这里只是从政策分歧的角度，进行分析，其他方面从略。

是年八月末，达赖上奏顺治帝，提出或在归化城（今呼和浩特市），或在代噶地方（岱海，呼和浩特市东南凉城附近）觐见。显然，他希望顺治帝能亲往迎接。

顺治帝对此犹疑不决，先是准备亲迎，又令全体朝臣就此事商讨。其结果是，以济尔哈朗、索尼、鳌拜等为首的满臣主张顺治帝亲往迎接，通

1　参见滕绍箴：《满洲满族名称辨析（上）——纪念满洲定名360周年》，载《满族研究》1995年第3期。
2　《清世祖实录》卷71，顺治十年正月丁酉。
3　参见《清世祖实录》卷67，顺治九年八月戊辰；卷68，顺治九年九月壬申。
4　参见邓锐龄：《关于1652—1653年第五世达赖喇嘛晋京的两个问题》，载《民族研究》1995年第3期；柳升祺、邓锐龄：《清初第五辈达赖喇嘛进京及受封经过》，载《藏族历史宗教研究》第1辑，北京：中国藏学出版社，1996年。

过"礼敬喇嘛",以有利于喀尔喀蒙古的归服;汉臣则以"皇上为天下国家之主"为由,反对顺治帝屈尊前往。[1]虽然汉臣的意见旨在维护皇帝至高无上的权威,符合顺治帝大力集中皇权的意图,但满臣的看法却代表了笃信喇嘛教的孝庄太后的意见。出于各方面的考虑,也是迫于以孝庄为首的满洲贵族的压力,顺治帝不得不同意前往"边外代噶地方"相迎。[2]

正在这一关键时刻,钦天监奏报:"太白星与日争光,流星入紫微宫。"汉族大学士洪承畴、陈之遴等乘此机会上奏:"窃思日者,人君之象,太白敢于争明;紫微宫者,人君之位,流星敢于突入;上天垂象,诚宜警惕。"[3]坚决谏阻顺治帝出边远迎达赖。其实,汉官对于喇嘛教在京城的传播始终不以为然。如顺治八年(1651)四月,洪承畴即曾奏谏:"将在京喇嘛尽送城外寺中暂住,陆续发回,不复出入禁地",并停止在"皇城西北"建塔,以免扰民。[4]

于是,顺治帝以不可违背天意为理由,拒绝满臣亦即孝庄等人的意见,没有亲往边地迎接达赖。[5]

这是清代官修史籍中,关于顺治帝与孝庄太后、两黄旗大臣在政策问题上出现分歧的仅有一次记载。它反映出以下情况。

第一,顺治帝亲政以来近两年期间,在讨论重大国事时,首次出现以顺治帝、汉臣为一方,孝庄及满臣为另一方的两种对立意见。顺治帝与孝庄等老一辈满洲贵族之间的分歧首次公开化。

第二,双方争辩中,汉臣主张维护皇帝至高无上的权威与尊严,即大力集中皇权,满臣则忽略了这一重要方面。而满臣的言行,又曲折透露出孝庄及两黄旗重臣不愿顺治帝绝对专权的看法。同时,这次争论显示,对于改善清廷与喀尔喀的关系,以扩大、巩固满蒙贵族联盟这一重大国策,双方的重视程度也有较大差别。

---

1 《清世祖实录》卷68,顺治九年九月壬申。
2 《清世祖实录》卷68,顺治九年九月庚辰。
3 《清世祖实录》卷68,顺治九年九月戊戌;另参见黄一农:《择日之争与〈康熙历狱〉》,载台湾《清华学报》新21卷第2期,1991年。
4 中央研究院历史语言研究所编:《明清史料》甲编,第6册,第524页,1931年铅印本。
5 《清世祖实录》卷69,顺治九年十月庚戌。

第三，顺治帝处理与孝庄等人的矛盾分歧时，已有部分借助汉臣之力的意图，由此必然触及满汉关系这一最敏感的问题。[1]

这次论争足以表明，尚在顺治帝亲政初期，他与孝庄等人在有关政策上的分歧，就已存在。换言之，顺治帝与孝庄等人的矛盾冲突，开始于因文化背景、观念不同而引发的政策分歧，最终转化为权力之争，即谋求为贯彻己方政策所必须的最高权力之争。这一斗争不同于多尔衮与顺治帝之间的皇位之争，更为复杂、隐蔽。此中，两黄旗大臣扮演了重要角色。

顺治帝亲政后，两黄旗大臣索尼、鳌拜和遏必隆均被任命为领侍卫内大臣，并兼任议政大臣。顺治九年（1652），索尼总管内务府事，鳌拜总管侍卫，遏必隆与满洲正黄旗大臣、公额尔克戴青等管銮仪卫事。因鳌拜武功出众，奉旨"教武进士"，由顺治帝从中挑选优秀者留充侍卫。[2]这些情况说明，两黄旗勋旧大臣不仅掌握了对于内廷事务的管理权，在外朝也处于举足轻重的地位。

此时，宗室诸王的权势已非昔比，顺治帝尚能予以约束，而两黄旗大臣索尼、鳌拜、遏必隆等人在朝中的能量，以及对顺治帝在各个方面的掣肘作用，则远比郑亲王济尔哈朗等宗室贵族为甚。特别是当顺治十二年（1655）五月济尔哈朗去世后，宗室贵族力量进一步减弱，两黄旗大臣的作用更加突出，他们实际上代表了孝庄太后的意志，其所作所为，体现了孝庄对于顺治帝的控制与牵制。下述史实说明了这一情况。

深受满蒙文化影响的孝庄，从维护满蒙贵族联盟，巩固清朝统治的目的出发，千方百计想让顺治帝遵循原有的满蒙贵族联姻模式，而思想观念和情趣品位皆与孝庄有较大差异的顺治帝，极想挣脱这一婚姻模式的束缚。因此，顺治十三年（1656）春紫禁城内帝后居所乾清宫、坤宁宫等翻修落成后，孝庄母子间围绕后宫人选而产生已久的矛盾，再度激化。向为人们所忽略的，是两黄旗重臣在这一问题上所起的作用。

---

1 参见杨珍：《清初权力之争中的特殊角色——汤若望与顺治帝关系研究之一》，载《清史研究》1999年第3期。
2 《清世祖实录》卷136，顺治十七年六月甲申。

据《清世祖实录》记载，十三年六月初三日，"先是皇太后谕内大臣公鳌拜巴图鲁、遏必隆、伯索尼曰：'今闻乾清、坤宁、景仁等宫俱已告成，册封皇后已颁册宝，妃嫔尚未册立。应照例举行。尔等启知皇帝。'鳌拜等遂以皇太后旨奏闻。上命会同礼部议。是日鳌拜等议：宫殿不应久虚，妃嫔礼宜册立。请遵皇太后旨，敕礼部查应行典礼，详列具奏施行。疏入，报可"[1]。

此事透露出很多重要信息。

其一，孝庄未将册立妃嫔一事直接告知顺治帝，反而让鳌拜等三人转告。可见，在孝庄母子不和的情形下，时常守护顺治帝身边而且又是孝庄心腹的两黄旗重臣，成为这对母子之间联系的纽带。他们不仅为顺治帝传达孝庄的意图，还随时将顺治帝的动向汇报孝庄，实际上是孝庄安置在顺治帝身边的耳目。

其二，选立妃嫔事宜，并非领侍卫内大臣鳌拜、遏必隆等人职责范畴，但孝庄却让他俩与"简任内廷"的索尼一同向顺治帝传达，说明孝庄将此三人视为一体，认为是其最可信赖之人。这个特殊的两黄旗重臣集团受孝庄之命，可以干预皇帝后宫之事。

其三，顺治帝虽然对孝庄太后表示服从，两个月后，却执意立正白旗为大臣鄂硕之女董鄂氏为贤妃，不久又将董鄂氏晋封皇贵妃，进而打乱了孝庄太后的精心部署。可见，顺治帝起初的同意，是在孝庄及两黄旗重臣压力下的暂时妥协，最后，他还是违背孝庄的意志，做出自己的立妃决定。

两黄旗重臣的上述表现，对于顺治帝集中、强化皇权，十分不利。可是，由于他们都是孝庄的亲信，且对顺治帝有拥立、保护之功，因此，尽管双方矛盾日深，顺治帝却无法像打击宗室诸王那样，对其予以重处。为了摆脱两黄旗大臣的包围、监视和牵制，特别是削弱乃至免除他们管理内廷、后宫事务的职权，顺治十年（1653）六月，顺治帝决定设立十三衙门。[2]

清朝入关前，"创立内务府，以往昔之旧仆专司其事"[3]。所谓"旧仆"，

---

[1] 《清世祖实录》卷102，顺治十三年六月戊寅。
[2] 《清世祖实录》卷76，顺治十年六月癸亥。
[3] 昭梿：《啸亭杂录》卷8，《内务府定制》。

指皇帝（汗）亲掌之两黄旗包衣。清朝入关后沿用此制，虽然宫中留有大批故明宦官，但由两黄旗大臣为总管（康熙时起，正白旗大臣亦可充任）的内务府，仍为管理内廷与后宫事务的专门机构。上三旗大臣充当皇帝管家这一现象，体现出八旗制度下，皇帝与自将之旗旗员之间尤为亲近的主仆关系。

顺治十年（1653）六月，顺治帝毅然打破祖制，仿效明制设十三衙门，即在内务府之外，另立一宦官衙门。关于十三衙门乃"满洲近臣与寺人兼用"问题，[1]顺治帝针对反对意见指出："今总管内事，乃勋旧大臣，忠诚卫国，朕自无虑。万一有如冷僧机其人者，专权作弊，何以防察。因分设衙门，使各司其事，庶无专擅欺朦之患。衙门虽设，悉属满洲近臣掌管，事权不在寺人。且所定职掌，一切政事毫无干预，与历代迥不相同。著仍遵前旨行。"[2]可见，此举是为防止"勋旧大臣"即两黄旗重臣"专擅欺朦"。被顺治帝委以掌管十三衙门的"满洲近臣"，显然并非"勋旧大臣"。此人可能是指顺治帝死后被辅臣追罪的"满洲佟义"[3]。

顺治帝宣布设立十三衙门[4]的决定时说："朕酌古因时，量为设置，首为乾清宫执事官，次为司礼监、御用监、内官监……"[5]并于司礼监设有

---

1 《清世祖实录》卷76，顺治十年六月癸亥。
2 《清世祖实录》卷77，顺治十年七月丁酉。按，正黄旗满洲大臣冷僧机曾是皇太极亲信，后投靠多尔衮。顺治九年（1652）"伏诛"。
3 佟义事迹未详。据《清世祖实录》卷113，顺治十四年十二月丁酉条，十四年（1657）冬孝庄皇太后患重病，部分满洲大臣因侍疾受到嘉奖。受赏者总计82人。其中，"鳌拜、遏必隆、巴哈、费扬古，俱加少傅兼太子太傅；苏克萨哈加太子太保；通义加一级。"通义之后，方是一等侍卫、二等侍卫等76人。"通义"，可能即"佟义"。满语无四声调。清初撰修《清实录》，满名译为汉文时，将同一人的名字译为不同的字，即音同而字异之例不为少见。此时，鳌拜、遏必隆均任领侍卫内大臣，费扬古任内大臣，鳌拜弟巴哈任议政大臣（翌年任领侍卫内大臣）。上述四人，均为镶黄旗人。苏克萨哈是正白旗人，时任领侍卫内大臣。受赏人员中排在第六位的通义（佟义），必在宫中有显要职权。换言之，掌管十三衙门的"满洲近臣"佟义为皇太后侍疾而受赏，列名总管内事的"勋旧大臣"及苏克萨哈之后。佟义不会是两黄旗人，而应是正白旗人。此人有世职，故予"加一级"。如果所析不谬，那么，顺治帝择选正白旗满洲近臣掌十三衙门事权，是他倚重正白旗，以削弱两黄旗"勋旧大臣"权势的举措之一。
4 后又加入尚方司，共为十四衙门，参见《清世祖实录》卷86，顺治十一年九月己卯。
5 《清世祖实录》卷76，顺治十年六月癸亥。

"秉笔大臣"等职,¹让儒臣"教习内侍读清书"²。这说明他确有仿依明朝做法,使用司礼监太监处理章奏并宣旨、批红的意图。据都察院左都御史屠赖等人有关奏言透露,顺治帝做出设立十三衙门的决定不久,即改变"向来部院事务,俱诸臣面奏"的方式,令太监接进本章,以致"臣子不得进见"。尽管顺治帝对此解释为"朕因连日违和,未得接见大臣,必不沿为成例"³,却反映出这一新的中枢辅助系统已开始运作。⁴

设立十三衙门时,顺治帝对内监(太监)品级做出限制,并制定了种种约束措施。顺治十二年(1655),立铁牌,严禁内监干政。⁵可是,由于内监已被顺治帝赋予重要使命,进而在权力斗争中充任了一个特殊角色,所以也就不可能不干预外事。

顺治十五年(1658)二月,很受宠信的内监吴良辅等"交通内外官员,作弊纳贿"一案被揭发,⁶其中牵涉到已革职的原弘文院大学士陈之遴贿结吴良辅的问题。⁷顺治帝对有关人员采取庇护态度,有意为之开脱,该案遂得以了结。在任或罢职官员都对内监百般巴结,"通同贿赂",表明内监绝非仅是从事"宫闱使令之役",而是拥有一定权力与能量,具备干预政务的条件。

康熙帝继位后,以两黄旗大臣为主的四辅臣的下述做法,也表明顺治帝确曾赋予"满洲近臣"和亲信内监较大权力,使之在顺治朝中后期政治舞台上起有特殊作用。

顺治帝遗诏中说:"朕……设立内十三衙门,委用任使(中官),与明

---

1 参见江桥:《十三衙门初探》,载《清代宫史探微》,北京:紫禁城出版社,1991年。
2 鄂尔泰等修:《八旗通志初集》卷237,《儒林传》下,《阿什坦》。
3 《清世祖实录》卷77,顺治十年七月丁酉。
4 有的学者认为,顺治帝决定恢复宦官的权力,或可说明他要在宫廷内建立一种强大的力量,以便抵制他母亲的势力。参见[美]A·W.恒慕义主编:《清代名人传略》,中国人民大学清史研究所《清代名人传略》翻译组译,上册,第336页,西宁:青海人民出版社,1990年。
5 《清世祖实录》卷76,顺治十年六月癸亥;卷92,顺治十二年六月辛巳。
6 鄂尔泰、张廷玉等编纂:《国朝宫史》上册,第4页,北京:北京古籍出版社,1987年;另参见《清世祖实录》卷115,顺治十五年二月癸巳。
7 《清史列传》卷79,《贰臣传》乙,《陈之遴》;另参见《清世祖实录》卷116,顺治十五年四月壬辰。

无异，以致营私作弊，更逾往时，是朕之罪一也……"[1]索尼、鳌拜等四辅臣辅政期间所作第一项重要举措，是于顺治十八年（1661）二月对"变易祖宗旧制，倡立十三衙门名色"的"满洲佟义、内官吴良辅"问罪，称二人"相济为恶，假窃威权，要挟专擅，内外各衙门事务，任意把持"，"其情罪重大，稔恶已极，通国莫不知之"。令将吴良辅处斩。"佟义若存，法亦难贷，已服冥诛，著削其世职。"同时，撤销十三衙门，"凡事皆遵太祖太宗时定制行，内官俱永不用"。[2]这表明，"权势震于中外"的佟义、吴良辅等，确是鳌拜、索尼等独掌内廷与后宫管理大权的障碍，并在很大程度上分夺了他们的权力。

顺治帝设立十三衙门实非高明之举，却是不得已之策，是他初步具备理政经验，但又受到满洲贵族保守势力很大牵制的情形下，为加强皇权而采取的有关步骤中一个重要组成部分。

由于以孝庄与两黄旗勋旧大臣为核心的保守力量强大，顺治帝无法将其身边的两黄旗大臣概行撤换，以"满洲近臣"及亲信内监取而代之，而是只能维持两者并存局面。这意味着他在进攻、收权的同时，又作出妥协。因此，尽管顺治十一年（1654）十三衙门正式取代内务府，[3]但领侍卫内大臣索尼仍继续掌管内廷事务。"我朝左右有内大臣侍卫随从，内务有包衣大人章京管理"[4]的原有模式，并未发生实质性改变。前述孝庄通过鳌拜等人向顺治帝传达选妃旨意一事，发生在十三衙门设立之后，也就不足为奇了。

顺治十四、十五年之交，顺治帝的立储计划以失败告终（见下文），但他并未因此减缓实施改善满汉关系，集中、强化皇权的举措，反而借十五年（1658）底清军攻克昆明，清朝在政治上、军事上获得重大胜利的有利时机，加大上述方针的贯彻力度，以致进一步激化了他与孝庄及两黄旗大臣之间的矛盾。

顺治十五年（1658）七月，顺治帝改内三院为内阁，设翰林院，改定

---

1 《清世祖实录》卷144，顺治十八年正月丁巳。
2 《清圣祖实录》卷1，顺治十八年二月乙未。
3 《清朝文献通考》卷77，《职官》。
4 《清世祖实录》卷77，顺治十一年七月丁酉。

官名，并将满汉官员品级划一。[1]十六年（1659）十月，改变"向来各衙门印务，俱系满官掌管"的做法，规定"各部尚书、侍郎及部寺堂官，授事在先者，即著掌印，不必分别满汉"[2]。十七年（1660）五月，改变本章、密本呈进、批阅、发送程序，加强对重要信息的控制，以便将最高决策权进一步收归皇帝之手。翌月，于景运门内建立值房，令翰林官值宿，以备顾问。[3]顺治帝的这些重大措施，旨在构建一个完全听命于己的中枢辅政班子；同时，通过提高汉官的政治、经济地位，进一步发挥其积极性。显然，顺治帝是以汉官作为集中、强化皇权的斗争中可以利用的力量。

顺治帝上述举措，使孝庄及两黄旗大臣痛心疾首。其后，他们通过顺治帝遗诏，对此大加挞伐，并于施政中迅速将这些革新措施全部废除，以恢复太祖、太宗时期的"淳朴旧制"。

此外，顺治帝惩处两位亲舅及数位两黄旗大臣的行为，也颇能说明问题。

顺治十六年（1659）四月，顺治帝"谊笃亲亲"，"召外藩蒙古王等所尚五公主及额驸，并科尔沁国卓礼克图亲王吴克善、达尔汉巴图鲁郡王满珠习礼俱来京"，拟晋封满珠习礼为亲王。可是，吴克善"以公主病，有误来朝回奏"；满珠习礼"以公主病泄，自身冒风，两孙病殂，诸子复感寒疾，奏请免朝"[4]。顺治帝亲政后第三年，曾废黜第一位皇后、吴克善之女博尔济吉特氏，顺治十五年（1658），他又欲废黜吴克善的侄孙女、皇后博尔济吉特氏（谥"孝惠章皇后"），这些举措必然招致吴克善兄弟极大不满，使之与顺治帝积怨甚深。此次二人没有应召前来，除客观原因外，当是这种情绪使然。事实上，他们对外甥顺治帝的态度，从一个侧面反映出孝庄对儿子的意见和看法。

顺治帝为此十分恼怒，先是以"不遵诏旨，藐视朕躬，有干国纪"为

---

1 参见《清世祖实录》卷119，顺治十五年七月戊午。
2 《清世祖实录》卷129，顺治十六年十月辛卯。
3 《清世祖实录》卷135，顺治十七年五月壬申；卷136，顺治十七年六月乙酉。
4 《清世祖实录》卷125，顺治十六年四月壬辰。按，崇德六年（1641），吴克善第三子弼尔塔哈尔娶皇太极第四女固伦雍穆长公主；天聪二年（1628），满珠习礼娶皇太极抚养的兄（代善）子克勤郡王岳托第一女（号和硕公主）。参见《星源集庆》，第31、33页。

由，停止满珠习礼进封亲王（是年五月进封）[1]，接着，又令议政王、贝勒会同上三旗大臣议吴克善罪，"应夺亲王爵，降为贝勒，罚马千匹"。顺治帝降旨："吴克善理应依议削去亲王，但念系太祖太宗时所封之爵，朕心不忍降夺，仍留亲王爵"，罚马千匹（六月诏免）。[2]

顺治帝不顾孝庄太后的颜面，竟公开降谕处罚两位亲舅。由此使人联想到康熙帝与两位亲舅佟国纲、佟国维的关系。康熙帝十岁丧母（佟佳氏，谥"孝康章皇后"），他将对生母的怀念深情，凝聚在给予其母家戚属，首先是两位舅舅的厚爱中，处处关照，优宠之至。[3]顺治帝父子对各自两位亲舅的态度，形成鲜明对比，它真实地反映出这对父子分别与其生母的感情亲疏。顺治帝（亲政后）与生母孝庄文皇后的关系，同康熙帝与生母孝康章皇后的关系，实有较大差异。

顺治帝虽然与母后矛盾日深，但仍需奉行以孝治天下的方针，对孝庄倍加尊崇，极尽孝养，这在《清世祖实录》中多有实例，兹不列举。即使对于孝庄的心腹，两黄旗老臣鳌拜、遏必隆、索尼等人，顺治帝至少在表面上也十分倚重。如顺治十三年（1656）冬，鳌拜"创发卧疾"，顺治帝曾亲临探视。[4]然而，孝庄母子的政见分歧，满洲贵族开明派与保守派之间的尖锐对立，必然在人事组织方面有所反映。顺治帝亲政期间，朝中实际存在以孝庄和顺治帝各为其首的两个利益集团，两黄旗大臣是孝庄集团的主要组成部分。双方泾渭分明，都在极力维护、加强自己的力量，打击、削弱对方。十六年（1659）三四月间顺治帝对于两黄旗大臣费扬古、公额尔克戴青、图海等人的惩处，就是突出例证。

图海，满洲正黄旗人，曾颇受顺治帝赏识，"以为非常人"[5]。他在多尔衮摄政时期，因不附多尔衮而未受重用。顺治帝亲政翌月即予擢升，累迁至大学士、议政大臣，加太子太保。后因"在朕前议论，往往谬妄执拗"，

---

1 《清世祖实录》卷125，顺治十六年四月壬辰；卷126，顺治十六年五月己巳。
2 《清世祖实录》卷126，顺治十六年五月壬申、六月丁未。
3 参见杨珍：《康熙皇帝一家》，第八章《外戚》。
4 《清世祖实录》卷104，顺治十三年十一月戊申。
5 《清史稿》卷251，《列传》38，《图海》。

调任刑部尚书，"彼犹不悟"¹。可是，不少事实表明，孝庄却始终对图海深为赏识。

顺治十六年（1659）初，发生二等侍卫阿拉那与额尔克戴青的家奴陈保等人斗殴案，陈保等"将阿拉那辱殴，且诬其持刀，擅行绑缚，欲行陷害"²。闰三月，兵部议革阿拉那职，刑部从轻发落，改拟鞭一百，折赎。顺治帝本已批允，但在了解事情真相后，又改变态度，认为图海于此案"问理不公，是非颠倒，情弊显然。朕面加诘问，仍巧言支饰，不以实对，负恩溺职，殊为可恶"，令议政王大臣等从重议罪。议政王大臣奏请论绞，顺治帝以图海"情罪重大，本当依议正法，但念其任用有年，姑免死，革职，家产籍没"³。

公额尔克戴青，满洲正黄旗人，恩格德尔额驸次子。恩格德尔姓博尔济吉特氏，是元室后裔，于"太祖乙巳年（明万历三十三年，1605）首先率众来朝"⁴，翌年十二月，"率五部诸贝勒之使谒太祖，献驼马，奉表上尊号曰神武皇帝。自此蒙古诸部朝贡岁至"⁵。努尔哈赤对恩格德尔颇为器重，天命二年（1617）二月，以养在宫中的亲弟舒尔哈齐之女（已封为郡主）与恩格德尔为妻。⁶天命九年（1624）正月，恩格德尔告别世代居住的喀尔喀西喇木伦牧地（今内蒙古赤峰市境内），携妻、子"率部众来归，上嘉其输诚最先，予宥罪券"。命隶正黄旗满洲旗下，并与盟誓，视同己子。⁷随之同来的还有其弟莽古尔岱，二人并授三等子，恩格德尔妻封为和硕公主。

皇太极在位期间，恩格德尔父子仍受优宠。天聪后期，额尔克戴青初任侍卫，"素荷太宗眷顾"⁸。崇德元年（1636）恩格德尔死后，已封三等轻

---

1 《清世祖实录》卷125，顺治十六年闰三月壬午。
2 《清世祖实录》卷125，顺治十六年四月庚子。
3 《清世祖实录》卷125，顺治十六年闰三月甲子、壬午、甲申。按，阿拉那后以"情罪既虚"复原职。参见该书卷126，顺治十六年五月乙丑。
4 鄂尔泰等修：《八旗通志初集》卷147，《名臣列传》7，《额尔克代青》《恩格得尔额驸》。
5 《清史稿》卷229，《列传》16，《恩格德尔》。
6 唐邦治：《清皇室四谱》卷4，《皇女》；《清史稿》卷229，《列传》16，《恩格德尔》。
7 《满洲名臣传》卷9，《恩格德尔列传》（子额尔克戴青附）；《清太祖实录》卷9，天命九年正月丙辰。
8 《满洲名臣传》卷9，《恩格德尔列传》（子额尔克戴青附）。

车都尉的额尔克戴青"因系公主所出"[1]，袭父爵，本人所授职由弟索尔哈承袭。崇德六年（1641）正月，皇太极将孝庄所生皇五女阿图（巴林淑惠公主）指配索尔哈，八年（1643）八月成婚。孝庄共有三女，阿图居中，生于天聪六年（1632）二月，最为孝庄所钟爱。她将此女许配给额尔克戴青之弟索尔哈，足见对兄弟两人印象颇佳。

多尔衮摄政时期，额尔克戴青因不肯归附多尔衮而受到打击。顺治帝亲政后，"嘉其守正不阿，超晋一等侯"。自顺治九年（1652）起，额尔克戴青充任议政大臣，管銮仪卫事；又任领侍卫内大臣，列名索尼、鳌拜、遏必隆之后；后又晋至一等公（顺治十年缘事降为二等公），并袭索尔哈之职。[2]十四年，额尔克戴青加太保兼太子太保。

以上事实表明，额尔克戴青家族对清朝（后金）竭尽忠诚，与努尔哈赤、皇太极、孝庄等人有深厚感情，而作为孝庄亡婿之兄的额尔克戴青与鳌拜等人一样，同为孝庄的心腹，是两黄旗中坚人物之一。

阿拉那是顺治帝近侍之臣，额尔克戴青的家奴竟敢将他捆绑殴打，而兵、刑两部也对这位家奴一意庇护，竟将顺治帝的侍卫治罪，表明朝臣宁肯得罪皇帝手下之人，也丝毫不敢触动孝庄、两黄旗集团。这也反映出满洲贵族开明派与保守派之间的力量对比。孝庄母子的斗争较量中，孝庄占有优势。正因额尔克戴青有特殊的家族背景，他本人又是两黄旗勋旧大臣，得到太后的支持与信任，才会发生其家奴"辱殴"皇帝侍卫这一令人难以置信之事。对此，顺治帝大为震怒，令议政王大臣从重议罪。[3]未几，顺治帝批允议政王大臣等所议，将额尔克戴青革去少保兼太子太保、议政大臣、领侍卫内大臣及世职，所袭父职由其兄承袭，其本人只留内大臣衔。[4]

额尔克戴青受到惩处数日后，索尼等人借议处此案有关人员的机会，

1　《八旗满洲氏族通谱》卷66，《博尔济吉特氏》。
2　《满洲名臣传》卷9，《恩格德尔列传》（子额尔克戴青附）；鄂尔泰等修：《八旗通志初集》卷147，《名臣列传》7，《额尔克代青》；卷113，《八旗大臣年表》7。
3　《清世祖实录》卷125，顺治十六年四月庚子。
4　《清世祖实录》卷125，顺治十六年四月丙午；《满洲名臣传》卷9，《恩格德尔列传》（子额尔克戴青附）。

婉转为额尔克戴青开托，称牛录章京阿济孙未向额尔克戴青告知家奴行凶事。言外之意，额尔克戴青并不知情，所以是无辜的。[1]这很可能是孝庄所授意，以减免对额尔克戴青的惩处。但顺治帝并不理会，致使孝庄的保护之举未能奏效。

顺治十六年（1659）闰三月，顺治帝批允刑部对上述斗殴案处理方案的同一天，还对前已"有罪，上命随旗上朝，复以违旨罢职，下刑部拟罪"的内大臣费扬古、郭迈做出惩处决定：免死、革职、降爵，仍令随旗上朝。[2]费扬古是满洲镶黄旗人，[3]自顺治十二年（1655）始任内大臣，十四年底孝庄生病时，他昼夜省视卫护，因而与鳌拜、遏必隆、巴哈等三人一同加少傅兼太子太保，是此次受嘉奖人员中所获加封最高者之一。郭迈亦为两黄旗大臣，他是崇德八年（1643）八月，两黄旗大臣、侍卫等为效忠幼主而"盟誓天地"这一重要事件的参与者。

顺治十六年（1659）闰三月至四月不足两个月期间，顺治帝先后对六位清廷重要人物，即他的两位亲舅科尔沁达尔汉巴图鲁郡王满珠习礼、卓礼克图亲王吴克善、他的胞姐亡夫之兄领侍卫内大臣额尔克戴青、大学士兼刑部尚书图海、内大臣费扬古、内大臣郭迈予以不同程度的惩处。其中，蒙古王公或蒙古贵族出身者即有三位，而且皆为孝庄懿亲。图海、费扬古与郭迈三人，都是两黄旗重臣、孝庄亲信。显然，这是顺治帝打击孝庄及两黄旗力量的一次重要举措，也是他去世前，对满洲贵族保守派发起的最后一次攻势。孝庄、两黄旗集团暂时未予还击，但受惩大臣其后的情况足以表明，此次较量中，孝庄等人仍然是最后的赢家。

顺治十八年（1661）正月，顺治帝去世。十月，图海被授为正黄旗满洲都统，其后又任大学士、尚书等职，成为康熙帝的股肱之臣，在康熙朝前期发挥了重要作用。图海世宦生涯中的辉煌一页，是康熙十四年（1675），率八旗家奴平定察哈尔布尔尼叛乱，为清廷免除后顾之忧，全力

---

1 《清世祖实录》卷126，顺治十六年五月乙丑。
2 《清世祖实录》卷125，顺治十六年闰三月甲子。按，《八旗通志初集》卷113，《八旗大臣年表》7载，顺治十六年（1659）闰三月费扬古被革去内大臣，郭迈留任，十八年（1661）五月卒。
3 《清史稿》卷172，《表》12，《诸臣封爵世表》5，上。

平定三藩之乱,作出重要贡献。当选派征讨布尔尼的将帅时,是太皇太后孝庄向康熙帝举荐图海,称其"'才略出众,可当其责'。上立召公,授以将印"[1]。由此亦可反证,图海确实是孝庄的亲信大臣,向为孝庄所信赖。当然,图海在康熙朝步步高升,受到特殊信任,也是孝庄对于他曾受顺治帝过重惩处的回报与补偿。

顺治帝死后五个月,额尔克戴青卒,"赐祭葬如典礼,谥勤良"[2]。"勤良"二字,体现了孝庄对他的褒扬与评价,可谓盖棺定论。

费扬古卒年不详。顺治十六年他被革去内大臣,降为拜他喇布勒哈番,后"事白,复还原职"[3]。看来他同样是在顺治帝身后,得到平反。

顺治帝去世后,遭其重惩的三位两黄旗大臣或倍受重用,或平反复职,或于身后赐谥祭葬。这从另一侧面有力证明,由于在国政方针方面存在分歧,顺治帝与孝庄及两黄旗大臣之间尖锐对立,斗争激烈。顺治帝在不到两个月内对六位懿亲重臣进行打击惩处,其深刻用意,不言自明。他与孝庄之间的母子亲情,事实上已为对立不满所取代,一年半后(顺治十八年正月)孝庄等以顺治帝名义颁发的所谓遗诏,便是这种怨愤情绪的一次总发泄。

(二)储君人选分歧

孝庄太后为了维护、加强满蒙贵族联盟,巩固清朝统治,遵循太祖、太宗的既定方针,先后为顺治帝选立了五位蒙古族后妃,其中两位皇后(废后博尔济吉特氏、孝惠章皇后博尔济吉特氏)、一位妃子(淑惠妃博尔济吉特氏)都来自她的家乡科尔沁草原。显然,她期望能够从这些蒙古族后妃所生皇子中择立储君,以加深满蒙贵族之间的感情。可是,顺治帝却对此不以为然。他同第一位皇后、孝庄亲兄吴克善之女博尔济吉特氏于顺治八年(1651)八月大婚后,仅有二载,即予

---

1 昭梿:《啸亭杂录》卷2,《图文襄公用兵》。
2 鄂尔泰等修:《八旗通志初集》卷147,《名臣列传》7,《额尔克代青》。
3 《清史稿》卷172,《表》12,《诸臣封爵世表》5,上;另参见《清世祖实录》卷125,顺治十六年闰三月甲子。

废黜。[1]他又极力疏远第二位皇后,即孝庄侄孙女孝惠章皇后,对其仍有废黜之意,只因孝庄阻止而未实现。他的四位蒙古妃子,同样备受冷落,以致总计八位皇子、六位皇女中,竟无一人是蒙古后妃所生。孝庄的希望终成泡影。

顺治帝贬抑蒙古族后妃的做法,本已加剧他与孝庄、两黄旗大臣之间的矛盾,其后,他又采取了更进一步的行动。

顺治十三年(1656)八月,顺治帝立正白旗大臣鄂硕之女董鄂氏为贤妃,十二月晋封皇贵妃。此举在一定程度上改变了后宫由蒙古科尔沁部,即孝庄家族女子占据优势的格局,是顺治帝于上三旗之一正白旗内培植亲信,削弱孝庄及两黄旗大臣的力量,加强皇权这一总体策略的有机组成部分。

顺治帝在正白旗中所培养的最重要亲信,即首告多尔衮"谋逆"罪状的苏克萨哈。他于顺治十三年(1656)被提升为领侍卫内大臣,受到顺治帝的倚重。

顺治十四年(1657)十月初七日,皇贵妃董鄂氏生子,是为顺治帝第四子。顺治帝欣喜若狂,称之为"朕第一子"[2],为此颁诏天下,连日举行大规模庆典。[3]这些不同寻常的举措,无不表明顺治帝的立储意图。当时供职清廷的德国籍传教士汤若望(John Adam Schall von Bell)也认为,皇帝

---

1 《星源集庆》第37页载,顺治帝第一位皇后博尔济吉特氏于顺治十年(1653)八月被废黜,降为静妃,改居侧宫。然而据《李朝实录》载,康熙四年(1665)三月,出使清廷的朝鲜使臣返国后报告:"闻蒙古之女,曾为顺治君之后,失宠黜还其国而生子,年今十四。清人屡请于蒙古,而终不送还。蒙古素恃强不用命;蒙女所生子亦贤。若拥立而争天下,则必为大患。故清人甚以为虑云。"康熙十三年(1674)十一月,朝鲜使臣向国王报告从一位年已七旬的汉人口中所闻:"皇帝尝有东西两皇后;所谓西后,蒙王之女,东后汉人之女。而惑于黑舍里氏(康熙帝皇后赫舍里氏),黜西后于本国,有娠而往,闻已生子……"参见吴晗辑《朝鲜李朝实录中的中国史料》第9册,第3917页;第10册,第3997页。按,这位汉人所言"(清帝)黜西后(蒙王之女)于本国",应为顺治朝史事。关于顺治帝废后博尔济吉特氏被送返娘家,参见杨珍:《历程 制度 人——清朝皇权略探》第五章"皇室女性"二《董鄂妃与清前朝宫廷史》,北京:学苑出版社,2013年。
2 《清初内国史院满文档案译编》下册,第365、377页。按,当时朝臣称该子为"皇第一子",见该书下册,第364、372页。
3 《清初内国史院满文档案译编》下册,第372-374页。

是要规定这位新生儿"为将来的皇太子的"[1]。顺治帝拟将来自正白旗的爱妃之子作为皇位继承人，旨在遏制孝庄与两黄旗大臣的势力，并为保证他所制定的方针国策，在其后继者手中继续得以实施，作长远的战略准备。

由于直接关系到满洲上三旗中两黄旗与正白旗之间力量对比的消长，以及满蒙贵族联盟、满汉关系政策的走向等一系列重大问题，孝庄太后和两黄旗重臣对顺治帝的立嗣意向深感不安，忧心如焚。

曾为多尔衮与多铎兄弟统辖的两白旗，与两黄旗长期对立，是多尔衮谋求皇位的主要支持力量。顺治七年（1650）多尔衮去世后，孝庄太后与顺治帝乘机将正白旗置于皇帝直接管辖之下，与两黄旗一起组成上三旗。这一举措不仅拆散两白旗，从而消除隐患，巩固了皇权，还因皇帝自将三旗，在八旗力量对比中，进一步处于优势地位。但是，两黄旗与正白旗几十年来所形成的对立情绪，在顺治朝及康熙初年远未消除，反有愈演愈烈之势。康熙初年镶黄旗与正白旗互换土地事件以及苏克萨哈被鳌拜等矫诏处死，都表明两黄旗与正白旗之间积怨甚深。

如果按照顺治帝之意，将来自正白旗的董鄂妃之子立为皇储，正白旗的地位与实力，将逐步越居两黄旗之上。再者，顺治帝一直对孝庄的侄孙女、皇后博尔济吉特氏感情淡漠，董鄂妃喜得贵子，终于为他废黜博尔济吉特氏，将董鄂氏正位中宫，找到借口，提供了良机。然而，如果顺治帝二废蒙古族皇后，势必对满蒙贵族联盟，产生严重的不利影响。

对于储嗣问题，深知其利害关系的孝庄太后也早有所虑。当她从蒙古族后妃所生皇子内择嗣的希望日渐渺茫后，便在当时仅有的两个皇孙中，选中来自汉军旗的庶妃佟佳氏所生之子玄烨，即后来的康熙帝。[2] 玄烨生于顺治十一年（1654）。他成年后曾回忆说："朕自幼龄学步能言时，即奉圣祖母慈训，凡饮食、动履、言语皆有矩度，虽居独处，亦教以罔敢越轶，

---

1 ［德］魏特：《汤若望传》，杨丙辰译，第 323 页。
2 玄烨母家原隶正蓝旗汉军旗下。康熙八年（1669）奉旨抬入镶黄旗汉军旗。康熙二十七年（1688）佟佳氏之兄佟国纲上疏，请赐改隶满洲。经康熙帝批允，佟国纲、佟国维兄弟及其族人仍隶镶黄旗汉军旗下，其编审册内，改称满洲。参见八旗世袭谱档第 11 号、30 号；杨珍：《史实在清代传记中的变异——佟国纲、华善奏请改隶满洲考辨》，载《清史论丛》2013 年号，北京：中国广播电视出版社 2013 年版。

少不然即加督过，赖是以克有成。"[1]幼儿"学步能言"，大约是在两三岁时。所以，十四年（1657）十月皇四子出生前，孝庄已在对皇三子玄烨加意培养，并选派自己的亲信、蒙古族侍女苏麻喇姑做他的启蒙老师，"手教国书"[2]。孝庄对玄烨的特殊关爱，显示出她的深谋远虑。她已按照自己的标准，选择并精心培养未来的皇位继承人。孝庄让自幼伴她长大的苏麻喇姑对玄烨进行启蒙教育，旨在为童年玄烨营造一个学习满蒙文化的良好环境，并通过苏麻喇姑的言传身教，使之从小接受并热爱满蒙文化，以避免爱孙长大后，重蹈其父顺治帝覆辙，在一些重要方面与其产生矛盾分歧。这是孝庄吸取与亲子关系的教训而采取的未雨绸缪之举，意义深远。

顺治帝与孝庄太后不同的立储意向，反映出两人在政治上的分歧已很严重。然而，当顺治帝明确表露属意于皇四子，清朝最高统治层内部矛盾进一步激化之际，十四年十一月初，孝庄突然病倒在南苑，其后事态发展轨迹，竟出乎双方意料之外。

综合档案与《清世祖实录》的记载，顺治帝于十月十一日接受群臣对于"帝生第一子之喜"的朝贺后，从十二日开始，在南苑较射、阅武和狩猎，十九日回宫，十一月初四日再赴南苑，于该地停留两个月之久。十二月二十六日，顺治帝谕礼部："皇太后圣体违和……今已康宁，朕心欣庆"，拟赴天坛、地坛、太庙、社稷坛"行告谢礼"[3]。二十八日谕户部："皇太后圣体违和，今已大豫，朕心甚为欣慰。八旗及畿辅贫民，应加恩赉，以洽欢心。兹发内帑银十万两，一半给八旗兵丁，一半遣官赈济畿辅贫民。"[4]二十九日又谕吏部："皇太后圣体违和，朕晨昏省视，鳌拜等近侍卫护，昼夜勤劳，食息不暇，朕所亲见……鳌拜等同朕省侍，勤劳罔解，深可嘉悦，宜分别加升，以示鼓励。"[5]受奖者有鳌拜、遏必隆、巴哈、费扬古、苏克萨哈、通义（佟义）及侍卫、祝师、医官、司膳、司茶等。十五年（1658）正月初三日，顺治帝以孝庄太后圣体康愈，"颁诏大赦天

---

1 《圣祖御制文二集》卷40，《庭训》。
2 参见杨珍：《康熙帝与苏麻喇姑》，载《故宫博物院院刊》1994年第4期。
3 《清世祖实录》卷113，顺治十四年十二月甲午。
4 《清世祖实录》卷113，顺治十四年十二月丙申。
5 《清世祖实录》卷113，顺治十四年十二月丁酉。

下"¹，正月初五日，顺治帝自南苑还宫。

上述情况显示，孝庄的病情一度很重，顺治帝与上三旗重臣及大批侍卫、御医等人，昼夜看护，历时50多天，孝庄才获痊愈。

孝庄此次是患何病，官修史籍中并未记载。木陈忞《布水台集》中附录《世祖章皇帝哀词》，"孝躬尽瘁法周勤"句下有注曰："上因太后痘疹未愈，斋素三月，药必躬亲。"²这说明，在木陈忞于顺治十六年（1659）九月来北京之前，孝庄太后染患痘疹，直到木陈忞来京后，孝庄因"痘疹未愈"，仍在继续接受治疗。

清朝入关初期，痘疹肆虐北京及其周边地区。顺治八年（1651）十月十九日，"上（顺治帝）携皇太后（孝庄）、皇后（顺治帝第一后博尔济吉特氏）（出京城）行猎"。十二月十六日返抵京郊，次日"欲入京城，因痘疹甚多，故避于锡尔噶营过夜"³。对于皇太后、皇后而言，这次严冬之旅的主要目的，是为了躲避京师流行的痘疹。此外，查阅《清世祖实录》，有关孝庄生病的记载，仅有顺治十四年冬这一次。因此，综合多方面的情况看，十四年（1657）冬孝庄病倒南苑，乃因染患痘疹。

所谓顺治十六年（1659）后孝庄痘疹未愈，是由于受当时医疗水平限制而产生的一种误解。因痘疹并非慢性病，不可能长期拖延。事实上，孝庄是在痘疹痊愈后，又患上一种比较顽固的皮肤病，它是否属于痘疹的后遗症，待考。这一痼疾延续了整整30年（顺治十五年至康熙二十六年），最终孝庄还是因"旧症复发""疹患骤作"，于康熙二十六年（1687）十二月去世。⁴

孝庄染患痘疹一事，引发出一系列连锁反应，无形中改变了满洲贵族内部开明派与保守派之间的力量对比，对其后清朝历史产生重大影响。

首先，顺治帝所属意的皇四子早卒。

---

1 《清世祖实录》卷114，顺治十五年正月庚子。
2 道忞：《布水台集》卷5，载明复法师主编：《禅门逸书初编》第10册，台北：台湾明文书局，1980年。
3 《清初内国史院满文档案译编》下册，第254-257页；参见许鲲：《清初痘疹与皇室防治》，载《故宫博物院院刊》1994年第3期。
4 《康熙起居注》第3册，第1715页；第2册，第1687页。

顺治十五年（1658）正月初三日，顺治帝为孝庄病愈而颁诏大赦天下；是月二十四日，"皇子薨，生甫四月，未命名，行第四"[1]。考虑到清朝初年北京地区冬春季节常常流行痘疹，皇四子的夭折，不能排除同样染患痘疹的可能性。问题在于，孝庄患痘疹期间，生子刚刚满月的董鄂妃也前往侍疾，"朝夕侍奉废寝食"[2]。如果顺治十四年冬太后不曾重病，董鄂妃不必前去南苑，就能够抽出部分时间精心照看新生儿，从而在一定程度上减少爱子染患痘疹或其他疾患的可能性。

清朝入关前，后妃亲自抚育儿女。顺治帝亲政后曾谈到下述情况："睿王摄政时，皇太后与朕分宫而居，每经累月，方得一见，以致皇太后萦怀弥切。"[3]这表明入关前，不满六岁的顺治帝是与孝庄太后同住一处，[4]入关后是在多尔衮的强迫之下，被迫与孝庄"分宫而居"，致使母子两人相互思念，不能自已。可见，皇子、公主出生后即与其生母相分离的制度，大约是于康熙朝逐步实行，旨在保证妻妾更多地为皇帝生育子嗣。诸多传统习俗仍有存留的清朝入关初年，这种缺乏人道的宫闱规制尚未建立，后妃们仍然像在关外时一样，可以亲自抚育亲生子女。所以，孝庄染患痘疹与董鄂妃亲往南苑侍奉，对于皇四子的夭折，并非没有影响。

其次，孝庄出痘痊愈与皇四子的夭折，使顺治帝的再次废后计划最终化为泡影。

顺治帝为太后病体痊愈而颁诏大赦天下的同一天指出：

> 昨者，皇太后圣体违和，朕朝夕侍奉，食息靡遑。皇后身为子妇，平时恪恭定省，原属敬勤无失，且承皇太后笃爱，恩眷殊常。而此番起居问安礼节，殊觉阙然，虽蒙圣母慈恩垂谅，而于朕孝事之诚，不无有憾。向年废后之举，因与朕不协，故不得已而行之，至今尚歉于怀，引为惭德。但孝道所关重大，子妇之礼，昭垂内则，非可偶违。兹将皇后位号及册宝照旧外，其应进中宫笺奏等项，暂行停

---

1 《清世祖实录》卷114，顺治十五年正月辛酉。
2 《御制行状》，《状》第7页，民国六年刻本。
3 《清世祖实录》卷143，顺治十七年十二月乙巳。
4 参见姜相顺、佟悦：《盛京皇宫》，第71—72页。

止。著议政王、贝勒、大臣、九卿、詹事、科、道会同议奏。

四天后,即正月初七日,"和硕简亲王济度等议奏,皇太后圣体违和,皇后有失定省之仪,应钦遵上谕,止存皇后之号,册宝照旧,停其笺奏。许之"[1]。

孝庄太后病重南苑期间,住在紫禁城内的孝惠皇后居然"曾无一语奉询,亦未曾遣使问候"[2]。这一反常行为,实与情理不符,需要从孝惠当时的复杂心态,进行分析。

孝惠自入宫后,即处于孝庄母子之间的矛盾旋涡中,因遭到顺治帝的冷遇,她只有以孝庄作为靠山。从本质上看,生性敦厚的孝惠和第一位废后博尔济吉特氏一样,都是孝庄母子权力冲突中的牺牲品。由于皇四子诞生,顺治帝后继有人,董鄂妃正位中宫指日可待,孝惠认为自己将成为第二个废后的结局已定,因而万念俱灰,沮丧至极。在这种心态的支配下,她对一切事务俱不理会,甚至连皇太后重病也不关心,全然忘记了作为子妇应尽的职责。这一失策之举,为顺治帝再次废后提供了口实。

可是,其后事态发展,却不以顺治帝的意志为转移。十五年(1658)三月二十五日顺治帝谕礼部:

> 前因皇太后圣体违和,皇后问安礼节稍疏,曾降谕旨,将应进中宫笺表等项,概行停止。当时皇太后圣体甫豫,未及奏闻,今始奏知。朕面奉皇太后慈谕,谓朕前日之旨,笃于事亲,道理宜然,但念皇后方在冲龄,未娴礼节,且素切眷爱,慈谕宽仁,敬当尊奉,嗣后中宫笺奏等项,著照旧封进,尔部即行传知。[3]

可见,顺治帝事前既未将停进中宫笺奏这一重大决定征求后宫之主皇太后的意见,事后也未禀奏。直到三月下旬,大病初愈的皇太后才得知此事。他对皇太后封锁消息竟达80天之久。

孝庄太后听到皇后被责惩时表现出的震惊、不满,以及反对此举的坚

---

1 《清世祖实录》卷114,顺治十五年正月庚子、甲辰。
2 《御制行状》,《状》第7页。
3 《清世祖实录》卷115,顺治十五年三月壬戌。

决态度，皆可想而知。而顺治帝则被迫让步，恢复对皇后的笺奏，废后与立后计划从此搁浅。顺治帝做出让步的一个重要原因，是由于皇四子已夭折。因为在此特定情况下，建储与废后、立后相辅相成，前者既已成空，后者也就失去依据。

再次，孝庄此病，对董鄂妃本人的健康大为不利。

董鄂妃素来体弱多病，在其怀孕期间，依然疾病缠身。孝庄病重之际，董鄂妃生子刚刚满月，又赶往南苑"侍疾"，"废寝忘食"，两个月下来，身体更加亏损。而皇四子的夭折，对董鄂妃来说更是一个无法承受的打击，以致两年多后（顺治十七年八月）以22岁芳龄病逝。[1]

皇四子夭折当日，"上召诸内大臣谕曰：'兹者皇子薨逝，尔等将无谓朕因此感伤。朕前以皇太后圣体违和，时刻忧念，今皇太后圣体大豫，此真无疆之庆，于愿至足，岂复以此幼子感怀……且生死从来定数，焉能有违。朕念切国家，仰副我皇太后之心，安敢过为伤念，亦非强为之词，而有动于中也……'"[2]作为当朝之君，他只能以此并非由衷之言，掩饰自己因皇四子夭折而产生的巨大哀痛。不久，顺治帝曾寄予莫大希望的这位短命儿，被追封荣亲王，葬于孝陵西侧黄花山下。

在立储问题上，顺治帝的做法及其最终结局，与其父皇太极如出一辙。父子两人都是在皇后无子的情况下，当爱妃之子诞生之际，即意有所属，并通过对该子冠之以含有特殊意义的称呼（"皇嗣"或"朕第一子"）、举行庆典活动等方式，向众人明确表明建储意图。但是，被父子两人所属意者，均得年不永，数月而殇。两位婴儿之死，又直接影响到各自生母的健康，致使父子两朝的两位妃嫔等级最高者（宸妃居东宫之位，相当于皇贵妃），都在亲子早卒数载后而亡。她们的死，分别带给皇太极父子莫大悲伤，宸妃死后两年（崇德八年八月），皇太极暴卒；董鄂妃死后不足半载（顺治十八年正月初），顺治帝患痘疹而逝。显然，爱妃之死所造成的心理创伤，是促使他们过早去世的重要原因。

皇太极与顺治帝的建储意图，无不具有集中、加强皇权的目的。但相

---

1 参见杨珍：《董鄂妃的来历与董鄂妃之死》，载《故宫博物院院刊》1994年第1期。
2 《清世祖实录》卷114，顺治十五年正月辛酉。

比之下，顺治帝当时所面临的境况更为复杂，集中、强化皇权的阻力相对更大，其结局也愈加富有悲剧性色彩。父子两人的建储意图虽然均未实现，却是清帝在皇位继承问题上，排除干扰，独自做出决断的两次尝试，也是清朝皇权不断集中、强化这一发展态势，在皇位继承制度演变历程中的反映。

值得注意的是，顺治元年（1644），清朝沿袭明制，设立管理太子事务的东宫机构詹事府，又于当年裁撤。顺治九年（1652）复置，十五年（1658）以"未有职掌"而"暂裁"。[1]詹事府的设立昙花一现，透露出在清初仿依明制，建立健全清朝各类机构的形势下，多尔衮、孝庄等人亦曾产生仿照明朝、册立储君的想法。不过，因顺治帝尚在髫龄，这一机构无实际意义，故旋即裁撤。顺治帝亲政翌年复置，含有拟行立储之意。但由于顺治帝与孝庄太后在择选储君问题上存在分歧，而顺治帝还是一位少年天子，故建储一事被拖延下来。顺治十五年复行裁撤詹事府的决定，当在是年正月董鄂妃之子殇逝后做出，隐约表明顺治帝因爱妃之子已亡而绝立嗣之念，并以此方式向孝庄等人表示，他并无立玄烨为嗣的意愿。东宫机构在顺治朝时建时撤，时有时无的现象，展示了清初满族统治者在建储问题上的心态变化轨迹。

顺治帝亲政后满洲贵族内部因政见分歧而产生的权力之争，势必不利于清朝最高统治集团的团结与稳定，从而削弱清廷的统治力。这在一些方针政策的贯彻上，也有所反映。如顺治十七年（1660）七月，有地方官员奏称："数年以来，凡用人行政，纷纷更变，月异而岁不同……"[2]透露出因清朝最高层内部存在矛盾，朝廷政策方针时有变化，致使地方官员产生疑惑，莫知所从。这对清朝统治所产生的负面影响，是显而易见的。

顺治帝在其亲政的十年中，为集中皇权、强化皇权、顺利行使皇权而竭尽心力。他既是一位胜利者，同时也是一位在贯彻其治国方针中受到很大牵制，立储意图最终未能实现的失败者。当时，清朝刚刚完成由地方政权向全国政权的转变，清朝皇权尚处于高度集中与强化的奠基阶段。顺治

1　光绪《清会典事例》卷1057，《詹事府·建置》。
2　《清世祖实录》卷138，顺治十七年七月己巳。

帝的成败功过，除去他的性格、作风等主观因素所起作用外，同这一特定历史时期清朝皇权的状况，有直接、必然的联系。

三、顺康之际皇位交接

以年仅八岁的玄烨继承皇位，并非顺治帝的本意。

顺治帝去世时，只有24岁。据《汤若望传》记载，皇帝去世前，"一位继位的皇子尚未诏封。皇太后立（力）促皇帝作这一件事体。皇帝想到了一位从兄弟，但是皇太后和亲王们底见解，都是愿意皇帝由皇子中选择一位继位者。皇帝使人问汤若望底意见。汤若望完全立于皇太后底一方面，而认（为）被皇太后所选择的一位太子为最合适的继位者。这样皇帝最后受到汤若望底劝促，舍去一位年龄较长的皇子，而封一位庶出的，还不到七岁的皇子为帝位之承继者。当时为促成这一决断所提出的理由，是因为这位年龄较幼的太子，在髫龄时已经出过天花，不会再受到这种病症的伤害，而那位年龄较长的皇子，尚未出过天花，时时都得小心着这种恐怖的病症。这位这样被选择的皇帝，后来在康熙年号之下，竟成了中国最大君王……"[1]

顺治帝所属意的这位从兄弟，很可能是指安亲王岳乐，他是努尔哈赤之孙，正蓝旗饶馀郡王阿巴泰之子。清入关初年，岳乐率军南北征伐，在肃亲王豪格统率下，击败张献忠农民起义军。顺治帝亲政后，岳乐袭封父爵，改号安郡王，参与议政，掌部院事务，顺治十四年（1657）晋封亲王，颇受器重。顺治帝去世时，岳乐37岁，具有军政两方面的丰富经验，是其所有从兄弟中很突出的一位。

由于清廷内部开明派与保守派之间矛盾突出，而保守派在朝中具有强大实力，所以，顺治帝一旦过早去世，无论哪一位皇子继位，均因尚在幼年，反对派的主张势必占据优势，顺治帝的治国方针与相应举措，将无法继续贯彻实施。这从其后四辅臣时期有关情况中，可以得到印证。顺治帝欲传位于岳乐，是想避免出现这种后果，同时，也说明岳乐是支持他的政

---

[1] ［德］魏特：《汤若望传》，杨丙辰译，第325-326页。

治主张的。

据《啸亭杂录》载:"崇德癸未年(1643),饶馀王(岳乐,是年19岁)曾率兵伐明,南略地至海州而返,其邸中多文学之士,盖即当时所延致者。安王因以命教其诸子弟,故康熙间宗室文风以安邸为最盛。"[1]岳乐子玛尔浑(一作玛尔浑)好学能文章,"辑宗室王公诗为《宸萼集》,一时知名士多从之游"[2]。另一子蕴端(一作岳端)亦善诗词,十岁师从其父由湖南带来的汉族先生读书,后以喜好结交文士闻名。[3]岳乐不仅本人喜爱汉文化,入关前即已设法延请汉族文人,以教授其子,可见较有远识。这是顺治帝将其视为能够继续实施他的方针政策,拟以之作为继承人选的一个重要原因。

顺治帝舍子传兄的想法,还反映出他虽然大力集中、强化皇权,准备按照个人意志立储,但并不真正具有子承父位的意识。

顺治帝亲政后第三年(1653),曾计划前往盛京谒陵,经群臣劝阻,改为翌年(1654)七月。起程前,满汉大臣以战事尚未结束,国帑不足为由,再行劝阻。"时乌金王(郑亲王济尔哈朗)亦言之。上曰:'朕去后,尔即有天下可也。'王曰:'昔先皇顾命,以圣躬相托,非以天下与臣,今所言专欲保护圣躬耳,万一不测奈何。'上曰:'如欲大位者,听为之耳,若再言,即革汝仪卫。'是月晦,罢行。中外称庆。"[4]济尔哈朗是舒尔哈齐之子,努尔哈赤之侄。舒尔哈齐另一子,济尔哈朗之兄阿敏,是天命年间四大贝勒之一,位于"八王"之列。按照努尔哈赤所定立的汗位推选制原则,阿敏既有推选汗位继承人的权力,同时也与位列"八王"的努尔哈赤子、孙一样,具有被推选为新汗的资格。可是,当八王共治制被废止多年,汗位推选制实已消亡之际,顺治帝仍提出让其从叔济尔哈朗称帝自为,这尽管是其恼怒之言,但它所反映的思想观念,与其祖努尔哈赤以侄儿阿敏作为汗位继承人选之一的思路,并无本质不同。看来,较之社会变

---

1 昭梿:《啸亭杂录》卷6,《红兰主人》。
2 《清史稿》卷217,《列传》4,《诸王》3,《安和亲王岳乐》;另参见昭梿:《啸亭杂录》卷6,《安王好文学》。
3 [美]A·W.恒慕义主编:《清代名人传略》上册,第443页。
4 谈迁:《北游录》(不分卷),《纪闻下·止跸》。

迁与制度的变革，人们的认识和观念的改变，则需要一个更长的过程。顺治帝虽然是在汉文化的熏陶下长大成人，然而当他考虑皇位继承人选时，仍在一定程度上受到满族社会传统习俗的影响。

顺治帝病危时产生传位于从兄弟的想法，同他于顺治十年（1653）让郑亲王称帝自为之说，前后呼应，一脉相连，如果将此放在那一特定历史文化背景下进行分析，也就不难理解了。

以皇三子玄烨为皇位继承人，是孝庄太后之意，并得到两黄旗重臣索尼等人的支持，最终为顺治帝所接受。至于汤若望在其中所起的作用，不应被夸大。玄烨已出过天花，这是他成为皇位继承人的有利条件之一，但并非决定性因素。正如前述，玄烨两三岁时，已受到孝庄的精心培养，以之继承皇位，是其既定之策。

《清圣祖实录》记载，玄烨"六龄（顺治十六年）时，尝偕世祖皇二子福全、皇五子常宁问安宫中，世祖各问其志"。常宁只有三岁，不能回答；福全"以愿为贤王对"。玄烨说，我长大了愿"效法皇父"，勤勉而为，"世祖皇帝于是遂属意焉"[1]。这其中不排除史官对康熙帝的溢美之辞，顺治帝也无可能因之而有此意。但是，上述记载从一个侧面表明，幼龄玄烨已开始具有帝王意识，这同孝庄太后对他进行有目的的教育培养，是密不可分的。

事实上，顺治帝临终之际，有关皇位继承人选的挑选余地，相对较小。顺治帝共有八子，长子牛钮与皇四子皆早卒。其余六子中，比玄烨长一岁的福全居长，"向以损一目不得立"[2]。玄烨以下四位皇子，最大者五岁（皇五子常宁），最小者方出生十余日（皇八子永幹）。八位皇子除去早逝的皇四子外，另外七人均为庶妃所生。孝庄属意于皇三子玄烨时，玄烨以下诸皇子皆未出世，仅有的两位皇子中，年长者（福全）又有生理上的缺陷。所以，孝庄是在几无选择余地的情况下，开始对玄烨进行培养的。其后历史证明，孝庄慧眼识人，所择甚当。

顺治帝遗诏指定索尼、苏克萨哈、遏必隆、鳌拜为辅政大臣，辅佐幼

1　《清圣祖实录》卷1。
2　萧奭：《永宪录》卷3，第205页，北京：中华书局，1959年。

年皇帝。四人中除苏克萨哈隶属正白旗外,其他三人都是两黄旗大臣。这种三比一的组成格局,反映了顺治朝晚期顺治帝与孝庄太后之间的力量对比。不过,四位辅臣全部为上三旗大臣,则体现出在废除皇室宗亲摄政体制这一关键问题上,孝庄母子是完全一致的。

辅政体制取代摄政体制,表明清初皇权的不断集中与强化。这一辅政体制,实质上是清初继统危机中形成的孝庄与两黄旗大臣之间政治联合的继续与发展。康熙初年,孝庄没有采纳江南桐城县生员周南奏请皇太后垂帘听政的建议,[1] 但实际上却掌握着清朝大政方针的决定权。[2]

明清之际政治舞台上,孝庄是一位始终位居幕后,却对清初历史起有重要影响的人物。命运与机遇,对于孝庄似乎总是有所眷顾。她的丈夫与亲子,即清太宗皇太极与世祖顺治帝的建储意图(分别拟立宸妃之子与董鄂妃之子为皇储),无不有损于她本人的利益,但都未能实现。这种客观情况,加之前述其他原因,使孝庄得以择选她所属意的皇位继承人,其本人也因此在清初统治集团中确立了无可撼动的权威。

清初皇位交接过程中,皇太后孝庄是一位关键角色,清朝入关后第一位皇帝顺治帝与第二位皇帝康熙帝之入承大统,无不体现了她的意志。清末皇位交接中,皇太后慈禧同样起有决定性作用。清朝灭亡前最后两位皇帝,即光绪帝与宣统帝之承继皇位,无不体现了慈禧的意志,是其一言而定。前后相距两百多年,中国社会性质已发生变化,然而,清初与清末的皇位交接,竟有如此相似之处。历史演进中所具有的戏剧性效果,在清朝皇位继承史的首与尾得到充分显现。

顺治帝临终时,汗位推选制已经消亡,选择、决定皇位继承人的权力集中于皇太后、皇帝之手,诸王贝勒完全被排除在外,这是清朝皇位继承史上一个重大变化。它表明,在皇权高度集中与强化的奠基阶段,清朝皇位继承制度也处于一个重要转折时期。

---

1 参见《清圣祖实录》卷2,顺治十八年三月甲子。
2 参见吴晗辑:《朝鲜李朝实录中的中国史料》第9册,第3884页。

第四节　关于汗位推选制的几点思考

一、与氏族推选制及世选制的异同

努尔哈赤确立的汗位推选制规定，由八王（八旗诸贝勒）推选他们之中能够"受谏"的贤者作为汗位继承人；如果此人不称职，八王可以将其撤换，重新择定。这种在少数特权人物中，通过相对民主的方式，以贤能与否作为主要标准推选汗位继承人的做法，同氏族选举酋长的古老习俗，具有一定的渊源关系。

与氏族推选制一样，汗位推选制并非严格的世袭制。不过，汗位推选制已将推选人与被推选人的范围，从一个氏族缩小到一个家族。由于八王全部是努尔哈赤的家族成员，即他的子、侄、孙，所以汗位是在这一家族范围内世袭。

后金汗位推选制是女真族（满族）处于氏族社会之后另一社会发展阶段，即由奴隶制向（封建）农奴制迅速转变时期，并已建立地方政权（后金国）后的最高权力继承制度。它在形式上实行推选，实际上却将推选权利与被推选的权利，一并集中在一个家族的少数当权者手中。虽然这一权力继承制度受到氏族推选制的影响，但是，从其本质而言，已与氏族推选制的民主原则大相径庭。

由贵族成员在已故最高权力拥有者的兄弟子侄中，优选权力继承人的做法，称为"世选制"[1]，我国古代北方少数民族，大多采取这种方式，进行权力传承。由契丹族、女真族统治者分别建立的辽、金等政权创建初期，在皇位继承问题上，仍不同程度地保留着这一旧俗。[2] 蒙古族贵族建立元朝后，继续实施由贵族推选大汗的忽必尔台制度，这一制度同世选制之间，并无根本性差异。

1　参见李锡厚、白滨：《中国政治制度通史》第7卷，《辽金西夏》，第15页，北京：人民出版社，1996年；刘小萌：《满族的社会与生活》，第99页，北京：北京图书馆出版社，1998年。

2　参见李锡厚、白滨：《中国政治制度通史》第7卷，《辽金西夏》，第14-20、28-30、229-230页。按，本节涉及辽、金、元各代皇位（汗位）继承中的一些情况，主要参考了该卷与陈高华、史卫民著第8卷《元代》的有关内容。

后金汗位推选制出台一年后，天命八年（1623）五月，努尔哈赤致书科尔沁部奥巴台吉及诸贝勒，内称："昔尔科尔沁兄弟之间，争夺财富，是以致乱……兄弟之间致乱虽得财畜，有何名誉？念及此事，尔等之间可举一人为汗，倘尔众皆齐心合力，则可使察哈尔、喀尔喀不再侵犯尔等。我之此言，亦将为尔等所赞同等语。所举之汗，若尔等以为不合宜，而欲废之，则听尔等之便。若责备尔等，则任其责之。"[1]可以看出，这一建议既包含汗位推选制的内容，也有元朝忽必尔台制度的部分内涵，实际上是两者的混合体。

辽（初）、金（初）、元各朝皇位（汗位）继承中世选制因素的存留，以及后金汗位推选制的制定，表明由于它们先后走出氏族社会不久，均未完全脱去氏族社会的种种痕迹。但是，与具有世选制特征的辽、金、元权力继承制度相比较，后金汗位推选制又有一些独特之处。

第一，严格地说，后金汗位推选制尚非传子制度，但传子的倾向性已较明显。

天命七年（1622）三月努尔哈赤提出八王共治国政制时所称八王，包括其侄，四大贝勒之一阿敏。努尔哈赤去世后，共同推举新汗的15人内，除去努尔哈赤之子（代善、莽古尔泰、皇太极、阿巴泰、德格类、阿济格、多尔衮、多铎）外，还有他的侄辈（阿敏、济尔哈朗）与孙辈（杜度、岳托、硕托、萨哈廉、豪格）。这就说明，汗位推选制实际上包含着父死子继、叔死侄继、祖死孙继等多重汗位传承关系。

不过，无论是努尔哈赤所言八王中，或是当其死后，后金统治集团共同推选新汗的15人内，在人数与权势上，努尔哈赤之子都占有绝对优势。可见，汗位推选制确立之始及其首次实施中，汗位将由努尔哈赤之子承继的趋向，已很显著。

后金（清）先后两次实施汗位推选制，两次均为父死子继，与辽、金、元等朝皇位传承中，频频出现兄终弟及或叔侄相继的现象，颇为不同。

---

1 《满文老档》上册，第495页。

第二，推举新汗（帝）时既无候选人，亦无召集人。

辽（初）、元等朝推选汗位（皇位）继承人时，或由太后、贵族成员提出候选人，或由大汗临终前指定继承人，推选大会一般是由摄政的皇后、宗王或有实力的贵族成员召集。后金两次实施汗位推选制，但努尔哈赤与皇太极于临终前，都未言及继承人；两次推举会议，并无正式召集人。这构成后金汗位推选制的又一特点。

第三，汗位推选者同时也具有汗位候选人身份，不仅人数较少，其范围也严格限制在努尔哈赤家族内部。这是后金汗位推选制与世选制的显著区别所在。同所有蒙古贵族都有资格参加忽必尔台推选大汗，推选者人数众多，但并非全部为汗位候选人（辽初有关情况略同）的做法相反，努尔哈赤制定汗位推选制时，即明确指出，八王既是汗位继承人的推选者，也是汗位继承人的候选者，两者合而为一。因此，努尔哈赤死后，参与推选汗位继承人的宗室成员，只有15人；皇太极死后，参与议定皇位继承人的宗室成员，则为19人。[1]

还须指出，清朝入关前，虽然实施汗位推选制，以解决最高权力传承问题，但在建立中央王朝后，清朝统治者即当机立断，较为彻底地摒弃了这一不合时宜的权力传承制度。在其实施嫡长子皇位继承制，继而采取秘密建储，创建新的皇位继承制度过程中，汗位推选制这一旧制对于清朝皇权传承的干扰与破坏作用，相对较小。可是，辽、金、元统治者入主中原后，也都采用汉法，先后实施嫡长子皇位继承制，但实施过程中，仍受到其原有旧制与习俗的较大牵制。由于新旧制度杂糅，致使皇位传承问题愈益复杂化，时有公开争夺皇位的现象发生，严重妨碍了皇位传承的顺利进行，因而威胁到其统治的稳固。这种差异，主要还是由不同的皇权发展阶段，以及与此相适应的皇权集中与强化的程度所造成。它也表明，清朝入关前，在尽可能保持满族传统制度与习俗的前提下，已相当重视吸收汉文化，并试图学习、运用汉族王朝的统治经验。较之辽、金、元等朝，清朝统治者在政治上更加成熟，其治国方略与统治手腕，均胜一筹。

---

1 参见《清太宗实录》卷1，天命十一年九月辛未；《清世祖实录》卷1，崇德八年八月乙亥。

二、短暂的最高权力传承制度

清朝皇位继承制度的演变中，汗位推选制是后金汗权向皇权转变、清朝从地方政权向全国政权转变时期出现的权力传承制度，并具有历时较短的特征。

努尔哈赤于天命七年（1622）三月提出汗位推选制，在客观上为皇太极继承汗位，创造了条件。崇德八年（1643）八月皇太极突然去世后，清朝统治集团虽仍借助汗位推选制的形式，推选皇位继承人，但这一制度已发生实质性变化。六龄童福临是在皇权相对集中，并具有较高权威的情况下，被推选为皇位继承人，所谓选贤与能原则，已被搁置一旁。较为强大的皇权，在清朝皇位交接过程中首次起有主导作用。顺康皇权交接之际，已完成历史使命的汗位推选制，终于退出政治舞台。

汗位推选制的存在时间相对短暂，原因是多方面的。

后金进入辽沈地区，女真（满族）社会迅速向（封建）农奴制过渡之际，其政权为适应这一形势的发展，无可选择地要经历由汗权转变为皇权的历程。在这一转变进程中，皇帝将逐步掌握军政大权，实行个人专制独裁统治，包括皇位继承问题在内的重大决策，均由皇帝做出。而八王共治制这一由多人共同决定军国大事的集体决策方式，必然为初步集中、强化的皇权所不容。1644年清朝定都北京后，建立了大一统中央王朝，皇权的集中、强化进入新的阶段，八王共治制赖以生存的政治土壤，已被铲除殆尽。汗位推选制既然建立在八王共治制的基础上，以后者的存在为先决条件，因此，它也就具有与八王共治制相同的命运。

八王共治国政制与汗位推选制，是在具备很大实力，分权倾向日益突出的八和硕贝勒争权严重，相持不下的情况下，出现的政治制度。皇太极于天聪年间逐步削弱八和硕贝勒，尤其是三大贝勒的权势，八旗分权倾向得到有效抑制。其后，经过皇太极的不懈努力，八旗旗主权势进一步被削弱，他们与皇帝之间形成君臣关系，并逐步受到皇帝的严密控制。所以，皇太极死后，汗位（皇位）推选制虽然再次得到实施，但已形同而质异。

后金统治集团成员思想观念的变化，对于汗位推选制的最终消亡也是一个促进因素。崇德时期,皇权集中对于后金的迅速发展起有决定性作用,同时,还逐步带给满族统治集团成员很大物质利益。[1]后金进入辽沈地区后,所受汉文化影响在日益增加。这些情况,都促使满洲贵族对皇权的认识及其向心力不断提高。皇太极去世后发生的继统危机中,"立帝之子"成为共识,两黄旗大臣表现出对皇权的坚定拥护,均有其必然性。

由于与清朝皇权不断集中与强化的发展趋势相对立,尤其是1644年清朝皇权成为中央王朝皇权后,各方面情况均发生很大变化,汗位推选制很快被历史所淘汰。但无可否认,清朝入关前两次最高权力交接,都是在这一权力继承模式之下完成。唯有在此基础上,清朝方能保证统治集团内部的团结,适时入主中原,建立中国历史上最后一个大一统中央王朝,并开创康乾盛世,奠定中国的版图,对其进行了历代王朝从未曾有的有效统治。所以,从清朝历史发展的总体与全局角度审视,不能不说带有很大局限性的汗位推选制,在促成后金历史与清朝历史的衔接与转换方面,具有不可或缺的作用。这是它的一个历史功绩。

作为清朝第一种皇位继承形态,汗位推选制对于其后两个多世纪内清朝皇位继承制度的发展演进,也产生了较为深远的影响。

三、天、崇、顺、孝(庄)权力传承思想之演变

汗位(皇位)继承制度的实质,是权力的传承,由此而体现出最高统治者的权力传承思想,是其统治思想(即汗权思想或皇权思想)中一个重要的组成部分。

天命汗努尔哈赤、崇德帝皇太极、顺治帝福临以及孝庄皇太后,是后金政权建立后直至顺治朝结束共计45年(1616—1661)中,清朝(后金)最高领导层的尖顶人物,他们不同程度地决定或影响着这一时期清朝(后金)的最高权力传承(孝庄于康熙二十六年去世前,对康熙前期的最高权力传承仍起有重要作用)。在此期间,满族社会与清朝(后金)政权,都发生了重大变化。上述四人的权力传承思想,大体反映出处于不同形势,

---

[1] 参见许曾重:《太后下嫁说新探》,载《清史论丛》第8辑。

不同环境中的满族统治者，对于权力传承的不同认识，以及清朝早期权力传承思想的演变轨迹。

努尔哈赤统治思想的核心部分，是以天命观为理论基础的父家长制绝对专权思想，然而他所制定的后金汗位继承制度，却是带有浓厚的氏族民主制色彩的汗位推选制。所以出现这种情况，是女真（满族）社会变迁过程中，人们的思想观念有所滞后的反映。

从元末到明末的300年中，女真（满族）社会经历了从氏族制瓦解到奴隶制，又到（封建）农奴制的转变。其速度之快，跨越时段之大，实为罕见。但是，女真（满族）社会这一超常速度的发展，并不意味着人们的思想意识和各种制度习俗，也在发生相应变化，相反，后者呈现出滞后状态。这从后金汗权的父权家长制统治结构，它所具有的氏族民主制思想残余以及鲜明的家族血缘关系等方面，皆可证明。因此，努尔哈赤对于当时迫切需要解决的汗位继承人产生方式问题的思考，无法脱离这一社会背景所设定的框架，他只能主要依据本民族历史所提供的有关经验，从女真（满族）旧有政治传统、习俗中找寻答案。

努尔哈赤的权力传承思想，既带有氏族制解体时期父家长制绝对专权的特征，又有若干氏族民主制思想的残余。他曾先后两次根据既重长、又重军功与才干的双重标准，亲自择定权力继承人，这是其父家长制统治权威使然，并非是在后金汗全权决定权力继承人这一观念支配下，产生的一种自觉行为。同时，他也极为重视其子侄及大臣们对于他本人所定权力继承人的看法与意见，此为褚英与代善相继被废黜的原因之一。以汗位推选制的确立为标志，努尔哈赤放弃了对汗位继承人的最后决定权，将这一权力授予八和硕贝勒。他还规定，以贤能与否，作为八王推举嗣汗的主要标准。这些情况表明，努尔哈赤仍受到氏族民主制观念的影响与束缚，这使他最终决定以氏族推选酋长或共议事务的方式，解决后金汗位继承人选及最高权力的分配等两大问题。可以说，同贝勒大臣议政制度一样，八王共治制与汗位推选制是氏族制习俗及其思想残余在后金的一次回潮。

皇太极在位期间，处于辽沈地区的满族社会由奴隶制向（封建）农奴制转化的速度，进一步加快。崇德改元后，后金汗权转变为基本具有皇帝绝对专权特征的皇权，加之皇太极本人以及他所代表的满洲贵族群体所受汉族文化，尤其是儒家思想的影响，已大于其父辈一代，所以，皇太极的权力传承思想，与努尔哈赤有较大不同。最突出的表现，是皇太极拟将刚刚出生的爱妃之子，作为皇位继承人。这一事实反映出其权力传承思想所具有的特点。

第一，从现存史料看，皇太极做此决定时，并未与其他人磋商。这说明给予其父较大影响的氏族民主制观念，在他头脑中开始淡化，皇帝个人独断皇位继承人选的专制集权思想已显露萌芽。这是清朝（后金）统治者权力传承思想发展演变中一次重大转折，它为当时尚不完备的清帝统治思想增加了重要内容。

第二，皇太极拟根据个人的好恶（主要是对皇子生母之好恶），按照本人意愿选立皇位继承人，从而放弃汗位推选制下，以贤能与否作为择选嗣君的标准这一宗旨。

第三，由于前述种种原因，皇太极的权力传承思想尚未形成一个较完整的体系。当其爱妃之子夭折后，皇位传承问题长期拖而未决，也表明他对此还缺乏深思熟虑。

皇太极拟立爱妃之子为继承人的行为表明，他对汗位推选制持排斥态度，而崇德年间皇权的初步集中、强化，已在逐步消除汗位推选制再度实施的客观条件。但是，皇太极突然病逝后，因无其他可以遵循的皇位传承模式，清朝统治集团成员仍然采用汗位推选制方式，选立了皇位继承人。不过，此时以孝庄为核心的崇德后宫，已能代表皇权，发挥重要作用，排除兄终弟及做法，选立皇帝之子，并以皇子是否在贵显之列为重要标准。这是入关前的清朝皇权思想，尤其是皇权传承思想的又一重大变化。皇权强弱与否，对于皇帝（后金汗）的权力传承思想及其实践，起着决定性的影响与制约，这一点甚至在皇太极死后的权力交接中，也得到充分体现。

顺治元年（1644）后，清朝皇权进一步集中强化，宗亲贵族对于皇权与皇位的干预大为削弱。顺治帝是清朝入关后成长起来的第一代满洲贵族代表，他的皇位传承思想，具有两面性和较为不成熟的特点。

顺治帝未与孝庄皇太后达成共识，就准备将刚刚出生的宠妃董鄂妃之子，作为他的未来继承人，表现出由其本人全权决定储君人选的鲜明倾向。从表面看，这种做法与其父皇太极较为相似，实际上还有不同。顺治帝当时所面临的来自孝庄太后及其心腹两黄旗大臣的掣肘力，明显大于崇德初年诸王贝勒对于皇太极的牵制力量。另一方面，顺治帝还受到清朝入关前习俗与旧制的一定影响，这主要表现在他临终前曾考虑以其从兄弟，作为皇位继承人。无论其目的何在，终究说明顺治帝的皇权传承思想中，兄终弟及观念尚占有一席之地，所以当他认为必要时，可以将其亲子排除在皇位继承人之外。

皇帝拟将新生儿作为皇位继承人，落空后又想让从兄弟承继皇位，这在清朝入关后皇位继承历史中是唯一一例。顺治帝皇位传承思想的两面性与不成熟性，是其处于清朝入关初期满汉文化激烈冲突的漩涡中，两种观念在其头脑中并存的一种不自觉的反映。他与孝庄太后之间的矛盾与权力之争，对此也起有重要的促成作用。如果顺治帝不是在24岁早逝，那么，在其大力集中、强化皇权的进程中，他的皇位传承思想的两面性与不成熟性，很可能发生较大改变。

当时，孝庄太后对汉文化的接受程度远低于顺治帝，她的皇位传承思想也颇具特点。同顺治帝比较，孝庄的皇权传承理念，在客观上反而更为适合皇权不断集中与强化的发展趋势。

第一，孝庄始终坚持皇位继承人选，只能是由皇子中产生。

第二，她排除有生理缺陷的皇二子福全而对皇三子玄烨予以精心培养，这种做法含有择优而立的因素。

第三，她在选择皇位继承人时，不仅不和皇室其他成员进行商议或征求其意见，看来，事先也并未直接与顺治帝磋商，表现出专断作风。可见，顺治帝亲政后，孝庄仍然掌握清朝部分大权，多尔衮摄政时期皇位与皇权相分离的状态还未完全消除。孝庄正是在此前提下，利用自己所掌握的权力，决断皇位继承人选。但这一行为，实质上是对于顺治帝本人决定储君人选权力的一种侵夺，因而成为顺治帝与孝庄太后的矛盾日益尖锐的原因之一。顺治帝临终前对孝庄作出让步，同意以玄烨继承皇位，孝庄的皇位传承意图得以实现。从长远看，孝庄在此问题上的独断专行，虽然有碍顺治帝集中皇权，但对于清朝皇权的平稳交接与皇位继承制度的渐进、有序发展，起着促进作用。如果按照顺治帝的意愿传位于他的从兄弟，则是一个倒退，或许还会因此而引发政治风波。

天、崇、顺、孝（庄）权力传承思想之演变，与后金汗权的产生及其向清朝皇权转化，以及皇权不断集中、强化的发展历程同步，经历了一个在众贝勒参与下，由后金最高统治者选择权力继承人，到完全由诸贝勒推选而立，又到由清朝最高统治者独断决定的转换过程。这一过程显现出逐步抛弃带有氏族民主制特征的汗位推选制模式，与汉族王朝皇位继承制度接轨的发展趋向，但是，又并非全部丢掉女真族（满族）传统的权力传承特点，而是在一定条件下，有选择地加以保留（如择贤而立）。清朝皇位继承制度所具有的皇位继承形态的复杂性与多变性特征，在清帝（后金汗）权力传承思想产生与实践的初期阶段，即已蕴藏其中，微露端倪。

天、崇、顺、孝（庄）的权力传承思想，基本尚未受到汉族宗法制思想的影响，他们确立皇位（汗位）继承人时，也未受到儒家伦理观念的束缚、干扰。其后，康熙帝采用汉族王朝的嫡长子皇位继承制，则是清朝权力传承思想的又一重大转折，宗法制思想与儒家伦理观念从此在其中起有重要作用，直到晚清慈禧专权时期，情况方发生变化。

第三章

嫡长子皇位继承制度（上）

嫡长子皇位继承制是清朝第二种皇位继承形态，它是在清朝皇权进一步集中、强化，满汉文化由激烈撞击转向逐步交融的历史背景下，为满族统治者所采用。它的存在仅有37年（康熙十四年十二月至五十一年十月），然而其过程跌宕起伏，情况纷繁复杂。三个多世纪以来，康熙朝储位问题始终为人们所关注。

嫡长子皇位继承制在清朝的实施，是这一建储制度实施近2000年的历史中最后一次。清朝嫡长子皇位继承制的内涵及其实施方式、它所产生的问题，都与汉族王朝有较大差异。这一制度的实施虽以失败告终，但中国封建社会皇位继承制度的改革，却由此而肇始。

第一节　实施嫡长子皇位继承制的政治环境

一、康熙朝皇权的集中与强化

清朝皇权发展演变历程中，为时62年的康熙朝（康熙帝于顺治十八年正月初即位）占有举足轻重的位置。康熙帝不拘泥于前朝旧制，总结、吸取以往经验，试图构建一个更加有利于个人集权的权力分配模式，将清朝皇权的集中与强化推进到一个新的阶段。由于皇权已相当强固，清朝方得以实施嫡长子皇位继承制，并具有能够面对诸多负面效果，乃至接受其失败结局的承受力。

（一）清除鳌拜集团

康熙帝八龄继位后，满洲贵族保守派代表两黄旗大臣索尼（隶正黄旗满洲旗下）、鳌拜（隶镶黄旗满洲旗下）、遏必隆（隶镶黄旗满洲旗下），以及顺治帝亲信苏克萨哈（隶正白旗满洲旗下）共同辅政。辅政时期总计八年又四个月(顺治十八年正月至康熙八年五月)。在此期间,"太皇太后对于政府有巨大的势力"[1]。由于孝庄对四辅臣深为信任,放手使用,辅臣权力很大,加之没有监督、约束的相应机制,鳌拜结党营私、擅权乱政问题日渐显露。

四辅臣基本遵循顺治帝亲政时期的政策、方针,为清朝的发展做出一定贡献。但是,在处理满汉关系、对待汉族文化等问题上,他们以恢复祖制、首崇满洲为宗旨,采取保守、倒退方针,激化与汉族士绅的矛盾,严重挫伤了汉族官员的积极性。这里需要指出,四辅臣之一苏克萨哈是位缺乏原则之人,他在清初政治舞台上的经历可以证明这一点。[2]在索尼等三辅臣的包围下,他经受不住强大压力,逐步改变原有政见,成为保守路线的推行者。不过,他同三辅臣的矛盾主要集中在涉及正白旗的利益方面。当时,中国大陆的战火刚刚平息,经济凋敝,百废待兴。因缺乏治国经验的四辅臣不能与汉官密切合作,因而出现"政事纷更而法制未定","职业隳废而士气日靡","学校废弛而文教日衰","风俗僭侈而礼制日废"的局面。[3]不仅朝中弊端丛生,各省"逮至辅臣时,自用张长庚、白如梅、张自德、贾汉复、屈尽美、韩世琦等匪人以来,扰害地方,以致百姓困苦至极"[4]。这一情况引起孝庄的重视,迫使其重新思考她与顺治帝在满汉关系与满汉文化方面的政策分歧。她的思想逐步发生变化,这从康熙七年(1668)正月清廷建立的"孝陵神功圣德碑"对顺治帝的肯定与褒扬中,部分显现出来。

随着时间的推移,鳌拜居功自傲,权力欲逐步滋长。他联合遏必隆,扩展镶黄旗势力,擅杀朝中与自己有积怨的满臣,[5]专横跋扈的作风愈益显

---

1 [德]魏特:《汤若望传》,杨丙辰译,第328页。
2 参见《清史列传》卷6,《大臣画一传档正编》3,《苏克萨哈》。
3 《清圣祖实录》卷22,康熙六年六月甲戌。
4 《康熙起居注》第2册,第1131页。按,此六人均任地方大吏,鳌拜集团被清除前后,他们或被降革或被解任(韩世琦、张自德、屈尽美等又分别被起用)。其中,白如梅、屈尽美是汉军镶白旗人,张长庚是汉军镶黄旗人,韩世琦是汉军正红旗人,贾汉复是汉军正蓝旗人,张自德是满洲籍,丰润人。事迹分见《满洲名臣传》卷32、卷20、卷34、卷19以及《碑传集》卷62;另参见《清史稿》卷197,《表》37,《疆臣年表》1;卷202,《表》41,《疆臣年表》5。
5 《清圣祖实录》卷11,康熙三年四月己亥。

现。对此,政治经验丰富的孝庄,不露声色地密切注视事态的发展。她在继续任用辅臣的同时,采取了一些防患于未然的措施。

康熙四年(1665),在孝庄的决策下,年仅12岁的康熙帝举行大婚典礼,索尼的孙女赫舍里氏正位中宫,遏必隆之女落选后成为皇妃。当鳌拜得知赫舍里氏将册立为皇后,竟与遏必隆"同入奏阻"[1]。孝庄此举具有多重用意。首先,防范鳌拜借镶黄旗之女立为皇后之机,进一步扩大实力;其二,使索尼与鳌拜之间出现芥蒂,借以分化两黄旗辅臣;其三,促使以索尼为代表的正黄旗大臣更加效忠皇室,从而增强皇室的力量;其四最为关键,即康熙帝大婚表明这位少年皇帝正在步入青年,亲理政事之日,已为期不远。

总之,至迟在康熙四年,孝庄根据四辅臣数年来的治国情况,开始认识到保守的满汉关系政策对清朝产生的危害,这意味着她对顺治帝及其所坚持的满汉关系政策,对于汉文化的看法,已与顺治年间有所不同。鳌拜的骄横跋扈,进一步促使她作出让康熙帝早日亲政的决定。这一切,是清初政局即将发生重大变化的先兆。

康熙五年(1666),鳌拜在遏必隆、索尼的支持下,将清朝入关初期圈占土地时分配给镶黄旗与正白旗的土地强行互换,[2] 三辅臣还矫诏将反对此举的大学士管户部事务、正白旗苏纳海等人处死。苏克萨哈为维护正白旗的利益,与三辅臣之间的矛盾和分歧进一步公开化。六年(1667)七月,14岁的康熙帝躬亲大政,开始为集中皇权,纠正辅臣的有关偏差,进行各方面的准备。此前不久,辅臣中名列首位的索尼病逝。鳌拜为铲除异己,独掌辅政之权,竟操纵"议政王、贝勒、大臣",罗织苏克萨哈"罪状",并不顾康熙帝的反对,一连七日强奏,终于将苏克萨哈及其子孙全部处死,家产藉没。[3] 这种凌驾于朝廷之上,藐视少年天子之举[4],折射出当

---

1 《清圣祖实录》卷29,康熙八年五月庚申。
2 《清圣祖实录》卷20,康熙五年十二月丙寅。
3 中国第一历史档案馆藏:康熙朝满文折件,无年月。按,本书引用的档案除注明出处外,均为中国第一历史档案馆藏;引用的满文档案除注明译者外,均为作者译校。
4 事隔三十余年后康熙帝忆及此事,称鳌拜等人"俱不将朕放在眼中"。参见康熙朝满文折件,无年月。

时康熙帝的境遇，而鳌拜企图独掌辅政权力的种种行径，[1]则表明他已处于与皇权相对立的位置，辅政体制成为清朝皇权发展的严重障碍。

辅政后期，鳌拜权势日炽，其亲信遍布从内廷到前朝的中央各主要机构，其中包括直接负责保卫皇帝人身安全的清廷侍卫处。这意味着康熙帝受到鳌拜的监视，处于他的掌握之中。[2]因此，清除这样一个历时已久、势力强大的宗派集团，绝非易事，倘一击不中，后果不堪设想。

由于孝庄与康熙帝的果断决策，康熙帝的出色指挥，以及以索尼之子索额图为代表的年轻一辈满洲贵族的得力辅佐，八年（1669）五月，清廷一举清除鳌拜集团。自皇太极死后出现的孝庄与两黄旗大臣之间的政治联合，至此彻底结束。

值得注意的是，处理鳌拜及其诸多亲信的过程中，康熙帝在孝庄的指点下，成功地运用宽严相济策略，缩小打击面，达到安抚、团结大多数朝臣，增强皇权凝聚力的目的，显现出一代名君的气度、胸怀与指挥艺术。[3]这反映出康熙帝行使最高统治权时所具有的特点，即恩威并施，刚柔兼备，在紧握权柄，不许他人稍有染指的前提下，对待大臣，甚至是曾经对皇权产生威胁之人，除情节极其严重者外，大都宽大为怀，严而不苛，较重情义，与清朝其他皇帝，特别是其子雍正帝，形成鲜明对比。这与他的素养、个性、气质有密切联系，其中也有祖母孝庄的重要影响和作用。孝庄为保护幼孙，从巩固皇权，维护清朝的长远利益出发，毅然清除对其效忠多年的老臣时，仍手下留情（鳌拜只是长期监禁），显示出颇有人情味的一面。康熙帝清除鳌拜集团过程中逐步形成并显现的为政风格与特色，在其后处理其他重大事件时，更加突出地表现出来。

以康熙八年（1669）五月辅政体制的终结为标志，满族老一代勋旧大臣的代表基本退出权力中心，孝庄也成功地完成权力交接，颐养天年而"不预政"[4]。不过，直至她于康熙二十六年（1687）去世前，尽管体衰多

1　《清圣祖实录》卷29，康熙八年五月庚申。
2　参见杨珍：《索额图研究》，载1996年《清史论丛》，沈阳：辽宁古籍出版社，1996年。
3　《清圣祖实录》卷29，康熙八年五月庚申；卷30，康熙八年七月丁酉；卷31，康熙八年八月甲申。
4　《清史稿》卷214，《列传》1，《后妃》。

病,仍始终在各个方面给予康熙帝全力支持,并于关键问题上为之出谋划策。更重要的是,孝庄能够顺应满汉文化日渐融合的趋势,逐步摒弃保守思想,支持康熙帝采用崇儒重道的治国方针。作为最高权力层的两位顶尖人物,孝庄祖孙能够在重大方针政策上保持一致,从而为清朝最高统治集团的团结和稳固,以及皇权的集中与强化提供了重要条件。而这一点正是顺治朝皇权发展进程中所不具备的,是顺治皇权受到较大分散与削弱的原因所在。

清除鳌拜集团后,康熙帝逐步成为清朝入关后第一位真正独掌军政大权的皇帝,皇权与皇位在清朝历史上第一次达到完全意义上的统一。

(二)改进中枢辅政机构　解决皇权与阁权的矛盾

后金汗努尔哈赤的统治是父家长制专权,并以贝勒大臣议政为辅助。清朝入关后,贝勒大臣议政的旧制仍旧保留,此即议政王大臣会议。它是清初中枢辅政机制的组成部分,下五旗诸王贝勒则利用它作为维护自身特权,抵制清帝乾纲独断的工具。[1]

康熙帝自亲政之日起,即坚持每日御门听政,亲理政务,满汉大学士于其中充任重要角色,成为康熙帝的得力助手。当内阁在朝中发挥愈来愈重要作用的同时,议政王大臣会议的地位进一步降低,议政范围日趋缩小,最后仅仅局限于军事要务和涉及国家典章制度之事。

宗室王公是议政王大臣会议的核心人物。康熙帝通过对某些犯有过失的宗室成员削除爵位,罢除议政,以贬抑其权势。这一举措也削弱了议政王大臣会议。

中国历代王朝的历史证明,皇帝勤政与否,直接关系到皇权的运作及皇权效能的发挥。如明太祖朱元璋废除丞相制,"事皆朝廷总之"[2],皇权的集中一时达到无以复加的程度。可是,明中期以降,皇权呈不断削弱之势,明晚期甚至出现一定程度的失控局面。究其原因,除去始终未能建立

1　谈迁:《北游录》(不分卷),《纪闻下·国议》载:"清朝大事,诸王大臣佥议既定,虽至尊无如之何。上尝谕内院曰,卿辈善为之,是非易明。若其有失,朕虽曲宥,不能也。"按,此指顺治朝事。

2　朱元璋:《皇明祖训·祖训首章》。

一个适应高度集权形势、符合皇权运作需要的中枢辅政机构外，明中期以后皇帝多怠政，也是重要因素之一。事实上，明朝建立不到60年，仁宣二帝即开荒嬉之渐，其后除个别人外，明帝大都燕居深宫，将国政委托于大学士及司礼监首领。虽然内阁与司礼监基本上还在皇帝的控制之下，但因皇帝自身怠于职守，皇权的弱化与分散乃无从避免。

清帝认真总结、汲取了明朝上述经验教训。康熙帝是清朝前期与中期诸帝勤政政风的开创者。御门听政时，他认真听取部院大臣奏事及科道各官条陈；补授内外满汉文武官员，"必引见丹陛，察其才具"；"凡政事有可商酌，必召阁臣面议，亲加裁决"[1]。由于数十年如一日亲理政务、广泛接触官员并直接了解各方面情况，康熙帝能够及时调整方针，做出正确决策，从容区处包括皇储矛盾在内一系列棘手问题。他所开启的勤政之风，为雍、乾、嘉、道四帝所继承，清朝中期皇权的集中与强化之所以达到中国皇权史上至高点，与此具有一定因果关系。

值得深思的是，正是在康熙帝充分发挥内阁作用，削弱议政王大臣会议权势，加强皇权的进程中，出现了两位"互植党相倾轧"的权臣，即先任大学士、后任领侍卫内大臣的索额图与大学士明珠。

康熙八年（1669）清除鳌拜集团后，皇帝真正掌握了军政大权。不过，由于康熙帝当时年仅16岁，终究经验不足，因此，除去孝庄太皇太后的继续支持与指点，还需要索额图、明珠这两位精明干练的大学士予以辅佐。清除鳌拜集团，索额图立有首功，平定三藩之乱，明珠赞划最力。然而，他们逐渐恃功而骄，干预朝政，互植私党，贪污纳贿，成为康熙帝集中皇权的掣肘力。

经过清除鳌拜集团后整整四年半的政策调整与实施，以及为期八年的平定三藩之乱，康熙帝已积累了丰富经验。康熙十九年（1680），大学士索额图"因贪恶革退"[2]，这是康熙帝准备逐步收权的信号。此后，康熙帝主要理政助手内阁大学士中，满洲大学士只有勒德洪与明珠两人（另一位

---

1 《康熙起居注》第1册，第71页。
2 《清圣祖实录》卷212，康熙四十二年五月癸亥。

满洲大学士图海于康熙二十年十二月卒）。[1] 勒德洪是一"素行谨厚"[2]，但缺乏能力与主见的满洲贵族，唯明珠马首是瞻，而汉族大学士在内阁中处于相对次要地位。因此，隶正黄旗满洲旗下而足智多谋的明珠，成为大学士中的核心人物，并逐步操纵清廷中枢机构，日渐构成对皇权的威胁。

康熙二十七年（1688）二月御史郭琇弹劾明珠的奏疏中，历数明珠揽权干政的种种表现。[3] 其后不久康熙帝下发的有关谕旨[4]进一步证实，以内阁为中枢的清廷中央职能部门内，已形成一个以明珠为首的势力集团，专断票拟，把持朝政，对康熙帝的某些旨意暗中抵制，使之无法贯彻，对于以乾纲独断为首要特征的皇帝决策及皇权的运作，起着愈益加重的干扰作用。在皇权不断集中、强化的形势下，臣工只能是皇帝意志的执行者。明珠的上述表现，实质上是超出大臣的角色规范，攫取了皇帝的部分权力，并通过他在朝中的影响力与关系网，擅自行使这一权力。

经过精心策划与周密准备，二十七年（1688）二月初九日，康熙帝决定改组内阁。明珠、勒德洪被革职，明珠亲信、汉大学士余国柱被革退，李之芳休致，内阁大学士一时只剩王熙一人。同时，明珠的主要追随者均受到不同程度的惩处。[5]

尽管康熙帝在削弱议政王大臣会议的同时，过分倚重内阁，以致出现个别大学士权势过大倾向，不过从总体而论，他仍紧紧掌握着决策权和用人权。正如其本人所言："大臣虽有荐举，用舍皆出于朕，间用一二人，亦朕所知而用者。若但因大臣荐举而用之，朕所理者，又何事耶！"[6] 既然如此，为何还会出现明珠揽权现象？看来，问题的关键，还在于内阁这一机构本身。

虽然康熙帝十分勤政，对于很多情况的了解相当及时，且能比较迅速

---

1 《清史稿》卷174，《表》14，《大学士年表》1。
2 《清圣祖实录》卷208，康熙四十一年闰六月辛卯。
3 《清史列传》卷8，《大臣画一传档正编》5，《明珠》。
4 《康熙起居注》第3册，第1726–1728页。
5 《清圣祖实录》卷133，康熙二十七年二月壬子。
6 《清圣祖实录》卷133，康熙二十七年二月丁卯。

地做出各种决策，可是，由于明珠控制内阁票拟，并以大学士的身份操纵、指挥各部院衙门，从而得以上下其手，暗中抵制康熙帝的有关旨意。换言之，康熙帝作出决策后，由于这些决策以谕旨方式向下推行这一关键性环节，很大程度上控制在大学士明珠手中，因而康熙帝的某些意旨在贯彻执行中，受到干扰。在治理黄河问题上，明珠支持河道总督靳辅，通过九卿会议，抵制康熙帝疏浚海口的主张，就是突出一例。[1]

事实证明，皇帝有必要，而且也能够亲自掌握将其决策形成谕旨并向下贯彻实施这一环节。然而康熙帝只是撤换明珠，代之以一批老成持重、忠实贯彻执行皇帝决策的大学士。同时，他还通过继续使用议政王大臣会议以及建立南书房、重用诸皇子等举措，牵制内阁的权力。但是，这些措施也产生不少弊端，致使康熙帝晚年的政局呈现纷扰之势。

皇权与阁权矛盾的最终解决，并不在于撤换大学士或是采取上述各种牵制内阁的措施，这些只是治标而非治本之举。只有将内阁的上述各项权力收归皇帝本人手中，才能杜绝产生皇权与阁权矛盾之源。因此，创建一个地处内廷，邻近皇帝寝宫，由皇帝严密控制并直接指挥，协助皇帝处理军政要务，与内阁有明确分工的新的机构，以有助于皇帝决策及其贯彻施行，乃为皇权的高度集中与强化所必须。这正是雍正帝创建军机处的目的所在，而康熙帝生前却没有充分认识到这一点。

设立南书房，是康熙帝改进中枢辅政机构的又一重要举措。

召文词之士入内廷充任皇帝的私人秘书或顾问，独承密命，以分外朝相权，是中国封建王朝最高统治者为集中、强化皇权而采取的惯用措施之一。设立于康熙十六年（1677），位于乾清宫南庑西端的南书房，其建置颇具特殊性。它并非正式机构，人员亦无固定，入选者皆为品级不高的词臣文士。平日，这些人是以皇帝书房近臣、陪其观书作画的身份出现，但"康熙中谕旨，皆其拟进"[2]。供职南书房之人名为词臣，实则承担部分机要事务，从而在一定程度上分割了议政王大臣会议与内阁的权力。

与议政王大臣会议和内阁相比，南书房自身所拥有的权限相当模糊，

---

1 《康熙起居注》第2册，第1426、1427页。
2 昭梿：《啸亭续录》卷1，《南书房》。

它只是作为皇帝秘书班子而存在，所办事项完全体现了皇帝个人意志，对皇权构成的威胁相对更小。从这些特点看，南书房是清朝中枢辅政机构由内阁向军机处演变进程中的产物，它既是康熙帝对顺治末年令翰林官值宿景运门，以备顾问之举的继承与发展，也为其后军机处的建立，提供了经验和借鉴。

康熙帝将中枢辅政权力一分为三，使内阁与议政王大臣会议、南书房相互牵制，固然能够从中操纵，将事权一统于己，但另一方面，又必然致使中枢辅政机制过于分散，进而影响皇权的有效集中。

总之，康熙三十六年（1697）之前，当皇储矛盾尚处于萌芽之际，以内阁为主，南书房与议政王大臣会议为辅，三者各有侧重，互相制约的中枢辅政体制已经确立。其后接踵而至的皇储矛盾与储位之争，并未能够打乱这一既定格局。这使康熙帝能够免除后顾之忧，集中精力处理因皇储矛盾而引发的一系列新问题。

二、崇儒重道方针的确立

满族统治者对于以儒家思想为核心的汉文化的态度，经过一个曲折的变化过程。

"统治阶级的思想在每一时代都是占统治地位的思想。"[1] 统治阶级的文化，应当说代表了其所处社会的主流文化。满族传统文化在后金社会中占有主导地位。然而，随着后金政权不断发展壮大，特别是清朝入关前后，如何在统一中原、建立全国政权的同时，继续保持满族传统文化的主导地位，以防止汉化，始终是满族最高统治者念兹在兹之事。

努尔哈赤是率先接触汉文化，并首次面临满汉文化交会之势的第一位满族统治者。尽管他本人受到汉文化的较大影响，懂汉语，好读《水浒》和《三国》，显现出对汉文化的一定兴趣，但其思想深处，还是本能地对汉文化抱以强烈的戒备心理。天命六年（1621），后金占领辽沈地区。为防止满族汉化，努尔哈赤强迫汉民剃发，强制将汉人编入农奴制庄园中。

---

[1] 《马克思恩格斯选集》第1卷，第52页，北京：人民出版社，1972年。

当汉人大举反抗后，他竟变本加厉，推行"诛戮汉人，抚养满洲"政策[1]，激起汉人更大规模的反抗，对后金汗国的政治、经济等各方面造成严重的不利后果。可以说，从总体上看，努尔哈赤对于汉文化采取了排斥态度。

皇太极继位后，通过各种措施扭转因努尔哈赤实行上述错误政策造成的被动局面，使后金得以继续发展。他提倡学习汉文化，"凡事都照大明会典行"[2]，并仿照明制设立六部与都察院等机构，改文馆为内三院，还要求满洲贝勒大臣子弟"十五岁以下，八岁以上者，俱令读书"[3]。然而同时，他又强调不得习于汉俗，不得改变"本国衣冠言语"，要求诸王贝勒转相告诫，"使后世子孙遵守，毋变弃祖宗之制耳"[4]。

不过，值得重视的是，崇德元年（1636）八月，皇太极建国号、改元仅四个月后，派遣大学士范文程"致祭于至圣先师孔子神位前"。祭文中称孔子"德配天地，道贯古今，删述六经，垂宪万世。"同时，"更依旧制，复以颜子、曾子、子思、孟子配享"[5]。这是满族统治者开始重视儒学、部分接受儒家思想的一个标志，[6] 可见，皇太极对待汉文化的态度与其父已有很大不同。

1644年清军入关，满族进入汉族人口占绝大多数，政治、经济、文化均已高度发展之地。在汉族文化的汪洋大海中，原先占据主文化地位的满族文化退居次要地位，并开始了与汉文化相融合的漫长路程。另一方面，满族统治者中很多人对汉文化抱有抵触态度，仍留恋关外"淳朴旧制"。清朝虽然已建立对全国的统治，但无形的文化疆界却不可能以强力突破。

清朝定鼎北京后，多尔衮将改善满汉关系放在诸多政策之首位，并实施"复官""复业"等举措，收到安定汉族民心的初步成效。可是，顺治二年（1645），当统一战争进展顺利，清军攻克江南后，他便显露出征服者的面目，强制推行剃发易服政策，以此作为对汉族的征服象征。这也反

---

1 《清太宗实录》卷64，崇德八年正月辛酉。
2 《天聪朝臣工奏议》卷上，第1页，《高鸿中陈刑部事宜奏》，辽宁大学历史系清初史料丛刊本。
3 《清太宗实录》卷10，天聪五年闰十一月庚子。
4 《清太宗实录》卷34，崇德二年四月丁酉。
5 《满文老档》下册，第1561页。
6 参见宋德宜：《满族哲学思想研究》，第131页，沈阳：辽宁大学出版社，1994年。

映出以多尔衮为首的满族统治者对于汉文化的恐惧与排斥心理,暴露了其色厉内荏的一面,并对满汉关系产生了恶劣影响。

多尔衮在其摄政时期,既承袭明制,积极吸取明朝统治经验,又通过强迫汉人剃发易服,在其大规模圈占的土地上推行落后的农奴制生产方式,力图保持满族文化的主导地位,防止满族汉化。这一切绝非多尔衮本人兴发而为,而是代表了包括孝庄在内满族统治集团的意志,得到满族统治上层的赞同与支持(顺治帝还在幼年,尚需别论)。它表明清朝入关后,面临满汉文化的全面交会与冲突,满洲贵族上层仍顽固坚持满洲旧制。这种保守心态有其特定的历史渊源与文化背景。

与老一辈满洲贵族不同,八年(1651)正月顺治帝亲政后的一系列举措表明,他以崇儒重道作为基本国策的意向,已相当明显。

顺治九年(1652)九月,顺治帝率领诸王大臣往国子监太学"释奠先师孔子"[1]。十年(1653)四月明确指出:"国家崇儒重道,各地方设立学宫,令士子读书,各治一经……培养教化。"[2]十二年(1655)三月谕礼部:"朕惟帝王敷治,文教是先。臣子致君,经术为本……今天下渐定,朕将兴文教,崇经术,以开太平。"令传谕内外各级官员,"政事之暇,亦须留心学问,俾德业日修,识见益广,佐朕右文之治"[3]。十四年(1657)九月,"初御经筵",十月又以开日讲,"祭告先师孔子于弘德殿"[4]。这是清朝入关后皇帝第一次举行经筵,并为其后历代清帝所遵循。

但是,顺治帝同孝庄、两黄旗大臣之间因政策分歧而产生尖锐矛盾,引发权力之争。所以,他虽然拟以崇儒重道作为基本方针,但阻力重重,举步维艰。清朝之所以未能在顺治时期确立嫡长子皇位继承制度,顺康两朝的皇位交接既未实行满族传统的汗位推选制,亦非采用汉族王朝的嫡长子皇位继承制,正是清入关初期崇儒重道国策尚未正式确立的一个具体反映。确定这一治国方针与实施嫡长子皇位继承制之任,最终落在康熙帝肩上。

---

1 《清世祖实录》卷68,顺治九年九月辛卯。
2 《清世祖实录》卷74,顺治十年四月甲寅。
3 《清世祖实录》卷90,顺治十二年三月壬子。
4 《清世祖实录》卷111,顺治十四年九月丙午;卷112,顺治十四年十月壬申。

四辅臣辅政时期，清朝在改善满汉关系、促进满汉文化的融合方面走了一段弯路。康熙帝亲政前后，清朝入关已20余年，地主制经济经历了明清易代的振荡与整合，重新得以确立。满洲贵族老一辈正在陆续退出权力中心，逐步取而代之的是自幼较多地受到汉文化的熏陶，在各个方面都与老一辈人有较大差异的年轻一代。因此，更加主动地学习、借鉴汉文化，将儒家思想确立为治国的指导思想，是新一代清朝统治者的必然抉择。不过，总的来说，满洲贵族头脑中传统观念与习俗的影响，依然根深蒂固，老一辈与新一代之间在这方面只是存在程度差别，而非质的不同。

　　康熙帝登极不久，汉官即提出为新帝"及时举行经筵"[1]，慎选满汉官侍从皇帝，分班进讲经史等建议，[2]四辅臣概未接受。然而，康熙帝学习儒家经典却始于继位前夕。他于暮年回忆道："朕八岁登极，即知黾勉学问，彼时教我句读者，有张、林二内侍，俱系明时多读书人，其教书惟以经书为要，至于诗文，则在所后"[3]；"朕七八岁所读之经书，至今五六十年，犹不遗忘"[4]。与顺治帝因自幼较少习读汉文，14岁亲政后"阅诸臣章奏，茫然不解"[5]的情况大不相同，康熙帝八龄登极时，已具备一定的汉文化素养。

　　由此可见，顺治末年，玄烨即已师从内侍学习儒家经典，继位后依然勤学不辍，打下比较深厚的汉文化根基，这对于他逐步确立崇儒重道的治国方针，实有助焉。而孝庄的思想转变，使祖孙二人能达成共识。康熙帝在与四辅臣的保守政策进行斗争中，因此占有优势地位。这是此项基本国策最终确定的一个重要保障。

　　康熙七年（1668）正月所建"孝陵神功圣德碑"，透露出新一代清朝最高统治者决意禀承顺治帝未竟之志，排除一切阻力，确立崇儒重道方针的坚定信念。碑文强调顺治帝"勤学好问，择满汉词臣，充经筵日讲官。

1　《清圣祖实录》卷9，康熙二年四月壬子。
2　《清圣祖实录》卷14，康熙四年三月丙午。
3　《圣祖庭训格言》，雍正六年内府刻本，第3页。
4　《圣祖庭训格言》，第104页。
5　《弘觉忞禅师北游集》卷3，《奏对别记》上，载明复法师主编：《禅门逸书续编》第10册，台北：台湾汉声出版社，1987年。

于景运门内建值房,令翰林官直宿备顾问""亲视太学,释奠先师""视满汉如一体,遇文武无重轻"[1]。与顺治帝遗诏对照,碑文对顺治帝的评价有了根本性的改变。它大力褒扬顺治帝,并间接指责辅臣独崇满洲、贬抑汉臣等做法,为其后清除鳌拜集团做了舆论准备。应当说,碑文也反映出孝主对于顺治帝的新的看法,以及对于汉文化的新的认识。年仅15岁的康熙帝能有此见识与胆魄,离不开她的支持和点拨。孝庄能够抛开个人恩怨,以清朝最高利益为上,及时纠正失误,表现出一位政治家的胸怀。[2]

康熙帝亲政之始,便着手进行以确立崇儒重道方针为基本国策的各项准备事宜。例如,康熙六年(1667)八月,"修理圣庙国学",举行"临雍释奠大典"。[3]八年(1669)四月,康熙帝亲临太学,王、贝勒、贝子、公及陪祀文武各官随行,满汉祭酒、司业进讲。

清除鳌拜集团后,康熙帝"更笃于学","竟至过劳,痰中带血,亦未少缀"。[4]十年(1671)二月,正式举行经筵。他对此极为重视,认为"从来经筵之设,皆帝王留心学问,勤求治理之意"[5]。是年四月,开始日讲,八月,设立起居注,"命日讲官兼摄"[6]。十二年(1673)二月,又下令将隔日进讲改为"日侍讲读"[7],即使是因修葺宫殿而暂住瀛台之时,仍让讲官"日至瀛台,如常进讲"[8]。康熙帝在熊赐履、王熙等汉族儒臣的辅导下,更为全面、系统地研习儒家学说,不仅进一步提高了他的汉文化素养,对于他确立崇儒重道国策,也具有很大促进作用。

九年(1670)十月,康熙帝颁布《圣谕十六条》,以宣扬"法古帝王,尚德缓刑,化民成俗"的儒家学说,令全体臣民"敦孝弟""笃宗族""和乡党""崇正学"。随后,"通行晓谕八旗并直隶各省、府、州、县、乡村

---

1 《清圣祖实录》卷25,康熙七年正月庚戌。
2 参见杨珍:《康熙皇帝一家》,第一章《皇父顺治帝与生母孝康章皇后》、第二章《祖母孝庄文皇后》。
3 《清圣祖实录》卷23,康熙六年八月癸未。
4 《圣祖庭训格言》,第3页。
5 《清圣祖实录》卷245,康熙五十年二月辛巳。
6 《清圣祖实录》卷36,康熙十年八月甲午。
7 《清圣祖实录》卷41,康熙十二年二月丁未。
8 《清圣祖实录》卷41,康熙十二年三月甲戌。

人等，切实遵行"[1]。《圣谕十六条》被定期在各地宣讲，从此成为清代定制。这是康熙帝以崇儒重道作为基本国策的重要体现。

康熙帝还采取了如下举措，如恢复大学士入值及票拟制度；改内三院为内阁；重新设立翰林院；满汉官员品级划一，以示满汉一体；三品以上官员若父母亡故，给以祭葬；八旗官学生送国子监学习；停止圈地，禁止满洲贵族干预逃人事件，减轻对逃人及窝逃者的处罚并减少株连；等等。十二年（1673）七月，康熙帝决定满洲三品以上文官，亦应斋戒，陪祀文庙。同年八月，规定满洲、蒙古、汉军文武官员父母去世，守制二十七月。自康熙九年（1670）十一月始，满洲、蒙古、汉军中"年高有德"者，参加顺天府乡饮酒礼。

清除鳌拜集团至三藩之乱爆发前，历时四年半（1669 年 6 月—1673 年 12 月），这是康熙帝为将崇儒重道确定为基本国策，全面调整统治方针的关键时期。上述诸般措施，无不体现出以儒家思想作为治国指导思想的基本内涵，更具体地讲，是在首崇满洲的前提下，以崇儒重道为核心，大力改善满汉关系，团结汉族士绅，巩固以满洲贵族为主体、满汉地主阶级的联合统治，使皇权得到进一步加强。这为此后平定三藩之乱，统一边疆，全面恢复、发展经济，创造了有利条件。

康熙帝对于统治方针进行全面调整，也是清朝入关后满汉文化由激烈冲撞转向逐步融合这一新阶段开始的标志。崇儒重道作为基本国策，最终得以确立，这对清朝统一多民族国家的发展和巩固，起有重大作用，影响深远，并为康熙帝其后实施嫡长子皇位继承制，奠定了思想基础。不过，清朝于康熙十四年（1675）正式建储，还是当时它所面临的窘迫形势所促成。

三、建储前的形势

康熙十二年（1673）十一月，明朝降将平西王吴三桂"以所部兵反"，三藩之乱爆发。清朝由此进行了为期八年的平叛战争。

十四年（1675）十二月，康熙帝立年仅两岁的嫡子允礽为皇太子，清

---

1 《清圣祖实录》卷34，康熙九年十月癸巳；卷34，康熙九年十一月己卯。

朝正式采用汉族王朝传统建储制度嫡长子皇位继承制。

自十二年（1673）底吴三桂起兵反清至十四年（1675）底清朝册立皇储，颁诏天下，在此期间发生了一系列重大事件，对政局产生了不同程度的影响。

吴三桂叛乱的消息传至北京当月，打着"朱三太子"旗号的杨起隆在京放火举事[1]。清廷缉获参与者数百人，并大规模搜捕不知去向的杨起隆，引起京城百姓"疑畏""惊恐"，"欲于城外西山处所迁移逃避"。康熙帝不得不下令刊示晓谕，以安民心。[2]

十三年（1674）三月，靖南王耿精忠据福建反。是年十二月，陕西提督王辅臣叛清，这对于清朝的平叛战争是一极大牵制。

当时，吴三桂已占领云南、贵州、四川、湖南及江西省西部地区，耿精忠占领福建、浙江南部与中部，并进入江西省东北部与东部，准备与吴三桂叛军相汇合。清军则由汉中地区入川，占领保宁。双方争战的焦点集中在荆州与岳州两地，清廷与吴三桂等处于势均力敌状态，相持不下。在此关键时刻，提督王辅臣在陕西南部的叛乱使清朝进据四川的计划宣告失败，被迫退守汉中。此后将近半年中，王辅臣与吴三桂军队先后占领了兰州以及甘肃东部、陕西北部的大部分地区，从侧面对京城及荆州战场形成严重威胁，一时全国震动。事隔近40年后，康熙帝对大臣们回忆说："当吴三桂叛乱时，已失八省，势几危矣。朕灼知满汉蒙古之心，各加任用，励精图治，转危为安。"[3] 这段话客观地反映了平叛战争最为困难时期，清朝面临的窘境。

当王辅臣叛乱的消息传至，康熙帝谕大学士等："今王辅臣兵叛，人心震动，丑类乘机窃发，亦未可定。前者各将军大臣，不遵指授，互相观望，迁延不进，以致逆贼得踞大江之南，贼渠未灭，故又有此变。朕欲亲至荆州，相机调遣，速灭贼渠吴三桂。若吴三桂既灭，则所在贼党不攻自息，生民得安。"令大学士与议政内大臣"密议以闻"。然而，朝臣们却认

1　参见杨珍：《杨起隆起事再探》，载《清史研究》2015年第2期。
2　《清圣祖实录》卷45，康熙十三年正月癸酉。
3　《清圣祖实录》卷253，康熙五十二年二月庚戌。

为,"皇上身关天下之重,若銮舆前往,恐奸宄妄布流言,事生意外。况京师根本,所系非轻。皇上不宜轻出,止可居中运筹,指授内外臣工,相机调发"。康熙帝对此议表示赞同:"卿等所言亦是,朕且暂止亲征。"[1]显然,在此紧迫情况下,京师有皇帝坐镇,方能安稳人心。可是,康熙帝虽然同意众臣之请,但明确表示只是暂止亲征。言外之意,如果形势继续恶化,亲征为必须之举。唯有迅速建储,以储君在皇帝亲征期间坐镇京师,才能稳定民心与军心。更重要的是,一旦皇帝亲临沙场出现意外,可由已定皇储继承皇位,以维系国脉传延。所以,此前仿佛还很遥远的康熙帝建储问题,随之提上日程,成为迫在眉睫之事。

清朝采用嫡长子皇位继承制度,实行与汉族皇帝相同的立储模式,与康熙帝在清除鳌拜集团后调整满汉关系,大力学习汉族文化,以崇儒重道思想作为治国指导方针的诸多举措一脉相承,是对于崇儒重道方针的具体落实与进一步深化。

清除鳌拜集团后历时四年半的政策调整中,康熙帝确立崇儒重道方针,在治国方面已收到显著成效。这是促使他最终做出实施嫡长子皇位继承制决策的又一重要因素。

还应指出,采用汉族封建统治者的建储制度,是在三藩之乱日炽的特殊情况下,进一步团结汉族知识分子、士大夫阶层,巩固满汉地主阶级联合统治的一个必要步骤。

三藩之乱发生前,满汉关系尽管得到较大改善,但仍存在不少问题。时距清军入关仅20年,剃发易服等民族征服政策在广大汉族民众心中所留下的创伤,尚未愈合,民族矛盾虽然已非社会主要矛盾,却仍然存在,有时还相当激烈。曾引清兵入关,为清朝消灭南明朝廷立下汗马之功的吴三桂,起兵反清后自立为周王,以蓄发易衣冠相号召,以示与满族统治者分道扬镳,显然也是利用民族矛盾及汉族人民的反清情绪,以达到分裂清朝的目的。这从一个侧面反映,在新的复杂局势下如何进一步调整满汉关系,加强满汉统治阶层内部的团结,关系到能否胜利平叛,是清朝安危所系之事。

---

1 《清圣祖实录》卷51,康熙十三年十二月庚子。

对此，满族最高统治者始终保持着较为清醒的头脑。

康熙十一年（1672）十二月，孝庄提醒康熙帝居安思危，训练骑射，不忘武备。[1] 十二年（1673）二月，康熙帝将《大学衍义》满译本进呈太皇太后御览。孝庄阅过对玄烨说："此书法戒毕陈，诚为切要，尔特加意是编，命儒臣翻译刊刻，更令颁赐诸臣，予心欣悦。"特发内帑白金千两，奖励"在事诸臣"[2]。康熙帝遂遵照慈旨，颁赐诸王以下、文武各官及八旗官学《大学衍义》各一部。孝庄从"甚恶汉语"到鼓励翻译儒家典籍，并下令让全体满族贵族、官员诵读，这是一个根本性的转变。此举有助于提高汉族士绅对清廷的向心力，具有重要政治内涵，它发生在三藩之乱肇始前数月，意义深远。

事实上，汉族官僚士大夫对于满族统治者能否采用汉制，并接受以儒家思想为核心的有关习俗与道德规范，极其关注，其内心向背很大程度上与此紧密相连。顺治年间的有关材料或可说明这一点。

顺治八年（1651）二月，亲政未几的顺治帝在一道恩诏中说："满汉孝子、顺孙、义夫、节妇，该管官细加谘访，确具事实，勘给奏闻，礼部核实，以凭旌表。"[3] 这是清廷接受儒家纲常名教观念，以汉族的伦理道德规范作为价值判断标准，第一次旌表满族节妇。顺治九年（1652）十一月，"命诸王宗室内有孝友义顺及守节贞烈者，宗人府核实具奏，礼部照例旌表"[4]。对此，汉族官员很快做出反应。顺治十年（1653）二月，"广东道监察御史陈启泰疏言，臣伏读恩诏内一款，查举八旗孝子、顺孙、义夫、节妇，与汉人一体表扬。仰见皇上锡类之仁，满汉同视……"[5] 这位监察御史之言颇具代表性，反映了汉族官员对于满族统治者遵循儒家纲常而行事的赞赏欣慰之情。

平叛战争初期的关键时刻，清朝采用汉族王朝的嫡长子皇位继承制

1　《清圣祖实录》卷40，康熙十一年十二月丁巳。
2　《清圣祖实录》卷41，康熙十二年二月己未。
3　《清世祖实录》卷53，顺治八年二月己丑。
4　《清世祖实录》卷70，顺治九年十一月甲申。
5　《清世祖实录》卷72，顺治十年二月丙午；参见许鲲：《清初有关法令与"太后下嫁"的传说》，载《满族研究》1995年第1期。

度，对团结汉族大臣、地主阶级及其知识分子将会产生较好效果。

下述情况，也是促使清朝实施嫡长子皇位继承制的一个客观因素。

康熙帝第一位皇后赫舍里氏（谥"孝诚仁皇后"）的头生子承祜，生于八年（1669）十二月，排行第二。因皇太极的皇后（孝端文皇后博尔济吉特氏）与顺治帝的两位皇后（废后博尔济吉特氏、孝惠章皇后博尔济吉特氏）均无子，因而承祜不仅是康熙帝的第一位嫡子，也是清朝皇帝的第一位嫡子。十一年（1672）二月，年仅四岁的承祜夭折。正在赤城汤泉陪伴祖母的康熙帝得知这一消息，极为郁闷。这种心情是此前身为头生子的庶子承瑞四岁夭折时，康熙帝所没有的，足见嫡子在其心目中的重要位置。

康熙十三年（1674）五月初三日，赫舍里氏生下允礽。[1]在平叛战争伊始、清朝处境艰难之时，康熙帝再得嫡子，其欣喜之情不言而喻。如果考虑到仅仅十余日前，清廷处死吴三桂之子吴应熊及其孙吴世霖，"以寒老贼之胆，以绝群奸之望，以激厉（励）三军之心"[2]，那么，康熙帝"荷天眷，诞生嫡子"[3]一事，对于清朝所具有的重大政治意义更是显而易见了。

十四年（1675）六月，康熙帝宣布，"帝王绍基垂统，长治久安，必建立元储，懋隆国本，以绵宗社之祥，慰臣民之望"。今承太皇太后、皇太后慈命，"以嫡子允礽为皇太子"，令礼部详查应行典礼，选择吉期具奏[4]。是年十二月十三日，清朝第一次举行立储大典，"立皇子允礽为皇太子"[5]。翌日，颁诏天下。诏书中说："授允礽以册宝，立为皇太子，正位东宫，以重万年之统，以系四海之心。"[6]

这是清朝（后金）历史上第一次册立储君。在平叛战争的军事形势对

---

1 除康熙朝前期数位早卒皇子外，康熙帝诸子均以胤字排行，如皇长子胤禔、皇二子胤礽、皇三子胤祉等。雍正帝胤禛继位后，将诸兄弟名字中"胤"字改为"允"，以避"御讳"。参见《清世宗实录》卷2，康熙六十一年十二月辛未。
2 李元度：《国朝先正事略》卷4，《王文靖公事略》。
3 《清圣祖实录》卷56，康熙十四年六月癸亥。
4 《清圣祖实录》卷56，康熙十四年六月癸亥。
5 《清圣祖实录》卷58，康熙十四年十二月月丙寅。
6 《清圣祖实录》卷58，康熙十四年十二月丁卯。

清朝十分不利的情况下实施这一重大举措,显示出康熙帝平定三藩之乱的必胜信心。允礽只有两岁,但作为皇太子,能够在客观上起到稳固军心与民心,鼓舞士气,维系清廷内部团结,增强满汉官员对于清廷向心力的重大作用。

康熙帝建储的同时,还恢复了顺治年间撤消的东宫机构詹事府,设满汉詹事(正三品)各一人,作为该机构主管官员。[1]

康熙十四年(1775)十二月,康熙帝为册立皇太子而颁诏天下的同一日,"升内阁侍读学士孔郭岱、翰林院侍读学士陈廷敬并为詹事府詹事"[2]。清朝以设立东宫机构作为实行嫡长子皇位继承制的配套措施之一,但东宫机构及其主要官员所起的作用却与汉族王朝颇有不同。关于这一点,将于本章第三节述及。

四、满汉朝臣对建储的态度

清朝实施嫡长子皇位继承制、册立储君的过程中,满汉朝臣各自采取何种态度,扮演了什么角色呢?

康熙帝在国本问题上采用汉制,得到汉族大臣的首肯与全力支持,其中应予重视的两位人物是熊赐履与王熙。

熊赐履,湖北孝感人,顺治十五年(1658)进士。康熙帝亲政后,熊赐履不畏专擅权柄的鳌拜,公开指责辅政大臣各项重大失误,特别是在忽视汉文化方面所造成的各种恶果,请求康熙帝"时御便殿,接见儒臣,讲论政治"[3]。鳌拜等因此对熊赐履大为嫉恨,竟欲构罪惩处。熊赐履却博得康熙帝的赞赏,受到保护。自康熙帝亲政前后,直到康熙十五年(1676)熊赐履于票拟草签中弄虚作假而被罢官,在此将近十年期间,他始终在清朝汉族大臣中居首要位置,对于康熙帝进一步学习汉文化,全面而深入地研治儒家学说,起着他人无可替代的作用。《康熙起居注》等史籍记载,康熙十年(1671)至十五年(1676)康熙帝举行经筵和日讲过程中,满汉

---

1 光绪《清会典事例》卷1057,《詹事府·建置》。
2 《清圣祖实录》卷68,康熙十四年十二月丁卯。
3 《清史列传》卷7,《大臣画一传档正编》4,《熊赐履》。

儒臣内，熊赐履是与康熙帝接触最密切的汉大臣。"圣祖有疑必问，公上陈道德，下达民隐，引伸触类，竭尽表里。"[1]康熙帝晚年曾回忆："原任大学士熊赐履，宿学老臣，历任多年。朕初立讲官，熊赐履早夜惟谨，未尝不以内圣外王之道、正心修身之本，直言讲论，务得至理而后已。且品行清正，学问优长，身殁以后，朕屡加赐恤，至今犹轸于怀。"[2]可以说，熊赐履是在此期间向康熙帝传播儒家思想的主要人物。康熙帝能够最终确立崇儒重道的治国方针，熊赐履实有功焉。

值得注意的是，"赐履尝以上即位后，未举行经筵旧典，谓宜慎选儒臣以资启沃，并请备记言记动之职，设起居注官；又以上欲巡幸边外，疏请停止。皆得旨俞允"[3]。他既曾力请康熙帝仿效汉族统治者的做法，举行经筵并设立起居注官，那么八年（1669）十二月康熙帝第一位嫡子承祜出生后，他也有很大可能劝请康熙帝采用汉族嫡长子皇位继承制，册立储君。只是因主客观条件还不具备，这一建议被暂时搁置下来。

尽管目前尚未发现关于熊赐履劝请康熙帝采用嫡长子皇位继承制的具体记载，但引人注目的是，康熙十四年（1775）三月，即公布建储决定前三个月，康熙帝"以翰林院掌院学士熊赐履为武英殿大学士"[4]。这是否表明，在康熙帝作出立储决策的过程中，熊赐履起有重要作用，因而予以嘉奖呢？

王熙，顺天宛平人，顺治四年（1647）进士，任翰林院掌院学士。当顺治帝临终之际，他奉命于御榻前"撰诏书"，可见深受倚信。三藩叛乱后，是他首先向清廷建议，处死吴三桂之子吴应熊，以痛击元凶，激励军心。[5]十三年（1674）四月，康熙帝将吴三桂之子吴应熊及其孙吴世霖处绞，这是对吴三桂的致命一击，同时也表明清廷将与三藩一战到底，战而胜之的决心与信心。有记载说，吴三桂叛乱后，"自恃角距已成，又以其子方尚主（按，顺治十年八月太宗第十四女和硕恪纯长公主下嫁吴应熊），

1　李元度：《国朝先正事略》卷6，《熊文端公事略》。
2　《清圣祖实录》卷250，康熙五十一年四月壬申。
3　《清史列传》卷7，《大臣画一传档正编》4，《熊赐履》。
4　《清圣祖实录》卷53，康熙十四年三月戊子。
5　李元度：《国朝先正事略》卷4，《王文靖公事略》。

朝廷必不杀以为之招。及应熊诛，三桂惊悸发病，竟以死"[1]。吴三桂死于康熙十七年（1678），距其子被诛已有四年，上述所言非实，但其独子之亡对他精神上产生了很大刺激，是无可置疑的。这也从一个侧面表明，在平定三藩之乱期间，无论对于清王朝或以吴三桂为首的三藩而言，储位问题都具有重大政治意义与政治影响，也唯有汉族大臣，能够深刻地认识到这一点。[2] 处死吴三桂之子与清朝册立储君，是密切联系、相辅相成之事，王熙不会只顾其一而忽略其二。史载，"凡大典礼如耕藉田、册立东宫、陪祀阙里，大制作如总裁《实录》《玉牒》《典训》《方略》《国史》《明史》《一统志》，公（王熙）皆膺其任"[3]。在康熙帝酝酿实施嫡长子皇位继承制的过程中，王熙起有较重要的作用当是不争之事。

还应看到，康熙帝确立崇儒重道方针后，汉族大臣对他的影响固然有所增长，但他们在清朝最高统治集团中终究处于从属位置。康熙帝曾多次指出汉族大臣缺乏独立性，一味迎合满臣的情况。如二十五年（1686）九月，他说："今满大学士凡有所言，汉大学士但唯唯诺诺，徒为自保禄位之计，并不辩论是非。"[4] 以熊赐履、王熙为代表的汉族大臣在康熙帝做出实施嫡长子皇位继承制这一决策中所起的重要作用，与其平时筹议国政中多采取屈从于满洲贵族，以求自保的立场，是同一事物的两个表现方面，并不矛盾。

当时满族大臣中最有权势者，是大学士索额图与兵部尚书明珠（康熙十六年升任大学士）。康熙十三年（1674），朝鲜使臣给其国王的书面报告中说：清朝平叛战争中，每逢前方战事不利的奏报送抵，"皇帝亲自开见，只与皇后父率哈及兵部尚书密议之，诸王诸大将亦或不得闻"[5]。"率哈"指索额图，"兵部尚书"即明珠。因此，在决定册立皇太子这一重大

---

1 李元度：《国朝先正事略》卷4，《王文靖公事略》。
2 李元度《国朝先正事略》卷6，《熊文端公事略》载，康熙十二年（1673）清廷讨论撤藩时，"惟明珠、米思翰力言'三桂仅一子，质于朝，可勿虑，其它又安能为？'未几，三桂反"。不过，提出斩杀三桂独子这一建议者，并非满族大臣，可见与汉臣比，满族大臣对此问题认识的深度，是相形见绌的。
3 李元度：《国朝先正事略》卷4，《王文靖公事略》。
4 《康熙起居注》第2册，第1538页。
5 吴晗辑：《朝鲜李朝实录中的中国史料》，第10册，第3996页。

问题上,康熙帝也会首先与索、明二人商议,并重视他们的看法。

索额图与明珠都属于清朝入关后成长起来的满洲贵族新的一代,他们支持康熙帝所采取的崇儒重道方针以及相应的一系列改革,是康熙帝所信任的两个最得力的满族大臣。[1]但是,对于康熙帝实施嫡长子皇位继承制,索额图与明珠却有不同态度。

满汉大臣由于在统治集团中所处位置不同,他们与储君的关系有很大差异。

汉臣无论是促请康熙帝建储,还是力劝其采用嫡长子皇位继承制,只是从巩固清朝统治,亦即维护其自身既得利益出发,至于储嗣人选,与其并无直接利害,他们同储君之间是相对间接的关系。

皇帝与满族大臣既是主仆,满族大臣的家族与皇室之间往往又有戚属关系。实施嫡长子皇位继承制尤其是择选储君时,不仅涉及满族大臣的切身利益,且关乎其家族的命运。

生下允礽当日因难产去世的皇后赫舍里氏,是四辅臣之一索尼的孙女,其父为领侍卫内大臣噶布喇。索尼另一子索额图则是她的叔父,即允礽的叔姥爷。如果实施嫡长子皇位继承制,允礽是储嗣的唯一人选。一旦允礽成为皇储,对于索尼家族及索额图本人而言将是莫大荣耀,并使其具有很大权势与政治影响力。

康熙帝庶妃之一惠妃纳喇氏的家族,与明珠的家族有亲戚关系。[2]惠妃之子允禔比允礽年长两岁,在康熙帝序齿之子中居首,排行皇长子。明珠自然希望皇长子允禔成为皇位继承人。在没有实行嫡长子皇位继承制的前

---

1 参见杨珍:《索额图研究》,载 1996 年《清史论丛》。
2 我之前认为,允禔的外祖父郎中索尔和是明珠的堂兄弟,允禔则是明珠的堂外孙。现在看来不准确。实际上,允禔的外祖父虽也叫索尔和,任郎中,但不是明珠的堂兄弟。他是正黄旗包衣喀尔喀玛伯曾祖台费喀的元孙,即喀尔喀玛的堂侄。明珠去世前,康熙帝专门向他问询叶赫部的人与事。明珠奏述:喀尔喀玛与乌拉贝勒同宗,后来逃到叶赫,为明珠祖父台金石收留抚养;金台石将族女纳喇氏嫁给喀尔喀玛为妻,生有两子。按,喀尔喀玛既为叶赫贝勒金台石收养,又娶金台石族女为妻并生子,他已成为叶赫纳喇氏家族的外来成员。由此而论,乌拉纳拉氏和叶赫纳喇氏之间存在亲属关系。因此,虽然索尔和与明珠不是堂兄弟,但他们之间仍有亲戚关系。参见杨珍:《历程 制度 人——清朝皇权略探》,第 392—393 页,北京:学苑出版社,2013 年;康熙朝满文折件,无年月;《八旗满洲氏族通谱》卷 23,《乌拉地方纳喇氏》。

提下,这一愿望是可能实现的。所以,明珠从其家族及个人利益出发,即使对嫡长子皇位继承制做出赞成姿态,但内心深处却有一定抵触情绪。

史载:"索额图善事皇太子,而明珠反之,朝士有侍皇太子者,皆阴斥去。荐汤斌傅皇太子,即以倾斌。"[1]索明二人对太子的不同好恶,直接反映出他们分别代表的以其家族为核心的不同利益集团,对康熙帝采用嫡长子皇位继承制所怀有的真实看法。

此外,对于宗室王公、满族大臣来说,按照嫡长子皇位继承制公开建储,是与满洲旧制相违背,他们本人也从未经历过的新事物。尽管满族具有善于学习、吸收他人之长的特点,但初行新制,且又涉及满洲王公的切身利益,他们对此缺乏热情,或抱以冷漠观望的态度,也是不难理解的。这种心态在满族王公、大臣内带有一定普遍性,其后,他们之中不少人加入反太子派,也就并非偶然了。当然,这也与皇太子允礽残暴虐众,失尽人心有关。

※　※　※　※

康熙帝采用嫡长子皇位继承制,在清朝(后金)历史上是一创举。

皇太极、福临继位前后,都曾出现激烈复杂的权力斗争。皇太极通过八王共治制的推选制度得以继承汗位,但其后几乎用了整整十年时间,才基本消除实施汗位推选制所产生的诸多政治后遗症。

福临的继位基本上也采用了推选制,尽管这与皇太极继位时的推选情况已有本质不同。可是,随之出现为时七年的多尔衮摄政局面,多尔衮控制清朝军政大权,威胁到顺治帝的皇位。

康熙帝能够以幼龄继位,基本上是由孝庄皇太后所决定,并取得顺治帝的同意。但因此形成的辅政体制历时八载,并最终导致鳌拜专权。

上述现象,说明清朝入关前的最高权力继承制度与入关初期的有关做法,已落后于清朝皇权不断集中与加强的发展趋势,存在权力分散、缺乏规则等不完善处。这使代行皇权者较少受到皇权的制约,为其扩张个人权势,提供了可能。

---

[1]《清史稿》卷269,《列传》56,《明珠》。

因此，康熙帝在对清朝原有最高权力继承制度进行总结，并汲取有关经验教训的基础上，采取了新的建储模式。尤应指出，孝庄曾亲身经历自清太祖去世后，清朝（后金）最高统治层内部围绕汗位（皇位）继承而展开的历次尖锐斗争，对此有着深刻认识。看来，在康熙帝做出这一决策过程中，她曾予以支持，并充当顾问与参谋。不言而喻，祖孙两人的默契配合，为嫡长子皇位继承制在康熙朝的确立与实施，增加了一个很重的砝码。

嫡长子皇位继承制以嫡长身份作为储嗣的唯一择选标准，从制度上严格排除不具备这一身份的其他皇子对储位的竞争，因而对皇位传承的平稳进行以及皇权统治的稳固，具有一定保证作用。另一方面，储君的册立标志着储权的诞生。如果不能妥善处理皇权与储权的关系，储权势必对皇权的稳固与集中产生威胁。其后历史表明，由于康熙帝的建储决策是在平定三藩之乱期间，形势十分紧迫的状态下做出，因而果敢有余而乏深思熟虑。况且当时他只有22岁，不可能洞悉这一重大问题中所隐含的利害关系，没有充分虑及它与满族传统政治之间可能产生的矛盾与冲突。而熊赐履等汉臣劝请康熙帝采用嫡长子皇位继承制时，不可能阐述它的种种弊端，使康熙帝具有足够的清醒认识。当时的紧急事态，也不允许熊赐履等汉族大臣这样做。

总之，康熙帝做此决策是多种主客观因素所共同构成的合力使然，有其正确性与必要性。但另一方面，这也是一个具有一定冒险性，潜伏着矛盾与危机的抉择。

第二节　康熙帝对子嗣的教育

康熙帝多子。在他14岁（康熙六年，1667）至65岁（康熙五十七年，1718）长达52年期间，共生育皇子35人，序齿者20人。清朝诸帝中，康熙帝子嗣最多。

康熙帝是清朝皇子教育的开创者与奠基人。在他的精心培育下，康熙朝皇子的总体素质居清朝历代之首。康熙帝的教子方针与诸皇子的受教情况，对于这些天潢贵胄其后在政治舞台上的所作所为具有直接影响。因此，考察康熙帝对子嗣的教育，不失为研究康熙朝储位之争的一个切入点。

一、以满文化为本、汉文化为用的教育宗旨

从维护满族的统治地位，巩固清朝统治的长远目标出发，康熙帝在对诸皇子的施教中确立了以满文化为本，汉文化为用的教育宗旨。

康熙二十六年（1687）六月初七日，康熙帝对允礽的老师，吏部尚书达哈塔、詹事府詹事汤斌、少詹事耿介等人详尽论述对于皇太子及诸皇子的教育问题，皇太子允礽、四位年长皇子、部分内大臣、侍卫及大学士明珠等也都在场。这次讲话比较集中地阐述了他对教育子嗣的看法。康熙帝说：

> 自古帝王，莫不以豫教储贰为国家根本……朕观古昔贤君，训储不得其道，以致颠覆，往往有之，能保其身者甚少。如唐太宗亦称英明之主，而不能保全储副。朕深悉其故，虽闻见鲜寡，惟尽心训诲。而在外小人不知皇太子粗能诵读，谓尚宜选择正人，令之辅导。尔等皆有闻誉，今特委任。尔等宜体朕意，但毋使皇太子为不孝之子，朕为不慈之父，即朕之大幸矣！

当达哈塔奏称自己"最庸至陋"，恐非能胜任时，康熙帝颇不以为然，指出：

> 汉人学问胜满洲百倍，朕未尝不知，但恐皇太子耽于汉习，所以不任汉人，朕自行诲励。今皇太子略通汉文，于凡学问之事，似无扞格。且讲解书义，有（汉大臣）汤斌等在，尔（达哈塔）惟引若等奉侍皇太子，导以满洲礼法，勿染汉习可也……朕谨识祖宗家训，文武要务并行，讲肄骑射不敢少废，故令皇太子、皇子等既课以诗书，兼令娴习骑射。即如八旗以次行猎，诚恐满洲武备渐弛，为国家善后之策。朕若为一人行乐，何不躬率遄往？近见众人及诸王以下

其心皆不愿行猎，朕未尝不闻。但满洲若废此业，即成汉人，此岂为国家计久远者哉？文臣中愿朕习汉俗者颇多，汉俗有何难学？一入汉习，即大背祖父明训，朕誓不为此！且内廷亦有汉官供奉，朕曾入于汉习否？或有侥幸辅导东宫以为荣名，营求嘱托者，欲令皇太子一依汉人习尚，全不以立国大体为念，是直易视皇太子矣！皇太子其可易视耶？其果自愿效力，何不请效于朕前耶？设使皇太子入于汉习，皇太子不能尽为子之孝，朕亦不能尽为父之慈矣！至于见侍诸子内，或有一人日后入于汉习，朕定不宽宥！且太祖皇帝、太宗皇帝时成法具在，自难稍为姑息也。[1]

康熙帝教育子嗣思想的一个基本点，是诸皇子兼学满汉文化的过程中，两者的主次位置、从属关系不能颠倒，必须以满文化为根本，保持满俗，其实质即坚持首崇满洲原则。这种以满文化为本、汉文化为用的教子方针，体现出清朝首崇满洲与崇儒重道两大基本国策之间既并行不悖，又有严格主从之分的关系。换言之，首崇满洲即坚持满洲贵族对清朝的最高统治权。崇儒重道则是用以安抚、团结汉族臣僚、地主阶级士大夫等，扩大清朝的统治基础，从而达到维护满族统治者的统治地位与权利，保证满族思想文化的独立性，巩固清朝统治的战略目的。

康熙帝极为强调在对子嗣的教育中要保持满族的文化传统，要求皇太子、诸皇子学习儒学经典的同时，不得"入汉俗"。实际上，这是将子嗣学习汉文化视为保持满族的统治地位、维护清朝统治的重要手段。他所最担心的，是因学习汉文化而使满族文化丧失其独立地位，进而从属于汉文化或为之所淹没。

保持本民族文化的独立性，即保持满洲文化传统而"不入汉俗"，是自努尔哈赤建立后金汗国后，历代清帝力行之事。只是由于康熙帝处于满汉文化从冲撞逐步转向交融的过渡时期，他的忧思具有这一历史阶段所赋予的特色。

康熙帝晚年对宗人府宗令简亲王雅尔江阿说："见今看来，宗室觉罗

---

1 《康熙起居注》第2册，第1638–1639页。

少年皆入汉俗，行走举止及饮食起卧，尚不及民人。有的不会满文，不能骑射，书文一字不识，且将虚浮矜夸、装模作样奉为大德……尔等若不慎之，设宗人府又有何用！"[1]对于部分宗室贵族子弟身上逐步加重的公子哥儿习气，康熙帝深感不安。其后的历史进一步证明，满语骑射被满洲贵族日渐遗弃的过程，竟与这一群体逐步丧失进取精神，渐趋奢靡的变化同轨。当"满洲旧风"在他们身上几无痕迹可寻时，清朝衰亡之日，已为期不远。这其中具有十分复杂的原因，需要另作深入探讨。不过，由于康熙帝亲自督教，并以身作则，康熙帝诸子的总体情况，与同时期宗室觉罗子弟迥然不同。康熙帝也为此而深感自豪。

为了使儿子们能够继承满族文化传统，康熙帝在各种场合，通过具体事例，津津乐道、不厌其烦地向儿孙们讲述满洲"旧典"，所言涉及满族服食器用、住宅式样、生活习俗、举止言谈等各个方面。[2]他在晚年告诫子孙们："今住京师已七十余年，居此汉地，八旗满洲后生微微染于汉习者，未免有之，惟在我等在上之人，常念及此，时时训戒。在昔金元二代，后世君长因居汉地年久，渐入汉俗，竟如汉人者有之。朕深鉴此而屡训尔等者，诚为我朝之首务。命尔等人人紧记，著意谨遵故也。"[3]

应当说，康熙帝诸子较好地继承了满族的文化传统。他们的骑射技艺相当出色，其满语文水平在清朝入关后历代皇子中居总体第一位。

直到康熙年间，满洲人在日常生活中，仍以母语满语作为主要交流工具。皇子们与父母、兄弟姐妹、家人亲属以及侍从人员之间，大都说满语。不仅如此，父子之间凡书信往来，即太子、皇子写给皇父的全部奏折，康熙帝给他们的所有朱批、谕旨，都是用满文书写，从无例外。同样，当时满族大臣（包括汉军旗大臣）的奏折、奏疏以及康熙帝的朱批、谕旨，也都用满文书写。这表明至少在康熙时期，作为官方语言的满语文，不仅是书写清朝文书的主要文字之一，而且是记录军政机密、皇族内部事务、宫闱事务时的使用文字。

---

[1] 满文朱批奏折，雅尔江阿奏，无年月。
[2] 详见《圣祖庭训格言》，第95、82、58、59、52页。
[3] 《圣祖庭训格言》，第95页。

康熙帝要求皇子们必须亲自书写满文奏折，不得让他人代笔。如康熙三十六年（1697）二月，康熙帝在第三次亲征噶尔丹期间，发现皇太子允礽由京城写来的奏折非其本人亲笔，便在朱批中写道："由朕处发出所有谕旨等文字，皆是朕亲笔手写，因军务繁忙而无空闲，常连夜疾书直至二三更。尔送朕处之全部奏书并非甚多，嗣后请皇太子手写后送来。"[1] 受到皇父的婉转指责后，允礽不敢再令他人代写。现存康熙帝亲征期间的满文档案显示，此后允礽所上奏折的满文字体，果然有所不同，而第三次亲征结束前皇太子奏折的结尾处，还往往写有"为此手书谨奏"等字样。[2] 知子莫如父，康熙帝熟悉每一个皇子的满文笔迹，在其敏锐的目光下，任何取巧之举都将原形毕露。

一次，康熙帝发现皇三子允祉奏报田禾长势的奏折不像允祉的笔迹，于是在朱批中询问："此折是谁写的？"允祉立即上折奏称："（上次）奏折所言，系经臣胤祉、（五阿哥）胤祺二人共同商议。折上之字，是臣胤祉之包衣牛录笔帖式额尔色所书……如今此折乃胤祉本人书写。"康熙帝阅后再次诫告："嗣后都须自己写！"[3] 严格要求皇子们亲笔书写满文奏折，除去出于提高他们的责任心，加强保密性等多种考虑外，也是康熙帝教育皇子时坚持以满文化为本的一个具体措施，以使他们能够保持满族的民族特性与满文化特色。

康熙帝施教皇太子及诸皇子中，始终坚持首崇满洲，以满文化为本的方针。在此前提下，他采用嫡长子皇位继承制，并赋予这一汉族王朝传统建储制度某些新的内涵与特点。

二、文武兼备的培养目标

将皇太子与诸皇子培养成满汉文化兼备，既熟读四书五经，又精通国语骑射，能文能武的栋梁之材，是康熙帝始终贯彻的培养目标。这是康熙

1　台北故宫博物院：《宫中档康熙朝奏折》第8辑（《满文谕折》第1辑），第624页，台北故宫博物院印行，1977年。

2　台北故宫博物院：《宫中档康熙朝奏折》第8辑（《满文谕折》第1辑），第639页；《宫中档康熙朝奏折》第9辑（《满文谕折》第2辑），第56—57页。

3　台北故宫博物院：《宫中档康熙朝奏折》第9辑（《满文谕折》第2辑），第881页。

帝施教子嗣思想中明显高于其他帝王之处，体现了他善于吸收满汉文化精华、融两种文化之所长的开放气度与创造精神。所以，这种施教方针本身实际上也显示出满族文化的特点。

在康熙帝的精心培养下，皇太子与诸皇子都具备较高的满汉文化素养，并能熟练地使用满汉两种语言文字。需要指出，蒙语文也是皇子们的必学语言，但对他们来说，使用机会相对为少。康熙年间，即使在人材最为集中的清朝中央政权机构中，能熟练运用满汉两种语言之人亦非很多，甚至连经过严格选拔的太子之师满臣达哈塔、汉臣汤斌等人，也互相不懂对方语言。[1] 康熙帝诸子在当时满族青年中处于文化层次与综合水准最高之列，是没有疑问的。

由于自幼研读儒家典籍，具备较高的汉文化造诣，大多数皇子能文能诗，其中不少人工于书法。不仅皇太子的书法颇为出色，皇三子允祉、皇四子胤禛、皇七子允祐、皇十三子允祥、皇十四子允禵等人也很突出。

清朝入关后历代皇子中，康熙帝诸子的骑射技艺，从总体而言同样是最高的。康熙帝要求所有皇子像其先辈那样，从四五岁起习练骑射。史载，皇太子允礽五周岁，在景山跟随皇父习武，"连发五矢，射中一鹿、四兔"[2] "年八岁，能左右射"[3]。皇长子允禔七周岁，随皇父行围南苑，射中一只猛虎。[4]

每年举行的木兰秋狝，是康熙帝训练诸子弓马技艺，培养其统兵才能的主要途径。四十七年（1708）以前，扈从康熙帝赴塞外行围的皇子中，年龄最小的只有六七岁。如四十六年八月，皇十八子允祄方七龄，首次参加围猎。康熙帝"亲携十八皇子教射"。[5] 合围中，矮小的允祄由长其29岁的皇长子允禔驮在肩上，持弓矢射猎。允祄毫不惊慌，审固自如，众人观之，交口赞叹。让童年皇子参加行围，每日风餐露宿，在崇山峻岭中驰

---

1 《康熙起居注》第2册，第1639–1640页。
2 《康熙起居注》第1册，第415页。
3 吴晗辑：《朝鲜李朝实录中的中国史料》第10册，第4077页。
4 《康熙起居注》第1册，第475页。
5 陈邦彦：《匏庐日记》卷2，载《上海图书馆藏稿钞本日记丛刊》第1册，第316、315页，北京：国家图书馆出版社、上海：上海科学技术文献出版社，2017年。

行数十里,这在今人看来是难以想象之事,体现出康熙帝教子方针中的满洲特色。即使在康熙帝晚年体衰多病时,仍坚持举行木兰秋狝,亲自率领儿孙前往。一次长途围猎结束后,他从塞外写给值守京城的步军统领隆科多的朱批中说:因去年所患足疾,朕艰于行走,在崎岖之地,"朕亲眼看视,教导朕之子,令其行围。因小儿们皆善步行,各自多有猎获"[1]。康熙帝之子中能够出现像皇十四子允禵这样率师西征,打败准噶尔军,收复西藏的帅才,绝非偶然。

三、注重实践的施教特色

为了使皇太子其后承担起治国统民重任,诸皇子成为佐理之材,康熙帝还极为重视让他们在参与政务的实践中锻炼提高,增长才干。

康熙四十七年(1708)一废太子事件发生后,康熙帝曾痛心地回忆道:"朕无日不向皇太子允礽言治理天下、爱育黎庶、维系人心之事。"[2] "屡次南巡江浙,西巡秦省,皆命允礽随行",以使长在深宫的皇太子"谙习地方风俗、民间疾苦"。[3]

三十二年(1693)五月,康熙帝染患疟疾,多日不愈。[4]他患病后,20岁的允礽第一次正式代父听理国政。是月十九日,康熙帝派人向大学士伊桑阿等传旨:"朕因违和,于国家政事,久未办理,奏章照常送进,令皇太子办理,付批本处批发,细微之事,即或有一二遗误,无甚关系,其紧要大事,皇太子自于朕前奏闻。"[5]可见,康熙帝对皇储十分信任、爱护,即使在病中让其代办国政时,也予以悉心指导。三十五年(1696)、三十六年(1697)康熙帝三次亲征期间,是由皇太子代理政务,前后达十个多月。同时,为了使诸皇子亲身阅历戎事,康熙帝第一次亲征时,还将六位较年长的皇子安排在出征八旗各大营中。

---

1 满文朱批奏折,隆科多奏,十月初一日上,十三日下。
2 《清圣祖实录》卷235,康熙四十七年十月甲辰。
3 《清圣祖实录》卷234,康熙四十七年九月丁酉。
4 参见《耶稣会士书简集中国书简选》(选译),耿昇译,载《清史资料》第6辑,第169-170页,北京:中华书局,1986年。
5 台北故宫博物院:《清代起居注册·康熙朝》第4册,第1962页。

如果说太子监国尚为历代王朝较为常见之事，那么在已立东宫的情况下，康熙帝让诸子共同值守京城、参与国政的做法，则为实行嫡长子皇位继承制的汉族王朝从未曾有。

康熙四十年（1701）后，康熙帝离京外出时，必将皇太子带在身边（并选带数位皇子），同时指定数位年长皇子留在京师，综理政务。[1]康熙四十七年（1708）一废太子事件发生后，这种做法逐步制度化。每年康熙帝去热河避暑、举行木兰秋狝期间，必定选派部分年长皇子留守京城，并分为数组，轮流在畅春园及紫禁城值班。[2]现存满文档案显示，值守京师皇子综理政务的范围，包括办理康熙帝交付的紧急重大事务（如密审皇太子的亲信索额图）、以密折方式奏报告京师情况、处理外藩及藩国进贡并接见使臣、派遣御医为八旗患病大臣诊治等各方面事宜。在此期间，留京大臣除去按例将各部院重要政务向康熙帝奏报外，还须同时禀报值守皇子。[3]换言之，康熙朝中后期，每年康熙帝不在京城的四五个月内，必定让年长皇子集体代为处理政务，使之凌驾京城中枢机构之上，构成京师临时最高权力中心。这同前述让皇太子代理国政相比较，在权力的分配上只是一人与集体之别，其本质则是天命时期四大贝勒"共理机务"，"按月分值"的"满洲旧典"，在新形势下的再现。

当时，值守京城的皇子们与远在塞外的皇父通过密折与朱批保持联系，折件往返时间最快也要两三日，[4]如果康熙帝离京南巡，彼此联系更为不便。尽管也像太子代理国政时一样，在京值守的众皇子凡事皆向皇父奏报请旨，但势必有不少事务无法及时请示，须由他们自己做出决断。如康熙帝第六次南巡（四十六年正月下旬至五月下旬）前夕，指示皇三子允祉与皇四子胤禛：此次朕去江南，奏报往返需时，"尔等若有不能定夺之事，可向内大臣明珠、大学士席哈纳、（吏部）尚书温达（同年十二月授

---

[1] 满文朱批奏折，胤祉、胤禛奏，康熙四十六年七月二十日；另参见吴雯等辑：《义门先生集》卷4，《与友人书》。
[2] 满文朱批奏折，胤祉奏，康熙四十九年五月二十八日；满文朱批奏折，胤祉等奏，康熙五十年六月初一日。
[3] 满文朱批奏折，胤祉、胤禛奏，康熙四十七年八月初七日。
[4] 《清圣祖实录》卷237，康熙四十八年四月丙辰。

为文华殿大学士）等请教相商"。是年七月二十日，允祉、胤禛向正在塞外"巡视诸蒙古地方"的康熙帝请示："此次皇父前去行围期间，凡有请旨事宜，除照例从速奏报外，若有紧迫之事亟需定夺，臣等向何人请教、商讨，伏乞皇父降旨，于留京大臣内指定。"康熙帝朱批："与先前一样。"[1] 可见，康熙帝不在京师之际，清朝中央权力中枢是以年长皇子为核心，其他亲信大臣充任辅佐角色，居于次要位置。

康熙帝十分重视让皇太子与诸皇子在实践中学习知识。他曾亲自带领诸皇子学习西方科学与技术，一起从事实验活动。如康熙三十六年（1697），皇太子允礽代理国政期间，曾向皇父报告用西洋方法观察日食的情况[2]；康熙帝也曾亲率诸皇子，在乾清宫"用千里镜"观测日食。[3] 康熙五十年（1711）春，康熙帝巡视通州河堤时，向随行的皇太子及六位皇子示范讲解如何使用仪器丈量土地，以增加他们的感性认识，培养他们对有关仪器的实地操作能力。[4]

康熙朝后期，康熙帝任用年长皇子协理政务的同时，他的培养重点，逐渐转向较年轻的皇子，这其中也包括陆续长大的皇孙们。康熙帝将这一新的培养战略，同实施秘密建储计划紧密结合起来，并采取了很多具体措施。如康熙五十七年（1718）十二月，康熙帝派遣他所属意的皇位继承人允禵西征时，择选数名皇孙跟随允禵前往，以做历练[5]；是年十月命皇七子允祐、皇十子允䄉、皇十二子允祹分别办理正蓝、正黄、正白满、蒙、汉三旗事务[6]；皇十二子允祹、皇十五子允禑、皇十七子允礼负责料理内务府事宜，或于皇宫内值班[7]；皇孙弘晟（允祉子）、弘昇（允祺子）参与庙坛祭祀、办理政务[8]；等等。

1　满文朱批奏折，胤祉、胤禛奏，康熙四十六年七月二十日。
2　台北故宫博物院：《宫中档康熙朝奏折》第8辑（《满文谕折》第1辑），第971-973页。
3　《清世宗实录》卷95，雍正八年六月丁卯。
4　《清圣祖实录》卷245，康熙五十年二月戊辰。
5　满文朱批奏折2件，胤禵等奏，康熙五十八年四月十六日、五十九年三月二十一日。
6　《清圣祖实录》卷281，康熙五十七年十月庚午。
7　内务府满文杂档2件，康熙五十七年四月十一日、五十三年八月十三日；《上谕八旗》，雍正八年五月初九日。
8　《清圣祖实录》卷291，康熙六十年正月乙亥、三月庚午；卷299，康熙六十一年十月辛酉。

汉族王朝中，为避免皇太子与众皇子的矛盾，皇帝一般不委任普通皇子承办政务，即使有这种情况，也仅限于个别皇子，而且次数较少。康熙帝的做法则与此迥异。凡有重要之事，他往往首先是与年长皇子们商量，交付他们办理（或参与办理），尤其是当他不在京城时，皇子们综理政务，掌握全局，其实际职权已在内阁宰辅、部院大臣之上。

在实践锻炼中培养众皇子，是入关前满族统治者的传统。清太祖努尔哈赤年长诸子，大都充任旗主，拥有实权，是努尔哈赤的得力辅佐。清太宗皇太极长子豪格亦无例外。他们率军征战，治理政务，为奠定清朝国基，立下卓著功勋。显然，康熙帝部分继承努尔哈赤、皇太极培养子嗣的做法，并加以发展，注入新的内容，形成更为全面的教子方针。

从雍正帝开始，严格限制皇子从政，康熙帝所实行的注重实践的教育宗旨逐步丧失。因此，在皇子的从政实践方面，清朝入关前与入关后满族统治者的方针、举措截然不同，而康熙帝对子嗣的教育培养，反映出由入关前阶段向入关后阶段转变、过渡时的风貌与特点。这是满汉文化交会、融合过程中的一种必然现象。

四、亲自谕教　严格要求

无论对皇太子的教育还是对皇子的教育，康熙帝的重视程度以及他所花费的心血，在中国历代帝王中都是仅见的。

康熙帝八岁时，皇父顺治帝去世，十岁时，生母孝康皇太后去世。他曾对皇子及大臣们说："朕躬凉薄，祖、父遗训多不能一一钦承。"[1]四十七年（1708）九月，康熙帝在一废太子的告天祭文中写道："臣自幼而孤，未得亲承父母之训，惟此心此念，对越上帝，不敢少懈。"[2]他对自己未能亲承父母教诲，一生深以为憾。这是康熙帝倍加关心、疼爱皇储及诸皇子的一个重要原因。事实上，他是将自己对儿子们所做的一切，视为对其幼年不幸遭际的一种补偿。当然，康熙帝具有较为深厚的满汉文化造诣、杰出的才智及充沛的精力，这是其能够精心培育太子和诸皇子，并躬亲谕教的

1　《康熙起居注》第2册，第1639页。
2　《清圣祖实录》卷234，康熙四十七年九月辛卯。

重要前提。

历代东宫教育，由詹事府专门负责，皇帝挑选学问淳厚、人品端方之人充任师傅。如明代洪武二十五年（1392）七月，"立皇孙允炆为皇太孙"。翌年七月，"选秀才张宗濬等随詹事府官分直文华殿，侍皇太孙"[1]。崇祯三年（1630）二月，崇祯帝立嫡长子朱慈烺为皇太子，十年（1637）"预择东宫侍班讲读官"，命礼部尚书姜逢元、詹事姚明恭、少詹王铎等侍班；礼部侍郎方逢年等讲读；编修胡守恒等校书。[2] 由于历代皇帝对东宫教育的重视程度有所不同，加之受到皇帝本人文化素质及其精力、时间等多种主客观因素的限制，所以，皇帝长期坚持亲自谕教皇太子与诸皇子，在中国古代并不多见。

相比之下，康熙朝的情况可谓特殊。皇太子允礽六岁前开始接受启蒙教育，比历代东宫大大提前，而且是由康熙帝"亲教之读书"[3]。正如康熙帝本人所言："朕于宫中谕教皇太子，谆谆以典学时敏，勤加提命，日习经书，朕务令背诵，复亲为讲解，夙兴宵寐，未尝间辍。"[4] 允礽六岁后，康熙帝精心挑选张英、熊赐履等人为其师[5]，待至允礽13岁，正式让他出阁读书。而康熙帝还是"于听政之暇，时时指授，罔或有间"[6]。

东宫之师汤斌在其家信中的有关讲述，反映出康熙帝教育皇太子的情况。他说："今（太子）出阁之后，每早上亲背书，背书罢，上御门听政，皇太子即出讲书。讲书毕，即至上前，问所讲大义，其讲即用上日讲原本，不烦更作。自古来帝王教太子之勤，未有如今日者也。"[7]

历代帝王对于一般皇子的教育，相对东宫而言一向较为薄弱。但康熙帝对诸皇子施教的重视程度及所倾注的心血，几乎不亚于东宫教育。

清人云："我朝家法，皇子皇孙六岁即就外傅读书。"[8] 但这实际上是从

1　《明史》卷3，《本纪》3，《太祖》3。
2　《明史》卷120，《列传》8，《诸王》5。
3　《清史稿》卷220，《列传》7，《诸王》6。
4　《圣祖御制文二集》卷3，《谕礼部》。
5　《清圣祖实录》卷234，康熙四十七年九月己丑。
6　《康熙起居注》第2册，第1634页。
7　钱泰吉：《曝书杂记》卷中。
8　吴振棫：《养吉斋丛录》卷4，第49页，北京：北京古籍出版社，1983年。

乾隆朝开始，并为其后清帝所遵行。而康熙朝皇子，"四五岁即令读书，教以彝常"[1]。俟皇子稍长，康熙帝便为之亲自选师，如满族大臣顾八代、康熙帝舅父佟国纲之子法海、江南名士何焯等人，都曾先后膺此重任。

康熙帝对诸皇子的教育中一视同仁，无厚薄之分。如皇七子允祐"有残疾"[2]，但也同样从四五岁起接受严格教育。康熙二十六年（1687）六月，年仅八岁的允祐曾和其他数位幼龄皇子一起，在大臣面前用汉语朗读儒家经典，足见已打下良好基础。[3]

尽管康熙帝日理万机，却始终亲自过问每一位皇子的学习。如皇八子允禩的汉文书法较差，即使当他长大成人、完婚分府后，康熙帝仍然要求他"一日必要写十幅呈览"，以督促允禩在书法上有所长进。[4]

大约在康熙朝中期，康熙帝曾对诸皇子说：

> 元良国之根本，支庶国之藩附。朕深惟列后付托之重，谕教宜早，弗敢辞劳。未明而兴，身亲督课。东宫及诸子，以次上殿，背诵经书，至于日昃。还令习字习射，复讲犹至宵分。自首春以及岁晚，无有旷日。每思进修之益，必提撕警诫，斯领受亲切。汝曹生长深宫，未离阿保，熏陶涵养，正在此时。尚其爱日惜阴，黾勉勿怠，故复谆谆，欲令汝曹皆知吾心也。木受绳则直，金就砺则利。穷理格物，多识前言往行，是惟作圣之功。汝曹今日为子弟，他日为人父兄，取资匪远，当思吾言。[5]

这段语重心长之语，是康熙帝本人对其教育子嗣的生动概括与总结。

康熙帝的教育思想中，也有偏颇之处。他的等级意识极其强烈，并认为自己教子的水准很高，满汉诸臣莫能企及："尔部院（汉族）官员教子者，不过粗通汉文，希图仕进，何尝有实以文武之艺，教其子为全才者乎……若令尔等（指满臣）子弟及部院衙门官员子弟与朕子相较，其学

---

1 《康熙起居注》第2册，第1294页。
2 唐邦治：清皇室四谱》卷3，《皇子》；另参见《清世宗实录》卷6，雍正元年四月丙子。
3 《康熙起居注》第2册，第1644—1645页。
4 《文献丛编》第3辑，《允禩允禵案·秦道然口供》。
5 《圣祖御制文二集》卷40，《杂著·庭训》。

业可知。或云披甲，择用执事，无暇学习。今若令与皇子同读二三十年，即晓然矣。即如（满臣）德格勒，自以为曾习数字，渠今有何学问？即渠之子亦曾如此教诲乎？且渠子亦未必通晓满语也。"[1]在他看来，下五旗王公与皇子们相比较，也有很大差距。[2]这种思想指导下，他难以做到对皇子有全面、客观的认识，对其缺点往往加以庇护或委过于人。因小皇子怠于学习，康熙帝竟令杖笞皇子之师、正白旗满洲大臣徐元梦即是典型之例。[3]

客观而论，康熙帝在具体知识与技能的传授与培养上，教子尚属成功，但却忽视对诸子的品行教育。他将皇太子与诸皇子培养成为文武兼备之才的同时，也在亲手埋下皇储矛盾与储位之争的导火线，使诸子成为康熙后期妨碍皇权集中的最大掣肘力。从这一角度看，康熙帝无疑又是一位教子的失败者。这是康熙帝一生中的最大悲剧。

第三节　权力关系：皇帝与储君、储君与皇子之间

康熙帝与皇太子允礽是亲生父子，允礽与众皇子则为手足兄弟。然而，由其特殊身份所决定，他们之间相互关系的本质是权力关系。皇储矛盾的产生、太子党的形成以及众皇子中反太子派的出现，是这种权力关系的客观反映，它们作为康熙朝嫡长子皇位继承制的三大衍生物，为我们多角度地观察这一皇位继承制度提供了重要窗口。

一、皇帝与储君关系的嬗变

（一）皇太子的成长环境

施教皇太子的初期，康熙帝对大臣们说："朕恐皇太子不深通学问，即未能明达治体，是以孳孳在念，面命耳提，自幼时勤加教督，训以礼节，不使一日暇逸，曾未暂离左右，即诃责之事往往不免。"[4]但实际上，允礽

1　《康熙起居注》第2册，第1639、1640页。
2　《清圣祖实录》卷237，康熙四十八年三月辛巳。
3　满文朱批奏折2件，胤祉等奏，康熙四十六年二月初五日、二月十一日。
4　《康熙起居注》第2册，第1638页。

不满两岁被立为皇太子后,康熙帝逐步给予他过高的生活待遇与政治地位,这种极为特殊的成长环境,对允礽产生了极为不利的影响,皇储矛盾的出现也与此有着不可分割的联系。

中国历代王朝中,皇太子处于一人之下、万人之上之位,他的生活待遇只是仅仅低于皇帝而已。可是,允礽却享有几与康熙帝相埒,甚至有所超过的生活特权,并受到康熙帝的过分溺爱与包容。

康熙帝说,皇太子"服御诸物,俱用黄色","饮食、服御、陈设等物,较之于朕,殆有倍之"。[1] 雍正帝继位后所言,道出同一事实:"当日二阿哥在东宫时,留心珍玩,广收博采,遂至蓄积丰盈,其精古可赏者,数倍于皇考宫中之所有。"[2] 甚至连深受康熙帝倚重的汉族大臣李光地在二废太子后也认为,储君册立后,"起居服物一同帝制,到底不妥。故连仪注也要斟酌"[3]。

康熙帝深知太子赋性奢侈,为"俾伊便于取用",竟让允礽乳母之夫銮仪使凌普担任内务府总管。[4] 十八年(1679)七月,京城发生大地震。当时平叛战争尚未结束,军需浩繁,地震破坏之处甚多,极需修葺。康熙帝令逐一详察各处工程有否浮冒、侵蚀等弊,但唯有正在修建的皇太子宫(毓庆宫)及奉先殿、内务府监造工程等项,不在详察之列。[5] 这意味着上述工程全然不受客观因素的影响,在保证费用与进度等方面享有绝对优先权。康熙帝如此重视皇太子宫的修建,此时允礽只有六岁。

据满文档案记载,康熙朝中期,康熙帝曾全面削减宫中饭食费用,并由内务府开列自皇太后、皇帝、妃嫔、皇太子、诸皇子、公主及其主要下属人员的数额清单上报,康熙帝以朱笔批减每人每日所用肉食数额。[6] 这件

---

1 《清圣祖实录》卷253,康熙五十二年二月庚戌;卷251,康熙五十一年十月辛亥。
2 《上谕内阁》,雍正四年十月初十日。
3 李光地:《榕村语录 榕村续语录》下册,第837页,北京:中华书局,1995年。
4 《清圣祖实录》卷234,康熙四十七年九月丁丑;《清圣祖实录》卷219,康熙四十四年二月庚午。
5 《圣祖御制文一集》卷9,《谕大学士索额图明珠李霨杜立德冯溥学士噶尔图佛伦希福项景襄李天馥》。
6 此件满文档案没有写明年月。清单上依长幼之序排列皇子,最后一位是十七阿哥允礼(生于康熙三十六年三月)。所列人员内有康熙帝乳母瓜尔佳氏(逝于康熙三十八年七月)。据此推断,清单写于康熙三十六年至三十八年之间。

珍贵的满文档案显示，经康熙帝朱改后的清单上，皇太后及皇太后宫中人员所用肉食数额保持未动，皇太子、皇太子妃及皇太子宫中人员所用肉食数额也一概保持原数，而康熙帝本人及妃、嫔、常在，大阿哥以下、十七阿哥以上诸皇子，所有公主（住在皇太后宫中的五公主除外）、格格、苏麻喇姑及其各主要服侍人员，侍卫、匠役等宫中杂役和宫中各饭房的肉食数额，都无一例外地被康熙帝用朱笔批减。如康熙帝本人食用猪肉由原25斤减为20斤，减额达20%；大阿哥允禔食用猪肉由原12斤减为8斤，三阿哥允祉以下、十四阿哥允禵以上，猪肉一律由原8斤12两减为8斤。[1] 将皇太后及皇太后宫中人员所用肉食数额保持原样，是康熙帝以孝治天下、履行孝道之举，也是情理使然。可是，他大幅度削减自己及诸妃嫔的肉食数额，却对皇太子及其宫中人员的肉食数额未减丝毫，从而使皇太子越居其上，与皇太后相并列。这一颠倒皇帝与储君位置、过分隆宠皇太子的做法，令人瞠目。

允礽被册立为储君前，康熙帝即令大学士索额图主持拟定皇太子仪注。事隔40年后，五十二年（1713）二月康熙帝指出："昔立允礽为皇太子时，索额图怀私倡议，凡太子服御诸物，俱用黄色，所定一切仪注，几与朕相似，骄纵之渐，实由于此。索额图诚本朝第一罪人也。"[2] 目前尚未发现当时如何审定仪注的记载。但无庸置疑，索额图等大臣只是皇太子仪注的具体制定者，而康熙帝本人与孝庄太皇太后，方握有最后决定权。从其后皇太子仪注付诸实施30余年（直到康熙五十一年允礽第二次被废黜）的事实看，无论孝庄或康熙帝，都对索额图所拟定的方案持首肯态度。事实上，将皇太子仪注所定甚高，几与康熙帝相埒，旨在体现清廷对册立皇太子极其重视，用以突出尚在襁褓中的皇太子的崇高地位，是当时清朝所面临的客观形势所必需。可是，其后康熙帝并未做出适当调整，反而在此基础上，不断加以提高，为太子权势的增长从制度上提供了保障。

二十五年（1686）四月，允礽出阁读书前，康熙帝亲定，每逢元旦等

1　台北故宫博物院：《宫中档康熙朝奏折》第9辑（《满文谕折》第2辑），第865-877页。
2　《清圣祖实录》卷253，康熙五十二年二月庚戌。

节,"诸王、大臣于皇太子前行两跪六叩头礼"[1]。这与诸王大臣向康熙帝本人所行三跪九叩之礼,仅是一步之差,而允礽当时只有13岁。三十一年(1692)三月,礼部会同内阁、内务府增修太子仪注。经康熙帝批准,"嗣后元旦、冬至、千秋节,设皇太子仪仗于文华门外,皇太子于主敬殿升座,作乐。王以下,入八分公以上,排班于主敬殿阶下;文武各官,排班于文华门外,进笺,行二跪六叩头礼……其行礼仪注,届期具题;乐章,翰林院撰拟;陈设仪仗,交与銮仪卫"[2]。三十二年冬至,"上亲祭南郊。次日,御太和门行庆贺礼毕,诸王群臣诣昭德门,行东宫庆贺礼"。三十三年(1694)元旦,"上御太和门受朝贺,诸王百官仍诣昭德门,行贺东宫礼"[3]。此外,像皇帝一样,皇太子出行,须走中门,[4]所有官员至皇太子中门前亦必须下马[5];外藩蒙古、下嫁公主遣使进贡时,要向康熙帝、皇太子允礽、皇太后三人请安,并分别向三人奉献贡物(下嫁公主还向康熙帝的妃子们请安并贡物),而蒙古王公有时仅向康熙帝与皇太子两人分别贡送马驼[6];有的致仕官员在给康熙帝的请安折中,同时也向皇太子允礽请安。[7]这些事例表明,康熙朝嫡长子皇位继承制下所定种种规制,已将皇太子允礽的地位提高到与康熙帝相差无几的程度。

康熙帝之所以给予允礽如此高的地位与待遇,原因很复杂。首先,在他的心目中,储君占有独一无二的位置。诚如斯言:"朕为上天之子,朕所仰赖者为天,所倚信者为皇太子。"[8]其次,他对允礽所怀有的特殊感情,也起有较大作用。

康熙皇帝是位性情中人。二十五年(1686)闰四月初六日,他就皇太

---

[1] 《康熙起居注》第2册,第1468页。
[2] 王士禛:《居易录》卷17,康熙刻本,第17-18页。
[3] 王士禛:《居易录》卷22,第18页;卷23,第2页。
[4] 《康熙起居注》第3册,第1781页。
[5] 《清圣祖实录》卷212,康熙四十二年五月癸亥。
[6] 康熙朝满文朱批奏折3件,胤祉、胤禛奏,康熙四十五年十二月初六日、康熙四十五年十二月十二日、康熙四十五年九月十五日;另参见《清代内阁大库散佚满文档案选编》,第382、389页,天津:天津古籍出版社,1991年。
[7] 中国第一历史档案馆:《康熙朝汉文朱批奏折汇编》,第4册,第71页,北京:中国档案出版社,1984年。
[8] 《清圣祖实录》卷234,康熙四十七年九月庚寅。

子出阁读书事给内阁的谕旨中说:"情之最亲者,莫如父子。父子主恩出自天性,礼节繁多,则父子之间反或疏远……"[1]现存康熙朝满文档案中反映的很多事例表明,康熙帝对每一个儿子都十分疼爱,关心备至。[2]而皇太子允礽所得到的关爱与呵护,又超出其他皇子。这不仅是由于允礽在诸子中具有独一无二的嫡子身份,还同他的生母赫舍里氏过早离世有一定关系。

赫舍里氏比康熙帝年长三个月,13岁时与康熙帝成婚。她当了十年皇后,是康熙帝的三位皇后中,在中宫之位最长的一位(第二位皇后钮祜禄氏在位仅数月,第三位皇后佟佳氏去世前一日册立),也是康熙帝所有后妃中最重要的一位。她虽然生长在满族勋贵之家,又居康熙帝妻妾之首,却无骄横之气,"节俭居身",待人宽和,不仅深受太皇太后与皇太后的喜爱,与众多妃嫔也相处得很好,博得宫中上下一致好评。[3]令人感慨的是,赫舍里氏平易谦和的禀性,未能传给她的亲子允礽,允礽的个性作风呈现出与她截然相反的特点,在朝中四面树敌,处处结怨。

康熙十三年(1674)五月赫舍里氏因难产去世后,梓宫停放在位于京师北郊沙河地区的巩华城。据《康熙起居注》中有关记载统计,是年六月至十二月,康熙帝前往巩华城致祭34次,平均每月4.85次。十四年(1675)去24次,平均每月2次;十五年(1676)去15次,平均每月1.25次。十六年(1677)八月,距赫舍里氏去世已满三年后,康熙帝才遵照祖母之命册立第二位皇后。当年正月至七月,他仍旧去巩华城7次,平均每月1次。十三年至十六年(1674—1677),他共去80次,在此四年内每逢除夕前一日,必定要去该处陪伴赫舍里氏的亡灵,日暮方归。甚至当第二次册立皇后刚过十余天,十六年(1677)九月初十日,他竟不顾大喜之期应有避讳,"驾往阅仁孝皇后(赫舍里氏)山陵"[4],亲自检视将要葬入赫舍里氏的陵寝。作为一位正值盛年,拥有众多妃嫔的封建帝王,康熙帝对亡

---

1 《圣祖御制文二集》卷3,《谕内阁》。
2 参见杨珍:《康熙皇帝一家》,第五章《皇子》。
3 参见张采田:《清列朝后妃传稿》传上,第80页。
4 《康熙起居注》第1册,第326页。

后赫舍里氏的怀念之情，不同寻常，在中国历代皇帝的帝后关系中，也是不多见的，表明这对少年结发帝后感情至深。

赫舍里氏因难产去世时，只有22岁，康熙帝为之深感痛惜的同时，或许还怀有一定程度的内疚。所以，他对赫舍里氏所生嫡子允礽的感情是很复杂的，其中包含着他对亡后的思恋与怀念。他将无法再给赫舍里氏的感情一并给予允礽，对前者思之愈切，对后者爱之愈深。

康熙帝与祖母孝庄的感情也非同一般。他采用嫡长子皇位继承制，册立只有两岁的嫡子允礽为皇太子，是在与祖母的共同筹划下做出的决策。康熙二十六年（1687）十二月孝庄去世时，允礽已14岁，其幼儿、童年与少年时期，也是太祖母孝庄一生中最后十余年。因年迈多病，精力不济，她对嫡重孙不可能再有过多具体指导，但亦极为关爱。如康熙十八年（1679）十二月初三日，太和殿发生火灾，六岁的允礽受到惊吓。于是，孝庄执意让过分忧劳的康熙帝携太子去南苑暂住，以使父子二人休养身心。[1]隔辈之爱往往体现在细微之处，更加富有温情。

四十七年（1708）康熙帝一废太子后，一次，他对大臣们说："近日有皇太子事，梦中见太皇太后，颜色殊不乐，但隔远默坐，与平时不同。皇后（赫舍里氏）亦以皇太子被冤见梦。"[2]这表明在康熙帝的潜意识中，认为废黜太子之举对不起己恩重如山，同时也对允礽极为疼爱的祖母，负疚于同自己感情至深，因诞育允礽而故去的皇后。赫舍里氏与孝庄分别于允礽出生之时、少年时期去世，但她们在康熙帝本人与太子的关系中起有很重要的作用。康熙帝对太子的疼爱同对她们的深情息息相关，在其内心深处，认为自己也是在代替她们关心培育太子，允礽身上凝聚着太祖母、皇父与生母三人的挚爱与厚望。

康熙帝第二位皇后钮祜禄氏（谥"孝昭仁皇后"）与第三位皇后佟佳氏（谥"孝懿仁皇后"），都未生育皇子。康熙二十八年（1689）第三位皇后去世时，康熙帝只有36岁，其后直至六十一年（1722）他以69岁高龄去世，再未册立皇后，中宫虚位达33年之久。允礽是康熙帝唯一的嫡

---

1 《康熙起居注》第1册，第472页。
2 《清圣祖实录》卷235，康熙四十七年十一月丁亥。

子，这是他被皇父过分宠爱的另一客观原因。

康熙二十八年（1689）后，宫中主位等级最高者只是两位贵妃。其中一位是第二位皇后之妹钮祜禄氏，二十年（1681）册为贵妃，二十二年生皇十子允䄉，三十三年（1694）逝（谥"温僖贵妃"）。另一位是第三位皇后之妹佟佳氏，康熙三十九年（1700）册为贵妃，终身未育。乾隆元年封"寿祺皇贵太妃"，八年（1743）逝（谥"愨惠皇贵妃"）。康熙帝之所以坚持不再册立皇后，与维护允礽独一无二的嫡子身份和太子地位，以避免另有嫡子而对允礽构成潜在威胁，或许不无关系。这一切显现出康熙帝设身处地为允礽着想的良苦用心。四十七年（1708）一废太子后，康熙帝逐渐认识到嫡长子皇位继承制度的严重弊端，其不再册立皇后之举与上述原因已无内在联系。

（二）皇帝与储君矛盾的积累深化

康熙帝与允礽之间的矛盾冲突，经过一个逐步演进的过程。

先天条件颇佳的允礽智力发育良好，自幼十分聪颖。二十三年（1684）康熙帝第一次南巡，是自允礽出生后父子之间第一次长达数月的分离。一路上，康熙帝记挂与之"相距三千里"的太子，"念之不得已"。当他收到允礽从京城的来信，欣然赋诗，关爱与厚望洋溢在字里行间：

> 凌晨发邮筒，开缄字满纸。
> 语语皆天真，读书毕四子。
> 髫年识进修，兹意良足喜。
> 还宜日就将，无令有间止。
> 大禹惜寸阴，今当重分晷。
> 披卷慕古人，即事探奥旨。
> 久久悦汝心，自得刍荛美。[1]

对于11岁太子的学业品行，康熙帝是相当满意的。但事实上，少年允礽在学习满汉文化知识大有长进，骑射技艺日渐娴熟的同时，其贪婪、残暴、目空一切的品性与作风，也在迅速滋长。

---

[1]《圣祖御制文一集》卷40，《江宁驻跸皇太子启至请安兼报读完四书》。

康熙二十三年（1684）三月，朝鲜使臣返国后谈到允礽的情况时说："太子年十三，刚愎喜杀人。皆谓必亡其国矣。"[1] 此时允礽尚不足十周岁。朝鲜使臣之言或有夸大处，不过，仍从一个侧面反映，这位少年太子已初步具有施虐他人的恶习。三年后（康熙二十六年）允礽出阁读书时，对年迈的老师汤斌等人毫无体恤之心，甚至加以刁难的种种表现，[2] 是其恶劣品行的又一实证。可是，康熙帝却对此视而不见，或有意为之遮掩，予以袒护。

二十八年（1689）十二月，孝庄去世两周年忌辰，康熙帝因炙艾忌风，不能亲诣暂安奉殿致祭，特派16岁的皇太子允礽与13岁的皇三子允祉、12岁的皇四子胤禛代往。皇太子一行起程后，他在寄给允礽的谕旨中写道："念汝年已长成，渐晓事物，况好书自得，孝友性成。朕甚嘉悦，所以遣汝恭代大礼。今暂远离，足为深念，特使内侍驰赐南方新到春橘、冬笋、脯脩，令汝尝时物耳。"[3] 上述嘉赞之语，与允礽当时的实际情况有较大出入。溺爱嫡子与刻意维护储君的形象等多重幕布，已蒙住康熙帝的双眼。这道谕旨还反映出，在康熙帝心目中，其他皇子与皇太子无法相比，他对两者的态度也有明显区别。

康熙帝的溺爱与包容，进一步助长允礽为所欲为的意识，加速了皇储矛盾的产生。不过，允礽童年与少年时期，尽管已表现出种种恶劣品性，但在皇父面前仍较为收敛。

促使康熙帝开始意识到储君问题的严重性，皇储矛盾首次显露的重要原因，是允礽属下的所行所为，并不完全在于允礽本人。

据《清圣祖实录》载，二十九年（1690）七月，康熙帝率军赴塞外与噶尔丹作战途中，突然发起高烧，病情一度较重，因而特从京城召来皇太子允礽与皇三子允祉。允礽在行宫见到一脸病容的皇父，竟"略无忧戚之意，见于词色"。康熙帝"以允礽绝无忠爱君父之念，心甚不怿，令即先

1　吴晗辑：《朝鲜李朝实录中的中国史料》第10册，第4095页。
2　《康熙起居注》第2册，第1642、1644、1646页。
3　《圣祖御制文二集》卷8，《谕皇太子》。

回京师"[1]。

可是，供职清廷的法国籍传教士白晋（Joachim Bouvet），于康熙三十六年（1697）写给法王路易十四的一份秘密报告中披露，对此次康熙帝之病"略无忧戚之意"者，是皇太子允礽的侍从：

> 六年多以前，我们看到了一个非常明显的事例。皇帝象（像）往常一样，到鞑靼山区打猎，但在此期间，由于生了重病，生命垂危，就通知皇储经驿站赶来。皇储的一些侍从希望自己的主子能早日登上皇帝宝座，因此，对皇上病危不够悲痛，甚至流露出一些喜色。皇帝获悉后，尽管对此举动愤怒万分，然而这一次，他为了不使自己的疾病恶化，控制了自己的情感，不发火，也不马上给予惩罚。当他复原后，他问太医，能否发泄一下宿愤而丝毫不损害他的健康？太医告诉他，一点也不会影响健康。于是，皇帝就从太子的保傅开始，给那些有罪之人一顿严厉的棍打，并将某些有关的重要的寝宫太监发配到鞑靼边境去充军。[2]

白晋所言，即指康熙帝率军赴塞外迎战噶尔丹途中患病一事，"六年多以前"正是康熙二十九年（1690）。雍正朝修纂的《清圣祖实录》称皇太子允礽因康熙帝生病而在皇父前喜形于色，与事实有出入。允礽不会如此愚蠢，况且这时他与康熙帝关系尚好，即使父子间开始出现裂痕，也不会骤然达到如此严重的地步。下述事例也可证明这一点。

康熙三十二年（1693）夏初，康熙帝染患疟疾，多日不愈，皇太子为此十分焦急。由于对传教士带来专治疟疾的西药金鸡纳（奎宁）缺乏了解，允礽"惟恐这种药会产生某种尚不为人所知的副作用"，因此不同意皇父立即服用。他专门召集众大臣反复商议，而索额图、明珠等四位重臣自告奋勇，表示愿意试服。于是，由皇太子亲自调制，四位大臣各服一剂，证明确实无副作用后，康熙帝始行服用，并很快痊愈。[3] 无论允礽的

---

[1] 《清圣祖实录》卷147，康熙二十九年七月癸丑。
[2] ［法］白晋：《康熙帝传》，马绪祥译，载《清史资料》第1辑，第234页，北京：中华书局，1980年。
[3] 《耶稣会士书简集中国书简选》（选译），耿昇译，载《清史资料》第6辑，第169-170页。

焦虑中有无伪装成分，他的上述表现与其身份相符，是他为维系与皇父的感情，亦即维护他的储君地位所需要的。三年前当17岁的允礽从京城被召至康熙帝行宫，面对患病的皇父，他也不会与此表现截然相反，喜形于色，过于失态。

康熙帝所以不快而令允礽先行回京，更大可能是如白晋所言，跟随皇太子前来的属下人员因康熙帝患病而暗自庆幸，认为其主子允礽继位之日已非遥遥无期，甚至在举止言谈中，流露出兴高采烈的情绪。然而，这是在康熙帝的行宫，四处遍布耳目，这些人的上述表现，很快被人密报康熙帝，随即发生康熙帝令皇太子（率属下）先返京师一幕。

这件事反映出允礽属下人员这一特殊群体的心态。他们对主子的储君地位早已感到不满足，而允礽所拥有的储权也已不能充分满足他们的个人欲望。允礽自幼处于这些人的包围之中，不可能不受到潜移默化的影响。他们实际上在康熙帝与皇太子之间起着离间作用，其所言所为是皇储矛盾的有效催化剂。

二十九年（1690）七月允礽属下在康熙帝病中的表现，使康熙帝受到很大震动，开始切身感受到来自储权的潜在威胁。这是康熙帝与允礽之间长达30余年的皇储关系（皇帝与储君关系）中第一个转折点，也是皇储矛盾从萌芽状态迅速滋长、扩大的一个信号。

四年之后，皇储矛盾有了新的发展。

三十三年（1694）三月，礼部所奏祭奉先殿仪注中，将本应放在槛外的皇太子拜褥设置槛内，当康熙帝向尚书沙穆哈指出这一失误时，沙穆哈竟奏请将康熙帝所言皇太子拜褥应放在槛外之语，记载档案。康熙帝大为气恼，对沙穆哈及礼部其他官员分别予以惩处。[1]

礼部尚书沙穆哈拟将太子允礽祭奉先殿时所用拜褥，如同康熙帝的拜褥一样放在槛内，表明部分满族大臣已将储君与皇帝同等看待。第二次废太子后，康熙帝说："凡皇太子服御诸物，俱用黄色，所定一切仪注，与朕无异，俨若二君矣……"[2]沙穆哈所为即是一个例证。他请求将康熙帝的

1　《清圣祖实录》卷162，康熙三十三年二月丁未。
2　台北故宫博物院：《清代起居注册·康熙朝》，第21册，第11903页。

有关指示记于档册,以便允礽继位后对此怪罪时,有所凭依,减免罪责。这说明当时允礽的权势,已超越储君所应有的限度,迫使大臣们不得不违反有关规则,在仪注、待遇等方面为之升级。更让康熙帝无法容忍的是,沙穆哈所为还透露出,大臣们对皇太子允礽的畏惧,比起对康熙帝本人,甚至更有过之。

尽管皇储矛盾在不断发展,康熙帝只是采取力度很小的局部措施,仅仅惩治当事人,对皇太子允礽继续予以保全,对储权更未触动丝毫。因此,两年后康熙帝三次亲征噶尔丹期间,仍命皇太子允礽代理国政,信任如初。

不过,康熙帝三次亲征噶尔丹时与皇太子之间以朱谕(朱批)或奏疏形式形成的往来书信显示,虽然允礽代理国政期间,极力做出姿态,处处请示,事事遵从,康熙帝对皇太子也时有褒语,如称赞他为"纯孝之人",[1] "居京师办理事务,如泰山之固",[2] 但在字里行间,很多细微之处,却透露出皇储关系中潜伏的危机。

如三十五年(1696)十一月,康熙帝第二次亲征噶尔丹途中,给皇太子允礽的朱批中写道:"皇太子与朕相隔遥远,朕担心尔思念皇父,故将征途见闻,无不详尽写下,送回阅看。皇太子为何不给朕一句回话?给皇父写信,又岂有致尔忧劳之理?既然如此,嗣后朕亦不再多写……再者,所有送到朕处之物品,须敬谨包裹后,经皇太子亲自验视方妥。所送鹿尾包裹松散,想是发送前并未经皇太子验看,送到时均已残破。凡朕送往京城物品,俱经朕亲自看视包裹。将此情形告知包裹鹿尾之饭上人,无脸小人,甚属不敬!"[3]

康熙帝情感丰富,也很敏感。三次亲征期间,他每隔数日,便将军情战况及中途见闻及时告知允礽,于朱谕或朱批中娓娓道来,极为详尽,不厌其烦。这不仅是为了与家中保持联系、互通情况,而且表达出康熙帝对皇太子的深厚父子情义。可是,允礽虽然也向皇父频繁奏报国事与家事,

---

1　《亲征平定朔漠方略》卷40,康熙三十六年闰三月乙酉条。
2　《圣祖御制文二集》卷22,《谕皇太子》。
3　台北故宫博物院:《宫中档康熙朝奏折》第8辑(《满文谕折》第1辑),第449页。

但其书信内容与话语却带有例行公事色彩。这使康熙帝隐隐感到，他对皇太子的思念之情，没有得到应有的回报。

康熙帝还是一位极为细致之人。虽然亲理国政，独操权柄，但即使是日常生活中看似琐屑之事，他也采取很认真的态度，对委派办理之人严格要求，并亲自加以检查。他一向重视给远方亲人驰送物品时包裹完好与否，这或许是祖母孝庄在世时，他受祖母的影响而养成的习惯。如康熙五十七年（1718），康熙帝为解决准噶尔问题，选派暗定的皇位继承人皇十四子允禵西征，其后四年中，时常派人驰驿为允禵送去各种物品。同他三次亲征时派人给皇太子允礽驰送物品一样，所有给允禵的物品发送前，康熙帝无不亲自检验，看视包装。遇有新奇物品，他还逐件亲笔写下名称、分别放入每个包裹内。[1] 这些事实体现出康熙帝对于所属意者细致入微的关爱，也反映出其一丝不苟的作风。当时他已年近古稀，体弱多病，精力不济，尚且如此，而三次亲征时正值盛年，体力精力俱佳，对于上述事情，更会十分留意，记挂于怀。

与允礽不同，性情刚烈的允禵却有十分心细的一面。他驻守西宁等地，与京城遥距数千里，较康熙帝三次亲征出兵塞外时，皇太子允礽自京城为皇父遣送物品的路程，超出数倍，物品更易于途中受损。可是，每一次由允禵精心选择并检视包装的物品，经过长途颠簸后，总是完好无缺地送至京师，博得皇父的嘉赞。如康熙帝喜食奶制品，五十八年（1719）中秋节前夕，允禵在西宁亲自监制由当地萨尔鲁克奶油做成的奶皮子、按月饼式样制做的乳饼、果蛋等各种精美食品，连同其他土特产品，赶在八月十五日前送到皇父手中。康熙帝收到这些极具西北特色的物品后，十分高兴，在给允禵的朱批中写道："尔遣人送来的东西都很洁净，送到时完好无损。朕原先即闻知萨尔鲁克奶油，其奶皮、乳饼等，从未吃过。如今品尝，确是出类拔萃的好奶子……"[2] 得知这些食品颇合皇父口味，允禵立即再次"看视制做"，"乘恭送呈览班禅喇嘛贡品之便"，一并送

---

1 满文朱批奏折2件，胤禛奏，康熙五十九年八月二十九日、九月二十八日。
2 满文朱批奏折，胤禛奏，康熙五十八年七月二十六日。

往京城。[1]

允礽上述所为，自然是为了取悦皇父，其最终目的还是力图使自己能在激烈的储位角逐中胜出。应当说，这种做法收到良好效果。可是，皇太子允礽对于向皇父发送物品中存在的问题，始终没有解决。康熙帝在第三次亲征期间，又先后数次提醒允礽，令其亲自看视，将物品包装坚固，方可发送。他还提出警告："若完好送到则已，若又有破损，嗣后勿得再送。"[2] 然而直至第三次亲征结束前，太子自京城所送物品因包装不善，途中破损之事仍时有发生。康熙帝为此而对允礽的屡屡训责，并未产生作用。

三十六年（1697）闰三月，康熙帝正在第三次亲征噶尔丹的征途。是月初五日，允礽奏称：他前次奏疏时，误将原奏内并无之言，"写入贝和诺审报之土司案内具奏，实属臣之谬误"，"今或将此事交付部议，或先候皇父降旨，伏乞训示，钦遵实行"。康熙帝阅后朱批道："对此事又有何训谕而言？原先即应交付部议，再送朕处。若欲降旨，岂有不缮文发送之理？"话语中流露不满，口吻亦较冷漠。在这件奏折的最后，他又写下数句朱批："如今正值黄雀飞临时节，京城内不知见到否？朕欲得知，请寄告！"[3]

上述朱批中，康熙帝使用了满语文中的请求语态，这引起允礽的极大不安。他立即奏报在瀛台与畅春园等处寻觅黄雀的情况，并写道："臣所奉谕旨内，屡有'请寄来'、'请送来'等语。臣有今日之体面尊荣，乃荷皇父之恩所致，臣之吃、穿、生、死，无不仰恃皇父赐给。所降谕旨写有此等话语，臣无法承受，恭阅之时汗浸衣衫，无地自容。惟盼皇父怜爱儿臣，若再降谕旨，停用此等言辞。"

对此，康熙帝做出如下解释："从前发回奏报，或述及琐事，也曾用过'请寄来'、'请记着'、'请阅看'等语句，一阅先前之文，便可得知。况且寄送诸妃谕旨中，也曾如是书之。再者，朕缮写'著大臣等阅看'、'奏

---

1 满文朱批奏折，胤祯奏，康熙五十八年八月二十二日。
2 台北故宫博物院：《宫中档康熙朝奏折》第8辑（《满文谕折》第1辑），第691、665页。
3 台北故宫博物院：《宫中档康熙朝奏折》第8辑（《满文谕折》第1辑），第834–838页。

闻皇太后'等话语时,想是未用此等语句?或仓促之下,无意缮之,亦未可料。"[1]

允礽虽是储君,在康熙帝前仍为臣子,皇储之间是君臣关系。通常情况下,康熙帝对包括皇太子在内所有臣属的谕旨中,均用满语文中的命令语态,唯此方符合君为臣纲、父为子纲的伦理准则。康熙帝在给皇太子允礽的谕旨中采用请求口吻,是皇储关系中出现不正常迹象的曲折反映。目前尚未见到康熙帝在三次亲征前或三次亲征后与皇太子的往来书信,无法进行比较。根据皇储关系的变化判断,此前康熙帝给皇太子的朱批、谕旨中,不会使用请求口吻,而是更加亲切自然。尽管康熙帝本人对上述情况找出借口加以掩饰,却于不经意中暴露出他本人对皇太子以及皇储关系的某些真实看法。这些看法是在允礽长大成人过程中,特别是上文所述二十九年(1690)七月事件发生后,日积月累,逐步形成。

康熙帝对皇太子采用请求口吻,在一定程度上反映出皇储关系的疏离。从下述事例中,也可得到间接证明。

四十七年(1708)一废太子事件后,康熙帝与其原本十分信任的皇八子允禩的关系发生很大变化,父子隔膜日深。五十六年(1717)初,康熙帝派人向染患伤寒的允禩传旨:"尔病初愈,思食何物,可奏朕知。朕处无物不有,但不知与尔相宜否,故不敢送去。"允禩接旨,大为惊恐,立即至皇父宫前"跪求","奏称谕旨内'不敢'二字,承受不起"。康熙帝"怅然,谕诸皇子曰:'允禩往往多疑,每用心于无用之地'……于无事中故生事端,众人观之,成何体统。"[2]

康熙帝因允禩重症初愈而生怜爱之心,问其所思何物,本欲借此缓和父子关系。无奈允禩在与皇父的接触中怀有戒心,时刻加以提防。他对父旨中"不敢"二字如此敏感,恰是这种心态的不自觉流露。同样,皇太子允礽对皇父朱批中带有请求口吻的话语倍感刺耳,惶恐不安,表明他与皇父在内心深处存有隔膜,因而才如此多疑。当然,此时康熙帝与皇八子允禩之间的关系内涵,不同于他在三次亲征时期与皇太子允礽的关系。不

---

1 台北故宫博物院:《宫中档康熙朝奏折》第8辑(《满文谕折》第1辑),第909—912页。
2 《清圣祖实录》卷271,康熙五十六年正月甲申。

过，两者所反映的问题，不无相似处。

康熙三十五年（1696）、三十六年（1697），皇太子允礽先后三次在京代理国政，总计十月有余。虽然出征在外的康熙帝仍紧握权柄，皇太子处理政务时无不遵旨而行，并未发生明显的越权之事，但允礽终究有了相对独立地行使储权的机会。在此期间，他成为京师清廷权力中心的第一人，指挥一切，而康熙帝远在塞外，军务繁重，鞭长莫及，对皇太子的控制较前放松。这是清朝储权第一次，也是唯一一次得到较为充分的展示。通过代理国政，[1]允礽广泛接触满汉朝臣，直接处理各项政务，积累了一定的理政经验。然而，随着其权势的扩大，他也在逐步增加对于早日接班，真正独掌皇权的企盼。当康熙帝胜利结束亲征，返回京师，收回允礽代理国政的权力时，已有所扩大并曾独立行使的储权，难以重新忍受皇权的直接控制。无论允礽本人或其属下人员，一旦与皇太子独尊之日告别而重新处于近在咫尺的康熙帝严格约束之下，自然很不习惯，心生反感。

储权的增长变化，很快对皇储关系产生了影响。

四十七年（1708）十一月第一次废黜皇太子后，康熙说："朕初次中路出师，留皇太子办理朝事，举朝皆称皇太子善。及朕（第三次亲征）出师宁夏后，皇太子听信匪人之言，素行遂变，自此朕心眷爱稍衰，置数人于法。因而外人窃议皇太子不孝及所行不善者，遂自此始。"[2]

《清史稿》中的有关记载是：康熙三十六年（1697），"上行兵宁夏，仍命太子居守。有为蜚语闻上者，谓太子暱比匪人，素行遂变。上还京师，录太子左右用事者置于法。自此眷爱渐替"[3]。

实际情况则是，康熙帝于三十六年（1697）五月结束第三次亲征，返回京师后，又于七月起程巡视塞外，皇太子允礽以及允祉、胤禛、允祺、允禩、允祐等五位皇子随驾。九月返京途中，驻跸密云县当日，康熙帝以

---

[1] 康熙帝第一次亲征前谕大学士等：亲征期间，各部院衙门奏章，停其驰奏，凡事俱由皇太子听理；若重大紧要事，由诸大臣会同议定，启奏皇太子；满洲大学士阿兰泰、尚书马齐、佛伦率各部院大臣，分为三班，值宿紫禁城内。参见《清圣祖实录》卷171，康熙三十五年二月甲寅。
[2] 《清圣祖实录》卷235，康熙四十七年十一月戊子。
[3] 《清史稿》卷220，《列传》7，《诸王》6，《理密亲王允礽》。

膳房人花喇、额楚，哈哈珠子（满语，意为男童们，此处指自幼为主人役使之仆人）德住、茶房人雅头"私在皇太子处行走，甚属悖乱"，令将花喇等三人处死，"额楚交与伊父赫紫，圈禁家中。"[1]康熙帝称"置数人于法"，即指此言。《清史稿》所言不确，康熙帝惩治花喇等人，并非是在结束第三次亲征"还京师"之际，而是当结束塞外行围，返京途中，二者相距四个月之久。更重要的是，花喇等人并非太子属下，而是康熙帝前往塞外时随身携往的御膳房、茶房等处人员，即直接为康熙帝服役者。

康熙帝身边的仆役竟去讨好皇太子，甚至可以作为内线，将康熙帝衣食住行等日常情况，随时密报皇太子，这无疑是使康熙帝处于皇太子的监视之下。直接侍奉皇帝之人，尚且对皇太子如此巴结，为之趋走，满汉朝臣对皇太子的敬畏以及皇太子在朝中的巨大威势，皆无庸论。因此，在康熙帝看来，这一事件性质恶劣，故以不惜公开暴露皇储矛盾为代价，严惩实为替罪羊的花喇等人，作为对皇太子允礽的警告，以遏制储权。

绝非偶然的是，康熙帝是在九月十七日返抵京师的前两天，即九月十五日采取了上述行动。这表明是在康熙帝返京途中，"有为蜚语闻上者，谓太子暱比匪人"。是谁向康熙帝密告膳房人花喇等私自在皇太子处行走，致使康熙帝未及返抵京师，即在途中采取断然措施呢？有关满汉文献显示，康熙帝从未透露谁是揭发者，对揭发者始终予以保护。不过，揭发者肯定是此次随扈之人。能够无所顾忌，敢于揭皇太子之短而不惧报复者，大约并非一般王公大臣，而是皇子。允礽平时对诸皇子的骄横态度[2]以及彼此之间日益对立的关系，更增加了上述判断的可能性。况且此次同行皇子中，有反太子派的核心人物皇八子允禩、皇九子允禟以及皇四子胤禛等人。因此，康熙帝第一次公开惩治谄媚皇太子之人，有很大可能是随行皇子允禩等令其属下探知，并由他们密告皇父。

康熙帝不顾皇太子颜面而惩治花喇等人这一前所未有之举，在朝中引起较大震动。暗自幸灾乐祸的允禩等人及其下属，也会乘势播扬渲染，以致"外人窃议皇太子不孝及所行不善者，遂自此始"。

1　《清圣祖实录》卷185，康熙三十六年九月壬辰。
2　《清圣祖实录》卷234，康熙四十七年九月丁丑。

以康熙三十六年花喇事件为标志，皇储关系出现第二次转折。这一事件是促使康熙帝对皇太子"眷爱渐替"的一个决定性因素，而诸皇子很可能在其中起有重要作用。

当皇储矛盾显露之始，康熙帝为遏制储权所采取的另一项措施，是于三十七年（1698）首次对部分年长皇子册封爵位，皇长子允禔和皇三子允祉分别封为郡王，皇四子胤禛、皇五子允祺、皇七子允祐、皇八子允禩分别封为贝勒。受封皇子中，允禩最小，只有18岁。康熙帝试图以逐渐成年的众皇子牵制皇太子允礽，通过增加众皇子的权力，以削弱储权。但结果却事与愿违，这不仅为皇权增加了新的掣肘力，并因此在一定程度上进一步激化皇储矛盾，加速了皇储关系的破裂。

还应看到，康熙三十六年（1697）九月后，皇储矛盾虽然显露，但仍处于初期阶段。康熙帝对允礽的不满日渐增长，然而以允礽为皇位继承人的信念，即坚持实施嫡长子皇位继承制的决心，并未发生动摇。当然，这与允礽是康熙帝唯一嫡子，无从替换，也有一定关系，但这一因素终究还是次要的。康熙帝在一废太子时说，朕"尝慕宋孝宗之孝养高宗，语允礽曰：'将以政事付汝，朕当择居水土佳处，时闻汝之令名，以优游养性'，迨后见其所行不善，难托重器，遂绝此望……"[1]这表明他曾产生对嗣君主动交权而做太上皇的想法。

康熙帝真正意识到皇储矛盾的严重性，对允礽开始严加防范，是康熙三十九年至四十二年期间（1700—1703）太子党的问题充分暴露之后。

二、太子党的构成特点

（一）皇太子与汉族大臣的疏离

具有较高汉文化素养的皇太子允礽，始终与朝中汉族大臣相对疏远，太子党骨干成员中竟无一位汉臣。这是太子党构成中的一个突出特点。

任何一种政治权力周围，都会无可避免地聚集起一个政治群体，他们为某种相互关联的利益而驱使，具有共同的政治目标与价值判断标准。皇太子因拥有储权，当他长大成人后，身边聚集起一批心腹骨干，成为他行

---

[1]《清圣祖实录》卷235，康熙四十七年十月甲辰。

使储权、维护储权时可以依靠的政治力量。在嫡长子皇位继承制下，历代皆然。

从西汉至明朝，东宫机构名称有所不同，建置上也有一定增减，但其从属于皇太子，专门为皇太子服务的性质始终未变。东宫机构属员作为皇太子行使储权的助手，无可或缺。另一方面，东宫属员构成一个特殊的官僚集团，在维护储君利益、促进储权向皇权的转化过程中扮演了重要角色。

事实上，历代封建王朝之所以设立庞大的东宫官属，除培养、教育皇太子的目的外，也是为了使皇太子在学习治国时，能够以这些品行才识俱佳的官员作为参谋与辅佐，皇太子继位后，这些人便顺理成章地成为他的股肱之臣。如果储君权力并不越限，作为皇太子亲信的东宫官员较少介入皇储之间的权力关系纠葛，皇帝尚能对此持默许态度，两者相安无事。这种情况在中国历史上亦非罕见。例如，明仁宗朱高炽继位后主要倚靠的重臣杨士奇、杨溥与杨荣，都是他做皇太子时的东宫旧属，而"三杨"不仅对于朱高炽储位的巩固及其最终继承皇位，起到较大促进作用，当仁宗去世后，又先后辅佐其子宣宗朱瞻基、其孙英宗朱祁镇，为明朝前期的发展与稳定做出重要贡献。[1]

皇太子允礽对于以汉族儒臣为主的詹事府官员的态度，集中显现出他与朝中汉臣的关系。

最初，康熙帝也很希望皇太子允礽的身边，能够有一批德才兼备的饱学之士，既充任良师，又是允礽行使储权时的得力辅佐，对太子给予积极影响，以有利于皇储关系的正常发展。他认为，"自古帝王谕教太子，必简和平谨恪之臣，统领宫僚，专资赞导"[2]。正是遵循这一宗旨，当皇太子允礽出阁读书时，经过极其严格的挑选，最终由康熙帝亲自选中"洁己率属，实心任事"的"醇儒"[3]江宁巡抚汤斌，以礼部尚书职管詹事府事。同

---

[1] 参见《明史》卷148，《列传》36，《杨士奇传》《杨荣传》《杨溥传》。
[2] 《圣祖御制文二集》卷3，《谕吏部》。
[3] 《圣祖御制文二集》卷3，《谕吏部》；王士禛：《居易录》卷19，第2页。

时，还让曾与汤斌"共处一室，以澹泊宁静相砥砺"的耿介[1]及从不结接他人的满族大臣达哈塔等人（兼）任詹事府职，一并作为允礽太子出阁后的老师。在此前后，汉大学士张英（兼管詹事府事）、熊赐履等，也被选作皇太子之师。

可是，与汉族王朝东宫机构及其属员同皇太子之间所具有的密切关系有所不同，以"文学侍从"为职任[2]的詹事府官员与皇太子允礽的关系，一直只是维持在讲学的层面。[3]

《康熙起居注》中所载允礽与汤斌等人的相处情况表明，[4]他对于这些以汉族官员为主的老师，内心怀有抵触情绪。他虽然凭借良好的天资，在学习汉文化时表现出色，甚至连供职清廷的传教士，也莫不知晓他熟读经史，[5]然而在情感上，允礽却与向其传授儒家经典的汉儒们格格不入，师生关系（也包括与他的满族老师达哈塔等人）始终较为疏远。康熙帝期望这些儒臣通过辅导皇太子，最终成为皇太子得力助手的初衷，未能实现，这些儒臣对于允礽在道德伦理等方面的影响也相当微弱。

还应看到，张英、熊赐履、汤斌等人都是汉臣中的精英人物，对广大汉族官员具有较大影响力。康熙帝选中他们做皇太子之师，是希望允礽与之建立密切的关系，并通过他们得到全体汉臣的拥护与支持。这是康熙帝为维护清朝统治，进一步巩固满汉地主阶级联盟而采取的步骤，意义深远。

事实上，康熙帝始终在为加强皇太子允礽与汉臣中精英人物之间的感情联络，提供各种机会。

如康熙四十二年（1703）春，康熙帝结束第四次南巡返京，此次随行皇子，是皇太子允礽、皇四子胤禛以及皇十三子允祥。曾在南书房供职多年的致仕内阁学士高士奇，也随驾入京，于畅春园受到康熙帝的款待。高士奇回归之日，向康熙帝陛辞后，又"至皇太子处，时，皇太子将至御

---

[1] 《清史列传》卷66，《儒林传上》1，《耿介》。
[2] 光绪《清会典》卷70，《詹事府》。
[3] 王士禛：《香祖笔记》卷1，第1、14页，上海：上海古籍出版社，1982年。
[4] 《康熙起居注》第2册，第1642、1644、1646页。
[5] 朱静编译：《洋教士看中国朝廷》，第44页，上海：上海人民出版社，1995年。

前"，见到高士奇，"仍回辇入宫，召至榻前。慰问再四，赐五言律诗一首"，并赠匾额及绒帽、缎袍等。"又令备皇太子自骑走骡，送至通州。"[1] 高士奇是江南汉族士大夫的代表人物之一，康熙帝与皇太子对他的宠遇，体现了对汉族士绅的笼络政策，旨在增强他们对清朝的向心力，促进清朝最高统治集团中满汉成员的团结。高士奇在京期间与皇太子允礽的交往，乃康熙帝一手安排，以使允礽获得江南士绅好感，为其日后治国理民打下良好基础。是年五月，康熙帝开始严惩以索额图为首的太子党成员，表明皇储关系已较为紧张。但与此同时，他却仍然在为皇太子允礽树立威信。这种看似牴牾之举，恰恰反映出康熙帝此时对于如何解决皇储矛盾，尚无熟虑，因而还是一如既往，着意培养允礽。

康熙帝对于允礽与一般汉臣的交往，也持鼓励态度。如三十八年（1699）第三次南巡中，康熙帝赐给致仕内阁学士徐嘉炎御书、对联及唐诗后，皇太子允礽"赐嘉炎睿书'博雅堂'大字，又一联云：'楼中饮兴因明月，江上诗情为晚霞。'又赐睿制诗一首云：'玉台词藻重徐陵，经笥由来博雅称。每见趋陪鵷鹭侧，神仙风度在觚稜。'"[2] 允礽深厚的汉文化功底，博得汉族官员与江南士绅的嘉赞。

允礽与汉族大臣之间的关系，反映了以下问题。

第一，康熙帝虽然采用汉族帝王的建储方式，并建立相应的东宫机构，但在满洲贵族上层，包括康熙帝本人的意识中，并没有对于东宫建置在储君成长中所起的作用真正予以重视。作为嫡长子皇位继承制最大获利者的允礽，也对此建置缺乏兴趣。皇太子与汉族大臣为主的太子师之间疏离状况，也间接体现出满族传统习俗、观念与汉族传统习俗、观念之间还存在膈膜，满汉两种文化的深层沟壑尚未完全消除。从这一角度看，康熙帝采用嫡长制公开建储而终遭失败，亦所难免。

第二，康熙帝是在首崇满洲的原则下，实施崇儒重道方针，在对允礽及其他皇子的教育中，始终贯彻以满文化为本，汉文化为用的主旨。这对于允礽处理与满臣、汉臣的关系，决定他对双方的亲疏好恶，实际

---

1 高士奇：《蓬山密记》，载《清代野史》第6辑，第333—338页，成都：巴蜀书社，1987年。
2 王士禛：《居易录》卷31，第1—2页。

上具有直接影响。只是康熙帝在此问题上较为注重平衡，而允礽趋于极端罢了。

第三，汉族官员在清朝统治集团中，终究处于从属地位。对于满洲贵族内部的权力纷争，他们作为局外人，无权表态，避之唯恐不及，一般不会像满族大臣那样，较深地卷入其中（也有例外，如汉臣王鸿绪是允禩的积极支持者）。所以，尽管康熙帝为皇太子与汉族儒臣的交往提供诸多便利条件，而太子党谋主索额图"性喜交结文士"，曾在家中款待过戏剧家李渔，[1] "于朝上独亲李光地"[2]；曾为东宫师的熊赐履后与索额图关系密切，且为允礽"视为己私，独亲厚些"[3]；在诗坛负有盛名的王士禛，也曾与允礽唱和，并因此得罪康熙帝[4]；不过，从整体上看，允礽与汉族大臣的关系一直较为淡漠。

康熙帝曾指出："索额图之党，汉官亦多。朕若尽指出，俱至灭族……"[5] 他先后数次惩治太子党成员时的有关情况，特别是五十一年（1712）二废太子时受其指斥的太子党成员情况显示，[6] 事实尚非如此。至于"畏威附合"者，应另作别论，上述康熙帝之语，可能即指此而言。

（二）太子党中的满族大臣

所谓太子党，是随着皇太子允礽从孩提时代向成年人的过渡，尤其是随着他对储权的行使及其权势的逐步扩大过程中，逐步形成。现有史料反映，绝大部分太子党成员是满族人，其中包括满族大臣及中下层旗员。以下几点很值得注意。

其一，太子党成员中，宗室王公较少。

1　[美] A·W. 恒慕义主编：《清代名人传略》上册，第483页。
2　《清史稿》卷269，《列传》56，《明珠》。
3　李光地：《榕村语录　榕村续语录》下册，第750页。
4　康熙四十三年（1704年）九月，刑部尚书王士禛"以申告冤抑一案失出，罢官"。据《啸亭杂录》载，王士禛"入仕三十余年（按，王士禛被罢免时已为官45年），以醇谨称职，仁皇帝甚为优眷。因与理密亲王（允礽）酬倡，为上所怒，故以他故罢官，没无恤典（按，乾隆三十年追谥'文简'）"。参见《王士禛年谱》，第56页，北京：中华书局，1992年；昭梿：《啸亭杂录》卷9，《王文简公补谥》。
5　《清圣祖实录》卷212，康熙四十二年五月壬戌。
6　《清圣祖实录》卷248，康熙五十年十月壬午；卷250，康熙五十一年四月乙丑。

从目前所掌握的材料看，加入太子党的下五旗王公，仅有根度[1]与吴（悟）礼[2]二人，而且爵位都较低。如果将下五旗王公视为一个整体，显然并不支持皇太子允礽，而是倾向于允礽的反对派允禩等皇子一方（详见第四章第三节）。

其二，曾经权倾一时的索额图，是太子党成员中地位最高之人，此外，太子党成员内虽然也有担任重要职务（多为武职）者，但均非朝臣中威信高、有影响力的人物。

同反太子派成员构成相对复杂，基础较为广泛等特点相比，太子党的人员构成，显示出一定的单一性和排他性。再者，反太子派不仅获得大多数下五旗王公的支持，还注重团结、拉拢汉臣，而太子党在这一重要方面却少有作为，从而影响到它的整体实力，也使太子党成员的整体素质，与反太子派之间存在一定差距。这种状况，又在很大程度上决定了太子党与反太子派的力量对比及其胜负。

其三，与一废太子前相较，皇太子复立后，太子党的人员构成发生较大变化。

四十二年（1703）索额图受到严惩，但康熙帝并未公开处置太子党人。四十七年（1708）九月，康熙帝宣布行将废斥允礽的同时，令将索额图之子格（葛）尔芬、阿尔吉善"立行正法"，一并正法者还有二格、苏尔特、哈什态、萨尔邦阿等四人，另将杜默臣、阿进泰、苏赫陈、倪雅汉等四人充发盛京。这是一废太子期间，唯一一次公开处置太子党成员。[3]

葛尔芬原任詹事府詹事，阿尔吉善曾任佐领。[4]康熙帝为了使皇太子允礽取用内府财物时更为便利，曾让允礽的乳公凌普担任内务府总管。以

---

[1] 根度是舒尔哈齐之曾孙，贝勒尚善子，康熙十一年（1672）正月封镇国公，三十六年（1697）四月缘事革爵。他因谄媚索额图被拘禁，四十二年（1703）与索额图关在宗人府内同一室。参见鄂尔泰等修：《八旗通志初集》卷76，《封爵世表》2；满文朱批奏折，胤祉、胤禩奏，康熙四十二年七月十八日。
[2] 吴（悟）礼是豪格之孙，辅国将军邬赫纳子。康熙元年（1662）十二月封三等辅国将军，三十六年七月（1698）以军功加二等奉国将军。五十年（1711）十月因托合齐结党会饮案牵连，被革去镶白旗蒙古副都统，翌年十月革爵。参见鄂尔泰等修：《八旗通志初集》卷75，《封爵世表》1；卷110，《八旗大臣年表》4。
[3] 《清圣祖实录》卷234，康熙四十七年九月丁丑。
[4] 《八旗满洲氏族通谱》卷9，《赫舍里氏》。

索额图之子葛尔芬担任詹事府詹事，可能同样具有便于照顾允礽之意。当然，也不排除以允礽之亲信监控其他詹事府官员，特别是汉族儒臣的用意。除索额图之子外，上述八名受惩人员生平不详，但其名字显示，他们是满族人，大约都是允礽的属下，而且职务均较低。

看来，直到一废太子前夕，太子党仍然是索额图生前就已形成，并以其家族成员为核心的原班人马，其中担任重要职务的满族大臣很少。康熙帝处死索额图时，对索额图之子予以保全，显示出康熙帝宽大为怀的特点，但也因此留下后患。

因一废太子期间太子党成员多被清除，允礽复立后重新聚集起新的太子党，其人员构成与索额图的班底有较大不同，担任重要职务的满族大臣人数有了明显增加。

五十一年（1712）康熙帝二废太子，是由托合齐会饮案而引发，对此将专做析述。该案牵连的满族大臣较多，主要有步军统领托合齐、刑部尚书齐世武、兵部尚书耿额，以及镶黄旗满洲都统迓图（一作雅图）、镶白旗汉军都统鄂善、镶白旗蒙古副都统悟礼等人，镶白旗满洲都统杨岱亦有涉。此外，还有都图、皂保等中下层旗员，有的具有"辛者库"身份。[1]

清制，各部院尚书、八旗满蒙汉军都统、步军统领都是从一品大员。允礽重新纠集的太子党，其总体地位与官阶高于一废太子前的太子党成员，而且多为掌握较大实权的武官。允礽复立为皇太子后，皇储矛盾很快再度激化。而太子党的人员构成发生相应变化，透露出允礽侧重于在担任重要武职的满族大臣中发展势力，拟以此作为不备之需，关键时刻能够为己所用的意图。但其后事实证明，这只是他的一厢情愿，在强大皇权的严密控制下，并不可能实现。

（三）索额图的谋主角色

因协助康熙帝清除鳌拜集团而立有大功的索额图，是允礽在朝臣中的主要依靠力量。二废太子后，康熙帝称索额图为"本朝第一罪人"，将他视为允礽的教唆犯，实则反映出索额图在太子党内所起的至要作用。

---

[1] 上述都统所在旗份，参见《八旗通志初集·八旗大臣年表》中有关记载。"辛者库"（sinjeku）是满语，此处指内务府管辖下的奴仆，即"内管领下食口粮之人"。

允礽出生当日失去生母，八岁时外祖父噶布喇去世，叔姥爷索额图是其外家戚属内最有才干、在朝中地位最显赫之人。允礽倚之为谋主，索额图则以皇太子作为靠山，借以满足他自幼长期受到压抑的权势欲。[1]二者出于各自的需要结为政治同盟，而促成允礽早即大位，是他们为实现个人企图所须达到的同一目的。这使他们共同站在康熙皇权的对立面上。

应当指出，对于索额图与允礽的密切关系，康熙帝的看法始终是随着朝中不同派系之间力量的消长而变化。最初，由于明珠一直暗中与皇太子作对，因此，康熙帝对于"专权用事，贿赂公行，人多怨之"[2]的索额图，采取宽容方针，用以保护皇太子，并作为对明珠的制约。

十九年（1680）八月，在清廷平叛战争中翼赞策划而卓有勋劳的索额图，"因贪恶革退大学士"[3]，改任内大臣。然而据《李朝实录》载："且闻（清廷）比年以来谄谀成风，贿赂公行。索额图、明珠等，逢迎贪纵，形势相埒，互相倾轧。"[4]可见索额图的势力并未削弱，仍足以同大学士明珠相抗衡。

二十二年（1683）三月，康熙帝对他予以公开斥责："索额图巨富，通国莫及，朕以其骄纵，时加戒饬，并不悛改，在朝诸大臣，无不惧之者。"[5]事实上，众大臣所惧者，并非索额图，而是他身后年方十岁的皇太子允礽。索额图内心也很清楚，对于自己与皇太子的密切关系，康熙帝是默许的，而且康熙帝还需要他在错综复杂的权力关系中，扮演护卫幼年储君的角色。所以，康熙帝的戒饬，并未引起他的警觉。

索额图的判断并无错误。虽然他于二十二年三月被革去议政大臣、内大臣等重要职务，但三年后（康熙二十五年八月）又被任命为领侍卫内大臣。这时距皇太子出阁读书不及一年，正是储权日隆之际。索额图再受重用，反映出康熙帝拟加强皇太子力量的意图。二十七年（1688）二月索额图的政坛对手明珠被革去大学士，授为内大臣，这对太子党而言实属快

1　参见杨珍：《索额图研究》，载1996年《清史论丛》。
2　吴晗辑：《朝鲜李朝实录中的中国史料》第10册，第4038页。
3　《清圣祖实录》卷212，康熙四十二年五月癸亥。
4　吴晗辑：《朝鲜李朝实录中的中国史料》第10册，第4084页。
5　《清圣祖实录》卷108，康熙二十二年三月庚戌。

事。因明珠的势力已被削弱，无论皇太子允礽或索额图，愈益放纵，肆无忌惮，储君权势进一步增长。这是康熙二十九年（1690）七月皇储关系出现第一次裂痕的重要原因。

于是，康熙帝采取了新的制衡措施，三十年至三十八年（1691—1699）期间，以内大臣明珠兼任保和殿大学士。[1]明珠"才能素著"，康熙帝以之再任中堂，固然是因准备亲征噶尔丹而极需得力助手，但通过这一举措抑制太子党权势，也是目的之一。

康熙帝三次亲征时，索额图与明珠扈从前往，留在京师辅佐皇太子允礽的大臣，则是当时在索、明之间并无明显倾向性的大学士马齐、阿兰泰、伊桑阿等人。说明康熙帝继续信任皇太子的同时，既有所防，不给索额图与皇太子相谋提供机会，又对皇太子着意保护，未将与允礽不睦的大臣选在辅佐之列。

康熙三十六年（1697）后，皇储矛盾逐渐显露。对康熙帝十分了解，又有丰富政治经验的索额图，意识到允礽的皇太子之位存在隐忧，对于促成允礽早即大位愈加急不可待。对此，索额图或许较允礽本人更为警觉，所虑甚深。这种心态在其行为中难免有所流露，而康熙帝也在逐步改变以往对他的态度。

康熙三十九年（1700），索额图被家人揭发，翌年正月"以老乞休"，得到允准[2]。康熙帝没有公布其家人揭发之事，表明仍有保全之意。不料两年后，事态急转直下。

康熙四十一年（1702）九月末，皇太子允礽跟随皇父启程南巡，十月初四日行至山东德州，突然患病。康熙帝于当地滞留十余日后，将允礽留在德州继续疗养，他本人率随行的另外两皇子，即皇四子胤禛、皇十三子允祥先行返京。可能是在允礽的请求下，十月初五日，康熙帝"召索额图（由京师）前来奉侍"[3]。从十月二十一日康熙帝离开德州，到十一月十九日

---

1 参见杨珍：《盛世初叶（1683—1712年）的皇权政治——对明珠晚年的个案分析》，载1999年《清史论丛》。
2 《清圣祖实录》卷212，康熙四十二年五月癸亥；卷205，康熙四十年九月戊申。
3 《清圣祖实录》卷210，康熙四十一年十月壬午。

允礽病愈返抵京师，共计29天，即索额图与皇太子单独相处时期。

允礽远离皇父而留在德州调养，没有宫中各种烦琐戒规的约束，又有索额图陪伴身边，对他来说乃求之不得。对于索额图而言，能够单独陪伴皇太子，暂时摆脱康熙帝的严密控制，也是一个难得的机会。在此十分特殊的境况下，允礽可以通过对留在德州的大臣发号施令，呵斥役使，充分显现储君的威严，以作为一种发泄与权力补偿。另一方面，他对索额图则可无所顾忌地表现出倚信、亲密之态，以致忽略储君与大臣之间的尊卑界线。这也促使索额图一时忘记其身份，颐指气使，并借机充分宣泄其内心的压抑和对康熙帝的不满。其后康熙帝斥责索额图的一席话，或可证实上述分析："去年皇太子在德州住时，尔乘马至皇太子中门方下，即此是尔应死处，尔自视为何等人。"[1]

允礽与索额图的有关言行，引起同在德州的其他大臣的不满。而康熙帝也绝不会对皇太子与索额图无所戒备，必定留下耳目，暗中予以监视。此次南巡的扈从大臣之一，被指令留在德州护卫皇太子的领侍卫内大臣公福善，[2]即在其中起有重要作用。

康熙帝谈及索额图在德州的僭越行为时明确指出："此处问公福善即知。"[3]表明福善曾目睹索额图在德州的表现，并密报康熙帝。

康熙四十二年（1703）五月，康熙帝下令拘禁索额图时说："尔家人告尔之事，留内三年，朕有宽尔之意。尔并无退悔之意，背后仍怨尤，议论国事，结党妄行。尔背后怨尤之言，不可宣说，尔心内甚明……朕若不先发，尔必先之，朕亦熟思之矣。朕将尔行事指出一端，就可在此正法。尚念尔原系大臣，朕心不忍。但著尔闲住，又恐结党生事，背后怨尤议论。著交宗人府，与根度一处拘禁，不可疏放。"[4]其中关键之语"朕若不先发，尔必先之"，指何而言？含义不明。直至五年后，四十七年第一次废黜皇太子允礽（1708）时，康熙帝才讲出真相："从前索额图助伊（指皇

---

1 《清圣祖实录》卷212，康熙四十二年五月癸亥。
2 《清圣祖实录》卷210，康熙四十一年十月壬午。按，福善是舒尔哈齐之曾孙，贝子富喇塔之子。参见鄂尔泰等修：《八旗通志初集》卷76，《封爵世表》2。
3 《清圣祖实录》卷212，康熙四十二年五月癸亥。
4 《清圣祖实录》卷212，康熙四十二年五月癸亥。

太子）潜谋大事，朕悉知其情，将索额图处死。"[1]

可见，导致皇储矛盾升级，并使索额图最终为康熙帝所不容的主要原因，尚非索额图在德州的种种僭越举止，而是他曾与允礽密谋抢班夺权，商议实施方案，做出具体部署。[2]三十九年（1700）索额图家人的揭发，或许也与这一图谋有关。这种情况下，康熙帝唯有先发制人，将索额图拘禁。之所以没有处置允礽，是因康熙帝对他还怀有较深的父子之情，对其幡然醒悔，依旧抱有希望。康熙帝至此尚未认清他与允礽之间的矛盾，即皇权与储权之争，已发展到难以调和的地步。

拘捕索额图两个月后，康熙四十二年（1703）七月中旬，正在塞外巡视的康熙帝从不同渠道得知，索额图虽然已被关押，但威势犹在，依然为人们所畏惧。不仅兵部皂隶简奎五为之"通风报信，往来行走"，索额图的包衣阿哈（满语家奴之意）朴二也为主子"四处探信"，甚至"还有人想合谋救出索额图"[3]。康熙帝立即密谕值守京城的皇三子允祉与皇八子允禩，令他俩迅速前往圈禁处查明实情，以便采取相应措施。

这道手书密旨于七月十四日深夜送抵畅春园，十五日凌晨由乾清宫总管太监交到允祉、允禩手中。两位皇子启封阅看后，为避人耳目，等到当夜三更时分，方率领侍卫来到位于皇城东部的宗人府后门，从里面叫出管宗人府事安郡王马尔浑及值班佐领，并随即将守门兵丁等一一捆绑，以防走露风声。

允祉与允禩来到关押索额图的禁所，这里原是宗人府皂隶田二家住房。他们看到，同室关押的索额图与根度身上，均未缚以对重犯所用"九条铁链"[4]，而只是在脖颈与脚腕上各缚铁索一副。允祉等就此质问陪同前去的马尔浑及左宗正贝子鲁宾、右宗正贝勒延寿、左宗人镇国公苏努、右

---

1 《清圣祖实录》卷234，康熙四十七年九月丁丑。
2 关于索额图助皇太子"潜谋大事"，我的认识已改变。参见杨珍：《清前期宫廷政治释疑》第四章第一节《索额图功过再论》，北京：中国社会科学出版社，2018年。
3 满文朱谕，无年月，根据内容看，写于康熙四十二年七月。
4 据萧奭《永宪录》卷3，第241页载："闻国法圈禁有数等。有以地圈者，高墙固之；有以屋圈者，一室之外，不能移步；有坐圈者，接膝而坐，莫能举足；有立圈者，四围并肩而立，更番迭换，罪人居中，不数日委顿不支矣。又重罪颈、手、足上九条铁链，即不看守，亦寸步难前也。"

宗人辅国公齐尔塔哈等人。据马尔浑等解释，索额图被领侍卫内大臣解送宗人府时，只是颈、手缚以一副铁索，他们又为之加上足铐后，方始圈禁。经允祉等验看，索额图之缚索全部锁固，马尔浑等并无疏懈。[1]

在两位皇子的厉声喝问下，索额图跪在地上哭诉："奴才已无言可供。依奴才之罪，主子即使杀了我，也无过分。奴才已老，只求主子怜悯，饶奴才一命……"[2] 允祉与允禩还分别对根度及兵部皂隶简奎五等予以严审，又派人责令索额图之弟心裕和法保，速将朴二缉拿归案。

允祉与允禩当即将上述情形密报皇父，提出将索额图加戴九条锁、调换圈禁房屋等建议。数日后，两人将密审朴二情况密奏。[3] 这一切都是在绝对保密的前提下进行。为了防备皇太子允礽手下之人直接干涉索额图案件，康熙帝在手书密旨中反复提醒，密审索额图一事，不得预先使他人听闻，允祉和允禩奏称"可以身担保"[4]。

随着调查的逐步深入，索额图问题的严重性愈益显现，康熙帝终于下决心予以严厉处置。一废太子期间，他指出，从前索额图助皇太子"潜谋大事，朕悉知其情，将索额图处死"；后来，又说"索额图、噶礼，朕皆诛之"[5]《啸亭杂录》中，有两处记载均称索额图"伏法"[6]。《清史列传》与《满洲名臣传》，均称"索额图寻死于禁所"[7]。事实上，索额图是"饿毙"于禁所。"饿禁"或"圈饿"，是惩处罹罪宗室成员、八旗将弁的满族传统方式。[8] 这种处罚一般以三日为限，而康熙帝对索额图使用时却做到极致。

康熙帝并未公开处死索额图，其主要原因还是不愿因此而大损皇太子允礽的威信，同时也想避免给朝野上下带来震动。所以，他才选择这种方式将之"处死"，尽可能地将事情的影响缩小到最低限度。

索额图毙命的时间，大约是在康熙四十二年（1703）九月二十一日康

---

1 满文朱批奏折，胤祉、胤禩奏，康熙四十二年七月十八日。
2 满文朱批奏折，胤祉、胤禩奏，康熙四十二年七月十八日。
3 满文朱批奏折，胤祉、胤禩奏，康熙四十二年七月二十一日。
4 满文朱批奏折，胤祉、胤禩奏，无年月，根据内容判断，写于康熙四十二年七月。
5 《清圣祖实录》卷234，康熙四十七年九月丁丑；卷268，康熙五十五年五月辛酉。
6 昭梿：《啸亭杂录》卷10，《索家奴》《索明二相博古》。
7 《清史列传》卷8，《大臣画一传档正编》5，《索额图》；《满洲名臣传》卷19，《索额图列传》。
8 参见《清初内国史院满文档案译编》上册，第345、477、479页。

熙帝结束塞外之行回京后,至十月十一日开始西巡[1]之前,终年约67岁。[2]

曾是康熙帝主要辅佐,在清除鳌拜集团及平叛战争中立有殊功的索额图,企图利用皇储矛盾扩大个人权势,并成为皇太子党的谋主。这是封建社会晚期,皇权高度发展、高度集中,而清廷首次采用嫡长子皇位继承制的形势下,皇帝与满洲贵族间权力之争的具体表现,索额图的失败结局无从避免。

向以仁厚闻名史册、自称对老臣无不极力保全[3]的康熙帝,却以极端手段将攀附储权,助皇太子"潜谋大事"的索额图置之死地,这是他为维护皇权集中而采取的果断举措。不过,康熙帝将索额图视为"本朝第一罪人"[4],认为索额图是挑拨皇储关系,唆使皇太子肆行妄为的祸首,乃夸大了索额图在皇储矛盾发展过程中所起的作用。

康熙帝选派皇子密审索额图,这使众皇子更深地卷入皇储矛盾中,并因此进一步具备反对皇太子,图谋储位的政治资本,从而使清廷最高层内部的权力之争愈趋复杂化。这不能不说是康熙帝的一步作茧自缚之棋。

还需指出,康熙三十九年(1700)索额图家人对索额图的揭发,使康熙帝深为震动。满文档案与《清圣祖实录》均显示,正是从康熙四十年(1701)起,康熙帝每次离京外出,无论路程远近或时间长短,必定将允礽带在身边。不再让皇太子独留京师,表明皇帝对储君已缺乏信任。与此同时,康熙帝离京期间,让部分年长皇子于紫禁城内外及畅春园内分班值守,形成综理政务的临时最高权力中心,取代由皇太子代理国政的原有规制。

处死索额图是对储权的巨大打击。与反太子派相比,太子党在朝臣中的基础原本较为薄弱,谋主索额图败亡后,其影响力与能量都进一步被削减。由于皇储关系的裂痕加深,皇储矛盾逐步扩大,皇储关系最终破裂的可能性已然存在。不仅如此,康熙朝最高统治层中展开的权力角逐中,还

---

1 《清圣祖实录》卷213,康熙四十二年九月甲子、十月癸未。
2 根据满文档案反映的有关情况看,索额图约生于崇德二年(1637),参见康熙朝满文朱谕一件,无年月;满文奏折一件,明珠奏,无年月。
3 《清圣祖实录》卷218,康熙四十三年十一月壬戌。
4 《清圣祖实录》卷253,康熙五十二年二月庚戌。

有一个实力雄厚的反太子群体，这是导致康熙朝皇储矛盾最终激化的直接因素。

三、皇子中反太子派的形成

康熙朝的历史证实，对允礽的储君地位产生严重威胁者，是受到严格而系统的汉文化教育，但又是在满族传统制度与习俗的影响下成长起来的众多皇子们。

需要指出，所谓反太子派，是一内涵较为宽泛的指称，它既包括皇子中的反太子派成员，也包括下五旗宗室王公与上三旗大臣中皇八子允禩的支持者，同时还括及宗室王公、满汉大臣内对允禩、允禟等人持同情态度的人。可以说，皇子中的反太子派是其中坚，允禩的支持者是反太子派的主体，最后一部分人则是反太子派的外围力量。[1]

二废太子前，皇子中的反太子派与皇太子的矛盾，是储位之争的主流，反太子派在两次倒太子中均起有主要作用。二废太子后直至雍正帝继位前，允禩支持者（包括经过分化后的皇子中反太子派成员）与废太子及其余党之间，围绕储位进行的角逐，是这一时期储位之争的主流。无论斗争双方主观动机如何，在客观效果方面对皇权的集中与强化都起有严重干扰作用。

康熙帝三次亲征噶尔丹结束后，诸皇子开始封爵入旗，正式参与皇朝政治。而皇太子允礽代理国政期间，储权的行使范围扩大，其独立性相对提高，皇储矛盾日渐显露。这种形势下，对皇太子的颐指气使早已深感不满，并与其具有直接利害冲突的部分年长皇子中，逐步形成反太子派这一政治群体。

康熙朝皇子的政治地位与特权，是反太子派得以形成的基础。

（一）天潢贵胄的地位与权势

康熙帝实施嫡长子皇位继承制中所采取的区处皇子、宗室的方针，既

---

[1] 反太子派与允禩允禟集团之间有着渊源关系，但也并非相等同。根据雍正帝继位后清除政敌中显示的有关情况看，所谓允禩允禟集团，乃指几经分化而于雍正初年仍然"固结"的原皇子中反太子派、宗室大臣中反太子派的骨干成员。其核心人物仍为允禩，而对立面已转换为雍正帝。

在总结历代经验教训基础上有所改进，又保留"国俗"，部分继承了清朝入关前的一些做法。皇子长大后仍留住京师，"其封号但予嘉名，不加郡国，视明为犹善。然内襄政本，外领师干，与明所谓不临民、不治事者乃绝相反"[1]。

三十七年（1698）三月、四十八年（1709）三月，康熙帝分别两次对年长诸子封爵。皇十四子允禵以上皇子，除皇十三子允祥外，相继按长幼之序，并参考其他因素，分别受封为和硕亲王、多罗郡王、多罗贝勒或固山贝子（四十七年十一月皇长子允禔因废太子事件牵连被革爵）。这是清朝12等爵位中最高四等。

康熙帝对受封皇子明确指出："尔等王职，惟朝会大典，除此凡外边诸事，不可干预。朕若命以事务，当视朕之所命，尽心竭意，方不负朕之所用而贻人讥笑也。"[2]可是，既然"命以事务"，何能不赋予相应权柄？而办理政务本身，也必然接触"外边诸事"。这段自相牴牾之言，集中显现出康熙帝既想仿照明朝（中后期）做法，不给皇子任何事权，又欲遵循满族传统，放手使用皇子的矛盾思想。

实际上，康熙帝此后的一些举措，无不在扩大皇子的权势。

依照八旗定制，皇子成年后，分别封入下五旗，皇帝还从上三旗内，拨给这些皇子一定数量的佐领。[3]康熙三十七年（1698）三月，部分年长皇子封爵，并被分别封入下五旗。[4]封入旗下的皇子虽无旗主之名（清朝入关后，下五旗旗主一职渐无明确设置），但其身份与地位，仍在该旗宗室王公之上。封爵与入旗，是康熙朝皇子登上政治舞台的标志，这使他们拥有广泛的权力资源，进一步具备与储君相抗衡的客观条件。

康熙朝中后期，每年康熙帝前往塞外避暑，举行木兰秋狝的四五个月

1　《清史稿》卷215，《列传》2，《诸王》1。

2　《圣祖庭训格言》，第68页。

3　如顺治帝第二子裕亲王福全、第七子纯亲王隆禧，都封入镶白旗，第五子恭亲王常宁封入正蓝旗。参见《清圣祖实录》卷58，康熙十四年十一月癸巳；鄂尔泰等修：《八旗通志初集》，卷133，《宗室王公列传》5。

4　关于康熙帝诸子所封旗份，参见王牒181号；杜家骥：《雍正帝继位前的封旗及相关问题考析》，载《中国史研究》1990年第4期。

内，均由年长皇子留守京师，综理政务。仅此一事，即充分显示出康熙朝皇子的政治地位与权势。

满族传统政治理念中，八旗诸王贝勒与旗下属人之间有直接隶属关系。康熙年间，这种观念仍根深蒂固，甚至连康熙帝本人，也将皇子所封旗下大臣，视为该皇子的私属。如康熙五十一年（1712）五月，允祉向已前往塞外的皇父奏报为患病八旗大臣派遣御医事。这件手折的最后，述及都统硕鼐患病情形。康熙帝阅后朱批道："用心医治。（硕鼐）既然是三阿哥你的人，你应尽快再找大夫，竭力调护。"[1] 允祉接到朱批，立即"向御医传旨"，又"各处寻医"救治硕鼐，并在手折中详尽报告病情，就选药等事向皇父请示。[2] 按，允祉"系镶蓝旗"[3]，硕鼐应与同旗。康熙二十九年十二月至三十年十一月，硕鼐担任镶蓝旗满洲副都统，五十年十月任正红旗满洲都统，五十一年十二月卒。[4] 上述情况表明，无论旗员在何旗任职，无论官职高低，他与本旗皇子及宗室王公所具有的主奴关系始终不变。按照"国朝祖宗制度"，即使"王门旗属"已成为封疆大臣，与所在旗王公之间仍须以主仆称呼。[5] 甚至当诸王贝勒获罪后，旗下属人依旧称其为主。如雍正四年（1726）五月，雍正帝曾气愤地说："昨日都统武格在朕前奏对，尚将获罪之允禟称之为主。武格乃一无知武夫，此则风俗颓坏，大义不明之故也。"[6]

康熙六十年（1721）十二月，镶白旗和硕恒亲王允祺长史胡必图，升任正白旗满洲副都统（正二品）。[7] 长史，从三品，"掌董帅府僚，纪纲众务"[8]，是王府中最重要的职务，非王亲信莫属。王府人员擢任八旗职务，自然有利于提高其主权势与影响力。

---

1 满文朱批奏折，胤祉奏，康熙五十一年五月十二日。按，手折是奏折的一种，其形状较一般奏折为小。康熙朝皇子上奏，大都使用手折。本书所引满文手折（奏折），不再另行指出。
2 满文朱批奏折，胤祉奏，康熙五十一年五月十五日。
3 《上谕内阁》，雍正二年七月十三日。
4 鄂尔泰等修：《八旗通志初集》卷108，《八旗大臣年表》2。
5 《文献丛编》第1辑，《雍亲王致年羹尧书》。
6 《清世宗实录》卷44，雍正四年五年乙巳。按，镶白旗蒙古副都统武（五）格是郑亲王济尔哈朗之曾孙，简亲王雅布子。参见鄂尔泰等修：《八旗通志初集》卷75，《封爵世表》1。
7 《清圣祖实录》卷295，康熙六十年十二月甲戌。
8 《清史稿》卷117，《志》92，《职官》4。

清制，无论大小臣工，见皇子时都要双膝下跪，见诸王则"屈一膝为礼，不得与皇子比"[1]。一则满族谚语云："一岁主，百岁奴。"[2]雍正帝曾回忆其幼龄时，镶黄旗满洲大臣马武"抱扶服事，备极小心，其情事宛然如昨"[3]。上三旗是皇帝自将之旗，上三旗大臣则被视为皇帝的家臣。胤禛做皇子时与镶黄旗大臣马武之间的关系颇具有代表性，与汉族王朝皇子与大臣的关系截然不同。所以，康熙四十三年（1704），马武之兄马思喀逝于内务府总管任上，康熙帝以其"办理家事甚属效力"，特命允祐等三位皇子参加出殡送葬，以示优荣。[4]

　　四十六年（1707）初春，康熙帝在南巡途中检查几位随行小皇子的学业，发现他们对书本内容很生疏，不明文义，于是将原因归之于小皇子的老师徐元梦未能尽心教诲，特令当着全体在京皇子之面，由乾清门侍卫将徐元梦杖笞30板。[5]众皇子与正白旗满洲大臣徐元梦之间是主奴关系，在康熙帝眼中，徐元梦不过是以奴仆身份，向其小主子传授知识。康熙帝既以崇儒重道作为基本国策，又与儒家尊师之说相违背，明令皇子看视杖笞其师。这种矛盾现象，反映出满汉文化所代表的两种价值取向。在汉族王朝，当朝大臣以世仆身份抱扶幼年皇子，或是在皇子学生的看视下接受杖笞之事，都是不可能出现的。

　　在皇权的萌护下成长起来，并拥有种种特权的众皇子，具有任意妄行，干政扰民，甚至为非作歹的群体特征。如朝鲜史籍中，即有关于康熙帝诸子女受贿鬻官，不择手段勒取民财，占夺田园，杀人伤人的记载。[6]皇子与公主还公然干预诉讼案件的审理，派人"直入公门，或称王府差员，或称公主使令，非嘱托原呈，即曲庇被告"[7]。从未被康熙帝授予事权，总体地位在诸皇子之下的公主们，尚有如此权势，诸皇子必有

1　吴振棫：《养吉斋丛录》卷23，第247页。
2　鄂尔泰、张廷玉等编纂：《国朝宫史》上册，第35页。
3　《清世宗实录》卷51，雍正四年十二月丙寅；另参见鄂尔泰等修：《八旗通志初集》卷185，《名臣列传》45，《马武》。
4　满文朱谕，康熙四十三年七月初一日。
5　满文朱批奏折2件，胤祉等奏，康熙四十六年二月初五日、二月十一日。
6　吴晗辑：《朝鲜李朝实录中的中国史料》第11册，第4382-4383页。
7　《康熙朝汉文朱批奏折汇编》第8册，第467页。

过之。

四十七年八月一废太子前夕，康熙帝由塞外返京途中向随扈大臣传谕："近日闻诸阿哥，常挞辱诸大臣、侍卫，又每寻衅端，加苦毒于诸王、贝勒等。诸阿哥见今俱未受封爵（按，这里是指八阿哥允禩以下尚未封爵的皇子），即受封后，除伊属下人外，凡有罪过，亦当奏闻，候朕处分，伊等何得恣意妄行捶挞乎？朕为天下元后，凡事但遵大义而行，无罪之人，未尝枉法处治。国家惟有一主，朕日祷祝于天，亦欲众皆无事以享太平耳……诸阿哥擅辱大小官员，伤国家大体，此风断不可长。伊等不遵国宪，横作威势，致令臣仆无以自存，是欲分朕威柄，以恣其行事也。岂知大权所在，何得分毫假人。即如裕亲王（福全）、恭亲王（常宁），皆朕亲兄弟也，于朕之大臣、侍卫中，曾敢笞责何人耶！"同时，康熙帝还下达了一项不切实际的"硬性"规定："嗣后诸阿哥如仍不改前辙，许被挞之人，面诘其见挞之故，稍有冤抑等情，即赴朕前叩告，朕且欣然听理，断不罪其人也。至于尔等有所闻见，亦应据实上陈，若一切隐讳，后来将至杀人，亦将隐而不奏乎？尔等隐而不奏，即尔等之罪矣。"[1]不久，康熙帝又指出："（大阿哥）允禔于朕之侍卫执事人等，擅自责打者不少，今被打之人尚在也。"[2]

任意笞挞、侮辱王公大臣，在众皇子中是比较普遍的现象，而众皇子的枉为非作歹与皇太子允礽相比，只有五十步与百步之差，以致出使清廷的朝鲜使臣，竟有康熙帝"诸子之暴虐，乃甚于太子"之言。[3]不仅皇子本人如此，他们的护卫官员、乳公、随从人等，也"恃强无忌"，多有"各为其主，在外肆行者"[4]。对于皇子们种种"不遵国宪，横作威势"的行为，康熙帝完全清楚，却一直予以包容，即使在上述讲话中，亦未提出任何可行的约束措施，护犊如故。

看来，众皇子权势的增长与储权的增长成同步之势。康熙帝虽有以两

---

1 《清圣祖实录》卷233，康熙四十七年八月辛未。
2 《清圣祖实录》卷234，康熙四十七年九月辛丑。
3 吴晗辑：《朝鲜李朝实录中的中国史料》第10册，第4254页。
4 《清圣祖实录》卷234，康熙四十七年九月辛丑。

者相互牵制、削弱之意，但双方对立之尖锐乃至直接促成皇储矛盾激化，发生一废太子事件，均为其所料未及。

此后接踵而至的两废太子事件，促使皇储矛盾居于主位，在客观上掩盖了众皇子的权势与皇权的冲突，因而一废太子前夕康熙帝公开指出众皇子的分权、侵权问题，既是第一次，也是唯一一次。[1]自此直到康熙帝去世前的十余年中，众皇子的地位与权势不仅并未受到抑制，且因二废太子后储权不复存在而进一步增长。

总之，满族的政治、文化传统对康熙帝诸子仍有较大影响，使他们对于储权这一满族历史上从未曾有的新事物较少怀有顾忌，敢于与之抗争；而康熙帝将年长皇子作为理政助手，赋予他们很高的政治地位，又使其具有反对皇太子的雄厚实力。加之允礽滥用威权，对诸兄弟常以非礼相加，使部分年长皇子与他处于对立状态。更重要的是，允礽占有储位，堵住诸皇子通向最高权力之路，这一利益冲突无可调和。在上述各种因素的相互作用下，皇子中逐步出现了反太子派。

还须指出，任何事物都有它的多面性，都不是绝对的。康熙帝诸子属于清朝入关后的第三代人，他们生长在以汉文化为主体文化的社会环境中，自幼系统学习儒家经典，因此，宗法制观念也不可避免地对他们产生影响。他们反对皇太子允礽，并不能简单地与反对嫡长子皇位继承制画等号。所以，皇四子胤禛虽然曾是反太子派成员，然而当他继承皇位后，却为密立储君弘历之嫡长子"命为永琏，隐然示以承宗器之意"[2]。乾隆帝弘历则是清朝入关后第四代满洲贵族，他本人（也包括其同辈宗室成员，如允礽之子弘晳、弘历之兄弘时等人）对皇位继承制度的态度则表明，满族传统观念，已在这一代满洲贵族头脑中进一步削弱，汉族宗法制思想，正在占据越来越重要的地位。关于这一问题，将于第五章析述。

---

1 康熙四十七年（1708）六月，康熙帝在给皇子们的朱批、朱谕中斥责皇子们的乳公、哈哈珠子"四处惹是生非"，拨给皇子们"使唤驱使"的新满洲（官兵）等"违法乱行"。参见康熙朝满文朱批奏折2件，胤祉等奏，康熙四十七年六月十一日、六月十四日；满文朱谕1件，无年月，据内容判断，写于康熙四十七年六月。

2 《清高宗实录》卷78，乾隆三年十月辛卯。

（二）反太子派与中立派

康熙帝之子序齿者20人，根据他们的年龄以及在康熙朝参与政治的程度，可以分做两组。皇十四子允禵（生于康熙二十七年，1688）以上为相对年长的一组，皇十五子允禑（生于康熙三十二年，1693）以下是相对年幼的一组。虽然第二组皇子中也有出色者，如皇二十一子允禧，"诗清秀，尤工画"[1]，在雍乾时期的宗室文人中颇有名气。但从总体看，文武兼备的佼佼者，大都集中在第一组，皇子中反太子派成员，同样集中于此。这些年长皇子大都具有较高的满汉文化素养，发展较为全面，有着很强的参政意识与办事才干。

除去皇太子允礽及两位早卒皇子，皇十四子允禵以上共11位皇子。其中持中立态度四人，即皇三子允祉、皇五子允祺、皇七子允祐和皇十二子允祹；情况特殊一人，即皇十三子允祥；反太子派六人，即皇长子允禔、皇四子胤禛、皇八子允禩、皇九子允禟、皇十子允䄉和皇十四子允禵。

1. 中立派

皇三子允祉

三阿哥允祉的文化素养，居众皇子之首，不仅"素工书法"[2]，弓箭技艺也很出色。在较射现场观看的传教士眼中，他的箭法几乎与康熙帝一样优秀。[3]他生于康熙十六年（1677），比皇太子允礽小三岁，生母是康熙朝最早受封的后宫主位之一荣妃马佳氏[4]。允祉的性格与其两位兄长（皇长子允禔与皇二子允礽）很不相同，比较平和，处事稳重，不善言辞。[5]他于康熙三十七年（1698）受封诚郡王，四十八年（1709）晋封诚亲王。

允祉曾主持编纂律吕、历法、算法等书，是一位学者型皇子。康熙帝

---

1 《清史稿》卷220，《列传》7，《诸王》6，《慎靖郡王允禧》。
2 《清世宗实录》卷10，雍正元年八月丁巳。
3 Matteo Ripa: Memoirs of Father Ripa, selected and translated by Fortunato Prandi, John Murray, London, 1855, pp.79.
4 康熙十六年（1677）册封的诸嫔中生有皇者，除去马佳氏外，还有皇长子允禔生母惠妃纳喇氏与皇五子允祺、皇九子允禟的生母宜妃郭络罗氏。
5 雍正帝称允祉"口钝"，参见雍正朝满文朱批奏折，允祉奏，无年月。

对好学聪敏而不多事的三阿哥允祉十分喜爱，也很信任。从满文档案反映的情况看，康熙四十年（1701）以降，皇储矛盾逐步加深后，康熙帝日渐重视允禔与允祉这两位相对最年长的皇子。每逢他离京外出，除去带上皇太子允礽，常以允禔随行，意在监视、牵制皇太子，加强对自己的保卫，以防不测；将允祉留在京城，率领众皇弟综理政务。

允祉与皇太子允礽的年龄较为接近，加之性情比较平和，所以，同允礽"甚相亲睦"，但不是太子党成员。[1] 两废太子后，允祉成为储位竞争者之一。[2]

皇五子允祺

五阿哥允祺生于康熙十八年（1679）。其生母宜妃郭络罗氏，是康熙帝比较宠爱的妃子。[3] 允祺自幼养于康熙帝嫡母孝惠皇太后宫中，"皇太后爱之不令其读汉书，止令其习清书"[4]。允祺因没有能够像其他皇子那样，受到较全面的教育，其眼界、学识与才力，都较其他年龄相仿的皇子逊色。孝惠皇太后是位"秉心淳朴，顾又乏长才"之人。[5] 在祖母身边长大，深受其影响的五阿哥也"心性甚善"[6]，与人无争，始终是储位之争的一位旁观者。允祺于康熙三十七年封为贝勒，四十八年晋封恒亲王。

皇七子允祐

七阿哥允祐生于康熙二十九年（1690），生母是成妃戴佳氏。康熙帝曾称赞允祐"心好，举止蔼然可亲"[7]。体弱且有残疾这一客观因素，使允祐的发展受到限制，也决定了他一生不曾加入权力角逐的行列。允祐于康熙三十七年封为贝勒，四十八年晋封淳郡王。

皇十二子允祹

十二阿哥允祹有一定才干。康熙五十六年（1717）底，孝惠皇太后去

---

1 《清圣祖实录》卷234，康熙四十七年九月庚辰。
2 杨珍：《关于康熙朝储位之争及雍正继位的几个问题》，载《清史论丛》第6辑，北京：中华书局，1985年。
3 萧奭：《永宪录》卷2上，第87页载："宜妃生皇五子、九子，（圣祖）眷顾最深。"
4 《康熙起居注》第2册，第1645页。
5 《御制行状》，《状》第9页。
6 《清圣祖实录》卷235，康熙四十八年十一月戊子。
7 《清圣祖实录》卷235，康熙四十八年十一月戊子。

世，治丧期间，允祹奉命署理内务府总管事。在此前后，他曾多次主持祭祀或办理政务。康熙帝对允祹的印象比较一般。一次，允祹参与审理一起刑部案件，因未能审明，办案不当，康熙帝为之大动肝火，给予允祹极为严厉的斥责。[1]

允祹生于康熙二十四年（1685），生母为定嫔万琉哈氏，但他自幼是由苏麻喇姑抚养。苏麻喇姑曾是孝庄的贴身侍女，做过康熙帝的启蒙老师，处事干练，很有心计。她在晚年受到举朝敬重，康熙四十四年（1705）九月，以年逾九旬的高龄去世。[2]康熙朝晚期，在政治舞台上较为活跃的允祹，并未介入众皇子的储位之争，始终保持中允不倚的立场，实属不易。在性格比较理智、处事善于把握分寸的允祹身上，隐约可见其抚养人苏麻喇姑的遗风。允祹于康熙四十八年封为贝勒。

2、一位特殊人物：皇十三子允祥

我们曾将皇十三子允祥视为反太子派成员之一。反复分析有关史料后，这一认识已改变。[3]现在看来，不能将允祥视为反太子派人物。

允祥生于康熙二十五年（1686），生母是敏妃章佳氏，外公海宽是位参领。允祥14岁，生母去世。康熙帝序齿诸子中，除去允礽，只有允祥尚未成年就失去生母。此事对其性格和处事风格的形成会有一定影响，使他比其他皇子更早懂事。章佳氏去世后，允祥由德妃代为照料，故与德妃长子胤禛要好。

允祥精于骑射，诗文翰墨俱佳。[4]在八阿哥允禩以下诸皇子中，他和皇十四子允禵是最出色的两位。俩相比较，允祥稍偏重于文，[5]允禵更侧重于武。

允祥与允禵的启蒙老师，是国舅佟国纲之子、康熙帝的表弟法海。法

1　满文朱批奏折，胤祹奏，康熙六十年闰六月十三日。
2　参见杨珍：《康熙皇帝一家》，第九章《苏麻喇姑》。
3　参见杨珍：《皇子开释与圈禁高墙：康雍宫廷史事辨析》，载《历史档案》2015年第1期。
4　参见鄂尔泰等修：《八旗通志初集》卷134，《宗室王公列传》6，《怡亲王胤祥》。
5　震钧《天咫偶闻》卷3载，"怡亲王府藏书之所曰：乐善堂。大楼九楹，积书皆满。绛云楼未火以前，其宋元精本大半为毛子晋、钱遵王所得。毛、钱两家散出，半归徐建菴、季沧苇。徐、季之书由何义门介绍，归于怡府。乾隆中，四库馆开，天下藏书家皆进呈，惟怡府之书未进。其中世所罕见者甚多，如施注苏诗全本有二，此外可知。"

海 24 岁中进士，27 岁入选皇子师。此时，允祥 13 岁，允禵 11 岁。法海"侍皇子讲诵十年，直词正色，圣祖嘉与，谓独能不欺"[1]。允祥与允禵才学出众，有法海教诲之功。

雍正年间所修《八旗通志初集》中，称允祥为"圣祖钟爱甚笃，省方巡幸，恒命扈从，恩宠优渥"[2]。这是指康熙四十七年（阴历戊子，1708）九月一废太子事件发生前。自三十七年（1698）七月允祥第一次跟随皇父去盛京谒陵，至四十七年九月整整十年间，康熙帝只要离开京师，无论去哪里，必带允祥。如四十四年（1705）康熙帝第五次南巡，除去皇太子允礽外，随行皇子只有允祥。[3] 可见，康熙帝对他是另眼相看的。此外，允祥在雍正年间作为雍正帝最得力的助手，他的种种表现也充分表明，除去具备较高的满汉文化素养外，他还善于协调人际关系，办事得力，是难得人才。[4] 这应是他为康熙帝所看重的主要原因。

四十七年以前，皇八子允禩的老师何焯在给家人的信中，称"十三殿下"乃康熙帝所"钟爱者"。[5] 允祥受到皇父的器重，供职清廷的汉族文人对此也一清二楚。

可是，四十七年一废太子后，康熙帝对允祥的看法发生很大变化。

《皇清通志纲要》载："（康熙四十七年）九月，皇太子、皇长子、皇十三子圈禁。"[6] 按，四十七年九月初四日，康熙帝由塞外返京途中宣布废斥皇太子允礽，予以拘执；命皇长子允禔负责沿途看守事宜。[7] 显然，允祥被圈禁一事，发生在康熙帝宣布废斥皇太子之后。

清官修史籍中，对允祥在一废太子中的经历隐而未载。据《清世宗实录》，雍正元年（1723）谕王大臣等："怡亲王（指允祥）于皇考时，敬谨持身，廉洁立品，未尝图利干预一事，纠党邀结一人，所属人员，略无扰

1　方苞:《方望溪全集》卷 12,《兵部尚书法公墓表》。
2　鄂尔泰等修:《八旗通志初集》卷 134,《宗室王公列传》6,《怡亲王胤祥》。
3　参见王利器:《李士桢李煦父子年谱》，第 301 页，北京：北京出版社，1980 年。
4　参见《清世宗实录》卷 30，雍正三年三月甲子；彭绍升:《和硕怡祥亲王允祥传》，载《清代碑传全集》，影印本，上册，第 21 页，上海：上海古籍出版社，1987 年。
5　吴云等辑:《义门先生集》卷 4,《与友人书》。
6　弘旺:《皇清通志纲要》卷 4 下。
7　《清圣祖实录》卷 234，康熙四十七年九月丁巳、己丑。

累,其安分自守,家计空乏,举国皆知"[1]。然而《雍正起居注册》记述这段话的前面还有数句,被《清世宗实录》删除:"怡亲王前因二阿哥之事无辜牵连,一时得罪,皇考随即鉴宥。数年以来,王敬谨持身,廉洁立品,未尝图利干预一事,纠党邀结一人……"[2]

雍正二年(1724)八月,雍正帝在一位大臣奏折中的朱批,透露了更多情况:

> 如今尔言怡王为平常之人,无所知识,却将国事交付伊办理,何能治理好?尔之此言,是否言及于今?是否诅咒国家?若言怡王,自幼强健聪慧,人才优良,皇父优加恩宠,此事举国皆知。怡王并非胆大妄为之人,从无非分之念。怡王对皇父尽以子道,对二阿哥尽以臣道。由于与二阿哥好,横遭大阿哥之妒忌、陷害,因而株连于二阿哥。自被株连之后,多年来惟感激皇父之恩,而对允禩等人胡闹之事,从不过问,亦不敢越雷池一步。怡王从不使皇父担忧,此事众人亦皆知。[3]

这是目前所见时人关于允祥得罪缘由的最详尽解释。

允祥同时代人萧奭,在成书于乾隆十七年(1752)的《永宪录》中所言甚简,却与雍正帝的朱批可相印证:"胤祥戊子九月以旧东宫事波及,亦削贝子。后再复"[4]。

允祥被圈禁后不久,就被释放。他与康熙帝的关系很快得到缓解,但康熙帝从此对他抱有成见。

四十九年(1710)六月,允祉、允祥和允禵的请安折上奉朱批:"胤祥并非勤学忠孝之人。尔等若不予约束,必将生事,不可不防。"[5]康熙帝命

---

1 《清世宗实录》卷13,雍正元年十一月辛丑。
2 《雍正朝起居注册》,第1册,第139页。
3 安双成:《宗札布案满文译稿》,载《历史档案》1997年第1期。
4 萧奭:《永宪录》卷1,第57页。按,"戊子"即康熙四十七年;"亦削贝子。后再复"乃与事实相左。关于该书作者生平,参见李世愉:《李盛铎藏清抄本〈永宪录〉读后》,载《清史研究通讯》1986年第1期。
5 满文朱批奏折,胤祉等奏,康熙四十九年六月初十日。按,此折未书具奏日期,"康熙四十九年六月初十日"是此折封套上所写。有的康熙朝满文奏折未书日期,而在奏折封套上书有日期。后人整理档案时,将一些奏折与其原封套相分离,故以封套日期做为奏折日期,可能不确。本书所引满文档案中还有类似情况,不再指出。

皇三子允祉、皇十四子允禵等对允祥加以管束，允祥与其他皇子一起"恭阅"这道朱批，尴尬难堪可想而知。

雍正帝对允祥在废太子事件中得罪的解释是：允祥"与二阿哥好，横遭大阿哥之妒忌、陷害"。"与二阿哥好"这句话的背后，隐藏着太子被废斥前允祥的某些表现，具体是指什么，我们尚不清楚。康熙帝说允祥"并非勤学忠孝之人"，应主要是据这些表现而言。不过，雍正帝此语使我们得以了解，允祥并非反太子派人物。

另外，还有一个情况与索额图有关，可以间接印证允祥并非反太子派人物。

三十九年（1700）后，康熙帝对索额图逐渐失去信任，皇储矛盾也在日渐发展。康熙帝每年巡视塞外是历时最长的一次外出活动。从四十年（1701）至一废太子前共七年中，康熙帝巡视塞外时，必带皇太子允礽及皇长子允禔、皇十三子允祥，其他皇子并非每次必往。这是因为康熙帝不放心让允礽独自留在京师，故携其同行。让允禔与允祥随扈，可以在皇太子周围形成一种力量平衡，即与他不睦者和与他要好者各居其一；以皇长子允禔护卫"朕躬"的同时，又以允祥牵制皇长子。

康熙帝承认，一废太子事发前，皇长子允禔曾大力揭发、渲染允礽过恶。[1]那么，允禔也会向康熙帝夸大渲染允祥的所谓恶迹。此即雍正帝所言，允祥"横遭大阿哥之妒忌、陷害"。康熙帝既已觉察到允禔对皇太子的揭发"多属虚枉"，他对允祥的认识也会逐渐趋于客观。

一废太子后，允祥并未受到严厉惩处。四十八年（1709）二月康熙帝巡视畿甸、四月出巡塞外，允祥都在随行皇子之列。[2]是年三月复立允礽为太子时，康熙帝第二次分封皇子。此次止于皇十四子允禵，皇十三子允祥却未受封。[3]康熙朝年长皇子中，允祥是唯一一位在皇父生前没有受封之人。这与他曾深受皇父器重的情况形成反差。雍正帝说允祥于皇考

---

1 《清圣祖实录》卷235，康熙四十七年十一月戊子、丁亥。
2 《清圣祖实录》卷236，康熙四十八年二月乙酉；卷237，康熙四十八年四月丁卯；满文朱批奏折夹片，胤祉等奏，康熙四十八年六月二十四日。
3 《清圣祖实录》卷237，康熙四十八年三月辛巳。

时"家计空乏",这同允祥未曾封爵有直接关系。雍正帝继位后,允祥方被封为和硕怡亲王。

由于心情郁闷,允祥于四十八年秋患病。五十年仲夏据御医奏报:此症"系湿毒结于右腿,膝上起白泡,破后成疮,时流稀脓水。原曾腿痛,时痛时止,一年有余,复出此恙……"[1]经御医反复医治,允祥的腿疾仍长期未愈。康熙帝虽然对允祥不满,对儿子的病痛仍记挂在心。他去塞外时,经常在给皇子们的朱批中问询允祥的病情,并亲阅御医奏折,对治疗做出指示。[2]自四十九年至六十年(1710—1721)期间,允祥没有随皇父外出,曾患腿疾应为原因之一。

《八旗通志初集》中说允祥"谨度循礼,恪慎有加。不立党援,不邀名誉……公私政事,一无扰累";允禩"数以诈术诱惑诸王,王(指允祥)独不为所动"[3]。此言不能全信。不过,并观允祥在康雍两朝的情况,他不是一个争强好胜之人,而是比较精细、圆通。允祥可能与包括皇太子在内所有皇子的关系都不错。雍正八年(1730)允祥去世后,雍正帝在祭文中写道:"忆昔幼龄,趋侍庭闱,晨夕聚处。比长,遵奉皇考之命,授弟算学,日事讨论。每岁塞外扈从,形影相依。贤弟克尽恭兄之道,朕兄深笃友弟之情,天伦至乐,宛如昨日事也。"[4]雍正帝能够与允祥在青年时期结下情谊,他继位后又将允祥倚为心腹,均以允祥不曾是他的竞争对手,从未对他构成威胁为前提。

允祥备受雍正帝倚重,但未恃宠而骄。这既是由于他自幼对胤禛的为人相当了解,深知惟有内敛是自保的唯一良法,同时也表明,康熙四十七年的重大挫折,使他进一步发展了谨慎行事、恭顺有加的性格作风,直至终身。

综上,允祥曾是康熙帝爱子,却在一废太子事件中得罪。此后,他既未得到皇父完全谅解,也未受到什么严厉惩处。雍正帝之言及其他史料均

---

1 汉文奏折2件(1件有朱批),祁嘉钊奏,康熙五十年五月初十日、六月初四日。
2 满文朱批奏折4件,胤祉等奏,康熙五十年五月二十八日、六月初四日、六月初六日;康熙五十一年(无月、日)。
3 鄂尔泰等修:《八旗通志初集》卷134,《宗室王公列传》6,《怡亲王胤祥》。
4 《世宗宪皇帝御制文集》卷20,《和硕怡贤亲王祭文》。

显示,允祥是被皇太子允礽株连。这虽然是一个隐去详情的笼统说法,却与一废太子后康熙帝与允祥的关系,以及允祥在康熙朝后期的境遇大体相符。

3. 反太子派

皇长子允禔

大阿哥允禔曾是反太子派头号人物。他生于康熙十一年(1672),生母是惠妃纳喇氏。少年允禔聪明、英俊,因是长子,很受皇父器重。他23岁时,虽已经完婚生子,康熙帝依旧让他住在宫内,以便继续留在自己身边。[1]允禔身手矫捷,武艺高强,惯于潜行。一次,扈从塞外行围,驰射中坐骑跌入洞穴而亡,他机智应变,仅受微伤,令目睹者惊叹不已。

康熙三十七年,允禔封为多罗直郡王。其实,在他尚未封爵前,即已多次受皇父委派,处理政务。如二十七年(1688)五月,以领侍卫内大臣索额图、国舅佟国纲为首的清朝使团,赴色楞格与沙俄会议边界事宜,出发之际,17岁的允禔代表康熙帝,"乘骑躬行二十里"相送。[2]途中,这位少年皇子享用礼仪规格之高,远在皇亲国戚之上。[3]二十九年(1690)七月,康熙帝以"亲藩分钺,长子拥旄"[4],任命亲兄裕亲王福全为清军主帅,19岁的允禔做其副手,率师征讨进犯内蒙古乌朱穆沁地方的噶尔丹军。此即著名的乌兰布通之役。康熙帝旨在通过实践锻炼,培养皇长子的军事指挥能力。三十五年至三十六年(1696—1697),康熙帝三次亲征噶尔丹,允禔则是唯一一位三次跟随前往,并亲身料理诸多重要军务的当朝皇子。四十二年(1702)正月,致仕大学士王熙去世。"上命直郡王(允禔)云:'前此大臣病逝,闻有命皇子临其丧者,从未施拜奠之礼。大学士王熙,因系世祖章皇帝旧臣,特令王行礼,举哀致奠。'"[5]清帝选派皇子致

---

1 [法]白晋:《康熙帝传》,马绪祥译,载《清史资料》第1辑,第242页,北京:中华书局,1980年。

2 钱良择:《出塞纪略》(不分卷),第1页,载《奉使俄罗斯行程录(及其他一种)》,北京:中华书局,1991年。

3 《张诚日记》,张宝剑等译,载《清史资料》第5辑,第82-83页,北京:中华书局,1984年。

4 《圣祖御制文二集》卷44,《命裕亲王福全、皇长子胤禔师征厄鲁特,锡之以诗》。

5 陈康祺:《郎潜纪闻三笔》卷1,《皇子临大臣丧之典礼》;另参见《清史稿》卷250,《列传》37,《王熙》。

奠过世重臣，自此而始。

凭借得天独厚的长子身份，允禔在众皇子中第一个充当皇父的理政助手，康熙四十七年（1708）一废太子以前，在办理具体政务方面，他受任次数之多，超过皇太子允礽。较之允礽，允禔母家的地位虽然不高，却与大学士明珠有亲戚关系。康熙帝是对此是很留意的。如二十年（1681）三月，康熙帝陪同太皇太后去遵化汤泉治疗皮肤疾患，乘祖母洗温泉之际，他本人又去塞外巡视，历时十余日。此间，他始终将允禔带在身边。四月二十二日，康熙帝从塞外发给大学士明珠的一则谕旨中写道："朕闻京城左右亢旱，农事堪忧，尔可传谕礼部，著行祈雨……朕体甚佳，皇长子亦安。尔近佳否？为此特谕。"[1]这时正是明珠最受信任之际，他在朝中的显赫权势与皇长子的备受倚重，可谓相得益彰，同索额图与皇太子之间成对峙之势。这也是康熙帝用以相互牵制的策略之一。

一废太子前，允禔已具备相当大的能量，不仅在下五旗王公子弟中颇有威信，几可做到一呼百应，而且"各处俱有大阿哥之人"[2]。可是，在权力角逐中过于锋芒外露的允禔，性格与作风方面存在突出弱点，急躁鲁莽，不善于与人相处。康熙帝称其"素行不端，气质暴戾"，其母惠妃"亦奏称其不孝，请置之于法"[3]。

康熙二十九年（1690），允禔与裕亲王福全共掌军务，征讨噶尔丹。这是接近伯父，在宗室王公中进一步扩大影响的极好机会，但他却"听信小人谗间之言"，与福全"不相和协"。因身为清军正副统帅的叔侄之间产生矛盾，康熙帝不得不将允禔先行召返。[4]

一次，允禔当着康熙帝之面，对正在与康熙帝闲谈的葡萄牙籍传教士徐日升（Thomas Pereira）戏称，要剃其胡须，令徐日升极为尴尬，多亏康熙帝在旁打了圆场。[5]此事反映出允禔随心所欲，不虑后果的莽撞个性。

---

1 《圣祖御制文一集》卷11，《谕大学士明珠》；另参见《清圣祖实录》卷95，康熙二十年三月癸酉、四月乙巳。
2 《清圣祖实录》卷237，康熙四十八年四月庚申。
3 《清圣祖实录》卷235，康熙四十七年十月壬申。
4 《清圣祖实录》卷148，康熙二十九年八月辛未。
5 《圣祖仁皇帝庭训格言》，第43-44页，泾阳柏氏经正堂刊本。

这种性格与作风，是他在储位之争中最早被淘汰出局的一个重要原因。

皇四子胤禛

四阿哥胤禛与十四阿哥允禵，[1]是相差十岁的同胞兄弟，生母是德妃乌雅氏（谥"恭孝仁皇后"）。胤禛生于康熙十七年（1678）。这对兄弟的外公威武是满洲正黄旗人，曾任护军参领（正三品）。在康熙帝众多皇子中，胤禛兄弟的外家地位属于中等。乌雅氏生下头生子胤禛后，方封为嫔，后又晋升妃位。她是康熙帝所有后妃里生育最多的两位之一（另一位是允祉的生母荣妃马佳氏），十年（康熙十七年至二十七年）内共生育三男三女，其中一男（皇六子允祚）二女早卒，允禵是最小的孩子。

胤禛自幼长在皇父宫中，曾由皇贵妃佟佳氏（孝懿仁皇后）照料。故康熙帝说："惟四阿哥，朕亲抚育。"[2]这是胤禛比其他皇子幸运之处。然而，康熙三十七年（1698）当朝皇子第一次封爵时，仅比允祉小一岁的胤禛（是年21岁），未能像允祉、允禔那样封为郡王，而是与比他小一岁的允祺、小两岁的允祐、小三岁的允禩等三位皇弟一起，封为贝勒。将本属两可之间的四阿哥列入后一组相对年幼的皇子中，康熙帝是经过深思熟虑的。

是年三月初三日，康熙帝御门听政时，大学士伊桑阿等奏称："昨日奉旨，皇长子、皇三子封为郡王，皇四子、皇五子、皇七子、皇八子封为贝勒，伏祈皇上将皇子照例尽皆封王。"康熙帝回答："太祖、太宗之时，封子并非一例概封，视其贤者封之。时惟多隆峨王、额尔克王、墨尔根王等封王，其余俱封为贝勒、贝子、公，或有不封者。今朕亦视其贤否加封耳，岂以己子有私乎？且如恭王为朕弟，故封王，然其人岂称所封乎？"伊桑阿等奏曰："前创业之初，正振作有为之时，是以如此封爵。今诸皇

---

1 皇十四子允禵原名胤禛。邓锐龄先生指出，"禎""禵"两字并非同音字。查阅康熙五十六年（1717）刊刻的《康熙字典》，禵，音真；禎，音贞。贞，旧读正。禵、禎两字的满文，分别为 jen，音真；jeng，音正。所以，皇四子胤禛之名的禛字与皇十四子胤禵之名的禵字只是汉字字体相似，但读音有别，故不会出现混淆。康熙帝平日对皇子只是称为某阿哥，如四阿哥、十四阿哥，极少以名相称，而大臣们绝不敢对皇子称名。唯有当皇子们给皇父上奏折时，按长幼之序，分别在折子上列名。这些奏折全部是用满文书写。雍正帝继位后，胤禵改名允禵。

2 《清圣祖实录》卷235，康熙四十七年十一月戊子。

子夙奉皇上圣训,俱各贤明,伏祈皇上再思加封。"这时康熙帝明确指出:"朕于阿哥等留心视之已久,四阿哥为人轻率,七阿哥赋性鲁钝。朕意已决,尔等勿得再请,异日视伊等奋勉再为加封,未始不可。"[1]

胤禛虽属年长,但在康熙帝看来,其品性不如皇长子允禔与皇三子允祉。这是没有对胤禛封以王爵的主要原因。前引两皇子密审索额图等有关满文档案也显示,康熙四十七年一废太子事件发生前,除去皇长子允禔外,康熙帝更为器重皇三子允祉和皇八子允禩,而非皇四子胤禛。

诸皇子中性格最为复杂,既性情躁急又深沉莫测者,当属胤禛。

四十七年(1708)十一月,康熙帝在与诸皇子及众臣的谈话中,对部分年长皇子分别做出评述。关于皇四子胤禛,他说:"四阿哥……幼年时微觉喜怒不定,至其能体朕意,爱朕之心,殷勤恳切,可谓诚孝。"[2]胤禛听罢,立即奏称:"臣侍皇父左右,时蒙训诲。顷者复降褒纶,实切感愧。至于喜怒不定一语,昔年曾蒙皇父训饬。此十余年以来,皇父未曾降旨饬臣有喜怒不定之处,是臣省改微诚,已荷皇父洞鉴。今臣年逾三十,居心行事,大概已定。喜怒不定四字,关系臣之生平。仰恳圣慈,将谕旨内此四字恩免记载。"康熙帝表示同意:"十余年来,实未见四阿哥有喜怒不定之处。顷朕降旨时偶然谕及,无非益加勉励之意。此语不必记载。"[3]

上述史料出自《清圣祖实录》,该书是胤禛继位后修纂,由于为君者讳的编纂原则,有关记载很可能存在粉饰,难以尽信。[4]不过这终究表明,康熙帝深知胤禛的这一性格特点,如果只是认为其"幼年微觉喜怒不定",则无必要在此场合作为一个问题专门提出。同时,也说明三十七年诸皇子第一次封爵,胤禛仅封贝勒,这对他是一很大刺激。其后十年中,他加意克制,收敛锋芒,极力讨好皇父,终于对改变康熙帝的看法产生一定效果,四十八年(1709)晋封为雍亲王。

---

1 台北故宫博物院:《清代起居注册·康熙朝》第11册,第6281-6284页。按,多隆峨王、额尔克王和墨尔根王,分别指礼亲王代善、豫亲王多铎、睿亲王多尔衮;恭王即常宁。
2 《清圣祖实录》卷235,康熙四十七年十一月戊子。
3 《清圣祖实录》卷235,康熙四十八年十一月戊子。
4 参见许曾重:《清世宗胤禛继承皇位问题新探》,载《清史论丛》第4辑,北京:中华书局,1982年。

胤禛继位后说:"皇考每训朕,诸事当戒急用忍,屡降谕旨。朕敬书于居室之所,观瞻自警。"[1]这大约是他成年后,协助办理政务时的情况。

然而,除去行事轻率、脾气急躁的个性特点外,胤禛同时也有机警、狡黠、城府很深的一面。

胤禛继位后,屡屡斥责以允禩等为首的反太子群体图谋储位,谋陷二阿哥允礽。但种种迹象表明,他与反太子群体之间曾有千丝万缕的联系。

一废太子前,皇四子胤禛、皇八子允禩、皇九子允禟等三人很要好,无论京城府邸或京郊别墅,无不毗邻而建。

胤禛、允禩、允禟等分别完婚分府,从皇宫搬出后,三人的府邸都在北新桥至柏林寺一带。允禩府邸与允禟府邸的"花墙只隔一墙"[2],"廉亲王(允禩)府与上(雍正帝)藩邸相连"[3]。胤禛继位后,"群臣请升潜邸为宫,廉亲王府不合相并,上以废安亲王(岳乐)空府给之"[4]。雍正帝潜邸整修为宫过程中,将原允禩府邸并入。因此,由胤禛府邸改建而成,今日四方游客驻足游览的雍和宫,实际上也曾是皇八子允禩府邸所在地。

如果将胤禛等三人府邸相连情况解释为是康熙帝指赐,与其本人无关,那么下述情况就绝非偶然了。

康熙四十六年(1707)正月十八日,允祉、胤禛等七位年长皇子"奏请于畅春园附近建房"。康熙帝降旨:"(畅春园)北面新建花园以东空地,赏与尔等建房。"其后,因"若于此处建造"七位皇子的别墅,"地方略有狭小",经诸皇子商议,"四阿哥(胤禛)、八阿哥(允禩)、九阿哥(允禟)、十阿哥(允䄉)奏闻皇父后,已于此处建房"。胤禛所建别墅即其后闻名于世的圆明园。允祉等三位皇子(另外两人是谁,允祉奏折中未言,很可能是五阿哥允祺与七阿哥允祐,因年龄最长的大阿哥允禔当已先行建造别墅)则"奏请另觅地方建造。"允祉最终是在"水磨闸东南,毗邻明珠(第三)子揆方居所买取一处空地",房子画样"经皇父阅看后动

---

[1] 《清世宗实录》卷19,雍正二年闰四月丁亥。
[2] 《文献丛编》第3辑,《允禩允禟案·秦道然口供》。
[3] 萧奭:《永宪录》卷3,第188页。
[4] 萧奭:《永宪录》卷3,第188页。

工兴建"[1]。

　　扬春园于康熙二十六年（1687）二月竣工启用，康熙帝在京时，经常驻跸园内，处理政务。为便于接旨并承办政务，时常随同前往的众皇子及大臣们，也都纷纷在畅春园附近修建别墅居住。从所建别墅的地点看，上述七位皇子分做两组，胤禛与反太子最力的允禩、允禟、允䄉等人，将别墅建在一处；允祉、允祺、允祐等人则将别墅另建于他处。两组成员分别代表皇子中的反太子派与中立派，可谓泾渭分明。时值一废太子事件发生前一年，允禩、允禟等暗中进行倒太子的活动，无论是在京城府邸或京郊别墅，皆须时常避人耳目，进行密商。倘若胤禛并未参与其间，选择别墅地点时，他们自然要设法将其排除在自己的圈子外，像对允祉等三位皇子那样，避免相邻而居，以防泄露机密。允禩等皇子对胤禛并无防范之意，说明起码将他视为同路。

　　雍正四年（1726）清除允禩允禟集团时，做过允禟府邸管家的秦道然佚称："二阿哥在东宫时，允禩、允禟、允䄉时有抱怨之言"。[2]府邸与允禩、允禟毗邻，平日与他们接触频繁的胤禛，很可能也曾参加他们的议论，予以附和。所以，一废太子期间康熙帝拘执允禩，允禟与允䄉"挺身俱奏"时，允䄉曾邀约胤禛一起保奏，却未邀约其他年长皇子。[3]

　　胤禛继位后称："朕向日无希望大位之心……他人容或不知，深知朕者，无过允禩也。"[4]由此透露，他与允禩之间的确有过非同一般的密切交往。

　　胤禛之所以同反太子派交往甚密，从他的经历与性格中，或能找到部分答案。雍正二年八月，"上召诸王、宗室等入乾清宫，谕曰：'前犹有人疑朕与二阿哥不睦，夫二阿哥乃皇太子，国之储君也。二阿哥得罪之先，朕且尽弟臣之道，凡事敬谨，二阿哥所以反求隙者，因朕受皇考隆恩笃爱，意恐有妨于彼，遂至苦毒备加。然朕犹然照常致敬，尽己之道，行乎

1　满文朱批奏折，胤祉奏，康熙四十六年三月二十日。
2　《文献丛编》第3辑，《允禩允禟案・秦道然口供》。
3　《清世宗实录》卷48，雍正四年九月戊午；参见许曾重：《清世宗胤禛继承皇位问题新探》，载《清史论丛》第4辑。
4　《清世宗实录》卷18，雍正二年四月庚戌。

顺而已矣，此皆众之所共知。'"[1]然而，胤禛是一位少有包容、睚眦必报之人，他继位后对于政敌允禩等人必欲致之死地的处置方式，即是最好的说明。这种个性与心胸，不大可能使他对允礽的"苦毒备加"默然忍受、不计于怀，相反，他会滋长强烈的不满与报复心理，甚至加入反太子派的行列。

不过，颇有心计的胤禛绝不会在倒太子活动中扮演出头露面的角色，而是更多地居于幕后，为自己留有充分余地。这是他与允禩、允禟等人很不相同处。雍正二年（1724）十二月允礽病逝前，对奉命前来探视的大臣说："臣当日与皇上虽无好处，亦无不好处。"[2]所言是其真实感受。

应当说，四阿哥胤禛随着年龄与阅历的增长，其个性中轻率与急躁的一面仍然存在，但逐步退到相对次要位置，而机警、深沉的特点愈益突出。这一变化对于胤禛在康熙朝晚期的处事作风，特别是对于他在储位之争中所采取的方针立场，具有决定性的影响。值得注意的是，胤禛本人对自己的前一性格特征并不避讳，甚至有意宣扬，故告知众臣，其居室内悬挂皇考告诫之语。之所以如此，也是为了向臣工掩饰他具有与此看似对立的另一个性格特点。显然，如果只是轻率躁急而非城府极深，藏而不露，那么胤禛则很难利用康熙帝猝死之机，出人意料地登上皇位了。

这种深沉机警的个性特征，体现在胤禛于康熙朝晚期的处事作风上，便是善于见风使舵，随机应变。尤其是一废太子事件中，他的这一作风特点得到充分表现与出色发挥。对此，康熙帝是有所觉察的。这是二废太子后，康熙帝并未属意于处事果断，精明干练的四阿哥，而是选中其同母弟允禵作为密定储君的一个重要原因。[3]

皇八子允禩

反太子群体的核心人物八阿哥允禩，生于康熙二十年（1681）二月，生母是良妃卫氏，内管领阿布鼐之女。允禩曾很受皇父喜爱，无论在首批受封爵位（允禩于康熙三十七年封为贝勒），还是随皇父出征噶尔丹的皇

---

[1] 中国第一历史档案馆：《雍正朝起居注册》第1册，第301页，北京：中华书局，1993年。
[2] 《雍正朝起居注册》第1册，第396页。
[3] 参见许曾重：《清世宗胤禛继承皇位问题新探》，载《清史论丛》第4辑。

子中,他都是最年轻的一位。康熙四十年(1701)后,康熙帝离京外出时,挑选年长皇子留守京师,综理政务。允祺多次与皇三子允祉一起承此重任,两人同为康熙帝首选之人。[1]

与众多皇兄、皇弟相比较,相当聪明的允祺在学习满汉文化知识上并非优秀者,他的汉文书法尤为不佳。但是,允祺却有突出的办事才干,即使是自视甚高,且对允祺恨之入骨的胤禛,继位后也曾不得不对此做出较客观的评价:"廉亲王允禩若肯实心任事,部务皆所优为。论其才具、操守,诸大臣无出其右者"[2];"允禩较诸弟颇有办事之材"[3];廉亲王允禩、怡亲王允祥"为人聪明强干,廉洁自矢,才具优裕,朕深知其能办大事"[4];甚至承认自己的才力只是"能与(允禩)相当"[5]。

允祺的另一突出特点,是善于团结众皇子及宗室王公、满汉大臣。他的生母卫氏"本辛者库罪籍",曾被康熙帝称之为"贱妇"[6]。与其他皇子相比,允祺母家地位卑微,这一不利客观因素,或许对其性格作风的形成起有一定作用。他较少天潢贵胄惯有的骄横之气,"待人好,说话谦和"[7],平易而务实。

允祺在康熙朝众多王公大臣中的口碑,始终是诸皇子内最好的一位。人们称赞他"朴实""极正气"[8]。特别是深为康熙帝所挚爱,与之感情笃深的皇兄福全,[9]曾在康熙帝前"力荐允禩有才有德",说他"心性好,不务矜夸"[10],这对于允禩博得皇父的好感与倚信是很起作用的。

---

1 满文朱批奏折2件,胤祉、允祺奏,康熙四十四年六月二十七日、七月十六日;汉文奏折一件,李英子等奏,康熙四十四年七月十九日。
2 《清世宗实录》卷31,雍正三年四月癸未。
3 《清世宗实录》卷18,雍正二年四月庚戌。
4 《清世宗实录》卷30,雍正三年三月乙丑。
5 《上谕内阁》,雍正三年四月十六日。
6 唐邦治:《清皇室四谱》卷2,《后妃》;另参见《清圣祖实录》卷261,康熙五十三年十一月甲子。
7 《文献丛编》第3辑,《允禩允禟案·秦道然口供》。
8 《清世宗实录》卷64,雍正五年十二月丁亥;《文献丛编》第3辑,《允禩允禟案·秦道然口供》。
9 参见杨珍:《康熙皇帝一家》,第七章《兄弟子侄》。
10 《文献丛编》第1辑,《允禩允禟案·雍正四年》;《清圣祖实录》卷235,康熙四十八年十一月戊子。

允禔原本也是反太子派的首要人物之一，但这主要是凭借其皇长子的身份，若论才力及其在大臣中的威信，都在允禩之下。所以，允禔被革爵幽禁前，他在储位之争中所扮演的角色，只是一员冲锋陷阵的勇将，而允禩乃是反太子派的核心人物。

允禩不仅在皇子中有一批拥护者，允䄉、允䄉、允䄉等皇子"俱奉允禩如师""俱听允禩指示"[1]，康熙朝众妃嫔对他的印象也颇佳。五十年（1711）冬，良妃卫氏去世，允禩极为悲痛，由此伤身，"百日后尚用人扶掖而行"[2]。他还一直在家中供奉母妃容像。胤禛继位后，指斥允禩"母丧时凡事逾礼，沽取孝名"[3]。允禩的上述举止，并不排除其政治动机，但客观上则会加深众臣乃至众多妃母对其已有的好感。允禩自幼由允禔的生母惠妃抚养，惠妃曾向康熙帝请求置亲子允禔于法，却对允禩十分喜爱，始终相处很好。[4]雍正帝胤禛继位伊始，遵照皇考遗旨，允许部分妃母"随子归邸"而居，因允禔已罹罪，惠妃遂移居允禩府邸。三年后（雍正四年正月）雍正帝说："迄今三年以来，诸位母妃未曾遣人至朕前一问起居。诸位母妃深居府中，一切皆诸王主持，此必允禩从中阻挠，诸王亦遂观望不前耳。"[5]这些未亡人是康熙帝妃嫔中资格最老者，对于自幼看视长大的诸皇子了解甚深，又因在宫中生活近一生，对宫规礼节知之最详。她们没有派人给新帝请安，应非疏忽所致。这种冷漠态度，反映出其内心对胤禛继位的看法，也间接表明对允禩的同情。

允禩各方面的情况足以表明，他绝非是一"柔懦无为""软善"且"易于挟制"之人，[6]而是颇有才力，善于博取众心。事实上，"诸臣奏称其贤"，被人"目之为佛者"[7]的允禩，也有极其残忍的一面。他不遵皇父"诫酒之训"，在家常常酗酒，"醉后要乱打人"，曾将同其乳公、乳母结

---

1 《雍正朝起居注册》第1册，第211页；《清世宗实录》卷18，雍正二年四月辛亥。
2 《清世宗实录》卷40，雍正四年正月戊戌。
3 《清世宗实录》卷45，雍正四年六月甲子。
4 《清世宗实录》卷40，雍正四年正月丁酉。
5 《清世宗实录》卷40，雍正四年正月戊戌。
6 《文献丛编》第3辑，《戴铎奏折九·康熙五十七年》；《雍正朝起居注册》第1册，第354页。
7 《清圣祖实录》卷235，康熙四十七年十一月戊子；《清世宗实录》卷44，雍正四年五月戊申。

怨的御史永(雍)泰痛打。[1]雍正三年(1725),护军九十六因"不遵伊之指使"而被"立毙杖下"[2];王府长史胡什吞"以直言触怒,(允祹)痛加箠楚,推入冰内,几致殒命"[3]。如此凶悍之态,与其平日"待人好,说话谦和"[4]的作风举止大相径庭,真实地反映出允祹本性中的另一面。同时,也表明他在大多数场合下具有较强的克制力,比较冷静,能够将性格与作风中的瑕疵与弱点,尽可能地藏而不露。诸皇子中在这方面能与之相比者,唯有继位前的四阿哥胤禛,但其包装效果却比允祹要逊色得多。

允祹的待人处世作风,还具有灵活周全、不拘泥于规制与名分的特点。这是他不同于其他皇子之处,也是他在众臣中很有人缘,受到拥护的原因之一。

例如,无论在妃母、兄弟、叔伯子侄、宗室皇亲或满汉官员面前,允祹都能宽和相待,予以包容。雍正初年,他奉命办理工部事务。即使在倍受雍正帝严酷打击、身家性命几不能保的情况下,仍"私帮数千金",代其属下、工部郎中岳周交上拖欠钱粮,"令所管之人无不感戴"[5]。

胤禛继位后所定允祹的部分罪状是:奉移康熙帝梓宫时,请求裁减人夫一半;请求减少内厩历来所蓄马匹,以省钱粮;为"节省脚价",奏请将旧例自京采买运送的陵寝所用红土,折银就地采买;监造列祖神牌,"漆流金驳";以破纸书写奏章;用破损桌案,安奉祝版;"皇上乘舆法物,以断钉薄板为之,更衣幄次,以污油恶漆涂之";以糜费口粮为由,阻拦科尔沁王公前来叩谒康熙帝梓宫;等等。[6]这些罪款未免有夸大处,但无不体现了允祹在办理政务中所奉行的一个基本方针,即改革以往治理帝丧时糜费钱粮过多、兴师动众、礼仪过繁的做法,尽量节约钱粮,就简务实。这些改易旧制,讲求实效的举措,透露出允祹思想中对于部分儒家礼法的

---

1 《文献丛编》第3辑,《允祹允禵案·秦道然口供》;另参见《清圣祖实录》卷235,康熙四十七年十月癸卯。
2 《清世宗实录》卷39,雍正三年十二月甲申。
3 《清世宗实录》卷45,雍正四年六月甲子。
4 《文献丛编》第3辑,《允祹允禵案·秦道然口供》。
5 《上谕内阁》,雍正二年十一月十三日;另参见《清世宗实录》卷45,雍正四年六月甲子。
6 《清世宗实录》卷45,雍正四年六月甲子;《上谕内阁》,雍正四年六月初三日。

轻视，同时也必然加重其已有的罪责。它显示了一种革新精神，以及不为自身计的勇气与魄力。雍正继位初年，朝廷财政状况相当窘促，然而允裪建议的上述节约措施，被雍正帝认为是"不忠不敬"之举，[1]一概拒绝采纳。这在一定程度上反映出允裪与雍正帝两人的政策分歧，尤其是对于礼法所持不同态度。

允裪的嫡福晋郭络罗氏是安亲王岳乐的外孙女，她自幼受到外祖父的宠爱，性格泼辣，敢作敢当。"人都说八府中的事都是福金（郭络罗氏）做主，允裪颇为所制。"[2]据允裪的老师何焯[3]家人讲，一次，允裪正在与老师谈话，"福金从门外望见，就大笑起来，笑声闻之于外"，而允裪见此，并无愠色。[4]可见，允裪虽然从小在康熙帝的严格督教下学习儒家经典，但对于儒家伦理纲常观念的接受，还只是停留在表层，他本人及其福晋郭络罗氏的部分言行，仍不自觉地表现出满族传统习尚。康熙帝曾指斥允裪"素受制于妻"[5]，这并不排除允裪想通过福晋笼络妻家戚属，以扩充其影响与实力。不过，允裪对其福晋的上述举止熟视无睹，是否也反映出他与儒家正统伦理观念有所相悖的处事态度，以及不务虚名的作风特点呢？

允裪既有办事才力，又极会收拢人心，这是他高于其他皇子之处，在这方面，无论皇太子允礽或皇四子胤禛，皆相形见绌。

皇九子允禟

九阿哥允禟生于康熙二十二年（1683），四十八年（1709）封为贝子。他是五阿哥允祺的同母弟，生母为宜妃郭络罗氏。

允禟在年长皇子中并不突出，康熙帝亦未对他单独委以重要政务。[6]不过，他的权力欲却很强，是储位之争的一位积极参与者。允禟自知于大位

---

1 《清世宗实录》卷29，雍正三年二月壬午。
2 《文献丛编》第3辑，《允禩允禟案·秦道然口供》。按，允裪共有一妻二妾，即嫡妻郭络罗氏、妾张氏与毛氏。康熙朝皇子中，允裪是拥有妻妾数最少的一位。参见《爱新觉罗宗谱》甲册，第770-771页，奉天爱新觉罗宗谱修谱处，1938年。
3 何焯是江苏长洲（今苏州）人，康熙四十一年（1702）经李光地推荐，召直南书房，翌年"命侍读皇八子（允禩）府"。参见《清史列传》卷71，《文苑传》2，《何焯》。
4 《文献丛编》第3辑，《允禩允禟案·秦道然口供》。
5 《清圣祖实录》卷235，康熙四十七年十月丙午。
6 参见《文献丛编》第1辑，《允禩允禟案·雍正四年》。

"无望",便充分利用他与康熙朝巨富之一明珠家结有姻亲,拥有大量钱财这一有利条件,全力支持允禩、允禟谋取储位。允䄉的待人处事作风,有两个显著特点,一是比较爽直,好结交,重义气。一废太子时,他曾邀约允禟同为允禩保奏。[1]二是"好将货财给人,借与人全不计较"[2]。故胤禛继位后,斥其"外饰淳良,内藏奸狡"[3]。允䄉曾长期让他的老师、汉人秦道然做九贝子府管家;供职清廷的葡萄牙籍传教士穆景(敬)远(Joannes Mourao)[4]及巩昌府知府汉官何图,都是他的亲信,穆景远曾在其处"行走"多年。允䄉结交面之广,可见一斑。因此,他虽非反太子派领袖人物,却颇有活动能量,所起作用不可小觑。

皇十子允䄉

十阿哥允䄉生于康熙二十二年(1683),只比允禟小两个月,生母是贵妃钮祜禄氏。允䄉的外公是康熙朝初年四辅臣之一遏必隆,他的嫡母、康熙帝的第二位皇后(孝昭仁皇后)钮祜禄氏,实际上是其亲姨。除嫡子允礽外,无论生母等级或外家地位,十阿哥允䄉在众皇子中都是最高的一位。他在27岁时(康熙四十八年)能够越皇八子允禩、皇九子允禟之上受封郡王,这应是主要原因。

储位之争中,允䄉是允禩、允禟等人的追随者,其本人的才智则很一般。康熙帝曾说"十阿哥是一忠厚老实之人,并无能力"[5],对他只是封以较高爵位,并不器重。

皇十四子允禵

十四阿哥允禵生于康熙二十七年(1688)正月,"自幼长在皇父宫中""深受皇父疼爱"。[6]当他娶妻完婚后,康熙帝仍让他与福晋一起住在皇

---

[1] 《清圣祖实录》卷234,康熙四十七年九月壬寅。
[2] 《文献丛编》第3辑《允禩允禟案·秦道然口供》。
[3] 《清世宗实录》卷28,、雍正三年正月戊辰。
[4] 穆景(敬)远于康熙三十九年(1700)来华,曾任康熙帝的翻译,雍正六年(1728)卒于西宁。供职清廷的西方传教士中,他是卷入康熙朝晚期储位之争最深的一位。参见方豪:《中国天主教史人物传》下册,第55—60页,《穆敬远》,北京:中华书局,1988年。
[5] 满文朱批奏折,胤祉、胤禛等奏,康熙五十三年十二月十五日;另参见《清世宗实录》卷18,雍正二年四月辛亥。
[6] 满文朱批奏折,胤禛奏,康熙五十八年正月十九日。按,根据胤禛在该折中所述情况,他很可能与其兄胤禛一样,自幼是由康熙帝亲自抚养。

宫内，[1]以便着意培养，而大多数皇子是在婚后迁出紫禁城，分府居住。

青年允䄉有两个突出的特点。

首先是很有才干，这一点尤为爱才的康熙帝所看重。允䄉曾在奏折中写道："臣之本事才能，从小即为皇父稔知。"[2]他出任抚远大将军后，康熙帝对青海盟长、亲王罗卜藏丹津等人说："大将军王是我皇子，确系良将，带领大军，深知有带兵才能，故令掌生杀重任。尔等军务及巨细事项，均应谨遵大将军王指示，如能诚意奋勉，即与我当面训示无异。"[3]在皇九子允禟眼中，允䄉"聪明绝世""才德双全，我弟兄们皆不如"。[4]从《延芬室集》中保存的允䄉诗稿[5]看，他的诗才一般。不过其汉文书法却很漂亮，满文书法也相当出色，曾受到皇父的称赞，让他在所赐御扇上题字赠人，以作固结人心之用。[6]

胤禛继位后，称允䄉"赋性糊涂，行事狂妄，至奸诈阴险之处，则与阿其那（指允禩）、允禟相去甚远。止因阿其那、允禟多方笼络，允䄉堕其术中，受其指使，不知悔悟，设令伊一人独处，则才具庸劣，断不能独为一事……"[7]允䄉确有率直急躁的个性特点，对允禩也曾"倾心悦服"，但并非"才具庸劣"且无主见之人。胤禛有意将允䄉的弱点予以夸大，甚至大力宣扬他的能力较允禩、允禟为低，旨在掩饰允䄉是康熙帝晚年所属意之人。

---

1 满文朱批奏折二件，胤祉奏，康熙四十四年九月初九日、康熙四十五年九月十二日。
2 满文朱批奏折，胤禛奏，康熙五十八年正月十九日。
3 吴丰培编纂：《抚远大将军允䄉奏稿》卷2，第19页，北京：全国图书馆文献缩微复制中心，1991年。
4 《文献丛编》第3辑，《允禩允禟案·秦道然口供》；第1辑，《允禩允禟案·雍正四年·何图口供》。
5 永忠：《延芬室集》，影印本，上海：上海古籍出版社，1990年。据鞠德源先生考证，此书内《编年外存稿》（第1115—1172页）中大部分诗篇，是著者的祖父允䄉（胤禵）所作。
6 满文上谕，康熙五十八年。
7 《清世宗实录》卷44，雍正四年五月癸巳。按，雍正四年（1726）三月，雍正帝勒令允禩、允禟及两人子孙分别改名，以示贬损。允禩自改名为阿其那（aqina）。诚亲王允祉、恒亲王允祺遵旨将允禟之名改为塞思黑（seshe）。关于"阿其那"之含意，治史者有不同解释。"塞思黑"，意为讨厌之人。参见王佩环：《从新发现的满文档案再释阿其那与塞思黑》，载《故宫博物院院刊》2000年第2期；沈原：《"阿其那"、"塞思黑"考释》，载《清史研究》1997年第1期；杜家骥：《雍正之弟改名阿其那、塞思黑问题试析》，载《满族研究》1998年第2期；王锺翰：《三释阿其那与塞思黑》，载《历史档案》1998年第4期。

允禵的另一特点是好恶鲜明、喜怒见于形色,这是与其胞兄胤禛截然不同处,并因此而为康熙帝所欣赏。康熙帝一贯认为,"朕观人先心术,次才学。心术不好,便有才学何用"[1]。"人当以立品为主,学问次之"[2],而心术与人品优劣的标准在于为人是否坦诚。他说:"存心行事,贵在诚实,开诚示人,人自服之。若怀诈挟术,谁肯心服耶?"为尊者当"推心置腹以示人,阴刻何为"。并强调:"朕之喜怒,无不即令人知者,惟以诚实为尚耳。"[3]

一废太子事件中,允禵曾不顾皇父震怒,力保允禩。他担任抚远大将军不久,在清军何时进取西藏这一重大机宜上,一度与康熙帝发生分歧,并直言奏明,坚持己见。当他被皇父所说服,认识到自己莽撞而乏周全处,便转而坚决执行康熙帝旨意,为清军收复西藏做好充分准备。[4]其后,允禵不惧艰险,坚持请求亲自率军进藏,这与朝臣中普遍存在对西征之役怀有畏难情绪,形成对比。[5]雍正年间,允禵成为胤禛的政敌之一。在被禁锢四年多后,仍"悍傲如昔"[6]。允禵在不同时期、不同处境下的表现,反映出其鲜明的处事风格,即坦直爽利,勇敢强悍。这种作风特点,与雍正帝倍加赞赏的"满洲旧俗"有吻合处:"见义必赴,临阵必先,若征兵选将之时,己不得与则深以为耻;或以疾病衰颓,而卒于床笫间妻子之手者,则以不得致命疆场为有生之大恨。此等刚劲之概,勇敢之气,与生俱来"[7]。清朝入关半个多世纪后,武勇刚毅的民族特性已为很多皇室贵胄所遗落,却依然存留在允禵的血脉中,时时处处顽强地表现出来。

二废太子后康熙帝选择皇位继承人时,在同样很有才力,同样禀性急躁的胤禛、允禵这对同胞兄弟中,弃深有城府且狡黠多变的胤禛,属意于率直无畏有余,沉稳略显不足的允禵,除去其他因素外,或许与康熙帝对

---

1 《康熙起居注》第1册,第85页;另参见章梫纂:《康熙政要》卷9,《论择官第十》。
2 《清圣祖实录》卷239,康熙四十八年十月丙午。
3 《清圣祖实录》卷255,康熙五十二年六月甲辰;康熙五十二年闰五月辛未。
4 参见满文朱批奏折2件,胤禛奏,康熙五十八年正月十九日;胤禛奏,康熙五十八年正月十九日。按,是日胤禛两次上奏。
5 满文朱批奏折,胤禛奏,康熙五十九年正月初五日。
6 《大义觉迷录》,载《清史资料》第4辑,第132页,北京:中华书局,1983年。
7 《清世宗实录》卷159,雍正十三年八月辛未。

于正在逝去的满族特性与旧俗深怀眷恋,有着某种关联。

※　　※　　※　　※

康熙朝中后期,皇子中的反太子派与皇太子允礽相对立,旨在利用皇储矛盾,通过倒太子而达到为其个人谋取储位的最终目的。同一目标下暂时的共同利益,是这些皇子结成反太子派的原始动机,而共同倒太子是他们实现这一个人目的的唯一途径。

不应忽视,皇太子允礽的恶劣品行,也加深了皇子中反太子派与他的对立。如果允礽并非暴戾恣睢之人,他与部分年长皇子之间的利益冲突虽然难以避免,但双方矛盾的尖锐程度则会有所减弱。

第四章 嫡长子皇位继承制度（下）

康熙四十七年（1708）九月，康熙帝第一次废黜皇太子允礽，翌年三月复立允礽为皇太子。五十一年（1712）十月第二次废黜皇太子允礽。两废太子是清朝实施嫡长子皇位继承制过程中最为引人瞩目的事件，在中国古代史上亦属空前绝后之举。关于两废太子事件的具体经过，这里不再详述，[1]而是拟从不同视角，对于两废太子事件中的一些重要问题试作考察。

第一节 两废太子

一、皇权的限度：嫡长子皇位继承制下储权对皇权的反作用

皇帝与皇太子、皇权与储权的关系中，皇帝及其皇权扮演了相对主动的角色，居于优势地位；皇太子及其储权则是相对被动的角色，处于从属位置，这是毫无疑问的。可是，在这对互动关系中，储权对于皇权有时也具有较大的反作用与制约力。即使是已高度集中与强化的皇权，也有它自身的限度，无法对储权予以完全控制，更无从把握皇储关系的发展方向，杜绝皇储矛盾的产生，阻止其逐步激化。

若就康熙帝与皇太子允礽而言，皇权的限度与储权的反作用，体现在以下三个方面。

第一，作为皇权的独掌者，康熙帝拥有对全体臣民的强制性制约力，然而对于皇太子允礽，却表现出很大妥协性，这种制约力明显受到限制。

康熙帝在四十七年（1708）一废太子时曾痛心地说："今观允礽，不法祖德，不遵朕训，惟肆恶虐众，暴戾淫乱，难出诸口，朕包容二十年

---

[1] 参看郭松义、杨珍：《康熙帝本传》第六十四节《一废太子》、六十五节《二废太子》，沈阳：辽宁古籍出版社，1996年。

矣……允礽……种种恶端，不可枚举，朕尚冀其悔过自新，故隐忍优容至于今日。"[1]

康熙五十一年（1712）二废太子时，康熙帝又说："自释放皇太子以来，数年之间，隐忍实难，惟朕乃能之……伊所奏欲责之人，朕无不责；欲处之人，朕无不处；欲逐之人，朕无不逐；惟所奏欲诛之人，朕不曾诛，以朕性不嗜杀故耳。凡事如所欲行，以感悦其心，冀其迁善也。乃朕如此俯从而仍怙恶不悛，是以灰心，毫无可望。"[2]

官员的奖惩升降，属于皇帝所掌握的人事权范畴。康熙帝按照允礽的意愿处置大臣，则是承认储权对于皇权的一种变相侵夺。这种做法势必助长允礽的气焰，进一步刺激他取代皇父的欲望，导致皇储矛盾的恶性发展。

康熙四十七年（1708）九月一废太子期间，康熙帝让大学士召集各部院衙门大臣问询："废皇太子有将部院衙门事情私行更改处否？如有，察明具奏。"允礽虽然被废黜，其威慑力犹存，大臣们依然不敢稍有触动。当康熙帝得到大臣们否定的回答后，他说："朕朱批事情，伊何敢私自更改，但好揽事，或将此作重，或将彼作轻，或将此宽免，如此私行嘱托之事甚多，朕俱知之，所以凡事少有可疑者，朕俱不准行。"[3]可见，允礽通过各种方式，干扰甚至改变康熙帝决策的情况，康熙帝是清楚的，但长期予以默认、容忍。这表明，尽管在掌握军政大权等关键问题上，康熙帝并不含糊，其本人与储君之间区划分明，可是，处理日常政务中，即具体事权上，他却对皇太子采取放纵方针，并未严格限制皇太子干权。这一失误是皇储矛盾不断加重的原因之一，也表明因缺乏经验，康熙帝对于在嫡长子皇位继承制下如何处理皇帝与储君之间权力分配问题，尚无成熟的认识。

作为一位乾纲独断的王朝最高统治者，康熙帝对于储君的包容与迁就竟达到如此程度。出现这种情况，原因有二。

---

[1] 《清圣祖实录》卷234，康熙四十七年九月丁丑。
[2] 《清圣祖实录》卷251，康熙五十一年十月辛亥。
[3] 《清圣祖实录》卷234，康熙四十七年九月癸巳。

一是康熙帝对储君看得过重,对于储君所具有的"维系四海之心",增加臣民对朝廷的凝聚力,从而加强皇权,巩固统治的政治功能,估计过高。他只是看到储权与皇权的一致性,将储君视为唯一可信赖者。在此思想指导下,为了维护储君的权威,他对允礽的诸多越权行为可以百般退让,委曲求全。同时,康熙帝对于皇储矛盾的认识还相当肤浅,仅仅认为这是由于索额图"怀私倡立"的太子仪注过高,导致皇太子允礽骄纵不端,并未意识到由于皇权与储权并存所造成的最高权力二元化倾向,是对皇权独占性的挑战,而满族传统制度与习俗对人们的影响,又会促使这一矛盾更加复杂尖锐。

二是康熙帝过于重视父子亲情。康熙帝"自幼而孤,未能亲承父母之训",因而倍加疼爱皇储及诸皇子,以此作为对自己幼年不幸遭际的一种补偿。康熙帝与第一位皇后赫舍里氏感情笃深。赫舍里氏生允礽时因难产去世,年仅22岁,康熙帝深感痛惜与内疚。他将自己对赫舍里氏欠下的感情一并给予允礽,对允礽溺爱之至。所以,康熙帝明知皇太子允礽作恶多端,暴戾淫乱,也切身感受到储权的威胁,却对之不忍重惩,更不愿撕破父子情面,而是一再妥协让步。允礽及其太子党成员则充分利用康熙帝的这一心理弱点,有恃无恐,在与皇权相抗衡的路上愈走愈远。

此外,嫡长子皇位继承制的衍生物——诸皇子储位之争,成为康熙朝晚期朝纲紊乱,满汉官员结党纷争的主要根源。可是,康熙帝囿于父子亲情,既不能对诸皇子拉党结派现象有清醒而深刻的认识,更谈不上对这一特权群体予以严厉制约。从政治权力的视角看,康熙帝对诸皇子的迁就包容,以及诸皇子所拥有的地位与特权,也是对于皇权的一种牵制力,体现了皇权的限度。

第二,皇储互动关系中皇权制约力的成本,即康熙帝为之所付出的代价,是十分高昂的。

康熙三十六年后,不断发展的皇储矛盾起初是在心理、精神层面,对康熙帝产生渐进的、持续不断的打击,而四十七年(1708)以一废太子为标志,皇储矛盾公开化,储位之争随之暴露,这对康熙帝造成的身心创伤,可以说是致命性的。

康熙帝自幼身体素质很好。四十七年（1708）他已55岁，健康状况仍佳，其本人对此也颇为乐观。[1] 是年九月，当他宣布将要废黜皇太子的决定时，仍有"乘朕身体康健，定此大事"之语。[2] 但是，以一废太子事件为转折点，他的身体与精力每况愈下，很快成为体衰多病之人。[3]

九月初四日，康熙帝从塞外返京途中，宣布废黜皇太子的重大决定时，竟"痛哭仆地"，被诸大臣扶起后，才撑力讲完此番话语。于全体随扈王公大臣、文武官员面前如此失态，这在他近半个世纪的帝王生涯中，从未曾有，与其平日睿智沉稳，处乱不惊的形象，有天壤之别。说明此时他已丧失对情感的控制，用理智与自制力筑起的心理堤坝，在很大程度上已被冲决。

被康熙帝视为全部希望所在的储君，一旦由他本人被迫废黜，人性中的脆弱一面，立即在他身上充分表现出来。他为此日夜怅恨不宁，心中烦闷，难以安寝，随即大病一场，两月未愈。尤需指出的是，困扰康熙帝晚年的心脏疾患，在此期间进一步加重，[4] 14年后（康熙六十一年）他的离世，当与此病有直接关系。[5]

康熙帝可以使用他所独掌的皇权，将皇太子一举废黜，褫夺储权。然而，他在向储权发动攻势的同时，却又处于被动地位，即在心理上无法摆脱后者，不忍与之决裂。十月二十三日，即宣布废黜皇太子允礽的决定48天后，康熙帝对大臣们说："自有废皇太子一事，朕无日不流涕。顷幸南苑，忆昔皇太子及诸阿哥随行之时，不禁伤怀。因是今日回宫，已召见八阿哥，并将废太子一见。"[6] 是年十一月又说："自禁允礽之后，朕日日不能释然于怀，染疾以来，召见一次，胸中疏快一次。"[7]

1　《清圣祖实录》卷232，康熙四十七年正月甲寅。
2　《清圣祖实录》卷234，康熙四十七年九月丁丑。
3　康熙帝本人也承认这一点。他在五十六年十一月对诸皇子以及满汉文武众臣的讲话中说："（朕）自康熙四十七年大病之后，过伤心神，渐不及往时。"参见《清圣祖实录》卷275，康熙五十六年十一日辛未。
4　满文朱批奏折，噶礼奏，康熙四十七年十一月十九日。
5　参见杨珍：《关于康熙朝储位之争及雍正继位的几个问题》，载《清史论丛》第6辑，北京：中华书局，1985年。
6　《清圣祖实录》卷235，康熙四十七年十月乙丑。
7　《清圣祖实录》卷235，康熙四十七年十一月戊子。

四十八年（1709）初，康熙帝之所以能够初步痊愈，则因决意复立允礽为皇太子，这使他重新恢复了心理平衡，找到精神上的支撑点。不过，他的身体再未得到真正复元。其后，有关康熙帝患病的记载，在《清圣祖实录》中一再出现。可以说，康熙帝在一废太子中所付出代价之高，身心所受打击之重，难以估量。当然，康熙帝所以复立允礽，还有其他重要原因，下文将作析述。

总之，直至二废太子前，在处理皇权与储权的矛盾时，康熙帝融入过多的感情因素，以致情感压倒理智。即使在二废太子后，康熙帝实施秘密建储计划的数年岁月里，由于不断有大臣请求复立允礽，允礽的党羽也积极为之活动，因而废太子问题一直是康熙帝晚年的一大心病。允礽的储权虽已不复存在，但因两废太子产生的种种后遗症，对于康熙朝皇权具有的反作用和牵制力，并未随之消除。

康熙帝处理皇储关系的过程中所付出的高昂代价，还主要表现在朝政由此受到影响，皇权遭到削弱。

由于康熙帝日渐衰迈，又将大量精力消耗在两废太子与解决储位之争问题上，为此身心两疲，郁闷焦虑，无法自拔，从而放松了对国家的治理，致使清朝的统治力明显降低。日趋恶化的吏治问题就是一个突出反映。

康熙朝晚期，吏治废弛，贪风日炽，无论中央部门或地方机构，莫不如此。四十八年（1709）五月，康熙帝指出："部院中欲求清官甚难。"[1] 翌年（1710）六月，"户部内仓亏空买办草豆银两"一案被揭发，"自康熙三十四年户部设立办买草豆监督起，至康熙四十四年止，据买卖人金璧等供称，得银之堂司官共一百一十二人，共侵蚀银四十四万余两，并前查出康熙四十五、六、七、八等年，（户部尚书）希福纳等侵蚀二十万余两……"[2] 雍正帝继位后清查户部钱粮，"始知历年以来亏空竟至二百五十余万两之多"[3]。吏治败坏程度，由此可见一斑。

---

1 《清圣祖实录》卷238，康熙四十八年五月丁酉。
2 《清圣祖实录》卷242，康熙四十九年七月丁亥、戊子；卷243，康熙四十九年九月辛亥。
3 《清世宗实录》卷100，雍正八年十一月戊子。

随着愈来愈多的朝臣卷入废立太子事件与储位之争，中央各级机构的正常运转受到阻滞，康熙朝后期积弊丛生，社会开始动荡。而旷日持久的西征准噶尔之役，也在一定程度上对政局产生了不利影响。

两废太子与储位之争，除去使康熙帝心神耗损，心思用尽，疾患缠身外，还严重地影响到他的心态，使之原已具有的"治天下之道，当以和平为贵"思想[1]进一步发展，形成多一事不如少一事，过分求稳怕乱，凡事维持现状的治国理念。[2]如处理四十九年（1710）户部官员贪污大案中，仅将尚书希福纳革职并追还赃款，其他百余名官员只是"勒限赔完，免其议处"[3]。这种宽纵之策，致使更多的官员贪赃枉法，无所顾忌。

第三，康熙帝解决皇储矛盾及储位之争时所体现的强制力，存在时间上的限度。从这个角度看，无论是他与储君的关系，还是他与众皇子的关系，他本人都处于相对被动位置。

据朝鲜史料载："闻太子（允礽）性甚悖戾，每言古今天下，岂有四十年太子乎？"[4]"世传康熙在位久，太子对宫僚曰：'世间宁有头白太子乎？'语泄坐废，自是不复豫建。"[5]允礽两岁被立为储君，至39岁第二次被废黜，居太子位前后共37年，时间之长，在中国历代皇太子中居首。允礽急于完成从太子角色向皇帝角色的转换，对此漫长的转换过程早已失去耐心。况且允礽复立后，皇储矛盾再度尖锐，朝中反太子势力仍然强大，这一切都使他感到储位难保。

康熙四十七年（1708）一废太子时，康熙帝已55岁。是年十一月他向大臣们谈及储君问题时说："朕躬近来虽照常安适，但渐觉虚弱。人生难料，付托无人，倘有不虞，朕此基业，非朕所建立，关系甚大。因踌躇无代朕听理之人，遂至心气不宁，精神恍惚……"[6]这是他第一次在众臣面前，将自己的身体状况与皇权的传承相联系。其后，康熙帝自叹年高衰

1　《清圣祖实录》卷239，康熙四十八年十月丙午。
2　参见《清圣祖实录》卷245，康熙五十年三月乙卯。
3　《清圣祖实录》卷243，康熙四十九年九月辛亥。
4　吴晗辑：《朝鲜李朝实录中的中国史料》第10册，第4322页。
5　［朝鲜］朴趾源：《热河日记》，朱瑞平校点，第323页，上海：上海书店出版社，1997年。
6　《清圣祖实录》卷235，康熙四十七年十一月丙戌。

迈，担心来日无多等话语，频频出现在有关记载中。

二废太子之际，康熙帝在给诸王大臣的御笔朱书中写道："朕今年已六旬，知后日有几，况天下乃太祖、太宗、世祖所创之业，传至朕躬，非朕所创立。恃先圣垂贻景福，守成五十余载，朝乾夕惕，耗尽心血，竭蹶从事，尚不能详尽，如此狂易成疾，不得众心之人，岂可付托乎？"[1] 未几，降旨内称：朕"今忧劳备增，血气渐衰，惟恐愈久而力不支，愿不遂，以至不全终始，一世勤瘁，俱属徒然"[2]。如果说康熙帝是在激怒之下做出一废太子的决定，尚未觉察他对储权的强制力所具有的时间限度问题，那么二废太子时，他则较为冷静、理智，而愈来愈突出的时间限度，是迫使他再次废黜皇太子的一个重要原因。这一举措的客观效果，不仅终止了清朝的嫡长子皇位继承制度，同时也宣告这一存在近两千年的中国古代皇位继承制度永远退出了历史舞台。

二、反太子派与皇太子的第一次较量：一废太子

康熙朝中后期，最高统治层内部围绕储位问题的纷争通过三种矛盾表现出来，即皇帝与储君的矛盾，储君与反太子派的矛盾，反太子派与皇帝的矛盾。三种矛盾相交织，互相牵制，呈现异常复杂状态。这一情况发生在清朝皇权高度集中与强化的历史进程中，反映了中国封建社会晚期，以少数民族统治阶层为主体建立的大一统中央王朝皇权政治，所具有的特殊性。

康熙四十七年（1708）九月一废太子，是反太子派与储君的第一次较量。

（一）"帐殿夜警"与皇长子允禔在一废太子中的作用

四十七年（1708）五月，康熙帝像往年一样，离京巡视塞外，皇太子允礽与部分皇子随行。九月初四日，康熙帝由塞外返京途中，突然做出废黜皇太子的决定。[3]

九月初五日巳时，康熙帝给留京诸皇子的密谕送至，上面写道："此旨

1　《清圣祖实录》卷251，康熙五十一年十月辛亥。
2　《清圣祖实录》卷251，康熙五十一年十月庚午。
3　《清圣祖实录》卷234，康熙四十七年九月丁丑。

一到，三阿哥（允祉）、七阿哥（允祐）、十阿哥（允䄉）立即起程前来，有紧要之事！八阿哥（允禩）与四阿哥（胤禛）一起（留守京城）办事。不可耽延片刻！"允祉等三位皇子当即于午时出发，"尽全力速往"[1]。

康熙帝做出一废太子的决定后，曾分别在不同场合，以不同方式，阐述废黜皇太子允礽的原因。[2]综合而论，他所列举的皇太子不轨行为，即促使他作此决定的根据，主要有三个方面：一是肆恶虐众，专擅威权；穷奢极欲，不择手段索取财物；二是于夜间潜至康熙帝营帐，裂缝窥伺，心怀叵测（此即"帐殿夜警"）；三是对于在随从皇父出巡塞外途中病亡的十八阿哥允祄毫无怜惜之意，为此受到皇父责备后，并无疚愧，"反忿然发怒"。

先看第三方面。八龄允祄是第二次参加木兰秋狝，也是此次扈从皇子中年龄最小的一个。康熙帝十分喜爱允祄。"看围"的南书房翰林，对这位小皇子的骑射共相称异。康熙帝闻之，命内侍传谕：十八阿哥"读经书甚聪明也"。[3]意在告知众汉臣，允祄不仅弓马技艺可观，读书也甚出色，文武双修，未尝偏其一也。上年围猎行至阿禄昆都仑地方，蒙古王公纷纷来朝。赐宴。康熙帝特让允祄随同比他年长27岁的皇太子允礽，侍御座前饮宴。经过数月长途跋涉，劳累困乏自不待言，何况一位幼儿。可是，允祄在宴会期间始终精神饱满，行止合矩；康熙帝不时环顾幼儿，难掩欣慰与怜爱之色。[4]不难想象，他所挚爱并寄予厚望的十八阿哥突患重病后，他是何等担忧，何等焦虑。他将病儿"抱在怀中，不分昼夜，亲自照料，并急令允祉等从京城速派御医为允祄疗治。允祄的病情一度有所好转，康熙帝欣喜若狂，八月二十二日给在京皇子的信中说，自己因此而仿佛获得新生。[5]不料，九月初二日晨，允祄的病情急剧恶化，初四日去世。

允祄病危时，康熙帝无救子之术，痛苦万分。身为皇兄的允礽却视而

1　满文奏折，胤祉等奏，康熙四十七年九月初五日。
2　《清圣祖实录》卷234，康熙四十七年九月丁丑、辛卯、丁酉。
3　陈邦彦：《匏庐公日记》卷2，载《上海图书馆藏稿钞本日记丛刊》第1册，第319页。
4　陈邦彦：《匏庐公日记》卷2，载《上海图书馆藏稿钞本日记丛刊》第1册，第317页。
5　满文朱谕2件，康熙四十七年八月十九日、八月二十五日；满文朱批奏折，胤祉、胤禛等奏，康熙四十七年八月二十二日。

不见，对幼弟漠不关心，极端自私的本性充分显露。这种态度和表现，给予康熙帝很大刺激。这成为一废太子的导火线。不过，仅由于此，尚不足以促使康熙帝做出废黜决定。

再看第一方面。生杀予夺、奖惩责罚之权，为皇帝所独掌，皇太子允礽任意凌虐王公大臣的行为，是侵夺了皇帝的权力。皇帝是天下财富的第一占有者，掌握对中央及地方财政的绝对支配权。康熙帝说，"允礽所用，一切远过于朕，伊犹以为不足，恣取国帑，干预政事，必致败坏我国家，戕贼我万民而后已"；允礽扈从南巡时，"辄强勒督抚大吏及所在官司，索取财贿，所用宵小匪类，尤恣意诛求，肆行攘夺……既已苛索外吏，复夺取外藩入贡马匹等物，私用内外库帑，为数甚多，流毒臣民，安所底极"[1]。允礽的上述行为是对康熙帝财政大权的侵犯，同时也部分干涉到行政大权。不过，允礽的"虐众"与"奢费"对皇权的侵夺，终究具有渐进性，不可能对皇权突然构成直接威胁，因而亦非一废太子的关键性原因。

第二方面方为症结所在。致使康熙帝无法对允礽继续予以包容，终于做此抉择的真正缘由，是他认为允礽对己有谋害之心，他的人身安全已无保障。康熙帝于九月初四日宣布将废黜太子时，对此谈得十分明确："更有异者，伊每夜逼近布城，裂缝向内窃视。从前索额图助伊潜谋大事，朕悉知其情，将索额图处死。今允礽欲为索额图复仇，结成党羽，令朕未卜今日被鸩，明日遇害，昼夜戒慎不宁，似此之人，岂可付以祖宗弘业。"[2]

据《文贞公年谱》载："时口外回銮，于道，帐殿夜警，传闻汹汹。同僚或询公曰：'事将奈何？'公曰：'吾与公未亲扈从，莫与见闻。而事起昏夜，真伪莫辨，上既天保孔固，惟有益广圣心，徐核其实，使蔽厥辜，毋伤天性之恩，以塞万世之议而已。'"[3]康熙帝此次出巡塞外，时任大学士的李光地并未随往。他与留京诸臣得知康熙帝回銮途中，允礽夜至御帐外，裂缝向内窃视而被侦知一事，当在听闻康熙帝九月初四日做出废黜皇太子允礽决定之时。受到皇帝精心培育的皇储竟有不轨之心，对于众人而言，

---

1 《清圣祖实录》卷234，康熙四十七年九月丁丑、丁酉。
2 《清圣祖实录》卷234，康熙四十七年九月丁丑。
3 李清植纂辑：《文贞公年谱》卷下，康熙四十七年十月条。

这一消息如五雷轰顶，难以置信。

然而，其后的事态发展证实，此情并非康熙帝所亲见，而是通过他人之口得知。谁是这一决定允礽命运的重要情报提供者呢？从各个角度看，具备条件者唯有随扈皇子。

据《清圣祖实录》载，四十七年（1708）五月十一日随康熙帝巡视塞外的皇子，共有八位，他们是皇太子允礽、皇长子允禔、皇十三子允祥、皇十四子允禵、皇十五子允禑、皇十六子允禄、皇十七子允礼、皇十八子允祄。[1]是年七月下旬随皇父参加行围的皇子，仍然是上述八人。[2]可是，满文档案证实，皇十四子允禵此次并未扈从康熙帝前往，而是始终留在京城。所以，康熙帝出巡塞外的四个月（五月十一日至九月十六日）期间，以皇三子允祉为首的留京皇子凡有集体奏报，署名皇子中均有允禵。[3]事实上，允禵原在钦定随扈皇子之列，因临时患病而未成行。[4]康熙帝离京后第十天，在给允祉等人的朱批中写道："因今年口外雨水来得甚急，十四阿哥在路途中会很不安全，故停止前来。俟木兰时节，再酌情降旨。"[5]七月初，他又在朱批中说："原先曾言让七阿哥（允祐）、十四阿哥（允禵）来木兰围场。伊等于朕处并无事，不必来了。勿再奏请。"[6]

除去35岁的皇太子允礽外，此行随扈六位皇子中，长子允禔37岁，十三子允祥23岁，十五子允禑16岁，十六子允禄14岁，十七子允礼12岁，十八子允祄八岁。允祥的情况前已析述。允禑以下皇子尚年少，均与一废太子事无涉。在反太子派与太子的第一次较量中打先锋之人，是大阿哥允禔。

一废太子事件发生后，康熙帝曾在有关讲话中透露出允禔在其中所起的作用，如称"允禔既将人（指允礽）毁谤，欲置之死地"[7]；"允禔所播扬

---

1 《清圣祖实录》卷233，康熙四十七年五月丙戌。
2 《清圣祖实录》卷233，康熙四十七年七月壬辰。
3 满文朱批奏折2件，胤祉等奏，康熙四十七年六月初二日、九月初一日。
4 满文朱批奏折，胤祉等奏，康熙四十七年六月初二日。
5 满文朱批奏折，胤祉、胤禛奏，康熙四十七年五月二十日。
6 满文朱批奏折，胤祉等奏，康熙四十七年七月初三日。
7 《清圣祖实录》卷234，康熙四十七年九月辛丑。

(允礽)诸事,其中多属虚诬"[1];朕"今每念前事(指做出废太子决定),不释于心,一一细加体察,有相符合者,有全无风影者"[2]。

康熙帝宣布将废黜皇太子的第六天(四十七年九月初九日),对随扈大臣们说:"今岁有事,朕已预知。朕意中时若有一事将发者,曾向允礽言之。今岁朱三、一念和尚事发后,允礽奏曰:'皇父之言验矣。'朕谓之曰:'尚恐未尽于此也。'彼时亦不知所发何事,而不意竟有此事也。"[3]这段话比较真实地反映出,康熙帝决意废黜皇太子允礽,并非事前已有谋划,而是带有很大突发性,是他得到有关信息,进而认为允礽将对自己进行谋害,以致极度激愤之下,做出的断然之举。

康熙帝后来反复强调:"朕前因灼见允礽行事颠倒,似为鬼物所凭,筹度周详,始行拘禁,并非听信人言而为此也……朕为君父,凡事皆朕真知灼见,当斩者斩之,当罪者罪之,并未尝听信人言而为此也"[4];"前执允礽时,朕初未尝谋之于人,因理所应行,遂执而拘系之,举国皆以朕所行为是"[5];"皇太子……有类狂易,朕特命拘禁之,初未尝谋之于人"[6]。废黜皇太子的决定的确是由康熙帝独自做出,但相关信息是康熙帝做此决策的基础。上述话语,暴露出康熙帝极力掩饰因听信允禔"毁谤",而仓促做此重大决策的唐突之处,其实只能收到相反的效果。

《永宪录》指出:"密亲王(允礽)昔为东宫三十余年,无大失德,因皇长子(允禔)媒孽以致祸。"[7]这反映了事过境迁后,人们对于皇太子允礽第一次被废黜原因的某些看法。

当然,一废太子事件发生前,皇储关系已处于逐步恶化中,康熙帝对太子有着隐忍20年的积愤,而允礽在十八阿哥重病时的表现,使本因幼子之病而早已心力交瘁的康熙帝,受到更重的精神打击。痛惜与失望之

1　《清圣祖实录》卷235,康熙四十七年十一月戊子。
2　《清圣祖实录》卷235,康熙四十七年十一月丁亥。
3　《清圣祖实录》卷234,康熙四十七年九月壬午。
4　《清圣祖实录》卷235,康熙四十七年十一月庚辰。
5　《清圣祖实录》卷235,康熙四十七年十一月丁亥。
6　《清圣祖实录》卷235,康熙四十七年十一月戊子。
7　萧奭:《永宪录》卷3,第205页。

下，有关允礽"每夜逼近布城，裂缝向内窃视"的密报，会使他对允礽的愤恨程度急剧上升，从而做出废黜决定。所以，皇储矛盾的长期积累与允礽对幼弟允祄的无情无义，固然是康熙帝一废太子的重要原因，但对此起有促成作用的因素，还是允禔关于皇太子有不轨之心的密报。

根据现存史料提供的情况分析，所谓"帐殿夜警"，应发生在康熙四十七年（1708）八月底至九月初四日之前，即心情极坏的康熙帝斥责允礽对病危的允祄毫不关心，允礽恼羞成怒，致使皇储关系陡然紧张之际。因康熙帝"前命直郡王允禔善护朕躬"[1]，允禔住在皇父御帐近地，负责保卫其安全，所以也就具备侦知允礽的有关行为，并首先密报康熙帝的客观条件。他对皇太子的这一"毁谤"，促成康熙帝做出废黜决定。允禔此举代表了反太子派成员，特别是部分年长皇子对皇太子允礽的反对态度。这种倒太子行为的实质，是反太子派与皇太子允礽之间的权力角逐与生死较量。

"帐殿夜警"一事，应做何解？

按照清廷御营制度，皇帝外出驻跸之际，随扈大臣皆围绕皇帝营帐环居，以便于往召差遣。[2] 其环列顺序极为严格，"御营之前，扈从诸臣不得驻宿，东四旗在左翼，西四旗在右翼，均去御营百步。扈从人等各按翼驻宿，皆北上，最前为王公，次大臣侍卫，其次大小官员扈从人等，皆按旗分品秩安立行帐"[3]。皇太子允礽的营帐当位于中心位置，距康熙帝尤近，诸皇子的营帐，也都设在御营禁地。[4] 由于与皇父之间本已存在芥蒂，又因十八阿哥事招致父怒，在忐忑不安心情的驱使下，允礽本人于夜间至皇父帐前窥视动静，或于平日派其亲信了解康熙帝起居，探听有关消息的可能性，都是存在的。这是皇储矛盾日趋尖锐，父子之间已无信任的反映，暴露出允礽自感前途未卜却又束手无策的恐慌心态。康熙帝做出废黜皇太子的决定后，曾单独召见李光地，当李光地问及"帐殿夜警"一事时，康熙

---

1 《清圣祖实录》卷234，康熙四十七年九月丁丑。
2 《清圣祖实录》卷259，康熙五十三年六月癸未。
3 昭梿：《啸亭续录》卷1，《御营制度》。
4 参见《张诚日记》，载《清史资料》第5辑，第168页。

帝并未否认。[1]可见此事确曾发生。

但是,允礽不大可能有谋父之念。作为儿子,允礽在其34年(康熙十三年至四十七年)的人生历程中,深深感受到皇父对己疼爱之至,宽容之至,他对慈父的亲子之情,尚未泯灭。然而作为皇太子,他又极欲完成由储君角色向皇帝角色的转变,而皇父的健在,则是这一转变进程中无可逾越的障碍。加之他的某些言行并不符合皇储角色规范,且与皇父的期待相违背,他与康熙帝之间存在着难以调和的矛盾。不过,他也很清楚,皇权的支持与庇护,是他用以抵挡反太子派力量的坚固盾牌。因此,在角色冲突引起的心理矛盾与斗争中,允礽既对皇父不满,曾以各种方式极力探听皇父的言行举止,同时尚不愿更不敢对皇父下毒手。他在康熙帝宣布一废太子的决定后说:"皇父若说我别样的不是,事事都有,只是弑逆的事,我实无此心。"并请求负责看守他的皇长子允禔、皇四子胤禛转奏。[2]允禔密报允礽夜至康熙帝帐外等情况时,显然加以夸大、渲染,致使康熙帝对自身的安全产生忧惧。当他于九月十六日返京后,逐渐从激怒的状态下冷静下来,并经过周密调查后,对于"帐殿夜警"有了比较客观的看法,否定了允礽意在谋逆的判断。[3]

允禔在一废太子中所起的重要作用,还表现在其他方面,下文将予析述。

(二)皇太子的"狂易之疾"

康熙帝虽然做出废黜皇太子的决定,但对允礽仍旧怀有鞠育之情,因而深深地陷入矛盾、痛苦之中,思想产生一定反复,其有关讲话,也给人旋即生悔之感。[4]尽管如此,他还是于九月二十四日颁布了废黜皇太子允礽的诏书。

然而,康熙帝对于自己耗尽心血培养的皇太子何以恶行昭著、尽失人心,仍百思不得其解。加之他本来就有迷信思想,于是,产生了允礽"忽

1　李清植纂辑:《文贞公年谱》卷下,康熙四十七年十月条。
2　《文献丛编》第3辑,《允禩允禟案·秦道然口供》。
3　《清圣祖实录》卷235,康熙四十七年十一月戊子。
4　《清圣祖实录》卷234,康熙四十七年九月甲申、戊子。

为鬼魅所凭，蔽其本性"，"非狂疾何以致是"的荒谬想法。[1]

值得注意的是，一废太子之际，康熙帝将允礽的"贪暴纵恣"归结为"为鬼物所凭，狂易成疾"[2]；复立允礽时，则称此疾"已渐痊可"[3]；二废太子时，又说允礽"自复立以来，狂疾未除，大失人心……"[4]其实，清朝采用嫡长子皇位继承制册立的唯一一位皇太子允礽，并无所谓"狂易之疾"，而是有着较重的心理变态，其诸多暴戾残虐行为，均与此有关。允礽个性的突出特征，是心胸褊狭，暴躁易怒，敏感焦虑。这既有先天因素，但更主要的还是他所处的环境使然。

允礽生于康熙十三年（1674）五月，其生母赫舍里氏怀孕的后一阶段，也是胎教最重要的时期，恰值三藩之乱初起，清廷备感窘迫之际。面对这种相当不利的形势，赫舍里氏的复杂心情，恐怕要超过后宫的所有人。由于她的头生子承祜已夭折，康熙帝曾为此深感痛惜，所以，再次生子便是赫舍里氏身为皇后的首要职责，亦为康熙帝、孝庄太皇太后期盼之至。如果康熙帝重新有了嫡嗣，将在与三藩的力量对比中增加清朝实力，而赫舍里氏也可因此而进一步巩固其中宫地位。可是，如果此次生下公主，则将使她愧对夫君与太皇太后，留下终生遗憾。她既为清朝的安危深深担忧，又担心自己不能如愿以偿，再次生子，故形成较重的心理负担。赫舍里氏在孕期的紧张、焦虑的心情，对于胎教不利，而这种情绪会对胎儿产生一定影响。允礽禀性暴躁，或许有此先天性因素。

赫舍里氏生下允礽时，年方22岁，此前已曾生育，这次却因难产去世，不能排除她在孕期过重的心理负担所产生的负面作用。

允礽不满两岁被册立为皇太子，从此处于极尊地位。康熙帝对他疼爱之至，无人敢对他指责一字，无不竭力加以奉承。允礽14岁前，曾祖母孝庄虽然健在，但年高多病，已不能像培养孙儿康熙帝那样，亲自督教曾孙。在这种极为特殊的成长环境中，允礽从小养成极强的优越感，认为除皇父外，一切人皆不如己，应在自己的支配之下。他无法承受挫折，不能

---

1 《清圣祖实录》卷234，康熙四十七年九月己丑。
2 《清圣祖实录》卷234，康熙四十七年九月丁酉。
3 《清圣祖实录》卷237，康熙四十八年庚辰。
4 《清圣祖实录》卷251，康熙五十一年九月庚戌。

容忍任何不如意之事,否则便大发雷霆,通过攻击、虐待、伤害他人来发泄不满,甚至以此为乐。这使允礽逐步产生了很强的权力欲望及滥用权力的习性,而在生活方面享有与皇帝等同甚至有所超越的待遇,又使他自幼具有对物质财富的强烈占有欲,养成挥霍无度的作风。这是允礽残暴、贪婪的思想根源。缺乏限制的权力以及为其所任意索取的财富,彻底腐蚀了他的身心,促使其性格中的两大弱点愈益彰显。一方面,原有的暴躁、焦虑等个性特征更加突出,另一方面,本已较差的心理承受力进一步降低,精神极为敏感、脆弱,变态心理由此萌生。

康熙帝对于允礽的培养存在很大偏差。他对允礽的恶劣品行视而不见,对其缺点百般包容,但又最大限度地满足允礽的奢求,"以感悦其心,冀其迁善也"[1]。康熙帝对允礽在满汉文化知识方面的学习抓得很紧,希望他能够读书明理,文武兼备,宽仁孝悌。可是,允礽在知识学习上大有长进,令人欣慰的同时,其贪婪、自私、残暴、为所欲为的思想作风也在恶性发展。应当说,康熙帝对于允礽的这一严重问题并非毫无觉察,但只是幻想通过让允礽学习知识,特别是学习儒家修齐治平之道,使之感悟,改正其恶行。同时,他又以允礽具有较高的满汉文化素养,"其骑射言词文学,无不及人之处"[2]来安慰自己,以减轻他对允礽畸形发展的忧虑。这种自我欺骗的做法,只能加速悲剧的来临。

满汉传统文化的交互作用下形成的特定氛围,也对允礽造成巨大的精神压力。

允礽仅仅凭依嫡长子身份而获储位,这同满族传统政治理念并不相符。在仍然受到满族传统文化影响的宗室王公内心深处,原本即对根植于汉文化土壤的皇太子角色感到陌生,并抱有一定抵触心理,只是由于皇权强固,康熙帝决意实施这一制度,他们唯有服从而已。而皇太子允礽性格作风上的突出弱点,促使他们进一步产生对嫡长子皇位继承制的怀疑,加重他们对于这一制度最大获利者——储君允礽的反感。康熙十四年(1675)建储后陆续出生的众皇子,更因皇太子允礽的存在剥夺了他们

---

1 《清圣祖实录》卷251,康熙五十一年十月辛亥。
2 《清圣祖实录》卷234,康熙四十七年九月己丑。

获取皇位的权利与机会，直接损害到其切身利益，因而对允礽产生不满与妒忌。加之允礽对众兄弟欺压凌辱，部分年长皇子中终于形成反太子派。

康熙三十七年（1698）部分年长皇子得到封爵，他们作为一个特权群体，在政治舞台上开始发挥越来越大的作用。皇太子允礽面临的形势陡然严峻，储权受到有力挑战。允礽固然为康熙帝所处处优宠，倚恃储权几可为所欲为，包括众皇子在内所有王公宗室，地位皆在其下，表面上对之无不遵从，但与此同时，他又不可能不觉察到这些骨肉手足及皇室懿亲、王公大臣的不满甚至敌意，感到一股强大的反对力量正在步步紧逼，使自己日益陷入被动境地，储位岌岌可危。换言之，他所受皇父宠爱与包容的程度，在中国实施嫡长子皇位继承制的历代王朝皇太子中从未曾有，但另一方面，由于反太子派阵容强大，他所承受的精神负担之重，在历代皇储中亦不多见。因为允礽所面对的，是由满汉文化暨两种价值取向的冲突所造成的无形压力，这使他处在一种难以名状的人际关系中，较之汉族王朝皇太子所面临的诸兄弟觊觎储位的情况，要复杂得多，更加难以区处。

这一严峻形势使允礽本已处于萌芽状态的变态心理愈益加重。大量事例表明，他的"肆恶虐众，暴戾淫乱"，也含有以此减轻来自各方面的压力，缓解自己的焦虑和恐惧，并对政治对手进行报复的意图。

四十七年九月，康熙帝宣布废黜皇太子的决定时说：允礽"僇辱在廷诸王、贝勒、大臣、官员，专擅威权……朕思国惟一主，允礽何得将诸王、贝勒、大臣、官员任意凌辱、恣行捶挞耶？如平郡王讷尔素、贝勒海善、公普奇，俱被伊殴打，大臣官员以至兵丁，鲜不遭其荼毒……"[1] 五十七年（1718）正月，康熙帝谈到，允礽曾"在朕前背立"，以手指骂翰林院掌院学士徐元梦，"詈及父母"，并将徐元梦推入河内，复引出殴打。"不但此也，亲伯父及伯叔之子、皇子等，皆以不可道之言詈之。"[2] 看来，不少皇子都有与四阿哥胤禛相同的经历，即被皇太子允礽寻衅求隙，"苦毒备加"。所以，康熙帝曾言允礽"有将朕诸子不遗噍类之势"[3]，而

---

1 《清圣祖实录》卷234，康熙四十七年九月丁丑。
2 《康熙起居注》第3册，第2483页。
3 《清圣祖实录》卷234，康熙四十七年九月丁丑。

"草野之谚"曰："此人（指东宫允礽）为君，皇族无噍类矣。"[1]

允礽的这种心理变态，在他与属下人员的日常相处中也时有表现。康熙帝晚年在众皇子前回忆："（康熙四十一年）二阿哥在德州病时，朕一日视之，正值其含怒与近侍之人生忿。"他劝说允礽不要这样做，"彼时左右侍立之人，听朕斯言，无有不流涕者"[2]。

像所有凶残至极的人一样，允礽表面上威严有加，骄横暴虐，但内心深处却充满恐惧感，对于能否保住储位缺乏自信。因此，"当诸臣有言及伊之行事者，伊即仇视其人，横加鞭笞"[3]。

允礽的储位失而复得后，因反太子力量仍然存在，对其威胁日重，他重新成为众矢之的，同反太子派的对立更加尖锐。这种情况下，他的心理变态，即康熙帝所言"狂易之疾"，绝无可能去除，只有进一步加重。为了发泄自己的压抑、怨恨与不满，他殴打凌辱属下人员，达到歇斯底里的程度。他怀疑周围的一切人，甚至其手下一个小太监"如厕，皆遣人伺察"。对此，康熙帝感叹道："以此观之，当无处不留心伺察者矣。"[4]这一事例，恰恰表明允礽在皇权与反太子派势力的夹击下，犹如惊弓之鸟，惶惶不可终日。因时刻担心失去储位，允礽长时期处于焦虑之中，逐渐对所有人都失去信任，予以敌视，并以施虐他人的方式，发泄对诸皇子及王公大臣的怨恨，寻求心理上的平衡。

由主客观多种因素造成的皇太子允礽的心理变态，对于他与皇父、众皇子及大臣的关系产生重要的作用，并在较大程度上影响到康熙朝嫡长子皇位继承制的实施进程与结果。

受历史条件的限制，康熙帝无从意识到皇太子允礽所具有的心理变态，更不可能追寻这种心理变态得以产生的复杂的政治、文化背景。他对于自己精心培养的皇太子竟如此大失人心的原因，永远搞不明白，也无法向世人做出解释。无奈之下，只有称允礽患有"狂疾"："允礽乃皇后所

---

1 《文献丛编》第3辑，《戴铎奏折一·康熙五十二年》。
2 《圣祖庭训格言》，第62页。
3 《清圣祖实录》卷234，康熙四十七年九月丁丑。
4 《清圣祖实录》卷251，康熙五十一年十月辛亥。

生，朕煦妪爱惜，亲加训谕。告以祖宗典型，守成当若何，用兵当若何，又教之以经史，凡往古成败，人心向背，事事精详指示。允礽虽于他事不知，宁不知人心之不可失耶？乃幼承朕训，习知义理，而反致人心尽失，其为鬼魅所凭，狂惑成疾，彰彰明矣。"[1]

尤令康熙帝感到困惑的是，允礽"近侍人员，亦不为少，其中岂无一二受伊恩遇者，而竟不能得一二人之心。以此观之，非狂疾何以致是"[2]。

事实上，当康熙帝对某些大臣的所作所为有所不满时，也常常用"狂疾""疯颠"一类话语指称其"悖理"言行，而不仅仅是对皇太子允礽一人如此。例如，他曾斥责做过皇子之师的表弟法海"语意异常，似病疯颠"[3]；指斥在废立太子问题上意见与之相忤的二舅佟国维："观尔迷妄之状，其亦被人镇魇欤？"[4]五十七年（1718）正月，康熙帝说："自太祖、太宗以来，宗室中患疯疾者，不止一人。英郡王（阿济格）临阵甚勇，效力甚著，但疯疾一发，即便妄行。大阿哥允禔、公景熙，亦皆有疯疾。"[5]看来，在此特定语境下，所谓"疯疾"具有一定政治内涵，乃以皇帝之好恶为判定标准，而"狂疾"与"疯疾"性质相同，只是程度更重而已。

康熙帝所以称允礽"竟类狂易"，另一重要原因是他做出一废太子的决定后，情绪波动很大，思想斗争激烈。所谓允礽因患有狂疾才如此尽失人心，这本是一个难以自圆其说的诠释，却使康熙帝能够从中获取一些心灵慰藉，得到部分精神解脱。

概言之，康熙帝刻意宣扬允礽患有"狂易之疾"，实际上是以自欺欺人方式，回避他与允礽之间不可调和的皇储矛盾。这表明，康熙帝依然对嫡长子皇位继承制抱有幻想，仍拟继续实施，因而出现皇太子允礽复而再废这一既富有戏剧性，又极具讽刺意味的结局。

---

1 《清圣祖实录》卷234，康熙四十七年九月庚寅。
2 《清圣祖实录》卷234，康熙四十七年九月己丑。
3 《清圣祖实录》卷280，康熙五十七年七月辛巳。
4 《清圣祖实录》卷236，康熙四十八年二月己巳。
5 《清圣祖实录》卷277，康熙五十七年正月己巳。

（三）满汉传统观念的冲突与复立太子

此次反太子派与皇太子允礽的较量中，决定双方胜负的关键在于能否得到皇权的支持，即康熙帝的首肯。因反太子派首先发难，揭发太子允礽，一度获得康熙帝的认同，并促使他做出废黜皇太子的决定，皇太子一方被置于十分被动的境地，一时间双方胜负似乎已成定局。但事态发展轨迹，却比反太子派所期望的要曲折得多。

康熙帝宣布废黜皇太子的决定不久，相继发生的三件事，促使康熙帝在废黜太子问题上的看法产生了很大变化。

其一，允礽被拘禁后，"允禔曾奏言，请立允禩为皇太子，伊当辅之"[1]。允禔还奏称："允礽所行卑污，大失人心，相面人张明德曾相允禩后必大贵。今欲诛允礽，不必出自皇父之手。"[2] 这一情况引起康熙帝的高度警觉，使他意识到当朝储位之争的复杂性与残酷性，以及允禔、允禩等人对储位怀有强烈的觊觎之心。

其二，相面人张明德"于皇太子未废之前，谋欲行刺"事件发露。因"贝勒允禩闻张明德如许妄言，竟不奏闻"，康熙帝将"允禩革去贝勒，为闲散宗室"[3]。此事也使康熙帝很受震动。在他看来，允禩为谋取储位已达到不择手段的地步。

其三，众皇子反对皇太子、拉党结派、争夺储位的严重程度，无不大大超出康熙帝的意料，有的重要情况为其闻所未闻。加以太子被废黜，朝中人心惶惶，如不及时采取措施，势将危及王朝统治。正在这一关键时刻，皇三子允祉于十月十五日揭发皇长子允禔曾暗中指使蒙古喇嘛巴汉格隆，以巫术镇厌废皇太子。康熙帝遂差侍卫等往查，"掘出镇厌物件十余处"[4]。这为康熙帝认为允礽因鬼物附身而言行反常，提供了有力根据。他立即"派人将允禔严加看守"，随后又下令："允禔著革去王爵，即幽禁于其府内。凡上三旗所分佐领，可尽撤回，给与允祺；将镶蓝旗所分佐领，给与弘玉（允禔之嫡长子弘昱，是年13岁）；其包衣佐领及浑托和人口均

---

1 《清圣祖实录》卷236，康熙四十八年正月癸巳。
2 《清圣祖实录》卷234，康熙四十七年九月戊戌。
3 《清圣祖实录》卷235，康熙四十七年十月甲辰。
4 《清圣祖实录》卷235，康熙四十七年十月丁巳。

分，以一半给与允䄉，一半给与弘玉。"[1]皇长子允禔的政治生涯从此结束。反太子派失去一位颇有能量的干将，形势开始向有利于废太子允礽的方向发展。

　　与此同时，允礽本人及其下属人员，也采取行动，对康熙帝的有关举措予以配合。"十月十七日，查出魇魅废皇太子之物。服侍废皇太子之人奏称：'是日废皇太子，忽似疯颠，备作异状，几至自尽。诸宦侍抱持环守，过此片刻，遂复明白。废皇太子亦自惊异，问诸宦侍，我顷者作何举动？'"由于查出镇物，病根已除，允礽"渐已清爽，亦自知其罪，谓理当拘执，其随从之人，亦以为允当"[2]。当康熙帝两次召见废太子，"询问前事，允礽竟有全然不知者"。康熙帝于是得出结论："朕从前将其诸恶，皆信为实，以今观之，实被魇魅而然，无疑也。"[3]同时，他认为"一切暗中煽，悖乱行事，俱系索额图父子"，允礽"奏言其向时悖乱，皆自伊等为之"[4]，遂将罪愆全部推到已亡故五载的索额图身上。

　　康熙帝决意废黜皇太子不久即已显现的悔意萌芽，经过一个多月的发展过程，至此终于成熟并逐步明朗化。他转而认为允礽是无辜的，其狂易之疾乃允禔咒诅所致。这为他本人的废黜之举打了圆场，也为允礽的种种劣迹找到开脱。更重要的是，诸皇子内部的复杂矛盾与储位之争，令他感到储位不可无人，否则，将进一步促使诸子对储位暗怀希冀。

　　由于上述各方面的原因，康熙帝产生复立允礽之念，并对众臣做出一系列暗示。如十月二十三日自南苑返宫当天，他先后召见皇八子允禩及废太子允礽，并将此情告知众臣。传谕曰："自此以后，不复再提往事，废皇太子见今安养咸安宫中，朕念之，复可召见，胸中亦不更有郁结矣。"[5]康熙帝借此向大臣们传递的重要信息是，废黜皇太子一事已完结，所有事端皆皇长子允禔之过。十一月初八日，康熙帝明确告知众臣："今允礽之疾，渐已清爽"。将允礽本人及属下所言允礽在镇物掘出前后的表现，一一明

1　《清圣祖实录》卷235，康熙四十七年十月壬申、十一月癸酉。
2　《清圣祖实录》卷235，康熙四十七年十一月庚辰。
3　《清圣祖实录》卷235，康熙四十七年十一月庚辰。
4　《清圣祖实录》卷235，康熙四十七年十一月庚辰。
5　《清圣祖实录》卷235，康熙四十七年十月乙丑。

示。又称:"凡事皆在朕裁夺";关于允礽废立之事,"朕自有定见"[1]。

至此,康熙帝欲行复立允礽之意了然于目,众皇子及朝臣无不明晓。

应当说,在复立允礽问题上,从康熙帝有关言行中反映出的下述思想,与汉族正统观念正相符合。

第一,继续实施嫡长子皇位继承制,仍然坚持以嫡长身份作为择选皇储的首要标准。翌年三月康熙帝在复立允礽为皇太子的告天祭文中说:"深维国本,统绪攸关,建立嫡子允礽为皇太子,历有三十余载……臣诸子中,允礽居贵。虽被镇魇,已渐痊可……谨于康熙四十八年三月初九日,用申虔告之仪,复正储贰之位。尚祈昭鉴,永锡宠绥……"[2]

第二,排除一切干扰,极力维护皇权的高度集中。一废太子期间,康熙帝反复明令诸皇子与众臣:"尔等只遵朕旨而行","朕如何降旨,尔等即如何遵行"[3]。他自认为已做到"亲握乾纲,一切政务,不徇偏私,不谋群小,事无久稽,悉由独断"[4]。

但另一方面,康熙帝的头脑中还有较深的满族"淳朴旧制"的烙印,这突出地表现在他竟采用满族入关前推举新汗的传统方式,作为复立允礽为皇太子的首要步骤。

十一月十四日,康熙帝在畅春园召集满汉文武众臣,"命先到之内大臣、都统、护军统领入见,面谕曰:'……国家鸿业,皆祖宗所贻,前者朕亦曾言,务令安于磐石。皇太子所关甚大,尔等皆朕所信任、简擢大臣,行阵之间,尔等尚能效命,今欲为朕效命,此其事也'"。遂令满汉大臣等会同详议,"于诸阿哥中举奏一人,大阿哥(允禔)所行甚谬,虐戾不堪,此外于诸阿哥中,众议谁属,朕即从之……"[5]

---

1 《清圣祖实录》卷235,康熙四十七年十一月庚辰。
2 《清圣祖实录》卷237,康熙四十八年三月庚辰。
3 《清圣祖实录》卷235,康熙四十七年十月癸卯、丙午。
4 《清圣祖实录》卷234,康熙四十七年九月辛卯。
5 《清圣祖实录》卷235,康熙四十七年十一月丙戌。按,康熙四十八年(1709)正月,当康熙帝严厉追查满汉大臣"何以独保允禩"时,领侍卫内大臣巴浑德回忆当时情景,奏称:"其日宣旨之后,臣等众人奏称,'立皇太子事,关系重大,臣等何敢保举。'奉上谕:'尔等在行间俱能效死,今正为朕效死之日也,不可稍有隐讳。'"参见《清圣祖实录》卷236,康熙四十八年正月癸巳。

康熙帝采取这种做法，显然是受到后金时期八王（八和硕贝勒）共同推举新汗的权力传承方式影响，实际上是以满族传统政治中的推选嗣汗模式为表，行代表汉族宗法思想的嫡长子皇位继承制之实。因为在康熙帝看来，他既然已有多次暗示，众臣当心领神会，所推选者必为允礽无疑。通过先由众臣公举，再由他批允的程序复立允礽，可免除其本人落下在"国本"一事上出尔反尔，反复多变之咎，从而得以保持令名。所以，康熙帝将此视为众臣在疆场之外，为其"效命"的一个难得机会。

可是，出乎康熙帝的意料，参加畅春园之议的全体大臣，竟一致保举皇八子允禩为皇太子。当场首倡者，是"先到"而"入见"，并"面奉谕旨"的"内大臣阿灵阿"[1]、内大臣鄂伦岱（翌年九月始任领侍卫内大臣）、翰林院掌院学士揆叙和户部尚书王鸿绪。这是一次不同寻常之举，反映出一系列重要情况。

阿灵阿等人的倡议得到在场满汉大臣一致拥护，这说明皇八子允禩在大臣中有很高的威信，乃众望所归。

从一些大臣的一贯言行看，很难说他们是反太子派成员，至多只是处于反太子派的边缘位置，然而却是允禩的坚定拥护者。例如，众臣会议时，首席满洲大学士马齐与致仕大臣国舅佟国维均未在场，两人却通过不同方式，"倡言欲立允禩为皇太子"。他们的态度对满汉众臣具有较大影响，因而在公举过程中扮演了重要角色。

康熙帝认为马齐向与允礽不睦，故严令马齐不得参与保举。然而会议开始前，马齐将满臣拟举允禩之意，转达给汉臣后，方"拂袖而出"。此即康熙帝所言：佟国维、马齐"以当举允禩，默喻于众，众乃畏惧伊等，依阿立议耳。"[2]

当康熙帝暗示众臣，拟复立允礽后，大臣中立即有人紧跟旨意，保

---

[1] 《清圣祖实录》卷235，康熙四十七年十一月丙戌。按，阿灵阿自康熙四十年（1701）九月由内大臣升任领侍卫内大臣，直至康熙五十五年（1716）卒于任。据有关材料看，包括阿灵阿在内的部分领侍卫内大臣，也在此次"面奉谕旨"的内大臣等之列，一并被《清圣祖实录》修纂者称为内大臣。

[2] 传包第1147号；《清圣祖实录》卷235，康熙四十七年十一月丙戌；《清圣祖实录》卷236，康熙四十八年正月癸巳、甲午。

举允礽，以求欢心。但佟国维不顾可能招致杀身之祸的严重后果，"舍命陈奏"，请求康熙帝不要复立允礽，"将原定主意熟虑施行为善"。这一冒死直陈，在朝内外赢得"盛赞"，人们称颂他"如此方谓之国舅大臣，不惧死亡，敢行陈奏"。四十八年（1709）初，佟国维为此受到康熙帝的痛斥。[1]

当时，康熙帝之兄、裕亲王福全已去世。福全去世周年（康熙四十三年，1704）忌日，皇子们向康熙帝请示，他们中间谁去伯父家中祭奠，康熙帝回答，除住在皇宫内的阿哥、福晋外，所有皇子及其福晋，都应参加祭奠。[2]可见，康熙帝十分重视诸皇子与其伯父福全之间的伯侄情义，尽管福全已经故去。福全生前，曾在康熙帝前称赞允禩。如果他还健在，并态度鲜明地保举允禩，康熙帝也会像对他的二舅佟国维那样，对福全大张挞伐，致使彼此间原有的笃厚亲情降至零点吗？无论怎样，福全的过早去世，对于允禩及其支持者来说是一大损失。否则，众臣保举皇八子过程中，有康熙帝仅存的两位至亲长辈福全与佟国维相互配合，共同直陈力劝，即使难以如愿以偿，但康熙帝的反应以及最终结果，或许都会有所不同。

皇八子允禩在朝中的支持者人数甚多，且以满族重臣为主（首倡四人内除王鸿绪外，都是满族大臣），其中不乏皇亲国戚。例如，佟国维既是康熙帝的二舅，也是康熙帝的岳丈（长女为康熙帝第三位皇后，即孝懿仁皇后，幼女为贵妃，即悫惠皇贵妃），同时还是康熙帝的儿女亲家（长孙舜安颜娶五公主即皇九女为妻）。鄂伦岱是康熙帝大舅佟国纲（康熙二十九年乌兰布通战役中阵亡）之子。阿灵阿是清朝开国名臣额亦都之孙，康熙初年四辅臣之一遏必隆之子，他的第一位姐姐做了康熙帝第二位皇后（孝昭仁皇后），第二位姐姐做了贵妃（温僖贵妃）。此外，揆叙是直至去世前仍受康熙帝倚信的老臣明珠之子。明珠于四十七年（1708）一废太子前夕去世，从其子揆叙的鲜明立场以及他本人曾与太子党首要人物索额图相对立等情况看，他很可能也对允禩持同情、支持态度。王鸿绪是

---

[1] 《清圣祖实录》卷236，康熙四十八年二月己巳、正月癸巳。
[2] 满文朱批奏折，胤祉等奏，康熙四十三年七月初一日。

保举皇八子的首倡者中唯一一位汉族大臣，作为江南地主士大夫阶层的代表人物之一，其所思所行并不是孤立的，能够反映出朝中部分汉族官员，特别是江南文臣在择选储嗣问题上的人心向背。[1]

可以说，四十七年（1708）十一月众臣奉命推举皇太子人选之际，康熙帝母家、其他外戚家、当朝重臣、功臣（权臣）后代以及汉族文人士大夫等各个利益集团的代表人物，一致保举允禩，与康熙帝的意志相忤。

这一强大阵容的人员构成，还有一个特点，即不仅不乏皇亲勋贵，而且其中不少人是朝中比较正派的大臣，口碑较好，颇有人望，将之喻为朝臣内的精英群体，当不为过。如国舅佟国维敏而好学，谦逊平易。[2]康熙帝曾称赞揆叙，说他"学问甚好，为人甚是谨慎敦厚"；称王鸿绪"人品学问俱优"[3]。在康熙帝看来，马齐是今满洲大臣内"能令汉大臣心服者"[4]。被人称之为"人杰"[5]的阿灵阿，自康熙四十年（1701）始任领侍卫内大臣，四十四年（1705）兼任理藩院尚书，仍管銮仪卫事（銮仪卫掌卫事内大臣）。直至五十五年（1716）十月病逝前，他一直兼任这三项重要职务。在众臣保举储君问题上，这些人能够一呼百应，绝不是偶然的。

另一值得重视的情况是，此次倡举保奏允禩为皇太子之人，如阿灵阿（隶镶黄旗满洲旗下）、鄂伦岱（隶镶黄旗满洲旗下）、揆叙（隶正黄旗满洲旗下）、佟国维（隶镶黄旗汉军旗下）、马齐（隶镶黄旗满洲旗下）等，全部是两黄旗大臣。他们一致反对复立允礽，主张立皇八子允禩，并与包括下五旗王公在内的满族大臣联合，共同抵制康熙帝旨意。

康熙帝对皇八子允禩的印象原本很好，直至四十七年（1708）九月初做出废黜皇太子的决定后，仍很信任允禩，命其署理内务府总管事，以替换原任内务府总管、允礽的乳公凌普。同时，命允禩与胤禛值守京城。这条朱批谕旨中，八阿哥允禩之名列于四阿哥胤禛之前。[6]

---

1 据《文献丛编》第1辑，《雍正四年·何图供词三》载：允禩"当初托何焯之弟在南方各处买书甚多，这些南方的文士都说，允禩极是好学，极是好王子"。
2 参见《圣祖御制文三集》卷45，《国舅佟国维六十寿诗以赐之》。
3 《康熙起居注》第3册，第2351；第2册，第1118、1231页。
4 《清圣祖实录》卷268，康熙五十五年五月辛酉。
5 《清世宗实录》卷64，雍正五年十二月丁亥。
6 满文朱批奏折，胤祉等奏，康熙四十七年九月初五日。

然而，由于允禔荐举允禩为皇太子，引起康熙帝的极大反感。是年九月底，康熙帝就允禩查办凌普家产时予以包庇事，斥责允禩"到处妄博虚名"，"是又出一皇太子矣，如有一人称道汝好，朕即斩之，此权岂肯假诸人乎！"[1]

十月中旬，皇长子允禔让蒙古喇嘛镇厌废皇太子允礽案发露，允禩因之得到一定开脱。虽然此前他被革去贝勒，降为闲散宗室，是月二十三日仍受到康熙帝召见。

尽管如此，康熙帝已屡屡暗示众臣，拟复立允礽，众臣却明知其意而违之，一致保举不久前还遭到康熙帝痛斥与惩处的皇八子允禩。这种情况出现在皇权高度集中与强化的总体背景下，看似反常，其实有一定必然性。

会议保举储嗣时，诸皇子不得参加，满族大臣则是主角，其中阿灵阿、鄂伦岱等人又起有核心作用。客观而论，虽然储君人选与这些大臣的切身利益确有一定联系，但相对诸皇子而言，这种利益关系毕竟是间接的，所以并不是决定其保举人选的首要因素。

佟国维、马齐、阿灵阿、鄂伦岱、揆叙等满族重臣，敢于违背康熙帝旨意，以身家性命与皇权相抗衡，是由以下几方面原因使然。

首先，他们摒弃暴戾恣睢的允礽，推举为众臣公认的皇子中最贤者允禩，这主要是从清朝全局利益出发，从巩固清朝统治的目的出发，体现出对皇权的忠诚。在此事关王朝命运的关键问题上，他们采取为高度集中的皇权所不容的方式，舍身为康熙帝"效命"，这实在是一个历史性的悲剧。

次之，他们仍受到满族传统政治制度的较大影响，认为康熙帝让众臣推举储君，乃理所当然；身为大臣秉公推举，乃义不容辞。因此，康熙帝之旨甫下，"文武大臣分班列坐"，当有人提出："此事关系甚大，非人臣所当言，我等如何可以推举"时，阿灵阿等则曰："顷者面奉谕旨，务令举出，毋得奏。"并倡言推举皇八子允禩。[2]两种截然不同的态度，代表了汉满传统政治理念的分野。汉臣严格遵循君为臣纲的准则，唯君言是听，唯君意是行，将所谓推举只是视为走一过场，即使举荐，所推之人亦为皇帝

---

1 《清圣祖实录》卷234，康熙四十七年九月辛丑。
2 《清圣祖实录》卷235，康熙四十七年十一月丙戌。

所暗示者；而按照满臣的价值判断与行为准则，大臣当认真推举自己认为适宜的储君，皇帝应欣然接受推举结果，正如康熙帝事前所言。

复次，这些满族重臣的思想，尚未受到嫡长子皇位继承制的严格束缚，汉族传统伦理准则在皇位继承问题上的核心体现，即宗法嫡长观念，在他们的头脑中尚未确立。

崇德元年（1636）四月，清朝始定王公以下九等爵位，以封宗室，并于"是年定庶子受封例"[1]。其后，终顺康两朝，关于袭封爵位时嫡子与庶子的区别标准，始终处于比较混乱的状态，不时出现相互矛盾现象。如顺治九年（1652）"题准"："应袭王爵者，必以嫡妃子承袭。若嫡妃无子，方准次妃子承袭。"顺治十八年（1661）的"题准"，表明同一宗旨："王、贝勒、贝子、公、将军等，有嫡室所生子，照例袭封。如嫡室无子，准以庶出之子袭封。"[2]可是，顺治十年（1653）所定袭封之例内称："亲王、郡王一子袭封，其余诸子降封一等。贝勒以下子，并以次递降一等授封……"并未指明嫡子、庶子之别。[3]康熙二十三年（1684）经康熙帝改定的亲王、郡王等袭封之例，仍未指明是否是由嫡子袭爵。[4]康熙五十九年十二月，允祉之子弘晟、允祺之子弘昇分别以嫡长子或长子（允祺无嫡子）身份受封为世子[5]，显示出清廷日益重视嫡庶之别的迹象。不过总的来看，爵位承袭制度中嫡庶概念有时还较模糊，二者的区别尚无严格的制度规定，爵位承袭缺乏规范化。这些情况，说明康熙帝虽然实施嫡长子皇位继承制，但满族传统观念还在满洲王公大臣甚至康熙帝本人的头脑中，占有一席地位，并发挥着较重要的作用。

显然，众臣推举允禩，乃是遵循择选储嗣应以德才作为首要标准的满族传统理念，并未重视被推选者是否具有嫡长身份。这种弃嫡选贤的主张，同天命七年（1622）努尔哈赤制定八王共治制时向八王提出的择储原

1　《清朝文献通考》卷246，《封建考》1。
2　鄂尔泰等修：《八旗通志初集》卷50，《典礼志》1。
3　鄂尔泰等修：《八旗通志初集》卷75，《封爵世表》1。
4　鄂尔泰等修：《八旗通志初集》卷75，《封爵世表》1。
5　《爱新觉罗宗谱》甲册，第548-549页；630-631页。

则,即择其"能受谏而好善者立之"[1],在本质上并无区别。

康熙帝得知保举结果后,震惊之下,极为恼火,立即自食其言,以"八阿哥未尝更事,近又罹罪,且其母家亦甚微贱"为由,断然予以否定。[2]他之所以厌恶允禩,最主要原因,还是由于允禩在众臣中威信过高。康熙帝对此并不避讳,曾坦言道:"凡朕所宽宥者及所施恩泽处,(允禩)俱归功于己,人皆称之,朕何为者,是又出一皇太子矣。"[3]四十八年(1709)正月,康熙帝说:"朕听政四十九年,包容之处甚多,惟于兹事(指众臣保举允禩事),忿恚殊甚……气忿成疾。"诚如斯言,若允众臣所举,"则立皇太子之事,皆由于尔诸臣,不由于朕也"[4]。更重要的是,康熙帝不能容忍一个威信甚高的皇位继承人存在。两相比较,他宁肯让人心尽失的允礽重获储位。

四十七年十一月十六日,即众臣一致保举允禩为皇太子的第三天,康熙帝当着众臣之面,释放废太子允礽,以示复立之意。他对允礽说:"今是以当众人之前释尔,尔可将尔之意,亦于众前剖白之。"允礽禀旨奏曰:"皇父谕旨,至圣至明。凡事俱我不善,人始从而陷之、杀之。若念人之仇,不改诸恶,天亦不容。今予亦不复有希冀,尔等众人,若仍望予为皇太子,断断不可。"[5]十七日,诸王大臣等共同奏请复立允礽为皇太子,以迎合帝意。康熙帝传旨曰:"此本且留中。太子关系国本,朕固知人心爱戴皇太子,但夙疾尚未全愈,且阅时久,须再加教养,俟其德器日新,彼时朕自有旨,尔等不必渎奏。"[6]是月末,允禩恢复贝勒爵位。

值得一提的是,四十七年十月升任都察院左副都御史的汉臣劳之辨,本于十一月十七日"随诸王、内大臣之后,具有公本",奏请复立允礽。因甫晋新职,急于表现,这位年近古稀之人又在十二月初八日单独上密本,保奏废太子允礽,"伏乞皇上速涣新纶,收回成诏,敕部择吉,早正

---

1 《满文老档》上册,第346页。
2 《清圣祖实录》卷235,康熙四十七年十一月丙戌。
3 《清圣祖实录》卷235,康熙四十七年九月辛丑。
4 《清圣祖实录》卷236,康熙四十八年正月甲午。
5 《清圣祖实录》卷235,康熙四十七年十一月戊子。
6 《都察院左副都御史臣劳之辨密题本》,载《清代碑传全集》上册,第134-135页。

东宫……"¹康熙帝阅罢大怒,旨曰:"劳之辨将朕下旨已行之事,作为己功,行事甚为奸诡。著革职,交刑部责四十板,逐回原藉。"²

康熙帝在实施嫡长子皇位继承制度过程中遭受挫败,但继续实施之意并未动摇。他牢牢掌握立储大权,在决定储嗣人选时独断专行,强迫众臣服从他的意志。可是,康熙帝又令众臣推举皇位继承人,希望通过这种符合满族传统制度与习俗的做法,掩饰自己在此问题上的失误。这些思想与行为的自相矛盾处,恰恰反映了满汉传统思想观念对康熙帝的交互影响和作用。

从各个角度衡量,深孚众望的皇八子允禩是相对理想的皇位继承人选。在皇权高度集中与强化的客观形势下,如果允禩被立为皇储,他本人及其拥护者并非必定会对康熙帝构成更为严重的威胁。然而,康熙帝首先是从如何有利于维护其个人绝对权威这一目的出发,他复立允礽为皇太子,无疑是将清朝的未来,托付给一位不堪此任之人。这才是真正置国家的前途、命运于不顾,暴露出作为历史名君的康熙帝十分自私与虚伪的一面。

一废太子的整个过程中,尽管出现满汉两种思想观念的冲突与较量,但康熙帝始终总摄全局,牢控众臣,即使是令众臣保举,也必须完全顺从其意,否则便出尔反尔,任意食言,强制众人服从。这种情况反映了皇权的高度集中与强化。

以佟国维、阿灵阿等人为代表的满族大臣违背康熙帝意愿,抵制复立允礽而力举允禩,虽然这一行为与皇权集中与强化的发展态势相违背而必败无疑,但表现出敢于与皇帝的错误决策相抗争的气概,委实难能可贵。可以说,这是清朝入关后,满洲贵族最后一次依据满族旧制及其传统观念,阐明自己的政治观点与立场,与高度集中的皇权进行抗争,虽然失败,却带有些许悲壮色彩。

康熙帝废黜皇太子允礽以及诸皇子的储位之争,本已引起朝中很大震

---

1 《都察院左副都御史臣劳之辨密题本》,载《清代碑传全集》上册,第134-135页。
2 《清圣祖实录》卷235,康熙四十七年十一月辛巳。按,《清圣祖实录》于康熙四十七年十一月初九日(辛巳条)记述劳之辨上疏保奏废太子允礽事,乃将该事日期提前一个月,有误。

动。此时,在是否复立允礽为皇太子问题上,康熙帝与大多数朝臣之间又出现分歧,于是群情哗然,议论纷出,"大臣、侍卫、官员等,俱终日忧虑,若无生路者"[1]。这一状况使康熙帝深感不安,他急于复立允礽为皇太子,也是为了稳定众臣之心。否则,朝臣的波动情绪及朝中紊乱势态将会迅速蔓延到地方,出现严重后果。

关于一废太子事件期间汉族朝臣的表现与思想动向,有关记载甚少,不过,像户部尚部王鸿绪那样积极参与者毕竟是少数。四十八年(1709)正月康熙帝说:"九卿会议时,但一二人发言,众俱唯唯。其汉大臣,则必有涉于彼之事,方有所言,若不涉于彼之事,即默无一语……汉官议事,前人画题,后人亦依样画题,不计事之是非,仍云自有公论。又有至画题已毕,始问为何事者,宁不有愧于兴国之清议耶?"[2]应当说这也是大多数汉臣在废立太子问题上所采取的基本立场。推举皇太子时,他们同满族大臣一起保举允禩,虽是随声附和,但多少透露出对允礽的真实看法。大学士李光地的有关言行,在汉臣中具有一定代表性。

李光地以为,"天下大事,果然太子狠(很)不好,却说万万动不得,难道举祖宗之天下而丧之,其可乎?"[3]然而"建储大事,义当决自圣躬……唯宜天心独断"[4]。这种主张皇储人选应由皇帝独断,以维护皇权集中的观念,显示出将礼法纲常奉为圭臬的汉族大臣,与仍受满族传统观念影响的满族大臣之间有很大差别。

康熙帝令众臣保举皇太子之前,曾召见李光地,问询如何医治废太子允礽之病,并以此作为即将复立允礽的一种暗示。但李光地却并未像康熙帝所期望的那样,在推举储君人选时,将康熙帝此意透露给众臣,[5]其谨慎从事、善于自保的做法,恰能反映众多汉臣在一废太子事件中自甘充任配角的心态。

作为一废太子事件结束的标志,康熙帝于四十八年三月复立允礽为皇

---

1 《清圣祖实录》卷236,康熙四十八年二月己巳。
2 《清圣祖实录》卷236,康熙四十八年正月乙未。
3 李光地:《榕村语录 榕村续语录》上册,第381页。
4 李清植纂辑:《文贞公年谱》卷下,康熙四十八年正月条。
5 参见《清圣祖实录》卷235,康熙四十七年十一月丙戌。

太子，晋封皇三子允祉、皇四子胤禛、皇五子允祺为亲王，皇七子允祐、皇十子允䄉为郡王，皇九子允禟、皇十二子允祹、皇十四子允禵为贝子[1]，皇八子允禩仍为贝勒。储权重新确立的同时，诸皇子的总体权势更加提高，其政治地位更为巩固。康熙帝通过重用诸皇子以牵制皇太子的意图，十分明显。

经过一废太子事件，皇太子允礽势力犹在，但已大伤元气。四十八年初，康熙帝严厉追查保举皇八子允禩一事，并对佟国维、马齐等人多次加以痛责。不过从整体看，朝臣中反太子派及其允禩支持者的实力并未受到大的削弱。康熙帝只是对其中个别人（如大学士马齐、户部尚书王鸿绪等）予以一定处罚[2]，其他人概未受到惩处。

还应看到，康熙帝尽管"对于大臣们不遵从他的意愿很恼火"，并"疏远了最反对恢复皇太子（允礽）继承权的几位宠臣"[3]，但是，这些人毕竟是其一向倚信的股肱之臣，又多为皇亲国戚，康熙帝对他们了解甚深。虽然厉言斥责他们保举皇八子的动机乃"图谋专擅"[4]，但其内心也很清楚，这些大臣都是对自己忠心耿耿之人，主观上并不想与皇权相对立。因此，康熙帝在严责之下，又不忍重罚，仍然予以包容。

除去汉族大臣王鸿绪外，力保允禩的大臣均为两黄旗满臣，而两黄旗乃八旗重中之重。因此，康熙帝对他们手下留情，也是从避免两黄旗人心浮动，以维持统治集团内部的稳定、团结这一全局考虑。

上述做法还同康熙帝本人较为宽和、仁厚的禀性与为政风格很有关系，大臣们也深知这一点。所以，康熙帝为追查众人保举允禩一事，于众臣前怒斥马齐后，马齐并无畏惧之色。翌日，康熙帝再责马齐"擅作威势"，马齐为自己进行了辩解。[5]这说明他很了解康熙帝，知道康熙帝虽然

---

1 《清圣祖实录》卷237，康熙四十八年三月辛巳。
2 参见《清史列传》卷10，《大臣画一传档正编》7，《王鸿绪》；卷14，《大臣画一传档正编》11，《马齐》。
3 朱静编译：《洋教士看中国》，第65页。
4 《清圣祖实录》卷236，康熙四十八年正月甲午。
5 《清圣祖实录》卷236，康熙四十八年正月甲午。参见杨珍：《康熙四十七年众臣保举皇太子释疑——兼论历史研究中如何正确分析史料》，载《清史论丛》2015年第1辑，北京：社会科学文献出版社，2015年。

口称当诛,并不忍心真的对他加以重惩。事实也是如此。其后,马齐重受倚信,康熙五十五年(1716)复授武英殿大学士。马齐与康熙帝并无戚属关系,康熙帝对他尚且如此,宗室成员及外戚等更毋庸论。所以,康熙帝极重亲情的禀性特点,成为一些人手中一件百试不爽的护身符。例如,康熙帝的表弟、领侍卫内大臣鄂伦岱倚恃宠护,在康熙帝面前一向随意而为,"敢于触犯","每事干犯圣怒"。康熙帝多次怒责鄂伦岱与允禩结党,甚至当面指斥他"实为可杀之人",鄂伦岱承旨之下,"毫无畏惧,倨傲如故"[1]。这些事例表明,皇权集中与强化的程度与皇帝本人的气质、个性与作风有一定关联。如果一废太子之际,皇权的独掌者是像雍正帝那样严苛寡恩之君,那么,大臣们的有关表现及其后果都会有较大不同。

总之,众臣违背康熙帝的意愿,保举为康熙帝所不喜的允禩为皇太子,这一与当时皇权高度集中与强化的总体背景格格不入的现象,是在满族原有政治理念与传统习俗尚颇有影响,并与汉族立嫡立长观念发生冲突,以及康熙帝的禀性较为宽仁等多种因素相互作用下出现。康熙帝轻而易举地否定众臣对皇八子的举荐,显示出皇权的绝对权威。

随着皇太子允礽的废而复立,皇子中的反太子派阵营出现分化。皇长子允禔革爵幽禁,永远退出政坛。反太子派领袖人物允禩受到严厉打击,但威望犹高,势力仍存。

皇四子胤禛在一废太子事件中的表现,耐人寻味。[2]他根据康熙帝的好恶变化,及时转变立场,尽量与允禩等人拉开距离,俟察觉康熙帝欲行复立废太子允礽的意图后,多次在皇父前为允礽保奏。[3]当康熙帝将胤禛屡次保奏废太子的情况明告众皇子与大臣,并对此举予以嘉赞时,胤禛却又矢口否认,从而透露出他怕因此而被反太子派指为两面作风,受到孤立的心态。至于他于皇父面前屡为诸皇子讲好话,[4]旨在获得皇父的好感,并借此缓和与反太子派的关系。

---

1 《清世宗实录》卷44,雍正四年五月庚子;《上谕内阁》,雍正四年五月初九日。
2 参见许曾重:《清世宗胤禛继承皇位问题新探》,载《清史论丛》第4辑。
3 《清圣祖实录》卷235,康熙四十七年十一月辛卯。
4 《清圣祖实录》卷235,康熙四十七年十一月辛卯;另参见《文献丛编》第3辑,《允禩允禟案·秦道然口供》。

从更有利于谋取私利的角度看，胤禛在一废太子事件中的表现，较之其他皇子略胜一筹。所以，此后十余年内，他得到康熙帝的较大信任。可是，胤禛也因此而与反太子派及允禩的支持者结怨，并在一定程度上影响到广大朝臣对他的看法。他继位后，众臣以各种方式采取了不合作的态度，不能不说这是原因之一。

（四）一废太子的社会反响

康熙帝做出一废太子的决定后，很快产生了较为广泛的社会反响。

首先要指出，目前所见史料，尚无京师官民得知康熙帝决定后有何反映的记载。不过，康熙四十七年（1708）秋，康熙帝由塞外返京途中发生"帐殿夜警"，他随即做出废黜太子的决定后，这一消息很快从行在传至京城，朝臣们私下议论纷纷。所以，当康熙帝九月十六日回宫，二十四日颁发废黜皇太子允礽的诏书后，[1]京城官员百姓因此而产生更强烈的心理波动，当是肯定的。

诏书下发前，江南地方官员已从邸报中得知这一消息。如苏州织造李煦于九月"二十二日接邸报，惊闻十八阿哥薨逝，又闻意外大变……"[2]江宁织造曹寅也在同一日"得邸报，闻十八阿哥薨逝，续又闻异常之变"。他随即于是月二十五日上折奏称："臣身系家奴，即宜星驰北赴，诚恐动骇耳目，反致不便。贰拾叁日以来，民间稍有闻知，皆缎布两行脚力上下之故，将军、总督严禁盗贼，目下江南太平无事，米价已贱。伏乞皇上以宽圣怀。"[3]曹寅与李煦是康熙帝安排在江南的两位亲信，向康熙帝密报所在地方有关情况，是其重要任务。上述奏折显示，来往各地贩运绸缎、布匹之人，成为这一消息在民间的主要传播者。江宁（今江苏南京及其附近地区）、苏州百姓在清廷正式颁诏前，已陆续听闻皇太子允礽被废黜一事，这在18世纪初叶传播媒介尚十分落后的中国，流传速度已相当快，也说明各级官员、士绅商贾以及平民百姓，无不对此极为关注。江南是清朝经济与文化中心，既为商品经济较为发达的区域，也是汉族文人士大夫的荟

1　参见《清圣祖实录》卷234，康熙四十七年九月丁酉。
2　《康熙朝汉文朱批奏折汇编》第2册，第197页。
3　《康熙朝汉文朱批奏折汇编》第2册，第198页。

萃之地。彼处士民的总体文化素质较高，对政治的关心度与敏感性相对较强，他们对清廷的态度及其好恶，颇具代表性，对全国其他地方有一定影响。所以，一当皇太子被废黜的决定在江宁、苏州百姓中流传，地方官员立即保持高度警惕，严防引发社会动乱。

十月初五日曹寅奏称："近来江南百姓，俱已闻知（废黜皇太子允礽事），闾巷安然，无异言说。阖城文武官吏兵民人等，惟恐过劳圣躬，拟于诏至之日，尚欲具公本上进。"[1] 江南民众对废储一事虽然关注，但却保持沉默，这一现象从一侧面表明，康熙中期，皇权高度集中、强化的统治格局，业已确立，并相当稳固。这种政治形势下，即使是士民整体素质相对较高的江南地区，普通百姓对政治的参与意识，也几乎等于零。在废黜太子事件中，他们只是远离清朝权力中心的旁观者。

较之江南地区，其他省份的地方大吏与百姓得知这一消息要晚得多。如广东巡抚范时崇十月二十五日奏称："臣于十月二十二日接阅邸抄，知东宫患此狂疾，皇上降旨切责，臣不胜惊骇徬徨，至二十四日又从邸抄内恭展皇上祭告之文（指康熙帝为废太子事祭天一文），臣不禁悲伤泣下。伏思我皇上孝慈性成，纪载难尽……东宫日瞻圣孝，自应恭行效法。况我皇上择人而教，爱惜备至，乃如此病狂，深负我皇上三十余年顾复教诲，此臣之悲伤不能自止也。"[2] 又如曾"扈驾北征，迎銮西幸"，因而目睹康熙帝如何"教育太子，爱护周全"的四川总兵官岳昇龙，于十一月初十日奏称："忽于近日，偶有异闻（指废黜皇太子事），在臣边远痴愚，不能细知其事，乃阅邸报抄传谕旨，使臣捧读未竟，不觉涕泪交零，瞻望阙廷，朝夕忧悚……"[3]

比起广大士民，废太子事件对地方官员们的震动要强烈得多。然而由此引发的人们对于康熙帝身体的担忧，似乎更超过这件事本身产生的影响而具有普遍性。

已如前述，康熙帝做出废黜皇太子允礽的决定后，心理负担过重，健

1　《康熙朝汉文朱批奏折汇编》第2册，第213页。
2　《康熙朝汉文朱批奏折汇编》第2册，第233-238页。
3　《康熙朝汉文朱批奏折汇编》第2册，第246-248页。

康状况急转直下。他在晚年对皇子们回忆道："四十七年朕不豫时，徐日升听信外边乱语，以为朕疾难愈，到养心殿大哭，自怨其无造化，随回至家身故。"[1]供职清廷的传教士徐日升，于康熙四十七年十一月十三日（1708年12月24日）逝于京城，终年63岁。时值康熙帝以渐觉虚弱，付托无人，命众臣于诸皇子中举奏太子人选的前一日。徐日升之死当主要为疾患所致。不过，因听闻康熙帝重病难愈，遂信以为真，精神上受到刺激，对其疾患突发也会起有一定作用。

另据档案记载，各地方大员"接阅邸抄，惊闻圣体违和"，大为惶恐不安。[2]康熙帝也很清楚这一情况，所以，当他的身体稍有好转，立即将此情谕告所有地方官员，以安官民之心。如四十七年（1708）十二月二十九日，给杭州织造孙文成的朱批中说："朕身体如今甚安，已能骑马而行。著将军、总督、巡抚等俱阅之。"[3]地方大吏除将"皇上圣躬大安"的消息宣示文武官员，"并传谕绅士军民人等"，"官兵俱各嵩呼，共为庆幸"[4]。这些奏报带有刻意颂扬之意，但是，在社稷安危系于皇帝一身的时代，皇帝安康与否，确是维持社会安定的关键，当皇储已被废黜后尤为如此。

康熙帝废黜皇太子一事，很快通过各种渠道，传播海外。四十七年（1708）十一月，朝鲜得到清朝咨文，认为"彼中废黜，诚莫大之事变"，"事出意外，不胜惊愕"。四十八年（1709）三月，出使清廷的朝鲜使者又向国王报告说："既闻皇帝废太子之后，旋即悔悟，复立为太子。"[5]自此直至康熙帝去世，有关清朝废立储嗣、建储之议以及储位之争等信息，始终为朝鲜密切关注。

从相关史料看，康熙帝复立允礽之举，在朝廷内外并未引起大的震动，人们平静地接受了这一事实。[6]

1　《圣祖庭训格言》，第43页。
2　《康熙朝汉文朱批奏折汇编》第2册，第272页。
3　台北故宫博物院：《宫中档康熙朝奏折》第9辑（《满文谕折》第2辑），第123页。
4　《康熙朝汉文朱批奏折汇编》第2册，第384、394页。
5　吴晗辑：《朝鲜李朝实录中的中国史料》第10册，第4253页。
6　《康熙朝汉文朱批奏折汇编》第2册，第442页。

一废太子事件发生之际，出现朱三太子案。[1]几乎是在康熙帝为父子亲情所绊，对废太子眷念不已，陷于感情漩涡中难以自拔的同时，他对躲藏各地多年的崇祯帝之子、年逾七旬的朱慈焕及其子孙施以极刑，以斩尽杀绝，永除后患。这表现出康熙帝既为人父，同时又是一位封建政治家而具有的两面性，既慈爱之至，又残忍已极。他对朱三太子案处理方式之果断、严厉，固然是从维护清朝统治的长远目的出发，却与他在一废太子中藕断丝连、为情所困所挠的作风和举措，形成极鲜明的对比。

一废太子事件是皇储矛盾尖锐化的集中体现，而反太子派借助有利时机，暂时获取皇权的支持，上下其手，起到推波助澜的作用。从一定程度看，康熙帝在一废太子中尽管居于主动地位，能够统领全局，但他对很多情况（如张明德欲行谋刺太子案）事先并不了解，废黜皇太子之举也未免操之过急，缺乏长算远略。一废太子事件中，事态发展轨迹以及康熙帝所采取的相应步骤，均带有纷乱无序的特点。康熙帝是在反太子派的"推动"下，加之其他客观原因（如十八阿哥允祄之死），突然感到"势不可待"，将皇太子允礽"始行废斥"[2]；随即又生悔意，复立允礽为皇太子。以此观之，不能不说他做出废黜皇太子的决定时具有一定被动性，这是一废太子与二废太子的显著不同处。

由于康熙帝的决策失误，在事关王朝安危的皇位继承人问题上，短短数月内竟出现由立而废、由废而立的反复。康熙帝可谓辉煌的治国生涯中，也因此而增加了一个很不光彩的记录。

三、反太子派与皇太子的第二次较量：二废太子

四十八年（1709）三月允礽被复立为皇太子后，康熙帝"每日教训"，为之"心思用尽，容颜清减"，但允礽却让他大失所望，"自释放之日，乖戾之心，即行显露"[3]。综观有关史料所显示的情况，储君复立后三年半期间（康熙四十八年三月至五十一年十月），允礽骄奢靡费、残暴虐众等各

---

[1] 参见杨珍：《康熙统治方针的一次重大调整》，载《庆祝杨向奎先生教研六十年论文集》，石家庄：河北教育出版社，1998年。
[2] 《清圣祖实录》卷234，康熙四十七年九月己丑。
[3] 《清圣祖实录》卷251，康熙五十一年十月辛亥。

种恶行，丝毫没有改变，康熙帝则隐忍包容依旧。

另一方面，皇太子允礽复立后，皇储矛盾再度尖锐化，大臣们处于夹缝之中，面临两难的抉择。皇储矛盾如此直接地影响到众臣的心态与行为，这在一废太子前从未曾有。

对于众臣的尴尬境遇以及因此而形成的心理重负，康熙帝一清二楚。他向诸王大臣宣布再次废黜允礽时说："至于臣庶不安之处，朕无不知。今众人有两处总是一死之言。何则？或有身受朕恩，倾心向主，不肯从彼，宁甘日后诛戮者；亦有微贱小人，但以目前为计，逢迎结党，被朕知觉，朕即诛之者。此岂非两处俱死之势乎？"[1]"两处总是一死之言"，反映出废太子允礽被复立后，朝中出现表面相一致，实则对峙的两个权力中心。

康熙五十年（1711）六月，朝鲜使臣在返国后的报告中说："皇长子（允禔）在囚四年，尚不许放。第三公主所嫁蒙古哈尔秦王又叛，今春捕囚京师。此外诸子，多有不合意事。故皇帝心甚不快，颇有乖常之举。大小臣僚如在针毡。"[2]据《清圣祖实录》载，康熙五十年四月，噶尔臧因于公主丧事期间有霸占他人之妻等悖乱行为，被监禁在京，与朝鲜使臣所言有出入。[3]康熙帝"心甚不快"乃是事实，但主要并非由于女婿之故，而是这时皇太子的问题有了新的发展。

尽管自太子复立后，康熙帝对储君的不满即已存在，但皇储矛盾的再次激化，仍然导因于反太子派的积极活动。不过，与一废太子所不同的是，在第二次倒太子中扮演主角的已非皇子，而是宗室成员和重臣贵戚。

（一）反太子派的倒太子活动

反太子派与皇太子允礽的第一次较量，以允礽废而复立而告终结。对此结果，反太子派并不甘心。胤禛继位后的一次讲话，透露出下述情况：

当日二阿哥（允礽）不仁不孝，贪暴昏庸，我皇考既已深悉，以

1　《清圣祖实录》卷251，康熙五十一年十月辛亥。
2　吴晗辑：《朝鲜李朝实录中的中国史料》第10册，第4281页。按，"第三公主"即康熙帝第五女和硕端静公主，贵人兆佳氏生，康熙三十一年（1692）十月下嫁乌梁罕氏、漠南蒙古喀喇沁杜陵郡王札什之子噶尔臧（四十三年四月袭封），四十九年（1710）三月去世。
3　参见《清圣祖实录》卷246，康熙五十年四月甲戌。

宗庙社稷为重，知其断不可主神器，废储之举，早已断自圣衷，岂有以臣下设法捏造蜚语，遂行废立之大事乎？乃阿灵阿等欲藉此机会，攬为己力，并鼓惑诸王，是以日夜谋为造作无稽猥鄙之谈，转相传达，以致皇考圣心愤懑，莫可究诘。此朕与阿灵阿、揆叙不共戴天之恨也。而揆叙挟其数百万家赀，与阿灵阿等合谋买嘱优童下贱，每与官民宴会之所，将二阿哥肆行污蔑。京城言语谓千金买一乱者，人所共知者也……二阿哥昔在东宫，即朕亦谨守弟臣之礼，但于其乖谬之处，决不顺从，迹似强抗耳。阿灵阿等乘此之际，故为与朕和好之景，与众观之，而其一切行为，皆似出朕所指使者。无知小人不明大义，竟疑朕与二阿哥为难，谓阿灵阿、揆叙皆附和于朕。朕果如此居心行事，皇考岂肯以宗社大统付托朕躬乎！[1]

此言是指允礽复立为皇太子之后。揆叙之父内大臣明珠逝于康熙四十七年（1708）四月，在他生前，揆叙不可能越父管理家财。况且一废太子前，阿灵阿等人虽然对皇太子允礽早有成见，但仍有较大顾忌，不敢公开议论储君之非。

从胤禛于一废太子事件期间善于揣摩康熙帝意向，并迅速转变反太子立场等情况看，在其竭力与反太子派保持距离的情形下，不会暗中指使阿灵阿等如此行事。然而，阿灵阿等有意使众人产生这一印象，除去拟将所谓雍亲王的支持作为政治资本，以造声势外，或许也是对胤禛在一废太子期间投机取巧行为的一种报复，让他有口难辩，陷于被动。所以，阿灵阿、揆叙也就成为反太子派成员中，除允禩等皇子外最为胤禛所痛恶者。虽然他们两人均于胤禛继位前去世（阿灵阿逝于康熙五十五年十月，揆叙逝于康熙五十六年正月），但唯独在他俩的墓碑上，胤禛勒令分别镌刻"不臣不弟暴悍贪庸阿灵阿之墓"，"不忠不孝柔奸阴险揆叙之墓"等字样[2]，以泄其恨。

除去康熙帝表弟、领侍卫内大臣、公鄂伦岱、领侍卫内大臣、公阿灵

---

[1] 《雍正朝起居注册》第1册，第353—354页。
[2] 《雍正朝起居注册》第1册，第353—354页。

阿、翰林院掌院学士揆叙等满族重臣外，因保举允禩而以原品休致、回归江南的原户部尚书王鸿绪等汉族官员，也是倒太子舆论的传播者。

康熙四十九年（1710）正月，苏州织造李煦密奏："臣打听得王鸿绪每云：'我京中时常有密信来，东宫目下虽然复位，圣心犹在未定。'如此妄谈，惑乱人心……至于前所奏程兆麟、范溥，其两人每每乱言东宫虽复，将来恐也难定。"[1]据李煦所上密折，程兆麟是徽州人，曾于陕西做过道员，"今往来苏州、扬州，招摇多事，时有闲言"。范溥是苏州籍，"系山东东平州知州，丁忧归里，自称熟于京师要路，亦有招摇不根之语"[2]。李煦的密奏显示，当时已非个别汉官参与倒太子的舆论传播，这是一废太子事件发生前所没有的现象，表明部分满汉官员之间、朝中权贵与在野士人之间，在对皇太子允礽的看法上具有愈来愈大的趋同性。倒太子舆论于苏扬一带的传播，也从一定程度上，表明江南士大夫阶层中一部分人对于当朝皇位继承人选的态度。

阿灵阿、王鸿绪等反太子派成员通过种种渠道，广泛散布倒太子舆论，势必直接影响到满汉官员以及京师与江南士民对于皇太子允礽的认识。他们将康熙帝第二次废黜太子允礽"攘为己力"，也是事出有因。至于所传播"蜚语"的内容，一是宣扬皇太子允礽之劣迹，二是透露允礽的储君之位并不稳固，随时可能再次被废黜。这样做的客观效果，是为二废太子制造舆论。

对康熙帝做出二废太子决策起有决定性影响的，是反太子派的下述行为。

（二）二废太子的导火线：景熙首告托合齐结党会饮案

康熙四十八年（1709）十一月，多罗安郡王马尔浑去世。[3]此后不久，其弟镇国公景熙（一作经希）首告步军统领托合齐父子于马尔浑丧期内宴会并贪婪不法各款[4]，由此揭开康熙帝第二次废黜皇太子允礽的序幕。

四十七年（1708）十月初，康熙帝曾指责允禩"素受制于妻，其妻系

1　故宫博物院明清档案部编：《李煦奏折》，第80—81页，北京：中华书局，1976年。
2　《李煦奏折》，第78页。
3　《爱新觉罗宗谱》丙册，第5328页。
4　《清圣祖实录》卷252，康熙五十一年十一月戊戌。

安郡王岳乐之女所出……（安郡王）其子马尔浑、景熙、吴尔占等，俱系允䄉妻之母舅，并不教训允䄉之妻，任其嫉妒行恶，是以允䄉迄今尚未上子"[1]。景熙等兄弟子侄之间素不和睦，为争袭王爵互有矛盾[2]，但因此支宗室与允䄉有戚属关系，马尔浑、景熙等又与允䄉同在正蓝旗[3]，所以，在满洲贵族之间权力分配与诸皇子的储位角逐中，他们有着荣辱与共的关系。

景熙逝于康熙五十六年（1717）八月[4]，吴尔占则是胤禛继位后允䄉支持者中受到惩处的第一人。据《啸亭杂录》载："饶馀郡王阿巴泰父子（安，阿巴泰即岳乐之父），略定河北，征讨吴逆，累功至安亲王。以其后嗣依附廉亲王允䄉，故世宗斥其封。"[5]雍正元年（1723）三月，雍正帝以"无知妄乱，不安本分"为由，将景熙之子、吴尔占父子并色亨图（岳乐之孙）父子发往盛京[6]；是年十二月，又斥责允䄉因吴尔占等未能袭封王爵，"营逩害离间宗室，摇动该王属下人等之心"，将袭封安郡王之本章发回，不准承袭。[7]这些情况都表明，岳乐子孙是允䄉的支持者，胤禛与其结怨甚深。

康熙帝得到景熙的告发，因"访询未得其实"[8]，暂时予以搁置。直至五十年（1711）十月，开始处理太子党人后，方于五十一年命简亲王雅尔江阿、贝子苏努、公景熙以及大学士温达、萧永藻等，会同刑部详审此案[9]，又命允祉、胤禛、允祺、允祐等皇子及阿灵阿、马齐等会同宗人府察审。最后，允祉等人得出"景熙首告各案俱实"的结论，奏请将托合齐即行凌迟处死，伊子舒奇拟绞监候，秋后处决。奏入，留中。[10]

---

1 《清圣祖实录》卷235，康熙四十七年十月丙午。按，允䄉之独子弘旺生于康熙四十七年（1708）正月，逝于乾隆二十七年（1762）十一月，生母是允䄉之妾张氏，参见《爱新觉罗宗谱》甲册，第770—771页。
2 满文朱批奏折，隆科多奏，无年月。按，据朱谕中所言景熙去世一事，可判断此谕写于康熙五十六年（1717）八月。
3 满文朱批奏折，隆科多奏，无年月。
4 《爱新觉罗宗谱》丙册，第5369页。
5 昭梿：《啸亭杂录》卷1，《雪睿王冤》。
6 《清世宗实录》卷5，雍正元年三月壬辰。
7 《上谕八旗》，雍正元年十二月初一日。
8 《清圣祖实录》卷248，康熙五十年十月壬午。
9 《清圣祖实录》卷250，康熙五十一年四月甲子、壬申。
10 《清圣祖实录》卷252，康熙五十一年十一月戊戌。

总之，景熙对托合齐等人的揭发具有复杂的政治背景，是允礽复得储位后，反太子派与太子的较量中一个组成部分，它对于查明太子党人谋为不轨等罪状，促使康熙帝最终做出二废太子的决定，起有重要作用。

下述情况也证实，二废太子的过程中，反太子派成员自始至终扮演了比较重要的角色。

五十一年（1712）十一月，作为二废太子及审理太子党案结束的标志，康熙帝对部分皇子、宗室成员、领侍卫内大臣、近御侍卫等进行颁赏。赏银共分六等。[1]

第一等各赏银5000两，受赏者除去诚亲王允祉、雍亲王胤禛、恒亲王允祺、淳郡王允祐、敦郡王允䄉等五位皇子外，还有三位宗室亲王，即和硕庄亲王博果铎、和硕简亲王雅尔江阿、和硕裕亲王保泰。保泰是福全的长子，自幼受到叔父康熙帝的关爱呵护，养育内廷，皇四子胤禛奉父命"教其经书算法，率领指示行走"[2]。保泰同康熙帝另一侄儿、皇弟恭亲王常宁（逝于康熙四十二年六月）之子满都护一样，与允禩关系较好，同被雍正帝认为是允禩党成员。[3] 参与审理太子党案的雅尔江阿，是郑亲王济尔哈朗曾孙。曾因审理旗人讼告案不当，康熙帝责其"甚属糊涂，易信人言，且心无定数，遇事疑惧"。[4] 从雅尔江阿后被康熙帝指令负责看管废太子允礽，雍正四年（1726）因"终日沉醉""专惧允禩、苏努等悖乱之徒，甚忝厥职"[5]而被革去王爵等情况看，其同情允禩的倾向性也很明显。

第二等各赏银4000两，受赏者是贝勒允禩，贝子允裪、贝子允祹、贝子允禵等四位皇子及贝子苏努共五人，除去允祹外，另外四人全部是反太子派成员。其中，贝子苏努引人瞩目。他是褚英的曾孙，曾长期担任盛京将军，[6]是皇八子允禩的铁杆支持者。四十七年（1708）十月一废太子事

---

1 《清圣祖实录》卷252，康熙五十一年十一月甲辰。
2 《上谕内阁》，雍正二年十月二十六日。
3 《清世宗实录》卷43，雍正四年四月庚辰。
4 满文朱批奏折，雅尔江阿奏，无年月。
5 《清世宗实录》卷41，雍正四月年二月乙西。
6 参见《清史稿》卷216，《列传》3，《诸王》2；另据鄂尔泰等修《八旗通志初集》卷121，《直省大臣年表》2载，康熙三十七年至四十六年（1698—1707），苏努任盛京将军。

件期间，康熙帝怒斥苏努"欲为其祖报仇"，与允禩结党"败坏国事"[1]。但是，翌年（1709）四月康熙帝出巡塞外前，精心择选"堪以信任之人"负责看守皇长子允禔时，苏努是中选者之一，[2] 表明康熙帝对他仍很器重。

第三等各赏银2000两，受赏者共16人，包括13位宗室，曾与允禩关系密切的多罗顺承郡王布穆巴、镇国公普奇[3]以及多罗安郡王华圮（马尔浑子）、镇国公景熙、吴尔占等都在其中。

第三等以下受赏者，《清圣祖实录》中未尽书其名。各赏银1000两的第四等，领侍卫内大臣公海金等七人内，很可能也有阿灵阿。

这次颁赏活动，含有深意，实际上是根据皇子、宗室、朝臣们在二废太子事件中的表现，论功行赏。据所见史料，无法得知除景熙外，上述反太子派成员（或允禩的同情、支持者）在二废太子事件中的有关言行。但是，一废太子事件发生后，康熙帝即对允禩等人抱有一定成见，如果允禩及其支持者未曾在二废太子中作出突出贡献，康熙帝对其大行赏赐，也就很难解释了。

综合有关史料记载[4]，所谓"托合齐等结党会饮一案"，即指安郡王马尔浑丧事期间，部分满族官员多次聚集都统鄂善家中宴饮，参与者约有数十人。除去步军统领托合齐、刑部尚书齐世武、兵部尚书耿额外，多为八旗都统、副都统等武职人员。康熙帝认为，"以酒食会友，有何妨碍，此不足言，伊等所行者不在乎此"，而是通过这种方式为皇太子"援结朋党"。值得注意的是，参与宴饮之人中，有原为安郡王属下辛者库的镶黄旗满洲都统迓图。康熙帝特为此斥责迓图："王丧事未毕，即与人会饮，蔑视小王子（指马尔浑之子华圮），妄自尊大，负恩背义如此。"迓图于马尔浑丧期去鄂善家宴饮，这很可能是景熙首先掌握的一个把柄，沿此线索，进一步发现并揭出托合齐结党会饮案。

康熙五十一年（1712）四月，察审结党会饮案同时，户部书办沈天生

---

1 《清圣祖实录》卷235，康熙四十七年十月丙午；另参见《清世宗实录》卷20，雍正二年五月丙辰。
2 《清圣祖实录》卷237，康熙四十八年四月甲子。
3 《清圣祖实录》卷235，康熙四十七年十月甲辰。
4 《清圣祖实录》卷248，康熙五十年十月壬午；卷250，康熙五十一年四月甲子、乙丑。

等人包揽湖滩河朔事例勒索银两案也被曝光，齐世武、托合齐、耿额等都与此案有牵连，受贿数目不等。[1]如前所述，景熙"首告"托合齐父子，包括两部分内容，除"于该王服内宴会"外，还有"贪婪不法各款"。所谓"贪婪不法各款"，当指包揽湖滩河朔事例勒索银两事。

综上，二废太子中太子党被指控的两项主要罪愆，均为景熙首告。允礽第二次被废黜，反太子派立有首功，并非虚言。

关于托合齐等人结党会饮案的有关情况，需要做进一步分析。

允礽复立储位后，多次向属下抱怨，认为自己做太子的时间已过长[2]，他本人及太子党人，都急不可待地希望康熙帝早日传位。参与会饮者主要为满族大臣，而且多任武职。特别是托合齐所任步军统领一职（从一品），有如京师卫戍司令，对保证皇帝的人身安全负有直接责任。康熙帝将这些人称为"乱臣贼子"[3]，并指责允礽"以言语货财，买嘱此等贪浊诌媚之人，潜通消息"，让他们为自己"保奏"[4]。康熙帝还说："允礽因朕为父，虽无异心，但小人辈惧日后被诛，倘于朕躬有不测之事，则关系朕一世声名。"[5]这些情况表明，托合齐等人很可能有要求康熙帝传位皇太子允礽，甚至为此不惜以武力相逼迫的议论或图谋。

托合齐与齐世武两人被"锁拿"后的情况，颇能说明问题。

托合齐，兆佳氏，满洲正蓝旗人[6]。曾任正蓝旗前锋参领、正白旗蒙古副都统，康熙四十一年（1702）擢任步军统领。康熙五十年（1711）十月"以病乞假"，解任。史载，汉军镶黄旗人施世纶任顺天府府尹，聪强果决，摧抑豪滑，禁戢胥吏，百姓号曰"青天"。其时，"步军统领托合齐方贵幸，出必拥驺从。世纶与相值，拱立道旁俟。托合齐下舆惊

---

1 《清圣祖实录》卷250，康熙五十一年四月甲子、壬申。
2 吴晗辑：《朝鲜李朝实录中的中国史料》第10册，第4322页。
3 《清圣祖实录》卷249，康熙五十一年正月壬子。
4 《清圣祖实录》卷250，康熙五十一年四月乙丑。
5 《清圣祖实录》卷251，康熙五十一年十月辛亥。
6 参见《八旗满洲氏族通谱》卷31，第399页。另据该书卷56，第634页："尼喀达，正黄旗人，世居清河地方，国初来归，原隶包衣。于雍正元年，因系定妃之外家，蒙特旨出包衣……尼喀达之子托合齐，原任司库……"按，今人或以为，与皇十二子允祹生母定嫔有戚属关系的满洲正黄旗人托合齐，即步军统领托合齐。这一认识有误。

问，世纶抗声曰：'国制，诸王始具骖从。吾以为诸王至，拱立以俟，不意为汝也！'将疏劾，托合齐谢之乃已"[1]。此事大约发生在康熙四十五年至四十九年（1706—1710）之间。[2]四十七年（1708）七月刑科给事中王懿疏劾托合齐"欺罔不法、贪恶殃民等款"，被康熙帝长期搁置一旁，直至五十一年（1712）四月方重提此案，认为王懿所参皆实，令交九卿审明具奏。[3]不难看出，二废太子事件之前，康熙帝对托合齐的恃权不法行为一直采取宽容态度，未予深究。

可是，五十二年（1713）二月托合齐病死狱中后，却因"罪恶重大"，被挫尸扬灰，不许收葬。[4]

齐世武是满洲正白旗人。四十八年（1709）正月，他被康熙帝誉之为"好官"，是年七月由川陕总督升为刑部尚书。[5]五十一年（1712），以"谄事"皇太子允礽得罪，"上怒极，命以铁钉钉其五体于壁，号呼数日而后死"[6]。

康熙帝对待大臣一向比较宽厚，即使是严重威胁皇权，必予清除的大臣，也极少以酷刑相加。如拘禁鳌拜后，未行正法，使之终老狱中；处死索额图后，并未挫尸扬灰。托合齐与齐世武的有关行为只有达到极严重程度（如图谋迫使康熙帝退位），才会致使康熙帝"怒极"，采取令人发指

---

1 《清史稿》卷277，《列传》64，《施世纶》。
2 康熙四十五年（1706）三月，施世纶授顺天府府尹，四十八年（1709）授左副都御史，兼管府尹事，四十九年（1710）十月迁户部侍郎。参见《清史稿》卷277，《列传》64，《施世纶》；《清圣祖实录》卷244，康熙四十九年十月戊辰。
3 《清圣祖实录》卷233，康熙四十七年七月己丑；卷250，康熙五十一年四月壬戌。
4 《清圣祖实录》卷253，康熙五十二年二月辛亥。
5 《清圣祖实录》卷236，康熙四十八年正月甲午；卷238，康熙四十八年七月庚寅。
6 萧奭：《永宪录》卷2上，第84页；另参见《悔逸斋笔乘》（不分卷），《齐世武之被酷刑》，载《清代野史》第7辑，第155页。《清史稿》卷220，《列传》7，《诸王》载："齐世武、耿额亦以得沈天生贿，绞死。"此外，据《清国史·大臣画一传档正编》卷92《齐世武列传》载，"（康熙五十一年）五月，大学士等覆讯沈天生一案，齐世武受贿三千两，取供得实，应绞监候。得旨：'发遣伯都纳'……雍正二年，卒。"《清内府八旗列传档案稿》下、《满洲名臣传》卷1、《国朝耆献类征》卷66等"齐世武列传"亦如是说。陈康祺《郎潜纪闻三笔》卷8《张司寇之鲠直敢言》载："逾年，圣祖烛其奸，诛（托）和气，投（齐）世武于荒……"关于齐世武获罪后情况，诸书记载不尽一致。《永宪录》成书于乾隆十七年（1752），距齐世武案发约40年，且为私家著述，少有顾忌。故本书权且采用此说。伯都纳，今吉林松原市（旧扶余县）北。

的惩治手段（如果齐世武确是钉壁而死）。

参与结党会饮之人，均受到不同程度的惩处[1]，但唯以托合齐与齐世武最重，说明他俩作为允礽复立后重新聚集的太子党首要成员，在支持允礽早正大位的图谋中扮演了重要的角色。

结党会饮案被揭露，也使康熙帝对于皇储矛盾的性质，有了进一步认识。五十年（1711）十月公开追查此案时，他对诸王大臣说："今国家大臣各结朋党，或有为朕而为之者，或有为皇太子而为之者。诸大臣皆朕擢用之人，受恩五十年矣。欲为皇太子而为者，意将何为也。"[2]储权与皇权暗中较量，朝中两个权力中心日渐分明，这便是康熙五十年（1711）前后政坛内幕。

还须指出，与两废太子及储位之争具有一定内在联系的戴名世《南山集》案[3]，也发生在此时。此案牵涉人员众多，是震动朝野的文字狱大案。

戴名世，安徽桐城人，康熙四十八年（1709）进士，授翰林院编修。他以修明史自任，曾在与门人的书信中，论及明清之际的正统问题。康熙四十一年（1702）后，戴名世的文集《南山集》由他的门生刊行于世，其中收录了上述书信。

康熙五十年（1711）十月，康熙帝公开责斥结党会饮参与者之前十余日，左都御史赵申乔疏参戴名世"前为诸生时，私刻文集"，"语多狂悖"[4]。据《永宪录》载，此案是由"旧东宫（皇太子允礽）摘其语进之，申乔遂起此狱"[5]。戴名世是允祯的老师何焯的好友，允礽此举并不仅仅是对戴名世本人，而赵申乔的参劾，也是以同僚之间复杂的利益关系为背景。[6]这时正值太子党人结党会饮案即将被公开披露前夕，允礽当已闻知此

---

1 《清圣祖实录》卷250，康熙五十一年四月乙丑、壬申。按，涉及此案的八旗都统、副都统等均被革职，参见《八旗通志初集》卷108、110、112，《八旗大臣年表》2、4、6。

2 台北故宫博物院：《清代起居注册·康熙朝》第20册，第11036–11037页。按，《清圣祖实录》卷248，康熙五十年十月壬午条记载了这段话，但经过实录纂修者润色，词句稍有不同。

3 详见《清圣祖实录》卷248，康熙五十年十月丁卯；又参见徐珂编撰：《清稗类钞》第3册，第1032–1033页，《戴名世南山集案》，北京：中华书局，1984年。

4 《清圣祖实录》卷248，康熙五十年十月丁卯。

5 萧奭：《永宪录》卷1，第69页。

6 参见何冠彪：《戴名世研究》，第30–31页、255–259页，香港大学中文系，1987年。

情。他有意引发戴名世案，实为对反太子派实行报复，旨在转移康熙帝的视线，延缓对结党会饮案的公开揭露。这是在反太子派的强劲攻势下，太子党人经过认真策划后做出的回击。

《南山集》案未能阻止康熙帝清理太子党人的进程，却于思想文化领域产生了极恶劣的影响。尽管康熙帝在处理此案过程中较为谨慎，尽量缩小打击面，[1]但这一案件的发生，标志康熙帝亲政后政治思想领域统治相对宽松时期的结束，对于雍正、乾隆年间大规模文字狱的兴起，开风气之先。

值得注意的是，康熙五十一年（1712），鉴于社会矛盾、统治阶级内部矛盾不断激化的情况，康熙帝对政治、思想、文化、经济等政策作出战略性调整。如进一步尊崇程朱理学，强化思想文化统治；扩大密折行使范围，以便皇帝更及时地了解各种情况，作出有关决策，并以此加强对各级官员的控制；实行"滋生人丁永不加赋"政策，缓解清廷与广大民众的矛盾；等等。清除太子党人及二废太子之举，实际上也是这一重大调整的组成部分。康熙朝皇权以此为起始，进入了更为集中、强化的新阶段，为其后康熙帝制定、实施秘密建储计划，打下重要基础。[2]

（三）皇太子再废　反太子派受挫

从康熙五十年（1711）十月康熙帝公开指责皇太子允礽，清理太子党人，至五十一年（1712）十月二废太子，历时一年。在此期间，皇太子允礽的支持者被清除殆尽，储权摇摇欲坠，他本人也很孤立。这种情境与压力，使允礽整日处于疑惧不安之中，愈加仇视一切人，暴躁凶残至极。这是他自知储位难保，虽不甘心却又无奈之下，心情万分焦炙的反映。

五十一年（1712）九月三十日，康熙帝结束塞外之行返京，驻跸畅春园。当日，召集诸皇子宣布：皇太子允礽复立以来，狂疾未除，大失人心，断非可托付祖宗弘业之人，故予拘执看守。十月初一日正式颁旨，废黜皇太子允礽。[3]

---

[1]《清圣祖实录》卷253，康熙五十二年二月乙卯。
[2] 参见杨珍：《康熙统治方针的一次重大调整》，载《庆祝杨向奎先生教研六十年论文集》。
[3]《清圣祖实录》卷251，康熙五十一年九月庚戌、十月辛亥。

这一事件的目击者、意大利籍传教士马国贤（Matteo Ripa）的有关记载，为我们提供了较为详尽的情况：

> （康熙五十一年九月三十日）当我们到达畅春园时，惊恐地发现在那座有着宏伟宫殿的花园里，八至十名官员以及两位太监跪在地上，光着头，双手被捆在背后。离他们不远的地方，皇帝的儿子们站成一排，光着头，双手被捆在胸前。过了片刻，康熙帝从一顶四周并不封闭的轿子里走出，来到正在受罚的皇子们面前，立即发出如猛虎一般的怒吼。他对皇太子予以一顿痛责后，决定将皇太子及其家人们一起软禁在皇太子宫内。接着，在一份公开的宣言中，宣布废黜这个不幸的皇子，理由是他有谋反的嫌疑。康熙帝向帝国证明，这个被废掉的皇太子已无统治国家的资格。在皇太子的其他罪状中，他被控告沉溺于一种残暴的冒犯行为……[1]

令人不解的是，诸皇子为何被免冠并缚以双手？这是否意味着他们与二废太子之间，还有某些更直接的牵连？因史料不足，难下结论。

康熙帝做出二废太子的决定后，很快令礼部咨文通告各省督抚，皇太子册宝已撤取销毁，各省呈奏皇太子之笺文一并停止。[2]这一在一废太子时所不曾有的举措，反映出康熙帝此次废黜之意坚决，已绝再次复立之念。

因毕竟是四年（康熙四十七年至五十一年）之内第二次废黜皇太子允礽，人们比较平静地接受了这一事实。虽然也有大臣得此消息后，奏请康熙帝速作明断，"早定国本"[3]，但总的来看，朝野上下并未由此引起大的反响。康熙帝正式宣布二废太子的决定时说："前次废置，朕实愤懑，此次毫不介意，谈笑处之而已"。[4]这种故作镇静，一定程度上是为掩饰由于做出两立两废太子这一古代帝王前所未行之事，因而愧对天下之人的沉重心情

1　Matteo Ripa：*Memoirs of Father Ripa*, selected and translated by Fortunato Prandi, John Murray, pp.82-83. 按，马国贤所言康熙帝指责允礽"有谋反的嫌疑"，当指托合齐、齐世武等人的图谋，而不是针对允礽，因康熙帝曾多次指出，允礽本人对他"无异心"。参见《清圣祖实录》卷250，康熙五十一年四月乙丑；卷251，康熙五十一年十月辛亥。
2　台北故宫博物院：《宫中档康熙朝奏折》第9辑（《满文谕折》第2辑），第269页。
3　台北故宫博物院：《宫中档康熙朝奏折》第9辑（《满文谕折》第2辑），第270页。
4　《清圣祖实录》卷251，康熙五十一年十月辛亥。

与莫大痛苦。

与一废太子时的仓促与被动相比,二废太子的决定是康熙帝经过深思熟虑、展开细致调查后,慎重做出。全过程历时一年,按照康熙帝的部署分步骤进行,一切井然有序,显示出康熙帝的政治经验更加丰富,在处理父子之情与皇储矛盾的冲突中更为理智、沉稳。

反太子派在与太子的第二次较量中获得重大胜利,皇太子允礽再次被废黜。但是,反太子派却没有能够达到其最终目的,即以皇八子允禩取代允礽之位。

由于反太子派在二废太子中作出贡献,当皇太子允礽第二次被废黜之际,允禩竟在皇父前密奏问询:"我今如何行走?"表示为了避免被众臣再次保奏,"情愿卧床不起"。康熙帝对此极为敏感,立即予以严斥:"尔不过一贝勒,何得奏此越分之语,以此试朕乎?"并认为允禩"甚是狂妄,竟不自揣伊为何等人"。"伊以贝勒存此越分之想,探试朕躬,妄行陈奏,岂非大奸大邪乎?"[1] 极其强烈的权力欲望,往往使人利令智昏,对形势做出错误的判断,采取愚蠢的行为,允禩的上述表现就是一个实例。这一自取其辱之举,进一步加重康熙帝对他的恶感。不过,康熙帝还是将此事压了两年,直到"毙鹰事件"发生。

康熙五十三年(1714)十一月,康熙帝率部分皇子出巡塞外,允禩因生母良妃卫氏去世两周年致祭,未在随扈皇子之列。康熙帝一行离京后第六日,允禩派太监与亲随人员去给皇父请安,并称将于皇父出巡中途等候,扈从回京。然而,由太监带来允禩进呈皇父的礼物,竟是两架奄奄殆毙之鹰,遂令康熙帝怒不可遏。此处所言之鹰,是指被用来协捕猎物的海东青,为雕类中的一种。康熙帝曾写过一首名为《海东青》的诗,对这种猛禽大加赞赏:"羽虫三百有六十,神俊最数海东青。性秉金灵含火德,异材上映瑶光星……"[2] 当时,南苑一处地方名曰"晾鹰台",是康熙帝检阅八旗,比武较射之地。鹰是满族人出猎时必备之物,允禩以鹰二架呈献皇父,本想借以博取欢心,不料送上殆毙之鹰,自招重罪。事情发生后,允

---

1 《清圣祖实录》卷261,康熙五十三年十一月丙寅。
2 《圣祖御制文一集》卷37,《海东青》。

禩奏称冤抑，应非虚言。这件看似蹊跷之事，不排除有人暗中陷害允禩的可能性，或是二废太子事件中被贬抑者伺机报复，亦未可料。

殆毙之鹰很容易被理解为喻比康熙帝垂老多病，行将离世。为此，康熙帝恼怒到极点，以致"心悸几危"。他除去怒骂允禩，于诸皇子前公开允禩于二废太子时所奏"妄言"并予痛斥外，还说出"朕与允禩，父子之恩绝矣"这一绝情之语。[1]

意想不到的惨重打击，使等待与皇父一同返京的允禩受到很大刺激，随即病倒。他不愿见人，仅带上数位随从，"于各处潜行，并设有哨兵，见人即行躲避"，对其属下也避而不见。这种"诡秘"行为反映出允禩当时的灰暗心境，却引起康熙帝的怀疑，特选派皇十四子允禵前去探询，并令解送御前。[2]

"毙鹰事件"使允禩在谋取储位的路途上跌入深渊，一蹶不振。五十四年（1715）正月，他被停止俸银、俸米；十一月，允禩的老师何焯受到惩处，被革去官衔并进士、举人，在修书处行走。[3] 早在是年三月，允禩于何焯丁忧南返期间写给他的两封书信，也落到康熙帝手中。康熙帝将此密封存贮，并在封套上用朱笔写道："八阿哥与何焯书，好生收着，恐怕失落了。"[4] 显现出对允禩的加意防范。

康熙帝第二次宣布废黜皇太子允礽时，列举的一个重要理由是允礽"大失人心"。这实际上也是允礽第一次被废黜的内在原因之一。当时，康熙帝对此没有明言，只是在一废太子的告天祭文中写道："稽古史册，兴亡虽非一辙，而得众心者，未有不兴，失众心者，未有不亡。"[5] 可是，为了最大限度地维护个人权威，一废太子后，在屡失人心者允礽与深孚众望者允禩之间，他依然选择了允礽，而对允禩进行打击与压制。尽管如此，

---

1 《清圣祖实录》卷261，康熙五十三年十一月甲子、乙丑、丙寅。
2 满文朱谕，康熙五十三年十二月；满文奏折，胤祉等奏，康熙五十三年十二月十五日。
3 参见《清圣祖实录》卷262，康熙五十四年正月丙寅；卷266，康熙五十四年十一月癸卯。按，何焯获罪后，邸中书籍尽被没收。康熙帝"览之曰：'是固读书种子也，而其中曾无失职觖望语'。又见其草稿，有辞吴县令金札，益异之，乃尽以其书还之，罪止解官，仍参书局"。参见《清史列传》卷71，《文苑传》2，《何焯》。
4 宫中杂件第304卷，第2号。
5 《清圣祖实录》卷234，康熙四十七年九月辛卯。

允禩为群臣所拥戴这一事实，仍使康熙帝备伤脑筋，"数载之内，极其郁闷"[1]。二废太子中反太子派出力甚多，这更使他担心允禩将会进一步提高威信，成尾大不掉之势。

康熙帝对此亦不讳言。"毙鹰事件"发生不久，他对诸皇子说："此人（指允禩）党羽甚恶，阴险已极，即朕亦畏之。"[2]"允禩仍望遂其初念，与乱臣贼子等结成党羽，密行险奸，谓朕年已老迈，岁月无多，及至不讳，伊曾为人所保，谁敢争执，遂自谓可保无虞矣……朕恐日后，必有行同狗彘之阿哥，仰赖其恩，为之兴兵拘难，逼朕逊位而立允禩者，若果如此，朕惟有含笑而殁已耳。朕深为愤怒，特谕尔等，众阿哥俱当念朕慈恩，遵朕之旨，始合子臣之理。不然，朕日后临终时，必有将朕身置乾清宫，而尔等执刀争夺之事也。"[3]这是康熙帝第二次谈到诸子在其身后将为争夺皇位兵戎相见。[4]二废太子事件发生两年后，他虽然已在酝酿秘密建储计划，但对能否妥善解决储位问题，尚缺乏信心。同时，也表明他对于已高度集中、强化的皇权所具有的抑制诸子相争，维护政局稳定的强大功能，认识不足。事实上，在皇权高度集中、强化的总体背景下，当其殁后，诸子为谋取皇位而束甲相争的可能性并不大，雍正帝继位后的历史证明了这一点。至于康熙帝所言允禩之险"实百倍于二阿哥"，实则是指允禩大得人心，因而对其绝对权威所构成的威胁，超过大失人心的允礽。

"毙鹰事件"发生后，反太子派的核心人物允禩永远失去被立为储君的可能性。反太子派虽然在二废太子中发挥了重要作用，得到康熙帝的嘉奖，但继而又遭到这一重大挫败。不过，被康熙帝一度指为与允禩结党的阿灵阿、鄂伦岱等人，此后继续受到他的倚信，他对于与允禩关系密切的允禟、允䄉、允禵等皇子的态度，也并未因此而改变。看来，康熙帝在毙鹰事件发生之际所谈"乱臣贼子""行同狗彘之阿哥"等语，较大程度上是一时激怒之言，与五十一年（1712）清理太子党人时，对托合齐等同样

---

[1] 《清圣祖实录》卷261，康熙五十三年十一月甲子。
[2] 《清圣祖实录》卷261，康熙五十三年十一月乙丑。
[3] 《清圣祖实录》卷261，康熙五十三年十一月甲子。
[4] 第一次是在一废太子后，参见《清圣祖实录》卷235，康熙四十七年十月丙午。

以"乱臣贼子"相指斥，还有所不同。

四、康熙朝晚期的储位之争

康熙朝晚期，在储权不复存在的新形势下，最高统治集团内部围绕皇位继承人选而进行的权力之争并未止息。参与角逐者主要有三方，即废太子允礽；受到反太子派支持的允禩、允禟、允䄉、允禵等皇子；皇四子胤禛。

（一）废太子允礽的潜在威胁与康熙帝的防范措施

二废太子时，康熙帝曾"召进诸王大臣降旨：朕万年之后，大阿哥（允禔）、二阿哥（允礽）断不可留，尔等内如有留之者，即系扰乱国家之人。"[1] 足见对两子深恶痛绝。而废太子允礽仍企图东山再起，则成为康熙帝晚年最担心的一个问题。

允礽两次被立为皇太子，前后拥有储权长达37年。他本人被幽禁，主要党羽被清除后，其影响并未随之消失。有的大臣仍畏惧其势，如五十五年（1716）五月康熙帝斥责大学士嵩祝趋奉二阿哥（允礽），隐匿二阿哥属下得麟逃走之事[2]；五十二年（1713）十二月，康熙帝发现由于刑部尚书哈山等人的"纵释"，托合齐案内一名叫常名的犯人，并未按规定解往发遣之地。这种被康熙帝斥之为"应杀者不杀，应发者不发，蔑视国宪"[3] 的情况，在处理太子党人的案例中大约并非个别者。朝臣对废太子手下之人的姑息态度，反映出他们担心因允礽再复储位而遭报复的心理。

康熙五十四年（1715）四月，准噶尔部首领策旺阿拉布坦派兵突袭哈密。清廷调兵遣将，进行反击，准备彻底解决准噶尔问题，旷日持久的西征之役拉开帷幕。同月，康熙帝召集皇三子允祉、皇四子胤禛，"筹及西边用兵之计"[4]。同年下半年，废太子允礽以矾水亲笔作书，通过为其嫡福晋瓜尔佳氏看病的医生贺孟颁，秘密转交正红旗满洲都统、公普奇，"嘱

---

1 中国第一历史档案馆编：《雍正朝汉文谕旨汇编》第1册，第48页，桂林：广西师范大学出版社，1999年。
2 《清圣祖实录》卷268，康熙五十五年五月辛酉；卷256，康熙五十二年九月甲戌。按，二废太子事件发生前后，得麟获罪，令处死，"假死潜逃"。五十二年（1713年）九月捕获，"凌迟处死"。
3 《清圣祖实录》卷257，康熙五十二年十二月。
4 《清圣祖实录》卷263，康熙五十四年四月乙未。

其保举为大将军"[1]。这件事被辅国公阿布兰"首告",是年十一月由宗人府进行审理。据胤禛继位后透露,阿布兰是在苏努的怂恿下所为:"礬书事败,阿布兰尚自迟疑,系贝勒苏努指使奏闻,非其本心也。"[2]按,普奇、阿布兰是褚英的四世孙,苏努是褚英的三世孙,他们三人都是褚英长子安平贝勒杜度的后裔,属同一宗支。[3]阿布兰在允禵出任抚远大将军后,极力奉承允禵。胤禛继位后说,"允禵自军前回时,伊独出班跪接,从来宗室公于诸王阿哥前,向无此例也。宗人府建立碑亭,翰林院所撰之文,阿布兰以为不佳者,再三另行改撰,并不颂扬皇考,惟称大将军允禵功德,拟文勒石"[4]。表明阿布兰起码是反太子派的同情者。

允礽谋求出任大将军,旨在通过建立军功,第三次被立为皇太子。然而在反太子派骨干成员苏努的极力劝促下,这一图谋被阿布兰揭发。这是反太子派与允礽长期较量中的一个余波,表明反太子派对废太子允礽的动向仍密切关注,并尽一切可能阻止废太子势力死灰复燃。在这一问题上,反太子派与康熙帝是一致的,反太子派的有关行为也在客观上有利于皇权的集中与巩固。因此,反太子派部分成员(包括允禵的支持者),在二废太子后被康熙帝用以作为监控、看守废太子允礽的一支可靠力量。

五十六年(1717)四月,康熙帝在与大学士的谈话中透露,曾有人"诳永平府知府,指称二阿哥许以委署学院印务,索银一万两。知府即详上司报部,部中奏明正法"[5]。康熙帝未指明具体时间,既然称允礽为"二阿哥",大约是在二废太子事件发生后。此事说明允礽虽然被废黜,仍有人打着他的旗号进行诈骗,他在一部分人心目中依旧保留着权威形象。如果考虑到这时康熙帝已着手实施秘密建储计划,并在诸子中另有所属,那么允礽的潜在势力对皇权的威胁性则更加突出,康熙帝的焦虑并非杞人忧天。

二废太子后直至康熙帝去世前,大臣们以个人名义缮折奏请立储,较

---

1 《清圣祖实录》卷266,康熙五十四年十一月庚子。
2 《雍正朝起居注册》第1册,第228页。按,雍正初年苏努晋封多罗贝勒,不久被削爵治罪。
3 参见鄂尔泰等修:《八旗通志初集》卷76,《封爵世表》2;《清史稿》卷216,《列传》3,《诸王》2。
4 《雍正朝起居注册》第1册,第228页。
5 《清圣祖实录》卷272,康熙五十六年四月丙午。

有影响的先后有过六次，[1]可以分为两类，其数目比例为1:5。其中，朱天保明确提出复立允礽，他的奏请单独属于一类；其余五次可划归另一类，即奏请者并未提出具体的储君人选。我们先对第二类进行分析。

五十二年（1713）初，左都御史赵申乔奏称太子为国本，应行册立，其奏折被康熙帝发还。[2]这时距皇太子允礽第二次被废黜将及百日，赵申乔之奏，是二废太子事件发生后大臣第一次奏请建储，此其一；五十六年（1717）五月大学士王掞密奏建储，此其二[3]；是年十一月，陈嘉猷等8位御史联名上奏立储，此其三[4]；六十（1721）年二月，王掞第二次密奏建储，此其四[5]；是年三月御史陶彝等奏请建储，此其五，[6]这是康熙朝大臣最后一次为建储事奏请。

上述五例缮折奏请建储之人，全部是汉族大臣，奏请次数占二废太子后全部同类事例一半以上，说明汉臣是奏请建储活动中的主角，这同他们将储君视为国本这一根深蒂固的观念很有关系。他们认为储君不可一日或缺，并为储位空悬而深感不安。满族大臣中以储君视为国本的思想，则相对淡薄，他们更能接受康熙帝长期不册立储君的做法，因为这一举措并不违背满族的传统。满汉大臣在二废太子后对于立储一事的不同态度，反映出满汉政治传统与思想观念的差异。

王掞的两次奏请，在汉族大臣中具有代表性。

五十六年（1717）五月王掞奏称："臣，汉人也，于皇上家事未能深悉，而群情向背，察之已审。""凡圣子神孙，臣皆未尝一通姓氏，臣今日之言，初非有所攀附，以希后日之宠利，但念国本重大，实系千秋万世之至计，久安长治之鸿基。"[7]因此，他效法其祖、明万历朝大学士王锡爵力请建储，促使万历帝立长子朱常洛（明光宗，年号泰昌）为皇太子之举，

---

1 除此6次外，康熙五十二年（1713）七月二十四日，福建巡抚满保上折奏请立皇太子，受到申斥。参见台北故宫博物院：《宫中档康熙朝奏折》第9辑（《满文谕折》第2辑），第351页。
2 《清圣祖实录》卷253，康熙康熙五十二年二月庚戌。
3 详见《文献丛编》第4辑，《康熙建储案·王掞折一》。
4 详见《文献丛编》第4辑，《康熙建储案·陈嘉猷等折》
5 详见《文献丛编》第4辑，《康熙建储案·王掞折四》
6 详见《文献丛编》第4辑，《康熙建储案·陶彝等折》。
7 《康熙朝汉文朱批奏折汇编》第8册，第1182–1184页。

反复奏请康熙帝建储。这一行为不排除是为出人头地的名利之心所驱使，但主要还是从速定国本，又定天下，巩固清朝统治的全局出发，体现出他对康熙帝的愚忠。

需要指出，王掞第一次密奏建储后，康熙帝虽然怀疑他"意中必有所主"[1]，却未予以指责；而王掞在康熙六十年（1721）二月第二次密奏建储时，同上次一样，没有提出具体人选，但康熙帝阅折后勃然大怒。他对诸王大臣说："六十年大庆，大学士王掞等不悦，以朕衰迈，谓宜建储，欲放出二阿哥，伊等借此邀荣，万一有事，其视清朝之安危休戚，必且谓与我汉人何涉……"[2]防止废太子势力卷土重来，始终是康熙帝二废太子后的心头之患，因而对此事过于敏感。此次他指责王掞"欲放出二阿哥"，以及五十六年（1717）怀疑王掞"意中必有所主"，实际上都只是他的揣测，并非事实。所以，康熙帝尽管一时震怒，甚至对王掞予以惩处，当他冷静下来，又改变态度，王掞也仍然受到信任。[3]如果王掞确曾奏请复立允礽，康熙帝的反应与相应举措则会完全不同，王掞的结局或与下述朱天保相差无几。

五十七年（1718）正月，当康熙帝准备结束秘密建储计划，册立皇太子的前夕，满洲镶白旗人、翰林院检讨朱天保上密折，奏请复立允礽为皇太子。康熙帝因足疾正在昌平汤泉疗治，得知此事，极为重视，立即于行宫对朱天保以及与此案有牵连的朱天保之父朱都纳、朱都纳婿戴保、副都统常赉、内阁学士金宝等人逐一亲自诘审，最终将朱天保、戴保正法，其他人均受到不同惩处。[4]综合有关记载看，朱天保奏请复立允礽，尚非受宗室王公之托，朱天保等也并非与废太子允礽有所联系。但是，此事表明，部分满族大臣认为允礽的复出尚有一定可能性，因而一当提及建储，允礽便是首选之人。这种思想动向，正是康熙帝所最为担心的，因为这对于康熙帝实施秘密建储计划，具有直接的干扰作用。

另据《啸亭杂录》载，朱天保"疏上，仁皇帝欷歔久之，会近臣阿灵阿素为允禩党，因媒孽其间，曰：'朱某之疏，为希冀异日宠荣地步。'

1　《文献丛编》第4辑，《康熙建储案·王掞折三》。
2　《清圣祖实录》卷291，康熙六十年三月丙子。
3　参见昭梿：《啸亭杂录》卷4，《王太仓上书事》。
4　参见《清圣祖实录》卷277，康熙五十七年正月己巳、庚午、壬申、丙子；二月乙巳。

上大怒，置公于法。侍郎公（朱天保之父朱都纳，曾任兵部左侍郎）荷校死，而理邸（废太子允礽）卒以寿终"[1]。按，阿灵阿逝于康熙五十五（1716）十一月，朱都纳则于数年后获释。[2]《啸亭杂录》中关于朱天保上书事的记载，多有失实处。

无可否认，朱天保请求复立允礽以及王掞等人一再请求建储，同康熙帝对幽禁中的允礽始终较为照顾，使人"因此生疑"有一定关系。[3]事实上，不仅废太子允礽，被幽禁家中的皇长子允禔同样受到康熙帝的厚待，以致九阿哥允禟曾就大阿哥的"圈禁"，对其属下大发牢骚："这叫做甚么圈法，比我们只隔得一层门罢了，圈得大阿哥松。"[4]甚至当雍正初年允禟受到雍正帝的惩治时，最初还抱有幻想，"偶遇劳瘁，动称若如大阿哥、二阿哥一例拘禁，我倒安逸"[5]。

康熙帝对于被幽禁的废太子允礽与大阿哥允禔仍念父子之情，予以"姑息之爱"，这同雍正帝必欲置同胞手足于死地的举措，形成对比。不难想见，因处于既是皇帝又是慈父的角色冲突之中，康熙帝内心所受折磨之大，痛苦之深。

二废太子后，由清廷返国的朝鲜使臣所谈废太子允礽的一些情况，从一个侧面表明人们对允礽的复立仍然抱有希望。如五十三年（1714）三月，从清廷返回的朝鲜冬至使向国王报告："且闻三月十八日，乃皇帝诞日，太子（指废太子允礽）当献寿，故其时似当变通复建，而今年为皇帝周甲，必有再度敕使云矣。"[6]尤当注意的是，允礽之子弘晳[7]，在众人关于

---

1 参见昭梿：《啸亭杂录》卷4，《朱检讨上书事》；另参见《清史稿》卷286，《列传》73，《朱天保》。
2 参见《康熙朝汉文朱批奏折汇编》第8册，第866页。
3 《清圣祖实录》卷291，康熙六十年三月丙子。
4 《文献丛编》第1辑，《允禩允禟案·雍正四年·何图供词四》。
5 《清世宗实录》卷34，雍正三年七月癸亥。
6 吴晗辑：《朝鲜李朝实录中的中国史料》第10册，第4323页。
7 据《爱新觉罗宗谱》甲册第346页载：(和硕理密亲王允礽)第二子，弘晳（hung je）。按，晳，音折，明之意；又，音制，星光之意。现存满文档案中所见允礽第二子之名，均为hung si（汉译"弘晳"）；弘晳本人的满文奏折，署名为hung si（汉译"弘晳"）。另查阅满文玉牒67号，内称：和硕理密亲王允礽第二子，hung si（汉译"弘晳"）；汉文玉牒111号，内称：和硕理密亲王允礽第二子，弘晳。可见，《爱新觉罗宗谱》所载允礽第二子之名"弘晳（hung je）"，有误。

允礽将被第二次复立的猜测中，扮演了一个重要角色。朝鲜使臣的报告中说："皇长孙颇贤，难于废立云"；"或云太子之子甚贤，故不忍立他子而尚尔贬处云矣"[1]。所言皆指弘晳。因允礽第一子早卒，弘晳实际上是长子。五十一年（1712）十月允礽第二次被黜时，弘晳已19岁。[2] 从他在雍正初年被封以王爵，以及乾隆初年因"谋逆"行为受到重处等情况看（参见第五章第二节），他在允礽诸子中不仅居长，而且有一定才干。

五十七年（1718）正月康熙帝谈及废太子允礽的情况，他说："见今二阿哥颜貌丰满，伊子七八人，朕皆留养宫中。"[3] 所谓"伊之七八子"，当指允礽诸幼子，弘晳不在其中。乾隆四年（1739）十月乾隆帝说："弘晳乃理密亲王之子。皇祖时，父子获罪，将伊圈禁在家。"[4] 综合其他有关史料分析[5]，康熙朝晚期，弘晳尚未正式分家，但已携其妻、子及数位幼弟，迁至紫禁城外居住，具体地点待考。因被父亲牵连，弘晳的行动亦或受到限制，然而身为康熙帝嫡长孙，仍被皇祖疼爱，也在情理中。况且，即使如皇长子允禔，当其罹罪后，康熙帝依然善待其子。[6] 人们以为康熙帝喜欢弘晳，因而将第二次复立允礽实为臆测。

但另一方面，从维护统治的需要出发，康熙帝对于幽禁中的废太子允礽与皇长子允禔，从未掉以轻心。允礽被幽禁在紫禁城西北部咸安宫内[7]。第二次废黜允礽当月，康熙帝传旨内务府：嗣后，不得按照惯例，以毓庆宫（允礽被废黜前居住地）称呼允礽，而应代之以二阿哥看守处；凡奏报有关允禔之事，则称大阿哥看守处。[8]

---

1 吴晗辑：《朝鲜李朝实录中的中国史料》第10册，第4323、4334页。
2 《爱新觉罗宗谱》甲册，第346—347页。
3 《清圣祖实录》卷277，康熙五十七年正月庚午。
4 《清高宗实录》卷103，乾隆四年十月己丑。
5 参见内务府满文杂件，第27号，董殿邦等奏，康熙五十五年十一月二十二日；台北故宫博物院：《宫中档雍正朝奏折》第28辑（《满文谕折》第1辑），第280页、313、326页等，台北故宫博物院印行，1980年。
6 康熙五十一年（1712）七月，出使清廷的朝鲜使者返国后报告："皇长子（允禔）幽禁已久。其子已长成，而未有婚娶。故皇帝促令成婚。"参见吴晗辑：《朝鲜李朝实录中的中国史料》第10册，第4302页。
7 该宫于乾隆年间改建后，改称寿安宫。参见陆成兰：《毓庆宫与咸安宫：康熙皇太子废立前后的住所》，载《中国档案报》，1999年2月10日。
8 满文朱批奏折，总管内务府奏，康熙五十一年十二月初四日。

康熙帝特选派宗人府宗令雅尔江阿,专职负责对允礽的看守事宜。与雅尔江阿一同膺此重任者,还有满都护、吴尔占、阿布兰、延信、普奇等多位与允禔、允禩要好的宗室成员。[1]他们能够被选中,表明得到充分信任,从中也显现出康熙帝对于反太子派整体的某些看法。

允礽及其侍从太监等,被严格禁止与外界接触。平日,咸安宫大门紧闭,为允礽及其家人送饭,或夏季往咸安宫内运送用以消暑的冰块,均从专门通道送入。唯有炎热之际须送入大块冰时,才临时开启大门。[2]如果咸安宫内有事,废太子允礽或其属下人员敲响云板,在外看守的值班大臣闻声打开专门通道之门,双方方可联系。[3]

凡负责看守允礽的大臣,不能按照惯例因事告假。如康熙六十年(1721)闰六月,公阿布兰祖母病故,另一位看守大臣公准达也因故"暂不走差",雅尔江阿等开列包括福全之子保泰在内的大臣名单,奏请调换。康熙帝朱批:"看守之处甚要,不可署理。俟出殡后,若能当班,仍令伊等看守。"[4]若有必须调换者,名单须报请康熙帝,由他亲自择选。如康熙朝后期,看守大臣之一吴尔占被授为前锋统领,仍兼管旗务,原看守废太子之职,康熙帝命另选他人。雅尔江阿遂开列名单请旨,康熙亲自用朱笔圈定多罗顺承郡王锡宝之名,以其替换吴尔占。[5]

康熙帝密切关注允礽幽禁处的一切情况,即使是一些具体小事,也会引起他的高度警觉。如五十五年(1716)四月,康熙帝奉皇太后避暑塞外。刚刚踏上旅途,接到雅尔江阿奏报:是月十九日深夜,二阿哥(允礽)告知值守大臣满都护等:被圈禁在咸安宫内的太监吴进朝失踪。经满都护派人搜寻,很快将吴进朝缉获,并了解到此人素为二阿哥及其他太监

---

1 满文朱批奏折4件,雅尔江阿等奏,康熙五十四年八月二十五日、五十五年六月初三日、五十六年五月十六日、五十八年七月二十七日。
2 满文朱批奏折4件,雅尔江阿等奏,康熙五十六年八月初一日、五十七年八月初七日、五十九年五月十三日、六十年六月十二日。
3 满文朱批奏折2件,雅尔江阿等奏,康熙五十五年四月二十日、康熙六十年二月十四日。
4 满文朱批奏折,雅尔江阿等奏,康熙六十年闰六月十六日。
5 满文朱批奏折,雅尔江阿奏,五月初八日。按,此件档案无年份。查阅《八旗通志初集》卷114,《八旗大臣年表》8,康熙五十一年至六十一年(1712—1722)的前锋统领中,并无吴尔占之名。待考。

所厌恶，故将其交付内务府看守。康熙帝阅后朱批："将吴进朝从速送到朕处！"[1] 他要通过亲自审讯，了解废太子的情况。

五十七年（1718）冬，康熙帝决定在顺天府昌平州内，"距京城二十余里"[2]的郑家庄（jeng giya juwang）建造行宫、王府、城、城楼及兵丁营房等设施，命上驷院郎中尚之顺（šang zhi šūn）等主管监造。六十年（1721）十月，工程竣工。据是月十六日尚之顺等奏报，该项工程包括行宫六小房屋299间，游廊96间，王府大小房屋189间，南济庙（nan gi miyoo）大小房屋30间，城楼10间，城门二座，城墙590丈九尺九寸，流水大沟四条，大小石桥十座，滚水坝一个，井15眼。补修土城524丈，环城挖河667丈六尺。饭房、茶房、兵丁住房、铺房共1973间，夯筑土墙5350丈七尺一寸。除取用部、司现有杉木、铜、锡、纸等项外，采买松木、柏木、椴木、樟木、榆木、青沙石、豆渣石……竹子、鳔胶等项，加之工匠银两，共计用银268762两五钱六分三厘。[3]

六十一年（1722）三月，康熙帝首次公开提及已于郑家庄修造王府一事。他说："朕思郑家庄已盖设王府及兵丁住房，欲令阿哥一人往住"，并派兵前往驻防。[4]不过，康熙帝并未指出将令哪位皇子移住彼处。雍正帝继位后说："郑家庄修造房屋、派兵驻扎，揆度皇考圣意，或欲令二阿哥前往居住，因无明旨，朕未敢擅自办理。今弘晳既已封王，令伊率领子弟居住此处，于理甚合。"[5]遂令理郡王弘晳移居郑家庄。

另据《清史稿》载："雍正元年，诏于祁县郑家庄修盖房屋，驻扎兵丁，将移允礽往居之。"[6]此有三误：旨令于郑家庄"修盖房屋，驻扎兵丁"，是康熙五十七年（1718），不是雍正元年（1723），此其一；这里所

---

1 满文朱批奏折，雅尔江阿奏，康熙五十五年四月十二日。
2 台北故宫博物院：《宫中档雍正朝奏折》第28辑（《满文谕折》第1辑），第237页；《清世宗实录》卷7，雍正元年五月乙酉。
3 台北故宫博物院：《宫中档康熙朝奏折》第9辑（《满文谕折》第2辑），第775-779页。
4 《清圣祖实录》卷297，康熙六十一年三月乙未。
5 台北故宫博物院：《宫中档雍正朝奏折》第28辑（《满文谕折》第1辑），第236页。按，雍正朝有关弘晳移居郑家庄的满文奏折中，郑家庄均写为jeng ge juwang，汉译为"郑各（格）庄"。今日，该地仍称为"郑各庄"。此外，《清世宗实录》卷7，雍正元年五月乙酉条亦记载此旨及有关"理郡王弘晳迁移郑家庄"事项，较之满文档案甚简。
6 《清史稿》卷220，《列传》7，《诸王》6，《允礽》。

言郑家庄是在昌平，不在（山西）祁县，此其二；雍正元年明令弘晳率子弟往居之，并未"将移允礽往居之"，此其三。乾嘉时期人、宗室昭梿所著《啸亭续录》称："理亲王（弘晳）王府在德胜门外郑家庄，俗称平西府。"[1]所言不谬，可惜未被《清史稿》修撰者所采纳。[2]

康熙帝拟将废太子允礽移住郑家庄，表明他认为若使允礽继续留住京师，终究是一隐患，无论其在世时或新帝继位后，对于皇权的集中与巩固都会起有消极作用，不利于政局的稳定。虽然其后事实证明，康熙帝对废太子的政治能量未免估计过高，但从允礽第二次废黜后仍不断有大臣为之保奏的情况看，一向深谋远虑的康熙帝有此未雨绸缪之举，是可以理解的。

拟将废太子允礽移住郑家庄，也是五十六年（1717）底即已开始实施的秘密建储计划的组成部分。五十七年（1718）十月，康熙帝暗定的皇位继承人允禵肩负解决准噶尔问题的重任，率军西征，几乎与此同时，郑家庄工程启动。虽然其后数年军费开支巨大，但这一工程用费并未受到影响，终于在六十年（1721）十月完工，而此时正值允禵收复拉萨，建立重大军功一年之后。看来，康熙帝打算在允禵胜利班师，秘密建储计划最终完成，册立皇储之际，让废太子允礽移住郑家庄。但是，这一切均因康熙帝突然病逝而未能实现。

在迁移废太子、册立储君之前，康熙帝不便明言修建废太子迁移之所。为了避免由此引发人们对其即将建储的种种猜测，故以王府称之，以

1　昭梿：《啸亭续录》卷4，《京师王公府第》。
2　韩光辉《清康熙敕建郑家庄王府考辨》一文（载《中国历史地理论丛》1996年2期）率先指出："清康熙敕建的郑家庄王府及雍正初所置郑家庄八旗驻防地就位于京郊昌平南境、京城德胜门外二十余里的平西府，而不在山西祁县，亦不在河北祁州。因此《清史稿·诸王传》关于'雍正元年……（引者略）将移允礽往居之'的祁县郑家庄是一明显失误。"但该文尚未利用有关满文档案。1994年冯其利亲至昌平县平西府做实地考察，写有《地处郊区县的唯一一处亲王府（理亲王弘晳府——引者）》一文，收入冯著《寻访京城清王府》（文化艺术出版社，2006年）。另据韩文考证，平西府，初名南郑家庄。由于平房（地名，今昌平平坊——引者）与在南郑家庄修建的平西府呈东西向对应关系，故在王府建成后，南郑家庄地名被平西府取代，依照中国古代方位地名命名原则，平西府即平房西之王府。按，乾隆四年（1739）弘晳革爵前，除去皇帝（如雍正帝）外，其他人只能是以"理（亲）王府"，称其在郑家庄的府邸。弘晳革爵后仅两月，即被解至景山东果园圈禁，伊子一并来京。所以，"平西府"之称，很可能出现在弘晳罹罪，即"理（亲）王府"不复存在之后。待考。

遮人耳目。不过，既然郑家庄在时人看来"隔越郊外，离宫禁甚远"[1]，康熙帝不会让年幼皇子前往居住，而年长皇子时常奉差，办理政务，也无可能使之居此，往来奔波。清制，八旗王公府邸均建在北京内城。康熙帝打破常规，在昌平郑家庄建造王府，若非具有特殊、重要目的，断难如此。所以，当郑家庄王府竣工后，人们揣摩康熙帝之意，包括皇四子胤禛在内，均以为拟将废太子允礽移住于此。

康熙帝选定郑家庄作为废太子允礽移住之地，是经过多方面的慎重考虑。该处相对偏远，允礽移居于此，又有重兵驻守，与京城联络不便，难以重新聚集党羽。这里又是康熙帝由京师去塞外巡视时"频经驻跸之地"[2]，且距（昌平）汤泉很近。康熙帝晚年为足疾所困，行走艰难，经常去汤泉疗养。若在郑家庄幽禁废太子，无论康熙帝驻跸该处行宫或驻跸汤泉，都便于亲自了解、掌握废太子动向，及时采取措施。

据《清圣祖实录》记载，五十八年（1719）十月康熙帝由塞外返京途中、五十九（1720）年四月出巡塞外途中、十月由塞外返京途中，先后三次分别于郑格庄（郑家庄）驻跸。[3]此时，正值郑家庄工程进行之中。自六十年（1721）冬郑家庄行宫、王府等竣工至翌年（1722）冬康熙帝去世前一年间，特别是六十一年康熙帝出巡塞外往返途中，未见于郑家庄驻跸的记载。此外，尚未见到雍正、乾隆二帝于郑家庄行宫驻跸的记载。康熙帝在郑家庄修建行宫，除去与迁移废太子事紧密相关，或因该处亦有温泉，便于疗疾外，是否还有其他原因，待考。

至于建造行宫、王府的同时，还在郑家庄修建城楼、城门、城墙、护城河、兵丁营房等等特殊设施，恐怕主要还是出于严密防范废太子允礽的目的。

如果康熙帝并未将废太子允礽的潜在势力与影响，视为对于他所暗定

---

1 《清世宗实录》卷1，康熙六十一年十一月丁酉。
2 康熙帝去世后第四天（六十一年十一月十六日），总理事务王大臣议奏："南海子旧衙门及郑家庄新造行宫，此两处殿宇深严，制度宏敞，俱系大行皇帝频经驻跸之地，可以安奉梓宫，恭请皇上钦定。"雍正帝认为，此二处隔越郊外，离宫禁甚远，"朕心不忍"。遂循"世祖章皇帝大事"之例，将康熙帝梓宫安奉景山寿皇殿内。参见《上谕内阁》，康熙六十一年十一月十六日；《清世宗实录》卷1，康熙六十一年十一月丁酉。
3 《清圣祖实录》卷286，五十八年十月丙午；卷287，五十九年四月戊申；卷289，五十九年十月壬寅。

皇储的一大威胁，如果他并不认为允礽是诸皇子储位之争中最具危险性的一方，那么，就绝不会在衰迈多病，且为西征之役费尽心力的情况下，又精心筹划于昌平郑家庄建造行宫、王府及其配套设施，以做迁移废太子的准备了。

（二）皇八子允禩的角色转换　皇四子胤禛的韬晦之策

康熙朝晚期的储位之争中，康熙帝对于皇八子允禩的态度，允禩及其支持者在这一斗争中所扮演的角色，都在逐步发生较大变化。

人的心情与精神状态对健康具有直接影响，郁闷气怒必致多病，古今中外皆然。康熙五十五年（1716）八月底，因毙鹰事件受到惩处的允禩染患伤寒，病势危重。他的委屈与抑郁之情经过将近两载的积蓄，终于通过这一特殊的方式突然发泄出来。当时，康熙帝尚在热河。允禩发病初期，曾自请御医诊治，却不肯服药，也不许御医将其病情告知在京值守的诸皇子。他对御医说："我是在皇父前获有重罪之人，数年未得仰见天颜（按，据《清圣祖实录》载，五十四年、五十五年康熙帝外出，允禩皆未随往），如今尚有何脸面求生！"[1] 因其病势日渐加重，御医难当重责，遂于九月初十日将此事报告值守京师的允祉等皇子。康熙帝在允祉等于十一日奏报允禩病情的折子上朱批："勉力医治。"[2]

九月十七日康熙帝在御医奏报允禩病情折子上的朱批，透露了他对允禩的一些看法："本人有生以来好信医巫，被无赖小人哄骗，吃药太多，积毒太甚，此一举发，若幸得病全，乃有造化，倘毒气不净，再用补剂，似难调治。"[3] 尽管口吻冷淡，却一语双关，指出允禩乃听信他人之言，受骗上当之辈，无意间在允禩与废太子允礽、大阿哥允禔之间，划出一条清晰的界线。此后直至允禩病愈，康熙帝多次指示御医，用心调理，并让在京皇子寻找好大夫为允禩医治。[4]

1　满文朱批奏折，胤祉等奏，康熙五十五年九月十一日，内附汉文启文一件。
2　满文朱批奏折，胤祉等奏，康熙五十五年九月十一日，内附汉文启文一件。按，是年四月允祉随毙去热河，先行返京，九月中旬再次前往行在，九月下旬因搬移允禩事，奉旨先返京师。
3　汉文朱批奏折，李德聪等奏，无年月，根据内容判断为康熙五十五年九月十七日奏。
4　汉文朱批奏折，李德聪等奏，无年月，根据内容判断为康熙五十五年九月二十日奏；满文朱批奏折，胤祉等奏，康熙五十五年九月二十日。

允禩患病后，提出请求想见皇父一面，康熙帝没有同意。为了远离病邪之气，避免不祥，在康熙帝授意下，诸皇子于皇父及祖母结束塞外之行，回驻畅春园的前一日（九月二十七日），将垂危的允禩由其邻近畅春园的别墅，移至城内家中。[1]康熙帝的这种态度，并不能仅仅解释为他对允禩怀有成见而很绝情。与其同时代绝大多数人一样，康熙帝相当迷信。他曾反复提醒诸皇子："当思各自保重身体，诸凡宜忌之处，必当忌之，凡秽恶之处，勿得亲临。"[2]他还严禁皇子在奏报为大臣延医治病的折子上，写上自己的名字。[3]此次他拒绝与重病的允禩见面，授意诸皇子将允禩搬离畅春园附近之别墅，也是出于这种考虑。

允禩病重期间，康熙帝让"向来与八阿哥允禩相好"的允禟，会同御医相酌调治，并示意随驾出巡的胤禛使人往看。当胤禛奏请皇父，称自己将先行返京看视允禩，康熙帝却又不以为然，认为这是置扈驾之事于不顾，"观此关切之意，亦似党庇允禩"，随即令胤禛料理允禩医药之事。[4]数日后，康熙帝又命苏努、佟国维、马齐、阿灵阿、鄂伦岱、巴浑德等人（除去巴浑德外，上述诸人均为允禩的拥护者）共同看视允禩之病，与胤禛一起多方延医，竭力调治。[5]这些情况表明，虽然胤禛在一废太子事件发生后，极力与允禩等反太子派成员疏远，但康熙帝却仍将他视作与允禩及其拥护者交往密切之人，并没有因为他突然转变立场，而完全改变对他的这一看法。[6]

五十六年正月，允禩大病初愈，康熙帝恢复了他的俸银、俸米。此后，康熙帝与他的关系日渐缓和，并重新交付他办理政务。如五十七年（1718）秋，令允禩会同内务府总管佛保、李英贵等，核查热河行宫所用

---

1 满文朱批奏折，胤祉等奏，无年月，根据内容判断为康熙五十五年九月底奏；另参见《清圣祖实录》卷269，康熙五十五年九月辛巳、甲申。
2 《圣祖庭训格言》，第64页。
3 满文朱批奏折2件，胤祉、胤禛奏，康熙四十五年八月二十七日、康熙四十六年九月二十七日。
4 《清圣祖实录》卷269，康熙五十五年九月戊辰、甲戌、己卯。
5 参见《清圣祖实录》卷269，康熙五十五年九月癸未。
6 参见许曾重：《清世宗胤禛继承皇位问题新探》，载《清史论丛》第4辑。

钱粮银两。¹ 六十年（1721）三月，朱笔圈出拟行遣往祭祀天地、太庙、社稷的皇子、大臣名单中，允禵亦在其中，却无皇十三子允祥。² 这些情况说明，康熙帝已将允禵与其他年长皇子同样看待。

值得注意的是，六十一年（1722）允禵的老师何焯去世后，康熙帝表示惋惜，称他"修书勤，学问好。朕正欲用之，不意骤殇，深可悯恻！"并"赠侍读学士，赐金，给符传归丧，复命有司存恤其孤"³。如果康熙帝依旧对允禵深恶痛绝，不会对他的老师有此褒赞。

康熙朝后期，允禵虽然经过数次严厉打击，又因重病几至殒命，但是，他在朝臣中仍有较高威信。例如，康熙五十六年（1717）春，被康熙帝称之为"义虽君臣，情同朋友"⁴的大学士李光地，在与胤禵属下戴铎的谈话中，依然表示"目下诸王，八王（允禵）最贤"⁵。是年十一月，康熙帝同大学士谈及王掞等密折奏请建储之事，他说："即如李光地，为此事亦曾口奏。"⁶ 所以，不排除李光地曾向康熙帝表露自己的上述看法。此时正值秘密建储计划实施前夕，李光地的看法当有一定代表性。

然而，康熙五十七年（1718）允禵率师西征后，他在朝中的威信日益提高，逐步超出其他皇子，成为众臣所瞩目者。这种情况下，允禩、允禟将其本人无法实现的对储位的希冀，寄托在允禵身上，与允禵一直保持密切联系。允禟甚至曾直言不讳地说："十四爷若得立为皇太子，必然听我几分说话。"⁷

康熙帝晚年，更确切地讲是在开始实施秘密建储计划后，之所以对允禵的态度发生较大变化，一个重要原因，是不再将允禵视为对皇权的威胁，而是认为他的能量与威信皆可为己所用，即以之作为暗定皇位继承人

1　满文朱批奏折，赖保奏，康熙五十七年八月十一日。按，查阅《八旗通志初集》卷114，《八旗大臣年表》8，佛保、李英贵二人均未在康熙五十七年（1718）内务府总管之列。此例及前述若干事例表明，该书《八旗大臣年表》等项所列人员，或有遗漏者。待考。
2　《清圣祖实录》卷291，康熙六十年三月戊辰、庚午。
3　《清史列传》卷71，《文苑传》2，《何焯》。
4　李清植纂辑：《文贞公年谱》卷下，康熙五十二年十一月条。
5　《文献丛编》第3辑，《戴铎奏折九·康熙五十七年》。
6　《清圣祖实录》卷275，康熙五十六年十一月丙子。
7　《文献丛编》第1辑，《允禩允禟案·雍正四年·秦道然等口供》。

允禵的重要支持力量。[1]所以，在康熙帝心目中，允禩、允禟等人已逐步转变为有利于皇权集中与强化的因素，客观上成为秘密建储计划的促进者。

康熙朝后期参与储位之争的三方角逐中，皇四子胤禛扮演了一个相对不起眼的角色。暗行韬晦之计是他的总体方针，另以两种策略相配合。一是表面上对皇位继承人问题毫不在意。平日，他常与藩邸附近柏林寺僧人谈论内典，[2]在同诸皇子及皇亲外戚、满汉重臣的接触中尽可能保持一定距离，试图给人"秉性疎懒，喜爱清闲"的印象[3]，且以"天下第一闲人"自诩[4]。二是并非像允禩等人那样在朝臣中建立广泛的关系网，而仅注重拉拢对于他获取储位可能有助之人，川陕总督年羹尧与步军统领隆科多即为其中最重要的两位。年羹尧是胤禛"藩邸旧人"，关于他的情况及其与胤禛继位的关系，治史者已多有析述（参见第一章第三节）。事实表明，与年羹尧相较，隆科多对胤禛能够在储位之争中胜出起有更直接的作用。

隆科多是康熙帝的二舅佟国维第三子，他的两位姐姐分别做了康熙帝的皇后（孝懿仁皇后）与贵妃（悫惠皇贵妃）。隆科多兼有康熙帝表弟与内弟的双重身份，是康熙帝的外家戚属内最受重用的一位，也是最有才力的一位，曾被康熙帝称做"乃应成为将军之人"[5]。他原是允禩的支持者，四十八年（1709）二月曾因此受到康熙帝的斥责。[6]然而五十年（1711）秋，他接替托合齐担任步军统领这一重要职务。五十五年（1716）九月允禩病重，康熙帝让平日与允禩关系密切的王公大臣皆往看视，此中甚至包括极力与允禩相疏远，避之唯恐不及的胤禛，却唯独没有隆科多。这些情况表明，一废太子事件发生后，隆科多很快与反太子派分道扬镳，而且做得比胤禛还要成功，连康熙帝也不再将他视为允禩的同路人。他为个人利益所驱使，审时度势，及时转变立场，同胤禛在此问题上的行为与动机并无二致。这一共同点，是他们于康熙朝晚期建立起密切关系的基础。况

---

1 参见许曾重：《清世宗胤禛继承皇位问题新探》，载《清史论丛》第4辑。
2 《清世宗实录》卷32，雍正三年五月壬戌。
3 《雍正朝起居注册》第1册，第368页。
4 《世宗宪皇帝御制文集》卷6，《雍邸诗集序》。
5 满文朱批奏折，胤禛奏，康熙五十八年正月十九日。
6 《清圣祖实录》卷236，康熙四十八年二月己巳。

且,在为旧日盟友反太子派成员所不满,甚至受到其明嘲暗讽方面,两人很可能也有相同的感受。

自五十年(1711)秋直至康熙帝去世,隆科多始终担任步军统领(五十九年十一月兼任理藩院尚书)。在此期间,他是深受康熙帝宠信的大臣之一,常被秘密交付重要使命,如负责监视幽禁中的废太子允礽、大阿哥允禔,了解宗室王公的动向等。特别是当康熙帝不在京师时,他随时将有关情况密报,是康熙帝的忠实耳目。因尽职尽责,表现出色,隆科多很得康熙帝的欢心。[1]

另一方面,康熙帝晚年在处理储位之争问题时,只是注意到积极参与储位角逐的废太子允礽一方与允禩等人一方,并认为允禛、允禵等倾心支持为己所属意者允禵,可用以作为推进秘密建储计划顺利实施的积极力量,因而将注意力更多地集中在废太子允礽图谋复出问题上,将此视为最大隐患,并始终保持高度警惕。可是,康熙帝却忽略了最为隐蔽的胤禛一方,对其暗中角逐储位的活动,特别是对胤禛逐步争取到步军统领隆科多的支持这一重要情况,全无警觉。总之,无论康熙帝本人还是允禩一方,对于步军统领一职在皇位传承中可能发挥的关键性作用,都缺乏充分认识。胤禛却能从允礽废黜前与步军统领托合齐的关系中受到启发,吸取经验,为己所用。这是胤禛的高明之处。

(三)康熙帝晚年的忧虑

两废太子后至康熙帝辞世前整整十年期间(1712—1722),总的说来,康熙帝的心情始终不佳。这一时期他所作的诗篇,不乏流露愁苦情绪的词句,例如:"叠叠愁肠无日舒,春风细雨绿芳初";"歊蒸少退解烦忧,白发苍颜万里愁";"衰老无能再一览,缅怀西顾愈添愁";"夙夜焦劳白发盈,愁肠一日几迴縈";"不逮精神老愈愁,银须鹤发更何求,艰难世事危心力,履薄临深岂自由"[2];等等。这种现象是其早期或中期的诗篇中所没有的。所以,五十七年(1718)四月,朝鲜使臣归国后说:"归时得见皇帝所

---

[1] 详见杨珍:《康熙朝隆科多事迹初探》,载1994年《清史论丛》,沈阳:辽宁古籍出版社,1994年。

[2] 《圣祖御制文三集》卷49,《春日有所思二首·其二》;《圣祖御制文四集》卷33,《暑将退》;卷36,《忆陕西》《中元日同僧语》《书怀》。

制歌词，语甚凄凉，其志气之衰耗可见矣。"[1]

康熙帝的重重忧虑，除去因年迈多病，力不从心，加之西征之役旷日持久、耗费巨大，几不能支所致外，主要还是由以下两方面原因造成。

一是担心废太子允礽的潜在势力与影响，会破坏皇权的集中，分散众臣的凝聚力，扰乱人心，进而妨碍他顺利解决皇位传承问题。五十七年（1718）二月，满汉九卿请安时康熙帝所发手书谕旨，道出这一隐忧："朕躬抱病之状，众亦知之。故不法匪类，曾经治罪免死之徒，伙同结党，谋放出二阿哥。观此则乱臣贼子仍不乏人，岂可不留心乎？每思此等事，食且不能下咽，何由万安？"[2]

二是对身后之事，即能否顺利完成皇位传承，他所属意的皇子能否顺利继位，并无充分把握。六十一年（1722）十月二十六日，大臣们为翌年（1723）庆贺其七旬大庆事奏请，康熙帝予以拒绝。他说："当此之际，翼翼小心，惟恐善后之策，不能预料，保泰国安，夙夜冰兢。况今西陲用兵，士卒暴露，转运罢敝，民生乏食，物价腾贵，正宜君臣同寅协恭，乂安万姓，永致太平。自古庆贺多者，后人不取，况又何益乎？"[3] 这时距康熙帝离世（是年十一月十三日），仅有16天。看来，不放心身后之事，是他即将走完人生之旅时首要担忧所在。

康熙帝一向自视甚高，他认为与其本人相比，众皇子皆有较大差距。第一次废黜皇太子允礽时，他亲自撰写的告天祭文中说："臣虽有众子，远不及臣。"[4] 这是其真实想法。经过长期观察与反复比较，他最终属意于允禵，但这并不意味着允禵乃是其心目中十分理想的继承人。

中国古代一些雄才大略之君，因其本人才力杰出，往往感到子不如父，对于其子嗣的治国才干估计偏低，这种情况在清朝似乎更为突出。不仅康熙帝，努尔哈赤认为只有他本人掌握后金汗权，方能秉公理政，"素怀正直，但从未满足"，而后继者则可能"尚力恣纵而获罪于天"[5]。雍正八

---

[1] 吴晗辑：《朝鲜李朝实录中的中国史料》第10册，第4344页。
[2] 《康熙起居注册》第3册，第2489页。
[3] 《清圣祖实录》卷299，康熙六十一年十月戊寅。
[4] 《清圣祖实录》卷234，康熙四十七年九月辛卯。
[5] 《满文老档》上册，第39页、345页。

年（1730）七月，雍正帝曾对他所倚信的云南总督鄂尔泰感叹："皇子皆中庸之资，朕弟侄辈亦乏卓越之才。"[1]事实上，上述一汗（努尔哈赤）两帝（康熙帝、雍正帝）的继承人，即皇太极、雍正帝、乾隆帝继位后的治绩，与大多数中国古代帝王相比，均属相当出色。他们在某些方面还超过先皇，青出于蓝而胜于蓝。康熙帝等人的这种担心与顾虑实无必要。

第二节　秘密建储计划

一、秘密建储计划的形成

康熙帝晚年实行的秘密建储计划，在中国皇权发展史上具有重大意义，是对中国古代皇位（王位）传承模式的改进与突破，为雍乾时期秘密建储制度的建立开辟了道路。同时，它也是康、雍、乾三帝在集中、强化皇权的诸多具体措施中一个重要组成部分。

两立两废储君的惨痛教训以及嫡子允礽与长子允禔的劣行与图谋，都迫使康熙帝认识到，继续实行嫡长子皇位继承制以解决储位问题，已非可行之路。事实上，嫡长子皇位继承制这一历代汉族王朝所沿用的皇位传承模式，因逐步与清朝皇权高度集中与强化的发展态势产生抵牾，终将为新的模式所取代的趋势，已隐然可见。不过，包括康熙帝在内的清朝最高统治集团成员，当时还不可能认识到这一点。

康熙帝的秘密建储计划，经历了一个从萌芽到形成，又随着清朝局势的变化而有所发展的曲折历程。

康熙四十七年（1708）十月一废太子期间，康熙帝曾对众皇子及大臣们说："今立皇太子之事，朕心已有成算，但不告知诸大臣，亦不令众人知，到彼时，尔等只遵朕旨而行。"[2]这固然是康熙帝为稳定人心而采取的权宜之策，却表明此时他对储位问题的思考中，已初步含有秘密建储的两

---

[1] 中国第一历史档案馆：《雍正朝汉文朱批奏折汇编》第18册，第1027页，南京：江苏古籍出版社，1991年。

[2] 《清圣祖实录》卷235，康熙四十七年十月癸卯。

个基本原则,即建储问题由皇帝本人全权决定,以及正式建储前对储君人选严格保密。[1] 由于时间仓促,康熙帝显然没有也不可能进行全面而深入的思索,他只是在受到一废太子事件及诸皇子激烈争夺储位的双重刺激下,产生上述新的想法。这是秘密建储的思想萌芽,但尚未上升到理性阶段。

五十一年(1712)十月第二次废黜皇太子允礽后,康熙帝开始全面总结、思考建储问题。康熙五十二年(1713)二月左都御史赵申乔奏请册立皇太子,这是二废太子后,朝臣第一次为此事奏请。于是,康熙帝专门召集群臣,"明示朕意"。内容主要有以下几点。

第一,"建储大事,朕岂忘怀,但关系甚重,有未可轻立者"。"太子之为国本,朕岂不知,立非其人,关系匪轻。"对立储采取了异常慎重的态度。

第二,"汉唐以来,太子幼冲,尚保无事,若太子年长,其左右群小,结党营私,鲜有能无事者"。"今众皇子,学问见识不后于人,但年俱长成,已经分封,其所属人员,未有不各庇护其主者,即使立之,能保其将来无事乎?"表明康熙帝这时已考虑到嫡长子皇位继承制公开建储的弊端。由此,他明确指出:"太祖皇帝并未预立皇太子,太宗皇帝亦未预立皇太子。"康熙帝重新思考皇位传承问题时,是以满族统治者具有不预先册立嗣君的传统作为切入点,这也表明,他已从嫡长子皇位继承制思想的束缚中部分解脱出来。

第三,指责索额图于康熙十四年(1675)拟定的皇太子仪注规格过高,"几与朕相似,(允礽)骄纵之渐,实由于此"。可见他已逐渐虑及皇储关系的核心部分,即储权问题。

第四,"朕御极五十余年,朝乾夕惕",乾纲独断,"毫无私心","是以数十年来,海宇宁靖。今欲立皇太子,必须以朕心为心者,方可立之,岂宜轻举"。开始提出择贤而立的选择标准。[2]

五十二年(1713)二月谕旨表明,由于经历了两次立废太子的沉痛教训,又面临错综复杂的储位之争局面,康熙帝开始结合历史与现实的经

---

[1] 参见许曾重:《清代全史》第三卷第七章第一节《储位问题》,沈阳:辽宁人民出版社,1991年。

[2] 《清圣祖实录》卷253,康熙五十二年二月庚戌。

验，深入思考建储方式、择储标准、皇储关系等问题，力图寻找一个比较妥善的办法，避免以往的失误；在尚未找到可行方法前，宁肯暂不立储，决不急于求成，草率册立。这一谕旨的发布，是康熙帝晚年拟定秘密建储计划的开端。

其后，经过四年多的总结、思索，以及对储君人选的精心选择后，康熙帝的秘密建储计划终于逐步显现。需要指出，由于康熙五十四年（1715）四月准噶尔军突袭哈密地区，五十六年（1717）又偷袭西藏，清廷开始进行极其艰巨的西征之役，调兵遣将及繁重的后勤事务牵动全国，迫使康熙帝将主要精力转移到这一方面，因而延缓了秘密建储的进程。

五十六年（1717）冬，康熙帝曾就建储问题分别召集皇子、大臣征求意见[1]，此即朝野广为流传的"建储会议"[2]。从常理分析，如果康熙帝本人尚未心中有数，则不大可能召集众议。然而，他只是通过这一方式，了解皇子、大臣们的有关看法，并未透露己见，也未做出任何暗示，因而事后人们的诸多议论中，对储君人选等关键性问题仍无一涉及。看来，在有关建储问题上，康熙帝已开始有意识地采取保密宗旨。

为建储一事专门召集众人征询意见，尽管是为了掌握有关情况，但终究与皇帝全权决定储君人选的秘密建储理念相对立。这表明康熙帝制定、实施秘密建储计划过程中，满族旧制及其传统观念对他的影响依旧存在。

此外，一位传教士于康熙五十七年（1718）从广州发回欧洲的信中写道，人们传说康熙帝对诸皇子都不满意，因而打算选择一位元朝的后裔作为皇太子。[3] 由于建储会议的召开，人们意识到康熙帝准备第三次立储，但又无法断定他所挑选的是哪位皇子，所以做出种种臆断，出现上述奇谈。这表明康熙帝对皇储人选的保密做得相当成功。

正当孝惠皇太后病危（五十六年十二月初六日去世），康熙帝本人多

---

1 《清世宗实录》卷45，雍正四年六月甲子；另参见《文献丛编》第3辑，《戴铎奏折九·康熙五十七年》。

2 吴晗辑：《朝鲜李朝实录中的中国史料》第10册，第4344-4345页。

3 Silas H.L.Wu, *Passage to Power, K'ang-hsi and His Heir Apparent, 1661–1722*.Harvard University Press, 1979, PP.158-159；另参见［法］杜赫德编：《耶稣会士中国书简集·中国回忆录》第2卷，郑德弟译，第208-209页，郑州：大象出版社，2001年。

病缠身之际，五十六年（1712）十一月二十一日，康熙帝于乾清宫东暖阁召集众皇子与满汉大臣，以"面谕"方式对自己的一生做了一番比较客观的总结和评价。他说："此谕已备十年，若有遗诏，无非此言。披肝露胆，馨尽五内，朕言不再。"[1] 十二月十二日，康熙帝将"面谕"以汉字手书发出，命大学士等翻译满文进呈。[2] 这一"手书谕旨"[3]较之十一月二十一日所作"面谕"，当已有所增减润色。

据《康熙起居注》载，十二月二十一日，"奏事六品官双全等，捧出大学士马齐等将皇上汉字谕旨翻译进呈折子并皇上手书蓝笔谕旨，交与大学士马齐等，谕曰：'满汉字句甚是相符，俱系朕肺腑之言。此旨作何颁发之处，尔等速议具奏。'"[4]

不料，十二月二十二日，马齐等奏称："皇上谕旨，前已召入诸臣面谕，不必再行颁发，乞请留中。"康熙帝对此请求斥之曰："甚属错误，悖谬极矣。"[5] 二十三日，马齐等再次奏请："昨谕旨内觉语有太重者，乞皇上裁去数语，以安臣民之心。俟命下之日缮写上传，于二十八日交与吏部，颁示各部院衙门、八旗、直隶各省督、抚、提镇。"康熙帝阅后，再次严斥："这所议又误，更加悖谬矣。"[6]

十二月二十四日，马齐等奏称："御制鸿文，臣等衙门应照原旨缮写。上谕（即"手书谕旨"）於本月二十八日交吏部，传集满汉内阁、九卿、詹事、翰林、科、道及主事以上等官，于午门前宣示，使大小臣工咸知圣意，共相惕励，无负皇上惓惓剖示之苦衷。恭缴上传时，仍公同具奏。内阁、起居注谨将上谕各写一通，加谨收贮。此外有何应存之处，恭候皇上指示。"此折被留中。[7]

1　《清圣祖实录》卷275，康熙五十六年十一月辛未。
2　《清圣祖实录》卷276，康熙五十六年十二月壬辰；《康熙起居注》第3册，第2474页。
3　《清圣祖实录》卷276，康熙五十六年十二月甲辰。
4　《康熙起居注》第3册，第2474页；中国科学院编：《明清史料》，丁编第8册，第788页，上海：商务印书馆，1951年铅印本。按，康熙帝正在为当月初六日去世的嫡母孝惠章皇后服丧，故以蓝笔书旨。
5　《康熙起居注》第3册，第2474页。
6　《康熙起居注》第3册，第2474页。
7　《康熙起居注》第3册，第2474页。

另据《文贞公年谱》载:"(五十六年)十二月,遭孝惠章皇后大恤。自太后违豫,上移次于苍震门内,衣不解带,忧瘁成疾……嗣而太后大行,上以思慕过甚,所患益加,内发谕旨,命颁示中外,其中多有可骇句。诸大臣皆知宣之不可,无不惶愕失措者。公(大学士李光地)徐捧谕旨,就坐处别订一稿以进。上怒,以擅格诏旨,下部严议,仍发原稿,立令颁行。诸大臣益震,公又再订一稿以进,复奉严旨如初。于是有欲顺旨颁行者。公固持之,密谓马公齐曰,此事当以死争。又更订一稿以进,奏入,上亦意悟,因留中不发。事获寝。"[1]

上述两种史料互为印证,说明五十六年(1712)底,康熙帝接受大学士马齐、李光地等人奏请,将几经修订的"手书谕旨"连同他们的折子,均留中未发。

但是,五十七年正月十二日,马齐等又奏称:"所奉上谕,乃皇上亲书,肺腑之要,关系心法治法,至精至大,诚宜颁示中外,俾晓然共喻圣心,且以垂示亿万世……颁旨日,齐集诸王文武臣工于天安门外金水桥前……令读祝官宣读晓众。礼毕,抬送礼部,刊刻颁行天下。颁发日期,礼部交与钦天监选择奏闻……"[2]康熙帝对此所作批示,未见记载。"手书谕旨"最终是否被"颁行天下"?综合有关情况看,答案应是否定的。

目前所见史籍中,未见对"手书谕旨"的全文记载。时隔三个多世纪,这份极为珍贵的文献大约今已无存。不过,成书于雍正九年(1730)的《清圣祖实录》中所载五十七年(1718)十一月二十一日的"面谕",应当是以经过修订的"手书谕旨"为底本,收入实录时或许又有删减。康熙帝去世后第三天(康熙六十一年十一月十六日)由清廷颁布,载于《清圣祖实录》的"大行皇帝遗诏"[3],乃以"手书谕旨"的部分内容以及雍正帝继位后杜撰的口头传位遗诏,共同组成。[4]康熙五十六年十一月二十一日"面谕"、是年十二月十二日所发"手书谕旨"以及康熙帝去世后颁行天下

---

1 李清植纂辑:《文贞公年谱》卷下,康熙五十六年十二月条。
2 《明清史料》丁编第8册,第788页。
3 《清世宗实录》卷1,康熙六十一年十一月丁酉。
4 参见许曾重:《清世宗胤禛继承皇位问题新探》,载《清史论丛》第4辑。

的康熙帝遗诏（传位内容除外），这三者之间有着后先相承、从一而出的关系。

从《清圣祖实录》所载五十六年十一月二十一日"面谕"的内容看，涉及建储的内容不多，但仍透露出康熙帝关于秘密建储的某些重要思路。其主要内容如下。

第一，承认"朕今气血耗减，勉强支持"，流露出早定储位的愿望。

第二，强调能否辨别皇子及大臣的忠奸、贤愚，对于治乱兴衰及建储具有重要意义。

第三，公开表明皇帝全权决定储君人选，不容他人干预、干扰的决心。

第四，针对是年五月大学士王掞"奏请立储分理"政务一事，明确表示，"天下大权，当统于一"，意指皇帝应始终保持乾纲独断的至尊地位，即使当皇帝生病时，储君也只能在皇帝的指示下协助办理事务，并非"分理"。这为其后的皇储关系定下基调。

总之，"手书谕旨"虽然表露出康熙帝急于建储的意向，并论述了有关建储的各方面问题，然而对于储君人选及建储日期依旧只字不提。看来，康熙帝是想等到一切准备就绪，册立大典举行前夕，再宣布建储并公布皇储人选，在此之前对有关事项严格保密。康熙帝新的建储计划，所以又可称之为秘密建储计划，原因也在这里。

显而易见，这一新的建储计划是在康熙五十二年（1713）二月谕旨的基础之上发展而来。与历代汉族帝王所遵循的嫡长子皇位继承制相比较，它的各项方针如皇帝全权决定储君人选、择贤而立的建储标准、对储君人选严格保密等，都具有独到之处。如果能够贯彻实施并最终形成制度，将会减少传统建储制度的某些弊端，对皇权的巩固及王朝政局的稳定皆有裨益。

此后两个月中，针对朝臣关于早立储君，以减轻皇帝日理万机之劳的奏请，康熙帝反复强调，建储之后，储君只是在皇帝的指导下"赞襄"政务，不是"分理"国政；同时，令朝臣立即裁减太子仪注，以削弱储权，保证皇帝在建储后仍能做到乾纲独断。[1]

至此，秘密建储计划的实施尚属顺利。从事态进展看，裁减皇太子仪注后，下一步即应举行立储大典。可是，当"大学士、九卿等遵旨将皇太子仪仗冠服、一切应用之物及应行礼仪，俱查明裁减，定议具奏"后，康熙帝却一改数日前的积极态度，只言"所议甚善"，只字不提册立皇太子一事。[2]此后将近五年，直到他去世，再未提及。康熙帝的秘密建储计划在即将完成时，由于西藏局势突然恶化而被迫中断了。

康熙五十七年（1718）正月二十六日，从西藏传来消息，西藏实权人物拉藏汗已被上一年进藏的准噶尔军围困在拉萨布达拉宫[3]。清军远在千里之外，无从救援，准噶尔部控制全藏的局面势将难以避免。这一关系到国家统一的严重事态，立即引起康熙帝的高度关注。所以，当大臣们将经过修改的皇太子仪注定议具奏时，康熙帝只是予以嘉许，没有对册立储君事做下一步指示。[4]

半个月后，噩耗传来，拉藏汗被杀，拉萨失守，准噶尔部军控制了整个西藏。[5]这不仅使青海、四川、云南等与西藏毗邻的诸省遭到严重威胁，而且准噶尔部贵族集团一旦占据拉萨，掌握了黄教，就很可能借此瓦解被视为清朝统治基础的满蒙贵族联盟。因此，这是康熙二十九年（1690）噶尔丹进迫乌兰布通（今内蒙古克什克腾旗西南之大红山）以来，清朝所面临的最为严峻的局势。康熙帝只有暂时搁置建储一事，推迟按照计划本应举行的建储大典，全力料理迫在眉睫的西藏军务。

建储之事所以被暂时后延，也因康熙帝于五十七年（1718）初大病初愈后，身体有所好转。从这时起直至去世的将近五年中，他始终独揽大权，亲理政务。即使赴塞外避暑和行围期间，仍命扈从部院大臣隔三日一面奏。

五十七年秋，一等侍卫色楞、将军额伦特率领的清军在收复西藏途中

---

1 《康熙起居注》第3册，第2464页；《清圣祖实录》卷277，康熙五十七年正月辛酉、庚午。
2 《清圣祖实录》卷277，康熙五十七年正月戊寅。
3 《清圣祖实录》卷277，康熙五十七年正月乙亥。
4 《清圣祖实录》卷277，康熙五十七年正月戊寅。
5 《清圣祖实录》卷277，康熙五十七年二月壬辰。

于藏北全军覆没。[1]是年十月，康熙帝任命他在秘密建储计划中所暗定的皇位继承人允禵为抚远大将军，率师西征，赋予他进军拉萨，收复西藏，直取伊犁，解决准噶尔问题的艰巨使命。[2]

由于西藏事件引发西北、西南局势告紧，康熙帝被迫延长了秘密建储计划。这一举措为其本人所料未及，但也因此使他能够在秘密建储计划中增入新的内容，即让暗定储君在亲历军务、亲掌帅印的过程中得到锻炼与培养，通过建立军功，逐步树立威信，俟其胜利完成任务，再行册立大典。秘密建储计划中考察、培养嗣君的宗旨，由此显现。

秘密建储计划被向后延长的将近五年期间，基本收到康熙帝所预期的效果。但是，由于康熙帝猝然病逝，这一建储计划在实现前夕彻底失败。

还须指出，根据上述史实，秘密建储计划是在康熙五十六年（1717）前后基本制定。当时康熙帝已65岁，健康状况一度恶化，几有朝不保夕之势。所以，他曾打算在五十七年（1718）初宣布储君人选，并举行建储大典，既防"一时不讳"，突发意外，也可使皇太子"赞襄"政务，减轻其日理万机之劳。这意味着皇帝生前依然公开建储，只是在册立皇太子前对暗定储君人选严格保密，以防止进一步加重储位之争，引起政局动荡。雍正帝的秘密建储，则是在密立储君后严格保密，直到皇帝临终时，才宣布立储密旨，储君随即继承皇位。乾隆、道光、咸丰三帝的继位，都是通过这种方式。此外，乾隆帝由于内禅，于乾隆六十年（1795）九月初三日宣布储君人选，但未举行建储大典，而是在四个月后的翌年（嘉庆元年）元旦，举行传位皇太子大典，储君颙琰继承皇位，此即嘉庆帝。足见，康熙帝拟行公开建储，保留储权；雍、乾、嘉、道诸帝则为秘密建储，储权不复存在。这是秘密建储计划与秘密建储制度之间最大区别所在。

二、康熙帝的秘密建储思想

实施秘密建储计划全过程中，康熙帝的有关言行与举措体现出他的秘

1　《清圣祖实录》卷281，康熙五十七年九月甲辰。
2　宫中杂件，给抚远大将军胤禵敕书稿；另参见《清圣祖实录》卷281，康熙五十七年十月丙辰。

密建储思想。康熙帝秘密建储思想的形成，经历了一个不断发展的过程。探讨康熙帝的秘密建储思想，不能孤立地根据他的某次讲话或某一举措，而是需要从整体的视角进行综合考察。

康熙帝的秘密建储思想，主要包括四方面内容。

第一，皇帝全权决定储君人选，最大限度地排除统治阶层中任何集团或个人对于建储的干扰。这是秘密建储思想的核心。

五十六年十一月二十一日的"面谕"中说："汉高祖传遗命于吕后，唐太宗定储位于长孙无忌，朕每览此，深为耻之。或有小人，希图仓卒之际，废立可以自专，推戴一人，以期后福。朕一息尚存，岂肯容此辈乎！"[1] 皇位的传承是皇权的重要组成部分，康熙帝明确指出，应由皇帝本人独掌皇权传承的权力，完全取消后宫、外戚、皇室勋贵及官僚集团在决定皇位继承人选方面的参与权。这是清朝皇权高度集中与强化的重要表现之一。它表明，自明初朱元璋废除丞相制以来所形成的中国封建社会晚期皇帝与官僚集团之间的权力分配格局，再次出现变化，官僚集团在失去行政首脑地位与行政指挥权（相权）之后，它所具有的直接或间接地过问、参与预立国本之权，也被彻底剥夺。在皇位传承问题上，所有臣僚必须服从皇帝的意志，这意味着皇权的专制程度又有新的发展。

皇帝与官僚集团在皇位传承问题上如何进行权力分配，皇帝是否能够真正做到排除一切干扰，独自决断皇位传承问题，固然取决于皇帝本人的能力与谋略、意志与性格，但更重要的，还是与他所处的皇权发展阶段，即皇权集中与强化的程度，有因果关系。汉唐两朝分别处于中国封建社会的早期和中期，皇权的集中与强化程度相对较低。所谓"汉高祖传遗命于吕后，唐太宗定储位于长孙无忌"，正是这一皇权发展状况在皇位传承问题上的体现。

康熙帝所以具有全权决定皇位继承人的思想，同样是他所处皇权发展阶段使然。封建社会晚期，各种社会矛盾不断激化，问题堆积如山，积重难返，而清朝还面临着以往汉族王朝未曾有的较为突出的民族矛盾，这迫使清统治者必须大力集中强化皇权，方可维系统治。当皇权的集中与强化

---

[1] 《清圣祖实录》卷275，康熙五十六年十一月辛未。

达到相当高度，皇帝已将决策权紧紧控制后，是否剥夺臣工在皇位传承问题上的参与权，将此权力完全收归己有，便成为皇帝必须做出的抉择。如果仍如前代帝王，容许臣工插手，皇权的集中与强化就会受到不利影响；反之，则将对皇权的稳固起到促进作用。康熙帝顺应皇权的发展趋势，选择了后者。全权决定皇位继承人的思想，是他对于集中强化皇权理论的一个重要发展，为清帝的统治思想增加了新的内容。

由皇帝全权决定皇位继承人的做法，具有极大的随意性。如果皇帝完全根据个人偏爱而择嗣，所属意者乃品行低劣之人，这将为王朝带来无法挽救的灾难性后果。另一方面，皇储人选的决定权完全归属皇帝本人，则可减少统治集团内部不同利益群体之间为此而展开的激烈纷争，有利于王朝统治秩序的稳定。

第二，以择贤而立作为遴选皇位继承人的原则。它包括三层内涵。

一是康熙帝在嫡子允礽、长子允禔均已无望而被排除在外的前提下，不再依据嫡庶之分、长幼之序择选储君。

二是明确指出"以朕心为心者，方可立之"[1]，将能否对他绝对忠诚，在任何情形下都与他保持一致，作为首要标准。康熙帝认为，像隋文帝被其子炀帝所弑、"宋祖之遥见烛影之类，种种所载疑案，岂非前辙，皆因辨之不早，而且无益于国计民生"[2]。二废太子后将近五年时间内，康熙帝经过在诸子中反复比较，最终才意有所属，而皇储人选能否对其忠诚无二，是他所观察的重中之重，也是最难做出的判断。

三是在对各个皇子的综合才力与总体情况，做出客观分析与评估基础上，选中允禵。

允禵性格爽直，"阔达大度"[3]，兼具较高的满汉文化素养。一个自幼长在深宫，未曾亲历战阵的皇子，所以能领兵西征，独立综理一应军务，当与其自幼参加每年一度的木兰秋狝有直接关系。通过这一活动，他目睹康熙帝如何组织、调度进行秋狝的数万名官兵，并在学习与观摩中多有心得

---

1 《清圣祖实录》卷253，康熙五十二年二月庚戌。
2 《清圣祖实录》卷275，康熙五十六年十一月辛未。
3 佚名：《啁啾漫记》（不分卷），《允禵遗事》，载《清代野史》第7辑，第385页，成都：巴蜀书社，1987年。

体会。加之允禵是一个心直口快之人,会在皇父面前阐述有关看法,提出独立见解。康熙帝发现他在这方面的潜力,着意加以培养,使允禵的军事才能迅速提高,于众皇子中十分突出。

除去品行、作风、文武技能为康熙帝所欣赏外,允禵具有年龄优势。康熙五十六年(1717),皇十四子允禵30岁,在历事较多、较为成熟的年长诸子内,年龄相对最轻。他的九位皇兄(除去皇长子允禔、废太子允礽)中,年龄最长者允祉41岁,胤禛次之,也已40岁。是年孝惠皇太后去世,她生前曾向康熙帝询问医治牙痛的方法,康熙帝安慰她说:"太后圣寿已逾七旬,孙及曾孙殆及百余,且太后之孙,皆已须发将白而牙齿将落矣,何况祖母享如是之高年。"[1]这表明康熙帝认为年长皇子,如皇长子允禔、废太子允礽、皇三子允祉以及皇四子胤禛,正在由中年向老年过渡。他所根据的标准,应是中国第一部医学著作《黄帝内经》中所言:"丈夫八岁肾气实,发长齿更……四八(32岁)筋骨隆盛,肌肉满壮。五八(40岁)肾气衰,发堕齿槁,六八(48岁)阳气衰竭于上,面焦,发鬓颁白……"[2] 30岁的允禵正值壮年,而允祉、胤禛既然已进入40岁"发堕齿槁"阶段,临近迟暮,也就不再适宜于被选做储君。否则,经过数载或十载以上做皇储的岁月,当其继位之际,恐怕已是"阳气衰竭于上,面焦,发鬓颁白"的老者。康熙帝八龄继位,顺治帝六龄登极。皇太极继汗位时35岁,在位17年(1626—1643),享年52岁。皇太极的继位年龄,当是康熙帝择选皇位继承人时的重要参照。换言之,在康熙帝考虑储君人选时,较为年轻的皇子更占有优势。

第三,由于是对储君进行暗中考察培养,这使皇帝始终居于主动地位,即使他所属意者表现不佳而被更换,因无人知晓,不会引起任何不良影响。

因准噶尔军攻取西藏,康熙帝被迫延长秘密建储计划,派遣允禵西征。他的秘密建储思想因此而得到进一步发展,增加了暗中考察、培养暗定储君的内容。西征期间,允禵所处理的事务包括政治、军事、后勤、民

---

1 《圣祖庭训格言》,第41-42页。
2 《黄帝内经素问》卷1,《上古天真论》,第4-5页,康熙九年(1670)刻本。

族、宗教等各个方面。康熙五十九年（1720）清军收复拉萨前，康熙帝在朱批中对允禵及三位皇孙（即跟随允禵出征的"内廷三阿哥"：允祉次子弘曦、允祺次子弘晊、允祐长子弘曙）说："尔等所去地方遥远，惦念之心时刻难解。据尔等遣返之人所言情况，凡应戒备之事、不可掉以轻心处，较之我们事前预料者，多出数倍以上，务须多加小心！"[1] 允禵西征中遇到各种困难之多，面临情况之复杂，由此可证。

康熙帝通过让未来接班人率师出征的方式，使他经受锻炼，建立军功，积累亲理军政事务的经验，在朝内外树立威信。康熙帝的秘密建储思想中，满族尚武的传统色彩仍清晰可见。

第四，严格实行保密宗旨。对于有关问题，如储君人选、册立日期、何时传位等，康熙帝从未对他人透露，包括允禵本人。

五十六年（1717）十月，康熙帝在对大学士、九卿等讲话中说："二十一史，朕皆曾披阅。"[2] 据《旧唐书》中《波斯传》载，波斯人曾经实行秘密建储法："其王初嗣位，便密选子才堪承统者，书其名字，封而藏之。王死后，大臣与王之群子共发封而视之，奉所书名者为主焉。"[3] 波斯的这种王位密建法，或许为康熙帝的秘密建储计划提供了参考。

据雍正帝透露，康熙帝生前写有两份内容相同的朱谕，对诸妃嫔在其身后的去向做出安排。

雍正元年（1723）四月十四日，雍正帝对皇弟允祺、允祐等人说："尔等妃母均已高龄。先前皇考已于两处写有朱笔谕旨。见今尔等各自将妃母接回府中，亦可问安侍奉，尽尔孝心。"[4]

四年（1726）正月初五日，雍正帝再次提及此事："朕即位后，恭检皇考所遗朱批谕旨，内有料理宫闱家务事宜一纸。皇考谕令有子之妃嫔，年老者，各随其子，归养府邸；年少者，暂留宫中。朕谨遵圣谕，遣人询问诸位母妃，据称此系天恩，咸愿随子归邸……"[5]

---

[1] 满文朱批奏折，胤禛等奏，康熙五十九年六月二十九日。
[2] 《清圣祖实录》卷274，康熙五十六年十月庚戌。
[3] 《旧唐书》卷198，《列传》148，《西戎·波斯国》。
[4] 台北故宫博物院：《宫中档雍正朝奏折》第28辑（《满文谕折》第1辑），第374页。
[5] 《雍正朝起居注册》第1册，第662页；另参见《清世宗实录》卷40，雍正四年正月戊戌。

康熙帝既然对于（身后）妃嫔之事留下谕旨，以防突发不测，措手不及，那么，对于比此更重要的皇位传承之事，岂能掉以轻心，并无所备？因此，他曾写有传位允禵的密旨，但因保密不为人知，雍正帝继位后发现这一密旨并予销毁的可能性，不能排除。[1] 这也表明康熙帝的秘密建储思想尚有很不缜密之处，秘密建储计划存在明显的疏漏。

由于贯彻严格保密的宗旨，无从产生皇储矛盾，而允禵无论是否出征，都需要力争做到"以皇父之心为心"。率师西征只是为他提供了一个更有利于表现自己的难得机会，但因尚未得到皇父将立之为储君的许诺，故不敢稍有懈怠。这使允礽做皇太子时倚恃储权为所欲为，结党虐众，威胁皇权的情况，几无可能在允禵身上再现。另一方面，实施秘密建储计划时，储权尚不存在，被暗定的储君也不会因此而影响与其他皇子的关系，像皇太子允礽那样成为众矢之的。

康熙帝形成秘密建储思想的同时，也对册立储君后如何处理皇储关系进行深入思考，采取了相应措施，如削减皇太子仪注、缩小皇太子的权力等。其主旨是抑制储权，以使册立储君后仍能保持皇权的高度集中。

康熙帝摆脱嫡长子皇位继承制的羁绊，大胆进行秘密建储的尝试，显示出一定的进取精神与开创气魄。在已至暮年，疾患较重的情况下仍能如此，更属难能可贵。

三、皇十四子允禵西征

康熙五十七年（1718）十月，在清军于藏北全军覆没、大部分清朝官员存在畏敌厌战情绪的巨大压力下，康熙帝作出进行驱准保藏战役的决策，任命皇十四子允禵为抚远大将军，率师出征，"其纛用正黄旗之纛，照依王纛式样"[2]。允禵坐镇西北，统领西线军务长达四年之久（康熙五十七年十二月至六十一年十一月）。清朝入关后历代皇子中，他是唯一一位长期远离京师、独当一面、领导统一边疆事业，并作出重大贡献的皇子。他一生的成败荣辱、憧憬遗憾，都与准噶尔问题不可分割，同清朝

---

1 参见杨珍：《康熙晚年的秘密建储计划》，载《故宫博物院院刊》1991年第1期。
2 《清圣祖实录》卷281，康熙五十七年十月庚午。按，允禵被时人称为"大将军王"。

统一边疆的进程紧密相连。

康熙五十四年（1715），开始西征之役。五十五年（1716）三月，贵州巡抚刘荫枢上"题请缓图北征"一疏，力劝康熙帝息怒休兵，认为与准噶尔部"分清边界，即可毕事"[1]。大学士李光地也曾在此前后，向康熙帝"叩首请曰：'西师之役，臣每欲有云，然臣事上久，知上更历持重，必无轻举妄动之事，惟乞深为留意。'"[2]刘荫枢与李光地的想法，在地方官员与朝臣中分别具有代表性。因此，康熙五十七年（1718）拉藏汗被杀、西藏失陷、由侍卫色楞和总督额伦特等率领的清军全部覆没的噩耗相继传来，朝中反对再次进军的意见，进一步占据多数。这从下述情况中可以证实。

允禵率军抵达西宁后，经过近一年的周密准备，进军西藏的条件已趋成熟。然而，五十八年（1719）十二月，全体朝臣及"军前召至大臣"商讨进藏事宜，竟得出"暂且看守之议"[3]。议政大臣及九卿等俱称："藏地遥远，路途险恶，且有瘴气，不能遽至，宜固守边疆。"[4]值得注意的是，康熙五十四年（1715）四月，西征准噶尔之役开始时，康熙帝曾召见皇三子诚亲王允祉、皇四子雍亲王胤禛"筹及西边用兵之计"。胤禛奏称："'当日天兵诛殛噶尔丹时，即应将策妄阿喇布坦一同剿灭。因伊畏罪慑服，备极恭顺，是以特赐生全。今……侵扰我哈密，干犯王章，于国法难以宽贷，自当用兵扑灭、以彰天讨。'上深然之。"[5]可是，对五十八年（1719）年底会议大军是否进藏问题时，允祉、胤禛等皇子的意见，《清圣祖实录》却避而不录。这从一个侧面显示，皇子们或不肯表态，或是也持反对进军的看法。如果胤禛仍然主张进军，《清圣祖实录》必予记之。

康熙帝对这种畏战情绪大不以为然，谕议政大臣等："策零敦多卜领兵在藏，以我兵隔远，不能往救。朕思伊等兵，步行一年有余，忍饥带馁，尚能到藏，我兵顾不能至乎？今满汉大臣，咸谓不必进兵，朕意此时不进兵安藏，贼寇无所忌惮，或煽惑沿边诸番部，将作何处置耶？故特谕尔

1　《清圣祖实录》卷267，康熙五十五年三月戊午。
2　李清植纂辑：《文贞公年谱》卷下，康熙五十四年八月条。
3　《清圣祖实录》卷286，康熙五十八年十二月丙辰。
4　《清圣祖实录》卷289，康熙五十九年十月乙卯。
5　《清圣祖实录》卷263，康熙五十四年四月乙未。

等，安藏大兵，决宜前进！"[1]

尽管康熙帝与全体朝臣的意见相左，但千里之外却有一位知音。恰恰在康熙帝力排众议，作出进兵决策的同一天（康熙五十九年正月初五日），允禵从西宁驻地上奏，再次请战："臣前已奏请皇父，惟愿亲自率兵安藏，倘若不允，则派我前往穆鲁斯乌苏（指挥调度）。""见今平郡王（讷尔苏，五十七年底与允禵一同率军西征）等以此行险恶，皇子名分重大为由，奏请将臣留守（西宁），（军中）议政大臣即予依议，臣闻之，极为恼怒"，斥责曰："尔等对我大加阻拦，是为我本人计，还是为了尔等自身？若是为我着想，皇父岂不挚爱其子乎……若言我是皇子，事关重大，先前征讨噶尔丹时，皇父不顾忧劳，三次亲征，全歼顽敌。彼时王公大臣内，即应出一勇士，膺此重任（代皇父）而往！"他在折子最后恳求道："此乃关系臣一生之事，伏乞……圣心独断，或命臣入藏，或派臣前驻穆鲁斯乌苏！"[2]

在事关国家统一、清朝疆域能否保持完整这一重大问题上，包括在京皇子在内所有朝臣采取消极退缩态度时，允禵却明确支持康熙帝的战略决策，屡次请战，态度坚定。进兵安藏固然与允禵的切身利益息息相关，此役之成功是其登上储位的一个重要阶梯。可是，其上述表现，也反映出他关注清朝命运，不惜为之"舍身报效"的强烈责任感与英勇气概。特别是当康熙帝对朝臣们的怯战情绪深感失望之际，不能不为他的战略意图得到允禵的充分理解与坚决支持而备感欣慰，并因此进一步加深对允禵的好感和信任。康熙帝在给允禵的朱批中写道："尔此奏甚是。朕心亦如此。将尔遣往穆鲁斯乌苏之意已定。只是留守西宁之人（紧要），酌情选定为好。"[3]

西征期间，允禵在重大决策问题上"以皇父之心为心"[4]，因而能够进一步得到康熙帝的首肯，其皇位继承人地位得以逐步巩固。

他牢记父旨，离开京师后，沿途与山西、陕西、宁夏、甘肃、青海等地百姓、八旗官兵、地方官员及少数民族上层人物进行广泛接触，并代表

---

[1] 《清圣祖实录》卷287，康熙五十九年正月壬申。
[2] 满文朱批奏折，胤禵奏，康熙五十九年正月初五日。
[3] 满文朱批奏折，胤禵奏，康熙五十九年正月初五日。
[4] 满文朱批奏折，胤禵奏，康熙五十八年正月十九日。

康熙帝屡颁恩赏，使之无不感佩。允禵曾奏报他与甘肃"土司中最强者"，"地最大"的洮州（卓尼族）土司杨汝松[1]交往的情况，康熙帝的朱批意味深长："你大得土司、回子们之心，日后受益处，比汉人强。朕的这些话，断断不可使汉人闻之。"[2]显然，允禵在与各民族代表人物的交往中深得人心，必对其后处理边疆问题大有助焉。

同时，康熙帝也很注意在宗室王公中树立允禵的威信。他特别选派一批皇孙及亲王子弟跟随允禵出征，令允禵时时加以指导。康熙六十年（1721）十一月二十六日，允禵"陛见至京。上命诚亲王（允祉）、雍亲王（胤禛）领内大臣郊迎"[3]。时任宗人府左宗人的阿布兰为奉迎允禵，竟违反常规，出班跪迎。康熙帝对此并未予以指责，似可作为他已属意于允禵的一个反证。

需要指出，《清圣祖实录》中关于允禵西征的记载相当简略，这与胤禛继位后竭力贬低允禵的功绩与威信有直接关系。[4]有关允禵西征的满文档案，是经过雍正帝精心筛选、销毁后的幸存部分，它们所反映的情况也具有较大局限性。尽管如此，有三点情况不容忽视。

其一，雍正帝继位后清除反对派过程中，曾举出康熙帝斥责允禩的大量实例，却未能指出康熙帝在西征期间责备允禵的任何话语。如果康熙帝这样做过，则是雍正帝用以证明允禵为皇考所"厌恶"的最好证明。

其二，目前所见满文档案显示，自康熙五十九年（1720）秋驱准保藏之役获得全胜，至六十一年（1722）冬康熙帝猝死，在此两年多内，允禵的奏折只有十余件，奏折上的朱批大都仅有"知道了"一句。这一时期康熙帝给允禵的朱谕，竟一件无存。这一反常情况说明，当允禵立下战功后，他与康熙帝之间的往来书信内，有对雍正帝继位不利的内容。所以，这些奏折和朱谕被雍正帝销毁殆尽。

其三，被雍正帝认为已无大妨而得以幸存的部分允禵奏折与康熙帝朱

---

1 《清史稿》卷517，《列传》304，《土司》6。
2 满文朱批奏折，胤禛奏，康熙五十八年六月十三日。
3 萧奭：《永宪录》卷1，第28页。
4 参见许曾重：《清世宗胤禛继承皇位问题新探》，载《清史论丛》第4辑。

谕,仍可证明,西征期间,康熙帝与允禵的关系极为融洽,父子感情笃深。康熙帝的亲笔朱批或朱谕中,处处流露出对允禵的深切厚望与思念之情[1]。时至今日,展折细加披阅,仍令人嗟叹不已。

例如,各省贡品及所有美味佳物,康熙帝都要派人给允禵送去一份,从无漏下。每逢发送前,他一定亲自看视包装,以免路遥散失。凡是新奇物品,他还逐件亲笔写下名称,分别放入包中。他对允禵提出要求:"如有需要之物,务必告诉阿玛,方能尽快给你送去。怎能够不向阿玛要,也不写信告诉阿玛,而只是在心里想着呢!"[2] 年节前夕,康熙帝将自己身上已用旧的腰带解下,送给远隔千山万水的允禵。[3] 他在第三次亲征噶尔丹途中,曾让皇太子允礽送来几件(允礽)已经穿旧的衣服,以便他思念皇太子时穿上。[4] 看来,对于最为信赖的亲人,康熙帝自有这种表达情感的特殊方式。他还将自己身体的变化告知允禵,并让允禵为他保密:"朕的白头发、白胡子有些变青了!你不要将此告诉别人。朕只是牙不好。"[5] 允禵西征的第二年(1719),康熙帝亲自操持,为他的一女二子分别办了婚事,并将允禵之子弘明、弘暟带至热河,使两孙儿依绕膝前,亲加训育。[6]

康熙帝对于允禵的爱护与关怀的确超乎寻常,但如果将这一切同允禵在康熙帝心目中的皇位继承人地位相联系,也就无须奇怪了。

康熙五十九年(1720)夏,在允禵的全盘指挥下,清军攻克拉萨,收复西藏,达赖六世在拉萨举行了盛大坐床仪式。[7]

准噶尔军两年多的横行,使西藏各阶层民众蒙受了巨大灾难。他们在拉萨"洗劫了布达拉宫","闯入民房","冲入寺庙,进行洗劫",并"污

---

1 参见杨珍:《满文档案中所见允禵皇位继承人地位的新证据》,载《中国史研究》1990年第3期。
2 满文朱谕,康熙五十八年。
3 满文朱谕,康熙五十九年。
4 台北故宫博物院:《宫中档康熙朝奏折》第8辑(《满文谕析》第1辑),第274–275页。
5 满文朱谕,康熙五十九年。
6 满文朱批奏折4件,胤祯奏,康熙五十八年正月十九日、四月十六日、五月十二日、七月初九日。
7 《清圣祖实录》卷291,康熙六十年正月癸未。

辱和毒打"居民,作恶多端,践踏黄教,殃及众生。[1] 清军入藏,顺乎民意,大得人心,受到当地僧侣百姓热烈欢迎与拥戴。[2] 从此,清朝在西藏的威信大增。

准噶尔军被驱逐后,清朝开始驻军西藏,并设立由四噶伦(政务官员)联合掌政的西藏地方政府,噶伦由中央政府直接任命,以进一步加强对西藏的管理。

驱准保藏之役"振兴黄教",拯救西藏各阶层民众于水火之中,再次挫败准噶尔贵族集团建立一个与清廷相抗衡王朝之企图,防止了国家与民族的分裂,具有重大历史意义,是统一多民族国家进一步巩固、发展的重要标志。

早年北京的旗籍老人认为,雍和宫的传统活动跳布扎(打鬼)中所谓"魔祟","指的是几度侵藏的准噶尔部噶尔丹的兵将……创编这个'跳布扎'的大型乐舞剧,就是为了纪念黄教中兴的战功,也是提醒黄教喇嘛时刻警惕着,别让外族再次入侵西藏"。"纪念黄教中兴",即包括"康熙五十九年,康熙派他的皇十四子允禵入藏……支持第六世达赖喇嘛恢复藏地"[3]。这表明时隔两个多世纪,人们依然没有忘记允禵指挥清军收复西藏的功绩。

决定康熙朝发展方向的四次重大政治、军事事件中,清除鳌拜集团,索额图立有首功;平定三藩之乱,明珠赞划最力;征讨噶尔丹,费扬古功不可没;驱准保藏,允禵建立殊功。这四项举措环环相扣,相互联系,它们对于清前期乃至整个清朝的历史都产生了重大影响。

"去年藏里凯歌回,丹陛今朝宴赏陪。万里辛勤瞬息过,欢声载道似春雷。"[4] 康熙帝这首诗作于六十年(1721)十一月允禵回京之际,反映出勇士凯旋,举朝欢庆的盛况。

---

1 《准噶尔贵族侵扰西藏目击记》——《西藏纪事》摘译,载《清代西人见闻录》,第129-133页,北京:中国人民大学出版社,1985年。
2 吴丰培编纂:《抚远大将军允禵奏稿》卷11,第17-21页。
3 魏开肇:《雍和宫漫录》,第183-184页,郑州:河南人民出版社,1985年。按,康熙五十六年(1717)攻取西藏的准噶尔部"兵将",是以准噶尔汗策妄阿拉布坦属下策零敦多布为首。
4 《圣祖御制文四集》卷36,《示平藏将士》。

但是，在与允禵等人反复商讨后，鉴于西征之役已持续七年（康熙五十四年至六十年），清朝的承受力临近极限，康熙帝本人已届古稀等情况，六十一年（1722）正月，康熙帝毅然改变原定当年进兵准噶尔的部署，决定与策旺阿拉布坦议和，以尽快结束西征之役，完成秘密建储计划。是年四月，允禵返回前线，继续主持军务，并统筹议和事项。

议和进展顺利。六十一年（1722）十月，策旺阿拉布坦派出的使臣驰驿来京。[1]雍正元年（1723）二月，清朝差员往柴旦（达）木等地办理撤兵事宜。[2]看来，如果不发生康熙帝猝死之事，清军撤兵之举还会提前，而康熙帝圆满结束秘密建储计划，举行册立大典，也将为期不远。

应当说，直至康熙帝去世前，秘密建储计划的实施仍较顺利。允禵西征虽然只达到部分目的，但他在朝内外的威信，已超过其他皇子。

康熙朝晚期，允祉与胤禛在朝中的地位，他们受到康熙帝信任的程度以及与康熙帝的关系，同二废太子事件发生前相比，均无显著变化，两人相较，难分伯仲。康熙五十六年（1717），允祉所在之镶蓝旗逃人孟光祖，假称允祉差遣，游历山西等五省，招摇撞骗一案发露[3]。这表明，允祉的权势与影响起码不在胤禛之下。可是，与"屡建大功，众望所属"[4]的允禵相比，他们两人都有一定差距。

第三节　康熙帝之死

一、三种文字六则记载[5]

三百年来，关于康熙帝之死及其传位情况众说纷纭。由于能够揭示事实真相的原始材料未存于世，彻底解开这一历史之谜的必要条件尚不具备。以下史料从不同角度，直接或间接记述了康熙帝生病前后的情况。

1　吴丰培编纂:《抚远大将军允禵奏稿》卷20，第12-13页。
2　《清世宗实录》卷4，雍正元年二月丙辰。
3　《清圣祖实录》卷272，康熙五十六年四月癸卯;《康熙起居注》，第3册，第2365页。
4　[朝鲜]朴趾源:《热河日记》，朱瑞平校点，第370页。
5　此外，还有其他史料述及，部分参见第五章第一、二节。

其一，《清圣祖实录》载，六十一年（1722）四月，康熙帝前往热河避暑，八月初三日开始行围，九月初二日返回热河行宫。半个月后，踏上归途，二十七日抵京，驻跸畅春园。十月二十一日（1722年11月29日），又赴南苑行围。十一月初七日，"上不豫。自南苑回驻畅春园"。十三日（1722年12月20日）戌刻，"上崩于寝宫"。[1]

其二，《永宪录》载："己丑（康熙六十一年十一月初八日）上不豫。传旨：偶冒风寒，本日即透汗，自初十日至十五日静养斋戒，一应奏章，不必启奏。甲午（十三日）戌刻，上崩于畅春苑。"[2]

其三，《皇清通志纲要》载："（康熙六十一年）十一月初十日辛卯，上幸南苑。不豫，回畅春园。十三日甲午，戌刻，上升遐。上寿六十九龄。亥刻回都。隆科多受遗诏，内云……"[3]

其四，雍正元年九月十六日（1723年10月14日），捷克籍传教士严嘉乐（Karel Slavíček）从南昌寄给本国友人的一封信中写道："在京城北京的南边是用围墙围起的广大的皇家猎场，猎场里有三座夏宫，一座在南、一座在东，另一座在西。皇帝（指康熙帝）常去那里打猎取乐……1722年12月初皇帝又外出打猎。12月13日（康熙六十一年十一月初六日）晚8时许忽然刮起冰冷的北风，使皇帝感到严寒彻骨，体力不支，他被移送进夏宫。12月20日（康熙六十一年十一月十三日）他的统治、他的打猎取乐以及他的生命都结束了，死前他没有召见一个欧洲人来为他做洗礼，送他进天国。他在临终之前宣布他的第四个皇子继承皇位……"[4]

其五，满文档案载，康熙六十一年十二月初七日，允䄉奉召自甘州（今甘肃张掖）赴京奔丧途中，在陕西双山堡，与奉命前来署理大将军印

---

[1] 参见《清圣祖实录》卷297，康熙六十一年四月丁卯；卷298，康熙六十一年八月丙辰；卷299，康熙六十一年九月甲申、戊戌、庚戌，十月癸酉；卷300，康熙六十一年十一月戊子、甲午。
[2] 萧奭：《永宪录》卷1，第48-49页。
[3] 弘旺：《皇清通志纲要》卷4下。按，此处"上幸南苑"日期有误，应为（康熙六十一年）十月二十一日癸酉。
[4] ［捷克］严嘉乐：《中国来信（1716—1735）》，丛林、李梅译，第40页，郑州：大象出版社，2002年。按，这是目前所见关于康熙帝去世前患病原因的最早记载，时距康熙帝去世仅十个月。

信的宗室延信相遇。允禵执手延信，痛哭失声，反复问询有关康熙帝去世前的情形。延信告称："查仓事毕，我等于十一月初六日前往海子（南苑）奏闻。是日，见到主子，主子面询仓务，我等良久方散。看得主子气稍虚弱，颜面亦瘦些。翌日（十一月初七日），主子就回畅春园住了。我等八旗大臣相约后，初十日又去（畅春园）给主子请安。奉旨：'尔等不要再来。'自此，我们没有再去。十四日方闻此事……"[1]

其六，意大利籍传教士马国贤的回忆录中写道："1722年初，我被指定担任皇帝的钟表匠安吉洛神甫（Father Angelo）的翻译和指导。我们全天都在京城内务府钟表处工作，这里距离我们在畅春园的住地，有两个多小时路程。所以，有关官员命令我们，在法国（籍）或葡萄牙（籍）耶稣会士的居所下榻……

"在这期间（按，应为1722年12月即康熙六十一年十一月），正在历代乡间御苑——海子（行猎）的陛下，突然感染炎症。由于气候不同，这种病在中国北方并不像在意大利南方那样流行……由于患病，皇帝返回被称为海淀的畅春园。一两天后，欧洲人（指传教士们）来到这里，对皇帝的健康状况表示问候……

"1722年12月20日，在我们居住的国舅别墅中吃过晚餐，我正与安吉洛神甫聊天。突然，仿佛是从畅春园内，传来阵阵嘈杂声音，低沉混乱，不同寻常。基于对国情民风的了解，我立即锁上房门，告诉同伴：'出现这种情况，或是皇帝死了，否则便是京城发生了叛乱。'为了摸清叛乱的原因，我登上住所墙头，只见一条通衢蜿蜒墙下。我惊讶地看到，无数骑兵在往四面八方狂奔，相互之间并不说话。观察一段时间后，我终于听到步行的人们说，康熙皇帝死了。我随后被告知，当御医们宣布无法救治时，他指定第四子雍正做为继承人。雍正立即实施统治，人们无不服从。这位新帝首先关心的事情之一，是给他死去的父亲穿衣。当夜，他骑马而行，兄弟、孩子及戚属们跟随着，在无数佩戴出鞘利剑的士兵护卫下，将

---

[1] 满文奏折，延信奏，康熙六十一年十二月二十一日。按，是年十月初九日，延信等奉命随同雍亲王胤禛查勘通州等处粮仓。参见《清圣祖实录》卷299，康熙六十一年十月辛酉、庚午；卷300，康熙六十一年十一月丁亥。

其父亲的尸体运回紫禁城。"[1]

综合上述汉文、满文、英文等六则材料，可以看出：

康熙六十一年（1722）冬，年已69岁、长期患有各种慢性疾病的康熙帝，在经过长达数月的巡视塞外、木兰秋狝后，未等体力恢复，又赴南苑行围，以致相当疲惫。十一月初六日，仍勉强支持，在南苑召见皇四子胤禛、宗室延信等奉命查勘通州等处粮仓的大臣，面听奏报。当晚，大风骤起，气温突降，未在室内的康熙帝随即受寒而病倒。其所患"炎症"，可能是指肺炎。因发病迅猛，第二天（十一月初七日）便于南苑返回畅春园。

由于临近冬至（十一月十五日），康熙帝需要"静养斋戒"，加之身体欠安，故对王公大臣概不接见。根据马国贤的回忆所披露的情况看，传教士们虽赴畅春园问候，也未能见到康熙帝本人。此外，按照定例，斋戒之时，"宫眷不教轻涉足，大家今日住斋宫"[2]。所以，妃嫔们大约并未与他同在一处。

静养期间，康熙帝的病情一度好转。然而十一月十三日晚戌刻（七时至九时），正当人们用晚饭之际，康熙帝猝然去世。直接死因，可能是由肺炎引起心脑血管病突发。对于年迈者而言，这种并发症所造成的严重后果，即使在医疗技术相当先进的今日，也屡见不鲜。因事出突然，人们较为慌乱，四处戒备，如大敌当前。

马国贤随即得知，当御医宣布病人不治时，康熙帝指定皇四子胤禛做为继承人。此说似与情理不合。康熙帝既为"天下主"，只要一息尚存，御医不会"宣布无法救治"。反之，如果康熙帝确已垂危，处于生死瞬间，他又何能听到"无法救治"之语，其后再宣布传位一事？事实上，若是心脑血管病突发，患者往往神志不清、不能言语，危重者更有可能不及救治而亡。

马国贤所闻康熙帝去世之际情况，是雍正帝继位后仓促炮制的说法。

1　Matteo Ripa: *Memoirs of Father Ripa*, selected and translated by Fortunato Prandi, John Murray, PP. 119.
2　枝巢子撰注：《清宫词》，卷下，1941年手录稿本。

紧急之中向朝野上下作此说明，难免存在漏洞，无法自圆其说。

二、传位疑点

《清圣祖实录》所载康熙帝传位情况和雍正帝本人关于此事的叙述，都存在疑点。

据《清圣祖实录》载：

> 康熙六十一年十一月……
>
> 庚寅（初九日），上因圣躬不豫，十五日南郊大祀，特命皇四子和硕雍亲王胤禛恭代……皇四子胤禛遵旨于斋所致斋。
>
> ……
>
> 甲午（十三日），丑刻，上疾大渐，命趣召皇四子胤禛于斋所，谕令速至。南郊祀典，著派公吴尔占恭代。
>
> 寅刻，召皇三子诚亲王允祉、皇七子淳郡王允祐、皇八子贝勒允禩、皇九子贝子允禟、皇十子敦郡王允䄉、皇十二子贝子允祹、皇十三子胤祥、理藩院尚书隆科多至御榻前，谕曰：'皇四子人品贵重，深肖朕躬，必能克承大统，著继朕登基，即皇帝位。'
>
> 皇四子胤禛闻召驰至，巳刻，趋进寝宫，上告以病势日臻之故。是日，皇四子胤禛三次进见问安。
>
> 戌刻，上崩于寝宫。[1]

依据上说，康熙帝病危后，首先急召胤禛，"谕令速至"，随后即将传位胤禛的遗旨告知允祉等七位皇子及隆科多。然而，当胤禛抵达后，康熙帝只是告以"病势日臻之故"，对于传位给他这一大事却避而不谈。此后五个时辰（共十个小时）内，胤禛先后三次进见请安，康熙帝仍然只字不提传位之旨，允祉、隆科多等人也对他守口如瓶。这种不合情理的做法，是因康熙帝临终前神智失常，还是《清圣祖实录》的编纂者秉承雍正帝旨意而面壁虚构？

《清圣祖实录》中关于允祉等七位皇子面聆康熙帝传位遗旨说，其实

---

[1] 《清圣祖实录》卷300，康熙六十一年十一月庚寅、甲午。

经历了一个不断修改补充的伪造过程。

前述马国贤被告知康熙帝去世与传位情况时，内无允祉等人面聆遗旨说。因事发突然，紧急之中，无须详告，情有可原。然而数月后，雍正帝谈到该事仍不及此，便是匪夷所思了。

雍正元年（1723）八月，雍正帝对全体朝臣说："我圣祖仁皇帝为宗社巨民计，慎选于诸子之中，命朕缵承统绪，于去年十一月十三日仓猝之间，一言而定大计。"[1]

雍正二年（1724）八月，雍正帝又指出："朕向者不特无意于大位，心实苦之。前岁十一月十三日，皇考始下旨意，朕竟不知。朕若知之，自别有道理。皇考宾天之后，（隆科多）方宣旨于朕。"[2]

雍正帝继位初始，有关"雍正继立，或云出于矫诏"[3]的说法广泛传播，甚至朝鲜也有所闻。这对雍正帝产生很大压力。如果允祉等七位皇子确实面聆传位遗旨，他当以此最具说服力的事实，批驳流言，澄清舆论。然而上述两次谕旨中，都只字不提此事，只是说"皇考"经过"慎选"，"仓猝之间，一言而定大计"，随后又称自己不愿做皇帝，传位遗旨是在"皇考"去世后才得知。这样做也不难理解：此时以允禩、允禟为代表的反对派实力犹存，所以他还不敢贸然编造七位皇子聆听遗旨之事。

雍正四年（1726）允禩允禟集团被清除后，五年（1727）十月雍正帝的一道上谕中，关于继位情况的描述有了明显变化，七位皇子面聆遗旨说显露雏形。他说："皇考升遐之日，召朕之诸兄弟及隆科多入见，面降谕旨，以大统付朕。"[4]

雍正七年（1729），雍正帝在《大义觉迷录》一书中更具体地指出："康熙六十一年十一月……十三日，皇考召朕于斋所。朕未至畅春园之先，皇考命诚亲王允祉、淳亲王允祐、阿其那（允禩）、塞思黑（允禟）、允䄉、公允祹、怡亲王允祥，原任理藩院尚书隆科多至御榻前，谕曰：

---

[1] 《清世宗实录》卷10，雍正元年八月甲子。
[2] 《上谕内阁》，雍正二年八月二十二日。
[3] 吴晗辑：《朝鲜李朝实录中的中国史料》第11册，第4387页。
[4] 《清世宗实录》卷62，雍正五年十月丁亥。

'皇四子人品贵重，深肖朕躬，必能克承大统，著继朕即皇帝位。'"[1]经过七载漫长历程，七位皇子面聆遗诏说至此终于浮出水面。然而上述八人中，此时允禩、允裪、隆科多已死；允祺被幽禁家中；允祉、允䄉连遭打击，早已噤若寒蝉；允祐一向谨小慎微，允祥则是胤禛亲信，当然不会对他的任何说法提出异议。

《皇清通志纲要》与《永宪录》，是目前仅见两部由胤禛同时代的人撰写，载有康熙帝去世情况的编年体私家著述。

《皇清通志纲要》写到康熙帝去世情况时，一反记述清太祖、太宗、世祖去世时平铺直叙的笔法，而在前面加上一些看似与康熙帝之死无关联之事：

> 康熙六十一年壬寅。
>
> 至本年外藩蒙古四十九旗，喀而喀七旗，天下升平，惟准嘎而一事未完。
>
> 时，领侍卫内大臣六人：公鄂伦岱差、贝勒满都护署，侯巴浑岱病，公马而赛，公阿而松阿，宗室公吴而占，公振恒。
>
> 大学士五人：马齐，嵩祝，萧永藻，王掞，项龄。
>
> 十一月……十三日甲午，戌刻，上升退……亥刻回都。隆科多受遗诏，内云……[2]

该书著者弘旺，允禩之子，康熙六十一年（1722）15岁。如果包括其父在内七位皇子确曾面聆传位遗诏，弘旺不会略而不书。上述不同寻常的写法似乎在暗示人们，隆科多独受遗诏，六个领侍卫内大臣、五个大学士却未被召见，是不合常理之事。

据《永宪录》称：（康熙六十一年十一月）"甲午戌刻，上崩于畅春苑"，接着写道："上宴驾后，内侍仍扶御銮舆入大内。相传隆科多先护皇

---

1 《大义觉迷录》卷1，载《清史资料》第4辑，第10页，北京：中华书局，1983年。
2 弘旺：《皇清通志纲要》卷4下。按，《八旗通志初集》卷114，《八旗大臣年表》8所载康熙六十一年（1722）领侍卫内大臣，人数也是6人，但人员略有不同，他们是公鄂伦岱、侯巴浑岱（即巴浑德）、公马尔赛、公富尔丹、公阿尔松阿、贝勒满都护。

四子雍亲王回朝哭迎，身守阙下。诸王非传令旨不得进……"[1]

《永宪录》未曾透露康熙帝留有遗旨，对于隆科多独受传位遗旨一事，亦持否定态度。

不妨与康熙帝以往的有关做法，作一比较。

四十七年九月第一次废黜皇太子时，康熙帝"召诸王、大臣、侍卫、文武官员等齐集行宫前"，当众宣布此事。[2]随后，多次召见诸皇子、议政大臣、大学士、九卿、学士、侍卫等，下达有关储位问题的谕旨。

五十一年十月第二次废黜皇太子时，康熙帝是通过向"诸王、贝勒、贝子、大臣"等颁布"御笔朱书"，宣布这一决定。[3]

五十六年（1717）十一月，康熙帝召集诸皇子及满汉大学士、学士、九卿、詹事、科道等人，做出被他称之为"若有遗诏，无非此言"的"面谕"[4]。

如果康熙帝确曾于临终前宣布传位遗旨，岂会一反惯例，只召见步军统领兼理藩院尚书隆科多？

康熙朝晚期，储位之争激烈。允禵建立军功，威信日增，超过包括胤禛在内其他皇子。人们关于"圣意欲传大位于允禵"等臆测[5]，康熙帝不会一无所闻。如果他属意于胤禛，那么在临终时，即应召集诸皇子及全体重臣，当面宣布这一决定。非如此则不能使皇四子胤禛的继位名正言顺，令众臣"心悦诚服"。如果仅对隆科多一人宣布传位遗诏，必使众臣心生疑窦，置新君于不利境地，从而加剧统治集团内部的矛盾。凡事考虑周详、作风谨慎细致的康熙帝，岂能在事关清朝全局的问题上，采取如此令人不解的做法？

雍正帝在《大义觉迷录》中说，康雍皇位"授受之际"，因允禩、允禟等"亲承皇考付朕鸿基之遗诏"，故能"帖无一语，俯首臣服于朕之前"[6]。可是，雍正四年（1726）雍正帝核定的允禩、允禟罪状中透露出有

---

1 萧奭：《永宪录》卷1，第49页。
2 《清圣祖实录》卷234，康熙四十七年九月丁丑。
3 《清圣祖实录》卷251，康熙五十一年十月辛亥。
4 《清圣祖实录》卷275，康熙五十六年十一月辛未。
5 《大义觉迷录》卷3，载《清史资料》第4辑，第122页。
6 《大义觉迷录》卷1，载《清史资料》第4辑，第11页。

关情况，却与此大相径庭。

允䄉的罪款之一是："圣祖仁皇帝宾天时，阿其那并不哀戚，乃于院外倚柱，独立凝思，派办事务，全然不理，亦不回答，其怨愤可知。"[1]

关于允禟的反常之态，其"罪状"也有述及："圣祖仁皇帝宾天时，皇上正在哀痛哭泣，塞思黑突至上前，对坐箕踞，无人臣礼。其情叵测，众所共知者一也。"[2]如果允䄉、允禟果真是在康熙帝去世前16小时，即康熙六十一年十一月十三日寅刻（是日戌刻康熙帝去世）亲聆传位胤禛的遗旨，那么，无论当时如何震惊或激怒，过去将近一天后也会逐渐恢复理智，甚至不得不从长远计，做出"贴无一语，俯首臣服"之态。上述表现，恰能反映出他们是在康熙帝去世后，从隆科多口中得知所谓遗诏，一时间难以克制既震惊又愤恨的情绪。

值得注意的是，乾隆帝于乾隆六十年（1795）述及康雍两朝的皇位交接时，并未遵循其父雍正帝所修《清圣祖实录》中关于七位皇子面聆传位遗诏的记载，只是称"圣祖大渐，授位皇考，其时系内大臣隆科多宣传顾命"[3]。所谓七位皇子面聆遗诏说，实难令人相信，乾隆帝为免于被动，唯有避而不谈了。

总之，迟至雍正七年（1729）胤禛才炮制出的七位皇子面聆传位遗旨说，从各个角度看均难以成立。康熙帝临终时，七位皇子并不在现场。《清圣祖实录》所载其病危之际召集允祉等七位皇子及隆科多面授传位遗旨的情节，属于虚构。[4]

三、"惟一的、可疑的见证人"

前引传教士严嘉乐的信中写道：胤禛登基后，皇十四子（允禵）奉召

---

1 《清世宗实录》卷45，雍正四年六月甲子。
2 《清世宗实录》卷45，雍正四年六月甲子。按，三年后雍正帝在《大义觉迷录》中谈及允禟上述表现时说："若非朕镇定隐忍，必至激成事端。"参见《大义觉迷录》卷1，载《清史资料》第4辑，第13页。
3 《乾隆御制文三集》卷3，《慎建储贰论》，载《清高宗（乾隆）御制诗文全集》，影印本，第10册，第891—893页，北京：中国人民大学出版社，1993年。
4 关于雍正帝捏造七皇子面聆康熙帝传位遗旨的情况，参见许曾重：《清世宗胤禛继承皇位问题新探》，载《清史论丛》第4辑。

进京,"提出要看先帝的遗嘱,企图剥夺皇四子的统治权。他对九门提督(隆科多)严词训斥,因为此人是(先帝遗诏——译者注)惟一的、可疑的见证人。如果不是皇太后(皇四子和皇十四子的生母——译者注)出面干预,他就会杀了九门提督,从而自取灭亡。但皇太后第二年六月也去世了"[1]该信反映出在华部分传教士,特别是当时供职清廷的部分传教士对雍正帝继位的看法。信中称隆科多"是(先帝遗诏)惟一的、可疑的见证人",也就排除了所谓七位皇子共聆遗诏之说。否则,允䄉奉召返京后,应就康熙帝传位事首先质疑允祉、允祺等七位皇子,不会只对隆科多揪住不放。

看来,当时人们即已认为,康雍之际皇位传承中,步军统领隆科多是一位关键性人物。[2]

据《清会典》载,步军统领"掌九门之管钥,统率八旗步军、京营马步兵,颁其禁令,以肃清辇毂……皇帝宿斋宫,列次舍以环卫……统领于附近城内直宿,翼尉一人、协尉、副尉各二人,于坛内直宿。"[3]康熙帝于畅春园斋戒时,除去隆科多本人必须驻于近旁外,在周围地方担任警卫的也有隆科多手下之人。

康熙六十一年(1722)十一月十三日(戌刻),康熙帝因心血管病突发猝死,临终前很可能未留一言。[4]首先接到近侍太监报告之人,当是步军统领隆科多。康熙帝是于既在静养,又值斋戒,因而几乎与外界隔绝的环境中突然死亡,而储君人选并未正式宣布,允䄉远在数千里之外的甘州。这样一种十分特殊的状况,将隆科多推至历史舞台中心,使之扮演了一位决定王朝命运的角色:他将康熙帝猝死的消息首先通知哪位皇子,哪位皇子即可抓住这一瞬息即逝的良机,假造传位遗旨,成为皇权的继承者。

从事态发展分析,隆科多得到太监的密报后,严密封锁这一消息的同

---

1 [捷克]严嘉乐:《中国来信(1716—1735)》,丛林、李梅译,第40—41页。按,皇太后乌雅氏逝于雍正二年(1724)五月。
2 雍正初年,允祺、允䄉等人的太监发配广西途中,曾广泛散布"隆科多传旨遂立当今"之说。参见《大义觉迷录》卷3,载《清史资料》第4辑,第121页。
3 光绪《清会典》卷87,《护军营》。
4 参见杨珍:《关于康熙朝储位之争及雍正继位的几个问题》,载《清史论丛》第6辑,北京:中华书局,1985年。

时，立即通报胤禛。胤禛当机立断，利用康熙帝始终不曾宣布皇位继承人的事实，假称隆科多已面受传位遗旨，并通知众皇子速至畅春园，告知他们康熙帝已死，随后由隆科多宣布所谓传位遗诏。秘密建储计划由此功亏一篑，胤禛出奇制胜，在隆科多率重兵拥戴下继承皇位，康熙帝精心培养的皇位继承人允禵，一变而为阶下囚。

隆科多之所以在康熙帝猝死、皇位空悬的千钧一发时刻倒向胤禛，一个重要原因是，允禩、允禵等人的支持者实力雄厚，其官阶在隆科多之上者大有人在。即使隆科多能协助允禵（或允禩）取得皇位，立下首功，也很难因此而在这个利益集团中居于首屈一指的地位。何况一废太子后他与昔日反太子盟友逐步疏远，甚至成为其鄙视与嫉恨之人。与允禩集团不同，胤禛集团的实力相对逊色，其中显赫人物寥寥无几，若能协助胤禛继位，则将获得新帝的恩宠。[1] 隆科多的这一目的，在雍正帝胤禛继位初期确已实现，只是为时相当短暂。[2]

雍正元年（1723）正月初二日，川陕总督年羹尧上《会陈军务事情请先具稿密呈折》。雍正帝在朱批的最后一部分写道：

> 再，舅舅隆科多，此人朕与尔先前不但不深知他，真正大错了，此人真圣祖皇考忠臣，朕之功臣，国家良臣，真正当代第一超群拔类之希有大臣也。[3]

这时距康熙帝去世不到两个月，在此期间，隆科多究竟做了什么事，竟得到如此之高的评价？唯有在新帝继位问题上起到至要作用，隆科多才会突然之间被新帝罩上"忠臣""功臣""良臣""当代第一超群拔类之希有大臣"等其他大臣所得不到的耀眼光环。

雍正五年（1727）十月，朝廷公布隆科多所犯四十一款重罪，其一

1　部分参见金承艺：《从胤禵问题看清世宗夺位》，载台湾"中央研究院"《近代史研究所集刊》1976年第5期。

2　关于隆科多、年羹尧在雍正年间的有关情况，参见杨珍：《清代全史》第四卷第一章第一节《雍正继位》。

3　《年羹尧折·会陈军务事情请先具稿密呈折》，载故宫博物院掌故部编：《掌故丛编》，影印本，第254页，北京：中华书局，1990年。

是:"妄拟诸葛亮,奏称白帝城受命之日,即是死期已至之时。"[1]此中反映出一些重要信息。

康熙帝临终前传位于胤禛之事,很可能是由胤禛与隆科多共同捏造,所谓遗诏是由隆科多公布于众。隆科多这样做,显然是冒着被杀头、灭族之险。胤禛继位后,一度受到莫大宠信的隆科多恃功而骄,揽权过甚,逐渐引起胤禛的反感与警觉。至迟在雍正二年(1724)、三年(1725)之交,隆科多即应觉察到君臣关系的变化。[2]另一方面,他目睹胤禛打击允禩允禟集团的各种举措不断升级,对于胤禛的心狠手辣与刻薄寡恩有了深切感受和新的认识。从允禩等人的境遇中,他看到自己生死难卜的未来,既忧虑恐惧,又怨愤不平。于是,隆科多方有上述奏言,表露出委曲与不满。

如果隆科多是与七位皇子共同聆听康熙帝传位遗诏,相对于诸皇子而言,他只是一个次要角色,这种情形下,怎会产生因此而终究不免一死之念?况且胤禛已即位并独揽大权,隆科多所担风险又从何而来呢?

第四节　关于康熙朝嫡长子皇位继承制的几点思考

一、与历代汉族王朝不同之处

嫡长子皇位继承制,是秦以后历代汉族王朝坚持实施的最高权力传承制度。有清一代,只有康熙朝采用嫡长子皇位继承制,而且在实施过程中出现了一系列较为特殊的现象。

康熙朝实施嫡长子皇位继承制,始于康熙十四年(1675)末,止于五十一(1712)年十月,历时 37 年。在此期间,康熙帝嫡子允礽除去被废黜数月外,始终身居储位,长达 37 年,是中国历史上做皇太子时间最长之人。出现这种情况,固然是由于康熙帝本人在位长达 62 年(1661—1722),居历代大一统中央王朝帝王之首,却也折射出康熙朝的政局相对稳定,康熙帝实施嫡长子皇位继承制过程中,虽然问题迭出,但其坚持实

---

[1] 《清世宗实录》卷62,雍正五年十月丁亥。
[2] 雍正三年(1725)正月,隆科多被解除步军统领之任。

施之意仍十分坚定。

康熙朝两立两废太子，这在中国历史上是仅有的一次。

康熙帝对于皇太子的教育及其他皇子的教育所下心血之大，传授知识面之广，对皇太子与诸皇子在学业方面要求之严，对于他们进行实践锻炼之重视，均为历代帝王所仅见。康熙朝皇子的素质不仅居清代历朝之首，在历代汉族王朝皇子中亦属上乘。

康熙帝晚年，诸皇子作为一支整体力量，处于政治舞台中心位置。他们很有权势，且对中央权力机构的运作发挥重要作用（康熙帝避暑塞外期间）。这种情况，同样为历代汉族王朝所未有。

康熙朝实施嫡长子皇位继承制的全过程中，并无后妃、权宦插手干预。可是，直接或间接地卷入储位之争的人，包括宗室成员，皇亲外戚、勋戚重臣、侍卫人员、汉族官员、江南文人、西方传教士、僧道方士、皇宫内侍、王府太监等，社会层面之广，超出历代。

汉族王朝实施嫡长子皇位继承制时，虽然皇储矛盾、储位之争有时异常激烈，但大多仅限于当朝。康熙朝储位之争的风波绵延康、雍、乾三朝，历时半个世纪以上，其延续时间之久、影响之深远，都超过历代汉族王朝。

历代汉族王朝实施嫡长子皇位继承制的最终结果，或是皇帝死后皇太子继位；或是皇太子被废黜，皇帝另立储君，继承皇位；或是皇太子弑父而夺权；等等。康熙帝实施嫡长子皇位继承制失败后，则改弦更张，总结经验教训，拟定并实施秘密建储计划，为中国皇位继承制度的改革开辟了新路。秘密建储计划虽然最终失败，但雍正、乾隆二帝却在此基础上，创建了秘密建储制度，这对于康乾盛世能够继续发展，臻于全盛，产生重要作用。因此，康熙朝实施嫡长子皇位继承制的结局，与以往历代不同，具有超出其自身的重要意义。它的直接后果，是激活已僵化两千多年的皇位继承机制，促使一个新的皇位继承制度开始萌生。这在中国皇位继承史上是唯一一例。

二、严格与宽容：满汉文化形成的差异

汉族王朝大臣对于具有嫡长身份而被册立的皇太子，大都抱以相当宽容的态度，而康熙朝实施嫡长子皇位继承制过程中，满族王公大臣是以一种相当严格的目光，审视因是嫡长子而被立为储君的允礽，二者有很大的差异。

对于汉族王朝而言，实施嫡长子皇位继承制，是解决皇权传承问题的唯一路径。嫡长子皇位继承制能够存在两千年，历代汉族帝王沿袭不悖，是由于它有着深厚的社会基础与思想基础。嫡长子皇位继承制的继承原则，同汉族社会以嫡长继承制为核心的宗法制度相一致，得到王朝统治集团成员与社会各个阶层的认同。立嫡立长观念，在人们头脑中根深蒂固，是否具有嫡长身份，是人们评断皇位继承人选是否合格的首要标准。嫡长子皇位继承制作为汉族王朝的一项定制，其实施是以悠久的实践历程和深入人心的宗法制思想为其历史文化背景。

可是，对于满族统治者入关后的第二代王朝康熙朝来说，实施嫡长子皇位继承制则阻力重重，成功的可能性不大。其主要原因有两个方面。

首先，皇位继承问题乃满族统治集团内部之事。具有宗法制观念的广大汉族官员，在清廷处于从属地位，太子之立废与其无甚关联。在此问题上，或能起有一定作用的是满族王公大臣。然而，满族无宗法制度，立嫡立长的皇位传承规则对他们来说相当陌生，难以骤然认同。尽管自入关后，满洲贵族就处于汉文化的汪洋大海之中，受到汉文化愈来愈大的影响，但其原有观念与新的观念之间的转换，需要一个较长的过程，有时要经过数代人方能完成。康熙帝开始实行这一制度时，清朝入关仅32年，这一制度实施过程中，在政坛上较为活跃、颇有权势的满族大臣，特别是下五旗王公，无论其辈分高低，从其年龄看，基本上属于清朝入关后第二代满洲贵族。在较短的时间内，要使这些深受其父祖辈影响，尚未完全接受汉文化的王公大臣，彻底抛弃满族传统政治理念，显然是不可能的。康熙帝本人也属于清朝入关后的第二代。无可否认，康熙帝决意实施此制，表明他在这一问题上的认识，与大多数满洲贵族成员相比，是比较超前

的。这同康熙帝具有相对更高的汉文化素养与总体素质，很有关系。不过，清朝入关后满洲贵族第三代（如康熙帝诸子）、第四代（如康熙帝之孙）的思想观念，他们对于嫡长子皇位继承制的看法，都发生较大变化，与第一代、第二代人又很不一样了。

其次，嫡长子皇位继承制与满族原有的选立嗣君传统相对立。皇太极、顺治帝都是通过汗位（皇位）推选制而继位，康熙帝的继位虽非推选，但与嫡长子皇位继承制立嫡立长的择储标准并不相符。因此，康熙朝实行嫡长子皇位继承制，不仅缺少如同汉族王朝所具有的特定历史文化背景，也与满族自身的政治传统、文化习俗相背离。

以上两方面原因，决定了康熙朝满族大臣与汉族王朝大臣，对于因嫡长子身份而被册立的储君采取了不同态度。

除去少数别有用心，企图通过倒太子而获取权势的大臣（也包括后妃、外戚、内侍等）外，对皇太子采取支持、包容态度，对其储君地位尽全力予以维护，是汉族王朝大臣中颇具普遍性的做法。这种行为虽然也含有为个人谋利的动机，但主要是从遵循定制，维护传统的立场出发。事实上，每当汉族王朝皇帝，欲行废除按照嫡长子皇位继承制择嗣规则而册立的皇太子，拟以其所爱之子予以替换时，大臣们常常挺身而出，以宗法制的核心嫡长子继承原则与传统定制，作为两个有力凭依，与皇帝的意志相抗衡，并取得较好的效果。

例如，汉高祖刘邦的嫡长子刘盈（惠帝），是中国大一统中央王朝历史上第一位皇太子。刘邦曾因宠爱戚夫人，欲废皇太子刘盈，以戚夫人子赵王如意取而代之。"大臣固争"，叔孙通甚至对高祖以厉言相胁："陛下必欲废适而立少，臣愿先伏诛，以颈血污地。"在重臣的一致反对下，"上遂无易太子志矣"[1]。

又如明成祖朱棣预行册立皇太子时，大臣黄淮"请立嫡以长"[2]；解缙也称"皇长子仁孝，天下归心"[3]。成祖最终弃其深为喜爱，并卓有战功，

---

[1] 《汉书》卷43，《叔孙通传》；《汉书》卷42，《周昌传》；卷40，《张良传》。
[2] 《明史》卷147，《列传》35，《黄淮传》。
[3] 《明史》卷147，《列传》35，《解缙传》。

同是嫡子的皇二子汉王朱高煦，册立嫡长子朱高炽（仁宗）为皇太子，乃是遵行太祖朱元璋所立"国家建储，礼从长嫡"[1]，"帝王之子，居嫡长者，必正储位"的祖训，[2]而黄淮等大臣的主张代表立嫡立长的正统观念，与祖训所定完全一致，所以也在其中产生重要作用。此后，尽管有朱高煦等人对储位的争夺，朱高炽与成祖之间也多有激烈的矛盾冲突，但朱高炽的太子之位最终得以保住，除去他本人在为人处事方面胜于朱高煦，其嫡长子朱瞻基（宣宗）绝顶聪敏，同时又有一批得力的东宫僚属为其出谋划策，舍命相保等有利情况外，他的嫡长子身份，也是一个很大优势。这是朱高炽能够聚拢众臣，获得支持，具有号召力的重要原因。

明神宗朱翊钧无嫡子。他本想立宠妃郑贵妃所生皇三子朱常洵为皇太子，大臣们却按照无嫡立长的祖制，力请神宗立王恭妃所生皇长子朱常洛（光宗）为嗣，此即持续多年的国本之争。当时，"朝臣多疑贵妃，欲立己子福王（常洵），故请建储及争三王并封之议者，无虑数十百疏。迨光宗既立为太子，犹孤危无依，故朝臣请福王之国者，又数十百疏"[3]。不为神宗所喜爱的朱常洛得以立为皇太子并最终承继皇位，虽然也借助于其他因素，但主要还靠着立嫡立长这一正统观念的力量，以及在此基础上形成的众臣对他的拥护。

上述三个事例，第一例发生在首次实施嫡长子皇位继承制的大一统中央王朝西汉，后两例发生在最后一个始终实行此制的大一统中央王朝明朝，两者之间相距约1800年。这表明在此期间，立嫡立长原则不仅始终被历代汉族帝王严格遵行，而且也是各朝大臣一致认同的立储标准。

值得注意的是，以上三例中除去明仁宗外，汉惠帝与明光宗都是庸才，几无可圈可点之处。可见，朝臣是将皇位继承人的嫡长身份置于首位，并不过多虑及皇位继承人的其他情况。对于符合嫡长制继承原则的皇储，他们表现出相当大的宽容性。

康熙朝的情况则有很大不同。

---

1 《明太祖实录》卷29，洪武元年正月乙亥。
2 《明太祖实录》卷51，洪武三年四月乙丑。
3 赵翼：《廿二史札记》卷35，《三案》。

皇太子允礽作为康熙帝唯一的嫡子，是符合嫡长子皇位继承制择储标准的人选。虽然他因此而被立为皇太子，但其独一无二的嫡子身份，并没有被满族王公大臣特别看重。他们与皇太子允礽之间，不像汉族王朝大臣与储君之间，具有建立在嫡长制观念之上的认同与被认同的关系。同汉族王朝大臣对待以嫡长子身份而被册立的皇太子相比，满族王公大臣对允礽的要求相对严格，包容程度较低。所以，当允礽表现出种种劣行时，他们全然无法容忍，对于康熙帝欲行废黜之举，竟无一人予以劝止。允礽复立为皇太子后，反太子派的重要成员、领侍卫内大臣阿灵阿"因东宫复立，有不愿存活之意，叹息不已"[1]。这种忿恨之情，在反太子派成员中具有一定代表性。

当康熙帝让大臣们保举皇太子时，满族大臣不仅将嫡长子允礽抛在一边，也未依照立嫡立长的做法，按长幼之序保举皇三子允祉（皇长子允禔罹罪），而是以贤能与否作为首要标准，一致保举皇八子允禩。这一情况同样表明，嫡长子皇位继承制尚未被大多数满族王公大臣所接受、认可，其有关行为，自然会与立嫡立长原则相牴牾。

康熙帝无视满族王公大臣的上述思想状况，执意实施与他们的认识和观念格格不入的嫡长子皇位继承制，因此在实施过程中，未能得到他们的理解、配合与支持，其最终遭到失败，也就具有一定必然性。

三、下五旗王公扮演的角色

康熙朝因实施嫡长子皇位继承制而出现的皇储矛盾、储位之争中，下五旗王公扮演了不容忽视的角色。

一废太子事件发生后，康熙帝对此问题有所觉察。康熙四十八年二月，"礼部题，多罗安和郡王侧妃故。得旨：五旗诸王、宗室等，并不为朕勤劳效力，每将朕事败坏。这丧事，不必令朕之诸阿哥及福金等会集，惟著八阿哥与伊福金去"[2]。康熙帝诸子封入下五旗时，皇八子允禩封入安

---

1 《文献丛编》第1辑，《允禩允禟案·雍正四年·秦道然等口供》。
2 《清圣祖实录》卷236，康熙四十八年二月丁卯。

亲王岳乐（追降郡王）子孙所在的正蓝旗，且为安和郡王马尔浑之甥婿。[1] 康熙帝让允祺参加安和郡王侧妃之丧，也合情理。不过，此旨透露，康熙帝将下五旗王公视为一个整体，认为他们在一废太子事件中起了恶劣作月。

是年三月，康熙帝对部分皇子晋封爵位时，再次指出："今见承袭诸王、贝勒、贝子等，日耽宴乐，不事文学，不善骑射，一切不及朕之诸子。又或招致种种匪类，于朕诸子间肆行逸遒，机谋百出，凡事端之生，皆由五旗而起。朕天性不嗜刑威，不加穷究，即此辈之幸矣。"[2]

下五旗王公是满族大臣的核心与骨干，这一群体在康熙朝储位之争中的向背，始终是较为鲜明的。一废太子事件发生前，公普奇曾对相面人张明德说："皇太子甚恶"[3]。这反映了下五旗王公（个别者除外）对允礽的普遍看法。下五旗王公及其子弟中不少人，与皇子中反太子派允禔、允禩等人关系密切。一废太子事件发生后，康熙帝指出，大阿哥允禔之党羽，"俱系贼心恶棍，平日斗鸡，学习拳勇，不顾罪戾，惟务诱取银钱，稍知礼仪之人，断不为此。即今三旗大臣侍卫为大阿哥所愚者，不过一二人。其五旗蠢然无知诸王幼子，被愚者甚多。大阿哥若出而妄动，则此蠢然无知之辈，又将附和之矣"[4]。部分下五旗王公，不同程度地参加了倒太子的活动。例如，公福善、景熙等人的揭发，分别对于太子党谋主索额图的败亡与二废太子事件的发生，起有重要作用。顺承郡王布穆巴（代善后裔）、公赖士、普奇等都卷入相面人张明德欲行谋刺皇太子案件，故被康熙帝斥之为"乱之首也"[5]。

下五旗王公中一个值得注意的现象是，努尔哈赤之弟舒尔哈齐的后裔，以及努尔哈赤、皇太极、福临三帝之长子后裔，大都倾向于反太子

---

1 参见满文朱批奏折2件，内大臣明珠等奏；内大臣坡尔盆等奏。按，两折均为奏报允禩婚宴及安王福晋赫舍里氏偕正蓝旗大臣谢恩事。原折无具奏年月，从内容判断均在康熙朝中期。
2 《清圣祖实录》卷237，康熙四十八年三月辛巳。
3 《清圣祖实录》卷235，康熙四十七年十月甲辰。
4 《清圣祖实录》卷237，康熙四十八年四月丙辰。
5 《清圣祖实录》卷235，康熙四十七年十月甲辰。按，布穆巴、赖士旋因无罪释放，普奇以知情不首，降为闲散宗室。

派，是允礽的反对者。这其中包括舒尔哈齐的后代公福善，简亲王雅尔江阿，都统武格；努尔哈赤长子褚英的后代贝子苏努，辅国公阿布兰，辅国公赖士，镇国公普奇；皇太极长子豪格之孙、辅国公都统延信[1]；顺治帝长子福全之子裕亲王保泰等人。[2]

自努尔哈赤至康熙帝共四代清帝之长子，全都未能成为皇位（汗位）继承人。其中，除去顺治帝长子福全外，其他三人（努尔哈赤长子褚英、皇太极长子豪格、康熙帝长子允禔）以及努尔哈赤之弟舒尔哈齐，都曾直接参与权力角逐，是储位人选的积极争夺者，并为此而罹罪，或被处死，或长期被拘禁。舒尔哈齐、褚英、豪格等人，俱为旗主，如果按照其政治资历、所建军功及本人才干，完全有条件成为最高权力继承人，可是，由于各种主客观原因，他们都未能如愿以偿，其人生结局带有悲剧色彩。这一无法化解的历史情结，对于他们的后代有着一定影响，使其子孙对于嫡长子皇位继承制，以及仅仅凭依嫡子身份而获取储位的允礽，本能地抱有反感，而与皇长子允禔、皇八子允禩等极易沟通，产生共鸣。允礽的"肆恶虐众"与允禩的"有才有德"，促使他们的这种好恶与向背更为坚定。

至于一废太子事件中，康熙帝几次将苏努、普奇等人同允禩结党问题，与其曾祖褚英被杀相联系，认为他们是欲为褚英报仇，其"邀结党羽，愫动人心，不可谓之无意也"。[3]这一指责过于情绪化而言重了。

康、雍、乾三帝中，除去康熙帝长子允禔外，雍正帝长子弘时、乾隆帝长子永璜以及废太子允礽的长子弘皙等人，也都对储位怀有觊觎，并由此获罪（如弘时、弘皙），或遭到其父严责（如永璜）。然而，自雍正朝起，皇权进一步集中与强化，至乾隆时期达到极致，更因实施秘密建储，储位之争起码在表面上已不存在。所以，较之褚英、豪格等人，这些大阿

---

1 延信于康熙五十七年（1708）随允禵西征，经允禵保荐，授平逆将军，领兵收复西藏。六十年（1721）六月因进藏军功封不入八分辅国公。雍正五年（1727），以向与允禩、阿灵阿、拉锡、普奇等"结为党羽，与二阿哥为敌""阴与允禵交结"等罪名被拘禁至死。参见满文朱批奏折2件，胤禛奏，康熙五十九年二月初九日、三月二十一日；《清世宗实录》卷64，雍正五年十二月丁亥。

2 其中部分人的封爵其后又有变化，参见鄂尔泰等修：《八旗通志初集》卷75，《封爵世表》1；卷76，《封爵世表》2。

3 《清圣祖实录》卷236，康熙四十八年二月己巳。

哥并非直接参与权力角逐,他们的希冀与怨愤难以公开表露,只有更多地隐忍于心了。

舒尔哈齐、褚英、代善、豪格、福全、常宁等人的后代,是下五旗王公的主要组成部分,有着较大的影响面。按照满族旧制,八旗旗主各领其属,旗主相互平等,战利品八家均分;所有八旗旗主既是嗣汗候选者,同时也是推选人。八旗中上三旗、下五旗之分,是顺治帝亲政后方始确定,至康熙十四年(1675)实施嫡长子皇位继承制,仅历20余年。由于实行此制,皇帝之嫡长子不仅自幼成为皇位继承人,而且也是上三旗的未来主人,上三旗与下五旗的主从地位被进一步固定,皇位继承人由下五旗诸王所从出的可能性,不复存在。因此,从整体而言,下五旗王公对于嫡长子皇位继承制缺乏支持,既是由于该制有悖于上述八旗传统,更与其有损下五旗王公的自身利益密切相关。

总之,汉族王朝实施嫡长子嫡长子皇位继承制,能够得到统治集团核心层的拥护和支持。即使不同利益集团为谋取储位,相互倾轧,他们也只是相对分散的力量。而康熙朝实施嫡长子皇位继承制过程中受到的掣肘力,来自满族最高统治集团的大部分成员,这是一种更为强大的合力。前述一废太子期间朝臣一致保荐皇八子允禩为皇太子,即是这种合力的集中显现。因此,清朝康熙年间实施嫡长子皇位继承制的难度,大大超过汉族王朝。

还应看到,康熙帝虽然无法挽回嫡长子皇位继承制的失败结局,但以高度集中、强化的皇权为后盾,他仍能对下五旗王公予以完全控制,而且还善于利用他们对嫡长子皇位继承制的抵制情绪,将此转化为积极因素,以实现其战略部署。如选用下五旗王公看守废太子允礽,将与允禩关系密切的部分下五旗王公,视为其暗定储君允禩的支持力量等做法,无不体现出这一策略。

四、对嫡庶有别原则的部分背离

嫡长子皇位继承制度严格遵循宗法制度的嫡庶有别原则,规定只能由嫡长子继承皇位,故将其立为皇太子;立储后,在政治权力、生活待遇等各个方面将皇太子与众皇子（也包括其他嫡子）区别对待，使他们具有上下尊卑之分。所以，嫡长子皇位继承制中的嫡庶之别，即皇太子与普通皇子之别。这一区别不仅是使继承人确定名分，另一重要目的则在于适当降低众皇子的地位，抑制众皇子的权势，使其不可能对皇太子构成威胁，从而减少皇室内部矛盾，保证皇位传承顺利进行。

由于王朝最高统治者不同程度地违背嫡庶有别原则，朝中因此引发各种矛盾纷争的情况，并非少见。如部分帝王在册立嫡子为储君后，又将庶子分封外地，授以实权，以致日后酿成祸端。这也与未能严格遵循嫡庶有别原则，有直接关系。

康熙帝采用汉制，将嫡子允礽立为皇储后，又依照清朝入关前的旧制，逐步赋予其他皇子很大权势。康熙帝晚年，当他不在京师时，让诸皇子集体代理国政，这一做法具有鲜明的满族特色。

汉族王朝大臣与康熙朝满族大臣对于皇帝在区处皇太子与诸皇子时，未能严格遵循嫡庶有别原则所采取的不同态度，形成鲜明对比。

宗法制观念浓厚的汉族王朝大臣，对于这一问题相当敏感。如果皇帝在处理皇太子与众皇子的关系中，对嫡庶有别原则有所悖离，往往会招致物议。明万历年间，神宗对待皇长子朱常洛与皇三子朱常洵的不同态度以及由此在朝中引起的轩然大波，即是一例。又如唐贞观年间，身为嫡长子的皇太子李承乾好声色游畋，行为多不检，李承乾的胞弟魏王泰得到太宗李世民的爱重，"以文辞被宠，恣其骄溢，几有匹嫡之嫌"[1]。对此，朝臣大不以为然，屡次进谏。贞观十一年（637）侍御史马周上疏曰："汉晋以来，诸王皆为树置失宜，不预立定分，以至于灭亡。人主熟知其然，但溺于私爱，故前车既覆而后车不改辙也。今诸王承宠遇之恩有过厚者，臣之愚虑，不惟虑其恃恩骄矜也。"[2]贞观十三年（639），谏议大夫褚遂良以每日特给魏王泰府料物，有逾于皇太子，上疏谏曰："昔圣人制礼，尊嫡卑庶。谓之储君，道亚霄极，甚为崇重，用物不计，泉货财帛，与王者共之。庶子体卑，不得为例，所以塞嫌疑之渐，除祸乱之源。而先王必本于人情，

---

1 《钦定古今储贰金鉴》卷4，《太子承乾·魏王泰附》。
2 《贞观政要》卷4，《太子诸王定分第九》。

然后制法，知有国家，必有嫡庶。然庶子虽爱，不得超越嫡子，正礼特须尊崇。如不能明立定分，遂使当亲者疏，当尊者卑，则佞巧之徒，乘机而动，私恩害公，或至乱国……"[1]皇太子李承乾后因拟行谋反而被废黜，不过事发之前，他的品行问题就已充分暴露，但大臣们仍坚持站在维护储君地位的立场，一再提醒太宗，不可过分宠爱魏王："太子、诸王，须有定分，陛下宜为万代法以遗子孙，此最当今日之急。"[2]大臣们所捍卫者，实质上是宗法制嫡长继承原则，他们的好恶与爱憎是建立在尊嫡卑庶的基础上，这使他们能够对皇太子的种种过失采取宽容的态度，甚至视而不见。

康熙朝的情况全然不同。

一方面，满族大臣没有尊嫡卑庶的观念，在他们眼中，皇太子允礽并不因是正统嫡嗣，而应高居众皇子之上，对于允礽的恶劣行径，他们感到难以容忍。同样具有品行问题，但李承乾并未因此而失去朝臣的支持拥护，满族大臣却以此作为允礽不应再居太子之位的一个重要理由。

另一方面，康熙帝依循满洲旧制，重用诸皇子，在政治上给予他们过大的权力。比起唐太宗过分隆宠某位爱子之举，康熙帝违反嫡庶有别原则的程度，显然还要严重得多。可是，满族大臣对于康熙帝的这种做法是基本认同的，这从他们一致保举皇八子允禩为皇太子，以及其代表人物佟国维力请康熙帝不要复立允礽等行为中，可以得到证实。在他们看来，凡是皇子，皆有资格承继皇位，贤能与否是首要标准，是否具有嫡长身份并不重要。

康熙帝没有严格遵循嫡庶有别原则，其直接后果是使诸皇子权势过大，以致对皇太子暨储权构成严重威胁。皇太子允礽所面对者，是人数相当可观，既有实力，在朝中又有广泛基础的反对派群体。允礽未能得到大多数满族重臣的支持，又处于权势日长的诸皇子包围之中，较之汉族王朝皇太子，他的处境大有不及。这是嫡长子皇位继承制的实施在康熙朝无法取得成功的原因之一。

---

1 《贞观政要》卷4，《太子诸王定分第九》。
2 《贞观政要》卷4，《太子诸王定分第九》。

五、康熙帝的性格、作风因素

历代王朝实施嫡长子皇位继承制的过程，留下当朝最高统治者的性格、气质与为政风格的独特痕迹，这种个性色彩虽然轻重不一，却从无例外。它对于这一制度的实施成败起有不同程度的影响，但并非具有决定性作用。

康熙朝嫡长子皇位继承制的实施历程，始终显示出康熙帝性格、作风中的某些特点。同其他朝代实施这一制度的有关情况相比较，其最大不同是康熙帝更重亲情，无论对皇太子或诸皇子都十分疼爱，予以优宠宽容。因此，康熙朝实施嫡长子皇位继承制的过程，尽管有激烈的皇储矛盾与储位之争，但同时也带有浓重的人情味，父子情义贯穿始终。

盛唐之际，围绕储位问题出现的宫廷内部矛盾纷争中，唐玄宗李隆基听信武惠妃等人诬告，将太子瑛、鄂王瑶、光王琚一并废为庶子后，旋即赐死，此为流传后世的"明皇一日而杀三子"之事。[1]同为王朝盛世之君，康熙帝的有关做法却是两样。

康熙帝虽然先后处死助皇太子允礽"潜谋大事"的太子党成员（如索额图等），但对允礽本人，始终没有采取决绝之举。第一次废黜允礽半年后，他甚至又将允礽复立为皇太子。即使在二废太子后，仍对幽禁中的允礽在生活上关照有加。例如，每逢康熙帝由热河送回鲜果，除留京妃嫔与诸皇子照有份例外，他还特意提醒总管太监，给废太子允礽送去一份[2]；康熙五十七年（1718），允礽的嫡福晋瓜尔佳氏病重，康熙帝十分关心，命内务府按和硕福晋例为之准备丧事，当其去世后，又令大学士会同翰林院撰写祭文。[3]对于在储位之争中罹罪的皇子允禔，康熙帝同样予以包容，使其得以保全性命，生活无忧。

皇子们对于康熙帝的感情，虽然远远不及康熙帝的舐犊之情，不过，综合包括允礽在内众皇子的亲笔奏折中所反映的情况，可以看出，他们无不对康熙帝深怀爱戴，感佩之至。康熙朝没有出现类似隋初皇太子杨广弑

---

1 《资治通鉴》卷214，《唐纪三十》；另参见《钦定古今储贰金鉴》卷4，《太子瑛》案语。
2 《掌故丛编》，第50页。
3 《清圣祖实录》卷279，康熙五十七年五月己巳；卷280，康熙五十七年七月壬子。

父篡位、唐初秦王李世民杀兄逼父等喋血事件,除去高度集中与强化的皇权予以有效制约外,皇太子允礽以及众皇子对康熙帝的敬爱之情,也起有一定作用。

康熙帝的上述个性与作风特点,对其实施嫡长子皇位继承制的影响体现在两个方面。一是康熙帝对于争夺储位的皇子,采取了相当宽大的处理方式;对于直接介入皇储矛盾,或以皇太子为后台,企图扩充个人权力的大臣,在重惩之前,多次予以警告,以期保全。因此,无论皇子、宗室王公、满汉大臣及其下属人员,因受皇储矛盾、储位之争牵连而被严厉处置之人较少。与很多汉族王朝相比,康熙朝嫡长子皇位继承制的实施在统治集团成员内部造成的直接伤害面,相对不大。二是由于康熙帝对皇太子、皇子慈爱之至,对于宗室重臣也过于宽容,这使他在处理皇储矛盾与储位之争时,未能充分运用皇权的强大制约力,采取更为果断、严厉的措施,以致出现皇太子两立两废、诸皇子为谋取储位而拉党结派这一令其极为难堪的局面。

六、皇权高度集中与强化态势的影响

康熙朝嫡长子皇位继承制,不仅是中国古代实施嫡长子皇位继承制的历史上最后一次,而且是在皇权相对最为集中、统治相对稳固这一前所未有的政治环境中实施的。因此,康熙朝实施嫡长子皇位继承制的过程,还具有其他王朝所不具备的以下两个特征。

第一,皇帝个人意志得到更充分的体现。在选立何人为皇储,何时册立皇储,皇储的废黜、复立以及再次废黜等所有关键问题上,康熙帝都能基本做到乾纲独断,没有受到其他人的左右。这同很多汉族王朝帝王(如汉高祖、唐太宗、明成祖、明神宗等)在皇太子人选及更换废立等方面,不同程度地受到后妃、外戚、大臣等利益集团影响和制约,有较大不同。

第二,皇储矛盾与储位之争虽然激烈,但始终是以相对隐蔽的方式出现,皇帝与皇太子之间,皇太子与诸皇子之间,维持着表面的团结与和睦。尽管康熙帝过于重视亲情,对皇太子与众皇子备加慈爱,迁就包容,可是,高度集中与强化的皇权所产生的强大威慑力,足以对储权予以有效限制，使皇太子不敢与皇权公开对抗，诸皇子的倒太子行为及储位之争，也只有被迫在暗中进行。因此，康熙朝实施嫡长子皇位继承制的历程，较之某些汉族王朝相对平稳。

康熙帝实施嫡长子皇位继承制失败后，采取了与其他封建帝王所不同的做法，进行新的建储尝试，制定并实施秘密建储计划。这是皇权高度集中与强化的态势，对于康熙朝皇位继承制度产生直接、重大影响的另一体现。

※ ※ ※ ※

作为一位出身于少数民族的古代帝王，康熙帝的高明之处是将首崇满洲与崇儒重道相结合，借崇儒重道之名，行首崇满洲之实，以团结汉族官僚集团及地主士大夫，维护满族统治者的地位，巩固清朝的统治。康熙帝毅然实施嫡长子皇位继承制，是贯彻崇儒重道方针的一个具体举措，旨在采用这一汉族王朝的传统建储制度，顺利完成最高权力传承，达到长治久安的最终目的。启人深思的是，康熙帝在其他方面贯彻崇儒重道方针，无不收到较好的政治效果，唯独于皇位继承问题上仿效汉制而遭到彻底失败。这其中有多方面的原因，上文已做分析。但是，最根本的一点，还是由于嫡长子皇位继承制与满族原有的汗位继承制及满族传统观念、习俗相对立。虽然不断集中与强化的皇权，在政治层面上为康熙帝实施这一制度提供了有力支持，可是，如果从当时满洲贵族的思想观念及其心理状态进行考察，不难看出，适宜于这一制度顺利实施的客观条件，尚未完全成熟。康熙朝实施嫡长子皇位继承制过程中，之所以具有与汉族王朝所不同的特点，也可由此找到根源。

第五章 秘密建储制度

秘密建储制度是清朝第三种皇位继承形态，也是中国历代王朝中唯清朝统治者所独有的一种皇位继承模式，它充分体现出满汉文化相融合的特点。

如果将这一建储制度的前身，即康熙帝所实施的秘密建储计划包括在内，清朝先后有五位皇帝（康熙帝玄烨、雍正帝胤禛、乾隆帝弘历、嘉庆帝颙琰、道光帝旻宁），采取秘密建储方式解决皇位传承问题，占清朝入关后总计十位皇帝的一半。清朝实施秘密建储，前后历经五朝（康、雍、乾、嘉、道），总计130余年（康熙五十二年至道光三十年，1713—1850），同样约占清朝入关后全部历史（1644—1911）的一半。

清朝共有四位皇帝（乾隆、嘉庆、道光、咸丰）是通过秘密建储被密立为储君，而后继承皇位。雍正帝则是借助秘密建储计划的失误，侥幸承继大统，可算作秘密建储制度正式确立前的一个特例。

清朝数种皇位继承形态中，秘密建储制度实施时间最长，它不仅对清朝历史具有重要影响，而且作为中国古代皇位传承制度的一种特殊形态，在中国封建社会皇位继承制度发展进程中，占有重要位置。

第一节　秘密建储方针的成功实践

一、雍正帝急于秘密建储的背景分析

以康熙晚期清朝皇权的进一步集中与强化为有力支持，雍正帝获取皇位后迅速掌握了国家的最高统治权。当时，以允禩等人为首，包括下五旗王公、皇亲国戚及功臣后裔在内的满洲贵族反对派及其同情、支持者，人数众多，颇具实力，他们在朝中形成一个庞大的关系网，盘根错节，固不

可破。显然，如果雍正帝立即采取断然手段予以清除，则易激发不测事件。所以，雍正帝对反对派暂时采取了"羁縻笼络、隔而不打"的方针。

康熙帝去世翌日，雍正帝任命了四位总理事务王大臣，允禩为其一；未几，允禩晋封和硕廉亲王；雍正元年（1723）正月，差允祹护送在京圆寂的哲布尊丹巴呼图克图龛座返回喀尔喀；二月，将允禵"派往军前，驻扎西宁"[1]；四月，令奉召返京的允䄉留守景陵。这些措施分散了反对派的力量，为其稳固朝政减少了部分阻力。

雍正帝暂且避开清除反对派这一难点的同时，将整顿吏治和财政作为首要任务。元年元旦，他分别向各省总督至州县官员下达11道上谕，[2] 对于地方各级文武官员的职责与行为规范做出明确规定，为其后大规模整顿吏治拉开序幕。为了扭转康熙朝后期相当混乱的财政状况，于元年正月设立会考府，以亲信允祥领其事，开始对户部等财政部门进行整顿，清理各省钱粮与奏销积弊。

雍正帝还大力推行密折制度，以便及时掌握臣工动向，广泛搜集各种信息，为清除反对派作准备。

另一方面，雍正帝继位后，立即着手解决边疆问题，以年羹尧、延信主持西北军务。在此基础上，加紧进行与准噶尔部策旺阿拉布坦的议和事宜，并密切关注青海和硕特部罗卜藏丹津的动向。元年（1723）六月中旬，罗卜藏丹津发动叛乱，清廷开始进行征讨准备。

雍正帝继位初期做出的各项决策中，最为引人瞩目的，是元年八月十七日向满汉文武大臣宣布了秘密建储的决定（见下文）。

雍正帝继位未及一载，便秘密定立储嗣，是由于反对派阵容仍然强大，"邪党众多，人心叵测，不得不留意防范"[3]。

雍正帝任命的四位总理事务王大臣内，除去反对派领袖允禩外，还有原为允禩的支持者、后已采取不偏不倚态度的马齐，以及允祥与隆科多。反对派人物和中立派人物在其中占了一半，固然反映出雍正帝的笼络意

---

1 《清世宗实录》卷4，雍正元年二月庚申。
2 《清世宗实录》卷3，雍正元年正月辛巳。
3 《清世宗实录》卷87，雍正七年十月丁未。

图,但也说明他在朝中相当孤立,除去允祥与隆科多外,朝臣内竟无可以信赖的得力之人。这同允禩、允禟营垒内重臣勋贵众多、人才济济的情况形成对比。

雍正帝有关谕旨中,多次列举雍正初年允禩、允禟等人"悍然肆其不臣之迹"[1]的各种表现,如称允禩、允禟"且敢公然于王公大臣之前,诅咒詈骂"[2];允禟"昂然恣肆,抗违谕旨,狂悖之形,种种不一"[3]。允禟至西宁后,雍正帝特派大臣都统楚宗前去监视约束,允禟竟不出迎请安,"气概强盛",接旨时不按惯例叩头,"肆行傲慢,全无人臣事君之礼","属下人等,亦毫无敬畏之色"[4]。元年(1723)正月,允䄉护送哲布尊丹巴胡图克图龛座返回喀尔喀途中,行至张家口外,"托病违命不行";"又私行禳祷",将雍正新君字样屡次写入疏文内,"大为不敬"[5]。四年(1726)十二月,允禩、允禟已死去数月,雍正帝继续指出:"从来史册中,反叛篡逆之人则有之,而未叛之先,即公然敢与君上抗拒,大逆不道,无人臣礼,如阿其那(允禩)、塞思黑(允禟)、年羹尧者,实自古未闻也。"[6]

对于以其部分皇弟为主要成员的反对派,雍正帝深感棘手。他说:"朕受皇考付托之重,临御以来,于国家政务,悉心办理,朕自揣精神力量,可以经理有余。惟于弟兄之中,此数人万难化诲,既不感恩,又不畏法,使朕心力俱困。"[7]在他看来,允禩、允禟之"柔奸巨猾,世所罕见,胆量忍性,实出常人","大概不被阿其那、塞思黑愚弄之人,万中无一"[8]。

雍正帝认为,"国家之事,莫大于正名"[9]。然而,他继位初始,恰恰在继统合法性问题上,陷入无论如何辩解也难以自圆其说的尴尬境地。

有关雍正帝矫诏继位之说,在其继位后即广为流传,雍正帝的政敌是

---

[1] 《上谕内阁》,雍正四年十月二十九日。
[2] 《上谕内阁》,雍正四年十月二十九日。
[3] 《清世宗实录》卷34,雍正三年七月癸亥。
[4] 《清世宗实录》卷29,雍正三年二月丁酉;宫中杂件第331卷,第1—4号,雍正三年二月二十九日谕。
[5] 《雍正朝起居注册》第1册,第442页。
[6] 《上谕内阁》,雍正四年十二月初三日。按,年羹尧于雍正三年(1725)获罪,旨命自裁。
[7] 《雍正朝起居注册》第1册,第440-441页。
[8] 宫中杂件第327卷,第3号,李绂关于圈住色思黑事件折。
[9] 《雍正朝起居注册》第1册,第354页。

这类舆论的积极传播者。如允禩、允禟等属下太监于遣发途中四处散布："圣祖皇帝在畅春园病重，皇上就进一碗人参汤，不知何如，圣祖皇帝就崩了驾，皇上就登了位。"[1]这种带有具体情节的说法，使雍正矫诏继位说更富有说服力和感染力。事隔70年后，乾隆五十七年（1792）马戛尔尼率领英国使团访华期间，使团成员对此事仍有耳闻："有一个谣传说，他（乾隆帝）的父亲雍正皇帝，在他祖父临终时候闯进宫去更改了大行皇帝的遗嘱，把自己的名字写上去，这样承继了大位。"[2]

元年（1723）二月，雍正帝谕诸王大臣："外间匪类，捏造流言，妄生议论……且如发遣一人，即谓朕报复旧怨，擢用一人，又谓朕恩出于私。"[3]说明当时朝内外普遍存在不满情绪。

上述种种情况，都促使雍正帝为自己的人身安全感到担忧。他在宣布秘密建储的决定时说，从前在藩邸时，"饮食起居，不加防范，死生利害，听之于命。盖未任天下之重，自视此身甚轻。今身膺圣祖付托神器之重，安可怠忽不为长久之虑乎！"[4]以下事例，也可证明这一点。

雍正五年（1727）十月，清廷拟定隆科多罪状。内称："圣祖仁皇帝升遐之日，隆科多并未在御前，亦未派出近御之人，乃诡称伊身曾带匕首，以防不测"；"作有刺客之状，故将坛庙桌下搜查"；"皇上谒陵之日，妄奏诸王心变"；"妄奏举国之人，俱不可信"。[5]隆科多自康熙后期任步军统领，直接负责卫护"圣躬"，雍正初年仍之。上述记载透露出雍正帝继位初始，最高统治集团内部气氛相当紧张。

因反对派势力强大，雍正帝继位后未敢远离京师，以致不得不停止康熙帝生前每年举行的木兰秋狝。对此缘由，雍正帝本人自认不讳："国家武备关系紧要，不可一日废弛。朕之不往，乃朕不及皇考之处，朕自知之。盖以朕之兄弟阿其那（允禩）、塞思黑（允禟）等，密结匪党，潜蓄邪谋，

---

1 《大义觉迷录》卷3，载《清史资料》第4辑，第121页。
2 ［英］斯当东：《英使谒见乾隆纪实》，叶笃义译，第363页，上海：上海书店出版社，1997年。
3 《清世宗实录》卷4，雍正元年二月庚申。
4 《雍正朝起居注册》第1册，第83-84页。
5 《清世宗实录》卷62，雍正五年十月丁亥。

遇事生波,中怀叵测。朕实有防范之心,不便远临边塞。此朕不及皇考者也。"[1]

雍正帝的亲信步军统领隆科多拥有重兵,严密控制京师,反对派以武力谋反的可能性很小。雍正帝最为担心的,还是反对派对他的暗害。万一发生雍正帝遇害身亡这种突发情况,"邪党众多"的反对派,势必拥戴允禵或允禩即皇帝位,而隆科多相对孤立,雍正帝另一重要亲信川陕总督年羹尧远在西北,鞭长莫及,将很难扭转被动局面。这是雍正帝急于实施秘密建储的最主要原因。如果已行秘密建储,雍正帝一旦出现意外,隆科多等就能名正言顺地凭借他所掌握的武力迅即拥戴嗣君即位,及时制止反对派的夺权图谋。

雍正帝急于秘密建储的另一原因,是曾被康熙帝暗定为储君的允禵,因在驱准保藏战役中建立功勋,威信甚高,成为朝中反对派用以抵制、对抗雍正帝的一面旗帜,对雍正帝的皇位构成威胁。而康熙帝晚年逐步做出的中央主要部门人事部署(包括领侍卫内大臣、大学士在内的重要人选),是为允禵继位而精心设计,统筹安排。[2] 雍正帝出奇制胜取得皇位之后,这种人事安排也就成为妨碍他集中皇权的因素之一。

令雍正帝深感不安的是,允禵因建有殊功而在朝野上下享有很高威信的状况,并未随着雍正帝的继位而骤然改变。

据《永宪录》载:"云贵总督高其倬奏疏,误以大将军王(允禵)与皇上并写。上以贝子(允禵)在军惟以施威僭分为事,以致声名赫奕,官吏皆畏惧如此,其禄米永行停止。其倬降职留任。"[3] 此事发生在雍正元年(1723)五月。云贵总督高其倬的上述"失误",反映出部分大臣对于已发

---

[1] 《上谕内阁》,雍正四年十月初二日。
[2] 根据《八旗通志初集》(《八旗大臣年表》《宗人府年表》《内阁大臣年表》)及《清史稿》(《大学士年表》)统计,康熙帝去世前,领侍卫内大臣六人,其中胤禛的反对派成员有三人,即鄂伦岱(首席领侍卫内大臣)、阿尔松阿和满都护。大学士五人,其中满洲大学士三人,此三人内,马齐(首席大学士)、萧永藻曾是允禩、允禵的支持者。宗人府宗令简亲王雅尔江阿、左宗正贝子鲁宾、左宗人辅国公阿布兰,都与允禩、允禵关系密切。此外,允祯、满都护(康熙五十八年至六十年在任)、苏努、阿布兰等分别担任八旗都统。另参见金承艺:《胤禵:一个帝梦成空的皇子》,载台湾"中央研究院"《近代史研究所集刊》1977年第6期。
[3] 萧奭:《永宪录》卷2上,第113-114页。

生重大变化的政治格局,一时尚难以适应的心态。

元年四月初,雍正帝命允禵留在景陵附近汤山(亦称汤泉)居住。此后不久,不断有蒙古人赶着牛羊来到这里,向允禵赠送牛羊,请安致意。[1]

即使当雍正帝对众臣宣布实行秘密建储后,允禵在下层旗员及边远地区百姓中深孚众望的情形,一时仍然难以扭转。

如雍正四年(1726)三月,正黄旗人蔡怀玺来到汤山,向允禵住地院内投字帖,内称二七(十四王)变为主,贵人守宗山,以九王(允禟)之母为太后数语,"明指允禵为皇帝,塞思黑(允禟)之母为太后"。[2]

出使清朝的朝鲜使臣有关允禵的部分记载,也颇能说明问题:"十四王西征时,手握饷柄,广布恩惠,至今西土人皆香火追思之。以是(雍正帝)不无嫌逼。"[3] "所谓十四王者,与新君同腹兄弟,而康熙爱子,且有民誉。"[4]

雍正帝继位后,允禵奉召返京途中,"并不奏折请太后安",亦不向雍正帝请安,"反先行文礼部,问其到京如何行礼仪注"[5]。这种做法实质上是对新帝的身份提出质疑。他见到雍正帝后,"放肆傲慢,犯礼犯分"[6],叩谒康熙帝梓宫时"远跪不前,毫无哀戚亲近之意",并就侍卫劝其向雍正帝行礼事借题发挥,"咆哮无礼"[7],表现出对雍正帝的不服与鄙视。

四年(1726)七月十五日,雍正帝降谕内阁:"今日朕从恩祐寺瞻礼回来,因见看门之护军参领二德,气甚高傲,怨忿之色,见于颜面。朕问系谁属下,伊奏称系允禵属下。及令伊将允禵悖逆事迹奏出,二德仍为允禵隐讳回护,一事不肯陈奏。"二德于是被锁拿,交三法司严行定罪。[8]此时,

---

1 参见庄吉发:《清世宗拘禁十四阿哥允禵始末》,载台湾《大陆杂志》第49卷第2期,1974年。
2 《文献丛编》第1辑,《蔡怀玺投书允禵案·雍正四年》;《清世宗实录》卷45,雍正四年六月甲子。
3 参见朝鲜史料《同文汇考》补编卷4,使臣别单页31,转引自金承艺《胤禵:一个帝梦成空的皇子》,载台湾"中央研究院"《近代史研究所集刊》1977年第6期。
4 参见朝鲜史料《备边司誊录》,第73册,第252页,转引自金承艺《胤禵:一个帝梦成空的皇子》,载台湾"中央研究院"《近代史研究所集刊》1977年第6期。
5 《上谕内阁》,雍正三年二月二十九日。
6 《大义觉迷录》卷1,载《清史资料》第4辑,第14页。
7 《清世宗实录》卷29,雍正三年二月丁酉;卷44,雍正四年五月戊申。
8 《上谕内阁》,雍正四年七月十五日。

雍正帝清除宗室中反对派的斗争已进入最后阶段。允䄉、允裪均从玉牒内除名，允䄉被"圈禁高墙"，允裪于保定监禁；允禵因"并不醒悟悛改"，于汤山禁所被执回京，禁锢于景山寿皇殿附近。[1]这种形势下，仍有原允禵属下官员，明知将招致重罪，依然"回护"昔日主人，在雍正帝前显露不臣之态。这其中固然有八旗内部主奴关系的作用，但也透露出允禵的属下因雍正帝惩治允禵而深怀不满。

雍正帝继位后皇太后乌雅氏的反常表现，为康熙帝生前所属意者并非胤禛，增加了一个有力注脚。

胤禛与允禵的生母乌雅氏自幼入宫，"备位妃列几五十年"[2]，是位性情谦和之人。可是，胤禛继位后，她竟不顾"本朝历代遵行之礼"，坚决拒受封号，不肯接受臣工朝贺，拒绝移居例应由皇太后居住的宁寿宫。雍正帝屡次亲自劝请，亦无济于事。这位新朝皇太后直到去世，依旧住在做妃子时所居永和宫内，上尊号之礼始终未能举行。[3]雍正元年（1723）三月十九日，是新朝皇太后乌雅氏的第一个圣寿节。雍正帝再三奏请，乌雅氏仍坚持"免行礼"[4]。是日，百官具彩服而不朝贺。乌雅氏的这些做法，不能仅仅以其"素性谦谨"[5]来解释。

乌雅氏曾说："大行皇帝……钦命予子缵承大统，实非梦想所期。"[6]此语为《清世宗实录》所不载，却较能反映出她对亲子胤禛继位怀有的复杂心情。

康熙五十七年（1718）十月，皇十四子允禵荣膺抚远大将军之任，率师西征后，乌雅氏当和众人一样，认为康熙帝对允禵另眼相看，必有所属。从她本人来讲，较之城府甚深的胤禛，率直的允禵更令其喜爱，况且偏向幺儿乃人之天性。

可是，胤禛却出人意料地继承皇位，这不仅与乌雅氏的期望相左，众人对她例行恭贺之余，其惊诧之色使她于心难安，而种种议论进一步增

---

1 《清世宗实录》卷44，雍正四年五月癸巳。
2 《清世宗实录》卷2，康熙六十一年十二月乙卯。
3 《雍正朝起居注册》第1册，第27–32页；《清世宗实录》卷2，康熙六十一年十二月乙卯。
4 《清世宗实录》卷5，雍正元年三月戊戌。
5 《清世宗实录》卷10，雍正元年八月辛未。
6 《雍正朝起居注册》第1册，第29–30页。

加了她的疑窦。乌雅氏既很本分，自律性也较强。她认为自己的皇太后之位，非名正言顺所得，这是促使她与其个性及一贯作风相违背，毅然做出拒受皇太后尊号等一系列非常之举的主要原因。

据允禵的后人金焘纯先生回忆，毁于1966年的家藏文物中，有康熙瓷瓶一对。"瓶高20厘米，硕腹，蓝釉而紫龙。底款蓝釉：大清康熙年制。惟一瓶缺一耳。传为胤禵幼时，戏瓶于德妃之前而跌损者。雍正登极，胤禵承召回京。乌雅氏则使人持瓶候胤禵于道，且密缄一纸云：'宜摄心火，必以兄弟为念。'"[1]金先生所述先祖之事，数代口传，应当可信，且与前述传教士严嘉乐信中，称允禵对先帝遗诏唯一见证人隆科多必欲杀之，多亏皇太后（乌雅氏）"出面干预"等情，可相印证。乌雅氏既曾苦劝允禵，肯定也曾以适宜方式力劝雍正帝不计前嫌，厚待胞弟。然而，皇位之争引发的利益冲突，岂是骨肉亲情能够弥止。可怜乌雅氏枉费精力，心思用尽。

根据允禵心直口快的性情以及他与雍正帝相见时的忿恨之状，可以判断当其见到生母时，也会尽泄委屈与不满，详述有关情况，从而加深皇太后的忧虑。她既同情、心疼小儿子，又不能对大儿子进行斥责，左右为难，痛苦不堪，只有坐视这对同胞兄弟的关系日益恶化。

乌雅氏拒绝接受皇太后尊荣的种种举止，传递给众臣一个重要信息：她对新帝的继位有一定看法。这在朝臣中自然引起很大震动。私家著述《永宪录》中，对于这一反常现象也有披露："群臣请朝皇太后，传懿旨不受，复固请，从之，于梓宫前拜叩谢恩，仍还旧宫。"[2]

元年（1723）三月底，雍正帝亲奉皇考灵柩前往景陵时，皇太后亦率妃嫔随行，表明她的身体尚好。四月初雍正帝返京前，命同去的允禵留住彼处，为皇考守陵。[3]允禵将与皇太后分隔两地，这对于念子心切的皇太后来说，是一很大的精神刺激。五月二十三日，皇太后病逝，终年64岁。

---

1 金焘纯：《且自家藏说胤禵》，载《燕都》总第四十三期。按，经常瀛生先生介绍，我曾当面请教金先生，并请殷芳书友复印此文，一并致谢。
2 萧奭《永宪录》卷1，第55页。
3 《清世宗实录》卷6，雍正元年四月辛亥。

此时距雍正帝登极仅有半载。其后民间广为流传的雍正帝"逼母"之说[1]，并非事出无因。

对于允禩、允禟及允䄉、允䄉等人，雍正帝采取了不同处置手段，允禩、允禟所受责罚最重，终被置之死地，允䄉与允䄉相对较轻，只是予以禁锢。这种做法给人一种印象，即允禵在允禩集团中处于从属地位。雍正帝的有关讲话也指出，允禵尚非允禩集团首领，乃为允禩、允禟所愚，听其指挥而已[2]，况且允禵"庸劣狂愚，无才无识，威不足以服众，德不足以感人"[3]。允禵的禀性中确有躁急的一面，不过，雍正帝竭力渲染其性格弱点，贬低其才力，仿佛允禵只有在允禩指挥下方能有所行动，因而对他的处置也远较允禩为轻。这一切都从反面说明，允禵的才力与威信恰是雍正帝最为忌讳所在，正是"随从者"允禵而非"首领"允禩，才是康熙帝生前所属意之人。至于雍正帝所言允禵"素为圣祖皇考所轻贱，从未有一嘉予之语"，"只因西陲用兵，圣祖皇考之意，欲以皇子虚名坐镇，知允禵在京毫无用处，况秉性愚悍，素不安静，实借此驱远之意也"[4]，更是有意回避西征之役的艰巨性及其对清朝具有的重大意义与深远影响，其目的在于否认康熙帝通过这一特殊途径，培养、锻炼其暗定皇位继承人，为之在朝内外树立威信的通盘部署。

对于雍正帝而言，允禵与允禩、允禟等都是心腹之患，但还有所不同。允禵主要是从皇位继承人选方面构成对雍正帝的威胁，允禩、允禟等则在清朝中央政权机构中拥护者众多，对雍正帝的统治形成多方面的牵制。因此，雍正帝只有迅速将自己所属意者皇四子弘历的皇位继承人身份，以法定形式予以确立，方是应付突发情况的唯一良策，并以此消除人们认为允禵还有可能继统的心理，给予反对派致命性一击。

雍正帝继位后即行秘密建储，乃防患于未然之举，但并未能够迅速扭

---

1 《大义觉迷录》卷1，载《清史资料》第4辑，第11—12页。按，雍正帝称："母后素有痰疾，又因皇考大事，悲恸不释于怀，于癸卯（雍正元年）五月旧恙举发。朕侍奉汤药，冀望痊愈，不意遂至大渐"。
2 《清世宗实录》卷48，雍正四年九月戊午。
3 《大义觉迷录》卷3，载《清史资料》第4辑，第123页。
4 《大义觉迷录》卷3，载《清史资料》第4辑，第122页。

转他在朝中的孤立处境。

三年（1725）二月，雍正帝称："朕有朱批谕旨降与阿尔松阿者，令鄂伦岱转交，乃鄂伦岱于乾清门众人前，将朕谕旨掷之于地，且极力党护阿尔松阿，将其死罪承认在身。此等顽悍之状，有是理乎？朕每召诸王大臣等颁发谕旨，鄂伦岱从未有一次点首心服。前召旗下大臣面谕云：'近日大臣等办事，将从前积习已改十之七八……今看来可不用诛戮矣'。为此朕心甚喜，诸臣无不点首，喜动颜色。唯鄂伦岱略无喜容，俯首冷笑。昨因办理旗下之事，在众人前，将一原当侍卫之人问鄂伦岱。鄂伦岱并未认识，妄奏云：'此人平常'。朕责以欺罔，鄂伦岱奏云：'我信口回奏'。含忿摇头，故激朕怒……"[1]鄂伦岱是雍正帝表叔、康熙帝的亲表弟。他的性格和作风，与其在康熙二十九年（1690）乌兰布通之役中阵亡的父亲佟国纲十分相近，率直外向，毫无遮掩。鄂伦岱的上述言行，反映出他对雍正帝的看法，这在贵戚重臣中具有一定代表性。

另一值得重视的情况是，雍正朝初年，大臣们对于雍正帝所打击的政敌，在力所能及的范围内表示出同情或支持。

例如，二年（1724）正月，"军前效力宗室赖士，参奏驻防都统图腊、副都统鄂三与群小怨望，诽谤圣躬，捏造拘拿诸大臣，凌逼众阿哥，纵恣隆科多、年羹尧擅权等语……"[2]此时，雍正帝清除反对派的进程尚未及半，首当其冲者则是吴尔占及其子、侄，以及允裪、允䄉、允禵等人。

又如恒亲王允祺与裕亲王保泰，均是一向谨小慎微之人，竟也曲折地表露出对受打击者的同情以及对雍正帝的微词。

二年（1724）五月，阿灵阿的谋主、深受阿灵阿之子阿尔松阿倚信的"廉亲王之党"七十被治罪。[3]当他"发遣在道，（看管官员）竟宽其械系，

---

1 《清世宗实录》卷29，雍正三年二月丁酉。
2 《上谕内阁》，雍正二年正月初八日。
3 《清世宗实录》卷20，雍正二年五月壬戌、己巳。按，七十任郎中、参领，与九贝子允禟的岳父、先后担任正红旗满洲都统、正黄旗满洲都统的齐世（亦做齐十、七十、齐什）不是同一人。允禟岳父齐世跟随其女（九贝子福晋董鄂氏）前往西宁允禟驻地途中，于雍正二年（1724）闰四月初七日在直隶正定府获鹿县病故。参见《文献丛编》第10辑，直隶巡抚李维钧奏折。

行时王大臣内多有赠遗"[1]。向七十馈赠物品，以表同情的满洲贵族中，有恒亲王允祺。同年九月，他因"帮给发遣犯人七十银两、衣服等物"，被宗人府议处，罚俸三年。雍正帝虽予宽免，但有言在先，示以威胁："此后再看伊等如何照顾帮助！"[2]明哲保身、与世无争是允祺一贯的处世之道，他也正是因此而成为康熙帝年长诸子中，少数几位在雍正年间未受惩处，得以保全者之一。他能够对雍正帝予以严惩者公开表示同情，实为不易。

二年（1724）十月，雍正帝以三年丧期未满，裕亲王保泰在家唱戏为由，令罢革一切职掌。其斥责中说："前者保泰于八旗众大臣前，将朕所交事件推诿，昏懦不能办理，怒辞求退，朕未曾准。近看辞色，甚为不顺……自将苏努问罪，保泰恨朕，即与朕异心。"[3]保泰虽然曾被雍正帝指为允禩党成员，但实际上也同允祺一样，既无突出才干，亦无谋权之心，是一位性情平和、少有担当之人。然而，他居然也通过曲折方式，对雍正帝惩治允禩集团成员之举表示不满。

这种不与皇帝"同好恶，公是非"[4]的做法，在众臣对于雍正帝打击允禩举措的态度上，也较为集中地表现出来。三年（1725）四月，雍正帝指出："允禩每有罪过，朕于诸王大臣之前降旨训诲，视诸王大臣之意，颇有以允禩为屈抑者。允禩罪案甚多，朕俱曲加宽宥，并未治罪，有何屈抑之处？"[5]

雍正帝第一次在朝臣面前公开指责允禩，是在元年（1723）十月，即是年八月公布秘密建储决定的两个月之后。[6]这表明，雍正帝只有在已确立皇位继承人，免去后顾之忧，其统治根基得到初步稳固的前提下，才敢于对反对派发动攻势。这是雍正帝清除反对派进程中第一个转折点。二年（1724）二月，清军平定青海罗卜藏丹津叛乱，这一重大胜利在一定程度上提高了雍正帝的威信，巩固了他的统治地位。雍正帝遂于是年七月向全

---

[1] 宫中杂件第309卷，第2号，雍正二年七月十六日上谕。
[2] 《雍正朝起居注册》第1册，第325—326页。
[3] 《雍正朝起居注册》第1册，第348—349页。
[4] 《雍正朝起居注册》第1册，第276页。
[5] 《上谕内阁》，雍正三年四月十六日；另参见宫中杂件第304卷，第1—2号，雍正三年上谕。
[6] 《清世宗实录》卷12，雍正元年十月丁卯。

体臣工颁布《御制朋党论》[1]，这是对反对派打击升级的信号，是其清除反对派进程中第二个转折点。然而，在雍正帝的高压与威胁下，广大臣工依然流露出对于被打击者的同情，他们在公开场合对允禩、允禟采取疏远态度，"但暗中仍（为之）传递消息，央求烦托"[2]。

二年（1724）八月初，雍正帝就众臣以颁赐《御制朋党论》具折回奏一事，面谕诸王、贝勒、贝子、公及满汉文武官员：朕"继登宝位……为天下臣民主，尔等应以大统视朕躬，不应以昔日在藩之身视朕躬也。若朕居心行事，有一时一端少存当日意见，即朕自轻其身，尔诸王大臣若尚存当日之见，是岂知君臣之大义乎？"[3]一位乾纲独断之君，竟需要提醒众臣自己具有皇帝身份，要求他们不要再将自己视为亲王，不要再像原先对待藩王那样对待自己，而这一幕又发生在清朝皇权日益强化的康乾盛世中期，实在令人诧异。可见直到此时，雍正帝在人心向背上所处劣势地位，尚未得以彻底扭转。

三年（1725）三月，雍正帝对诸王大臣说："昔圣祖尝言满洲、蒙古易治，惟汉人众广，似稍难治。至朕今日观之，汉人虽众广，犹属易治，惟朕之兄弟中数人，实最为难治也"[4]。这是其真实想法。

据《李朝实录》称："清皇（指雍正帝）为人自圣，多苛刻之政，康熙旧臣死者数百人。"[5]四年（1726）十二月，雍正帝"谕署湖广总督福敏"时透露，"近日廊庙中，颇乏卿贰满臣"[6]。五年（1727）十月，因监禁犯罪旗人之处不敷使用，雍正帝特令八旗将入官房屋修筑高墙，分为三所，重犯、轻犯以及犯妇分别看守。[7]这些记载从不同方面，反映了雍正帝继位后大批清除政敌及其同情者，打击面过宽，牵连甚广等情况。

雍正帝公开宣布秘密建储后数年内，仍然难以扭转在朝中的孤立局面，这一情况进一步证实，他继位后迅速建储，以此作为有备无患之策是

---

1 《清世宗实录》卷22，雍正二年七月丁巳。
2 雍正朝满文朱批奏折，允祉奏，无年月。
3 宫中杂件第309卷，第1号，雍正二年八月初三日上谕。
4 宫中杂件第331卷，第1—4号，雍正三年三月二十三日上谕。
5 吴晗辑：《朝鲜李朝实录中的中国史料》第11册，第4477页。
6 《清世宗实录》卷51，雍正四年十二月癸未。
7 《清世宗实录》卷62，雍正五年十月丙申。

完全必要的。同时也表明,雍正帝并非是令众臣"倾心悦服"之人。他继位后虽然立即拥有皇权,但并不意味着他已具有绝对权威,换言之,集中与强化的皇权固然能够清除一切反对力量,保证雍正帝皇位的稳固,但是却无法强迫人们对他心悦诚服。

如果雍正帝是康熙帝生前所属意者,那么康熙帝就会像对允礽那样,从树立威信与做出相应的人事部署这两方面入手,为雍正帝继位进行周密准备。而雍正帝入承大统后,就不致遇到这样大的阻力,王公大臣多被清洗的现象则会大为减少。这种情形下,他也就无须急于秘密建储了。

雍正帝清除反对派之举虽有诸多偏激处,却为巩固皇位所必需。否则,他将无法集中、强化皇权,有效行使皇权,更无法革除康熙朝后期诸多积弊,使已出现停滞趋势的康乾盛世继续得以发展。

还应看到,雍正帝继位之初尽管面临强大的反对派,但他在与允禩、允禟等人的斗争中始终掌握着主动权。经过长达四年的较量,以雍正四年(1726)秋允禩、允禟先后死于禁所为标志[1],雍正帝取得清除反对派的决定性胜利。是年九月初九日,正值重阳节。雍正帝在乾清宫召集王公大臣,"酒肴并列""持杯染翰""赋柏梁体诗",共庆"海宇澄清"[2]。此情反映出他历尽艰辛,除去心头大患后的庆幸与欣慰。

与严惩允禩、允禟等人相配合,雍正帝还采取了其他举措以集中、强化皇权。如清除年羹尧、隆科多,进一步剥夺下五旗王公的权力,建立密扩制度,等等。[3] 分别以年羹尧与隆科多为首的两个利益集团,是在雍正帝清除反对派进程中产生的新的朋党,因年、隆二人恃宠而骄,"僭越""专擅",故为皇权所不容。由于雍正帝加大打击力度,致使下五旗王公的总

---

1 关于允禩、允禟去世日期,有不同记载。《星源集庆》第50页称,允禩逝于雍正四年(1727)九月初三日。《清世宗实录》卷48,雍正四年九月己亥(初十日)条称:"顺承郡王锡保奏,阿其那染患呕症,前于(九月)初一日奏闻。奉旨:'将阿其那用心调养。欲食之物,悉著给与'。臣遵旨令太监给与调养,至初五日,阿其那病势加增,不进饮食。初十日病故。报闻。"综合有关材料分析,允禩大约病故于雍正四年九月九日重阳节之前,即雍正帝召集众臣饮酒赋诗,庆"海宇澄清"的前夕。待考。《文献丛编》第2辑《允禩允禟案·李绂奏报塞思黑病故折》,是记载允禟去世日期的原始材料,且与《星源集庆》第50页关于允禟逝于雍正四年八月二十七日的记载相符,本书采用此说。

2 《清世宗实录》卷48,雍正四年九月戊戌。

3 参见杨珍:《清代全史》第四卷第一章第二节《加强对统治集团内部的控制》。

体地位,逐步降至清入关以来最低点,这一政治群体在清朝皇位继承问题上所起的作用,也因而愈来愈小,几至于零了。

雍正帝的秘密建储,是他在位13年期间一系列集中、强化皇权措施的组成部分。

雍正帝皇位之稳固,雍正朝皇权的不断强化,主要取决于雍正帝先后采取的三大步骤,第一是公开实施秘密建储,第二是清除皇室贵族中的反对派,第三是组建新的中枢辅政班子军机处。此三者相互呼应,密不可分,其中公开实施秘密建储具有关键性作用,它为雍正帝实施后两个步骤奠定了基础。由于雍正帝已于诸子中确定皇位继承人,即使雍正帝本人发生意外,皇位继承问题亦可按照其生前意志顺利解决。这不仅使雍正帝得以巩固统治根基,而且会在一定程度上产生分化反对派的效果。反之,如不果断采取这一举措,清除反对派的斗争很可能因出现其他羁绊而拖延甚久,这将使雍正朝政治、军事等各方面,都受到严重的不利影响。

总之,雍正帝继位之始,允禩允禟集团这一强大反对派的存在,雍正帝对自己人身安全的担忧,以及允禵对其皇位的潜在威胁等多种因素,共同构成雍正帝做出秘密建储决定的重要原因。在内忧未除、西北地区又燃烽火的紧迫形势下,尽早确定皇四子弘历的皇位继承人身份,以防不测,是其巩固统治地位的必须之举,别无他择。

还有以下问题,需要阐述。

其一,雍正帝公开采取秘密建储方式解决储位问题,与他本人具有开创气魄以及敢于标新立异的性格、气质,也颇有关系。雍正帝是一位既有抱负,又有作为的皇帝。他的治国目标,是"澄清吏治,乂安民生","务期振数百年之颓风,以端治化之本"[1],"移风易俗,跻斯世于熙皞之盛"[2]。他对于朝内外形势和出现的问题有敏锐的观察力,而且多能及时作出比较符合实际的决策,如建立密折制度、实行地丁合一、火耗归公、在官员中实施养廉银制度、除豁贱民、建立军机处等。在延续将近两千年的中国封建社会中,雍正帝的这些举措大都属于首创。公开实行秘密建储,更显示

---

[1] 《雍正朝起居注册》第2册,第935页。
[2] 《清世宗实录》卷22,雍正二年七月丁巳。

出他的胆识与果决作风。

其二，雍正帝虽然不是康熙帝所属意者，但康熙帝生前，曾为皇太子的嫡子允礽已被废黜，而康熙帝并未册立他所属意的皇十四子允禵为储君。康熙帝去世时，皇太子之位空缺，秘密建储计划尚未完成。所以，数百年来民间广泛流传的雍正夺嫡一说，不能成立。

其三，雍正初年清朝最高统治层内部的权力之争，是康熙朝储位之争在新形势下的发展，但斗争性质已发生变化。康熙时期，胤禛是以皇子身份参与角逐储位，他和对手允禵、允禩等人，共同扮演着皇帝臣子的角色。可是，以胤禛继承皇位为分界，他同允禵、允禩等人之间成为君臣关系，双方矛盾的性质也随之改变。胤禛成为皇权的正统代表，允禵等则已站在皇权的对立面，双方斗争的实质是维护、巩固皇权，还是牵制、削弱皇权。

其四，允禵于雍正元年（1723）被派往西北军前效力，驻扎西宁，四年（1726）被押解回京，中途留驻保定，逝于该地囚所。他在西宁时曾向其亲信、传教士穆景远说："有人给我送进来一个帖子，上面写的是山陕百姓说我好，又听见我很苦的话。我看了帖子，随着人送还了，向那人说，'我们弟兄没有争天下的道理，此后若再说这话，我就叫人拿了'"。[1]此事大约发生在雍正二年至三年（1724—1725）之间，投帖人是山西贫民令狐士义。令狐士义曾流落京城，得到允禵的救助。闻知允禵的境遇，千里迢迢赴西大通求见。遭到允禵拒绝后，投递书帖，内称愿辅有道之主，不附无道之君，欲聚合山陕兵民，以救恩主。[2]对于表示同情其遭遇的汉族民众，允禵故做姿态，讲出上述话语，表明在其潜意识中，内外界线异常分明，认为自己与雍正帝的矛盾乃皇室内部事务，不容外人插手其间，尤其无须汉人干预。他虽然对雍正帝心怀忿恨，但在所谓外人面前，仍注意维护皇室内部团结，对于汉族民众所表示的同情怀有高度戒备心理。这除去显示出允禵的满汉畛域观念与等级观念外，是否也表明，即使在受到雍正帝的迫害时，满洲内部具有很强凝聚力这一民族特性与传统，在允禵身上

---

1 《文献丛编》第1辑，《允禩允禵案·穆景远口供》。
2 《雍正朝起居注册》第1册，第754页。

依然存在，并发挥一定作用呢？[1]

二、雍正帝的秘密建储思想

康熙帝的秘密建储计划与雍正帝的秘密建储之间具有传承关系，前者是雍正帝秘密建储思想的一个重要来源。

雍正帝是一位善于观察与思考者。其思想的敏锐性以及思维广度与深度，都超出允祺、允禩等人，这是他能够在储位之争中最后取胜的一个重要因素。康熙帝二废太子后整整十年中，虽然没有明建储君，然而在此期间他就储位问题的历次讲话，他对允禩的特殊关怀、特殊重用、特殊培养，但又绝口不谈皇位继承人选的做法，以及允禩在朝内外威信迅速升高，"众心咸属"，而康熙帝并未像对待允礽那样，对此表示疑虑，处处加以抑制，相反却予以默认与扶持等一系列情况，都足以给雍正帝极其深刻的印象，使其逐步体会出康熙帝晚年对建储采取了一种新的方式，并已选定未来的接班人。尽管雍正帝不能将这一新的建储方式确定名称，可是，对于这种建储方法的若干方面，他会通过长期观察与思考，有一个基本的、比较清晰的认识。他继位后的秘密建储之举，实际上是对康熙帝于二废太子后的建储态度、方式、举措长期进行观察、分析、总结后的一次升华。

雍正帝继位后，允䄉与允禩之间"往来私书，有'事机已失，悔之无及'等语"[2]。其实，胤禛在朝中的支持者无几，总体局势对他并非有利，但他却能利用秘密建储计划中的疏漏，乘机获取皇位，而允祺、允禩等人则在总体局势相当有利的情况下，成为储位之争的失败者。这除去种种客观原因使然外，还反映出他们在思维能力与判断力等方面的差距。允祺等人着重于争取更多的支持力量，并通过内监探取康熙帝在建储问题上的有关动向。但是，与胤禛相比，他们忽略了对于康熙帝晚年建储方式的用心研究与思索，因而在出现意外情况时缺乏对策，只有坐以待毙。从这个角

---

[1] 金承艺在《胤祯：一个帝梦成空的皇子》（载台湾"中央研究院"《近代史所集刊》第6期）一文中指出，包括胤禛在内的"胤"字辈诸王，"在遇到关系个人利害的紧要关头，多能识大体，保持着甚至不惜牺牲自我的冷静"。

[2] 《清世宗实录》卷40，雍正四年正月戊戌。

度看，雍正帝在储位之争的最后时刻取胜，具有一定的必然性。

另一方面，由于雍正帝并非康熙帝生前所属意者，他是侥幸取得皇位，而允禩允禟集团基础雄厚，允䄉威望仍高。因此，雍正帝继位初期，在舆论的向背上，他感受到难以名状的压力。这种情势下，为防止出现不测，只有迅即建储。可是，他的亲身经历，使他确信明立储君的建储方式绝不可行，唯有对他所了解的康熙帝特殊的建储方式进行改进，为己所用，以解燃眉之急。

然而，雍正帝为了掩饰他并非康熙帝生前所着意培养的皇位继承人，又不得不极力否认康熙帝秘密建储计划的存在，称皇考是"于仓卒之间，一言而定大计"，从而淡化他的秘密建储与康熙帝秘密建储计划之间的渊源关系。于是，历史便呈现出令人迷惑的一幕：雍正帝利用康熙帝秘密建储计划的疏漏获取皇位，并卓有成效地继承、发展秘密建储计划，实行秘密建储的同时，表面上却做出对秘密建储计划一无所知，与之毫无干系之态，从而给后人造成一种错觉，即雍正帝是清朝秘密建储的首创者。

据《雍正朝起居注册》元年八月十七日载：

> 是日巳时，上御乾清宫西暖阁，召总理事务王大臣、满汉文武大臣、九卿入，面谕曰："我圣祖皇帝为宗社臣民计，慎选于诸子之中，命朕缵承统绪，于去年十一月十三日仓卒之间，一言而定大计，薄海内外，莫不倾心悦服，共享安全之福。圣祖之精神力量，默运于事先，贯注于事后，神圣睿哲，高出乎千古帝王之上，自能主持，若朕则岂能及此也。皇考当日亦曾降旨于尔诸臣曰：'朕万年后，必择一坚固可托之人，与尔等作主，必令尔等倾心悦服，断不致贻累于尔诸臣也。'朕自即位以来，念圣祖付托之重，太祖、太宗、世祖创垂大业，在于朕躬，夙夜兢兢，惟恐未克负荷。向日朕在藩邸时，坦怀接物，无猜无疑，饮食起居，不加防范，死生利害，听之于命。盖未任天下之重，自视此身甚轻。今身膺圣祖付托神器之重，安可怠忽不为长久之虑乎！当日圣祖因二阿哥之事，身心忧瘁，不可殚述。今朕诸子尚幼，建储一事，必需详慎，此时安可举行。然圣祖既将大事付托

于朕，朕身为宗社之主，不得不预为之计。今朕特将此事亲写密封，藏于匣内，置之乾清宫正中世祖皇帝御书正大光明匾额之后，乃宫中最高之处，以备不虞。诸王大臣咸宜知之。或收藏数十年，亦未可定。尔诸王大臣等当各竭忠悃，辅弼朕躬，俾朕成一代之令主，朕于尔等亦必保全成就，笃厚恩谊，岂非家国天下之大庆乎！朕意若此，诸王大臣其共议之。"舅舅公隆科多奏曰："圣祖皇帝恩待群臣，如子若孙，皇上缵承大统，诸臣莫不以事圣祖之心事皇上。圣虑周详，为国家大计发明旨，臣下但知天经地义者，岂有异议，惟当谨遵圣旨。"于是诸王大臣九卿等皆免冠叩首。上曰："尔诸臣既同心遵奉谕旨，朕心深为慰悦。"乃命诸臣退，仍留总理事务王大臣，将密封锦匣收藏于乾清宫正大光明匾额后乃出。[1]

元年八月十七日上谕，是雍正帝关于秘密建储的唯一一次讲话，反映了以下重要内容。

第一，全面否定康熙帝秘密建储计划的存在，指出他的继位，是由其父临终前"一言而定大计"。

第二，之所以急于建储，是因担心自己的人身安全，故须做"长久之虑""以备不虞"。

第三，储君人选由他本人全权决定。

第四，确定秘密建储的方式，即将储君人选亲写密封，装在匣内，置于乾清宫正大光明匾额后。

第五，明确指出建储密旨或将存放数十年。这意味着此旨可能在其临终前再行公布，密立储君立即即皇帝位。也就是说，雍正帝不再准备公开建储。

第六，强调对此决定，"诸王大臣咸宜知之"。表明虽然秘密建储，却将这一决定公开化。

自是以降，直至十三年（1735）八月雍正帝去世，除去七年（1729）七月他批斥汉官陆生楠时言及建储问题外，雍正帝于公开场合，再未对秘

---

1 《雍正朝起居注册》第1册，第83-84页。

密建储问题做过任何阐述。不过，综合分析雍正帝在其13年统治中的有关言行，仍可大体把握他的秘密建储思想，勾勒出这一皇位继承模式的基本架构。

需要指出，康熙帝秘密建储计划中所体现的四个核心环节，即由皇帝个人全权决定储君人选，择贤而立，对储君暗中考察与培养，对储君人选及其他有关储位问题严格保密，仍然是雍正帝秘密建储思想的主要组成部分。

雍正帝在诸子中秘密选中第四子弘历为皇嗣，完全是由他本人决定，没有任何人参与其间。这同康熙帝本人秘密决定允礽为皇位继承人的做法，本质上是相同的。不过，雍正帝从未就此征询诸皇子与众臣意见，表明他在全权决定储君人选方面，比康熙帝做得还要彻底。

关于雍正帝择贤而立的思想，需要进行分析。

元年（1723）八月雍正帝做出秘密建储的决定时，除去早卒诸子外，共有皇子四人。他们是：皇三子弘时，20岁；皇四子弘历，13岁；皇五子弘昼，13岁；以及尚未序齿的皇子福惠（福慧），三岁。当时，他们四人的生母均未得封位号。是年十二月，除福惠之母年氏受封为贵妃外，弘历与弘昼之母分别受封为妃，弘时之母得封嫔位。雍正帝做皇子时的嫡福晋、已正位中宫的乌拉纳喇氏只有一子（按齿序为胤禛第一子），康熙四十三年（1704）八岁时亡故。因此，雍正帝是在并无嫡子的前提下，在庶子内择优而选储嗣，这同康熙帝废嫡而于庶子中选优有部分相似处。

在所有妻妾中，雍正帝最宠爱年羹尧之妹、原藩邸侧福晋年氏。年氏逝于雍正三年（1725）十一月。她在康熙五十四年至雍正元年（1715—1723）期间相继生下三子一女，只有一子存活，即福惠。据种种迹象看，雍正帝对于尚在幼年的福惠是比较器重的。[1] 福惠逝于雍正六年（1728），毛仅八岁，"照亲王例殡葬"[2] 此时当朝皇子包括弘历在内，均未封爵。福惠的丧仪实属殊荣，由此透露出雍正帝对于贵妃年氏的追怀之情。八年（1730）五月，雍正帝斥责皇兄允祉时说："前年八阿哥（福惠）之事，诸

---

1 《雍正朝起居注册》第2册，第1388页；《上谕内阁》，雍正四年八月三十日。
2 《清世宗实录》卷73，雍正六年九月丙辰。

王大臣无不为朕痛惜，而允祉欣喜之色，倍于平时，存心阴险，莫此为甚！"[1]对于福惠之死，表面敬顺、实怀不满的允祉流露幸灾乐祸之色，说明朝臣无不知晓雍正帝对福惠的钟爱。可是，雍正帝秘密选择皇位继承人时，舍去爱妃幼子，选中比福惠年长十岁的弘历，可见并非是从对皇子生母的好恶出发，而是以皇子本人情况之优劣作为择嗣依据。当时的政治势态，也要求雍正帝择选一位相对年长的皇子作为密立嗣君，如此才能防止在突发情况下，反对派乘机操纵权力的可能性。

可供雍正帝选择的储嗣人选范围实际很小。元年（1723）八月，健在的四个皇子内，如果将他素来不喜的弘时与尚在幼龄的福惠除外，只剩下弘历与弘昼两人，这与康熙帝二废太子后，共有十余位皇子可供其择选的情况，迥然不同。相比之下，虽然弘历只比弘昼大三个月，但从整体素质与综合条件看，弘历显然要高于弘昼。乾隆帝曾回忆与弘昼一起学习的情景："余幼时日所授书，每易成诵，课堂早毕。先生即谓余曰：'今日之课虽毕，曷不兼治明日之课。'比及明日复然。吾弟和亲王（弘昼）资性稍钝，日课恒落后。先生则曰：'弟在书斋，兄岂可不留以待之？'复令余加课。俟其既毕，同散。彼时孩气，未尝不以为怨。今思之，则实有益于己。故余所读之书倍多，实善诱之力也。"[2]可见，弘昼与弘历在资质上有较大差异。

事实上，如同康熙帝自叹诸子俱不如己，自视甚高的雍正帝对于弘历亦非完全中意。他认为诸子资质平平，其中当然也包括弘历。他最终选中弘历，当是求"卓越之才"而不得，只有等而次之了。

雍正帝继承了康熙帝暗中培养考察储君的思想，但不同的政治氛围与客观环境，使他的有关做法又与康熙帝颇有不同。

雍正帝遵循康熙帝制定的教子方针，严格教育诸子，这在汉文造诣甚高、武功骑射也相当出色的弘历身上，可以得到印证。值得注意的是，按照雍正帝的规定，元年（1723）正月，雍正帝诸子与其老师在书房初次见

---

[1]《上谕旗务议覆》，雍正八年五月初九日。
[2] 章梫纂：《康熙政要》卷10，《论尊敬师傅第十二》。

面时，互行揖礼[1]。此种作法遂成为一项定制，为其后各朝所遵循。这一举措预示着雍正朝皇子的地位与权势，将与康熙时期有很大不同，是雍正帝抑制皇子权力的一个信号。

　　包括密立（暗定）皇储在内，雍正帝诸子与康熙朝皇子的显著区别之一，是参与政治的程度大幅度降低，而皇子们的总体地位与权势，也就无法与前朝皇子同日而语。所以出现这种情况，是由于雍正帝吸取康熙帝诸子参预国政，个人权势不断增长，进而加剧储位之争，分散、削弱皇权的经验教训，有意识地缩减皇子参政、理政的机会。因此，雍正年间皇子们虽然也曾参与军国大事的讨论，但较之康熙帝诸子，次数已大为减少。其后，皇子与朝政保持较大距离的趋势日渐发展，嘉道年间成为常态。另一方面，雍正帝继位时，距清朝入关已有80年之久。努尔哈赤、皇太极等以众皇子作为治国理政主要助手的传统观念，在人们头脑中逐步淡化，而清朝皇权的高度集中与强化，也不再容许这种分权状况存在。这是雍正帝诸子开始退至权力边缘位置，在政治舞台上不再扮演重要角色的又一原因。

　　康熙帝去世周年、二年之际，雍正帝都曾派弘历去祭景陵。这使已被密定为皇储的弘历在诸皇子中处于突出位置。但在册封爵位、协办政务等方面，雍正帝还是尽可能地对弘历与弘昼一视同仁，以避免给臣工造成厚此薄彼的印象。如十一年（1733）二月，弘历与弘昼分别被封为亲王。[2]十三年（1735）五月，雍正帝命两人与大学士鄂尔泰、张廷玉等一起办理苗疆事务。[3]

　　弘历继位后说，雍正帝曾就是否弃置新疆事宜，"偶向朕及王大臣等商及，以为从前原不应料理，非谓目下也。比时询谋佥同，力奏其不可……皇考深以为然"[4]。又据《永宪录》载，"（雍正）十三年，上传位今上（乾隆帝）。降谕皇太子仁贤，曾密奏无杀（年）羹尧及抄家诸事。当

1　《张廷玉年谱》，第20页，北京：中华书局，1992年。
2　《清世宗实录》卷127，雍正十一年正月辛卯；卷128，雍正十一年二月己未。按，弘历封和硕宝亲王，弘昼封和硕和亲王。
3　《清世宗实录》卷156，雍正十三年五月甲子。
4　《清高宗实录》卷2，雍正十三年九月乙巳。

时举朝无一人言及也"[1]。按，十三年（1735）八月雍正帝乃突然病逝，故上述降谕的可能性不大。不过，雍正三年（1725）年羹尧获罪时，15岁的弘历曾建议勿杀这位难得的统兵帅才一事，则有较大可能性，表明他有用人眼光。

雍正帝虽然是在并未使之独理政务的前提下，对弘历进行培养与考察，但从弘历继位后表现出相当出色的治国能力看，雍正帝对皇嗣的培养还是较为成功的。还应看到，弘历在其父继位时已12岁，曾目睹康熙末年的政治风云，其后13年中，亲历朝中一系列重大事件，这一切对于他的成长与成熟大有裨益。

雍正帝关于在秘密建储中严格保密的思想，与康熙帝相比则有一定差距，其做法也远不如康熙帝彻底。

雍正元年（1723）八月，雍正帝除去将立储密旨放置乾清宫正大光明匾额之后，又"另书密封一匣，常以随身"[2]。据《张廷玉年谱》载："此旨雍正八年九月曾密示廷玉，雍正十年正月又密示鄂尔泰、廷玉两人。比时圣谕曰：'汝二人外再无一人知之。'"[3]八年（1730）五月允祥病逝后，大学士张廷玉（雍正四年二月始任）、鄂尔泰（雍正十年正月始任）成为大臣中最受倚重之人。雍正帝于十一年（1733）说："大学士张廷玉侍朕左右，敬慎小心，十一年如一日，其为人外和平而内方正，足办国家大事。前岁朕躬违和，凡有密旨，悉以谕之，彼时在朝臣工中只此一人。今大学士鄂尔泰来京，朕得两人矣。"[4]雍正八年（1730）夏秋之间，雍正帝曾患病，数月未愈。[5]他向张廷玉单独密示立储密旨，即在此时。除去张廷玉与鄂尔泰外，允祥更为他所信赖。允祥生前，雍正帝有很大可能也曾示以密旨，或告知嗣君人选。尽管这种事先向少数亲信透露立储密旨的做法，并未对秘密建储的实施与雍乾两朝皇位交接造成不利影响，但毕竟违背了秘密建储的保密原则，具有潜在危害性。

1　萧奭：《永宪录》续编，第335页。
2　《清高宗实录》卷1189，乾隆四十八年九月戊午。
3　《张廷玉年谱》，第54页。
4　《张廷玉年谱》，第43页。
5　《清世宗实录》卷99，雍正八年十月甲寅。

从总体看，雍正帝的秘密建储思想较康熙帝更为周密，他以秘密建储计划为基础而加以改进的建储方式，更加切合清朝政治的实际，具有很强的可操作性。正是由于他对康熙帝的秘密建储计划进行了突破性的改进和提高，才能成功地实践秘密建储方针。

雍正帝对康熙帝秘密建储计划的改进，主要表现在他实行了新的秘密建储方式（公开的秘密建储），既对所定皇嗣之名严格保密，同时又将实施秘密建储之事以及存放密旨的地点之一，向众臣公开。如果他本人突然发生意外，秘密建储的最后一步，即他与密立储君之间的皇位交接，便可以在早已确知密旨存放处的全体朝臣监督下继续完成，从而使希冀皇位者无任何可乘之机。以秘密与公开相结合，秘密中有公开，公开中有秘密，体现出雍正帝的秘密建储思想具有一定辩证色彩，这是他对于康熙帝秘密建储计划的重要改进与发展，也是雍正帝秘密建储的一大特色。

既要秘密建储，又须保证在意外情况下密定储嗣能够顺利继位，这是一对矛盾。它之所以能够在雍正帝手中迎刃而解，同雍正帝具有独特经历密切相关。康熙帝实施秘密建储计划中的最大疏漏，是对保密原则的理解过于僵化与绝对。他所属意者的皇嗣身份，唯有他本人知晓，而他一旦亡故，无人能予证实。即使康熙帝生前写有传位密旨，因众臣未知此事，侥幸获取皇位者找到该旨并予销毁，乃轻而易举。雍正帝本人正是利用康熙帝秘密建储计划中的疏漏，获得皇位，由他亲自弥补这一疏漏，自然考虑周详，万无一失。

在对秘密建储问题的思索过程中，康熙帝与雍正帝的共同出发点，是尽可能地排除一切干扰，顺利实现皇位传承，最大限度地集中、强化皇权。不过，两人考虑建储事宜的着眼点颇有不同。

如何减少皇储矛盾，防止诸子争夺储位，是康熙帝在二废太子后考虑建储问题的主要侧重点。对于雍正帝来说，他的思考重点，则是如何能够在任何情况下，都保证秘密建储得以顺利完成。这是他在思索建储问题时下力最多之处。事实表明，雍正帝成功地解决了这一难题。

十三年（1735）八月二十一日，住在圆明园的雍正帝"不豫，仍办事如常"，弘历与弘昼"朝夕谨视，忧虑方深"。二十二日戌刻，"疾大渐。

宣召和硕庄亲王允禄、和硕果亲王允礼、大学士张廷玉等入寝宫。是日（二十三日）子刻，世宗崩"[1]。

据史籍记载的情况分析，雍正帝逝前未再言及立储密旨一事。他死后，在张廷玉、鄂尔泰的建议下，总管太监从圆明园宫中找出"朱笔亲书传位今上（乾隆帝）之密旨"。诸王大臣"同捧至今上前，廷玉于灯下宣读，上伏地大恸良久，王大臣等叩头敦劝再三，上始载拜受命"[2]。当夜，弘历与诸王大臣一起将雍正帝的遗体运返紫禁城后，内侍取下乾清宫正大光明匾额后已存放12年的密旨，"捧至上前"。乾隆帝命允禄、允礼、张廷玉、鄂尔泰等人"齐入，始启封，跪阅亲书御名"[3]。无须雍正帝临终之际再行明言，事先两处所存密旨可互为印证，这进一步增加了弘历入承大统的合法性。乾隆帝是中国历代帝王中，以全新的皇位传承模式顺利继统的第一人。皇帝生前意愿，首次通过秘密建储方式在其身后圆满实现。

雍正帝的秘密建储具有鲜明的实用性特征。他是在反对派势力强大、深感人身安全与皇位都受到威胁的情势下，将康熙帝秘密建储方法加以改进，为己所用，并以此作为一种对策、一种谋略，以杜绝诸弟图位之念，即使其本人发生意外，也能保证皇位在其子孙中传延。不过，他的秘密建储思想，还只是停留在对于具体方法的改进与提高，以及如何保证秘密建储顺利完成等问题的思考层面，如果从对秘密建储的认识深度与广度而言，超越康熙帝之处则很有限。

雍正帝并未将秘密建储确立为一项制度。

雍正元年（1723）八月的建储谕旨明确指出，实施秘密建储的目的是"以备不虞"，没有要求后世子孙对此遵行不怠，传之永久。

七年（1729）七月，雍正帝处理了发往军前效力的"广西举人、部选江南吴县知县"陆生楠"诽议时政"一案。雍正帝批驳陆生楠"讥本朝之不早建储贰"时指出："我朝太祖高皇帝开创以来，未尝预建储位。""我朝圣圣相承，皆未由先正青宫而后践天位，乃开万世无疆之基业，锡亿兆臣

---

[1] 《清高宗实录》卷1，雍正十三年八月己丑。
[2] 《张廷玉年谱》，第53-54页。
[3] 《清高宗实录》卷1，雍正十三年八月己丑。

民之洪庥。逮朕缵登大宝，承重熙累洽之盛统，七年以来，中外乂安，是我朝之国本有至深至厚者，愚人固不能知也。"[1]他反复强调建储一事必须慎重，却只字不谈自己已在六年前实行秘密建储，这本是一个最有力的论据，可使陆生楠之讥言不攻自破。此种情况反映出在雍正帝的思想深处，只是将秘密建储作为权宜之计，认为这是在特殊情况下，必须采取的一项特殊举措而已。

雍正帝的上述态度，还显示出他的唯我独尊意识，认为秘密建储乃皇家之事，与陆生楠等区区汉官无涉，即使在批驳陆生楠时，亦不屑于言及。这同乾隆帝处理汉族生员金从善请建储位时的做法，截然有别（参见第五章第二节）。

秘密建储在雍正时期尚未形成制度，这从乾隆帝继位后的有关言行中，也可得到证实。

乾隆帝继位后第一年，宣布"循用皇考成式"，将储君之名"亲书密旨，照前收藏"，实行秘密建储。同时他又指出："此乃酌权剂经之道，非谓后世子孙皆当奉此以为法则也。将来皇子年齿渐长，日就月将，识见扩充，志气坚定，万无骄贵引诱之习，朕仍应布告天下，明正储贰之位。若夫以建储为嫌忌而不肯举行者，此庸主卑陋之见，朕所深鄙者也。"[2]乾隆帝之言表明，其父生前未曾作出将秘密建储立为制度的任何决定。否则，在清朝诸帝敬天法祖的传统下，乾隆帝不会对秘密建储有此不敬之议。这也说明，乾隆帝已深深地受到汉族宗法制思想的影响，在其继位之初，仍对嫡长子皇位继承制持肯定态度。

在清朝秘密建储制度创立过程中，雍正帝是一位承先启后者。他对秘密建储的认识已比康熙帝有所提高，但仍然是以秘密建储作为一个临时性措施。雍正帝在位13年期间，将秘密建储由权宜之计转变为家法规制这一具有决定意义的飞跃，始终没有完成。

---

1 《清世宗实录》卷83，雍正七年七月丙午。
2 《清高宗实录》卷22，乾隆元年七月甲午。

三、雍正帝杀子辨疑

雍正帝与三阿哥弘时的关系，反映出在公开实施秘密建储的初期，皇权传承问题依旧引发出清帝父子间的激烈冲突。它与康熙晚期储位之争之间具有内在联系，是我们考察康雍之际清朝皇位继承制度的嬗变时不可忽略之处。

近年的文学影视作品中，雍正帝杀子的情节往往被加以渲染，给观众留下深刻印象。这种说法其来有自。

曾任清史馆协修的唐邦治先生，首先提出"雍正杀子说"。他于1923年出版的《清皇室四谱》一书中指出："皇三子弘时，其初行次为第四。康熙四十三年甲申二月十三日子时生，藩邸侧妃李氏即齐妃出。雍正五年丁未八月初六日申刻，以年少放纵，行事不谨，削宗籍死，年二十四。十三年十月高宗即位，追复宗籍。"[1]

孟森先生在《海宁陈家》一文中，根据《清皇室四谱》的记载指出："弘时长大，且已有子，忽于雍正五年八月初六日申刻，以'年少放纵，行事不谨，'削宗籍死。时弘时年二十四，高宗亦十七龄矣。夫'年少放纵，行事不谨'，语颇浑沦，何至处死，并削宗籍？以前不闻训戒，是日上午，犹御经筵如常，突有此非常之举，世遂颇疑中有他故。"孟森先生推论弘时的死因，与"世宗大戮其弟"有关："盖世宗处兄弟之酷，诸子皆不谓然。弘时不谨而有所流露，高宗谨而待时始发也。以此推论，不中不远。"[2]

金承艺先生也根据《清皇室四谱》的记载认为，弘时在雍正五年（1727）八月初六日获罪除宗，并于当天死去。"他的死不是被诛戮，就是被世宗赐令自尽了。"金承艺先生还联系到雍正五年（1727）九月初六日，即"皇三子弘时被杀的一个月后"，雍正帝在一位总兵因弟涉嫌某案而自请处分折上，批有"朕尚有阿其那、塞思黑等叛贼之弟……不但弟兄，便亲子亦难知其心术行事也"等语，指出雍正帝将亲子骨肉与他的冤家对头允禩、允禟相联结，这也就把弘时被赐死、除宗的原因，"等于做了一

---

[1] 唐邦治：《清皇室四谱》卷3，《皇子》。
[2] 孟森：《海宁陈家》，载《明清史论著集刊续编》，第324–326页，北京：中华书局，1986年。

次约略的说明"¹。

事实上,弘时并没有被雍正帝处死,但确实受到十分严厉的惩罚。雍正十三年(1735)十月,甫登皇位的乾隆帝颁谕:

> 从前三阿哥年少无知,性情放纵,行事不谨,皇考特加严惩,以教导朕兄弟等,使知儆戒。今三阿哥已故多年,朕念兄弟之谊,似应仍收入谱牒之内。著总理事务王大臣酌议具奏。²

乾隆帝的上述话语,使人认为弘时被削除宗籍,是因行为放纵所致,但其具体缘故却又语焉不详。值得注意的是,《清高宗实录》有意不载其后庄亲王允禄等人关于恢复弘时宗籍的奏折,而它则是澄清弘时之死疑点的有力史证。

允禄等人的奏折如下:

> 总理事务和硕庄亲王允禄等谨奏,为钦奉上谕事。雍正十三年十月二十四日奉上谕,从前三阿哥年少无知,性情放纵,行事不谨,皇考特加严惩,以教导朕兄弟等,使知儆戒。今三阿哥已故多年,朕念兄弟之谊,似应仍收入谱牒之内。著总理事务王大臣酌议具奏。钦此。
>
> 查,雍正四年二月十八日奉旨:弘时为人,断不可留于宫庭(廷),是以令为允禩之子。今允禩缘罪撤去黄带,玉牒内已除其名,弘时岂可不撤黄带。著即撤其黄带,交与允祹,令其约束养赡。钦此。
>
> 臣等查三阿哥从前原因阿其那获罪株连,与本身获罪撤去黄带者不同,今已故多年,蒙皇上笃念兄弟之谊,欲仍收入谱牒,于情理允宜。应钦遵谕旨,将三阿哥仍载入玉牒。俟命下之日,交与宗人府办理可也。谨奏请旨。依议。³

---

1 金承艺:《关于清世宗皇三子弘时——看一代帝王的家庭悲剧》,载台湾《故宫季刊》第15卷第2期,1980年。
2 《清高宗实录》卷5,雍正十三年十月己丑。
3 台北故宫博物院:《宫中档雍正朝奏折》第26辑,第291-292页。

允禄等人的奏折表明：

第一，弘时是因允禩之事牵连获罪。

第二，雍正四年（1726）二月十八日以前，雍正帝已将弘时逐出紫禁城皇宫，勒令他去做允禩之子，宣告父子之情已绝。

第三，弘时受到上述严惩后，并未按照雍正帝的希望改变立场，因而与皇父的关系愈加恶化。于是雍正帝对弘时的惩治进一步升级，四年（1726）正月将允禩撤去黄带，从玉牒除名，二月，对弘时做了同样处理。

第四，弘时被撤去黄带后，由其皇叔允祹约束养赡。这比允禩亲子弘旺在其父获罪后"发往热河充军"，继而又被长期拘禁的境况[1]尚强出许多。弘时为雍正帝所杀之说，不能成立。

雍正帝并未杀子，还可从以下几个方面得到印证。

记载弘时情况相对详尽的史籍，目前所见只有清朝玉牒。其中有关弘时的记载如下：

> （世宗皇帝）第三子弘时。康熙四十三年甲申二月十三日子时生。母齐妃李氏，知府李文烨之女。雍正五年丁未八月初六日申时卒，年二十四岁。嫡妻栋鄂氏，尚书席尔达之女。媵妾钟氏，钟达之女。媵妾田氏。[2]

玉牒提供了弘时去世的准确日期，《清皇室四谱》即是以此为依据。所不同者，玉牒只是说弘时在该日去世，而《清皇室四谱》则说在该日，即雍正五年（1717）八月初六日"削宗籍死"。根据上引允禄等人奏折，弘时早在雍正四年（1726）二月十八日已被削除宗籍，由允祹约束养赡，至五年（1727）八月初六日去世，前后相隔一年零六个月。足见《清皇室四谱》有误。何况雍正四年（1726）八、九两月，允禟、允禩先后故去，雍正帝清除反对派之举已基本完结。这种情况下，似不会在雍正五年（1727）八月仍对弘时不依不饶，下令将他处死。《清皇室四谱》所言弘时"削宗籍死"，是只根据前引《清高宗实录》所载乾隆帝谕旨中"皇考特加

1　弘旺：《皇清通志纲要》卷4上。
2　汉文玉牒第111号。按，《爱新觉罗宗谱》甲册第200页载，弘时的生母齐妃李氏，知府李文辉之女。"辉"字有误，应为"烨"。

严惩"一语，做出的错误判断。

不妨回顾一下努尔哈赤处死长子褚英的原委。在努尔哈赤统一女真各部的过程中，褚英能征善战，"屡有功，上委以政"[1]。其后，他与汗父产生分歧，甚至以对天焚书相诅咒，故被长期监禁。努尔哈赤经反复权衡，恐其日后直接危害他的统治，终于"置阿尔哈图土门贝勒褚燕（英）于法"[2]。而弘时只是一位普通皇子，尚未封爵，既无军功，亦未参政。当他被除宗籍，由叔父"约束养赡"后，唯有苟全性命而已，不存在所谓后患问题，雍正帝并无必要将他处死。

雍正帝像所有帝王一样，极为重视生前身后的声誉。例如，他欲置允禩、允禟等人于死地，但又想方设法将此作为众臣之意，并通过众臣之口道出。在处置允禩等人的过程中，他试图扮演一个被动角色，以减少后人的议论诋毁。[3]所以，杀子之名更是他所大忌，避之唯恐不及。姑且不论父子亲情，即使从他本人的声誉考虑，也不会做出杀子的决定。

雍正七年（1729）颁布的《大义觉迷录》一书记载，曾静曾经指责雍正帝谋父、逼母、弑兄、屠弟。这从一个侧面说明，雍正帝并未杀子，当时也无有关传说。否则，但凡稍有蛛丝马迹，朝中允禩等人的拥护者、同情者定会有所议论，迅速播扬，曾静必以之为一重要把柄，大肆渲染，以丑化雍正帝的形象，扩大反清影响，绝无可能对此保持缄默。

雍正帝勒令亲子做其政敌之子，是一空前绝后的帝王之家丑闻。因此，嘉庆帝继位后纂修《清高宗实录》时，为遮掩弘时因允禩获罪株连，及雍正帝勒令他充当允禩之子这一事实，竟有意不载允禄等人奏折，只留下乾隆帝的上谕，从而使这一曾在朝中引起很大震动之事，成为一桩无头

---

1 《清史稿》卷216，《列传》3，《诸王》2，《广略贝勒褚英》。
2 《清圣祖实录》卷234，康熙四十七年九月庚寅。
3 允祉的一件满文奏折中写道："主子昨日降旨所言，甚属明白。谕曰：'允禩之罪，实若当杀，众人奏请与朕，朕即决断。因事关重大，尔等须各陈所思，如若并不尽表忠心，乃是为臣之人悖理不忠之处。钦此。'"可是，当允祉等禀照其奏议定允禩死罪时，雍正帝又不愿担负弑弟之名，因而称此并非己意。于是允祉奏曰："今将杀允禩之过落于我身，我情愿承受。"不料雍正帝闻后大为恼火，在给允祉的朱批中再次为己辩解："允禩之心及其所行，皇考神灵与上苍早已睿鉴。或杀或养，朕并未降谕，朕亦并无一定要杀或一定宽免之念。朕又岂有靠着阿哥你的名字杀弟之理？"足见，雍正帝欲置允禩于死地的意图，众臣无不知晓。此件奏折无年月，根据内容分析，大约写于雍正四年（1726）初。

公案，同时也为后人留下可作推论的余地。

并非偶然的是，1927年修讫的《清史稿》中，关于弘时获罪之详情，依旧只字未提。据该书《皇子世表》载："弘时，世宗第三子，早薨。无嗣。"该书《列传》中，对弘时的记述只是一笔带过：弘时，"雍正五年以放纵不谨，削宗籍，无封"[1]。与《清高宗实录》一样，《清史稿》以简约笔法，继续坚持为君者讳的宗旨。

需要指出，弘时因允禩获罪牵连而受严惩，只是可为大臣们所道出的原因之一，而且并非最主要的原因。雍正帝与弘时的矛盾之所以达到父子之情已绝地步，换言之，弘时之所以站到其父政敌允禩一边，还有更深层的原因。

雍正帝第一子弘晖（胤禛嫡福晋乌拉纳喇氏生）逝于康熙四十三年（1704）六月，年八岁。弘盼（与弘时同母）逝于康熙三十八年（1699）二月，年三岁，未序齿。第二子弘昀（与弘时同母）逝于康熙四十九年（1710）十月，年11岁。自弘昀死后，弘时成为雍王府的大阿哥。不仅如此，康熙五十年（1711）八月弘历出生前，年已八龄的弘时还是雍亲王胤禛的独子。

五十二年（1713）三月十八日，是康熙帝六十大寿。"皇子诚亲王胤祉等十三人，率皇孙弘昇等二十六人，谨择吉日，於万寿节前预祝遐龄，恭进万寿之觞……十六日，诸皇子、皇孙恭进庆祝万寿诗屏并庆祝品物，诸皇子福晋、皇孙女、皇孙媳，恭进庆祝万寿绣屏衣服等物"。弘时年方十岁，位在皇孙之列。是日，雍亲王胤禛、雍亲王福晋乌拉纳喇氏及"雍亲王长子弘时"等一家三口，向康熙帝进奉寿礼。弘时进奉的寿礼总计两件："如意麻姑爪、双螭捧寿鼻烟壶。"[2]此时，弘历只有三岁，未得参与这项重大活动。

康熙五十八年（1717）三月十九日，是德妃六十大寿。大约在此前后，经康熙帝指婚，德妃的长孙、16岁的弘时迎娶尚书席尔达之女董鄂

---

[1] 《清史稿》卷165，《表》5，《皇子世表》5，《世宗系》；卷220，《列传》7，《诸王》6。
[2] 王掞监修、王原祁等纂：《万寿盛典初集》卷54，《庆祝》5，《贡献》1，载《四库全书》第654册，第5-7页，上海：上海古籍出版社，1986—1990。

氏为嫡福晋。[1]胤禛属下，时任四川总督（五十七年十月始任，仍兼四川巡抚，六十年任川陕总督）的年羹尧，没有遵循"国朝祖宗制度"，向主子行贺礼，为此受到胤禛严责："况妃母千秋大庆，阿哥完婚之喜，而汝从无一字前来称贺，六七个月无一请安启字，视本门之主，已同陌路人矣。"[2]胤禛将弘时完婚之喜与母妃"千秋大庆"相提并论，表明视父子为一体，对弘时的婚事极为重视。

可是，令人不解的是，元年八月雍正帝宣布秘密建储的决定时，却以"诸子尚幼"为理由，认为不可举行（公开）建储。[3]是年弘时已20岁，并非幼龄，况且弘时的独子、雍正帝长孙永珅（姜锺氏所生，逝于雍正二年正月）也已三岁。[4]雍正帝的上述话语，透露出他在考虑皇嗣人选时，已将弘时排除在外了。

按常理而言，弘时应是雍正帝择嗣时的第一人选。他既在诸子中排行最前，又已成人，且有子嗣，其生母李氏在雍邸时已是侧福晋，名分仅次于嫡福晋乌拉纳喇氏。弘时的上述优势，都是弘历所不具备的。可是，雍正帝建储时却弃长而择幼，选中比弘时小七岁的弘历。弘历生母钮祜禄氏（谥"孝圣宪皇后"），在雍邸尚无正式封号。雍正帝为何不喜欢弘时呢？

弘时20岁以前，先后经历了康熙帝两废太子，诸皇子为谋取储位拉党结派、明争暗斗，皇十四子允禵率师西征、收复藏地，康熙帝猝死，胤禛获取皇位等一系列大事。乾隆帝称弘时"放纵""不谨"，表明他具有率直、任性的性格特点。虽然尚无史料予以证实，根据雍正帝其后勒令他去做允禩之子这一情况，似可判断早在雍正帝继位前，弘时对于允禩等人即有一定好感，他对朝中一些事情的看法，也与其父不同。因此，雍正元年雍正帝秘密建储时，当然要将这位并未与其"同好恶"之子排除在外。

尽管如此，雍正帝继位前，他与弘时之间并无利益冲突。当父子二人

---

1 席尔达，满洲镶红旗人，曾任都察院左都御史、兵部尚书、（署）川陕总督、吏部尚书、礼部尚书等职，康熙四十五年（（1706）卒。参见鄂尔泰等修：《八旗通志初集》卷192，《名臣列传》52，《席尔达》。董鄂氏生年未详，应是席尔达的幺女。
2 《文献丛编》第1辑，《雍亲王致年羹尧书》。
3 《清世宗实录》卷10，雍正元年八月甲子。
4 《爱新觉罗宗谱》甲册，第200页。

分别完成从皇子到皇帝,从皇孙到皇子的角色转变后,由于弘时具有居长、生母地位较高等优势条件,他对储位怀有希冀乃情理中事。雍正帝秘密建储后,这对父子的关系逐步恶化,双方矛盾的性质也随之改变。

元年(1723)八月,雍正帝的秘密建储虽然做得相当缜密,但仅三个月后,便由他本人泄露了天机。是年十一月十三日,是康熙帝周年忌辰。雍正帝并不亲至景陵致祭,而是选派13岁的弘历代其前往。[1]这是一个意味深长之举:在位皇帝特遣未来的皇帝向升天的皇帝致祭,奏告王朝百年大计已定,储位已有所属,并祈求先帝在天之灵的佑护。

对于雍正帝这一举措最为敏感,因此深为沮丧之人,莫过于弘时。一年后,他的疑虑再一次被证实。雍正二年(1724)底康熙帝"再期忌辰",弘历第二次"祭景陵"[2]。至此,弘时对储位的幻想彻底破灭,在怨恨与嫉妒心理的作用下,他进一步倒向雍正帝的反对派允禩一方,对其父所做一切持不以为然的态度。

雍正帝的继位,使允禩等人所拥戴的皇十四子允禵帝梦成空,他们作为新帝的反对派,受到皇权的制约和打击。雍正帝在秘密建储中以弘历为储嗣,弘时继承皇位的可能性永远丧失。自身利益受到损害这一相同原因,使弘时与允禩等人相通相怜,并都对雍正帝极为不满。雍正帝与弘时的矛盾,具有维护或削弱皇权的性质。随着弘时与其父关系的恶化,他逐步站到皇权的对立面,为皇权所不容。

值得注意的是,雍正帝继位后与弘时之间矛盾的发展,呈现出显著的阶段性特征,从中也反映出秘密建储之举以及雍正帝打击允禩等人的举措逐步升级,对于他与弘时关系所产生的影响。

雍正帝继位初始,对弘时仍怀有父子情义,为其择师一事颇费心思。元年(1723)冬,56岁的安庆府教授王懋竑被召见,授翰林院编修,"命在三阿哥书房行走"。王懋竑原籍江苏宝应,自幼师从叔父王式丹,"刻厉笃志,耻为标榜声誉。精研朱子之学,身体力行"[3]。雍正帝特从千里之外

---

[1] 《清世宗实录》卷13,雍正元年十一月己丑。
[2] 《清世宗实录》卷26,雍正二年十一月癸丑。
[3] 《清史列传》卷67,《儒林传上》2,《王懋竑》。

找来一位惟谨惟慎、具有浓厚正统思想的宿儒，专门辅导弘时的学习，用心可谓良苦。这说明他对弘时尚抱有一定希望，认为弘时或许能够在老师的言传身教下有所长进，改弦更张，使父子关系得到改善。

与王懋竑同时受召引见的福建漳浦人蔡世远，被选做弘历与弘昼的老师之一。[1] 王懋竑上任后，与蔡世远"同侍内廷，卯入酉出，敬谨奔走"[2]。看来，雍正帝继位后，阖家迁入紫禁城皇宫，弘时虽已完婚生子，亦同住宫内，并未分府另居。[3] 雍正帝所称弘时"断不可留于宫庭（廷）"，即指此而言。

清宫每逢岁末，例由皇帝向大臣颁赐福字。据王箴听所撰其父《行状》载，雍正元年十二月，"命书房中有未得福字者，令亲诣养心殿。适三阿哥奉差出，府君不往书房，不得与赐，而蔡公（蔡世远）独得之。次日，三阿哥言当请赐，府君以小臣不敢请。商于桐城张公（张廷玉，时任户部尚书），深以为然"[4]。这件事中，弘时的率直性格与王懋竑的谨小慎微作风都表露无遗。弘时的"奉差"则表明，此时雍正帝与弘时的关系尚未破裂。

雍正二年（1724），王懋竑奔丧还乡。雍正帝令其"治丧毕即来京，不必俟三年满"。说明在他看来，王懋竑对弘时的规劝与教育是无人能够替代的。是年冬暮，奉诏往浙督修海塘的左都御史朱轼见到王懋竑，"促来春进京，且致三阿哥惓惓属望之意"[5]，可见弘时对老师颇有感情。更重要的是，这反映出直至雍正二年（1724）底，弘时的情况尚属正常。

雍正三年（1725）八九月间，王懋竑扶病返京，"养疴旅邸，不接一

---

1 参见弘历：《乐善堂全集定本》，《序》，载《清高宗（乾隆）御制诗文全集》第1册，第45-46页。
2 王箴听：《文林郎翰林院编修予中王公行状》，载《清代碑传全集》上册，第251-254页。
3 据《清高宗实录》卷2，雍正十三年九月丙午条载："又谕，和亲王（弘昼）向在宫内居住，今梓宫奉移之后，和亲王福晋，可择日暂移撷芳殿，俟和亲王府第定议时，再行移居。"由此可证，雍正帝在位13年期间，已完婚的皇子仍旧住在皇宫内，弘时获罪前亦无例外。
4 王箴听：《文林郎翰林院编修予中王公行状》，载《清代碑传全集》上册，第251-254页。
5 王箴听：《文林郎翰林院编修予中王公行状》，载《清代碑传全集》上册，第251-254页；另参见李元度：《国朝先正事略》卷12，《朱文端公事略》。

客"。半年后,休致归里。[1] 有关史籍记述他返京后的情况时,只字未提三阿哥,表明弘时这时已出事,雍正帝勒令他做允禩之子,当发生在三年(1725)八九月之后。王懋竑的养疴与休致,同他为避祸端而生急流勇退之念,或许也有一定内在联系。

促使雍正帝与弘时关系急剧恶化的具体原因已无考,看来是与清除反对派的进程息息相关。雍正帝清除反对派的斗争,始于雍正二年(1724)。翌年(1725)二月,"三年服阕",雍正帝不再有所顾忌,打击力度随之加大。所以,雍正三年(1725)秋冬之交,弘时因储位落空而与皇父的矛盾逐步激化之际,正是雍正帝清除反对派的斗争全面展开的关键时期。正是在此期间,弘时的立场转向允禩等人,同雍正帝的关系彻底破裂。根据弘时的秉性,他还可能公开表示对允禩等人的同情,以及对雍正帝的不满。这样做需要极大勇气,而允禩等人也会以各种方式予以拉拢。大约雍正四年(1726)初,弘时受到被逐出宫、勒令为允禩之子的严惩后,并未退缩,依然故我。二月,雍正帝将允禩、允禟等人从玉牒除名仅仅一个月后,对弘时也予以同样惩处。

雍正帝公开表示与弘时父子之情已绝,勒令他去做允禩之子,这不仅是为"教导"其他皇子,更重要的是为了警告仍"以允禩为屈抑"[2]的诸王大臣们,"使知儆戒"。

弘时被除宗籍,交与允祹"养赡"后,其心情与处境皆可想见。仅仅挨过一年半,24岁的弘时便郁郁而终。

弘时事件不仅是雍正帝个人家庭生活中的一幕悲剧,而且是那一特定历史条件下,满族统治集团内部权力之争的产物。雍正帝在清除反对派的斗争中株连甚众,打击面过宽,以致遭到众多宗室成员及朝臣们的抵制与暗中指责。这种不满情绪与舆论势头之大,甚至冲击到雍正帝本人的家庭,连其亲子也加入反对派营垒,站到了他的对立面。雍正帝对弘时的严惩只是可以泄愤于一时,却无法改变他在清朝最高统治集团中的孤立处境。乾隆帝继位后,立即着手解决宗室成员所受惩处问题,释放允䄉、允

---

1 王箴听:《文林郎翰林院编修予中王公行状》,载《清代碑传全集》上册,第251-254页。
2 《清世宗实录》卷31,雍正三年四月癸未。

穟，恢复弘时的宗籍，并辅以其他一系列纠偏措施。这固然是为了促进宗室内部团结以巩固统治，但也间接表明，虽然乾隆帝是雍正帝所选定的继承人，他对于其父有关做法，同样持有异议，只是隐而不露罢了。

弘时事件发生在清朝皇位继承制度由嫡长子皇位继承制向秘密建储制嬗变的转型时期，是两种皇位继承模式交叉碰撞下出现的一个历史现象。弘时对储位的希冀则表明，嫡长子皇位继承制中有嫡立嫡、无嫡立长的观念，对他已有较深影响，使之不自觉地以此作为要求雍正帝立己为嗣的根据。在皇位继承人选问题上，他的观念及其有关行为同清朝入关初期的皇子（如顺治帝之子、实为皇长子的福全以及康熙帝长子允禔）相较，已有明显不同。受到汉文化熏陶而留下的印记，在弘时的身上更为突出。

实施秘密建储，并不能消除众皇子对储位的希图，更无法弭止他们的权力欲望。弘时在雍正初年政治风云中的所历所为，就是一个生动实例，清朝其后的历史也将继续证明这一点。

第二节　秘密建储制度的确立

一、秘密建储制度化与乾隆帝的建储思想

（一）乾隆帝的秘密建储

纵观乾隆帝的秘密建储，具有以下特点。

其一，乾隆帝的建储过程，与他在皇帝之位相始终，前后长达60年（乾隆元年至六十年，1736—1795），时间之久居中国历代帝王建储之冠。另一方面，在此期间，他曾先后两次正式秘密建储，第一次建储过程仅有三年（乾隆元年至三年，1736—1738）；第二次建储过程共计23年（乾隆三十八年至六十年，1773—1795）。也就是说，他在位60年中，共有26年（乾隆元年至三年，乾隆三十八年至六十年）实行秘密建储，其余34年（乾隆四年至三十七年，1739—1772）未行建储。乾隆帝先后将两位皇子（皇二子永琏、皇十五子颙琰）正式密定为储君。但是，在两次秘密建储之间，还曾相继属意于另外三位皇子（皇三子永璋、皇七子永琮、皇五

子永琪)。因此，乾隆帝在位60年里，有五位皇子先后被他考虑作为皇位继承人选，一头一尾两位（永琏、颙琰）得以实现，中间三位最终落空。这些情况，均为中国历代帝王建储中所仅见，也为乾隆帝的建储增添了戏剧性色彩。

其二，乾隆帝对于秘密建储的认识，经过一个从表面到深化，从不自觉到自觉的转变过程。由此而决定，他的秘密建储实践也是一个从被动到主动的转变过程。

其三，乾隆帝继位之初始行秘密建储时，仍然是将秘密建储作为一种临时性举措。建储中不断出现的问题，促使他逐步修正对秘密建储的看法，认识到公开建储势必导致种种难以克服的弊端，唯有秘密建储方是有助于维护、巩固皇权统治的最佳良策。因此，第一次秘密建储结束35年后，他再次秘密建储，同时将它确立为一项制度，令子孙后世遵行。

其四，乾隆帝是在清朝皇权的高度集中与强化达到极致的政治背景下，实行秘密建储，这是与康熙、雍正时期的秘密建储有所不同之处。因此，乾隆帝实行秘密建储的全过程尽管相当长，但自始至终未曾像康雍时期那样，出现较为强大的掣肘力或反对派力量；即使有一定阻力或干扰因素（如个别皇子的表现及弘晳事件），都被及时消除于萌芽状态。这种客观环境与政治氛围，使乾隆帝的秘密建储带有更多的主观随意性。

乾隆元年（1736）七月，乾隆帝密定皇后富察氏（谥"孝贤高皇后"）所生嫡长子（排行皇二子）、年仅七岁的永琏为皇储，"循用皇考成式，亲书密旨，照前收藏"。同时，他召集总理事务王大臣与九卿等，宣布此事，令总理事务王大臣亲看宫中总管太监，将其亲书密旨收藏于乾清宫正大光明匾额后。[1] 翌年（1737）四月，朝鲜使臣还国后的报告中，谈到乾隆帝已秘密建储："清主即位，初如雍正故事，召九卿等谕以早建之意，亲书密旨，藏于乾清宫，不许宣布中外。"[2]

三年（1738）十月，永琏病故。乾隆帝告知庄亲王允禄、和亲王弘昼及军机大臣："永琏虽未行册立之礼，朕已命为皇太子矣。"下令按照皇太

---

1 《清高宗实录》卷22，乾隆元年七月甲午。
2 吴晗辑：《朝鲜李朝实录中的中国史料》第11册，第4489页。

子的规格为永琏办理丧事,并取出藏于正大光明匾额后的密旨,"将此晓谕天下臣民知之"[1]。这位九岁幼儿,是清朝唯一一位以皇太子的身份被下葬之人。

乾隆三年(1738)十月第一次秘密建储失败至三十八年(1773)冬第二次秘密建储前,乾隆帝先后有过三次密立储君的意图,均未及实施,相继流产。

按时间先后为序,第一个一度为其所属意的皇子,是皇三子永璋,第二个才是乾隆帝的嫡次子永琮。

乾隆十一年(1746)四月,孝贤皇后生下皇七子,也是乾隆帝第二位嫡子永琮,乾隆帝随即将他视为"可属承祧"者。[2]可是,十二年(1747)十二月,永琮患痘疹而亡。十三年(1748)三月,孝贤皇后随乾隆帝东巡途中,病逝于德州,终年37岁。是年六月,乾隆帝认为21岁的大阿哥永璜凭依居长身份,对储位妄生觊觎,14岁的三阿哥永璋也于嫡母丧葬期间不能尽人子之道,故予以训责,明确指出此二人断不能继承大统。他为此谕告诸王满洲大臣时透露:"从前以大阿哥(永璜)断不可立之处,朕已洞鉴,屡降旨于讷亲、傅恒矣。至三阿哥(永璋),朕先以为尚有可望,亦曾降旨于讷亲等。"[3]按,大学士讷亲于十三年(1748)四月经略四川军务,是年十二月因贻误军机被斩首于军前。[4]所以,乾隆帝一度有意于永璋,应当是在乾隆三年(1738)永琏病故后,至十一年(1746)永琮出生前这段时期内。在此八九年期间,乾隆帝因无嫡子,不得不在庶子中选择储嗣,于是,永璋被认为"尚有可望"。永琮出生后,立即取代永璋成为乾隆帝的首选。

由于乾隆帝在是否以永璋为嗣问题上犹豫未决,而永琮两岁病逝,因此,他们两人都没有被密立为皇储。

第三位为乾隆帝属意者,是皇五子永琪。

四十八年(1783)九月,乾隆帝回忆建储的情况时指出:"其时(指永

---

1 《清高宗实录》卷78,乾隆三年十月辛卯。
2 《清高宗实录》卷305,乾隆十二年十二月乙酉。
3 《清高宗实录》卷317,乾隆十三年六月甲戌。
4 《清史稿》卷174,《表》14,《大学士年表》1;卷11,《本纪》11,《高宗本纪》2。

琮去世后）朕视皇五子于诸子中更觉贵重，且汉文、满洲、蒙古语、马步射及算法等事并皆娴习，颇属意于彼而未明言，乃复因病旋逝。"[1] 按，五阿哥永琪生于乾隆六年（1741）二月，三十年（1765）十一月封和硕荣亲王，翌年三月病逝，年仅 26 岁。除去过继他人为嗣的皇子（皇四子和硕履郡王永珹、皇六子和硕质亲王永瑢）外，永琪是乾隆帝诸子中第一个生前封爵者。

乾隆帝于三十八年冬（1773）第二次正式秘密建储后，曾几次谈及此前有关皇储人选的一些情况。如四十三年（1778）九月他指出："朕登极之初，恪遵家法，以皇次子（永琏）为孝贤皇后所生，人亦贵重端良，曾书其名，立为皇太子，亦藏于正大光明匾内，未几薨逝。因追谥为端慧皇太子，其旨亦即撤去，不复再立。且皇七子（永琮）亦皇后所出，又复逾年悼殇。若以次序论，则当及于皇长子（永璜），既弗克永年。而以才质论，则当及于皇五子，亦旋因病逝。设如古制之继建元良，则朕在位而国储四殒，尚复成何事体乎？"[2]

其实，乾隆帝对于十五年（1750）三月病逝的皇长子永璜，始终并无立为储嗣之意。他在永璜病逝后说："皇长子幼而质弱，朕加恩顾复，念其未能承受厚福，原非端慧皇太子（永琏）、悼敏皇子（永琮）望其可属承祧者比，虽父子至情，实不能忍，而轻重所系，朕岂不知。"[3] 这位质弱而敏感的大阿哥 23 岁便撒手人寰，与两年前他被皇父指为觊觎皇位，受到严厉训责，有直接关系。永璜去世后，追封定亲王，赐谥"安"，体现出乾隆帝既甚痛惜又隐含内疚的复杂心情。

四十八年（1783）九月谕旨中，他分别谈到永琏、永琮、永琪的情况后说："设依书生之见，规仿古制，继建元良，则朕三十余年之内，国储凡三易，尚复成何事体……"[4] 意为第二次秘密建储前，曾先后有过三位皇储人选。

事实上，第二次秘密建储前曾为乾隆帝所属意的皇子中，还有皇三子

---

[1] 《钦定古今储贰金鉴》卷首，《上谕》。
[2] 《清高宗实录》卷 1066，乾隆四十三年九月乙未。
[3] 《清高宗实录》卷 360，乾隆十五年三月戊午。
[4] 《钦定古今储贰金鉴》卷首，《上谕》。

永璋。乾隆帝对这些皇子的钟爱原因和程度、属意方式及时间长短各不相同。从他曾向大学士讷亲等透露对永璋的期望看,他一度想将永璋作为皇位继承人,是无疑问的。

乾隆三十八年(1773)冬,距最后一位未及确立的皇储人选永琪去世八年后,乾隆帝第二次也是生前最后一次秘密建储,密立皇十五子、十四岁的颙琰[1]为皇储。当时,乾隆帝并未公开宣布此事,直到五年后的一个偶然事件,才使他的做法发生改变。

乾隆四十三年(1778)九月,乾隆帝第三次赴盛京谒陵的归途中,锦县生员金从善上言"建储立后,纳谏施德"[2],认为乾隆帝迟迟不立储君,是"以不正之运自待"[3]。统治经验丰富的乾隆帝觉察到这种想法在臣民中具有代表性,因而连发两道谕旨阐述建储问题,宣布已行秘密建储,晓谕天下臣民"俾中外知之"。谕旨中说:朕"曾于乾隆三十八年冬,手书应立皇子之名,密缄而识藏之。并以其事谕知军机大臣,特未明示以所定何人。而是年冬至南郊大祀,命诸皇子侍仪观礼。因以书立皇子之名,默祷上帝,如其人贤,能承国家洪业,则祈佑以有成,若其不贤,亦愿潜夺其算,毋使他日贻误,予亦得以另择元良。"同时,乾隆帝还宣布,"至乾隆六十年乙卯,予寿跻八十有五,即当传位皇子,归政退闲"[4]。

乾隆帝第二次秘密建储虽然历时甚长,但进行得相当顺利,在此期间,皇帝与密定皇储均安然无恙。

乾隆六十年(1795)九月初三日,乾隆帝于圆明园勤政殿召集皇子、皇孙、王公大臣等,"将癸巳年(乾隆三十八年)所定密缄嗣位皇子之名,公同阅看,立皇十五子嘉亲王颙琰为皇太子,用昭付托,定制孟冬朔,颁发时宪书,其以明年丙辰为嗣皇帝嘉庆元年"[5]。历时半个世纪以上的乾隆帝秘密建储,在距其传位四个月时圆满结束。颙琰与乾隆帝之间公开的皇

---

1 雍正帝之孙辈以永字排行。乾隆六十年九月乾隆帝宣布皇十五子永琰为皇储时,将"皇太子名上一字,改书颙字",以示与其兄弟及同辈宗室的区别。参见《清高宗实录》卷1486,乾隆六十年九月辛亥。
2 《清史稿》卷14,《本纪》14,《高宗本纪》5。
3 《清高宗实录》卷1067,乾隆四十三年九月丁未。
4 《清高宗实录》卷1067,乾隆四十三年九月丁未;另参见卷1066,乾隆四十三年九月乙未。
5 《清高宗实录》卷1486,乾隆六十年九月辛亥。

储关系只存在四个月,但是,这是公开立储的皇储关系模式退出历史舞台前,留下的最后足迹。[1]

嘉庆元年(1796)正月初一日,乾隆帝举行传位大典,36岁的皇太子颙琰即皇帝位,乾隆帝成为太上皇。

(二)乾隆帝对康雍二帝建储思想的继承与发展

据《清高宗实录》记载,乾隆帝一生中有关建储问题的谕旨(讲话)共有十余道。清帝中,乾隆帝对秘密建储问题阐述最多,最为详尽。在这方面,他远远超出康雍二帝。

分析历次谕旨,可以看出乾隆帝的建储思想中,既有对康雍二帝秘密建储思想的总结与继承,也有补充和发展。

由康熙帝制定实施,雍正帝承继而行的秘密建储四项基本内容,即皇帝全权决定储君人选,择贤而立,对储君暗中考察和培养,对储君人选及其他有关问题严格保密,也是乾隆帝秘密建储思想的重要组成部分。不过,他又根据有所变化的客观情况加以改进。

1. 皇帝全权决定储君人选

乾隆帝对于秘密建储的认识,前后有较大变化,但始终坚持全权决定储君人选的方针。无论是前后两次正式秘密建储,还是在此期间相继三次对储君人选意有所属,乾隆帝完全是根据个人意志决断,未受任何人的挟制或左右。至于他曾向亲信大臣讷亲、傅恒等透露大阿哥永璜不可立,三阿哥永璋尚有可望等重要信息,则表明他在秘密建储的初期阶段,尚未做到完全保密,然而两位皇子其后的命运,仍是由乾隆帝一手决定,讷亲等人未起任何作用。

康熙帝实行秘密建储计划时,曾就建储问题召集诸皇子与王公大臣会议。尽管康熙帝并未透露其本人对储君人选的择选意向,此举只是为了解众臣的想法,以作参考,同唐太宗李世民等与他人共同谋定储君人选有很大区别,但毕竟表明大臣尚处于参与决定储君人选的边缘位置。雍正帝从未就建储之事征询皇子或大臣意见,乾隆帝也是如此。臣工从上述边缘位

---

[1] 晚清慈禧专权时期,立溥儁为大阿哥,这种变相立储后的皇储关系(参见第六章),应做别论。

置消失，是皇权进一步集中与强化的一个客观反映。

乾隆帝将皇帝本人全权决定储君人选的做法又向前推进一步，不仅众臣无权参与皇储人选的择定，在乾隆帝看来，即使是奏请建储，也是对皇帝独掌立储权力的一种干扰，为其所不容。

乾隆十三年（1748）六月，乾隆帝在王公大臣前谈到皇长子永璜、皇三子永璋对皇位存有"希冀之想"，并对两人严加训责时，明确指出："今满洲大臣内，如有具奏当于阿哥之内，选择一人立皇太子者，彼即系离间父子，惑乱国家之人，朕必将伊立行正法，断不宽贷。汉大臣官员内，或有舍死务名之人，谓国家不可无皇太子以为表率，饰忠具奏者，彼不过意存尝试，朕即照此办理。大学士等将此旨存记，阿哥书房，亦著登记。"[1]此后，乾隆帝论及建储问题时，屡次斥责奏请立储者"名议国是而实为身谋"的行为。[2]乾隆四十三年（1778），生员金从善因"首以建储为请"[3]，随即被处斩。

还应看到，在皇权极度集中与强化的形势下，皇储人选由皇帝全权确定、他人不得干涉的观念，已逐步深入众臣之心，成为其行为准则。他们认为，"建储密议，亦非廷臣所宜参预"[4]，"储位重器，本非可宣言册立，集群议而用之也"[5]。所以，自乾隆三年（1738）乾隆帝第一次秘密建储结束后，至四十三年（1778）宣布已行秘密建储前，长达40年中，从未有大臣奏请建储。这同康熙朝二废太子后十年间（康熙五十二年至六十一年），不断有大臣奏请立储的情况全然不同。

一如康熙帝，乾隆帝也对某些帝王在储位问题上受制于人的做法予以鄙视。例如，他认为独孤后"妒嫉险刻之心，遂使储位中移，国祚不享。隋之天下亡于广（隋炀帝杨广），而实亡于独孤，然隋文受制妇人，纲常不振，殆亦自亡而已耳"[6]。在乾隆帝看来，"（唐）太宗英明能知人，岂反

---

1 《清高宗实录》卷317，乾隆十三年六月甲戌。
2 《清高宗实录》卷1067，乾隆四十三年九月丁未；卷1066，乾隆四十三年九月乙未；卷1486，乾隆六十年九月己未。
3 《清高宗实录》卷1066，乾隆四十三年九月乙未。
4 《钦定古今储贰金鉴》卷6，《明仁宗》按语。
5 《钦定古今储贰金鉴》卷6，《明惠帝》按语。
6 《御批历代通鉴辑览》卷47。

不能知己子。既不审定于前，乃欲屡易于后。且此何事，而与其臣谋之，所谓一无足取，卒至高宗立而有武则天之祸，唐室几至于亡。无知者或以（长孙）无忌为能安嫡，而不知其实为唐室之罪魁，甥舅之庇，犹其过之小者耳"[1]。甚至连唐玄宗的退位，乾隆帝认为也同宦官参与选择储君人选，有某种内在联系："上欲立太子，意未决，高力士言，推长而立，遂定目。立嫡何事，赖宦官一言以定，欲不致幸蜀之变，灵武之逼，得乎？"[2]可见，排除一切干扰，独掌对储嗣人选的决定权，是乾隆帝在总结历代帝王有关教训的基础上着意力行之事，在这方面，他不仅继承了康雍二帝的思想，且又有所发展。

2."神器当择贤而畀"与"必欲以嫡子承统"

分析乾隆帝择贤而立的思想，无法与其同时具有的重视嫡长观念截然割裂开来。更具体地说，他是将择贤而立与立嫡相结合，择选储君时对嫡子予以优先考虑；但另一方面，他的重嫡、立嫡亦非绝对化，而是按照其本人意志，做出最后择定。这种立嫡与择贤两种标准兼而有之，根据具体情况灵活变通的特点，与康雍二帝之间仍然具有一定承袭关系。

立嫡长子为储君，是嫡长子皇位继承制的立储原则。对此，康雍二帝生前从未做过任何评议。不过，他们的有关做法，已为乾隆帝提供了参照。

康熙帝是在第二次废黜皇太子允礽后，已无嫡子，长子允禔已罹罪幽禁的情况下，实施秘密建储计划。他舍去在诸子中生母地位相对最高的皇十子允䄉（生母为温僖贵妃钮祜禄氏），以及年龄居长，又一向为其所器重的皇三子允祉，而属意于生母是一位普通妃子的皇十四子允禵，表明是以德才选人，并未以候选者生母地位高下或其本人齿序，作为基本条件。

雍正帝无嫡子，长子、二子早殇。在仅有的四位庶子中，他摒弃生母地位相对最高的福惠与排行居长的弘时，最终选定弘历为皇储，显然也是择贤而立。

乾隆帝继位后，在秘密建储中最初采取了首选嫡子，无嫡方择贤而立

---

1 《评鉴阐要》卷5。
2 《评鉴阐要》卷5。

的做法。

自永琏幼殇，第一次秘密建储失败后，乾隆帝多次直言不讳地谈到，之所以属意于皇二子永琏，是因他乃孝贤皇后所生嫡子，"是未尝不立嫡也，但不以明告众耳"[1]。永琏死后，在第二位嫡子永琮（生于乾隆十一年四月）尚未出生前，乾隆帝一度有意于皇三子永璋（生于雍正十三年五月），而当时其诸子中以永璜（生于雍正六年五月）居长。永璋的生母苏佳氏（苏召南之女），雍正十三年赐号纯嫔，乾隆二年十二月晋封纯妃，十年十一月晋封纯贵妃，二十五年四月病逝前晋封纯皇贵妃（谥"纯惠皇贵妃"）。永璜的生母富察氏（佐领翁国图之女），雍正十三年故，乾隆元年十月追封哲妃，十年正月追晋皇贵妃（谥"哲悯皇贵妃"）。[2]两位皇子生母的位号难分高下，乾隆帝弃长而认为三阿哥永璋"尚有可望"，是以择贤为标准。可是，嫡子永琮出生后，立即取代了庶子永璋在乾隆帝心目中的位置。乾隆帝本人也承认，因永琮亦为孝贤皇后所出，"秉质纯粹，深惬朕心"[3]。事实上，乾隆帝既然曾与讷亲等大臣谈过有意于永璋，表明已经过深思熟虑，实非随意而言。至于始终未就此做出最后决定，与他期盼年纪尚轻的孝贤皇后能够再生嫡子很有关系。永琮两岁而亡后，乾隆帝对诸王大臣说："复念朕即位以来，敬天勤民，心殷继述，未敢稍有得罪天地祖宗。而嫡嗣再殇，推求其故，得非本朝自世祖章皇帝以至朕躬，皆未有以元后正嫡，绍承大统者，岂心有所不愿，亦遭遇使然耳。似此竟成家法。乃朕立意私庆，必欲以嫡子承统，行先人所未曾行之事，邀先人所不能获之福，此乃朕过耶？"[4]可见，嫡子身份是他考虑继承人选时的首要条件，择贤而立则是在无嫡可立（或嫡子不当其意，但此时尚未出现这种情况），只有于庶子中择嗣的情况下，方不得不采用的选择标准。

需要指出，乾隆帝虽自称"必欲以嫡子承统""邀先人所不能获之福"，继位初期确也如此行之。但其后事实证明，他并未将嫡子继统，作

---

1 《清高宗实录》卷1189，乾隆四十八年九月戊午；卷78，乾隆三年十月辛卯；卷1486，乾隆六十年九月辛亥。
2 《星源集庆》，第67、69、70页。
3 《清高宗实录》卷1189，乾隆四十八年九月戊午。
4 《清高宗实录》卷305，乾隆十二年十二月乙酉。

为无可改变的择储方针，无条件地加以奉行，而是采取了灵活变通态度。即使有嫡子，也要参考其他各种因素，最重要的是根据他本人的好恶，选定皇位继承人，为此甚至不惜放弃以嫡子继统的初衷。这是乾隆帝在第一次秘密建储失败后，数十年内对储嗣人选始终难下决断的主要原因。

乾隆十三年（1748）三月，孝贤皇后病逝。十五年八月，曾为宝亲王府侧福晋，此时已是皇贵妃的纳喇氏被册立为皇后。[1]乾隆十七年四月，纳喇氏生下皇十二子永璂；十八年六月，生皇五女（乾隆二十年卒，年三岁）；二十年十二月生皇十三子永璟（乾隆二十二年卒，年三岁）。[2]乾隆三十年春（1765），纳喇氏在随驾南巡途中"以故自行剪发，忤上旨"，被先行遣返回京。翌年七月，纳喇氏去世。乾隆帝令存其名号，降用皇贵妃丧仪。[3]

关于乾隆帝与皇后纳喇氏反目的原因，官修史籍讳莫如深。据《军机处档》载，山西（候选）吏目严谮私拟奏折，请立正宫。案内严谮口供："（乾隆）三十年，皇上南巡，在江南路上先送皇后回京。那时在山西本籍，即闻得有此事，人家都说皇上在江南要立一个妃子，纳皇后不依，因此挺触，将头发剪去。这个话说的人很多，今十年来，我那里记得是谁说的呢。"[4]根据上述情况分析，乾隆帝在南巡途中，或将打算晋封贵妃魏佳氏（谥"孝仪纯皇后"）为皇贵妃一事，透露给皇后纳喇氏。如果确是如此，那么，乾隆帝宠爱魏佳氏是引发帝后感情不和的一个重要原因。

纳喇氏生年不详，从其曾是宝亲王弘历的侧福晋这一经历看，乾隆十五年（1750）正位中宫时，已过而立之年。她在乾隆十七年至二十年（1752—1755）相继生下二子一女，表明曾为乾隆帝宠爱。值得注意的是，当纳喇氏步入中年后，尚在年少的魏佳氏从众妃嫔中脱颖而出，日益受到乾隆帝的青睐。

---

1 《星源集庆》第66页。按，《清史稿》卷214《列传》1《后妃》、唐邦治《清皇室四谱》卷2《后妃》，分别将乾隆帝第二位皇后纳喇氏记为"乌喇那拉氏"与"乌拉纳喇氏"，均有误。
2 《星源集庆》，第66、71、73页。
3 《星源集庆》，第66页；《清高宗实录》卷764，乾隆三十一年七月癸未。
4 军机处档，转引自章乃炜、王蔼人编纂：《清宫述闻》，第669页；另参见《清高宗实录》卷1013，乾隆四十一年七月甲午、丁酉。

魏佳氏，内管领清泰之女。"本姓魏，正黄旗包衣管领下人"[1]。乾隆四十年（1775）既魏佳氏去世当年，其母家由内务府正黄旗包衣，抬入镶黄旗满洲旗。[2]

魏佳氏生于雍正五年（1727）。以包衣女子入选宫中，在皇后富察氏身边服侍，学习规矩。所谓"为皇后所教养者"，即指此。[3]乾隆十年（1745），魏佳氏十九岁，封贵人。是年十一月册为令嫔。显然，如果她未得到孝贤皇后赏识和扶持，则无可能从一名皇后下学规矩女子，很快升至嫔位。孝贤皇后去世一年后（1749），魏佳氏晋为令妃。二十四年十二月（1759）晋为令贵妃。二十一年至三十一年（1756—1766）计十年期间，她先后为乾隆帝生了六个子女。这其中包括她的第四个孩子，生于乾隆二十五年（1760）十月的皇十五子颙琰。乾隆帝46岁（乾隆二十一年）后，共有四子四女相继出生。此八人内，除去皇八女（生于乾隆二十二年，生母忻嫔戴佳氏，后晋封忻妃，以贵妃礼葬）与皇十女，即乾隆帝最小的女儿固伦和孝公主（生于乾隆四十年，生母是惇妃汪氏）外，另外四子二女，都是魏佳氏所生。换言之，魏佳氏生育了乾隆帝的最后四个儿子，生子数额几乎占乾隆帝所有皇子（17人）的四分之一。[4]她不仅是乾隆帝所有后妃中生育次数最多的一位，也是清朝历代后妃中仅有的三位分别生育六位子女的妃子之一（另外两位，一是康熙帝孝恭仁皇后乌雅氏，即雍正帝与允禵的生母，一是康熙帝荣妃马佳氏）。这些情况表明，乾隆二十年（1755）后，魏佳氏是最受宠的一位妃子。

---

1 张采田：《清列朝后妃传稿》传下，第18页。另据［美］A·W.恒慕义主编《清代名人传略》中册第401页载："有记载说，颙琰之母孝仪皇后原为苏州女伶，乃是掌管宫中娱乐的衙门升平署自苏州买来或雇用者。"
2 清朝后妃母家抬旗之例较多。参见杨珍：《清朝后妃母家的抬旗》，载《清史论丛》2014年号，北京：中国广播电视出版社，2014年。按，该文"例6"，"雍正帝的生母钮祜禄氏"，应为"乾隆帝的生母钮祜禄氏"；"服侍弘历"，应为"服侍胤禛"。特此更正。
3 乾隆帝悼念孝贤皇后诗云："旧日玉成侣，依然身傍陪（原诗页下注：令懿皇贵妃为皇后所教养者，今并附地宫）"。按，魏佳氏逝后，殡入地宫，祔孝贤皇后之侧。参见乾隆《御制诗四集》卷35，《孝贤皇后陵酹酒》，载《景印文渊阁四库全书》第1307册，第861页；乾隆《御制诗余集》卷3，《孝贤皇后陵酹酒》，载《景印文渊阁四库全书》第1311册，第585页。台湾商务印书馆，1982—1986年版。
4 乾隆帝后妃中另一位生育了四位皇子的妃子，是嘉贵妃金佳氏，但她不曾生育公主。参见附表六：《高宗乾隆帝诸子》。

魏佳氏后来居上，引起皇后纳喇氏的妒忌。这种情绪难免会在乾隆帝前有所流露，使乾隆帝对她日益产生反感，终于发展到宁可放弃邀前人未获之福，也绝不肯立一位为其所厌恶的皇后之子为嗣的地步。乾隆三十年（1765）春，纳喇氏于随驾中途因剪发事被勒令返京，是年四月，乾隆帝一行结束南巡返抵京城，六月，魏佳氏晋封令皇贵妃。乾隆帝想以魏佳氏取代纳喇氏的意图，十分明显。[1] 纳喇氏"忤旨"与魏佳氏晋升皇贵妃相距如此之近，看来纳喇氏的获谴，与她不满乾隆帝宠爱魏佳氏，有着直接关系。前引严谱口供，可资证明。

帝后关系破裂，成为乾隆帝第三位嫡子永琪丧失继统资格的主要原因。

永琪是纳喇氏正位中宫两年后（乾隆十七年，1752）所生。因乾隆帝前两位嫡子均已早殇，永琪实际上具有嫡长子身份。此前，当孝贤皇后第二子出生后，乾隆帝曾仿照雍正帝为其第一位嫡子命名永琏，"隐然示以承宗器之意"的做法，为第二位嫡子命名永琮，"琮"字则取宗社之意。这时，他又为第三位嫡子命名永琪，以隐喻永固基业。除去三位嫡子（出生时都具有嫡长子身份）外，乾隆帝为其他皇子所取之名，皆无类似情况。永琪之名的特殊含义，他的独一无二身份，以及乾隆帝早已在众臣前透露"必欲以嫡子继统"的举措言行，都足以说明，乾隆帝曾有以永琪为继承人的意图。

十八年（1753）十一月，会典馆进呈纂修詹事府会典则例。乾隆帝为此所下谕旨，第一次表示出对于（明诏）建储持否定态度："古称建储为国本大计，朕酌古准今，深知于理势有所难行……可见建储一事，亦如封

---

[1] 魏佳氏逝于乾隆四十年（1775）正月，即其亲子颙琰被密立为储君一年多之后，终年49岁。她生前并未正位中宫，只是皇贵妃位号。六十年（1795）十月颙琰立为皇太子，魏佳氏被册赠为孝仪皇后。乾隆三十一年（1766）皇后纳喇氏去世后，56岁的乾隆帝未再立后，直到他于嘉庆四年去世，历时33年之久。这同其祖康熙帝36岁时第三位皇后佟佳氏去世，自此再未立后，直到69岁去世，前后也是33年，成一巧合。雍正九年（1731），雍正帝皇后乌拉纳喇氏故去，是年雍正帝54岁，此后直到他58岁病逝，也未再立皇后。乾隆帝始终未让他所宠爱的魏佳氏正位中宫，这是为了吸取纳喇氏的教训，还是刻意效法其祖康熙帝、其父雍正帝的有关做法，或是从爱护他所密立的皇位继承人颙琰考虑？我们认为，诸种因素均应考虑在内。

建井田，固不可行之近世也。"¹可是，该谕旨却只字未对立嫡立长之说予以批驳。是年，皇后纳喇氏的头生子永璂已两岁。乾隆帝上述谕旨，从一侧面说明，这时他对立嫡仍抱有很大希望，因而在阐述建储问题的谕旨中有意回避了择储标准，以及是否仍当以嫡子继统这一关键问题。

乾隆三十年（1765）纳喇氏剪发事件发生时，嫡子永璂14岁。十分巧合的是，八年以后（乾隆三十八年），皇十五子颙琰被乾隆帝密定为皇储时，也是14岁。如果乾隆帝对实际上已为嫡长子的永璂仍然怀有初衷，那么对他的期望就不会仅仅停留在命名之上，而应予以兑现，即进行第二次秘密建储，将他密定为储嗣。可是，乾隆帝却没有这样做。是由于永璂本人庸劣不堪，令乾隆帝大失所望吗？答案是否定的。

永璂死于乾隆四十一年（1776）正月，年仅25岁，已完婚，无子。是年四月，皇十一子永瑆之侧福晋李佳氏所生第四子绵偲（生于是年二月），奉旨过继永璂为嗣。²永璂生母的不幸结局，对他的身心和处境都会产生很大影响，他的早逝当与此有一定关系。现存史籍对永璂的记载很简略，不过，嘉庆帝做皇子时所写诗文中，有两首追怀永璂的诗篇，从中多少反映出永璂生前的某些情况。

永璂去世十年后，比他小八岁、已被乾隆帝秘密定为储嗣的皇十五子颙琰，写下《过十二兄园寝有感》³：

>远别人天已十年，夜台终古锁寒烟。
>一生心血凭谁付，手泽长留在断编。
>（颙琰按）十二兄手抄清语一本，八千余句，乃生前日日展玩之书，今在予处，敬谨收藏。

>风雨书窗忆旧情，还思听雨续三生。
>弟兄十七萧疎甚，忍见长天雁阵横。

1　《清高宗实录》卷450，乾隆十八年十一月壬子。
2　《爱新觉罗宗谱》甲册，第181页。按，永璂只有一位妻子，即嫡福晋博尔济吉特氏，此外无侧福晋或庶福晋。这种情况在清朝已婚皇子中实不多见。
3　颙琰：《味余书室全集定本》卷19，《过十二兄园寝有感》。

（颙琰按）予弟兄十七人，今存五人矣。

此前，颙琰写有另一首怀念亡兄的诗作《读十二兄手录国语本并题诗遗迹感而次韵》[1]：

手迹依然缮本传，星霜十载费磨研。
雁行羽折同春梦，鸿爪痕留未远年。
执卷难忘强记独，联床还忆用功专。
锦囊什袭勤珍护，心血留兹幸未捐。

皇后纳喇氏事出之际，颙琰只有五六岁，他对永璂的印象及诗中所述情况，应是永璂的境遇已发生很大变化，地位一落千丈之时。当生母"忤旨"，含愤而亡后，永璂将全部精力用于研习功课，以此作为精神寄托，并著有《日课诗稿》。[2]可见，永璂是一位勤勉用功、刻苦励学之人。这不大可能是他在生母遭到贬抑后，才具有的品质，而是反映出其自幼养成的作风。因此，即使于纳喇氏生前，永璂在学业品行等方面，亦当无令乾隆帝失望处。

乾隆帝其他皇子中，凡是业已成年、尚未封爵而早逝者，均被追赠王爵（如皇长子永璜、皇三子永璋），有的还同时赐与谥号（如永璜）。但永璂死后，乾隆帝既未予以王爵，亦未赐谥。直至嘉庆四年（1799）正月嘉庆帝亲政后，是年三月，将永璂追封贝勒，此时距其去世已有24年。乾隆帝对待皇子以管束严厉著称，这同康熙帝对诸子的优容与呵护，形成反差。乾隆帝常常毫不留情地训责皇子，对他们的任何"过失"，诸如自取别号、擅自离开书房外出等看似琐屑之事，概不轻易放过。因此，乾隆帝诸子除去早卒者外，大部分人都曾因不同原因受过皇父的斥责。可是，有关史料显示，乾隆帝对于并不喜爱的永璂，却自始至终不曾责斥一字。这恰恰证明，无论皇后纳喇氏剪发事件发生前或其后，永璂的行为处事皆无懈可击，即使是明察秋毫的乾隆帝，也很难从中发现瑕疵。这也从一个侧面证实，嫡子永璂未被具有浓厚重嫡思想的乾隆帝择为储嗣，并非永璂

---

1 颙琰：《味余书室全集定本》卷18，《读十二兄手录国语本并题诗遗迹感而次韵》。
2 参见恩华辑：《八旗艺文编目》，《集类·别集一·王公宗室》。

本人存在问题，而主要是其生母的原因，即纳喇氏深为乾隆帝所厌恶。

尽管官修史籍中，对皇后纳喇氏及其亲子永璂的事迹竭力予以淡化，人们并没有忘记这对命途多舛的母子。多年后，民间仍在流传永璂为其生母讨吃箸（筷子）的故事。

据说纳喇氏死后，每逢祭祀时，为她而设的供桌上摆满供品，唯独不放置筷子。这是乾隆帝的旨令，意在让她用嘴取食，暗骂她是牲畜。永璂对此深为不满，多次恳求皇父在亡母供桌前摆放筷子，但无一例外遭到拒绝。乾隆四十一年（1776）正月新春，永璂再次跪请皇父，表示倘若不允，愿长跪不起。乾隆帝听罢生怒，一脚踢去，永璂气绝身亡。[1]

上述传说不足信，但它曲折地反映出，人们于乾隆帝对待皇后纳喇氏的态度不以为然，对这对母子怀有深深的同情，并认为永璂是因敢为其母抱不平而惨死。

乾隆四十三年（1778）九月，乾隆帝曾对前代帝王择储中"因爱其母而欲立其子"的做法，予以批斥，认为"本朝家法，则无是也。至于朕现在之诸皇子，皆已无所生妃母，宁复有爱憎之见参其中乎？"[2] 六十年（1795）九月又指出："我朝家法相承，乾纲独断。惟期慎简元良，从不稍存私爱。"[3] 事实上，他并没有做到这一点，或者说做得不如康雍二帝。康熙帝并非是因偏爱德妃乌雅氏，方属意于其子允禵；雍正帝秘定皇四子弘历为储君，同样与其生母钮祜禄氏无关。然而，乾隆帝却是由于不喜爱皇后纳喇氏，故不立嫡子永璂为嗣。至于他最终选中颙琰，同颙琰的生母魏佳氏深受宠爱，显然也有一定内在联系。看来，乾隆帝的建储思想中，实际上也掺杂着他对皇子之母的爱憎，这种情感对于他选择储嗣起有不同程度的作用。皇后纳喇氏母子与皇贵妃魏佳氏母子的情况，分别从正反两面对此作出证明。

乾隆帝共有17位皇子，但大多夭折或早逝。乾隆三十八年（1773）秘密定立颙琰为皇储时，仅存七位皇子，即皇四子永珹（35岁），皇六子

---

[1] 徐广源：《清朝皇陵探奇》，第213-214页，北京：新世界出版社，1998年。
[2] 《清高宗实录》卷1067，乾隆四十三年九月丁未。
[3] 《清高宗实录》卷1486，乾隆六十年九月己未。

永瑢（31岁），皇八子永璇（28岁），皇十一子永瑆（22岁），皇十二子永璂（22岁），皇十五子颙琰（14岁），皇十七子永璘（八岁）。其中，永珹、永璇、永瑆同母，乃金佳氏所生。金佳氏逝于乾隆二十年（1755）十二月，死后由贵妃追晋为皇贵妃（谥"淑嘉皇贵妃"）。永瑢与皇三子永璋同母（纯皇贵妃苏佳氏）。永璂生母（皇后纳喇氏）无庸赘述，幺子永璘则与颙琰同母（皇贵妃魏佳氏）。[1] 乾隆三十八年（1773）乾隆帝最后择定皇储时，在世皇子中，除去颙琰兄弟的生母皇贵妃魏佳氏，其余皇子的生母皆已谢世。永璇等人生母金佳氏与永瑢生母苏佳氏，分别是在死后或病笃之际，才得到皇贵妃封号。由此看来，她们虽然比魏佳氏入宫早、资历深，并都生有皇子，却不如魏佳氏更受宠爱。

此时，皇贵妃魏佳氏在后宫佳丽中等级最高。若以此论列，乾隆帝庶子中，颙琰兄弟的地位相对最为优越。这一点是决定乾隆帝最终选中颙琰为皇储的多种因素之一，不应予以忽视。

乾隆帝与皇后纳喇氏的矛盾冲突，也有一个不断发展的过程。乾隆帝不会突然决定不立其子，而是在一较长时期内未下决断。魏佳氏于乾隆二十四年（1759）晋升为贵妃，愈加受宠之际，也正是皇后纳喇氏妒火中烧，乾隆帝与她的关系日渐恶化之时。这一感情不和的最终结果，促使乾隆帝决定不立永璂为嗣。魏佳氏头生子（皇十四子）永璐生于乾隆二十二年，四岁而卒。永璐逝后七个月（乾隆二十五年十月），魏佳氏第二个儿子颙琰出生。[2] 因有多次幼子夭折的教训，乾隆帝放弃立纳喇氏之子的想法后，暂未考虑立魏佳氏之子，而是在成年诸子中进行选择，颇属意于"汉文、满文、蒙古语、马步射及算法等事并皆娴习"的皇五子永琪。[3]

四十三年（1778）九月，乾隆帝称："以长以贤，则莫若皇长子（永璜）、皇五子（永琪），亦相继病逝。"[4] 正如前述，乾隆帝始终不曾考虑永璜为皇位继承人。"以贤"属意于皇五子，大约是在他与皇后的关系已不和睦，故断绝立永璂之念以后。永琪患病期间，乾隆帝想以破例封为亲王

---

1 《星源集庆》，第66–72页。
2 《星源集庆》，第71、76页。
3 《清高宗实录》卷1189，乾隆四十八年九月戊午。
4 《清高宗实录》卷1067，乾隆四十三年九月丁未；卷1066，乾隆四十三年九月乙未。

之举，挽回爱子生命，但为时已晚。如果乾隆帝不是一直对立嫡之说情有独衷，当早已"以才质论"[1]，将永琪秘密立为储嗣。乾隆三十一年（1766）永琪去世时，颙琰七岁。又过七年之后，颙琰14岁，业已长成而少有可能夭折时，才被密立为储君，显示出乾隆帝在择储问题上的慎重与周密。

总之，乾隆三十年（1765），宫中先后发生皇后纳喇氏于随驾途中自行剪发，被先行遣返回京；贵妃魏佳氏晋升皇贵妃；皇五子永琪被封为亲王（翌年春病逝）等三件大事。表面看，它们之间并无关联，实际上对乾隆帝其后选立颙琰为储君，都产生了不同程度的影响。

生母的情况对于颙琰获取储位固然有利，但并非决定性原因。乾隆帝主要是根据择贤而立的标准，选定颙琰为嗣君。应该说，乾隆帝这样做，有一定思想基础。

乾隆帝生前就建储一事多次下达的谕旨及其对皇子、大臣的有关讲话中，对于嫡长子皇位继承制的择储标准明确表示非议，只有两次。

第一次是四十三年（1778）九月，乾隆帝公开宣布秘密建储的决定时，曾直言抨击立嫡立长的做法："至于立嫡立长之说，尤非确论。汉之文帝最贤，并非嫡子，使汉高令其嗣位，何至有吕氏之祸。又如唐太宗，为群雄所附，明永乐，亦勇略著闻。使唐高祖不立建成而立太宗，明太祖不立建文而立永乐，则元（玄）武门之变，金川门之难，皆无自而起，何至骨肉相残，忠良惨戮。此立嫡立长之贻害，不夫彰明较著乎！"[2]

第二次是四十九年（1784）正月，乾隆帝指出，"若明洪武时，懿文太子既殁，刘三吾建议，谓皇孙世嫡，礼宜承统。洪武泥于法古，遂立建文为皇太孙，其后酿成永乐靖难之变。祸乱相寻，臣民荼毒，皆刘三吾一言丧邦之所致也。朕惟深鉴于历代建储之失，是以再三宣谕，并令纂辑储贰金鉴一书，为万世法戒。或如洪武之泥古立储封建，以祖宗神器之重，轻为付托，岂我大清宗社万年之福乎！"[3]

乾隆帝的上述谕旨，只是指出实施嫡长制的危害所在，并不等于对这

---

1 《清高宗实录》卷1066，乾隆四十三年九月乙未；卷1189，乾隆四十八年九月戊午。
2 《清高宗实录》卷1067，乾隆四十三年九月丁未。
3 《清高宗实录》卷1196，乾隆四十九年正月庚子。

一制度予以全盘否定。

　　值得注意的是，大学士傅恒等"奉敕"修撰，乾隆三十三年（1768）正月告成[1]的《御批历代通鉴辑览》一书内，多有乾隆帝对前代帝王建储成败的评论，从中透露出对于立嫡立长之说的非议。例如，他认为，汉高祖立吕后之子刘盈（汉惠帝）为太子是"迟回于嫡庶之虚名，使汉室有几危之实祸，则帝之失。高祖有知，必当首肯吾言"[2]。对于东晋孝武帝"立德宗为太子，幼而不慧，至不辨饥饱寒暑"一事，批云："晋惠取鉴不远，（孝武）乃狃于立长立嫡，而昧于为天下得人，其罪与己身失天下同。"[3]另一方面，他大加褒扬东汉光武帝"与贤"之举："夫光武以阳（明帝刘庄，原名阳，光武帝第四子）为贤而彊（光武帝嫡子）不及，废彊立阳，是不泥于以长以贵而与贤，可谓知轻重，利社稷，非卓识英断之君，必有所不能。"[4]他还针对明太祖择储一事明确指出："神器当择贤而畀。燕王素称才武，知子莫若父，明祖自当内断于心，彼时即定计建储，不但付托得人，并可弭他日骨肉之衅。"[5]

　　乾隆帝的上述看法确切产生于何时，已无考，但显然是逐步形成。乾隆二十年后他与皇后纳喇氏的感情日渐不睦，这对他更加客观地认识立嫡立长之说，也起有促进作用。所以，乾隆帝择贤而立颙琰，是他对嫡长制的认识逐渐深化后所行之举。

　　诸皇子的有关情况，也能反映出颙琰主要还是以"贤"而为其父所属意。

　　乾隆三十八年（1773）仅存的七个皇子中，皇四子永珹于乾隆二十八年（1763）25岁时，出继为履懿亲王允裪孙，降袭履郡王；乾隆二十四年（1759），17岁的皇六子永瑢出继为慎靖郡王允禧孙，降袭贝勒。这两位皇子已被乾隆帝以过继其叔父为嗣的方式，排除在继统候选人之外。未在乾隆帝选择之中的皇子还有永瑆。因此，三十八年（1773）乾隆帝的储嗣

1　《御批历代通鉴辑览》卷首，《御批历代通鉴辑览告成进呈表》。
2　《评鉴阐要》卷1。
3　《钦定古今储贰金鉴》卷2，《晋惠帝》。
4　《钦定古今储贰金鉴》卷首，《御制论汉光武废郭后事》。
5　《评鉴阐要》卷10。

之选，实际上是在两对同母兄弟，即皇八子永璇、皇十一子永瑆与皇十五子颙琰、皇十七子永璘中间，进行择定。

综合各种史籍中有关乾隆三十八年以后诸皇子情况的记载，可以得出结论：乾隆帝在最后入围的两对同母兄弟中选定颙琰，颇有眼力。

三十五年（1770）五月，乾隆帝发现将与永瑆同班诣黑龙潭祈雨的皇八子永璇，竟擅自离开（圆明园）书房，"以己事入城，并未奏知，又不关白师傅"。于是，"将八阿哥及师傅、谙达分别示儆，并为明切诫谕，令录一通，实贴尚书房，使皇子等朝夕观省，知所劝戒"[1]。对永璇未行劝阻的两位师傅观保与汤先甲，均被革职。[2] 此事发生在乾隆帝于三十八年（1773）第二次密定储嗣以前，正是他暗中加紧对诸子进行观察、比较，以便最终确定储君人选之际。八阿哥永璇的上述过失给人留下不佳印象，影响到乾隆帝对他的看法。

乾隆帝惯于将训诫皇子及其他有关皇子教育的谕旨，贴于尚书房（上书房），让在此读书的皇子及其师傅反复阅看，以知警诫。这种做法对于谕旨中所训责的皇子，具有长久的心理威慑作用，他们的自尊心与自信心都会因此受到一定伤害。

永璇享年87岁，是乾隆帝诸子中最长寿的一位。乾隆末年，出使清廷的朝鲜使臣对他多有微词，如称他"沉湎酒色，又有脚病，素无人望""为人轻躁，作事颠倒，故皇帝（指乾隆帝）不以子待之""性行乖戾，屡失上意"[3]，等等。

皇十一子永瑆的书法极为出色，"士大夫得片纸只字，重若珍宝。上持命刊期贴，序行诸海内，以为荣云"[4]。朝鲜使臣也对他有所赞誉，如称其"为人恺悌，最著仁孝，故甚见钟爱"[5]。可是，根据与永瑆同时代的宗室成员昭梿的记述，这位书法家"天性阴忮，好以权术驭人。持家苛虐，护卫多以非罪斥革。日用菲薄，库积银八十万，莫肯挥霍，一任其子孙盗

---

1 《清高宗实录》卷858，乾隆三十五年五月癸未。
2 《清高宗实录》卷858，乾隆三十五年五月壬午。
3 吴晗辑：《朝鲜李朝实录中的中国史料》第11册，第4879、4840、4892页。
4 昭梿：《啸亭杂录》卷2，《成王书法》。
5 吴晗辑：《朝鲜李朝实录中的中国史料》第11册，第4840页。

窃……"¹看来永瑆在待人处事方面很不得体，颇招非议。

乾隆三十一年（1766）五月，乾隆帝见颙琰所执扇子上，有永瑆的题画诗句，落款为"兄镜泉"。于是，他大为不悦，认为"落款作兄镜泉三字，则非皇子所宜，此盖师傅辈书生习气，以别号为美称，妄与取字，而不知其鄙俗可憎"。他还借题发挥，在为此事下达谕旨中，强调维护满族文化传统与习俗的重要性："我国家世敦淳朴之风，所重在乎习国书，学骑射，凡我子孙，自当恪守前型，崇尚本务，以冀垂贻悠久。至于饰号美观，何裨实济，岂可效书愚陋习，流于虚漫而不加察乎？"²永瑆比颙琰年长八岁，是年15岁。

乾隆年间，满汉文化进一步融合，皇子们的成长环境与康雍时期又有不同，诸皇子受到汉文化愈来愈深的影响。不过，自身具有较高汉文化造诣的乾隆帝，仍然对汉文化抱有很强的防范心理，他对于诸子偏重辞章诗句而忽略国语骑射表示担心，乃在情理之中，因为这直接关系到以满族统治者为核心的清朝统治能否继续得以巩固。问题在于，此时距清朝入关已百余年，促使八旗子弟发扬、继承淳朴"国俗"的客观环境几已无存。所以，尽管乾隆帝三令五申，"八旗满洲"正在缓慢地、不自觉地疏离以国语骑射为主要内涵的满洲传统文化，众皇子亦莫能外。

上述谕旨透露出乾隆帝对永瑆的总体看法："阿哥等此时即善辞章，工书法，不过儒生一艺之长，朕初不以为喜。若能熟谙国语，娴习弓马，乃国家创垂令绪，朕所嘉尚，实在此而不在彼。"³在他眼中，永瑆虽然文采出众，但在满语文及弓马技艺上，却令人失望。有此弱点，自然不能入承大统。

摒除一对同母兄弟后，乾隆帝唯有在另一对同母兄弟，即两位年龄最小的幼子中进行选择。皇十五子颙琰与皇十七子永璘相差六岁，乾隆三十八年（1773年）前者14岁，后者8岁。斟酌比较之下，乾隆帝弃八龄童永璘，选中相对年长、品行学业方面有良好表现，但也具有一定可塑

1　昭梿：《啸亭续录》卷5，《成哲王》。
2　《清高宗实录》卷760，乾隆三十一年五月辛巳。
3　《清高宗实录》卷760，乾隆三十一年五月辛巳。

性的颙琰，当是顺理成章之事。

永璘"材质中平"，"幼年读书资性稍次，骑射亦未甚娴习"[1]，乾隆帝"亦不甚爱"[2]。据《啸亭续录》载，永璘"不甚读书，喜音乐，好游嬉。少时尝微服出游，间为狭巷之乐，纯皇帝深恶之，降封贝勒"[3]。看来，永璘"轻佻无威仪"[4]的公子哥作风，在其成年前后，已露端倪。

颙琰于乾隆六十年（1795）九月被明立为皇太子前，人们对他的印象即相对较好。如《李朝实录》中称他"聪明力学，颇有人望""度量豁达，相貌奇佳""为人沈重，虑事刚明"，等等。[5]这在一定程度上反映了清朝大臣对颙琰的看法。

客观而论，在最后入围皇嗣人选的两对同母兄弟中，从学业品行、禀性气质、待人处事风格等各方面综合比较，皇十五子颙琰的确比另外三人略胜一筹。因此，密立颙琰为皇嗣，是乾隆帝经过长时期慎重考虑，按照择贤而立标准在诸子中反复挑选，从各种角度进行权衡后，做出的决定。

前述乾隆帝于四十三年（1778）九月、四十九年（1784）正月，先后两次论述前代帝王拘泥嫡长之说的教训，其动机十分复杂。原因之一，是由于乾隆三十八年（1773）冬建储时，既未选择嫡子永琮，又未按照长幼齿序（过继皇子除外）选择皇八子永璇。所以，乾隆帝对密立储君人选严格保密的同时，正在寻找根据，为使人们其后较易接受这一决定进行思想、舆论准备。乾隆帝这样做，也是对已定储君的未公开身份与地位，暗中加以维护。

六十年（1795）九月，乾隆帝结束秘密建储，宣布立颙琰为皇太子之际，明确指出："朕钦承家法，践阼后亦何尝不欲立嫡。以皇次子（永琏）为孝贤皇后所生，曾书其名，遵皇考之例，贮于正大光明匾上，不意其蚤

---

1 《清仁宗实录》卷368，嘉庆二十五年三月丁卯。
2 吴晗辑：《朝鲜李朝实录中的中国史料》第11册，第4840页。
3 昭梿：《啸亭续录》卷5，《庆僖王》。按，所谓"降封贝勒"，不确。永璘于乾隆五十四年（1789）十二月始封多罗贝勒，嘉庆四年（1799）正月封多罗庆郡王，二十五年（1820）二月晋和硕庆亲王，三月逝。终年55岁。谥"僖"。参见《星源集庆》，第72页。
4 吴晗辑：《朝鲜李朝实录中的中国史料》第11册，第4892页。
5 吴晗辑：《朝鲜李朝实录中的中国史料》第11册，第4840、4892、4891页。

年无禄,不能承受……夫建储一事,三代以后建立嫡嗣,旧制相沿,具载史册,若以此等历代踵行、名正言顺之事为非,则朕亦非读书稽古之人矣。"[1] 经过几次反复后,乾隆帝退位前夕的讲话,为其关于建立嫡嗣的看法最后定下基调。一如继位之初,他认为立嫡子为储君乃天经地义之事,非不为也,势不能也。

乾隆帝禀承祖、父择贤而立储嗣的做法,并在此基础上明确提出"神器当择贤而畀",但同时又具有重视嫡长的思想。然而,当立嫡与其本人意志相违背时,又不拘泥于立嫡之说,果断弃嫡而择贤。概言之,他是在重嫡的前提下,根据个人好恶做出取舍,按照本人意志,最终择定储君。

乾隆帝是一位汉化程度相当深的皇帝,在这方面应当说又超出其祖、其父。其择储思想中显现出的复杂性、多变性及自相矛盾处,反映了他既不敢全然背弃被历代汉族王朝统治者奉为圭臬的宗法制,又不愿在选嗣中无条件地依从立嫡立长之说的两难心态。关于这一问题,本章第四节还将析述。

3. 对储君暗中考察与培养

首先应指出,乾隆时期皇权的集中与强化达于极致,这一先决条件使乾隆帝培养皇子的方式与康雍时期,尤其是康熙时期全然不同。

康熙帝诸子常常协助皇父处理重要事务,参与商议重大事宜,其中包括对准噶尔用兵等军事机密。每年约有一半时间,康熙帝因去热河避暑、举行木兰秋狝而不在京师,于是委任诸皇子坐镇京城,综理政务。在此期间,诸皇子成为名副其实的代行皇权者。乾隆帝诸子已无此权力。乾隆六十年(1795)九月以前,他们也被授予一些职任,如皇四子永珹派管武英殿等处;皇六子永瑢管理内务府事务[2];皇八子永璇先后管理雍和宫、武英殿、御书处、中正殿乐部等处,曾任清字经馆总裁、宗人府宗令[3];永瑢、永璇与皇十一子永瑆还曾分别担任四库全书馆总裁[4]。但是,这些职务皆乏实权,只是一些事务性差遣,与康熙帝诸子少有具体职任,却进入最

---

1 《清高宗实录》卷1486,乾隆六十年九月辛亥。
2 《清高宗实录》卷858,乾隆三十五年五月癸未。
3 《爱新觉罗宗谱》甲册,第142-143页。
4 参见永瑢、纪昀主编:《四库全书总目提要》,《卷首·职名》。

高决策层的情况，有很大差别。[1]

除去个别皇子外，康熙朝大多数皇子，尤其是年长皇子，深受皇父信任。康熙帝是以皇子作为维护、巩固皇权统治的主要依靠力量。而乾隆帝对皇子只是有条件地使用，并不重用。同时，他对全体皇子始终严加管束和防范。

乾隆帝诸子除去过继者或早逝者外，大都封爵甚晚，其中永璇是第一位，四十四年（1779）封为和硕仪郡王，年已34岁。乾隆五十四年（1789），永瑆与颙琰分别受封和硕成亲王与和硕嘉亲王，永璘受封多罗贝勒，是时永瑆38岁，颙琰30岁，永璘24岁。康熙帝诸子封爵的年龄相对小得多，如皇三子允祉22岁封为诚郡王，皇八子允禩18岁封为贝勒。即使以乾隆帝本人及其弟弘昼而论，也都是在23岁时封有亲王爵位。乾隆帝诸子封爵较晚，乃是在政治上受到贬抑的具体反映。

康熙年间，包括皇太子允礽在内，诸皇子与宗室王公、重臣贵戚之间拉党结派，形成不同利益集团，或暗中倾轧，或庇护攀援，皇权的集中与强化受到严重干扰。乾隆帝则严禁所有大臣与皇子私自往来，一经发现，立即予以惩诫。如乾隆四十五年（1780）十一月，彼此向无往来的山西巡抚喀宁阿，向皇六子永瑢及皇次孙绵恩"呈递请安片子，并送鱼数尾"。地方大吏向皇子馈送物品，在康熙年间是较为普遍的现象，康熙帝从未加以斥禁，但对乾隆帝诸子而言，将会因此而招致重罪。所以，永瑢等未敢接受，随即报告皇父（皇祖），得到首肯。乾隆帝以为所馈虽系微物，"恐渐染成风，外省大臣与谙达、太监等串通滋事"，故对喀宁阿传旨申饬。[2]

又如乾隆四十九年（1784）十二月，军机大臣和珅等覆审内务府郎中海绍妄断地亩，酿成人命一案。乾隆帝令将已曾阅画海绍之呈堂稿，却予

---

1 据吴振棫《养吉斋丛录》卷16载："大驾巡幸，留京王大臣日诣文华门办事。恭请合符，轮流值宿。卯刻四人同入，非直班者，申初散出。直宿班者，在内守合符，俟次晨交替，合符而后出。按，康熙三十四年，上出古北口，巡历塞外。命大学士阿兰泰留京理章奏。留京二字，始见于此。"吴振棫于嘉、道、咸三朝任官，其所述为乾隆、嘉庆等朝史事。"留京王大臣"中是否包括皇子？从"四人同入"的记载看，这种可能性不大，因皇子与大臣身份不同，有关规制中当有所区别。即使包括皇子，也与康熙朝中后期皇帝离京期间，由诸皇子综理一应政务的情况有别。

2 《清高宗实录》卷1119，乾隆四十五年十一月辛丑。

"巧取回护"的内务府大臣严加议处。和珅等述旨时,未将此语声明叙入。乾隆帝立即认识到,这是因为皇六子永瑢兼管内务府,而和珅等大臣"欲为之隐讳耳"。他为此召集诸皇子、大学士、军机大臣加以训责:"今纲纪肃清,诸皇子皆敬慎小心,奉公守法,诸臣亦断无有畏惮迎合者。而因有皇子在内,形迹之间,犹不免稍存瞻顾,此甚非也。即朕有错误处,不容大臣及御史等明言乎!"[1]在皇权极度强固的情况下,大臣绝不敢对皇帝旨意有半点非议,但与康熙朝相比,皇子任意而为,不受有关规制约束的特权已丧失大半,也是不争之事。

十三年(1748)六月,乾隆帝曾对皇长子永璜、皇三子永璋提出严厉警告:"若不自量,各怀异意,日后必至弟兄相杀而后止。与其令伊等弟兄相杀,不如朕为父者杀之。伊等若敢于朕前微露端倪,朕必照今日之旨,显揭其不孝之罪,即行正法。"[2]是年永璜21岁,永璋只有14岁。他们二人在孝贤皇后死后的不佳表现,固然暴露出对储位的希冀,但并未付诸行动,比起康熙帝诸子拉党结派、角逐储位的行为有本质之别。可是,康熙帝即使在震怒之下,对诸子从未出此厉言,只是苦口婆心,屡屡劝诫,尽管收效甚微。康熙帝与乾隆帝对待皇子的不同做法,既是由他们处于皇权发展的不同阶段所决定,也反映出祖孙两人的不同性格与作风特点。在与皇子的相处中,康熙帝带有浓重的感情色彩,笃重父子情义,乾隆帝则具有更多的政治色彩,父子亲情降至次要位置。

在严密防范方面,乾隆帝对诸皇子确实做到无存偏爱。例如,曾为乾隆帝属意的皇五子永琪病重期间,某日乾隆帝前去探望,发现永琪违反宫中禁令,为了剃头召一民人入其住所(时住圆明园内)。乾隆帝对病儿未加惩处,却将"该管总管及五阿哥谙达等,交宫内总管治罪"[3]。这种防范甚至扩及乾隆帝的孙辈。

乾隆四十一年(1776)元旦前夕,有人拾获一件匿名揭帖,内称(皇长孙、多罗定郡王)绵德赏给礼部郎中秦雄褒字画食物,并经相见送礼等

---

1 《钦定古今储贰金鉴》卷首,《上谕》。
2 《清高宗实录》卷317,乾隆十三年六月甲戌。
3 庆桂等编纂:《国朝宫史续编》卷1,《训谕》1,《高宗纯皇帝谕旨》,第4页,北京:北京古籍出版社,1994年。

语。乾隆帝当即密令军机大臣福隆安查访,很快缉获绵德处雇工马成与苏二两人。经审讯,马成等供称:"秦雄褒曾进见绵德阿哥,致送画册炉瓶等物。绵德阿哥亦赏给绸纱字扇等。"乾隆帝特降谕旨:"此事甚有关系。阿哥在内廷读书,理应谨慎自持,不当与外人交接。况秦雄褒不过一礼部汉司员,与阿哥等毫无干涉,非若书房行走之翰林等可比。秦雄褒何所为而必欲谒见绵德,绵德亦何所为而必欲认识秦雄褒乎?秦雄褒系秦道然一家,从前秦道然在康熙年间,即有交通塞思黑(允禟)之事,其家风本不醇谨。今秦雄褒复敢如此,幸而早为发觉,尚不致久滋事端,此即阿哥等之福。若不示以惩儆,恐诸皇子皇孙,无所畏惮,渐失我朝家法。"命将绵德革退王爵(四十二年复封镇国公,四十九年晋固山贝子),师傅李中简因"不能教诫管束",革职,逐出南书房(四十三年九月复授翰林院编修);秦雄褒革职,即日发往伊犁。不准赎罪。并严厉警告办案大臣:福隆安查办此案,若复稍存徇隐,不肯据实查出,必从重治罪。[1]

时隔两年,贝子、镶蓝旗满洲都统弘昑(和硕諴恪亲王允祕次子),因庄头事派遣护军校刘成泰,请托通永道宋英玉。乾隆帝得知,谕称:"从前宗室王公等,往往遣属下官员及太监等,向外官说事。自皇考临御,整饬肃清。"弘昑今敢遣人向地方官请托,"皆朕过宽之故。若不严行整饬,则渐积成风,久之,阿哥等亦相率效尤,可乎?"令将弘昑革退贝子、都统,仍交军机大臣,会同宗人府议处。[2]

乾隆帝于皇室、宗室成员严加管束,禁止干政,举措果断,收效显著,然而对密立皇储的考察和培养,也因此受到较大限制。事实上,清朝入关后,只有康熙年间方具备培养、考察包括暗定储君在内诸皇子的客观条件,即通过让他们参与重大政治、军事活动,充分发挥其聪明才智。当然,这种培养、考察方式也产生了很大副作用。

另一方面,乾隆帝对诸子的培养中,仍力图贯彻文武并重的方针。他

---

[1] 《清高宗实录》卷1000,乾隆四十一年正月甲戌。
[2] 《清高宗实录》卷1053,乾隆四十三年三月庚寅。按,通永道领顺天府通州、三河等八州县,道治通州。清初以降,其辖属屡有变化。参见牛汉平主编:《清代政区沿革综表》,第12页,北京:中国地图出版社,1990年。

对皇子的学业抓得很紧，不允许皇子的师傅及其他有关人员出现懈怠。[1]乾隆年间内值宫中的汉臣赵翼，曾对诸皇子于黎明前即入书房课读情景，做过生动记述，[2]所言当为可信。皇子的学习内容除儒家经典外，还有国语骑射。乾隆帝遵依皇祖康熙帝的做法，每年举行木兰秋狝，以此作为训练子孙弓马骑射的最佳途径。同其他皇子一样，颙琰曾多次随扈前往。

中国第一历史档案馆存有颙琰做皇子时的诗文稿百余件，每件末尾，有"乞石君师傅清正"字样。[3]"石君师傅"，即乾嘉时期著名大臣朱珪，字石君。乾隆四十一年至四十四年（1776—1779），他奉命"在上书房行走"，担任颙琰的老师。[4]颙琰的历任师傅中，朱珪对其影响最大。颙琰继位后曾回忆："……至丙申年（按，乾隆四十一年），始从朱石君先生学古文并古体诗，直至今日，时于几暇，仍相商酌讨论。书窗景况，宛然如昨也。"[5]颙琰亲笔书写的这些诗文中，有不少修改、釐正字迹，均出自朱珪之手。其中一件诗文稿内，夹有一纸，上面写道："右录近作十首，书请石君师傅清正。自五月十八日至七月二十日计六十一日，共呈过论五篇，诗八十五首。自七月二十一日至八月初十日每日所作，均俟面诲。谨启。皇十五子。"[6]由此亦见颙琰的向学精神与学习态度。这是乾隆帝对他产生好感，密定为储君，并经过20余年观察考验，仍然满意的原因之一。

4. 在秘密建储中始终坚持保密原则

对所定储君人选严格保密，是秘密建储的一项重要内容，也是秘密建储得以实施的保证。然而，无论从主观动机还是从客观效果看，完全做到这一点有很大困难，主要是由于很难协调保密原则与暗中培养储君原则二者之间的关系，难以避免顾此失彼的情况。

---

1 参见庆桂等编纂：《国朝宫史续编》卷3，《训谕》3，《高宗纯皇帝谕旨》，第28-30页。
2 赵翼《簷曝杂记》卷1，《皇子读书》云："本朝家法之严，即皇子读书一事，已迥绝千古。余内直时，届早班之期，率以五鼓入，时部院百官未有至者，惟内府苏喇数人（原文注：谓闲散白身人在内府供役者）往来。黑暗中残睡未醒，时复倚柱假寐，然已隐隐望见有白纱灯一点入隆宗门，则皇子进书房也……既入书房，作诗文，每日皆有程课，未刻毕，则又有满洲师傅教国书、习国语及骑射等事，薄暮始休……"
3 宫中杂件第450、434号。
4 《清史列传》卷28，《大臣传次编》3，《朱珪》。
5 颙琰：《味余书室全集定本》御制序。
6 宫中杂件第434号。

清帝秘密建储后，需要对密立储君进行与对其他皇子不尽相同、有时甚至很不相同的培养。这就难免使密立储君在众皇子中凸显出来，从而在一定程度上暴露他的特殊身份。

例如，康熙五十七年（1718）初，准噶尔军占领拉萨，局势严峻。康熙帝已届高龄，大病初愈，不能亲自率军出征，只有任命诸子中最有将才，同时也是他所属意的皇十四子允禵为抚远大将军，使其综理西线军务，肩负驱准保藏，维护国家统一的重任，并以此作为对暗定储君的进一步考察和培养。其后四年的历史证明，康熙帝的确在上述两方面收到预期效果。但是，这一举措显然违背了暗中培养、考察储君的保密原则，致使允禵在朝中的支持者对其今后得继大统抱有很大期望。于是，康熙六十年（1721）允禵从军前返京时，宗室阿布兰竟出班跪接，直到胤禛继位后，云贵总督高其倬还在奏疏中将大将军王允禵之名抬格书写。可见，部分大臣已将允禵作为皇太子看待。这种情形下，康熙帝突然病逝后，虽然允禵及其支持者并无证实他是康熙帝所定皇储的有力证据，但人们业已形成的看法，为雍正帝确立自己的权威造成困难，使之处于被动境地。

雍正帝对密立储君进行培养考察过程中的某些行为，也有与保密宗旨牴牾之处。如元年（1723）八月实行秘密建储后，是年十一月，康熙帝周年忌辰，雍正帝派遣年仅13岁的弘历前往致祭，翌年同样如此。当时，人们对于密立储君人选问题本已相当敏感，而雍正帝这种带有明显倾向性的做法，客观上是对朝臣的一种暗示。这也是导致皇三子弘时与雍正帝的关系急遽恶化，彻底倒向允禩等人一方的重要原因。又如十一年（1733）二月皇五子弘昼被封为和硕和亲王的同时，弘历被封为和硕宝亲王，隐然含有承"大宝"之意。所以，雍正帝去世前虽然未曾公布密定储嗣之名，但人们从其一系列意味深长的举措中，不难窥出他的立储意向。

康雍二帝在培养密定皇储中的有关行为，不同程度上违背了对储君人选严格保密这一宗旨，对皇权的集中和巩固具有消极作用。

乾隆帝第二次秘密建储后，只是将此事告知少数军机大臣，其保密程度远远超过其第一次秘密建储，也与雍正帝向诸王大臣宣布已行秘密建储之举，颇有不同。不过，他在此次秘密建储前后的一些做法，又在一定程度上透露出为其所属意的储君人选。

乾隆三十八年（1773）十月初六日，是颙琰 14 岁生日。在此前后，他被皇父密立为储君。十一月初八日，乾隆帝冬至祭天时，除去以储君之名默告于天外，"命皇十五子颙琰祭孝贤皇后陵"[1]。此前每逢冬至，都是遣官致祭孝贤皇后陵寝，从未派皇子前往。史官由此指出，这一举措"隐然以神器攸归，面稽天祖。凝承宝命，实始于兹"[2]。朝臣中的有心人，或许会从上述事情中领悟其特殊意义，而被乾隆帝告知已行二次秘密建储的军机大臣们，更会从中受到启发，对密立储君人选逐步明晰。只是由于当时皇权极度强化，政治思想统治十分严密，朝臣们不敢外传，唯恐招致杀身之祸。五十九年（1794）春，朝鲜使臣黄仁点、李在学返国后报告：乾隆帝"归政既有定期，皇意必有所属，而至严至秘，无论朝士贱人，不敢开口，故无以探知"[3]。乾隆帝对储君人选的保密做得较为成功，这同专制高压下的政治氛围，具有相辅相成的关系。

乾隆帝对颙琰的培养，还表现在"每岁两陵春祀、坛庙荐祈，多恭代行礼，主鬯精禋，期以灵承景福"[4]。早在三十七年（1772）十一月，即颙琰度过 13 岁生日后，乾隆帝上谕："皇十五子（颙琰）年已长成，业经赏与端罩，致祭奉先殿，亦著开列。"[5] "国之大事，在祀与戎。"[6] 乾隆帝让颙琰主持祭祀，含有深意。与此同时，命永瑢等其他皇子办理一些具体事宜，并对接替其兄绵德袭封多罗定郡王的皇次孙绵恩（乾隆五十八年晋封亲王）示以宠爱，予以奖谕。[7] 这些举措不同程度地给人造成错觉，起有分散人们对颙琰的注意力的良好效果。所以，除去颙琰外，皇六子永瑢、皇十一子永瑆、皇次孙绵恩等人，都曾是众人暗中猜测的皇储人选。[8] 乾隆帝煞费苦心的平衡措施，对密立皇储具有保护作用，使之得以与其他皇子和

---

1 《清高宗实录》卷 946，乾隆三十八年十一月癸亥。
2 《清仁宗实录》卷 1。
3 吴晗辑：《朝鲜李朝实录中的中国史料》第 11 册，第 4879 页。
4 《清仁宗实录》卷 1。
5 《清高宗实录》卷 921，乾隆三十七年十一月庚戌。
6 《左传》，成公十三年。
7 吴晗辑：《朝鲜李朝实录中的中国史料》第 11 册，第 4881 页。
8 吴晗辑：《朝鲜李朝实录中的中国史料》第 11 册，第 4706、4785、4840、4881 页。

睦相处，避免矛盾纷争。

四十三年（1778）九月，乾隆帝将批驳金从善言论时对建储问题做出的全面阐述，包括三十八年冬（1773）已行秘密建储的经过，"明白宣谕，俾中外知之"[1]。但是，由于乾隆帝成功地实施保护密立储君的巧妙策略，此后十五六年中，人们虽然对储君人选多有猜测，但始终没有定论。直到六十年（1795）新春，乾隆帝举行家宴时，"会内外子孙设宴，各有赏赉，而独不及于永（颙）琰，曰'尔则何用银为？'"方一语揭开谜底。"自此物议尤归于永（颙）琰。"[2]

对所定储君之名不向任何人透露，"至严至秘"；但又扩大宣谕范围，将已秘密建储一事"俾中外知之"，以安定民心，稳固统治；同时采取若干措施，在培养密立储君的过程中，不使之过分突出。这便是乾隆帝秘密建储中坚持保密宗旨的成功之处。

（三）乾隆帝的重要贡献

乾隆帝不仅继承了康雍二帝秘密建储思想，而且在此基础上做出重要发展，从而确立了一个不同于嫡长子皇位继承制的新的皇位传承制度。

首先，乾隆帝对于嫡长子皇位继承制公开建储的弊端进行了比较全面的揭示，其中也间及对立嫡立长之说的批驳。

乾隆帝继位初期，虽行秘密建储，却无超出其祖、其父之处。乾隆十三年（1748）后，因嫡子、皇后相继病亡，年长皇子对储位"妄生觊觎"，乾隆帝受到很大震动。以此为转折点，经过数年总结思索，他对公开立储与秘密立储的认识发生根本性改变。乾隆帝思想变化的轨迹，从十八年（1753）至六十年（1795）之间就建储问题对诸皇子与大臣的讲话，《御批通鉴辑览》中有关批语，以及乾隆四十八年下令编纂的《钦定古今储贰金鉴》所附谕旨和有关文章中，得到清晰显现。

康雍二帝均已认识到公开立储的种种弊端，因而实行秘密建储。但是，两人均未明确否定公开建储，即使是对这一建储模式导致的严重后果

1　《清高宗实录》卷1067，乾隆四十三年九月丁未。
2　吴晗辑：《朝鲜李朝实录中的中国史料》第11册，第4891页。

有所非议，[1]其措辞也相对缓和，留有较大余地。这种暧昧态度，说明他们虽然实行秘密建储，但也并不想完全放弃公开建储。另一方面，雍正帝的秘密建储乃为形势所迫，如果其统治得以巩固后，他本人得享高龄，是否还会这样做，则是一个未知数。康雍二帝并未将秘密建储定立为一项制度，只是做为权宜之计，原因就在这里。

乾隆帝则不同。他全面揭示公开预立太子之弊，对此予以尖锐抨击，并反复阐述"建储册立之断不可行"[2]的理由，从政治、思想方面，为秘密建储制度的确立廓清道路。他指出："古称建储为国本大计，朕酌古准今，深知于理势有所难行"[3]，"知立储之不可行，与封建井田等，实非万全无弊之道也。盖一立太子，众见神器有属，幻起百端，弟兄既多所猜嫌，宵小且从而揣测，其懦者，献媚逢迎，以陷于非，其强者，设机媒蘖，以诬其过，往往酿成祸变，遂致父子之间，慈孝两亏，家国大计，转滋罅隙"[4]。"秦汉豫立太子，其后争夺废立，祸乱相寻，不可枚举……可知建储册立，非国家之福，召乱起衅，多由于此。"[5]

上述谕旨的阐述重点，在于揭示公开建储的弊端，意在指明只有秘密建储才是杜绝这些弊端的唯一途径。

四十八年（1783）十月，乾隆帝谕令诸皇子、军机大臣及上书房总师傅等，从史册中采辑"因建立储君，致酿事端"的34个典型案例，"勒成一书，以昭殷鉴"。此即著名的《钦定古今储贰金鉴》。书中录入乾隆帝有关谕旨，并附有编纂者的评论。[6]该书的纂修，在清朝皇位继承制度发展历程中具有特殊意义，它表明清朝最高统治者开始以一种较为自觉、较为理性的批判态度，看待汉族王朝传统建储制度。尽管这一批判只是集中在公开册立的建储方式上面，但毕竟已超出历代帝王对于嫡长子皇位继承制的认识。

---

1 《清圣祖实录》卷253，康熙五十二年二月己酉；卷275，康熙五十六年十一月辛未；《清世宗实录》卷83，雍正七年七月丙午。
2 《清高宗实录》卷1194，乾隆四十八年十二月乙丑；卷1220，乾隆四十九年十二月丁亥。
3 《清高宗实录》卷450，乾隆十八年十一月壬子。
4 《清高宗实录》卷1067，乾隆四十三年九月丁未。
5 《清高宗实录》卷1189，乾隆四十八年九月戊午。
6 《钦定古今储贰金鉴》卷首，《上谕》。

中国封建帝王中，乾隆帝是对公开建储予以明确否定的第一人，也是唯一一人。他既是嫡长子皇位继承制的公开批判者，亦为清朝秘密建储制度的确立者。他在这方面所表现出的宏大气魄，为其祖其父所不及。

显然，否定公开建储，是以秘密建储取代这一已实行近两千年的建储模式，亦即将秘密建储制度化的必要前提。

其次，乾隆帝将秘密建储确立为一项定制。

康雍二帝生前，均未对其继承人应否继续实行秘密建储这一关键问题，下达谕旨或有所暗示。秘密建储真正成为清朝"家法"，成为其后世子孙必须遵行的制度，是从乾隆帝而始。乾隆四十三年（1778）九月谕旨指出，"总之，不可不立储，而尤不可显立储，最为良法美意，我世世子孙所当遵守而弗变者。倘亿万年后，或有拘泥古说，复立太子之人，必不能安然无恙，及祸患既生，而始叹不悟朕言，悔当晚矣"[1]。乾隆帝首次明确要求他的后继者，世世代代实行秘密建储。这是秘密建储作为清朝皇位传承制度得到最终确立的标志。

以康熙五十二年（1713）康熙帝开始思考、实施秘密建储计划为发端，至乾隆四十三年（1778）乾隆帝明令子孙继续实行秘密建储，"遵守而弗变"，秘密建储制度的形成和确立，前后经历了66个春秋。

此后，乾隆帝又数次谈到其后世子嗣当遵行这一祖宗家法，尽管他的口吻更为婉转，态度依旧十分明确。

如四十八年（1783）九月，乾隆帝审阅馆臣所撰《历代职官表·志》时，发现有关詹事府机构的按语内，有"我国家万年垂统，家法相承，不事建储册立"等语。他认为，"馆臣因朕前降谕旨，于建储一事断不可行，明切训示，故于按语内特为揭出。其实书生拘迂之见，岂能深计及此。且使是书留传后世，安知不又訾议，馆臣为无奈迎合谕旨，非其本怀耶？"因而"不得不再为明白宣谕"。乾隆帝还说，"总之，此事（指不明诏立储）朕亦不敢必以为是。其有欲遵古礼为建立之事者，朕亦不禁。至于父子兄弟之间，猜疑渐生，酿成大祸时，当思朕言耳"。命馆臣将此旨冠于

---

1 《清高宗实录》卷1067，乾隆四十三年九月丁未。

是编之首,"俾天下万世,咸知朕意"[1]。

四十八年（1783）底和四十九年（1784）底,乾隆帝又先后两次重申:"可见,建储册立之断不可行也。在书生拘墟之见,必有窃议其非,而后之人,不思深虑远,仍蹈前辙,或启事端,彼时当益信朕言之早经灼见耳。"[2] "总之,立储一事如井田封建之必不可行,尚有过之。将来书生拘墟之见,必有心生窃议,且谓今日诸臣有意迎合,不知此等阳为国家根本之论,而实阴遂其钻营结纳之私。即亿万年后,朕之子孙有泥古制而慕虚名,复为建立之事者,亦有所不禁。但人心不古,如江河日下之势,父子之间,必有为小人构成衅隙,复启事端,彼时始信朕言之不爽,然悔已晚矣。"[3] 乾隆帝坚决主张不可明诏立储,甚至已做好身后将为泥古书生所"窃议"的思想准备。

乾隆帝不仅将秘密建储定立为一项制度,还为后世子孙指明应当遵行的基本准则,即不明诏立储。前述康熙帝有关做法,与此很不相同;雍正帝虽然不明诏立储,却未像乾隆帝那样,予以深入阐述,并将此作为秘密建储的核心所在。

乾隆帝指出,三十八年（1773）以秘密建储方式确定储君后,"朕虽未有明诏立储,而于天祖之前既先为斋心默告,实与立储无异,但不似往代覆辙之务虚名而受实祸耳"。所以,"朕非不立储,特不肯效法立储之虚名,俾众人有所窥伺,致父子之间有责善则离之不祥尔……若子子孙孙皆能以朕此心为心,则我大清亿万年可永承鸿贶于无疆也"[4]。

六十年（1795）九月,在结束秘密建储之际,乾隆帝再一次强调:"我子孙果能效法祖宗及朕之敬天勤民,敕几亲政,即不明诏立储,实可万年无弊。然此言即朕自问,亦不敢自以为是,千万世后,必有以为非者,且令其平心观我祖宗及朕所行,与国家之得实益,政治之享太平与否可耳。"[5]

---

1 《清高宗实录》卷1189,乾隆四十八年九月戊午。
2 《钦定古今储贰金鉴》卷首,《上谕》。
3 《清高宗实录》卷1220,乾隆四十九年十二月丁亥。
4 《钦定古今储贰金鉴》卷首,《上谕》。
5 《清高宗实录》卷1486,乾隆六十年九月辛亥。

嫡长子皇位继承制明诏立储，即预立嫡长子为储君；秘密建储制度则不明诏立储，而是密立皇子中的贤者为储君。这是两者的重要区别。乾隆帝再三强调不明诏立储，表明他对两种继承制度都有比较深刻的理解，对二者实施中具有截然不同的政治、社会效果，也有比较全面的认识。因此，他能够抓住要害，反复比较，明谕众臣，以显示新制度的优越性，为它的诞生制造舆论。

但是，当乾隆帝反反复复揭示前代立储之弊，强调不可明立储君，宣扬秘密建储制度的优越性时，却从未明确阐述这一制度所应遵循的择贤而立标准。实际上，"不明诏立储"只是秘密立储的形式，择储原则才是它的核心内涵。

值得注意的是，乾隆帝曾于四十三年（1778）九月、四十九年（1784）正月两次谕旨中，对立嫡立长之说予以抨击，他在《御批通鉴辑览》一书内，也多次评议立嫡立长之说，指斥前代帝王拘泥于嫡长之过。可是，乾隆六十年（1795）九月宣布立颙琰为皇太子的谕旨中，乾隆帝竟然明确指出，建立嫡嗣为名正言顺之事，他本人并不以此为非。这与其此前对立嫡立长之说的批判，以及他认为"神器当择贤而畀"，并已"慎选元良"的做法，显然是矛盾的。总之，他对嫡长子皇位继承制的立嫡立长原则，采取了十分慎重的态度。

乾隆帝在继承、改进康雍二帝的秘密建储基础上，将它确立为一项制度，为中国封建社会皇位继承制度的改革做出重要贡献。但是，由于没有明确规定选嗣标准，而乾隆帝在择贤而立的同时，又表示出对于嫡长子继承原则的首肯，从而使这一新的建储制度从确立之时起，便与嫡长子皇位继承制之间，在本质内涵而非建储形式上，缺少一条明确界线。这既是秘密建储制度的特点，也是它的一个缺陷。

二、弘晳"心怀异志"案

1616（明万历四十四年）后金汗权建立后一个多世纪中，历经天命、崇德、顺治、康熙、雍正等各个时期，先后完成由后金汗权向清朝皇权、地方政权向全国政权的重大转变。在此期间，围绕皇位（汗位）继承问题出现的权力斗争连绵不绝，而康熙朝后期储位之争，以及因此引发的雍正初期清除朋党，其规模和斗争的激烈程度都已超过顺治朝及清朝入关之前。发生在乾隆四年（1739）的弘晳事件，则是高峰过后泛起的最后一道波澜。

乾隆初年，正值秘密建储制度确立前夕，由康雍二帝开启的秘密建储制度取代嫡长子皇位继承制度的历史进程尚未终结，两种皇位继承制度所代表的不同思想观念，还在人们头脑中交互影响与作用。另一方面，清朝皇权集中与强化的程度较康雍时期进一步提高，即将达于极致。因此，弘晳案既带有前朝储位斗争的深刻印迹，也呈现出这一时代背景所赋予的特色。

现存史籍记载显示，弘晳事件的经过并不复杂，从发露到审结只有数月。不过，随着案情逐步发露，乾隆帝对该案的认识却有一个由表及里，不断深化的过程。

四年（1739）九月，乾隆帝以"诸处夤缘，肆行无耻"的含混罪名，将奉差在外的正黄旗满洲都统、兼管火器营事务的弘昇革职锁拿，"押解来京，交宗人府"。乾隆帝指出，"伊所诌事之人，朕若宣示于众，干连者多，而其人亦何以克当。故朕仍尽亲亲之道，不肯暴扬"[1]。这是"福宁首告弘晳一案"[2]事发之起，但弘晳等人此时尚未被点名。乾隆帝采取慎重态度，对于被牵连者予以保护，并告诫说："此后王公宗室等，当以弘昇为戒，力除朋党之弊，念切国家，保全宗室之颜面"[3]。

十月，据宗人府奏称，康熙帝十六子庄亲王允禄与其侄儿弘晳、弘昇、弘昌、弘晈等人"结党营私，往来诡秘"，议请分别予以惩处。乾隆帝认为，允禄"惟务取悦于人，遇事模棱两可，不肯担承，惟恐于己稍有干涉"。至其与弘晳等人私相交结事，"朕上年即已闻知，冀其悔悟，渐次散解，不意至今仍然固结"。不过，"朕看王乃一庸碌之辈，若谓其胸有他

---

1 《清高宗实录》卷101，乾隆四年九月乙丑。
2 《清高宗实录》卷106，乾隆四年十二月戊寅。按，福宁身份不详，很可能为弘晳属下。
3 《清高宗实录》卷101，乾隆四年九月乙丑。

念，此时尚可料其必无"。乾隆帝还指出，弘晳等人"见朕于王加恩优渥，群相趋奉，恐将来日甚一日，渐有尾大不掉之势，彼时则不得不大加惩创，在王固难保全，而在朕亦无以对皇祖在天之灵矣"。他首次披露，弘晳"惟以谄媚庄亲王（允禄）为事，且胸中自以为旧日东宫之嫡子，居心甚不可问"。又称："即如本年遇朕诞辰，伊欲进献，何所不可。乃制鹅黄肩舆一乘以进，朕若不受，伊即将留以自用矣。"乾隆帝决定，允禄免革亲王，仍管内务府事，但革去亲王双俸及议政大臣、理藩院尚书等职；弘晳革去亲王，不必于高墙圈禁，仍准于郑家庄居住，不许出城；弘昇"永远圈禁"；贝勒弘昌、贝子弘普、镇国公宁和等人均革爵；宁郡王弘晈仍留王号，"永远住俸"[1]。此时，乾隆帝虽然发现弘晳"有不轨之心，因事未显著，是以从轻归结，以见小惩大戒之意"[2]，也就是说，在他的眼中，"惟以谄媚庄亲王为事"的弘晳，还够不上该案的主犯。

不久，从事邪术活动的巫师安泰在受审中供出，弘晳曾向他问询"准噶尔能否到京，天下太平与否，皇上寿算如何，将来我还升腾与否等语"。这使弘晳所犯事由的性质，有了改变。乾隆帝据此认为，弘晳"妄以伊父系旧日东宫，心怀异志"，"其所询问妖人之语，俱非臣下所宜出诸口，所忍萌诸心者，拟以大逆重典，以彰国法，洵属允当"[3]。同时，发现弘晳"仿照国制"，在府中擅自设立内务府下属机构会计、掌仪等司。乾隆帝认为，这种做法俨然含有以己为至尊，与朝廷相抗之意，"弘晳罪恶"较允禩、允禟等人"尤为重大"[4]。至于允禄，除去发现他"将官物私自换与弘晳"外，尚无新的罪证，故"罚亲王俸禄五年，以示惩儆"[5]。同时，加重对弘晳的惩处，将他由郑家庄府邸解至京城，"在景山东果园永远圈禁"；除宗籍，改名为四十六（是年弘晳46岁）；伊子仍留宗室，令来京交与其

---

1 《清高宗实录》卷103，乾隆四年十月己丑。
2 《清高宗实录》卷106，乾隆四年十二月戊寅。
3 《清高宗实录》卷106，乾隆四年十二月戊寅。
4 《清高宗实录》卷106，乾隆四年十二月辛巳。
5 《清高宗实录》卷106，乾隆四年十二月戊寅。

弟弘昑管束。[1] 至此，该案以弘晳为主犯，审理完结。

乾隆七年（1742）九月，弘晳死于禁所，终年49岁。他被葬在郑家庄西南的黄土南店村。[2] 四十三年（1778）正月，乾隆帝下旨将去世36年的弘晳恢复原名，收入宗籍。[3]

弘晳案的出现绝非偶然，需要对案中人的有关情况做一回顾。

以往对于康熙朝晚期储位之争及雍正继位问题的考察中，弘晳是一位为人们所忽略的人物。

允礽之子弘晳，生于康熙三十三年（1694）七月，生母是允礽的侧福晋李佳氏（轻车都尉舒尔德库之女）。其嫡母瓜尔佳氏（汉军都统、伯石文炳之女）没有生子，逝于康熙五十七年（1718）。雍正二年（1724）十二月，允礽病故，追封和硕理亲王。雍正帝以弘晳生母（李佳氏）"奉侍二阿哥有年，人甚淳谨，著封理亲王侧妃"[4]。瓜尔佳氏死后，李佳氏实际上已替代她的位置。乾隆帝称弘晳为允礽嫡子或长子[5]，其来有自。

弘晳向为皇祖康熙帝所钟爱。允礽第二次被废黜不久（康熙五十一年十一月），弘晳嫡长子、康熙帝的嫡重孙永琛出生[6]，这为人们将弘晳与康熙帝传位问题相联系，又增加了一条纽带。

---

1 《清高宗实录》卷106，乾隆四年十二月戊寅；《爱新觉罗宗谱》甲册，第346-347页。按，弘昑，允礽第十子，生于康熙五十七年（1718）十二月，比弘晳小24岁。其生母为允礽侧福晋程佳氏（程世福之女）。乾隆元年（1736）弘昑受封奉恩辅国公，乾隆四年（1739）十月袭封多罗理郡王，是年22岁。逝于乾隆四十五年（1780）八月，终年63岁。据满文档案（台北故宫博物院）《宫中档雍正朝奏折》第28辑《满文谕折》第1辑），第314、327页）载，雍正元年弘晳率子弟迁移郑家庄时，只有弘晳一子、弘晳弟弘晋二子因不同原因未跟随迁移。当时年仅6岁的弘昑，应在随迁之列。从有关情况看，乾隆四年（1739）弘晳案发前，弘昑已从郑家庄迁居京城。他袭封郡王后，其府邸（理郡王府）位于东直门内王大人胡同。乾隆帝做出弘晳之子"仍留宗室"决定数日后（乾隆四年十二月初九日），又令宗人府，将弘晳及伊子孙"照阿其那、塞思黑之子孙革去宗室、给与红带之例，查议具奏"。最终是将弘晳本人革去宗室，其子仍列宗图。参见《清高宗实录》卷106，乾隆四年十二月辛已；卷1048，乾隆四十三年正月甲戌。

2 参见冯其利：《寻访京城清王府》，第112页。

3 《清高宗实录》卷1048，乾隆四十三年正月甲戌。按，谕旨内称："弘晳在乾隆初年，曾获罪戾，经承办之庄亲王（允禄）等奏请削其原名，阅今亦三十余年矣。念其所犯，更非必不可原之罪，且其子姓现列宗图，何必独令其削名示贬。弘晳亦著于玉牒内，复其原名。"

4 《清世宗实录》卷27，雍正二年十二月壬午、甲申。

5 《清高宗实录》卷103，乾隆四年十月己丑；卷1189，乾隆四十八年九月戊午。

6 《爱新觉罗宗谱》甲册，第346-347页。

允礽共有12子，弘晳排行第二。允礽长子（未有名）与弘晳同母，长弘晳三岁，11岁殇。第三子弘晋逝于康熙五十六年（1717），年22岁；第四子、第五子皆幼殇，未有名。第六子弘曣与弘晳嫡长子永琛同年而生，比弘晳小18岁。[1] 所以，雍正三年（1725）六月，允礽去世半年后，雍正帝仍有"密亲王（允礽）子年幼，诸事未谙"之语[2]，因当时除去年已32岁的弘晳外，余者皆未成年。这种状况，使具有长子身份的弘晳成为无可争议的允礽的继承人。

如果允礽不被废黜，弘晳则将承继大统。即使是乾隆帝本人，在其晚年也仍然承认这一点，他说："且理密亲王幸而无过，竟承大统，亦不过享国二年，其长子弘晳，纵欲败度，不克干蛊，年亦不永，使相继嗣立，不数年间，连遭变故，岂我大清宗社臣民之福乎？"[3]

据《李朝实录》载，康熙帝死后，人们有如下传闻：

> 康熙皇帝在畅春苑病剧，知其不能起，召阁老马齐言曰："第四子雍亲王胤禛最贤，我死后立为嗣皇。胤禛第二子（弘历）有英雄气象，必封为太子。"仍以为君不易之道，平治天下之要，训戒胤禛。解脱其头项所挂念珠与胤禛曰："此乃顺治皇帝临终时赠朕之物，今我赠尔，有意存焉，尔其知之。"又曰："废太子皇长子性行不顺，依前拘囚，丰其衣食，以终其身。废太子第二子（弘晳）朕所钟爱，其特封为亲王。"言讫而逝。[4]

---

1 《爱新觉罗宗谱》甲册，第346—347页。
2 《清世宗实录》卷33，雍正三年六月庚寅。
3 《清高宗实录》卷1189，乾隆四十八年九月戊午。
4 吴晗辑：《朝鲜李朝实录中的中国史料》第11册，第4378页。朝鲜史籍中关于康熙帝之死及其传位的另一记载是："及康熙帝大渐，汉阁老王掞（掞）同承顾命，误认（胤禛之）禛字为（胤祯）祯字，第四为十四。掞被罪，而允祯为逆魁，改祯为禵。"参见朴趾源著，朱瑞平校点：《热河日记》，第370页。按，大学士马齐、王掞等若同承顾命，这是雍正帝得位之正的一个有力证据，雍乾父子为何从未提及？《永宪录》为何略而未书？退一步讲，王掞若承顾命而"误认禛字为祯字"，必定立招重惩。事实却非如此。雍正元年（1723）正月，王掞"上疏乞休，诏以原官致仕，仍留京备顾问"，六年（1728），方以80多岁高龄去世。雍正帝曾对王掞有所指责，其内在原因，当追溯到王掞在康熙朝晚期屡请建储，故为胤禛所忌。王掞事迹，参见钱大昕：《潜研堂文集》卷37，《传》1，《文渊阁大学士兼礼部尚书王公传》；《汉名臣传》卷13，《王掞列传》。另参见张双志：《雍正继位新解》，载《清史研究》2007年第4期。

上述传言，透露出一条重要信息：二废太子后，因康熙帝喜爱弘皙，逐渐出现将三立允礽为太子之说，并流传很广，达于朝鲜。在人们对胤禛继位怀有疑虑的情况下，胤禛下属人员以上述传言为蓝本，炮制出康熙帝喜爱弘历，因而最终传位胤禛之说，为胤禛并非名正言顺的继位作辩护、找根据。事实上，既然康熙帝并未因钟爱弘皙而三立其父允礽为太子，自然也不会仅因喜爱弘历，而传位于弘历之父胤禛。

雍正帝继位后，对于势力仍大的允禩允禟集团先行拢络，后予重惩，对于废太子允礽父子，则在予以防范的同时，主要实行安抚之策。在他看来，这对父子无从对其统治构成威胁，更重要的是，为了缓和与宗室成员的紧张关系，需要恩威相辅，软硬兼施。

康熙帝去世后第二天（康熙六十一年十一月十四日），尚未正式即位的雍正帝令将贝勒允禩、十三阿哥允祥封为亲王；二阿哥之子弘皙封为郡王（是年十二月给封号多罗理郡王）。未几，弘皙封入镶蓝旗。[1] 允礽及其妻妾等由咸安宫移至景山禁所。雍正帝未遵循父意，将允礽迁移郑家庄，可能与此时允礽身体状况较差，不宜迁居有关。翌年（1724）十二月，允礽病逝，终年51岁。雍正帝命停灵于郑家庄，追封和硕理亲王，谥曰"密"。他被葬在蓟州（今河北蓟县）黄花山下理密亲王园寝。

雍正元年（1723）五月初七日，雍正帝命恒亲王允祺、裕亲王保泰、淳亲王允祐、贝勒满都护等会同内务府办理弘皙分家事宜，详议如何安置随迁人员，如何养赡王府佐领人等，如何设立长久产业等事。旨称："（弘皙）一切供用，务令充裕，勿使艰难且贻累属下之人。彼处距京城二十余里，不便照在城居住诸王一体行走。除伊自行来京请安外，其如何上班及会射诸事，著一并议奏。"[2]

六月二十五日，允祺等议奏并经朱笔改定：俟郑家庄房屋修缮完毕，理（郡）王（弘皙）率领子弟13人（或称11人，待考），择吉迁移；将诚王（允祉）之人185名、简王（雅尔江阿）之人80名、（允禔第二子）

---

[1] 台北故宫博物院：《宫中档雍正朝奏折》第28辑（《满文谕折》第1辑），第240页；汉文玉牒第181号。

[2] 台北故宫博物院：《宫中档雍正朝奏折》第28辑（《满文谕折》第1辑），第237页；另参见《清世宗实录》卷7，雍正元年五月乙酉。

弘昉之人 80 名拨给理王，共计 345 名；因系初次分家，理王现有护军、领催、马甲并亲随执事（baitangga）等，均匀发给钱粮，令当差行走；仅以侍卫及官员守卫王府，人数不足，除郑家庄所驻甲兵 600 名看守城门、（巡查）街道外，增设堆子四处，守护王府，每处堆子由章京或骁骑校各一员，分率甲兵十人值守[1]；郑家庄距京城二十余里，理王除自行往来外，不便如在京诸王一体行走。皇上升殿之日，理王听传来京，每月朝会一次、射箭一次；主子若去郊外，停止每日朝会（齐集），理王勿须来京。再，正月初一日祭堂子、给主子上奏表、所有祭祀坛庙诸事，理王前来。[2]

按照规定，弘晳住在（郑家庄）城内，可以自由出入城门、往返京城。不过，据元年五月二十二日允祺等初次奏报弘晳迁移折内称，每年自正月至十二月，理王赴京向主子请安、朝会、射箭以及平日开启城门、进出行走之事，均由城守尉明白记录在档，年终汇总开列，报宗人府记录在案。[3]

经过一系列准备，雍正元年秋，弘晳率众子弟迁至郑家庄。

关于雍正帝着意拢络弘晳的做法，《李朝实录》中也有记载："康熙皇帝既封废太子之子为王，新皇以在邸时宫室服御，金银臧获及王府官属，一并移给。又放废人（允礽），使之诣哭殡次，旋即就锢。"[4]

乾隆二年（1737），"恭建世宗宪皇帝圣德神功碑于泰陵"。御制碑文记述雍正帝事迹，内有"自登宸极，即封理亲王子弘晳为郡王……进袭亲王爵，分封供具特厚"等语。[5] 从下述两例，也可看出弘晳所受优待。

---

1 此句满文旁边有朱批："巡查之时，著王府长史、城守尉共同查看。若有旷班、违法者，城守尉酌情从重治罪。"参见台北故宫博物院：《宫中档雍正朝奏折》第 28 辑（《满文谕折》第 1 辑），第 329 页。此外，该折还有多处朱批。
2 台北故宫博物院：《宫中档雍正朝奏折》第 28 辑（《满文谕折》第 1 辑），第 326–332 页。
3 台北故宫博物院：《宫中档雍正朝奏折》第 28 辑（《满文谕折》第 1 辑），第 243 页。按，该折内称：理王（弘晳）已封入镶蓝旗，领取俸禄由该旗照例行文发放外，领俸米时，由王之侍卫及官员内派遣一人，偕同长史、城守尉等前往通州（tungjeo）领取（朱批：著核查后再议）……郑家庄邻近清河（cingho），故执事人等口粮，由该处行文到部，由清河仓（cinghots'ang）发放。参见该书第 240、241 页。由此亦见弘晳迁往之郑家庄是在昌平州内，不在山西祁县。
4 吴晗辑：《朝鲜李朝实录中的中国史料》第 11 册，4383 页。
5 《清高宗实录》卷 50，乾隆二年九月壬辰。

其一，因分给弘晳之人新至彼处，主仆生疏，使用不便，经雍正帝批允，原弘晳所用上三旗执事等，暂且留用。[1] 弘晳奏请补升伊处侍卫、奏请将雍正帝所赏侍卫及其执事人等留于伊前或补升侍卫等事，均得允准。[2]

其二，清朝向无支付王府太监钱粮之例。此次弘晳分家，拨给太监共百余人。因弘晳之众子弟随同迁往，使用太监处甚多，故允祺等议称，弘晳所属太监，每人给银一两养赡。奏入，俞允，特令年终请旨一次，恩从主出。[3]

雍正八年（1730）五月，弘晳晋封理亲王。他被授以高爵，供具特厚，但实际上是被排除在清朝统治集团核心成员之外。他赴京参与的活动均为例行之事，而《清世宗实录》中有关记载，寥寥数条而已。[4] 他对雍正帝口称皇父[5]，表示感激爱戴，内心却对这种明升暗抑，使之长居远郊，处于政治边缘位置的做法，深感失望和不满。

弘晳案发后，乾隆帝称弘晳"亦不过昏庸无知之人耳"[6]。这并非事实。

康熙五十五年（1716）十一月，在宫中服役的正白旗工匠华色违反有关规定，依照大内式样，为"弘晳阿哥"制作珐琅火链。事发，华色被带枷杖笞后流放；负责宫中制作的养心殿监督王道化、赵昌等亦因失查而受惩罚。[7] 康熙帝对此案很重视，但处理时对弘晳采取了保护态度。华色曾"在二阿哥处服役"[8]。此次，弘晳是让他的太监高文贵，在华色日常出入之东华门等候，向其传达制作之事。物件制成，由高文贵取走，并分两次赏给华色银制小锞子共五个，计有七八钱银子。此案表明，弘晳因在宫内长

---

1 台北故宫博物院：《宫中档雍正朝奏折》第28辑（《满文谕折》第1辑），第330页。
2 台北故宫博物院：《宫中档雍正朝奏折》第32辑（《满文谕折》第5辑），第536–537页。
3 台北故宫博物院：《宫中档雍正朝奏折》第28辑（《满文谕折》第1辑），第329–330页。
4 例如，雍正九年（1731）十月初祭大行皇后（孝敬后乌拉纳喇氏，是年九月逝，终年51岁），遣理亲王弘晳行礼；十二月，命显亲王衍潢、理亲王弘晳赍册宝，上大行皇后尊谥。参见《清世宗实录》卷111，九年十月辛丑；卷113，九年十二月己亥。
5 台北故宫博物院：《宫中档雍正朝奏折》第32辑（《满文谕折》第5辑），第536–537页。按，弘晳称雍正帝为皇父，并不表明雍正帝是以弘晳为子。本人不是皇子却将皇帝称为皇父，这种情况在满文档案中还有多例。
6 《清高宗实录》卷106，乾隆四年十二月戊寅；另参见卷106，乾隆四年十二月辛巳。
7 内务府满文杂件，第27号，董殿邦等奏，康熙五十五年十一月二十二日。
8 内务府满文杂件，第27号，董殿邦等奏，康熙五十五年十一月二十二日。

大，对宫中情况、宫中人员都十分熟悉。他的交结面很广，虽然其父被废黜，但他自恃为皇祖所喜爱，竟敢置禁约于不顾。华色知法犯法，则从一个侧面反映，允礽父子仍有势力，令人畏惧。从此案透露的情况看，弘晳虽然被幽禁，尚可通过家人与外界交往。

乾隆帝继位后，弘晳依然处于闲散之态，"不过随班上朝，并未办理公事"[1]。原为弘晳所属，后被弘晳交入宫内的太监李蟠，曾告假四、五日，"私回伊原主家中。传说宫内之事"，事发而被夹讯。[2]这或许表明，弘晳善于笼络下属，而且对宫中情况仍相当关注。

这一时期，以庄亲王允禄为代表的一批宗室成员与弘晳来往密切，允禄还将官物私自换与弘晳，以取悦于这位侄辈（按，弘晳比其叔父允禄年长一岁）。看来，弘晳在满洲贵族中仍有一定影响力。

除去嫡福晋、喀喇沁乌梁海（罕）济尔默氏（康熙帝之三额驸噶尔臧之女），弘晳还有六位媵妾，妻妾七人共生育18个儿子，17个女儿，子女总计35人。[3]弘晳居住郑家庄长达17年（雍正元年至乾隆四年，1723—1739），在此期间，相继生育七子四女[4]，占其子女总数约31%。乾隆四年（1739）五月其末子（未有名，16岁卒，生母为媵妾张氏）出生时，弘晳本人已逾46岁，时距案发不及半载。

弘晳很重视对子弟的教育。率子弟迁移郑家庄后，奏请发一教书之人。雍正帝令将侍读学士、被指为徇庇同乡李绂而拟发往军前的江西人康五瑞，交与理郡王，"在府教书"[5]。

弘晳目睹长其16岁的四叔胤禛、小其17岁的堂弟弘历相继得位，可是，他始终没有忘记自己身为废太子长子的特殊身份。他对皇位的希冀并未随着皇位更替而泯灭，而是愈久弥深，迟早会显露出来。

雍正帝在位期间，对宗室反对派成员无不予以严厉制裁。人们即使于

---

1 《清高宗实录》卷106，乾隆四年十二月戊寅。
2 《清仁宗实录》卷239，嘉庆十六年二月戊戌；另参见《钦定宫中现行则例》卷1，《训谕》。
3 参见《爱新觉罗宗谱》甲册；汉文玉牒第29号。
4 弘晳第十三女（生母为媵妾兆佳氏）生于雍正元年（1723）二月，两岁卒，未计入。参见汉文玉牒第29号。
5 《上谕内阁》卷87，雍正七年十月初九日。

此有所不满，不敢公开表露。此种政治氛围下，为了保全自己，弘晳唯有恭谨行事。乾隆帝继位后，针对雍正帝施政中的失误，采取了一系列纠偏措施，对受到惩处的宗室成员予以宽大处理，以期扭转被动局面，获得满洲贵族的支持拥护。这是其纠偏举措中最重要的组成部分，也是乾隆帝一再标榜的所谓"尽亲亲之道""敦睦一本，加恩九族"[1]的实质所在。于是，雍正十三年（1735）十月，命将允䄉、允䄔从禁所释放（乾隆二年分别封为奉恩辅国公）[2]；十一月，命将允禵、允䄘子孙从拘禁处释放，给与红带，收入玉牒，归旗并拨给产业养瞻[3]；乾隆元年（1736）三月，命将延信、苏努、吴尔占等人子孙赏给红带子，月给三两钱粮米石，嗣后附登玉牒之末，注明伊祖父获罪情由。[4]此外，还采取了其他相关措施。

乾隆帝于继位初期宽大处理前朝遗案，大力改善与宗室成员关系的调整方针与举措，在客观上为弘晳等人以隐晦或间接的方式，宣泄其压抑多年的情绪，创造了有利氛围。弘晳向巫师安泰问询"皇上寿算如何，将来我还升腾与否"；他"仿照国制"，于府中私设内务府下属司衙；制造臣工所禁用的鹅黄肩舆，作为进献乾隆帝的生日礼物；他在乾隆帝面前"毫无敬谨之意"；于宗人府听审时"仍复不知畏惧，抗不实供"等表现[5]，是他依然自视为皇嗣人选，并对乾隆帝怀有强烈嫉恨心理的一种流露。

四年（1739）十月，乾隆帝指出，允禄、弘晳等人"私相交结，往来诡秘，朕上年即已闻知"[6]。整整一年前，即乾隆三年（1738）十月，因永琏病故，乾隆帝令从正大光明匾额后撤出立永琏为皇储的密旨，并将此事谕知和硕庄亲王允禄、和硕和亲王弘昼及军机大臣等[7]。是举等于宣告储位已空。弘晳日渐显露的以旧东宫嫡子自居的思想和"大逆不道"言行，以

---

1 《清高宗实录》卷101，乾隆四年九月乙丑；卷106，乾隆四年十二月戊寅。
2 《清高宗实录》卷5，雍正十三年十月乙丑；《清高宗实录》卷41，乾隆二年四月丁丑。
3 《清高宗实录》卷7，雍正十三年十一月癸亥。按，据弘旺《皇清通志纲要》卷4上，（允禵）"长子弘旺……（雍正）十三年十二月除夕赦之。赐入宗室家产"。乾隆四十三年（1778）正月，将弘晳复名归宗的同时，命将允禵、允䄘复其原名，收入玉牒。两人子孙一并叙入。参见《清高宗实录》卷1048乾隆四十三年正月甲戌。
4 《清高宗实录》卷15，乾隆元年三月辛酉。
5 《清高宗实录》卷103，乾隆四年十月己丑。
6 《清高宗实录》卷103，乾隆四年十月己丑。
7 《清高宗实录》卷78，乾隆三年十月辛卯。

及也司允禄等人的交结，都应与此有内在联系。

总之，弘晳是康熙帝实施嫡长子皇位继承制过程中既得利益的获得者，这使他对于不唯嫡子是选、含有择贤而立宗旨的秘密建储抱有成见，同时也对重获皇位存有幻想。

允禄是康熙帝第十六子，生于康熙三十四年（1695）六月，生母为顺懿密妃王氏，苏州人。[1] 允禄"精数学，通乐律，承圣祖指授，与修《数理精蕴》"，并曾教侄儿弘历使用火器。[2] 允禄在康熙帝诸子中年龄较小，没有卷入康熙朝晚期诸皇子对储位的角逐。与其众多皇兄比，允禄生性较为安静，热衷于学业技艺，权力欲望相对小些。这也是康熙帝年幼诸子普遍具有的一个特点。雍正帝去世四天后（雍正十三年八月二十七日）清廷颁布的遗诏中说："庄亲王心地醇良，和平谨慎，但遇事少有担当，然必不至于错误。"反映了雍乾父子对于允禄的共同看法。[3]

雍正帝继位后，少数几位于康熙朝储位之争中保持中立，且在权势上不曾对他构成威胁的皇弟，成为他极力拢络的对象，允禄即其中之一。元年（1723）二月，雍正帝以允禄承继皇太极之孙博果铎为嗣，袭封庄亲王，并针对王公大臣中有"谓朕钟爱十六阿哥"的议论，予以驳斥。[4] 终雍正朝，允禄先后掌管内务府、宗人府事务，并担任八旗都统等职，受到信任。乾隆初年，允禄与果亲王允礼及鄂尔泰、张廷玉等人同为辅政，总理事务；允禄本人"食亲王双俸"，"兼与额外世袭公爵，且畀以种种重大职任，俱在常格之外"[5]。因受弘晳案牵连被贬处后，允禄又曾担任玉牒馆总裁、掌理宗人府等职。乾隆三十二年（1767）二月去世，终年73岁。赐谥"恪"。

弘晳案中弘昇、弘昌、弘普、弘晈等四位同辈宗室的有关情况，根据《爱新觉罗宗谱》等史籍记载，简述如下。

---

1 参见《李煦奏折》，第72页。
2 《清史稿》卷219，《列传》6，《诸王》5，《庄恪亲王允禄》；卷10，《本纪》10，《高宗本纪》1。
3 《清世宗实录》卷159，雍正十三年八月己丑；另参见《清高宗实录》卷1，雍正十三年八月癸巳。
4 《清世宗实录》卷4，雍正元年二月乙卯、庚申。
5 《清高宗实录》卷103，乾隆四年十月己丑。

弘昇，恒亲王允祺第一子，生于康熙三十五年（1696）四月，生母为侧福晋刘佳氏。康熙五十九年（1720）十二月封为世子，照贝子品级。雍正年间曾管理上驷院及镶白旗满洲、蒙古、汉军三旗事务，雍正四年（1726）五月因办理旗务时"并不实心效力"，革去世子，交付其父允祺，"在家严加训诲"[1]。乾隆帝继位后，重新启用弘昇，授予正黄旗满洲都统，兼管火器营事务。乾隆四年（1739）弘晳案发，弘昇受到惩处，但在晚年重受信任，任头等侍卫、领侍卫内大臣等职。乾隆十九年（1754）四月去世，终年59岁。照贝勒品级殡葬，赐谥"恭恪"。[2]

弘昌，怡亲王允祥第一子，生于康熙四十五年（1706）十一月，生母为侧福晋瓜尔佳氏。雍正元年（1723）四月封为贝子。乾隆帝称弘昌"秉性愚蠢，向来不知率教，伊父怡贤亲王，奏请圈禁在家"。雍正八年允祥死后，弘昌获释。乾隆帝继位，弘昌晋封贝勒。[3]乾隆四年（1739）十月被革去贝勒。逝于三十六年（1771）四月，终年66岁。卷入弘晳案的四位同辈宗室中，只有弘昌身后未得赐谥。[4]不过，从他的率直性格与作风看，或许当其父在世时，他已公开流露对雍正帝继位的看法，允祥怕惹事端而将其幽禁。

弘普，庄亲王允禄第二子，生于康熙五十二年（1713）六月，生母是侧福晋李氏。因其长兄出生之日夭折，弘普实际上是允禄的长子。乾隆帝继位后，他被封为贝子，掌銮仪卫事，管镶蓝旗满洲都统事。乾隆四年（1739）十月，受弘晳案牵连，弘普被革去贝子，解銮仪卫任。当月，封为奉恩镇国公。翌年十一月，担任宗人府右宗人。他逝于乾隆八年（1743）三月，终年31岁。去世当年，追封世子，赐谥"恭勤"。乾隆三十二年（1767）允禄死后，弘普被追封为和硕庄亲王。[5]

弘晈，怡亲王允祥第四子，生母是嫡福晋兆佳氏。他与堂兄弘普同岁，生于康熙五十二年（1713）五月。其父允祥去世三个月后，雍正八

---

1 《清世宗实录》卷55，雍正五年闰三月丙戌。
2 《爱新觉罗宗谱》甲册，第630–631页。
3 《清高宗实录》卷103，乾隆四年十月己丑。
4 《爱新觉罗宗谱》甲册，第837–838页。
5 《爱新觉罗宗谱》甲册，第1942–1943页。

年（1730）八月，弘晈被封为宁郡王。乾隆四年（1739）十月弘晳案发，乾隆帝认为弘晈本应革退王爵，"但此王爵，系皇考特旨，令其永远承袭者，著从宽仍留王号。伊之终身，永远住俸，以观后效"[1]。弘晈死于乾隆二十九年（1764）八月，终年52岁。赐谥"良"。[2]

综上所述，卷入该案的五位宗室成员中[3]，允禄深受雍乾二帝的倚信，弘普是允禄之子；弘昌、弘晈之父则是雍正帝最为信任，并予以特殊荣宠的怡亲王允祥；弘昇之父恒亲王允祺虽是允禵的同母兄，但并未参与储位之争，因而当雍正帝继位后，允祺基本上未受打击。也就是说，在雍正帝清除允禩、允禟及其众多追随者的斗争中，上述宗室成员不仅未曾受到迫害，而且还是不同程度的获利者（弘昇的情况略有不同）。可是，他们却对废太子允礽的长子，本有希望继承皇位的弘晳深怀同情，与之交往密切，这与雍正帝长子弘时竟站到皇父政敌允禩允禟集团一边，何其相似！所不同的是，弘时的政治态度与他在皇位继承中的失意有因果关系，而允禄等人则是雍正帝继位的受益者。这就表明，雍正帝清除政敌的残酷行径不得人心，除去受打击者的家属及其众多同情者外，甚至连雍正帝亲信允禄，以及允禄之子和雍正帝心腹允祥之子，也都对此不以为然。乾隆帝继位后，对大部分受到雍正帝迫害的宗室予以平反，政治氛围一度相对宽松，允禄等人长期被压抑的不满，以及对遭到迫害者怀有同情等复杂情绪，终于得以有所表露。这与弘晳的耿耿于怀与希冀之心一拍即合，最终酿成弘晳事件。康雍时期储位之争的余波，在乾隆初年仍有显现，足见这场因储位而引发的政治斗争影响久远。

值得注意的是，卷入弘晳案的宗室成员内，不仅有四位弘晳的同辈人，而且其中有三位是长子（弘昇、弘昌、弘普），一位是嫡子（弘晈）。具有长子或嫡子身份的宗室成员，同情、支持废太子的长子弘晳，这一现

---

[1] 《清高宗实录》卷103，乾隆四年十月己丑。
[2] 《爱新觉罗宗谱》甲册，第860页。
[3] 因弘晳案获罪的宗室，还有镇国公宁和，其谱系不详。据乾隆帝称，"宁和以获罪之闲散宗室，因谄媚庄亲王（允禄），王遂奏请"，恩赏公爵。"今既照宗人府议，将此公爵革退，则宁和在所当革，著询问庄亲王，若愿改令弘普承袭，则著以镇国公管都统事，若仍欲令宁和承袭，则弘普专任都统之职。著王自行奏闻。"参见《清高宗实录》卷103，乾隆四年十月己丑。经庄亲王允禄奏闻，宁和的公爵改令（允禄次子）弘普承袭。

象不能仅仅视为偶然巧合。它多少反映出清朝入关近百年后，满洲贵族对于宗法制嫡长观念的看法已发生变化，从抵触转向接受。

弘晳不甘心其父的失败结局，在皇权的集中与强化即将达于极致的客观形势下显露不臣之心，无异于以卵击石，自取败亡。与此形成鲜明对比的，是乾隆初年仍然健在的另一位康熙朝储位之争的失败者允禵。雍正十三年（1735）五月，允禵嫡长子弘明生子，这是允禵的嫡长孙。弘明向为皇祖康熙帝所钟爱。康熙五十八年（1719）夏，康熙帝不顾衰迈，亲自为弘明操办婚事。弘明之子出生数月后，雍正帝去世，允禵获释。允禵为褓褓中的嫡长孙命名永忠[1]，此举意味深长。它体现了允禵对皇考康熙帝的深深怀念与忠诚不贰之志，同时也透露他决意谨慎行事，以度余生的想法。从禁所释放后，他一改桀骜不驯之态，闭门不问政事。每日研习书法，与儿孙坐谈佛理。因安静循分，行事恭谨，乾隆十三年晋封恂郡王。任正黄旗汉军都统，总管该旗觉罗学，"甚属恭恪，竭诚供职"[2]。乾隆二十年（1755）正月，允禵以68岁高龄去世。赐谥"勤"。[3]皇位继承制度变革中的巨大波折，致使允禵与皇位失之交臂，而皇权的强大威慑力与强制力，又迫使他不得不深藏心中积愤，貌似恭顺，以苟全性命，求得善终。此中感受，如人饮水，冷暖自知。允禵的政治态度，也深深地影响了他的子孙后代。其实，这种情况在遭受雍正帝打击的宗室中带有一定普遍性。

乾隆帝对弘晳案的处理方式颇具特点。除去对弘晳本人终身禁锢外，对于案内其他宗室成员，大都继续任用，使之善终。他接受雍正帝的教训，审理此案时既采取宽大方针，又尽量不泄露内情，缩小其影响，以便与其继位后即行实施，并已初见成效的"敦睦一本"，加强宗室团结的方针，保持一致。另一方面，乾隆帝也极不愿因弘晳案的发露，促使人们重提康雍之际储位之争旧事。实际上，这正是他深藏内心的一个大忌。当然，乾隆帝所以对弘晳案予以宽大处理，根本原因还是皇权已极度集中与强大，他能够牢牢控制所有臣工。弘晳等人纵有不满与抵触情绪，但无从

1　参见侯堮：《觉罗诗人永忠年谱》，雍正十三年乙卯条，载《燕京学报》第12期，第2604页。
2　《清高宗实录》卷480，乾隆二十年正月辛巳。
3　《爱新觉罗宗谱》甲册，第896页。

动摇他的绝对统治。所以，乾隆帝也无须像雍正帝那样，对反对派严惩重处，必欲置之死地。

弘晳案是康熙朝晚期储位之争的余波，它的迅即了结，为康、雍、乾时期绵延数十年的储位之争画上句号。

三、乾隆帝内禅与秘密建储

内禅是中国封建社会皇位传承的一种特殊方式，也是封建王朝皇权政治发展历程中较为独特的现象。乾隆帝是清帝中唯一一位实行内禅之人，其传位而不交权的内禅模式，建立在实施秘密建储的基础上，是皇权极度集中与强化的产物。因此，作为中国封建社会最后一位内禅之君，乾隆帝的内禅具有不同于其他内禅皇帝的某些特点。同时，这一内禅行为不仅是连接乾嘉两朝政治的重要环节，也是清朝由盛而衰，清朝中期历史向后期历史过渡的一个交会点。

乾隆六十年（1795）九月，乾隆帝宣布立35岁的皇十五子颙琰为皇太子。翌年（1796）正月初一日，举行传位大典，乾隆帝正式禅位。自此直至嘉庆四年（1799）正月，乾隆帝以89岁高龄去世，他做了整整三年的太上皇。在这期间，乾隆帝以训政名义继续掌握清朝大权，嘉庆帝竭尽奉养，唯命是从。清朝最高权力归于耄耋之年的太上皇，正值盛年的皇帝有名无实。

乾隆帝十分崇拜皇祖康熙帝，为政中处处加以仿效。他在即将退位之际明言："践阼之初，即焚香默祷上天，若蒙眷佑，得在位六十年，即当传位嗣子，不敢上同皇祖纪元六十一载之数。"[1] 以表示对康熙帝的崇敬。乾隆帝所言，当是实情。他曾对皇太后谈及此事[2]，又于乾隆四十三年（1778）九月处理金从善案件的谕旨中，向全体臣民宣布，俟在位六十年，传位皇子，归政退闲。[3] 乾隆帝具有强烈的权力欲望，其晚年有很大可能已对这一决定产生悔意，却又不能食言，只有另觅补救之策。

---

1 《清高宗实录》卷1486，乾隆六十年九月辛亥。
2 《清高宗实录》卷1486，乾隆六十年九月辛亥。
3 《清高宗实录》卷1067，乾隆四十三年九月丁未。

乾隆帝晚年陶醉于个人功业，不断为己树碑立传。他大力炫耀自己超越所有帝王之处，并自封"十全武功"，自诩"十全老人"，自号"古稀天子"；主动禅位而掌握全部大权，并能指挥皇帝，更是其精心设计，引为自豪之举。既然不能成为自秦始皇以来在位时间最长的皇帝，那么，做一位"旷古所未有"的太上皇，以此充当历代帝王中另一位独领风骚者，也是一种补偿。

乾隆帝所写《慎建储贰论》一文，集中反映出他在建储与传位问题上自视无人堪比的心态：

> 圣祖大渐，授位皇考，其时系内大臣隆科多宣传顾命。逮皇考传位朕躬，宣示密缄，仓猝之际，朕不敢自行启封，召同大学士鄂尔泰、张廷玉，当面展缄敬阅。兹朕躬享大年，懋膺多福，明颁诏旨，亲御殿廷，付授神器。以今视昔，吉祥善事，孰愈于此。此实上天保佑申命，有加无已之洪贶……夫天下至大，神器至重，储副之寄，运祚所关。方今纲纪肃清，外无揽权怙势之臣，内无妇寺偏宠之事，朕亲裁庶政，巨细无遗，宫中府中，皆为一体，虽不明诏立储，实无丝毫流弊……如朕现在举行归政，亦必俟为期至近，始行颁旨宣示，此实万年无弊之法。我世世子孙，若能敬效祖宗及朕之用人行政，于以钦承昊眷，祗迓鸿庥，亦如朕之躬跻上寿，再立太子，踵行归政典礼，禔福延洪，用昭亿万禩无疆之庆，此朕所深望扵方来者也。特将始末缘由，再行申谕。此旨著于尚书房、内阁、军机处各抄录一通，敬谨存记，永为法守。[1]

中国历代封建王朝中，总计有十余位太上皇，其中大多数并无实权，或者虽有实权，但其所控制的是幼龄皇帝。[2]而乾隆帝是中国历史上年龄最大、权力最大的太上皇，他所耳提面命者，是一位中年皇帝。这一现象在中国历代王朝是独一无二的。与乾隆帝同时代的史学家赵翼，曾对此作出

---

1 《乾隆御制文三集》卷3，《慎建储贰论》，载《清高宗（乾隆）御制诗文全集》第10册，第891–893页。

2 参见章尚正：《中国封建皇帝内禅论》，载《中国史研究》1996年第3期。

如下评议：

> 惟我高宗纯皇帝，当大一统之运，临御六十年，亲传宝位，犹时勤训政，享年至八十有九。今上自受禅后，极尊养之，诚无一日不亲承色笑。视宋孝宗之一月四朝，曾不足比数焉。然则两宫授受，慈孝兼隆，福德大备，真开辟以来所未见，岂不盛哉！[1]

赵翼的溢美之辞，虽也多少反映出乾隆帝内禅的某些特点，却无从透过现象看到事物的本质。例如，为其大加称道的"两宫"关系，就是乾隆帝内禅期间，始终并未真正解决好的要害问题之一。

乾隆帝是中国历史上最后一位太上皇。如果从继续拥有实权的角度而论，他确有大大超出历代太上皇之处。乾隆帝何以如此？需要进行分析。

乾隆时期（乾隆四十五年以前），皇权的集中和强化臻于中国皇权发展史上的最高峰，这为乾隆帝实行内禅后继续独掌大政，提供了无可或缺的支持。

乾隆帝深知勤政与集中皇权之间的必然联系。他认为，"人君一日二日万几，庶司百职之事皆其事，非躬亲总揽，则柄或下移，其弊将无所底止"[2]。与其祖其父相同，乾隆帝十分勤政，这是保证他真正做到大权独揽的又一先决条件。他曾反复指出："盖权者上之所操，太阿不可倒持。"[3] "本朝家法相承，纪纲整肃，太阿从不下移。"[4] "此朕临御五十余年，敬天勤民，惟日孜孜，不敢稍懈，亦深有见乎为君之难，而太阿之不可下移也。"[5] "且前代所以亡国者，曰强藩，曰外患，曰权臣，曰外戚，曰女谒，曰宦寺，曰奸臣，曰佞幸，今皆无一仿佛者。"[6] 所言与乾隆朝前期与中期的情况大体相符。

乾隆时期皇权的集中与强化臻于最高峰的显著标志之一，是由雍正帝

1　赵翼：《廿二史札记》卷13，《太上皇帝》。
2　《清高宗实录》卷1067，乾隆四十三年九月丁未。
3　《乾隆御制诗四集》卷55，《题宋端石凤池砚》，载《清高宗（乾隆）御制诗文全集》第7册，第150–151页。
4　《清高宗实录》卷1248，乾隆五十一年二月壬午。
5　《清高宗实录》卷1317，乾隆五十三年十一月乙酉。
6　《清高宗实录》卷1112，乾隆四十五年八月己未。

创立、经乾隆帝改进并完善的军机处,成为主要中枢辅政机构,它对于清帝有效行使已高度集中的皇权,提高统治效能,起到至关重要的作用。正是在此期间,中国辽阔版图基本奠定,统一多民族国家最终形成,清代的政治、经济与文化发展到中国封建社会最高水平。

只有在这一特定的皇权发展阶段以及与此相适应的政治、社会背景下,才会出现有别于历代王朝同类事例的乾隆帝内禅之举。而成功地实行秘密建储制度,是乾隆帝主动内禅后继续独揽大权的直接原因。

颙琰于乾隆三十八年(1773)冬被密立为皇储,至乾隆六十年(1795)九月名正皇太子之位,历经22年。由于是秘密立储,人们并未将颙琰作为皇太子对待,他的各种待遇也与其他皇子无明显不同。嫡长子皇位继承制度下皇太子所具有的东宫属员及心腹臣僚,颙琰一概俱无。不仅如此,乾隆帝在培养、考察密立皇储时,还竭力防范密立皇储与朝臣结为党援,出现类似太子党的宗派势力。这从乾隆帝处理颙琰与其师傅朱珪的关系中,得到充分显现。

朱珪自乾隆四十一年(1776)担任皇十五子颙琰的师傅,师生之间逐步结下深厚情义。嘉庆十一年(1806)十二月,朱珪病逝。嘉庆帝亲临祭奠,作悼诗十二韵。内云:"丙岁(乾隆四十一年)从函丈,相依三十年。清风常晋接,正谊日敷宣……抱疾犹趋侍,养疴冀速痊。忽惊千古别,离遣寸衷捐……述实五言挽,抒悲三爵连。临丧虚设礼,痛结泪倾泉。"[1] 悼诗语悲意重,是其痛失良师重臣的真情流露。

乾隆四十四年(1779)以后,朱珪不断奉差出京。四十五年八月,他出任福建学政,曾以"五箴"寄呈颙琰,其目曰"养心",曰"敬身",曰"勤业",曰"虚己",曰"致诚"。颙琰得到老师的寄语,以为"词古理深,洵堪置之座右,每于几暇展观,不啻在书帷中时相探讨也"[2]。朱珪对颙琰在思想与处事作风方面的影响,一直持续到颙琰继统并亲政

---

[1] 《仁宗御制诗二集》卷24,第35—36页,《临故太傅大学士朱石君第赐奠抒痛得十二韵》,载故宫博物院编《故宫珍本丛刊》第573册,海口:海南出版社,2000年。

[2] 《仁宗御制诗二集》卷10,第9—10页,《题石君大学士知足斋诗集用集中嘉庆元年七月旬日内连奉廷寄恩旨命珪来京将授为大学士恭纪四首诗韵》,载故宫博物院编《故宫珍本丛刊》第573册。

之后。然而，乾隆帝却采取各种措施，千方百计阻止这对师生的进一步接触，以避免自己退位后，嗣君在朝中形成势力，妨碍其继续独揽大权。乾隆五十五年（1790）七月，朱珪出任安徽巡抚。由此直至乾隆六十年（1795）九月乾隆帝公开立颙琰为皇太子，亦即颙琰被密立为储君的最后五年中，朱珪始终被放外任，远离京师。据说颙琰在朱珪于外省任职期间，"曾致书朱珪达139件"[1]。颙琰继承皇位前的诗文汇编《味余书室全集定本》中，也有多首与朱珪的赠别唱和之作。颙琰当然希望恩师朱珪能够留在自己身边，朝夕切磋指点，尤其是当他承继大统，乏人辅佐的情况下，这种愿望更为迫切。

乾隆帝传位之初，本拟提升时任两广总督的朱珪为大学士，不料遭到军机大臣、大学士和珅暗中阻挠。事情的原委是，早在乾隆五十五年（1790），颙琰在给朱珪六十寿辰的贺诗中，有"圣主八旬岁（是年乾隆帝80岁），鸿儒花甲年"之句[2]。这时，善于揣测乾隆帝好恶的和珅，"忌其进用，密取仁宗贺诗白高宗，指为市恩"[3]，以迎合乾隆帝唯恐新帝另组个人班底，使其难以控制而暗怀隐忧的心态。朱珪因此降调安徽巡抚，嘉庆帝以恩师辅助左右的愿望再次落空[4]。直到嘉庆四年（1799）正月乾隆帝死后，嘉庆帝立即召朱珪赴京，师生两人才结束"十载睽离"，重新聚首。

若非实行秘密建储，那么，乾隆三十八年（1773）颙琰被公开立为皇太子后，当"别立宫府"，配备臣僚，拥有储权。即使嘉庆元年（1696）正月乾隆帝仍然传位归政，但已拥有储权20余年，并以东宫辅佐人员作为支持力量的嘉庆帝，则无可能有名无实，其众多僚属也不会容忍此种情况长期存在。这种状态下，已为太上皇的乾隆帝势必受到新帝多方牵制，

1　[美] A·W.恒慕义主编：《清代名人传略》中册，第257页。
2　颙琰：《味余书室全集定本》卷27，《祝石君师傅六十寿》。
3　《清史稿》卷319，《列传》106，《和珅》。
4　参见《清史稿》卷319，《列传》106，《和珅》；卷340，《列传》127，《朱珪》；吴晗辑：《朝鲜李朝实录中的中国史料》第12册，第4980页。按，嘉庆帝对此事的解释是："丙辰（嘉庆元年）七月，石君于两广总督任内，曾蒙皇考特寄恩旨，有前令朱珪来京，另候简用，欲以补授大学士，不必心存疑虑之谕。嗣缘粤洋艇匪入闽，疏于督饬防捕，是以宣纶中止……"参见《仁宗御制诗二集》卷10，第8页，《题石君大学士知足斋诗集用集中嘉庆元年七月旬日内连奉廷寄恩旨命珪来京将授为大学士恭纪四首诗韵》，载故宫博物院编《故宫珍本丛刊》第573册。

其继续独柄大政的意图将很难实现。

总之，颙琰虽然被秘密确定为储君，由于并无储权，在朝中不可能形成个人势力。当他即大位后，只能被依然握有大权的太上皇乾隆帝所左右。

太上皇乾隆帝所以能够继续做到大权独揽，还有一个不容忽视的客观因素，即通过宠臣和珅牵制嘉庆帝。

乾隆帝统治后期，即乾隆四十五年至六十年（1780—1795），清朝皇权已出现盛极而衰的迹象，康乾盛世进入尾声。乾隆帝的为政作风，也发生较大变化，主要体现在：锐意进取逐渐为"持盈保泰"所取代；日益自满，喜听奉承；一味追求享乐，奢侈豪华日甚一日；等等。

皇权的极度强化，促使清朝最高统治者的权力欲望与物质欲望进一步发展，贪婪本性愈益显露。乾隆帝晚年的政风，是强化程度达于极致的皇权所产生的不可抗拒的腐蚀作用使然，也与盛极而衰这一事物内在发展规律相符。

正是在这一时期，出现了权臣与佞幸兼于一身的和珅。

和珅是满洲正红旗人，原任侍卫，乾隆四十年后逐步为乾隆帝所赏识，先后担任军机大臣等诸多要职。[1]

由于皇权极度强化，乾隆帝逐步产生严重故步自封思想，认为清朝统治已很稳固，万无一失，他能够轻而易举地驾驭所有臣工，无论臣工如何作为，都处于他的严密控制之下，不会对其专权造成威胁。这种极为自信、高枕无忧的心态，是乾隆帝毫无顾忌地宠信、放纵和珅的思想根源。

巧言奉承与善于理财[2]是和珅受宠的两个重要原因。喜谀本是封建君主的通病，但在处于皇权发展巅峰之际的乾隆帝身上，表现得尤为突出。而和珅极其善于逢迎的处事作风，恰能满足乾隆帝的这一心理需求。乾隆朝后期因连年征战，乾隆帝本人奢华过度，开销过多，加之物价上涨，财

---

[1] 参见《清史列传》卷35，《大臣传次编》10，《和珅》。

[2] 参见吴晗辑：《朝鲜李朝实录中的中国史料》第11册，第4700-4701页；昭梿：《啸亭杂录》卷8，《内务府定制》；《钦定八旗通志》卷319，《八旗大臣年表》10，《内大臣年表》3。按，和珅于乾隆四十一年（1776）始任总管内务府大臣，乾隆六十年（1995）仍在此任。其间，内务府广开财源，"岁为盈积，反充外府之用"。

政逐渐拮据。和珅利用他所担任的内务府大臣、崇文门税务监督、户部尚书等职，聚敛钱财，索取贿赂，而且以各种名目，向地方官员索取财物，以供乾隆帝挥霍，并侵吞为己有。这种竭泽而渔、饮鸩止渴的进财方式，也正是极度强化的皇权已露衰败端倪的反映。

乾隆四十年以后，老年乾隆帝身体尚好，精力毕竟大不如前，力不从心之感日甚一日。加之他的兴趣广泛，各种形式的活动与享乐较多，为此耗费大量时间和精力。所以，乾隆帝极需一位得力心腹，全盘协助其料理机务，使之能腾出更多时间，从事他所喜好的活动。既然因秘密建储而无法以密立储君"赞襄政务"，乾隆帝唯有在大臣中物色人选，和珅则恰堪此任。此人"精明敏捷"[1]，兼通满、汉、蒙、藏文字，"勤劳书旨，允称能事"[2]，且擅诗会画，书法优长。若以综合才力而论，和珅在当时廷臣中首屈一指。

不过，和珅尽管身兼要职，职权范围括及军、政、财、文等各个方面，"叨沐殊施，在廷诸臣无有其比"[3]，乾隆帝却并未因此而大权旁落。他仍旧较为勤政，"每遇阁章递到，无不亲加详阅"，"权衡悉由朕亲裁"[4]。对于和珅，乾隆帝完全能够予以控制，在听任其贪黩骄奢，大开贿赂之门的同时，并不允许他越权干政，并对其佐理政务中的一些差误，不时予以惩戒。[5]

清朝中期，皇权的发展臻于巅峰后开始下滑，然而乾隆帝传位之际，皇权极度集中与强化的定势并未骤然改变；经秘密建储而选立的储嗣颙琰，是在既无个人班底，又无任何皇储特权的前提下，被公开册立为皇太子，不久便继承皇位；乾隆帝大权独揽，对包括和珅在内大小臣工能够予以充分控制。在这些因素的共同作用下，乾隆帝内禅期间，清朝最高统治集团内部出现了一个以乾隆帝为顶端、嘉庆帝与和珅为两翼的三角形权力分配模式，并由此决定了三人之间相互关系的基本格局。

1　参见《清史列传》卷35，《大臣传次编》10，《和珅》。
2　《钦定八旗通志》卷首6，《天章》6，《平定廓尔喀十五功臣图赞》。
3　《清仁宗实录》卷37，嘉庆四年正月庚午。
4　《清高宗实录》卷1481，乾隆六十年六月乙巳。
5　《清史列传》卷35，《大臣传次编》10，《和珅》。

乾隆帝传位前明确宣告:"朕仰承慈眷,精神强固,未至倦勤。"[1]"归政后,凡遇军国大事,及用人行政诸大端,岂能置之不问,仍当躬亲指教,嗣皇帝朝夕敬聆训谕,将来知所禀承,不致错失,岂非国家天下之大庆。""部院衙门并各省具题章疏及引见文武官员寻常事件,俱由嗣皇帝批阅,奏知朕办理。"[2]"一切军国事务,仍行亲理,嗣皇帝敬聆训诲,随同学习。"[3]这一新的权力模式中,太上皇独柄国政,皇帝"敬聆训谕",时时事事处处以太上皇的意志行事,实际上只是太上皇的传声筒而已。

乾隆帝让位而不放权,暴露出剥削阶级的腐朽本性以及对权力的极大贪欲,同时,也是皇权的终身独占性与绝对排他性的一种具体表现。对于任何一位封建帝王而言,皇权的终身独占性与绝对排他性,始终发挥着既深且巨的作用,并不以其本人意志为转移。但是,唯有乾隆帝是在皇权的集中与强化达到最高峰后传位,与大部分内禅帝王乃因内外不利形势而被迫传位,有很大不同,所以,也唯有乾隆帝能够真正做到传位而不放权,直至生命最后一息。

乾隆帝举行内禅时已85岁。嘉庆三年(1798)三月,由清廷返国的朝鲜使者说:"太上皇容貌气力,不甚衰耄,而但善忘比剧。昨日之事,今日辄忘,早间所行,晚或不省。"[4]由一位如此老迈之人治理一个有三亿人口的泱泱大国,何其难耳!

嘉庆元年(1796)元旦,乾隆帝于太和殿举行盛大传位庆典。七天后,震撼全国的五省白莲教大起义在湖北爆发,标志康乾盛世结束,清朝中衰时期到来。正常情况下,这位高龄太上皇实已不能胜任治国理政之劳,何况大起义如火如荼,发展迅猛。清军将帅指挥无能,"在军惟酒肉笙歌自娱,以国帑供其浮冒"[5],八旗、绿营战斗力大幅度下降,军费开支空前巨大。这些陡然增加的军政几务与意想不到的困难与问题,对乾隆帝

---

1 《乾隆御制诗五集》卷100,《諏吉九月初三日宣谕建储书事》,载《清高宗(乾隆)御制诗文全集》第9册,第924—925页。
2 《清高宗实录》卷1486,乾隆六十年九月辛亥。
3 庆桂等编纂:《国朝宫史续编》卷32,《典礼》26,《勤政》2,第261页。
4 吴晗辑:《朝鲜李朝实录中的中国史料》第12册,第4953页。
5 魏源:《圣武记》卷9,《嘉庆川湖陕靖寇记》4。

而言无异于雪上加霜，愈益力不从心。于是，他只有更加倚信和珅，在和珅的协助下统驭臣工、治理国政并监控嘉庆帝，才能保证自己继续独掌皇权。

因此，在乾隆帝内禅期间，"和珅之专擅，甚于前日，人皆侧目，莫敢谁何云"[1]。他将"各路军营递到奏报，任意延搁，有心欺蔽"，"贻误军国重务"[2]。他令部院衙门及督抚藩臬将所上折稿，抄录一份，关会军机处，甚至还规定各部院文武大臣须将所奏之事，预先告知军机大臣。[3]时人认为，和珅此举是为了"预知所奏事件，作为应对便捷，而以显其能"[4]。其客观效果，则是在一定程度上控制皇帝据以决策的信息，是对皇权的侵越与破坏。

另一方面，和珅利用太上皇的宠信，进一步"弄权舞弊"、贪婪枉法，并借镇压五省白莲教大起义军费激增之机，大肆聚敛钱财，贿赂公行，从而加重官场贪风，加剧清统治集团与广大民众的尖锐矛盾，促使清朝迅速中衰。

还应看到，与乾隆帝退位前相比，和珅的权势有较大发展，但总的来说，仍为乾隆帝所控制。

太上皇乾隆帝专权的一个重要体现，是直至去世前，依旧亲自掌握清廷的决策权、用人权和军队指挥权。嘉庆帝亲政后公布的和珅罪款中，有如下一条："昨冬（指嘉庆三年底）皇考力疾批章，批谕字画，间有未真之处，和珅胆敢口称不如撕去，竟另行拟旨。"[5]说明乾隆帝做太上皇三年期间，始终亲自批阅奏折，以便了解掌握第一手情况，进行决策。

乾隆帝逝于嘉庆四年（1798）正月初三日。据嘉庆帝说，皇考"自上年冬腊，偶感风寒，调愈后，气体虽逊于前，然犹日亲训政，未尝稍辍"；元旦前夕，照例接见了蒙古王公及外国使臣。[6]可见，乾隆帝临终前数日，

---

1 吴晗辑：《朝鲜李朝实录中的中国史料》第12册，第4593页。
2 《清仁宗实录》卷37，嘉庆四年正月庚午。
3 《清仁宗实录》卷37，嘉庆四年正月丁卯。
4 吴晗辑：《朝鲜李朝实录中的中国史料》第12册，第5019页。
5 《清仁宗实录》卷37，嘉庆四年正月甲戌。
6 《清仁宗实录》卷37，嘉庆四年正月壬戌。

还在坚持亲理几务。

嘉庆二年（1797）军机处首枢阿桂去世后，和珅"愈无顾忌，于军机寄谕独署己衔"。乾隆帝发现这一情况，"谕和珅曰：'阿桂宣力年久，且有功，汝随同列衔，事尚可行。今阿桂身故，单挂汝衔，外省无知，必疑事皆由汝，甚至称汝师相。汝自揣称否？'词色甚厉。嗣后遂止写军机大臣，不列姓名，著为例"[1]。表明乾隆帝对和珅不仅仍能掌控，而且在信用他的同时，始终保持一定警觉，对其权势有所抑制，有所防范。

太上皇通过和珅监控嘉庆帝，做得相当成功。在太上皇乾隆帝的统摄与其宠臣和珅的监视下，嗣皇帝嘉庆虽然"综理庶政"，但无实权，只是"日侍圣颜，时聆恩诲，事事得有禀承，每岁扈辇巡方"而已。[2]

对于精力日衰但仍不放大权的乾隆帝来说，唯命是从的嗣皇帝嘉庆与得力宠臣和珅，如同其左右手，同等重要，不可或缺。由于乾隆帝依然独柄大政，因而在这个三角关系中处于支配地位。不过，和珅与嘉庆帝虽各居两翼，所处位置相同，实际上却有很大差别。和珅无论怎样"专擅"，只是狐假虎威，其唯一靠山是朝不保夕的太上皇，他的权力资源随时可能枯竭。表面上看，嘉庆帝的权力相对较小，但他只要能够保住皇位，也就意味着拥有取之不竭的权力资源。况且他是名正言顺的嗣君，处于一人之下、万人之上的地位，与和珅之间有着君臣贵贱之分。

还应指出，乾隆帝内禅期间的三角形权力模式，以及在这一权力模式下乾隆帝、和珅、嘉庆帝之间的关系，决定了三者截然不同的行为作风，反映出各自的心态及性格特点。

对于和珅与嘉庆帝，乾隆帝各有一番心思。

他将和珅看作自己独掌清朝大权的最得力助手，并能对其牢牢控制。尽管他于和珅的骄纵揽权、贪污腐化也有察觉，但认为这终究是次要方面，所谓瑕不掩瑜而已。当然，他尽管是通过和珅监控嘉庆帝，但为了维持其本人的专权统治，并不想让和珅与嘉庆帝处于完全对立状态（这实际上是无法避免的），而是在使二者相互牵制同时，又想方设法协调二者的

---

1 《清史稿》卷319，《列传》106，《和珅》；《清朝野史大观》卷1，《谕旨前军机署名之例》。
2 《清仁宗实录》卷37，嘉庆四年正月壬戌。

关系，以便于他的操纵与控制。

不仅如此，关于和珅在其身后的前途与命运，乾隆帝不可能不予考虑。他自然希望和珅能够一如既往，如同为他效命一样，忠诚地为嘉庆帝尽力，并继续受到倚信。他是否曾经对和珅与嘉庆帝分别透露过这种想法，现已无从考察。不过，乾隆帝禅位期间嘉庆帝对于和珅的谦恭态度，会使乾隆帝认为，他的这一愿望或许能够成为现实。然而乾隆帝万万没有料到，和珅在他死后仅十余日，即被嘉庆帝置于死地。

毋庸置疑，乾隆帝确实是将爱子嘉庆帝视为托付社稷的适宜人选。问题在于，只要他本人健在，嗣君只能"随同学习"，不能对他所独掌的清朝大权有任何侵夺。换言之，内禅期间，嘉庆帝不可逾越乾隆帝为之设定的言行藩篱，亲政之前，必先充当见习皇帝。这是一种利益交换，嘉庆帝只有首先付出，即不向太上皇索取本应属于自己的权力，然后才能有所得，即在太上皇身后独掌大权。

和珅表面上有恃无恐，权势灼人，实则基础极其脆弱。他对乾隆帝极力阿谀，身居高位仍跑前跑后，任其驱使。他"言不称臣，必曰奴才，随旨使令，殆同皂隶，殊无礼貌"[1]。"皇帝若有咳唾之时，和珅以溺器进之。"[2]既是朝臣又为奴仆的和珅，于"八旗共主"乾隆帝前有此表现，这固然是满洲"习俗之本然"[3]，也显露出他深知乾隆帝是其唯一靠山，因而尽其所能逢迎讨好的卑劣心迹。

和珅权势嚣张而基础脆弱的特点，突出表现在他始终没有在朝臣中建立起宗派体系，甚至没有一个真正得力的党羽。正如和珅的同时代人、"旧值军机"的直隶布政使吴熊光所言："凡怀不轨者，必收人心，和珅则满、汉无归附者，即使中怀不轨，谁肯从之？"[4]和珅与阿桂、王杰、董诰等军机大臣皆不和睦，有时甚至达到水火不容程度。[5]他与另一受宠信的大

---

1 吴晗辑：《朝鲜李朝实录中的中国史料》第11册，第4762页。
2 吴晗辑：《朝鲜李朝实录中的中国史料》第11册，第4840页。
3 吴晗辑：《朝鲜李朝实录中的中国史料》第11册，第4762页。
4 《清史稿》卷319，《列传》106，《和珅》。
5 吴晗辑：《朝鲜李朝实录中的中国史料》第11册，第4881、4893页；昭梿：《啸亭杂录》卷10，《权臣同列》；《清史稿》卷340，《列传》127，《董诰》。

臣福康安，也处于"势不两立"之态，"皇帝欲两解之，每出康安于外"[1]。和珅与这些人的矛盾，为乾隆帝分而治之提供了有利条件。

和珅未能聚集起一批得力党羽、形成宗派集团的原因之一，是由于皇权高度集中与强化时期，康、雍、乾诸帝所实施的一系列限制臣工往来、防范其固结朋党的措施，始终发挥着重要作用。这种政治氛围不允许臣僚广结人心，网罗党羽，与皇权相抗衡。和珅纵有这方面的才干，亦无法得以施展。和珅是在极度集中与强化的皇权开始走下坡路之际出现的权臣，他的能量与影响力，受到其所处时代皇权政治的有力制约。这与康熙初年权臣鳌拜之党羽遍布朝中的情况大不相同，反映出清朝皇权发展不同阶段出现的权臣，分别具有的特点。

在如何对待嘉庆帝问题上，和珅实际上处于两难境地。他既必须忠诚执行太上皇意旨，协助太上皇继续独揽清朝大权，同时又须虑及如何获取嘉庆帝信任，从而能在太上皇去世后，使自己得以保全。二者相衡，他只有首先做到前者，圆满完成太上皇交付之重任，方能继续得到太上皇的信任与庇护，然而这就势必彻底得罪嘉庆帝，将自己置于同嗣君完全对立的位置。不过，嘉庆帝对他的态度又使他产生幻想，希望能够通过自己对太上皇的忠诚效力，愈益博得太上皇宠信，使之影响嘉庆帝，从而在太上皇身后保全其权位。可是，这只是和珅的一厢情愿。他对太上皇愈加忠诚，效力愈勤，必然与嘉庆帝结怨愈深，嘉庆帝对之愈加恨之入骨，其下场也就更为悲惨。

和珅奉太上皇旨意监控嘉庆帝的同时，为给自己留一后路，自然要在各个方面，通过多种方式，对嘉庆帝示以殷勤。如乾隆六十年（1795）九月初二日，即宣布册封颙琰为皇太子的前一日，和珅向嘉庆帝"先递如意，漏泄机密，居然以拥戴为功"[2]。这只是目前所见和珅讨好嘉庆帝的一条材料。和珅对于嘉庆帝实际上很不放心，所以"荐其师"吴省兰"与上录诗草，觇其动静"[3]，实际上是以吴省兰作为内线，以便随时了解嘉庆帝

---

1 吴晗辑：《朝鲜李朝实录中的中国史料》第11册，第4881页。
2 《清仁宗实录》卷37，嘉庆四年正月庚午。
3 昭梿：《啸亭杂录》卷1，《今上待和珅》。

的动向，采取相应对策。

和珅的愚蠢之处在于，他并未意识到自乾隆帝内禅后，自己即已坐在随时可能喷发的火山口上，处境岌岌可危。或者说，从乾隆帝实施内禅决定之始，他就被太上皇置于替罪羊之位，并在权力之争的泥沼中越陷越深，难以自拔。嘉庆帝虽然表面上对于皇父百依百顺，尽心孝养，但内心的不满也在与日俱增。对此，他于太上皇前不敢流露丝毫，然而最终却要全部发泄到太上皇的宠臣和珅身上。因此，乾隆帝内禅期间，和珅在与嘉庆帝的关系中始终处于被动地位，并无从逃脱身败名裂的结局。

相比之下，唯有嘉庆帝是乾嘉政坛三位主要人物中较为明智者。

嘉庆帝尽管对身为太上皇的皇父独揽大权极为不满，对和珅恨之入骨，对不断恶化的清朝政治、军事、财政、经济形势忧心忡忡，但是却能比较冷静地审时度势，为麻痹皇父及其宠臣和珅而行韬晦之计。

他一切皆照皇父旨意而行，"不欲事事，和珅或以政令奏请皇旨，则辄不省曰：'惟皇爷处分，朕何敢与焉。'"[1] 他"终日宴戏，初不游目。侍坐太上皇，上皇喜则亦喜，笑则亦笑"[2]。他对和珅"待之甚厚，遇有奏纯庙者，托其代言"[3]。"凡于政令，惟珅是听，以示亲信之意，俾不生疑惧。"[4] 其侍从人员对此多有不满，他解释说："朕方倚相公（和珅）理四海事，汝等何有轻也？"[5]

嘉庆帝成功地给乾隆帝及和珅造成缺少主见，一意孝养却少有担当的印象，从而为乾隆帝死后顺利铲除和珅，真正独揽大权创造条件。据说他对"阁老刘墉之言，最多采纳。皇上眷注，异于诸臣。盖墉夙负朝野之望，为人正直，独不阿附于和珅"[6]。这透露出嘉庆帝正在团结朝臣，积蓄力量，以等待时机，反守为攻。可见，乾隆帝内禅期间，嘉庆帝虽然未掌实权，但实际上却在暗中筹谋，准备最后一战。他在与乾隆帝及其宠臣和

---

[1] 吴晗辑：《朝鲜李朝实录中的中国史料》第12册，第4982页。
[2] 吴晗辑：《朝鲜李朝实录中的中国史料》第12册，第4918页。
[3] 昭梿：《啸亭杂录》卷1，《今上待和珅》。
[4] 吴晗辑：《朝鲜李朝实录中的中国史料》第12册，第4989页。
[5] 昭梿：《啸亭杂录》卷1，《今上待和珅》。
[6] 吴晗辑：《朝鲜李朝实录中的中国史料》第12册，第4953页。

珅的三角关系中，处于相对主动的地位。

嘉庆四年（1799）正月初三日，太上皇去世，嘉庆帝立即掌握实权，并勒令和珅自尽。这位亲政前只是徒有虚名，一切唯太上皇是听的皇帝，之所以能够在太上皇去世后相当顺利地承接军政大权，最主要原因，在于清朝皇权的集中、强化已达于极致。皇帝与储君之间的权力交接，基本上不会受到外力干扰，即使是于太上皇时期不可一世的宠臣和珅，也无所施其技。当然，这与嘉庆帝本人稳健的处事作风及较好的心理素质，也有密不可分的联系。

综上所析，乾隆帝在自满自大、虚荣浮夸心理以及强烈的恋权欲望支配下，凭借极度集中与强化的皇权，退位而不让权，以太上皇名义指挥皇帝，独掌大政三年之久。在此期间，他成功地将权臣与佞臣和珅作为训政并监控嘉庆帝的得力工具，并做到对和珅的有效控制。这一独特的权力模式，只有当乾隆帝成功地实行秘密建储后，方能出现。

内禅前后的一段时间内，乾隆帝始终沉浸在志得意满之中。他认为，此举"实为千古吉祥盛事"[1]"尤属旷古所未有"[2]"实为史册罕觏"[3]。不料，白莲教大起义突然爆发，形势陡然严峻，清朝统治面临挑战。可是，乾隆帝还是固执地按照原先的设想行事，终致顾此失彼，窘态毕露。和珅的骄纵贪黩也因之日益发展，既严重腐蚀清朝整个统治阶层，对皇权也起到较大破坏作用。可以说，历时三载的乾隆内禅，充分暴露了清朝最高统治集团内部的矛盾、腐化与堕落，显示出清朝正在无可挽回地迅速走向中衰。

从当时世界发展的总趋势看，清朝早已落伍。乾隆五十八年（1793）英使马戛尔尼（Macartney George）来华，乾隆帝以天朝大国自居，断然拒绝建立中英外交关系，丧失了改变中国被动落后地位的最后机会。他在给英国的敕谕中说："天朝德威远被，万国来王，种种贵重之物，梯航毕

---

1 《乾隆御制文三集》卷5，《普免嘉庆元年各直省地丁钱粮谕》，载《清高宗（乾隆）御制诗文全集》第10册，第911页。
2 《乾隆御制文三集》卷5，《再举千叟宴谕》，载《清高宗（乾隆）御制诗文全集》第10册，第912页。
3 《乾隆御制文三集》卷6，《纪元周甲建立皇太子以明年元日授宝为嘉庆元年诏》，载《清高宗（乾隆）御制诗文全集》第10册，第917页。

集，无所不有，尔之正使等所亲见。然从不贵奇巧，并无更需尔国制办物件，是尔国王所请派人留京一事，于天朝体制既属不合，而于尔国亦殊觉无益……"[1]其盲目自满，故步自封之状，显现无遗。三年后，乾隆帝陶醉于所谓"千古以来史策（册）所未有之盛事（内禅）"[2]，则是上述心态的进一步发展。正是在乾隆帝统治期间，中国与西方各国的差距更为拉大，他死后仅仅41年（1840），鸦片战争爆发，中国一步步沦为半殖民地。应当说，成就"千古吉祥盛事"的乾隆帝，对此负有一份不可推卸的责任。

乾隆帝利用和珅监控嘉庆帝，和珅与嘉庆帝势同水火，自不待言。不仅如此，乾嘉父子之间也存在着不断发展、无法调和的矛盾，且因和珅的插入而更趋复杂化。这是皇权盛极而衰、迅速走下坡路的反映，它在加大统治集团内耗的同时，也在加重清朝的衰颓之势。

秘密建储的政治功能与社会效果具有多样性，乾隆帝内禅期间的皇权状况及其对清朝统治的影响，就是一个证明。

第三节 成为"家法"后的秘密建储制度

乾隆四十三年（1778）乾隆帝将秘密建储正式确立为一项制度，其后嘉道两朝继续实施。嘉庆帝与道光帝共在位55年（1796—1850），约占清朝入关后268年历史的五分之一。

嘉道时期的皇权，已进入一个新的阶段。同康、雍、乾三朝相比较，嘉道两朝的秘密建储制度也出现了某些变化。

一、继续专权　颓势难挽

嘉庆、道光两朝，是清朝亦即清朝皇权的中衰阶段。这一时期，嘉庆帝与道光帝（统治前期与中期）基本可以做到继续专权，但皇权衰颓之势，也在日益发展。

---

[1] 《掌故丛编》，第647–648页。
[2] 《乾隆御制诗五集》卷100，《谨吉九月初三日宣谕建储书事》，载《清高宗（乾隆）御制诗文全集》第9册，第924–925页。

嘉庆四年（1799）初，乾隆帝去世，嘉庆帝亲政。他从一位没有实权的皇帝，顷刻之间成为乾纲独断之君。

嘉庆帝"深惩上皇末年，威权下移，事无大小，躬自总揽，每至日晏忘食，夜分始寝"[1]。故"初政严明，巨细不遗"[2]，"总揽权纲，振刷风俗，发号施令，多有可观"[3]。他亲政后，立即解决和珅问题，顺利除去这一妨碍其专权统治的绊脚石。和珅被赐自尽，距太上皇去世仅仅半个月，政局没有因此发生大的动荡。这些情况都表明，乾隆帝禅位期间，清朝皇权集中程度，并未由于和珅的"专擅"而发生质的变化。

恢复、健全奏折制度与整顿军机处，是嘉庆帝亲政后针对太上皇时期的弊端，为加强皇权尤其是决策权而实行的两项重要步骤。其目的在于保证皇帝与内外臣工直接联系的渠道畅通无阻，皇帝的决策权不受干扰，使军机处能够在维护皇权集中、协助皇帝有效行使皇权中充分发挥作用。这两项措施尽管并未收到预期效果，但其加强皇权的有效作用不容置疑。

嘉道时期皇帝继续专权，还表现在以下方面。

无论宗室王公、文武重臣，一旦有专擅迹象，立即受到惩处，故无人得以恣意妄为，构成对皇帝专权的威胁。

嘉庆帝清除和珅之际，为争取宗室王公的支持拥护、巩固自己的统治地位，曾为多位兄弟子侄晋爵，以示"加恩本支"，并令其参与几务，担任要职，同时予以严格控制。当他果断地解决和珅问题，初政阶段顺利渡过，而参政宗室逐渐成为有碍其专权的掣肘因素时，他又轻而易举地将这些宗室成员及时罢黜。如仪亲王永璇、成亲王永瑆、睿亲王淳颖等人，都有此遭遇。

道光帝在其统治的前期与中期，专权程度并不亚于其父，对于诸弟同样严加防范。如嘉庆帝第三子绵恺，癸酉之变（见下文）中随兄旻宁"捕贼苍震门，得旨褒嘉"。二十四年（1819），绵恺受封郡王。道光帝继位后，将他晋封亲王，命在内廷行走。绵恺后因各种缘由屡遭打击，多次被

1　吴晗辑：《朝鲜李朝实录中的中国史料》第12册，第5011页。
2　吴晗辑：《朝鲜李朝实录中的中国史料》第12册，第4988页。
3　吴晗辑：《朝鲜李朝实录中的中国史料》第12册，第5001页。

罚俸降爵，道光十八年（1838）去世前，已"罢一切职任"[1]。绵恺并无专擅表现，但道光帝仍时刻提防，时加管束。只有在绝对专权的前提下，道光帝方能如此而为，以杜绝任何臣工干权的可能性。

总的来说，清除和珅后，嘉道两朝大臣中并未出现"僭越"妄为、有碍皇帝专权之人。拘泥成规，谨慎行事，是这一时期不少重臣的共同作风。其中最为典型者，当属嘉庆朝大臣庆桂与道光朝大臣曹振镛。应当说，这与嘉道二帝身为守成皇帝的性格、器局与政风不无内在联系。

庆桂、曹振镛这种蹈矩循规之臣，虽然才力一般，政绩平平，却不生事端，并无可能对皇权构成威胁，因而有利于嘉道皇权的集中。这一时期其他股肱之臣如王杰、董诰、朱珪、英和、王鼎等人，皆实心任事，对皇帝专权起到维护与促进作用。另外，嘉道两朝重要朝臣中，贪官较少，不少人如王杰、朱珪、英和等都较为清廉，这同嘉道二帝大力提倡"崇俭黜奢""黜华崇实"，并身体力行，相对较为节俭，同样具有一定因果关系。

嘉道二帝虽然皆为守成之君，缺乏魄力，但对臣僚有否违制侵权，始终明察于心，毫不含糊。

嘉庆二十年（1815），大学士松筠奉旨往喀什噶尔，查办回人孜（仔）牙敦"谋逆"一案。松筠在请旨后，并未"候旨遵行"，而是先斩后奏，将仔牙敦及其另一同伙一并正法。嘉庆帝得知，"诏斥松筠不待命"，实属错谬，将松筠"削宫衔，召还京"，"交部议处"[2]。这件事反映出清朝皇权中衰之际，皇帝依然牢牢掌握生杀予夺之权，所有臣工必须唯令是听，不可擅作主张。

嘉道两朝最有权势的大臣，当属穆彰阿。继曹振镛之后，穆彰阿担任军机处首枢14年（道光十七年至三十年，1837—1850），"门生故吏遍于中外，知名之士多被援引，一时号曰'穆党'"。不过，穆彰阿虽然"肆行无忌""保位贪荣，妨贤病国"，但尚非有碍道光帝专权。他主要是善于"揣摩以逢主意""罔上行私"，因而"恃恩益纵""终道光朝，恩眷不

---

1 《清史稿》卷221，《列传》8，《诸王》7。
2 《清仁宗实录》卷313，嘉庆二十年十二月辛酉；《清史稿》卷342，《列传》129，《松筠》。

衰"¹。至于穆彰阿在鸦片战争中"窥帝意移，乃赞和议，罢（林）则徐，以琦善代之"等行径²，并不能完全与擅政干权画等号。

另一方面，穆彰阿的"固宠窃权"也不如和珅。在"倾排异己"方面，两人的确有共同处，但穆彰阿的权势与能量，与和珅相比则有较大差距。如同和珅曾屡次被乾隆帝施以薄惩，穆彰阿担任首枢、最受宠信之际，也曾多次因各种事由受到降级留任等处分³，处于道光帝的威势之下。

咸丰帝做皇子时，就对穆彰阿"深恶之"。"既即位十阅月，特诏数其罪"，从宽革职，永不叙用。⁴这是由于穆彰阿对皇权的集中并未真正构成严重威胁，否则将是另一下场。

在英国殖民者与浩罕国支持怂恿下，道光六年（1826），大和卓木之孙张格尔于回疆煽动叛乱，企图建立一个与清政府相对抗的傀儡政权。道光帝运筹帷幄，迅速从陕西、吉林、黑龙江等省调集兵力，命伊犁将军长龄、陕甘总督杨遇春等率军征讨，道光七年（1827）胜利平定叛乱。这件事例表明，清朝皇权中衰之际，由于皇权仍较为集中，皇帝仍能正常行使皇权，因此，清廷能够继续实行对于地方特别是边疆地区的有效统治，从容应付突发事件，维护国家的统一与完整。

嘉道二帝虽然继续专权，整个王朝已处处显示出衰落迹象，皇权式微，颓势难挽。

尽管嘉道二帝恪遵雍乾时期皇权高度集中与强化的传统，千方百计不令大权旁落，始终严密控制中枢辅政机构军机处，但皇权的效能已大为削弱。这突出表现在，对于直接关系到清朝前途与命运的吏治败坏问题，他们虽然大力整饬，却旷日持久，徒劳无功，无从扭转其进一步恶化的总趋势。

清朝吏治自乾隆后期迅速败坏，太上皇当政阶段愈益加重。嘉道时期，贪污、骄奢、捐纳、陋规等积弊仍在发展，"因循怠玩"之风弥漫

1　《清史稿》卷363，《列传》150，《穆彰阿》；另参见《清文宗实录》卷20，道光三十年十月丙戌。

2　《清史稿》卷363，《列传》150，《穆彰阿》。

3　《清史列传》卷40，《大臣传续编》5，《穆彰阿》。

4　《清史稿》卷363，《列传》150，《穆彰阿》。

官场。

嘉庆帝亲政之始，即曾指出吏治败坏的严重程度："仕路颓风，几不可问，气节消磨殆尽，成何政体耶？""总由积习相沿，狂澜难返。"[1]可是，他进行整饬时，虽然对某些问题的处理态度比较坚决，但从总体上看，则是优柔寡断，后劲不足。嘉庆十八年（1813）天理教徒冲击紫禁城事件发生后，嘉庆帝"颁朱笔遇变罪己诏"。内称："当今大弊，在因循怠玩四字，实中外之所同。朕虽再三告诫，舌敝唇焦，奈诸臣未能领会，悠忽为政，以致酿成汉、唐、宋、明未有之事……笔随泪洒，通谕知之。"[2]此番无可奈何之语，表明他亲政后经过长达15年的努力，对于改善吏治已近乎绝望。

道光帝继位之初，锐意求治。他采纳军机大臣英和的建议，谕各省清查陋规，想以此作为整饬吏治的突破口。不料，这一决定遭到众多官员的强烈反对，"中外臣工多言其不可"[3]，"奏称格碍难行"[4]。在强大阻力面前，道光帝立即退缩，不仅很快降旨停止清查陋规，还以"彼时朕在谅阴之中，甫奉皇考仁宗睿皇帝梓宫回京，心绪紊乱，又值初亲政事，于天下吏治民生情形未悉"等理由，为己辩解。[5]他将英和罢直军机，对反对清查陋规的官员却大加褒扬，认为"幸朝有诤臣，连章入告，使朕胸中黑白分明，而又无伤于政体，朕不胜欣悦之至！"[6]

陋规在清朝早已存在，乾隆中期以后发展蔓延，嘉庆年间已成燎原之势。陋规不仅是各级官员非法收入的主要来源，还因乾隆中期以来，物价持续上涨，各级官员薪俸及办公用费日渐短缺，不得不以陋规弥补不足，并借此加重对百姓的掠夺。可见，清朝陋规的产生原因十分复杂，予以革除并非易事，必须统筹全局，有计划、分步骤进行，方能取得一定成效。而道光帝既无决心与魄力，又拿不出解决问题的具体办法，在众臣一片反

---

1 《清仁宗实录》卷76，嘉庆五年十一月丙申。
2 《清仁宗实录》卷274，嘉庆十八年九月庚辰。
3 《清史稿》卷363，《列传》150，《英和》。
4 《清宣宗实录》卷10，嘉庆二十五年十二月乙未。
5 《清宣宗实录》卷10，嘉庆二十五年十二月乙未。
6 《清史列传》卷41，《大臣传续编》6，《汤金钊》。

对声中，只有委过他人，偃旗息鼓。

嘉道二帝整饬吏治，旨在改变纲纪废弛，官场腐败状况，恢复、加强对各级官员的监控管理，使各级政权机构能够正常运转，准确贯彻执行皇帝各项决策，以维护统治秩序，巩固清朝的统治。这是皇帝行使对国家最高统治权的集中体现，是巩固皇权的重要途径。然而，由于各级官员因循敷衍，阳奉阴违，个别情况下甚至对于皇帝的有关措施（如清查陋规）公然反对，嘉道二帝的整饬吏治先后以失败告终。这表明，皇权对于整个政权机构的统治力和对于官员（官僚集团）的慑服力均已削弱，皇帝决策与皇帝旨意的贯彻执行受到干扰和阻滞。

封建王朝吏治败坏与废弛，是社会危机与官僚体制腐朽的集中反映，同时，它又促使社会危机更为严重，官僚体制愈益腐朽。这是所有大一统中央王朝后期出现的必然现象，并将最终导致王朝的灭亡。另一方面，王朝后期之君，大都是在统治集团已日渐腐朽的背景下成长起来，其总体素质与王朝创始之君相比，有很大差距，缺少应付解决王朝末世诸多难题的胆略、见识与才力。嘉道二帝所面临的，是中国封建社会转型前夜的社会危机，各种矛盾的复杂尖锐程度，无不超过此前历代王朝末世时期。所以，他们在整饬吏治时显得无能为力，同样具有必然性。

二、嘉道二帝建储

嘉道二帝恪遵家法，实行秘密建储。在主要宗旨与基本内涵方面，他们并无创新发展之处，不过也曾根据不同情况，于具体做法上有所变通。

嘉道二帝建储过程中，基本仍能做到按照个人意志，全权决定储君；两人都重嫡重长，以秘密建储模式与立嫡立长原则相表里；尽管仍然强调保密宗旨，但因各种主客观原因，或是所定储君人选已成为公开的秘密（如嘉庆朝），或是人们所猜测的储君人选范围，已缩小到两位皇子之间（如道光朝）。

嘉庆帝在被秘密定立为储君的第二年（乾隆三十九年，1774）大婚，是年15岁。嫡福晋是正白旗满洲大臣、内务府总管和尔经额之女喜塔腊氏（谥"孝淑睿皇后"）。他共有五子九女。14个子女中，十人（三男七女）生于乾隆四十四年至乾隆六十年（1779—1795），他20岁至36岁之间；只有四人（二男二女）生于嘉庆十年至十九年（1805—1814），他46岁至55岁之间。嘉庆元年至九年（1796—1804），即嘉庆帝即大位后最初九年，未曾生育。正是在此期间，他先是未掌实权，俟太上皇死后立即清除和珅，随之采取整顿中央机构、重新釐定有关规制、整顿吏治等一系列措施，并全力指挥镇压白莲教大起义的军事行动。嘉庆九年（1804），扩及五省的白莲教大起义被镇压下去，嘉庆帝至此方得喘息。皇帝的生育状况，与其本人在治国中顺利与否及棘手问题之多寡，有一定内在联系，对于虽然勤政而才力稍逊的皇帝而言，尤其如此。嘉庆帝即是一例。

嘉庆四年（1799）四月初十日，甫行亲政的嘉庆帝"遵密建家法"，亲书密定储君之名，缄藏匣镡，实行秘密建储。[1]是年嘉庆帝40岁，其择定之子，是已于嘉庆二年（1797）二月去世的皇后喜塔腊氏所生嫡长子旻宁[2]，此即道光帝。

嘉庆帝的长子生于乾隆四十四年（1779），两岁而殇，未有名，其生母是当时尚为庶福晋的刘佳氏。旻宁是第二子，生于乾隆四十七年（1782）八月。第三子绵恺生于乾隆六十年（1795）六月，生母钮祜禄氏曾为颙琰侧福晋，嘉庆六年（1801）四月继孝淑皇后正位中宫（谥"孝和睿皇后"）。孝和皇后比嫡子旻宁只年长六岁。她于嘉庆十年（1805）二月又生皇四子绵忻。因此，嘉庆四年（1799），40岁的嘉庆帝秘密立储时，只有两位皇子，即18岁的嫡长子旻宁与五岁的皇三子绵恺。清末于京城任职的崇彝，在其著述中谈及道光帝："有清一代，皇帝嫡出者只此一帝。"[3]此语不谬。嘉庆帝亲政伊始，在选择范围很小的情况下，迅即秘密建储。之所以如此，一是依照其祖雍正帝、其父乾隆帝皆于继位初始密立储君的成例，二是以此与清除和珅之举相配合，作为加强皇权步骤的组成部分，三是意在代父实现"必欲以嫡子承统"的遗愿。

---

[1] 《清宣宗实录》卷1。
[2] 乾隆帝之孙辈以绵字排行，道光帝绵宁继位后，遵照乾隆四十一年（1776）十一月关于"将来继体承绪者，当以绵作旻"之谕旨，改为旻宁。参见《清宣宗实录》卷2，嘉庆二十五年八月癸巳。
[3] 崇彝：《道咸以来朝野杂记》，第1页，北京：北京古籍出版社，1982年。

乾隆五十六年（1791），年已 81 岁的乾隆帝举行木兰秋狝。十岁旻宁随皇祖前往，在行围中射中一鹿。乾隆帝"即赏黄褂双眼翎，以示奖励"。他忆及自己 12 岁时参加木兰秋狝，初围获熊的往事，感慨赋诗云：

> 尧年避暑奉慈宁，桦室安居聪敬听。
> 老我策骢尚武服，幼孙中鹿赐花翎。
> 是宜志事成七律，所喜争先早二龄。
> 家法永遵绵奕叶，承天恩贶慎仪刑。[1]

《清宣宗实录》卷首转录此诗，并据此以为乾隆帝对皇孙旻宁已有所属，"期勖之意深矣"[2]。乾隆帝因其本人未能以嫡子成统，抱憾终生，而旻宁乃其所定储君之嫡长子，且于嘉庆元年（1796）十一月行成婚礼。[3] 是年旻宁 15 岁。成婚是已脱离稚龄的标志，乾隆帝就是在秘密建储的第二年（乾隆三十九年），当密立储君、皇十五子颙琰 15 岁时，为颙琰举行了婚礼。可是，乾隆帝为何没有在其生前，亲自为嗣皇帝秘密定立储君？由此可使一心想做"亘古未有"之帝的乾隆，成就另一件"亘古未有"之事。这是一个未解之谜。

嘉庆帝颙琰自乾隆六十年（1795）九月被立为皇太子，直至嘉庆四年（1799）正月亲政前，始终住在毓庆宫。他亲政后，该宫"不复令皇子辈居住，所以杜中外揣摩之渐"[4]。可是，嘉庆十三年（1808）正月，旻宁的嫡福晋钮祜禄氏（追封孝穆成皇后）去世，嘉庆帝特命金棺"座罩用金黄色，等威区别，垂为令典"[5]。这显然是对密立储君之嫡妻的特殊优宠。他在遵行秘密建储中保密宗旨的同时，又在违背这一宗旨。

嘉庆十八年（阴历癸酉，1813）九月，部分天理教徒在清宫太监的内应下，攻入紫禁城，旋即被陆续捕获。这一事件史称"癸酉之变"。事发之际，嘉庆帝尚在由热河回銮途中。参加木兰秋狝后先期返京，当时正于

---

1 《乾隆御制诗五集》卷 68，《威逊格尔行围志事》，载《清高宗（乾隆）御制诗文全集》第 9 册，第 405 页。
2 《清宣宗实录》卷 1。
3 《清仁宗实录》卷 11，嘉庆元年十一月乙丑。
4 《钦定宫中现行则例》卷 1，《训谕》。
5 《清宣宗实录》卷 1。

书房读书的旻宁处乱不惊，沉着指挥，亲手击毙数人，立下首功。他受到嘉庆帝褒奖，得封和硕智亲王。[1] 至此，储嗣非智亲王莫属，已为众臣心照不宣。

嘉庆帝的秘密建储进行得十分顺利。无论在生母地位、本人排行、年龄及建有功绩方面，旻宁较其他三位皇弟都占有优势，无人可与相垺。

道光帝的建储，则因具体情况不同而较为曲折。

道光帝旻宁共有子女19人，其中皇子九人。皇长子奕纬，生于嘉庆十三年（1808）四月；次子奕纲，生于道光六年（1826）十月，两岁卒；皇三子奕继，生于道光九年（1829）十一月，是年十二月卒；皇四子即咸丰帝奕詝，生于道光十一年（1831）六月初九日；皇五子奕誴，仅比奕詝晚出生六天；皇六子奕訢，生于道光十二年（1832年）十一月。皇七子奕譞、皇八子奕詥、皇九子奕譓，分别生于道光二十年（1840）九月、二十四年（1844）正月、二十五年（1845）十月。[2] 这九位皇子中，无一人是嫡子。这是由于道光帝共四位皇后内，第一位钮祜禄氏（谥"孝穆成皇后"）、第二位佟佳氏（谥"孝慎成皇后"），均无子；第三位钮祜禄氏（谥"孝全成皇后"）生下皇子奕詝后，方晋封皇后；第四位博尔济吉特氏，即奕纲、奕继、奕訢的生母（谥"孝静成皇后"），乃于临终前为咸丰帝奕詝尊封。[3]

道光帝诸子中，皇长子奕纬的情况较为特殊。道光六年十月皇次子奕纲出生前，在长达18年中，奕纬是旻宁的独子。旻宁于嘉庆元年（1796）成婚后，长期未生育，所以，嘉庆十三年（1808）四月，旻宁第一个孩子奕纬的出生[4]，被嘉庆帝视为久盼不得之喜。他积存十余载的焦虑因此消除，空悬之心终于落地。倘若旻宁始终无子，皇统后继乏人，无疑将是嘉庆帝择储的一个严重失策，令其死不瞑目。

---

1 《清宣宗实录》卷1；《清仁宗实录》卷274，嘉庆十八年九月己卯，卷281，嘉庆十八年十二月己酉。
2 《星源集庆》，第86—92页。
3 《星源集庆》，第84—85页。
4 嘉庆十八年（1813）七月，旻宁第二个孩子、皇长女（追封端悯固伦公主）出生。是年奕纬六岁。

嘉庆十三年（1808）四月二十一日奕纬出生当天，嘉庆帝谕内阁："朕仰蒙昊苍鸿祐，列圣慈恩，于本日得皇长孙。云礽兆庆，奕叶延釐，明岁正值朕五旬万寿，嘉贶频仍，洵为吉祥喜事。"他为此"加惠宫闱"，除去将一些妃嫔依次晋升外，还将奕纬的生母，原只是"二阿哥（旻宁）之官女子"的纳喇氏，以"庆育皇孙"，加恩封为侧室福晋。[1]

直到嘉庆二十五年（1820）嘉庆帝去世前，他所密立的储君旻宁，只有独子奕纬。身为独一无二的皇孙，奕纬为皇祖嘉庆帝所珍爱。

嘉庆二十四年（1819）元旦，嘉庆帝晋封皇三子绵恺为惇郡王、皇四子绵忻为瑞亲王的同时，将皇长孙奕纬封为多罗贝勒。[2]此时，奕纬不满11周岁。受封年龄小而封爵较高，此为清入关后当朝皇孙所仅见。嘉庆帝此举，隐隐显露出拟将皇长孙奕纬作为第二代皇位继承人的意图。

二十五年（1820）七月十八日，嘉庆帝"以秋狝木兰"自圆明园启行前往热河，"命皇次子智亲王旻宁、皇四子瑞亲王绵忻、皇孙贝勒奕纬随驾"[3]。当月二十四日驻跸避暑山庄，翌日嘉庆帝病逝。奕纬是目睹皇祖去世，其父承继大统这一重要事件全过程的人之一。

然而，"宣宗（旻宁）登极后，（奕纬）仍居皇子位。道光十一年辛卯四月十二日未刻卒，年二十四，以皇子例治丧，复追晋贝勒。五月，赐谥'隐志'。三十年正月，文宗（奕詝）立，追封为郡王，仍谥'隐志'。无子，以从子（载治）为嗣"[4]。据《清宣宗实录》载，奕纬去世前一天，道光帝曾亲临探视。奕纬去世当天，道光帝谕内阁："大阿哥奕纬自上年秋间遘疾，至今春甫经就痊，兹复患病旬余，竟尔不起，深为悼恻。著追封多罗贝勒。所有应行典礼，著照皇子例办理。并派总管内务府大臣宝兴，经理丧事。其一切事宜，著各衙门查例具奏。"[5]翌日，礼部、内务府为皇长

---

1 《清仁宗实录》卷194，嘉庆十三年四月丁亥；另据《星源集庆》第85页：和妃纳喇氏，"卿衔成文之女。嘉庆时以官女子入侍潜邸。仁宗以诞育皇孙，特赐封为皇子侧福晋。"按，《清仁宗实录》将奕纬生母纳喇氏，误为"那拉氏"。"官女子"约指选入宫中为宫女，或拨入王府服侍主人的包衣女子。
2 《清仁宗实录》卷353，嘉庆二十四年正月甲午。
3 《清仁宗实录》卷374，嘉庆二十五年七月壬申。
4 唐邦治：《清皇室四谱》卷3，《皇子》。按，《爱新觉罗宗谱》等史籍中的有关记载，更为简略。
5 《清宣宗实录》卷187，道光十一年四月癸巳、甲午。

子丧仪事会奏，道光帝降旨："其公主、福晋以下，二品命妇以上齐集之处，著停止。所有随从之谙达、哈哈珠色、各项拜唐阿，百日脱孝后，著即各归本处当差。将来大阿哥奉移园寝时，由内务府传知该员等往送，并著用惇亲王（绵恺）仪仗，照多罗贝勒之例排设。"[1]

奕纬自幼受到皇祖嘉庆帝的优宠，这一情况不仅不妨碍其父旻宁的密立储君地位，还会起有使之进一步巩固的作用。换言之，奕纬长时期身为旻宁独子，父子具有共同利益，两人之间似无可能出现利害冲突。旻宁继位后，奕纬的地位却一落千丈（由多罗贝勒降居皇子位），其原因有待考察。根据目前掌握的材料分析，不排除奕纬于嘉庆帝临终之际，即嘉道皇位交接的关键时刻犯有重大过失，致使其父予以惩处的可能性。

按照秘密建储家法，道光帝继位之始，即当密立储君，何况此时他已39岁，比其祖乾隆帝、其父嘉庆帝继位时都要年长。嘉庆帝对皇长孙奕纬曾寄以厚望，道光帝自然清楚。道光七年（1827），皇二子奕纲两岁而殇；道光九年（1829），皇三子奕继出生翌月而卒；十一年，奕纬死去两个月后，皇四子奕詝与皇五子奕誴才相继出世。可是，在别无他子可供选择的情况下，道光帝毅然违背其父意愿，不顾清帝继位伊始，即行秘密建储的成例，断然摒除奕纬为储嗣人选，缓行秘密建储。若非奕纬犯有使他无法原谅的过失，便无法解释这种反常做法。此外，奕纬的谥号也很耐人寻味，"隐志"二字之下，仿佛藏有一个永远不能公开的秘密。

由于奕纬不为道光帝所中意，皇二子、三子早卒，皇四子及其以下诸皇子是在道光十一年（1831）六月后陆续出生，道光帝的建储就此拖延下来。道光二十六年（1846）正月，16岁的皇五子奕誴过继其叔绵恺为嗣，承袭多罗郡王[2]，从而被排除继统的可能。这是年已65岁的道光帝拟行建储的一个信号。

道光帝在建储问题上长期未下决断的原因，是难以于相差一岁的皇四子奕詝与皇六子奕䜣之间，做出抉择。其症结所在，则是对采用何种择嗣标准举棋不定：是以才智为首要标准，择贤而立，还是按照有嫡立嫡，无

---

1 《清宣宗实录》卷187，道光十一年四月癸巳、甲午、乙未。
2 《星源集庆》，第87页。

嫡立长的原则确立储君。皇四子奕詝于在世皇子中居长，而皇六子奕䜣的才智，要高出奕詝。乾隆帝确立秘密建储制度时所阙如的立嗣标准，以及他对嫡长子皇位继承制中嫡长原则所采取的模棱两可态度，为其后继者选择储君时留下棘手难题，这在道光帝的建储中充分反映出来。

一些史籍中，对于道光帝在择储问题上的有关情况，有所披露。

《清史稿》载："至宣宗晚年，以文宗（奕詝）长且贤，欲付大业，犹未决。会校猎南苑，诸皇子皆从，恭亲王奕䜣获禽最多，文宗未发一矢。问之，对曰：'时方春，鸟兽孳育，不忍伤生以干天和。'宣宗大悦，曰：'此真帝者之言！'立储遂密定，受田辅导之力也。"[1] 按，道光帝不会仅仅由于奕詝在行围中的上述表现而意有所属，即使此事属实，也只是他立长的一个借口，但被后人着意渲染而已。

《清稗类钞》载：恭亲王奕䜣"天姿颖异，宣宗极钟爱之，恩宠为皇子冠，几夺嫡者数。宣宗将崩，忽命内侍宣六阿哥。适文宗入宫，至寝门请安，闻命惶惑，疾入侍。宣宗见之微叹，昏迷中，犹问'六阿哥到否？'迨王至，驾已崩矣"[2]。按，宣宗临终前拟独召奕䜣以付大统之说，与秘密建储制度的有关规制相违背，故不足信。

《清朝野史大观》载："宣宗晚年，最钟爱恭忠亲王，欲以大业付之，金合缄名时，几书恭亲王名者数矣。以文宗贤且居长，故逡巡未决……"[3]

道光帝在择储问题上的犹豫不定，实际上反映了其头脑中两种择嗣标准的对立，而他最终选择奕詝为储君，证明还是放弃择贤而立标准，采用了无嫡立长的择嗣原则。从这个意义上讲，道光帝的建储体现出以秘密建储之表，行嫡长制之实的深层内涵，同嘉庆帝并无任何犹疑而立嫡长子旻宁的做法，无本质区别。

《道咸以来朝野杂记》载："文宗（奕詝）体弱，骑术亦娴，为皇子时，从猎南苑，驰逐群兽之际，坠马伤股。经上驷院正骨医治之，故终身

---

[1] 《清史稿》卷385，《列传》172，《杜受田》；另见《春冰室野乘》（不分卷），《曹杜两相得谥文正之由》，载《清代野史》第5辑，第85页。
[2] 徐珂编撰：《清稗类钞》第1册，367页，《文宗传位之异闻》。
[3] 《清朝野史大观》卷7，《杜文正拥戴文宗之功》。

行路不甚便。咸丰初，京中市井语有'跛龙病凤掌朝堂'之谣，谓慈安（咸丰帝皇后钮祜禄氏）善病也。"[1]体弱与跛脚，是竞争储位的两个不利因素。前述顺治帝第二子，实际上居长子位的福全，乃因损一目而不得立。奕䜣的这两项弱点，奕詝皆无，这恰是奕詝的长处之一。可是，道光帝仍然选中奕詝，可见奕詝的长子身份尤为道光帝所看中，仅此一点，即足以弥补其身体缺陷与才力不足。然而，其后事实表明，道光帝在择储问题上重长轻贤，立奕詝而舍奕䜣的抉择，并非明智。

道光帝的这种矛盾心态，使他在遵行秘密建储制度的同时，具体做法又颇有特点。

道光二十六年（1846）六月十六日，道光帝手书立储密旨时，在同一张纸上，写下三条朱谕：先用满汉两种文字，分别写下"皇四子奕詝立为皇太子"；接着，用汉文写下"皇六子奕䜣封为亲王"。[2]这种不合秘密建储规制的做法，透露出道光帝最终择定长子奕詝为储君时，对于爱子奕䜣含有疚意而力图补偿的复杂心情。

三十年（1850）正月十三日，道光帝不适，遂至危笃。这时，他又写下一道朱谕："皇四子奕詝着立为皇太子。尔王大臣等何待朕言，其同心赞辅，总以国计民生为重，无恤其他。特谕。"[3]十四日，召宗人府宗令载铨、御前大臣载垣、端华、僧格林沁、军机大臣穆彰阿、总管内务府大臣文庆等十位重臣，"公启镡匣，宣示御书，皇四子奕詝立为皇太子"。这一"御书"即道光二十六年（1846）六月十六日所书建储密旨。同时，道光帝又将写毕未几的朱谕，向诸大臣颁示。[4]奕詝是在道光帝于临终前亲自出示两件传位谕旨后，成为皇位继承人。这在清朝仅此一例。

道光帝于二十六年（1846）六月十六日写下立储密旨后，临终前又再写一道朱谕，重申立皇四子奕詝为皇太子的决定。之所以多此一举，或许与他在立储密旨中，还写有"皇六子奕䜣封为亲王"一语有关。这种标新立异的做法，是否会在皇位传承时引发意想不到的问题？性格拘谨的道光

1　崇彝：《道咸以来朝野杂记》，第2页。
2　上谕档，1156（一），第133页。
3　上谕档，1156（一），第129页。
4　《清宣宗实录》卷476，道光三十年正月丁未。

帝，只有在临终前以另写一道朱谕的方式，进行匡正。他始终未曾撤去二十六年六月十六日立储密旨，并将此密旨与新写朱谕同时宣示众臣，透露出直至其死前，内心深处对于奕𬣞、奕䜣二者中到底何人更堪重托，仍然难以把握，并因此而处于矛盾与痛苦之中。

另一种可能是，道光帝本人继位时，因未能及时找到嘉庆帝立储密旨，一度陷入被动（见下文）。为了吸取这一教训，他在临终前再写一道朱谕，颁发重臣，旨在杜绝或因找不到立储密旨，或因立储密旨上写有"皇六子奕䜣奉为亲王"而不便作为传位凭证，以致引起混乱的可能性。

又据道光帝临终前受召重臣之一、军机大臣季芝昌年谱载：道光帝去世前，"冠服端坐"，召载铨等人至榻前，"告以立今上（咸丰帝）为皇太子。须臾，今上入，上取缄匣朱旨传示，并谕勉众臣，毕，各退。今上命军机五人同阅章奏，移时，甫还直庐，忽急宣趋入，惊闻大行皇帝龙驭上宾矣"[1]。道光帝是当着储君奕𬣞之面，在大臣前开启缄匣，宣布密旨；奕𬣞在其父去世前，还曾履行皇太子职责，与大臣共理庶务，虽然为期只有几个时辰。在清朝秘密建储个案中，这些情况都具有特殊性。乾隆帝虽然也是当着储嗣之面，启匣宣布立储，嘉庆帝做过四个月皇太子，但乾隆帝毕竟是禅位，与道光帝临终前的有关做法，不可相提并论。

与嘉庆帝一样，二十六年（1846）六月十六日道光帝写下立储密旨后，并未向大臣宣布。这同雍乾二帝写下建储密旨后，或公开宣布已秘密建储，或将写有密旨事告知数位重臣的做法，完全不同。雍乾二帝是公开地进行秘密建储，嘉道二帝则在传位前，始终对秘密建储一事秘而不宣。表面上看，嘉道二帝实行秘密建储的保密性又有提高，实际上却非如此。嘉庆时期的有关情况前已论及，而道光中后期，人们都已清楚皇储将在奕𬣞与奕䜣两位皇子中择定，非此即彼而已。

三、清朝中衰之势在皇位传承中的反映

皇帝全权决定储君人选，是秘密建储制度得以实施的先决条件之一，能否做到这一点，又取决于皇权是否高度集中与强化。皇帝必须拥有绝对

---

1 转引自陈康祺：《郎潜纪闻初笔》卷5，《宣宗立文宗为太子事》。

权力与绝对权威，方能促使臣工在皇位传承问题上完全服从他的意志，无论其生前或去世后，他所确定的储君都能顺利承继皇位，并立即掌握对国家的最高统治权。嘉道时期，皇权中衰。虽然嘉道二帝尚能继续实行专权统治，但清朝皇权式微的总体形势必对皇位传承产生一定影响，这也是嘉道两朝的秘密建储不同于康、雍、乾诸朝之处。下述史事，很能说明问题。

《清仁宗实录》《清宣宗实录》所载道光帝继位情况如下[1]：

嘉庆二十五年（1820）七月二十五日晚（戌刻），61岁的嘉庆帝突然病逝于承德避暑山庄。

二十六日，"命内务府大臣和世泰，带领首领太监人等，驰驿前赴圆明园"。

二十七日，"谕内阁：朕缵承大统，母后（嘉庆帝皇后钮祜禄氏，即孝和睿皇后）应尊为皇太后。所有应行典礼，该衙门敬谨查例具奏"。

"又谕：著派吉伦泰，带领太监二名，驰驿回京至圆明园，著苏楞额、阿克当阿，传知总管太监，奏明皇太后。令吉伦泰面叩请安。"

二十九日，"奉皇太后懿旨：'……泣思大行皇帝御极以来，兢兢业业，无日不以天下国家为念。今哀遘升遐，嗣位尤为重大。皇次子智亲王，仁孝聪睿，英武端醇，现随行在，自当上膺付托，抚驭黎元。但恐仓猝之中，大行皇帝未及明谕，而皇次子秉性谦冲，素所深知，为此特降懿旨，传谕留京王大臣驰寄皇次子，即正尊位，以慰大行皇帝在天之灵，以顺天下臣民之望。'"

道光帝接奉懿旨，立即派人将大行皇帝立储密旨驰送京城，"恭呈懿览"，并缮折"恭谢慈恩，伏祈圣母皇太后懿鉴"。同时，恭请皇太后览后"发交留京王大臣祗领，即行封固，寄至热河恭缴"[2]。

---

1 关于道光帝继位情况，部分参考了白杰：《道光继位之谜》，载《紫禁城》1996年第2期。
2 《清仁宗实录》卷374，嘉庆二十五年七月己卯；《清宣宗实录》卷1，嘉庆二十五年七月己卯、戊寅、庚辰、辛巳、癸未。按，据上述《清实录》载，嘉庆帝临终前，召御前大臣赛冲阿，军机大臣、大学士戴均元等8人"公启鐍匣，宣示御书嘉庆四年四月初十日卯初立皇太子旻宁朱谕一纸。"这是为掩饰嘉道皇权交接之际出现的慌乱被动情况而杜撰。至于嘉庆帝的突然病逝，可能是因途中劳顿，加之中暑而引发中风所致。参见［美］A·W.恒慕义主编：《清代名人传略》中册，第399页。

这些情况表明，首先，嘉庆帝去世后，行在大学士等暂未找到大行皇帝立储密旨，于是不得不于二十六日令和世泰赶回京城，向皇太后钮祜禄氏报丧时，告知尚未找到大行皇帝立储密旨，请皇太后命有关人员速于紫禁城或圆明园皇帝寝宫内寻找，找到后迅即驰送行在。对于这一异常情况，《清宣宗实录》的编纂者只能含糊其辞，既未写明是谁"命"和世泰驰驿赴圆明园，亦未指出此行目的何在。然而，对于二十七日，行在派遣吉伦泰驰驿回京至圆明园，"奏明皇太后"，"面叩请安"等情，却不惜笔墨，记述详尽。由此透露，嘉庆帝的立储密旨是在和世泰离开承德后才找到，因二次派人进京乃道光帝（而非智亲王）的决定，于是，"命……"改为"又谕：著派……"，此行目的也交代得一清二楚。

其次，皇太后向"留京王大臣"发出"皇次子即正尊位"的懿旨，并令他们立即将此旨"驰寄"承德行在。这说明，皇太后于二十七日接到承德行在关于尚未找到大行皇帝立储密旨的奏报后，立即派人于圆明园等地找寻，亦未找到。这种非常情况下，皇太后当机立断，下达懿旨，命皇次子旻宁继承皇位。嘉庆帝在世时，旻宁将继大统一事几成定局，为举朝大臣所共识。皇太后以"恐仓猝之中，大行皇帝未及明谕，而皇次子秉性谦冲，素所深知"为理由，发布指定旻宁为皇位继承人的懿旨，这在清朝历史上是唯一一次，说明当时情况既很特殊，又极为紧迫。

再者，道光帝接到皇太后懿旨后，立即将嘉庆帝的立储密旨"封交留京王大臣"，"恭呈皇太后慈览"。并"奏请皇太后，发交留京王大臣祗领"，实际上是让大臣们一一观览。其后，"即行固封"，寄回承德行在。这种做法在清朝同样是唯一一次。由于出现未能及时找到嘉庆帝立储密旨这一波折，道光帝不得不将这道传位密旨驰送皇太后及朝臣阅看，以证明密旨并无伪造，自己继位乃名正言顺。

时任军机大臣、大学士的戴均元，是于嘉庆帝临终前面承立储密旨的八位大臣之一。包世臣所撰戴均元墓碑文中，对嘉庆帝猝死后，行在人员一时找不到立储密旨一事，有所透露："……庚辰（嘉庆二十五年）春，拜文渊阁大学士，晋太子太保，管理刑部。七月，公偕满相托文恪公（托津）扈滦阳围，甫驻跸，圣躬骤有疾，不豫，变出仓猝，从官多皇遽失措。公与文恪督内臣检御箧十数事,最后近侍于身间出小金盒,锁固无钥,文恪拧金锁发盒,得宝书。公即偕文恪奉今上即大位,率文武随瑞邸(绵忻)成礼,乃发丧,中外宴(晏)然……"[1]此文在一定程度上反映出众人寻找立储密旨时的惶恐之状。

乾隆帝第二次秘密建储后说:"朕登极之初,恪遵家法,以皇次子乃孝贤皇后所生嫡子,为人端重醇良,依皇考之例,曾书其名,藏于乾清宫正大光明匾额……前于癸巳年(乾隆三十八年)复书所立皇子之名,藏于匣内,常以自随……"[2]表明乾隆帝第二次秘密建储时,已改变雍正帝将亲书所定皇储之名,"缄藏于乾清宫正大光明匾内,又另书密封一匣,常以随身"的做法,没有将藏有立储密旨之匣,放在正大光明匾额后,只是将它"常以自随"。嘉庆帝也未将立储密旨放置正大光明匾额后,只是将藏有这一密旨的"匣(小金合)"随身携带,即放在一位内侍的身上,应当说同样是"依皇考之例"而行。

旻宁为嘉庆帝所属意,在嘉庆帝死前已为不争之事。尽管如此,皇帝立储谕旨仍是唯一凭证,无可缺。可是,在密旨找到前,皇太后竟传发懿旨,令次子旻宁承继皇位,这固然是因形势所迫,但终究违反了秘密建储制度有关规则,干预皇位继承问题,是对皇权的侵越。

尚未找到嘉庆帝立储密旨前,扈从大臣之一、总管内务府大臣、睿亲王淳颖之子禧恩"建议宣宗有定乱勋,当继位。托津、戴均元等犹豫,禧恩抗论,众不能夺。会得秘匣朱谕,乃偕诸臣奉宣宗即位,命在御前大臣、领侍卫内大臣上行走"[3]。大臣对皇位继承人选擅自发表意见,乃与秘密建储制度中皇帝全权决定储君人选的原则相悖离,无疑也是一种干权行为。

然而,皇太后钮祜禄氏与大臣禧恩的上述行为,与道光帝本人的利益

---

[1] 包世臣:《清故予告太子太保文渊阁大学士食全俸晋太子太师在籍除名大庚戴公墓碑》,载《清代碑传全集》下册,第802-803页;参见孟森:《明清史讲义》下册,第613-614页,北京:中华书局,1981年。
[2] 《清高宗实录》卷1189,乾隆四十八年九月戊午。
[3] 《清史稿》卷365,《列传》152,《宗室禧恩》;参见白杰:《道光继位之谜》,载《紫禁城》1996年第2期。

相符合，因此，尽管本质上是对秘密建储制度的破坏，是对皇权重要组成部分——皇位继承人选决定权的侵越，道光帝对此却大加赞许。故"禧恩自道光初被恩眷，及孝全皇后（钮祜禄氏）被选入宫，家故寒素，赖其资助，遂益用事。遍膺禁近要职，兼摄诸部，凌轹同列，人皆侧目"[1]。道光帝对（孝和）皇太后钮祜禄氏则竭诚孝养，"屡崇进徽称"[2]。道光二十九年（1849）十二月十一日，皇太后病逝，享年74岁。69岁高龄的道光帝力行丧事，"居倚庐，席地寝苫"，终因过悲过劳，于翌年正月十四日去世。[3] 这是道光帝对于皇太后30年前传宣懿旨，令其继承大统之恩的最后回报。

嘉庆二十五年（1820）九月，道光帝"恭读"内阁缮呈仁宗遗诏副本，发现"误记高宗纯皇帝诞生处所，上震怒，切责拟诏诸臣"，军机大臣托津与戴均元分别降级留任。[4] 托津与戴均元在撰拟仁宗遗诏中的失误，只是道光帝可以明言指斥之处，而道光帝更大的不满，也是托津与戴均元两人受惩的真正原因，恐怕还是他们在嘉庆帝立储密旨遍寻不见时，对禧恩所提皇长子旻宁即皇帝位的建议，所表现出的犹豫不决与拘泥态度。这使道光帝暗地恼火，却不便直接表露。其实，必俟找到嘉庆帝立储密旨后，方可遵照大行皇帝意旨，拥立新帝，乃按章行事，无可非议。然而如果托津与戴均元也像禧恩那样，在找到嘉庆帝立储密旨前，力请旻宁承继大统，即使他们有上述失误，所受处罚也会有所减轻。

维护或破坏皇权的集中，是判断臣工对皇帝是否忠诚的重要标准。可是，在十分复杂、特殊的情境下，它们二者有时与当事者的主观愿望并不相统一，以致收到相反的效果。

在决定皇位传承人选这一重大问题上，后宫与大臣插手干预，虽然这是发生在皇帝突然去世，立储密旨尚未找到的特殊情况下，却是皇权式微

---

1 《清史稿》卷365，《列传》152，《宗室禧恩》；另参见《清史列传》卷41，《大臣传续编》6，《宗室禧恩》。

2 张采田：《清列朝后妃传稿》传下，第39页。

3 《清史稿》卷19，《本纪》19，《宣宗本纪》3。

4 《清史列传》卷36，《大臣传续编》1，《戴均元》；卷32，《大臣传续编》7，《托津》。另参见《清宣宗实录》卷4，嘉庆二十五年九月壬戌。

的一种具体反映。它表明皇帝的绝对权威开始发生动摇，皇权的威信已从最高点逐步下移。

与嘉庆朝相比较，道光朝面临更为严峻的形势，皇帝的威严受到严重损害，皇权的强制力进一步减弱。

道光二十年至二十二年（1840—1842）的中英鸦片战争中，清廷战败，并签订了一系列不平等条约。清王朝与道光帝在国人面前丢尽颜面，清朝皇权遭到沉重打击。

据说道光帝作出签署《南京条约》的决定前，"负手行便殿阶上，一日夜未尝暂息。侍者但闻太息声，漏下五鼓，上忽顿足长叹。旋入殿，以朱笔草草书一纸，封缄甚固……盖即谕议和诸大臣画押订约之廷寄也。自是上遂忽忽不乐，以至弃天下"[1]。其后，道光帝在其陵寝规制中并未依循祖宗成例，为自己修建"圣德神功碑"，与他深怀疚愧的心态密切相关。

王朝衰落，皇帝威严大损，这一现实使人们产生很大震动，由此引起的思想变化，逐渐在人们的举止言行中体现出来。

关于咸丰帝之继位得力于其师杜受田的情况，清朝野史中有更为详尽的描述：宣宗欲立他所喜爱的奕䜣，又考虑到奕詝"贤且居长"，故犹豫不决。担任奕詝师傅的杜受田"微窥上意所在，欲拥戴文宗以建非常之勋"。一日，宣宗命诸皇子校猎南苑，奕詝照例去书房向师傅请假，杜受田见左右无人，便密授一计："阿哥至围场中，但坐观他人骑射，万勿发一枪一矢，并当约束从人，不得捕一生物。复命时，上若问及，但对以时方春和，鸟兽字育，不忍伤生命以干天和，且不欲以弓马一日之长，与诸弟竞争也。阿哥第以此对，必能上契圣心，此一生荣楛关头，当切记无忽也。"文宗至围所，遵所嘱行之。"是日，恭王所得禽兽最多，方顾盼自喜，见文宗默坐，从者悉垂手侍立，怪之，问其故，文宗曰：'吾无他，但今日适不快，弗敢驰逐耳。'日暮归复命，文宗独无所献，上询之，具如滨州（按，杜受田，山东滨州人）所教以对。上大喜曰：'是真有君人之度矣。'立储之议遂决。"咸丰帝继位后，对杜受田大加重用，在其身后追赠太师，予谥"文正"，入祀贤良祠，"盖非惟追怀典学之勤，亦以报其拥戴

---

1 《春冰室野乘》（不分卷），《穆相权势之重》，载《清代野史》第5辑，第87页。

之勘也"[1]。

　　上述记载不可全信。在决定道光帝立奕詝为皇储的各种因素中，所谓仁义还是其次，奕詝的居长身份起有更重要的作用。但是，它透露出杜受田是在一定程度上，以隐蔽的方式，参预了道光晚年皇子们对储位的竞争。他身为皇子之师，为所教授的皇子如何在储位角逐中获胜而出谋划策，其结果则是间接地对道光帝确定储君人选，起到一定作用。这种行为，同雍正年间皇三子弘时之师王懋竑，为避免与弘时角逐储位有所牵连而退避三舍的做法，形成对比，它们分别反映了皇权高度强化之时，朝臣们对于皇位传承问题不敢稍有牵涉，以及皇权日趋衰微之际，朝臣们在此问题上主动参与，间接染指的截然相反情况。

　　杜受田是进士出身，一生谨恪，非逐利揽权之人。[2]他的上述表现，显现出他对皇位继承问题的某些看法，同时也表明，在清朝日渐走下坡路，特别是鸦片战争后王朝威严大损的形势下，一些大臣头脑中的君臣纲纪思想开始松动，臣工原本不敢过问的皇位人选问题，已非凛然不可触碰之事。

　　嘉庆朝与道光朝是清代实行秘密建储的最后两朝，但秘密建储的某些原则，此时已不能为人们严格遵循。这是皇权式微的体现，并不以最高统治者的意志为转移。

第四节　关于秘密建储制度的几点思考

一、对秘密建储制度的总体评估

（一）中国皇位（皇权）传承中的制度创新

　　自西周统治者依据宗法制嫡长继承原则，创建嫡长子王位继承制后，这一制度成为我国古代解决皇位（王位）传承问题时所依循的一个固定模式。西汉以来，汉族统治者所建立的大一统中央王朝，无不采用嫡长子皇

1　《清朝野史大观》卷7，《杜文正拥戴文宗之功》。
2　《清史列传》卷41，《大臣传续编》6，《杜受田》。

位继承制。实施过程中，虽然情况错综复杂，所立储嗣往往并非嫡长子，储君的选择受到后宫、外戚、宦官、臣僚等朝中不同政治势力与利益集团的干扰或操纵，但是，在建储方式与择储标准上，并未超越嫡长子皇位继承制的藩篱。这表明，历代统治者在解决皇位传承问题时，他们所具有的价值取向，是在嫡长子皇位继承制这一传统建储模式的长期影响与束缚下形成，同时也为实施这一建储制度所需要。

中国历史长河中，由少数民族统治者建立的大一统中央王朝只有两个，除去清朝外，还有比清朝早300余年、由蒙古族统治者建立的元朝。元朝历时98年（1271—1368），在此期间，元帝实行中原王朝的建储制度，册立皇太子，并设立东宫建置，皇太子参决朝政。同时，建储问题及皇储矛盾也随之出现，最高统治集团内部频繁发生因皇位纷争而引发的武力冲突。[1]元朝的皇位传承制度带有鲜明的民族特征。例如，新帝继位，仍须按照蒙古国时期的做法，经过忽里台大会确认这一特定形式。[2]在选择皇嗣时，亦未严格遵循嫡长制立嗣原则。元朝统治者并未对汉族传统建储制度进行改革，或建立新型的皇位继承制度。

所谓建储制度的创新，是指在解决皇位传承问题、延续王朝统治这一原有目的不变的前提下，打破常规，采用新的规则、新的方式，并成功地付诸实践，从而能够更顺利地达到既定目标，有效地巩固皇权。创新的基础建立在对于原有制度的总结、批判与扬弃之上。制度创新需要一个不断摸索、改进、提高与完善的过程。

秘密建储制度是对中国古代建储制度的改革与创新，其关键在于取消储权，杜绝了皇权与储权的矛盾及储位之争。

清代雍正、乾隆、嘉庆、道光四朝，都实施秘密建储。在此期间，除去乾隆帝是于禅位前四个月宣布储嗣，属于特例外，其他三位皇帝是在其去世后（如雍正帝、嘉庆帝）或临终前（如道光帝），方公布继承人选。所以，他们所确定的皇位继承人虽然早已被秘密定立为储君，但因皇储身

1　参见陈高华、史卫民：《中国政治制度通史》第8卷，《元代》，第47-53页，北京：人民出版社，1996年。
2　参见陈高华、史卫民：《中国政治制度通史》第8卷，《元代》，第42-43页。

份并不公开，故一无官署，二无属员，无从构成一个独立的权力体系。道光以后咸丰、同治、光绪、宣统四朝，历时61年（1851—1911），由于皇帝或只有独子（如咸丰帝），或无子（如同光二帝），秘密建储制度已无法实施（宣统帝溥仪七岁退位，情况较特殊）。不过，咸、同、光等朝都是在皇帝临终前才确定储君，与此前雍、嘉、道各朝一样，皇子成为储君后立即即大位，无从拥有储权。

秘密建储并非不立储君，而是采用了全新的建储方式，不再公开建储。于是，中国皇位继承史上第一次出现储位与储权的分离，虽有身在储位的密立储君，并不存在储权。当然，这是以秘密建储作为先决条件。储位与储权相分离的结果，则是储权被取消。

总之，自雍正元年（1723）雍正帝实行秘密建储，其后历经乾、嘉、道三朝，储权均不存在。慈禧在其专权期间，虽以懿旨确立嗣君，但储权也是不存在的。也就是说，储权在中国历史上的消失，较之皇权的终结提前了百余年。

秘密建储制度对于中国封建社会皇位继承制度，即嫡长子皇位继承制的改革与创新，还体现在以下方面。

其一，彻底改变皇帝决定储嗣人选时，征求大臣意见，并在不同程度上为朝中各个利益集团所左右的局面，由皇帝本人全权决定储君人选，排除他人对于皇位传承问题的干预。

其二，部分改变立嫡立长的择储标准，在一定条件下择贤而立。虽然这种做法完全体现皇帝个人意志，是按照其个人好恶进行取舍，但择储范围相对扩大与择储标准的灵活性，使秘密建储制度更有利于选立才力突出的皇子，作为皇位继承人；这避免了嫡长子皇位继承制下，即使是痴愚之辈，唯因具有嫡长身份，也被立做皇太子，继承皇位（如晋惠帝）的情况重现。关于这一问题，下文还将专做析述。

其三，以往历代王朝新帝登极伊始，便要确立国本，即公开册立储君。如果由于各种原因迟迟不立，则意味着国基未稳，致使朝议哗然，群臣频频促请建立。明万历时期的国本之争，即是一个典型案例。秘密建储制度下，除去皇帝本人外，包括密定储君在内的一切臣工，不能得知储君人选,至于皇帝在秘密建储后,是否将已行建储事告知众臣,亦由皇帝本人而定。所以,何时秘密建储,臣工不得而知,即使皇帝秘密建储后,并不向大臣宣布已行建储之事(如嘉道二帝),也属于正常范围,臣工不会因此产生疑惧,更不会因国本未定而出现人心浮动局面。

其四,汉族王朝传统建储模式下,储君大都参预政务,或代行国政,这是皇帝培养考察储君的主要方式。秘密建储后,出于保密需要,除去极特殊的情况外(如康熙帝派皇十四子允禵西征),皇帝对储嗣的培养和考察方式,不能与对待其他皇子有显著不同。这会在一定程度上降低培养效果。但另一方面,如果被密立的储君不合其意而另行撤换时,不会引起人们的猜疑,或对朝政造成影响。简言之,与传统建储模式相比,秘密建储制度培养与考察储君的方式与效果,虽然受到限制,但回旋余地要大得多,皇帝握有更大的主动权。

其五,中国历代帝王中,唯有乾隆帝对于传统皇位继承制的种种弊端予以比较深入的揭露和批判,并对嫡长制立嗣原则表示非议。乾隆帝指示编纂《钦定古今储贰金鉴》一书,旨在提供大量实例,促使人们将传统皇位继承制与秘密建储制进行对比,以得到后者优于前者的结论。康雍二帝也曾分别指出历代册立皇太子后招致的不良后果,但乾隆帝之所言所为,比康雍二帝更进一步,对于公开立储这一传统建储模式予以明确否定。

其六,嫡长子皇位继承制度的政治功能,是按照宗法制血缘关系中嫡庶长幼严格有别的标准,协调皇室成员的关系,以立嫡立长为原则,预立皇太子,保证皇位交接顺利完成。然而明建储君,确立储权后,皇权与储权的矛盾无从避免,加之诸皇子争夺储位,历代不断发生父子兄弟相残,兵戎相见的悲剧。更为严重的是,皇储矛盾与储位之争的波及面有时很广,直接造成统治危机乃至社会动乱。唐初玄武门之变与明初靖难之役,都是因储位问题而引发武力冲突的典型事例。可见,这一汉族王朝传统建储制度的政治功能,往往没有得到有效发挥。秘密建储制度则因取消储权,加之配合实施一系列强制性措施,从而解决了困扰历代王朝的皇储矛盾与储位之争问题,使皇位的顺利交接得到保证。皇储矛盾与储位之争,是历代统治集团内部权力纷争的主要渊源所在,一旦予以基本排除,王朝的统治力与凝聚力都得到加强。但须指出，只有在皇权高度集中与强化的前提下，方能切实贯彻实施秘密建储制度各项原则，当皇权衰微之际，则很难全部遵行。这其中也有某些特殊原因，前述嘉道时期的有关情况即是如此。

总之，秘密建储制度为已至晚期的中国封建王朝提供了新的皇权传承模式与权力分配模式。终止储权，皇帝独自掌握决定皇位继承人的权力，采取秘密建储方式，秘密培养、考察储君等一系列举措，在中国皇权发展史上均未有先例；秘密建储制度的政治功能，即在巩固王朝统治，保证皇位顺利交接方面所发挥的效用，明显优于嫡长子皇位继承制度。这些特点，共同构成制度创新的丰富内涵，奠定了秘密建储制度在中国皇权发展史上的重要地位。

秘密建储制度的出现，是以皇权的集中与强化达于极致这一特定政治背景为支持。这一新的制度实施过程中，皇位传承之权集中于皇帝一人之手，皇位继承人的选择与王朝的安危系于皇帝一身，从而将皇权的专断性发展到极致。

（二）对于嫡长子皇位继承制立储原则的局部扬弃

中国古代传统建储制度是以体现宗法制思想的嫡长制为核心，所以称之为嫡长子皇位继承制。这一制度下，皇子的嫡长身份是皇帝择选储君时的首要标准，也是人们判断皇位继承人选是否合格以及皇位继承人能否被臣民所接受的至要因素。

在建储制度的核心即择储标准方面，秘密建储制度对于嫡长制原则只是作出部分扬弃，并未彻底摒除。

实施秘密建储的清帝中，康熙帝属意于允祯，体现出择贤而立的宗旨。允祯在成年皇子中排行居中，其生母乌雅氏当时只是一个普通妃子，而康熙帝其他年长皇子的生母，大都有与德妃相等的位号。

雍正帝选择弘历为储嗣，是依照择贤而立标准选定。弘历既非嫡长子，在庶子中也不居长，其生母钮祜禄氏地位很低，只是当弘历被秘密定立为储嗣后，她才晋封妃位。弘历是以天资聪颖、学习出色而为其父所属意。不过，雍正帝并无嫡子，他为弘历嫡子取名永琏，显示出他重视嫡长的思想。如果他本人有嫡子，其择嗣结果又会如何呢？

乾隆帝弃长大成人的嫡子永璜而不立，无论原因如何，终究违反了传统建储制度中的立嫡原则。他最终选定既非嫡子又非长子的颙琰为储嗣，固然体现出择贤而立的意图，但应看到，永璜生母、皇后纳喇氏去世后，中宫虚位，颙琰生母、皇贵妃魏佳氏是乾隆帝妃嫔中等级最高者，而且很受乾隆帝的宠爱。

道光帝旻宁为嫡长子，其庶母弟中同他年龄最相接近者（绵恺），也与他相差13岁。所以，嘉庆帝选定旻宁为储嗣，既是实现其父乾隆帝必欲以嫡子继统的未竟之愿，也是在几无选择余地的前提下，做出的抉择。

道光帝于皇四子奕詝与皇六子奕䜣之间犹疑多年后，最终选中奕詝，除去奕詝"长且贤"外，或许还有一个原因，即奕詝四岁时（道光十四年），其生母钮祜禄氏正位中宫。若以生母地位论，奕詝在诸皇子中最为尊贵。这一点与其祖父嘉庆帝被密立为储君时的情况，不无相似处。

足见，秘密建储制度并没有一个明确的立储标准，它既重嫡长，又非唯嫡长是选，而是将重视嫡长与择贤而立相结合。

实行秘密建储的清帝中，唯独乾隆帝对于嫡长子皇位继承制的核心立嫡立长之说予以揭露批判，但并不彻底。

当乾隆帝即将退位之际，又公开宣称建立嫡嗣乃名正言顺之事，并不能以此为非。[1]此其一。

乾隆帝一方面将秘密建储确立为定制，称之为"我世世子孙，所当遵守而弗变者"[2]，另一方面又称："总之此事，朕亦不敢必以为是，其有欲遵古礼，为建立之事者，朕亦不禁。"[3]这种并无充分把握的态度，与乾隆帝平日刚愎自用、自视甚高的作风形成对比，显示出其内心深处的矛盾与惶惑。此其二。

乾隆帝将秘密建储的主旨概括为不明诏立储，这实际上只是指出立储的形式，却有意回避了秘密建储中所应遵循的择储原则，从而影响了其秘

---

1 《清高宗实录》卷1486，乾隆六十年九月辛亥。
2 《清高宗实录》卷1067，乾隆四十三年九月丁未。
3 《清高宗实录》卷1189，乾隆四十八年九月戊午。

密建储思想的完整性。秘密建储制度始终缺少一套系统理论，这是一个重要原因。此其三。

上述情况反映了同一个问题，即清帝确立秘密建储制度，进行制度创新的同时，又不愿与中国封建社会传统皇位继承制度嫡长子皇位继承制彻底决裂，因而在秘密建储制度中，部分保留了嫡长制内容。之所以如此，是由于他们不敢触动嫡长子皇位继承制的本质内涵宗法制思想。倘若彻底否定嫡长制原则，实际上也就否定了宗法制度，瓦解了皇权统治的根基。

中国历史上，嫡长子皇位继承制的弊端虽已日益暴露，众多帝王饱尝其苦，却始终无人敢于废除或予以改革。其原因之一，在于它与宗法制度的核心嫡长继承制相表里。改革此制必然触及宗法制度，牵一发而动全身，动摇整个封建体制。从一定意义上讲，背弃宗法制度即是否定皇权，否定了最高统治者自身。

当乾隆帝并未明言秘密建储，只是表面上对建储一事保持沉默时，即已招来非议，持传统建储思想之人如金从善等以为这种做法是"以不正之运自待"。所以，四十三年（1778）九月，乾隆帝公开宣布已秘密建储，旨在消除持传统建储思想的汉族官员及知识分子的疑虑。同时，他对嫡长子皇位继承制（主要是指公开建储的方式）进行尖锐揭露与批驳，以论证新的建储制度的优越性。不过，乾隆帝仍然担心有拘泥古制之人"心生窃议"，对此加以诋毁。这反映出他内心的纠结。

乾隆帝是清朝入关后第四位皇帝，乾隆朝已处于清朝中期。由客观环境所决定，乾隆帝比康雍二帝还要重视以三纲五常、忠孝观念规范臣民的思想与行为，对于秘密建储制度是否违背宗法制度这一要害问题，更为敏感。因此，他不敢把话说绝，在要求后世子孙遵循这一建储制度的同时，仍然留有充分余地。

为了尽量减少秘密建储对于宗法制度的冲击，以免产生连锁反应，人心浮动，进而破坏皇权稳固，引发社会动荡，乾隆帝在四十三年（1778）将秘密建储确立为制度并坚持实施后，只是反复强调"不显立储"，即对嫡长子皇位继承制的实施方式进行改革。但是，对于直接体现宗法制观念的立嫡立长原则，却采取了极为慎重的态度，以竭力协调秘密建储制度与宗法制的关系。正像有的学者所指出，实行秘密建储制度后，清朝仍以嫡长子作为亲王、郡王等爵位的承袭者，官僚子弟受恩荫为官时也首先安排嫡长子。甚至民间地主富室在遗产继承上，也保留了长子嫡孙可分得较优厚财产的做法，以保持宗法制社会结构的稳定性。[1]

已如前述，宗室封袭爵位时严嫡庶之分的有关规制，清朝入关前后即已着手制定，但始终并未严格执行，有些规制还存在相互矛盾之处。雍正八年（1730），"定王公以下适子考授例"；乾隆八年（1743），"定王公以下庶子考授例"。直到此时，明确区别嫡庶之分的宗室封爵制度方最终确定。[2] 严嫡庶之别的宗室袭封制度的确立与秘密建储制度的确立，几乎是同步完成，这意味着清帝在改革皇位继承制度，对该制原有的嫡长制原则有所触动的同时，又通过亲手鏊定宗室袭爵制度，大力强调嫡长制原则，维护宗法观念，以示同历代汉族王朝的有关做法保持一致。这也能够从反面证明，雍正帝虽然实施秘密建储，但头脑中却有嫡长思想，而乾隆帝在孝贤皇后去世前，一直想立嫡子为嗣，可见他的嫡长观念较为浓厚。乾隆十三年（1748）后，由于种种原因，他的思想有所转变，但嫡长观念依然保留下来。

秘密建储制度的建立，表明宗法制对于皇位继承制度的决定性影响已有所减弱。这是封建社会晚期，宗法关系在某些领域开始松动的一个重要反映。不过，由于宗法制度终究还在封建社会上层建筑中占有主导地位，它对于社会各个层面还保持着强大束缚力，宗法观念在人们头脑中仍根深蒂固，传统保守势力仍很强大。所以，虽然乾隆帝在改革传统建储制度中，敢于行前人所未行，但他不可能完全摆脱宗法观念的束缚，亦无法承受来自整个社会的巨大压力。换言之，乾隆帝能够担当泥古书生对于他改变传统立储方式的"窃议"与指责，却不敢冒天下之大不韪，背负否定宗法制核心嫡长子继承原则的罪名。因此，他在确立新的皇位继承制度时，不得不对历代汉族王朝实施近两千年的皇位继承制度做出让步，其标志，

---

[1] 韦庆远：《论封建皇权和皇位继承问题》，载《中国历史博物馆馆刊》1986年第3期。
[2] 《清朝文献通考》卷246，《封建》1；参见定宜庄：《满族的妇女生活与婚姻制度研究》，第64页。

则是对于秘密建储制度中的择储标准,即是否仍部分保留宗法制继承原则问题,始终保持缄默。封建社会晚期,王朝的各种体制已无法适应社会发展的要求,愈益落后腐朽,因而任何一项改革都会遇到极大阻力。秘密建储制度从酝酿到确立的曲折过程,就是一个最好的说明。

还应看到,嫡长继承制作为宗法制度的核心,长期被人们奉为正统,具有凝聚人心的效能,它对于封建王朝的至关重要意义,甚至超出嫡长子皇位继承制本身。秘密建储制度并不排斥宗法制嫡长继承原则,这是康、雍、乾诸帝为安抚汉族士绅,维护满汉地主阶级联盟,稳定人心,巩固皇权统治而不得不采用的方针。正因如此,人们才能接受秘密建储制度,使该制得以顺利实施,实现清朝最高权力的平稳交接。

(三)秘密建储制度的局限性

作为中国封建社会晚期出现的新的皇位继承制度,秘密建储制仍是皇帝用以保证国家最高权力在其子孙后代手中世世相传,巩固其家天下统治的一种有效工具,这与嫡长子皇位继承制并无实质性之别。

这里所要探讨的秘密建储制度的局限性,是指它在发挥加强皇权,保证皇位顺利交接的政治功能时,所具有的限度。

其一,秘密建储制度的实施,受到某些非制度化因素的制约。如果皇帝只有一子或无子,秘密建储制度则失去意义。咸丰、同治、光绪三帝都属于这种情况。因此,如果不将康熙晚期的秘密建储计划包括在内,秘密建储制度在清代只实行了128年,历经四朝(雍、乾、嘉、道)。其后直至清朝灭亡前,总计61年,同样历经四朝(咸、同、光、宣),因不具备客观条件,均无法实施这一建储制度。

秘密建储制度下,如果皇帝去世时,密立的储君尚在幼年,那么,虽然这位储君能够顺利继承皇位,可是,因其不能独掌大政,需要由母后、宗室成员或重臣等代理政务,这就可能出现侵越皇权的情况。秘密建储制度对此是无能为力的。

其二,实施秘密建储制度过程中,由于密立皇储的身份未公开,在接受教育、参与政务及生活待遇等各方面,与其他皇子相比不能有特殊性,这使皇帝对于密立皇储的培养与考察受到较大限制。他们无法像康熙帝培养皇太子允礽那样,自幼在皇储身上倾注极大心血,并通过使之代理国政等方式,让皇储受到更多的实际锻炼。这对于提高密立储君的总体素质,显然是不利的。

前已述及,从雍正朝起,随着皇权的进一步强化,皇帝对于家庭成员的控制愈加严密,而皇子首当其冲,其参政、理政的机会愈来愈少。自此以降,清帝虽仍注重对皇子的教育,但培养目标已发生很大变化,即不再要求诸子成为能够协助其处理政务的栋梁之材,而是希望他们在政治上安分守己,无权力欲望与非分之想,对集中皇权并无妨碍。秘密建储制度下对于储君的培养考察方式,实际上是这一总体格局下新的培养方针的体现。

与嫡长子皇位继承制度相比较,秘密建储制在不排斥立嫡立长的前提下,注重以才智选人。通过秘密建储而继位的清帝中,乾隆帝自不待言,嘉庆帝尚有一定才力,但因处于清朝皇权中衰阶段,无力回天。道光帝过于谨小慎微,亦为守成之君,且无昏庸之事。咸丰帝才智不逮,且热衷于声色犬马。他的中选,实为道光帝囿于嫡长原则而做出的不明智抉择。同治帝、光绪帝与宣统帝是清朝最后三帝,他们幼年登极,又受到皇太后的严密控制,自然无所作为。

与清朝前期诸帝相较,后期诸帝的总体素质有明显下降趋势。这是由于雍乾以后,随着满汉文化的逐步融合,诸皇子自幼接受更为严格的儒家教育,思想与行为受到愈来愈大的束缚。特别是从雍正帝起,对皇子的控制逐步加强,诸皇子成长过程中,大部分光阴是在书斋中度过,通过从政接触实际的机会大为减少。而政治实践的缺乏,对于提高他们的能力素质,尤其是培养其处理实际问题的能力,是一很大限制。从这样的皇子群体中择选储嗣,当然难觅富有韬略,善于理繁治剧之君。另一方面,清朝进入中衰时期后,满族统治者已不再具有进取精神,统治机构日益腐朽衰败。清朝后期诸帝总体水平的下降,与王朝各个方面的颓微之势相一致,是清朝处于衰亡阶段这一特定背景下的必然反映。

其三,秘密建储最关键的环节,是皇帝全权决定储君人选,这只有在皇权高度集中与强化、皇权的专断性与随意性达到极致的前提下,才能做到。然而皇储能否所选得人，完全取决于皇帝本人的判断力与好恶。与嫡长子皇位继承制下，皇帝间或争询大臣意见后，决定嗣君人选的做法相比，皇帝全权决定储君人选，实际上是由皇帝一人决定王朝前途与命运，因而隐伏着更大的危机与冒险性。所幸实施秘密建储的雍、乾、嘉、道诸帝皆为勤政之君，具有较强的责任感，所选者大体差强人意。可是，如果其后多为耽于安逸的倦勤之君（如咸丰帝），他们于诸子中择选的结果，将十分令人担忧。清朝秘密建储制度实施过程中，虽然并未出现上述情况，但这一可能性的客观存在，即秘密建储制度对于王朝的稳固所具有的潜在不利因素，无法排除。

其四，秘密建储时贯彻保密宗旨，是取消储权，杜绝诸皇子进行储位之争的必要前提。可是，皇子人数愈少，皇储人选的保密难度愈大。对此异常敏感的大臣们，很容易根据有关迹象，揣摸出皇帝所属意之人。除去乾隆朝略有不同外，雍、嘉、道各帝确定的储嗣人选，在其秘密建储后期，都已在不同程度上为当朝臣工所觉察，成为公开的秘密。康熙帝晚年实施秘密建储计划过程中，也存在相类似的情况。但是，由于皇权的高度集中与强化，皇帝对臣工能够予以有效控制，除皇帝本人，其他任何人不得干预储位问题。所以，尽管雍正、嘉庆等人无法做到对储君人选的绝对保密，但并未因此造成严重后果，影响秘密建储进程。

例如，雍正中期以后，皇四子弘历已逐步成为人们心目中的皇位继承人选。这从雍正八年至十年（1730—1732）期间，允禄、允礼、允禧、弘昼、福彭、鄂尔泰、张廷玉等十余位王公重臣为弘历诗集《乐善堂文钞》作序时的极尽奉承中，得到一定反映。[1]对此，不仅弘历本人坦然接受，雍正帝也并未怪罪。不过，弘历身边并未聚集起为其驱使奔走的官员，遑论形成利益集团。

保密宗旨极易受到主客观因素的影响而难以严格贯彻，这是秘密建储制度自身无法解决的一个问题。

秘密建储制度的实施，固然得以取消储权，杜绝皇储矛盾和储位之争，保证皇位传承的顺利进行，起到巩固王朝统治的重要作用，可是，它

---

1 弘历：《乐善堂全集定本》，《序》，载《清高宗（乾隆）御制诗文全集》第1册，第31—40页。

却无法挽救王朝的衰亡之势，无法遏止王朝统治力迅速下降以及整个统治机构的日趋腐朽。因此，秘密建储制度只是一个治标而非治本的权宜之计，这是它的最大局限性所在。

二、皇权极度集中与强化的有机组成部分

秘密建储制度的创建与实施，标志着储权的废除，这与相权的废除以及军机处的创建，同为明清两朝最高统治者集中、强化皇权的进程中具有战略意义的举措。它们既是中国封建社会晚期皇权的集中、强化已达于极致这一政治事态，在皇位传承与统治权力的分配等重要方面的反映，也表明皇权为了适应形势的变化，维持自身生存，必须进行一定程度的自我调整。所不同的是，明初朱元璋废除相权后，中枢辅政机构问题直到清朝雍乾时期创建了军机处，才真正得以解决，前后历时约三个半世纪；而秘密建储制度创建、实施后，储权即被废除，与废除相权相比，基本上是一步到位，未留后患。

皇帝排除一切干扰，全权决定储君人选，意味着完全剥夺官僚集团及后妃、权宦势力以各种形式对皇位继承问题进行干预的权力，使之进一步屈从、依附于皇帝，是皇帝与官僚集团之间持续将近两千年的权力分配之争中又一重要转折，皇权由此进一步集中与强化。

嫡长子皇位继承制下，储权是皇帝为培养储君从政能力，提前授予储君的部分皇权。储权既是皇储矛盾与储位之争之源，同时也能大大增加储君在权力之争中的自我保护能力。

实施秘密建储制度后，皇帝临终前或去世后，建储密旨才被公布，密立储君随即即皇帝位。这意味着皇帝是在其身后或临终前，通过立储密旨，将皇权一次性地全部授予继承人，彻底改变皇帝生前将部分皇权提前授予储君，从而出现储权的权力分配模式。这一重要变革消除了持续近两千年的皇储矛盾，以及由此引发的统治集团内部喋血厮杀，稳定王朝统治秩序，巩固了皇权。因此，从雍正帝于雍正元年（1723）实施秘密建储后，中国古代皇位传承出现了一个崭新的局面。

康、雍、乾三帝关于秘密建储的思想，是其统治思想的重要组成部

分,也是对于此前历代封建帝王绝对专权这一政治理念的补充和发展。秘密建储制度的确立与实施,将中国封建王朝的专制主义思想与实践又推进了一步,这也是皇权向极端方向恶性发展的一个标志。

三、秘密建储制度的建立是一个历史过程

秘密建储制度的建立过程,分为政策创新与制度创新两个阶段。康、雍、乾三帝经过数十年的摸索、改进、提高和完善,最终完成对于嫡长子皇位继承制的改革与创新。

康熙帝第二次废黜皇太子允礽后,根据当时的具体情况(诸皇子暗中角逐储位,王公大臣纷纷卷入其中),制定并施行秘密建储计划,这是政策创新,即在处理皇位继承问题中采取全新的方针举措。此为秘密建储创立过程的第一步。

康熙帝的秘密建储计划已具有秘密建储的基本要素,但同时也无可避免地带有政策创新的自身特点,即表现出较强的随意性,并受到原有建储制度框架的限制。[1]

秘密建储计划的实施中,储君人选是由康熙帝全权决定,但是,他在最终确定储君人选前,又曾召集众臣与诸皇子征询意见,出现所谓建储之议。无论康熙帝的主观动机如何,这起码说明在决定储君人选这一关键环节上,他尚未能够真正做到排除一切干扰。

康熙帝对储君人选严格保密的做法,其后成为秘密建储制度的重要内容之一。可是,他的保密行为具有较强的随意性,缺乏必要的制度化措施。当他突然去世后,这一重大缺陷导致秘密建储计划功亏一篑,彻底失败。

择贤而立,更准确地说是当嫡子不中其意时,方于庶子中择贤而立,这是秘密建储制度的另一基本内容,同样是由康熙帝开其端。

不过,康熙帝并无废除嫡长子皇位继承制之意,这突出表现在,他拟于秘密建储计划结束后,继续明立储君。康熙帝只是将秘密建储计划作为

---

[1] 参见时和兴:《关系、限度、制度:政治发展过程中的国家与社会》,第166页,北京:北京大学出版社,1996年。

正式建储前的短暂过渡。所以,康熙五十七年(1718)初,这一建储计划的实施即将结束前,令大臣们削减皇太子仪注,以严格区分皇权与储权的界线;确定新的皇储关系模式,即建储后,储君不是代理国政,而是在皇帝指导下赞襄政务。显然,康熙帝仍拟公开建储,只是将于重新明立储君后,大力削弱储权而已。这些情况都说明,秘密建储计划是在嫡长子皇位继承制度的框架内进行局部改革,它为秘密建储制度的确立奠定基础,积累了宝贵的经验。

秘密建储由政策创新向制度创新的转化过程中,雍正帝起有承先启后的作用。他在秘密建储中的有关举措,已开始摆脱嫡长子皇位继承制的束缚。这主要体现在:改变传统建储制度中皇帝就储君人选商之于他人,或允许他人建言的做法,皇帝本人全权决定储君人选,不再征询其他人的意见;将秘密建储一事谕知满汉朝臣,同时,宣布建储密旨(非随身携带之密旨)存放处;皇帝临终时,方宣布密立储君之名,储君随即即皇帝位。上述几个方面,是雍正帝对于康熙帝秘密建储计划的重大改进。

雍正帝还继承了秘密建储计划的其他做法,如择贤而立,对储君人选严格保密,对储君暗中进行考察与培养,等等。

在培养储君与一般皇子的方式上,雍正帝改变康熙帝的有关方针,大力限制皇子从政,即使对于密立储君,也未予以特殊培养,以防止储君人选被过早泄露。不过,其培养效果也随之减弱。其后清帝实施秘密建储过程中,都沿袭了雍正帝开启的这种培养嗣君模式。

与康熙帝一样,雍正帝是秘密建储制度的奠基者之一,这一制度创新的完成者,是乾隆帝。

乾隆帝的贡献,其一,将秘密建储明确定立为一项制度,进而完成政策创新向制度创新的转换。其二,在揭示、批判嫡长子皇位继承制各种弊端的基础上,对秘密建储做了较为深入地阐述,为秘密建储制度的确立提供了理论支持。其三,确立密立储君这一建储方式的同时,最大限度地排除储权存在的可能性。

康熙帝实施秘密建储计划过程中,储位与储权暂时分离,虽有早已成年的(暗定)储君而无储权,这在中国皇位继承史上是第一次,应当说是康熙帝的一项重要创造。雍正帝依此而行，又发展一步，他在位期间（1723—1735），储位与储权始终相分离。这意味着雍正帝公开进行秘密建储的同时，也公开取消了储权。乾隆帝将秘密建储确立为制度，对于雍正帝取消储权的做法予以制度上的保证。

乾隆帝于禅位前数月宣布建储，是很特殊的情况，与取消储权并无矛盾处。乾隆六十年（1795）九月初三日，他宣布颙琰为皇太子，自己将在四个月后传位时，特别指出，"现届归政之期已近，所有册立皇太子典礼一切虚文，俱不必举行"[1]。这一决定意味深长，是秘密建储制度不明立储君，从而取消储权这一宗旨的具体体现。

完成制度创新的过程中，乾隆帝尤为重视如何妥善处理立嫡与立贤的关系。在立储标准方面，他对于汉族王朝传统建储制度中立嫡立长原则有所改变，不唯嫡是立，而是以其个人意志为最终取舍；但是也在一定程度上保留了该制度的内核，即重视嫡长；如果立嫡立长无法实现，在择贤而立的同时，也很注重以贵择嗣。这实际上是为择贤而立增加了诸多附加条件。

由于乾隆帝始终未曾明确提出择储标准，秘密建储制度的思想体系具有明显的不完整性。尽管如此，这一制度仍不失为是对中国封建社会传统建储制度的改革与创新。

总之，秘密建储制度的建立是一个历史过程，在此过程中，康、雍、乾三帝分别做出重大贡献。至于嘉道两帝，只是遵行成宪，并未对这一制度增加新的内容。

四、秘密建储制度的多元文化特色

秘密建储制度之所以出现在清代，与其创立者的文化心理背景有直接关系。

满族（女真族）无宗法制传统。然而早在明代，满族（女真族）就已接触汉文化，清朝入关后，更是处于汉文化的汪洋大海之中，满族统治者受到汉族宗法制观念愈来愈大的影响。不过，康、雍、乾三帝虽然都具有

---

[1] 《清高宗实录》卷1486，乾隆六十年九月辛亥。

较高的汉文化素养，但满族文化和民族性格特征，在他们身上也得到充分显现。他们与汉族帝王不同，既未背负两千年嫡长子皇位继承制传统的重荷，也不会过分担心悖离成宪而遭受指责。所以，他们具有对中国封建社会这一传统建储制度进行总结、批判、扬弃与创新的气魄，敢于标新立异，显示出汉族帝王所不及的见识与胆略。在这方面，乾隆帝又超出康雍二帝。

秘密建储制度包含着满族传统政治的某些特点。

从一定意义上说，秘密建储制度与满族不预立储君的传统有渊源关系。

康熙、雍正、乾隆诸帝都曾强调，自清朝开创以来，太宗、世祖"圣圣相承"，皆未预定储位，并以此作为秘密建储的历史依据。[1]皇帝（汗）生前并不预立继承人，是满族（女真族）的原有做法，直到清朝入关后第二代君主康熙帝，才学习汉族王朝做法，采用嫡长子皇位继承制。按照汉族传统建储制度，皇帝继位之初，即应建储而定国本。秘密建储制度中的不明诏立储，含有满族皇帝（汗）生前不预立储君这一传统习俗的因素。

不预立储君的实质是不建立储权。这一满族的政治传统，使清帝确立不明诏立储的建储方针，亦即取消储权时，获得精神上的支持，无须有过多顾忌。汉族王朝传统建储制度下，储权作为皇权的衍生物，其历史已有近两千年之久。长期实施传统建储制度的汉族帝王，受到传统建储思想及其思维模式的严格束缚，自然不敢改革此制，取消储权，况且他们也不具备改变这一政治传统的心理承受力。

秘密建储制度择选储君的标准，是在一定条件下实行择贤而立。这也同满族汗位推选制传统具有内在联系。

清朝入关前确立并实施的汗位（皇位）推选制度，是在八王（八和硕贝勒）之内，由八王本人根据择贤而立的标准，推立嗣汗。这与氏族推选制有某些相同处，因为氏族推选制也是以贤能与否，作为主要推选标准。但是，在八王共治制下，推选者与被推选者的范围都大大缩小，汗位是在

---

[1] 《清圣祖实录》卷253，康熙五十二年二月庚戌；《清世宗实录》卷83，雍正七年七月丙午；《清高宗实录》卷1067，乾隆四十三年九月丁未。

同一家族内部世袭，具有更浓厚的家族血缘关系色彩。

虽然都是择贤而立，秘密建储制度与汗位推选制度的重要区别在于，秘密建储制是由皇帝本人择贤而立，全权确定，汗位推选制则是由八王推选贤者；秘密建储制只是在皇帝诸子中选择储君，体现出父死子继的权力继承规则，汗位推选制的择选范围除去汗（皇帝）之子外，还包括其孙辈以及侄辈；秘密建储制是在重视嫡长的前提下选贤，汗位推选制则无嫡长观念。

不过，无可否认，秘密建储制度在一定程度上吸收了汗位推选制中推立贤能之人为嗣君的择嗣宗旨。

令人玩味的是，乾隆五十二年（1787）二月初三日举行仲春经筵，当经筵讲官德保、刘墉进讲《孟子》中"天与贤则与贤，天与子则与子"二句后，曾明确提出"神器当择贤而畀"的乾隆帝认为，"斯二语也，以为答万章之前问，从而为之辞，则可；以为示后之继业，为万世法，则不可。盖自启贤继业之后，但有与子，无与贤之事矣。其有托于贤而攘窃者，皆乱世贼子之流，非唐虞之所谓禅也"[1]。在他看来，"与子虽为万世不易之规，而其败德堕行，恃天之与己，而不知凛难谌靡常之义，存如保赤子之怀，则民必不与之，而天亦厌之而不与，斯不大可畏乎？"[2]事实上，秘密建储制度既是将皇位"与子"，又是在首重嫡长的前提下，于诸子中择贤，因而也多少包含"与贤"的成分在内，尽管较为勉强。

秘密建储制度还具有汉族传统文化的显著特色，主要体现在它有选择地吸收了汉族建储制度与社会习俗的某些内容。

汉族传统建储制度是预立储君，即公开册立皇太子，秘密建储制度则对此加以取舍，虽然预立储君，但不公开册立。

"立嫡以长不以贤，立子以贵不以长"，是汉族传统建储制度的核心，也是宗法制精神的集中体现。秘密建储制度在很大程度上维护并接受这一思想，成为实施秘密建储者不可明言却极为重视，刻意遵行的择储理念。

秘密建储制度在其实施过程中所显现的丰富内涵，融合了满汉民族传

---

1 《清高宗实录》卷1274，乾隆五十二年二月辛丑。
2 《清高宗实录》卷1274，乾隆五十二年二月辛丑。

统皇位（汗位）继承制度的基本要素，既选择贤能而不建立储权，又重视嫡长而预立储君。这就使这一新的皇位继承制度，根植于满汉文化的丰沃土壤中。从某种角度看，秘密建储制度也是在满汉两种传统皇位（汗位）继承制，暨满汉不同习俗与观念发生冲突的情况下，于双方做出一定妥协的同时，又对两者均加以改进、扬弃，从两者中各取所需后的产物。

正是由于上述原因，雍乾时期依然受到满族文化传统影响的满族王公大臣，方能接受秘密建储制度，这同他们在康熙帝实施嫡长子皇位继承制过程中，通过各种方式流露出的抵制与反对态度，形成鲜明对比。满族王公大臣在思想与观念上的认同，是对雍乾二帝实行秘密建储的有力支持，也是秘密建储制度得以在清朝顺利实施的一个重要条件。

清朝改革皇位继承制度时，对宗法制度有所触动。但是，在包括社会结构、伦理观念在内等其他各方面，依然坚持维护宗法制度，以争取汉族士绅对秘密建储制度的认同。可是，对于具有浓厚正统观念的汉族士大夫来说，其内心深处仍很难对这一新的建储制度予以首肯。

前述陆生楠、金从善等人，只是对当朝皇帝尚未建储的做法不以为然。至道咸年间，汉官邵懿辰在《论立子》一文中，明确提出对秘密建储制度的非议："立子以适长而不以贤，古之恒法也。今有法焉，阴察于众子，惟其贤，先时而籍之，临时而出之。先籍之而秘，皆可以为，皆可以不为也，则不敢以怠。出之临时，则事已决而不及争，是其法创古所未有也，然而终不如古法之可守而少失也。积兔满市而行者莫之顾，分先定也；一兔在野，则众逐之矣……心之各自危则知其事之必可危，至一旦见危而后知，是固全乎？危道也！"[1] 邵懿辰是浙江仁和（今杭州）人，道光二十一年（1841）以举人仕京师，任内阁中书、军机章京、刑部员外郎等职。他"尤谙练国朝掌故，洞悉源流……旋以防河因公罣误，杜门不出，著书自娱"。后丁忧家居，咸丰十一年（1861）十二月死。[2] 邵懿辰历

---

1 邵懿辰：《半岩庐遗集》卷上，《遗文·论立子》，载《续修四库全书》第1536册，第592-593页，上海：上海古籍出版社，1996—2003年。
2 参见曾国藩：《邵位西墓志铭》，载《清代碑传全集》下册，第1086页；《清史列传》卷65，《忠义传·邵懿辰》。

经道咸两朝，对道光帝遵行家法，通过秘密建储传位咸丰帝的做法，应有耳闻。汉族士绅内，拘泥古制，于秘密建储制度心存非议的当非个别人，但像邵懿辰这样将此看法于著述中表露无遗者，大概尚不多见。能够如此而为，也在于他是处在一个相对特殊的时代，即鸦片战争后，清朝皇权日益衰微，中国社会正在发生重大变化。

尽管部分汉族士绅对秘密建储制度难以真正认同，然而秘密建储制度的确立，是出现在清朝入关后满汉文化经过激烈碰撞，逐步走向融合，其融合的深度与广度日益加深的文化大背景下，而这一主要由满汉传统皇位（汗位）继承制度相互影响、杂交而生的皇位继承制度自身，也是满汉文化的融合又达到一个新的高度的重要标志。

将所定储君之名书于密旨，当皇帝死后方由众臣开启，以作为他所属意者承继皇位的法律依据。这种独特做法在中国历代王朝未有先例，很可能是清帝从《旧唐书》等载有波斯王实行密建法的史料记载中受到启发。也就是说，在建储的具体做法上，秘密建储制度吸收波斯文化的部分内容，采纳并改进了波斯国的古老习俗。

秘密建储制度体现出兼容并蓄、博采众长的多元文化特色，这既是它的突出特点，也是它之所以高于汉族王朝传统建储制度，成为中国古代解决皇位传承问题最佳模式的重要原因。

五、两种皇位继承制度下统治集团成员的不同关系

康熙帝实施嫡长子皇位继承制后，出现愈演愈烈的皇储矛盾与储位之争。这迫使他终止实行这一制度，总结有关经验教训，拟定、实施秘密建储计划。雍正、乾隆二帝将秘密建储计划加以改进，逐步发展为秘密建储制度，从而改变皇帝与储君之间、储君与皇子、储君与朝臣之间的关系，促进了皇权的进一步集中和强化。所以，调整统治集团核心成员之间原有关系这一迫切需要，促成皇位继承制度的创新，而新制度的出现，对于新的政治关系又起有规范、制约作用。

嫡长子皇位继承制度下，明诏册立储君，储权随之建立。皇太子代理政务，行使储权的实质，是对皇权的分割。皇帝既允许储权的存在，又感

到储权是对自己的潜在威胁，因而对皇储加意防范。乾隆帝曾指出："昔唐宣宗闻裴休立储之请曰，'若立太子，则朕为闲人。'又宋仁宗储位既定，郁郁不乐；宋英宗立太子后，泫然泣下，皆朕所嗤鄙，曾于批阅通鉴辑览时，评斥其非，安肯踵其庸陋之见乎？"[1] 一些帝王对建储暗怀抵触心理，反映出皇帝与储君之间所具有的利益冲突。乾隆帝之所以能够评斥其非，并非是他更为高明，而是由于已行秘密建储，故无皇储矛盾困扰。在此前提下，他才可以坐发高论，对前人的有关表现予以较为客观的评说。其实，乾隆帝退位后的所行所为表明，他的权力欲望较其他帝王更有过之。

乾隆帝曾就储君与大臣的关系问题指出："至所云立太子，可杜分门别户之嫌，尤为大谬，不知有太子，然后有门户。盖众人（指朝臣）见神器有属，其庸碌者，必豫为献媚逢迎，桀黠者，且隐图设机构陷，往牒昭然可鉴。"[2] 事实上，储君与大臣关系的复杂性以及在一定条件下所呈现的对抗性，都超出乾隆帝上述之论。储权是未来皇权的代表，与皇权相比更具潜在力量。由于它的存在，尤其是当皇帝与储君之间矛盾尖锐时，朝中就会出现两个暗中对峙的权力中心，大臣莫知所从，甚至有"两处总有一死"之叹。

由于皇位传承引发的这一最大利益之争无法调和，储君与普通皇子之间往往发生尖锐矛盾，双方关系甚至具有对抗性。关于这一问题，本书第三章已做述论，此处从略。

康熙帝晚年实施秘密建储计划期间，即政策创新时期，皇帝与暗定储君的关系、暗定储君与大臣的关系、暗定储君与其他皇子的关系，同嫡长子皇位继承制相比皆已出现变化，但仍带有这一制度框架下原有模式的某些痕迹。例如，康熙帝与暗定储君皇十四子允禵的关系，最初与他和其他皇子的关系并无不同。可是，当允禵被任命为抚远大将军，坐镇西陲，统理军务时，这对父子的关系发生显著变化，康熙帝对允禵及其家人予以优宠的种种举措，为众皇子及朝臣所瞩目。于是，有的大臣将允禵视同皇太子，在一些场合中给予允禵有别于其他皇子的特殊对待；允祺、允禑等与

---

[1] 《清高宗实录》卷1067，乾隆四十三年九月丁未。
[2] 《清高宗实录》卷1066，乾隆四十三年九月乙未。

允禵关系密切的皇子们，则开始将允禵担负重任，视为他们能够在储位之争中获取胜利的希望所在，进而结纳愈深。这为其后侥幸取得皇位的雍正帝清除反对派，造成很大困难；废太子允礽的残余力量、隐而不露的胤禛集团以及允禩允禟集团之间的储位之争，也因此而更为激烈。

上述关系变迁具有不确定性，并将随着康熙帝完成秘密建储计划，公开册立储君，而回复到原有的关系模式。但是，它却是皇位继承制度创新及最高统治集团成员之间的新型关系得以最终确立的先导。[1]

秘密建储制度取消储权，皇帝所属意皇子的储君身份并不公开。因此，所谓皇帝与储君的关系，只是对于皇帝本人而言，而且皇帝处于完全主动地位，可以随时终止这种关系，不会产生任何反响。

由于不存在储权，皇帝成为唯一的权力中心所在，大臣与密立储君的关系已无实际意义，几乎等同于大臣同一般皇子的关系。不过，当密立储君人选已为众臣所心照不宣时，众臣对这位皇子也会极力趋奉，竭尽谄谀之能事。

由于皇帝是秘密建储，且对储君人选严格保密，被密立的储君则是以一位普通皇子的身份出现，与其他皇子处于平等地位，相互关系不再具有对抗性。加之自雍正时期起，随着皇权的进一步集中、强化，皇子受到严密控制，其权利被大幅度削减，他们谋取储位、结党倾陷的可能性，也随之缩减到最低程度。

秘密建储制度确立了皇帝与密立储君之间、密立储君与大臣之间、密立储君与其他皇子之间的良性互动关系。这种新型的具有协调性特征的政治关系，是秘密建储制度的重要内涵，也是这一制度创新具有加强皇权、保证皇位顺利传承等显著政治功效的重要原因。

另一方面，实施秘密建储制度后，虽然统治集团成员的关系相对简化，但皇位继承问题仍然是他们的关注点，而其心态的微妙变化，也对其有关行为产生直接影响。

在皇帝心目中，密立储君不仅仅是一位普通皇子，今后还将肩负治国重任。可是，皇帝于此既不能明言，对待密立储君的态度又不能过于特

---

[1] 参见时和兴：《关系、限度、制度：政治发展过程中的国家与社会》，第247页。

殊，必须随时随地注意保持与其他皇子的平衡。为了使未来的接班人能够胜任其后的繁重政务，显然应予特殊培养，可是又不能这样做。凡此种种，皆使皇帝处于两难之中。

皇帝让密立储君担当一些重要的祭祀活动，其用意所在，既是祈求上天与列祖列宗的保佑，也想以此激励储君更加努力，谨恪行事。例如，乾隆三十八年（1773）十一月冬至祭天时，乾隆帝特命已密立为储君的颙琰去东陵祭祀孝贤皇后。这种异常之举，当使颙琰受到较大震动。因乾隆帝被其父密立为储君后第三个月（雍正元年年十一月），即被派往东陵，主持皇祖周年忌辰典礼。对于这一重要史实及其已被证实的深刻含义，颙琰应当是清楚的。于是，从此时起，颙琰会加意在各个方面以皇父之心为心，并尽量做出高姿态，在同诸兄弟的相处中愈加小心翼翼，履行兄友弟恭之道。尽管他与朝臣的接触并非很多，但也需要在其面前显现出谦逊态度。对于妃母之辈，更要做到符合礼仪规范，不得稍有疏忽。

秘密建储制度下，诸皇子为获取储位，只有尽可能地表现自己，以博得皇父、众兄弟、妃母、朝臣们的好感。随着年龄的增长，他们愈益关心皇位继承人选终将谁属，而不断由宫中、朝中反馈的各种信息，又使他们产生种种猜测，相互攀比，暗中较劲。

部分皇子则因自知条件不够，竞争皇位无望，进而不思进取，甚至自暴自弃。颙琰同母弟永璘即是一例。据《啸亭续录》载："纯皇帝（乾隆）末年，觊觎者众，王（永璘）笑曰：'使皇帝多如雨落，亦不能滴吾顶上。惟求诸兄见怜，将和珅邸第赐居，则吾愿足矣。'故睿皇帝（嘉庆）籍没和相时，即将其宅赐王居之，以酬昔言。"[1]

对于众皇子的上述心态，皇帝一清二楚。他的唯一良策，是在对于包括密立储君在内诸皇子的待遇、封爵、委任办理事项等各方面，尽可能地"一视同仁"，但事实上这又不可能完全做到。

由于清朝皇权的高度集中与强化，康熙以降直至晚清慈禧专权以前，清朝后妃始终与最高权力保持一定距离。不过，因皇位继承问题直接关系到其亲子与其本人的命运，所以，即使是实施秘密建储制度后，后妃们仍

---

[1] 昭梿：《啸亭续录》卷5，《庆僖王》。

旧对此备加关注。嘉庆帝突然去世后，传位遗诏一时未能找到，嘉庆帝的皇后钮祜禄氏随即发布懿旨，指定旻宁继承皇位。这一事实表明，嘉庆帝生前，后宫极为留意有关信息，对于储君之位谁属问题，她们也像众多朝臣一样多有揣度，且已明察于心。

总之，实行秘密建储制度后，最高统治集团成员之间呈现出新的政治关系，他们的心态也发生相应变化。从表面看，这种新型关系使统治集团内部减少激烈纷争，多了几分和谐，但统治集团成员内心深处并未由此获得平静，反而因相互猜疑，处处提防，更费心机。正如邵懿辰所言：由于密建储君，"而籍之有无不可知，是非不可知，出之时又不可知，悬不可知之籍以取必于可知之时，方其时之未至，偶幸无危，而各自危之心无时释也"[1]。

---

1 邵懿辰：《半岩庐遗集》卷上，《遗文·论立子》，载《续修四库全书》第1536册，第592-593页。

第六章

懿旨确立嗣君

道光（道光二十年后）、咸丰、同治、光绪、宣统五朝，历时71年（1840—1911），处于清朝晚期。从咸丰朝开始，秘密建储制度因客观原因终止未行。除去宣统帝溥仪三岁继位，三年后清朝灭亡，无从建储外，咸、同、光各朝的皇位传承，均非同一模式。清代最后数朝的皇位传承，具有非制度化的鲜明特征。

第一节　晚清皇权

道光二十年至二十二年（1840—1842）的中英鸦片战争，是中国封建社会向半殖民地半封建社会转变的开端，也是清朝进入晚期，清朝皇权步入衰微阶段的开端。

如果以皇权统治形式与皇位继承形态的异同作为研究视角，那么，晚清71年应以咸丰十一年（1861）辛酉政变为界标，分为前后两个时期。前一个时期历时22年（道光二十年至咸丰十一年，1840—1861），清帝仍然进行专权统治，皇位与皇权相统一，并继续实施秘密建储制度（仅有一子的咸丰帝除外）。后一时期历时50年（同治元年至宣统三年，1862—1911），由皇太后进行专权统治，溥仪继位后改由摄政王摄政。在此期间，皇位与皇权相分离，秘密建储制度为懿旨确立嗣君这一新的皇位继承形态所取代。本书将重点探讨后一时期。

一、主权不断丧失与皇权的重大变化

清朝是中国历代大一统中央王朝中，唯一一个跨越中国古代、近代两个历史阶段的王朝，1840年至1842年的中英鸦片战争，是它进入中国近

代的开端。倘若置之于世界历史发展的总体进程中,即可看出,晚清皇权的重大变化,是那一特定时段全球发生的整体性变化中,一个不可分割、又独具特色的组成部分。

1640年英国爆发资产阶级革命,资产阶级夺取西欧一个大国的统治权。以此为标志,世界进入近代,即资本主义制度取代封建制度的历史阶段。欧洲一些国家成为世界上第一批资本主义国家的同时,不断向亚、非、美、澳各大洲的国家和地区扩张。19世纪、20世纪之交,它们已占领或不同程度地控制了各大洲的国家和地区,其后果众所周知。人们从这一史实中得到的重要启示之一是,资本主义国家出现并向世界各地扩张后,一个国家或地区因社会生产力落后,以及其他各种原因而导致的社会发展阶段的落后,是最大的落后,也是后果最为严重的落后。1840年后清朝统治下的中国历史,充分说明了这一点。

1840年至1842年的中英鸦片战争,是19世纪40年代世界上最大的封建国家与最大的资本主义国家之间,一场严峻的政治、军事较量。

1840年7月初(道光二十年六月初),英国舰队麇集定海海面,即将发动进攻之际,曾经地跨亚、欧、非三洲的奥斯曼土耳其帝国已日渐衰微;莫卧儿王朝统治下的印度,处于被英国殖民者正式并吞的前夕;中国成为屹立于亚欧大陆东端的最后一个封建大国。但是,清朝也已进入中衰时期,仅能勉强维持其统治格局。

中英第一次鸦片战争中,清廷既不知己,更不知彼,腐朽无能,遭到惨败。道光二十二年(1842)签订《南京条约》,稍后又签订《虎门条约》《望厦条约》和《黄埔条约》等不平等条约,中国主权从此开始丧失,中华民族逐渐陷入深重灾难之中。

咸丰六年至十年(1856—1860)的第二次鸦片战争,清廷再次战败,签订了《北京条约》《瑷珲条约》等不平等条约,中国领土、主权丧失之多,方面之广,均超过第一次鸦片战争。列强胁迫清廷履行"条约义务",给予"洋人应得之益"[1],"中国主权的每一踪迹,在各项条约规定限度之

---

1 宝鋆等撰:《筹办夷务始末(同治朝)》卷63,影印本,第15页,故宫博物院,1929年。

内,都被一扫而光"[1]。

光绪十年(1884)的中法战争中,清廷本已击败法军,但最终还是在法国的强迫下,签订了不平等的《中法新约》。

光绪二十一年(1895),清廷在中日战争中失败,签订《马关条约》,中国领土、主权进一步丧失。当时,正值世界资本主义向帝国主义过渡时期,列强开始通过向中国输出资本,扩大其盘剥与掠夺的广度和深度,中国面临被列强瓜分的严重危机。

1900年八国联军大规模侵略中国,清廷于光绪二十七年(1901)签订《辛丑条约》。中国主权大量丧失,"已经达到了一个自主国家地位非常低落的阶段,低到只是保持了独立主权国家的极少的属性的地步"[2]。清廷以"量中华之物力,结与国之欢心"[3]作为对外政策,充当列强支配与控制中国的工具。与中国成为半殖民地社会同步,清朝皇权的重大变化也达到一个更深的层面。

皇权即皇帝拥有的国家最高统治权,国家主权亦在其中。中国主权不断丧失,亦即清朝皇权的不断被侵夺,使清朝统治遇到前所未有的威胁。

中国皇帝制度下,皇帝通常以制定决策,形成诏谕,并下达各级官僚机构贯彻执行的方式,行使其最高统治权。[4]决策权是皇帝拥有的各项权力中的重中之重。皇帝制定决策的总出发点,在于维护封建统治秩序,即由封建生产关系所决定的社会秩序,以保护地主阶级的利益,巩固王朝统治,强化皇帝制度及皇权。组织社会生产,维护国家统一,抵御外来侵略,也是皇帝必须考虑的至要问题。

鸦片战争前,清朝虽已进入中衰时期,但依然是一高度集权的王朝。作为"天下主"的清帝,仍是王朝的唯一主宰。他可以按照个人意志制定对内对外政策,处理王朝一切事务。可是,鸦片战争后,尤其是第二次鸦

---

1 [美]马士:《中华帝国对外关系史》第1册,张汇文等译,第696页,北京:商务印书馆,1963年。
2 [美]马士:《中华帝国对外关系史》第3册,张汇文等译,第383页;另参见胡绳:《从鸦片战争到五四运动》下册,第641页,北京:人民出版社,1981年。
3 《清德宗实录》卷477,光绪二十六年十二月癸亥。
4 参见白钢:《中国皇帝》,第222页。

片战争后，清帝决策的出发点发生改变。

由于受到不平等条约的约束，加之对列强的依赖程度逐渐加深，清帝在制定大政方针时所具有的独断性与随意性在不断减少。清帝决策的出发点，除去维护清朝自身利益、巩固封建统治秩序外，还须虑及列强的种种意图，维护列强在中国的既得利益及其特权。这种情况下，清帝的最高决策权已不再为其所独有。清朝皇权的重大变化，预示着历时两千年的封建皇权已濒临末日。

二、慈禧专权

（一）皇权衰微与辛酉政变

清朝晚期慈禧皇太后叶赫那拉氏的专权统治，是在其联合恭亲王奕䜣发动辛酉政变后，方始出现，而辛酉政变的发生与晚清皇权的衰微，有着密不可分的关系。

同中国历史上其他统一中央王朝末世皇权衰微的情况相比，清朝晚期皇权具有独特之处，这是由皇权的内在发展规律以及这一历史阶段的国内外环境所决定。

晚清皇权的衰微是由多种因素所促成，如社会危机空前严重、清朝统治集团加速腐朽、以太平天国为首的各族人民大起义的沉重打击、地方势力的增长等。但关键因素，是由于它已逐步受到列强的控制与支配，包括决策权在内的最高权力，已不能为清朝最高统治者独立拥有。所以，清朝皇权的衰微，首先表现在清朝主权的大量丧失，这是导致清朝皇权迅速衰微的决定性原因。

由于主权丧失而造成的皇权衰微，与中国历史上其他王朝因统治集团内部矛盾，如权臣、外戚、后妃、侍宦以及地方势力等侵夺皇权，致使皇权严重削弱，有本质性不同。与王朝内部成员争夺最高权力的情况相比，皇权为列强不断侵夺，才是皇权的真正流失，是王朝最高权力残缺不全的表现。统治集团内部力量侵夺皇权，则仅仅是对皇权的表层性破坏。这种情况下，皇权仍具有自我修复功能，能够收回失去的权力，或者通过改朝换代的方式，皇帝重掌朝纲，王朝周而复始。而作为半殖民地半封建社会的晚清皇权，则无法收回被列强所分割的权力，无法阻止因此而引起的皇权重大变化及其彻底覆亡的最终命运。

鸦片战争后，清朝"国威既损，更丧国权，外患自此始"[1]。然而，以道光帝为代表的清朝统治集团不能从中吸取教训，依然顽固守旧。他们将《南京条约》《虎门条约》等丧权辱国的条约，视为"万年和约"，"藉作一劳永逸之计"，幻想就此以往，即可"永绝后患"，彼此相安无事。[2]这固然说明清朝最高统治者昧于世界大势，愚腐不堪，也暴露出清朝皇权衰微时期统治者的苟且偷生、被动消极心态。

英法等国暂时未向清朝发动新的进攻，所以，道光帝在位最后十年（1841—1850）中，他的统治与鸦片战争前相比较，表面上尚未发生显著变化。道光帝依旧掌握军政大权，仍较勤政、节俭。他所倚信的大臣穆彰阿尽管日受重用，但其权势与能量远远不及和珅，无从构成对皇权的威胁。因此，鸦片战争后最初十年，清王朝尚能勉强维持统治。不过，这一时期，本已异常严重的社会危机进一步加剧，以白莲教、天地会为代表的各种民间宗教、民间结社所组织的反压迫斗争渐成燎原之势，一场空前规模的反清大起义已在酝酿之中。

如果说道光帝统治的最后十年内，还能大体维持现状，那么当咸丰帝统治时期，就已全然不同了。

道光三十年（1850）十一月，继位未及一载的咸丰帝颁布谕旨："近来各省盗贼横行，劫案累累……推原其故，皆由保甲之法不行，以致莠民无所忌惮。本年春间，曾经降旨，通谕各直省督抚，严饬各该管州县，力复旧章，实力办理。迄今已逾半年，各省大吏并未将现办情形，据实覆奏，是直以通谕为虚文，视保甲为故事，无怪各省抢劫之案，层见叠出，毫无敬畏也……"[3]这表明，清朝统治机构的正常运转受到阻滞，皇权的强制力急剧减弱。清朝官员对于谕旨的态度也发生较大变化，其消极怠慢

---

1 《清史稿》卷363，《列传》150，《穆彰阿》。
2 《清文宗实录》卷202，咸丰六年六月丁未；《清宣宗实录》卷378，道光二十二年七月癸亥、壬申。
3 《清文宗实录》卷22，道光三十年十一月甲寅。

之状，透露出皇帝的至高权威已在人们心目中大幅度下降。

咸丰年间，由于以太平天国为主的全国各族人民大起义及第二次鸦片战争的沉重打击，清廷内外交困，处境更为窘迫。才智平平的咸丰帝一筹莫展，为了逃避现实，逐步怠于国事，纵情声色，以致"体多疾"[1]。与其父祖辈所不同的是，咸丰朝中期以后，咸丰帝的主要依靠力量并非军机大臣或内阁大学士，而是一批远支宗室，主要是怡亲王载垣、郑亲王端华及其弟肃顺三人。

御前大臣载垣、端华均为道光帝临终时指定的顾命大臣。后来居上的肃顺则于咸丰七年（1857）升任左都御史、理藩院尚书兼都统等职，深受咸丰帝倚重，是三人的核心。肃顺锐意改革吏治，取得一定成效，亦因"治事之猛，识别之精，不避权贵，尤不顾八旗贵胄，故宗室旗人，恨之尤甚"[2]。

由于宗室不得入职枢垣的祖制，载垣、端华与肃顺皆非军机大臣。三人中，唯有肃顺于咸丰帝去世前数月，以户部尚书任协办大学士。可是，他们却受到咸丰帝的倚重，军机处与内阁反而被架空，形成"枢密之权渐替"局面。如咸丰十年（1860），彭蕴章因精力渐衰罢职后，军机处共有穆荫、匡源、文祥、杜翰四位军机大臣，焦祐瀛于军机大臣上学习行走。其中除文祥外，余者均对肃顺等唯命是从。辛酉政变后，人们追忆当时情景，认为"三奸盘结，同干大政，而军机处之权渐移，军机大臣皆拱手听命，伴食而已"[3]。

咸丰帝倚用宗室亲贵，致使其控制中枢辅政机构，掌握辅政之权。出现这种情况，与肃顺等人较为精明强干有关，但主要还是清朝皇权进入衰微阶段后，皇权削弱的一种反映。咸丰帝为维持危局不得不打乱规制，不拘一格倚用人材，进而默认肃顺等宗室成员凌驾枢臣之上的事实。

深受信任的肃顺，有时甚至直接干预皇帝的决策权。如处理咸丰八年（1858）顺天府科场案时，肃顺"挟刑律与天子争"，迫使咸丰帝处斩与肃

---

1 天嘏：《清代外史》第六篇第三章《奕詝饮鹿血》，载《清代野史》第1辑，第137–138页。
2 黄濬：《花随人圣盦摭忆》，第429页，上海：上海古籍书店，1983年。
3 薛福成：《庸盦笔记》卷1，《咸丰季年三奸伏诛》。

顺平日有隙的正考官、大学士兼军机大臣柏葰，即是一例。[1]

第二次鸦片战争中清廷战败后，咸丰帝将与英、法等国议和之事，全盘委托恭亲王奕䜣，他本人于咸丰十年（1860）八月，率后妃及部分官员（包括肃顺、载垣、端华等人）、侍从逃往热河，清朝政治中心由京城转移至此。从这时起至十一年七月咸丰帝病逝共11个月内，由于宫廷繁琐礼仪被迫从减，肃顺等"益得出入自便，导上娱情声色"[2]，并乘机控制了更多的军政大权。他们与咸丰帝之间有违封建纲常的君臣关系，也在进一步发展。

辛酉政变后，两宫皇太后罗列的肃顺等人罪状中指出，咸丰帝去世未几，皇太后召集他们会议御史董元醇奏请两宫垂帘听政事宜[3]，"面谕照行，伊等不服，胆敢面称伊等系赞襄皇上，不能听太后之命，并言伊等请太后看折亦系多余之事，当面咆哮，几至惊吓圣躬，含怒负气，拂袖而出，其目无君上情形，不一而足"。在热河期间，肃顺"擅坐御位，进内廷当差出入自由，目无法纪，擅用行宫内御用器物，把持一切事务。宫内传取应用物件，肃顺抗违不进，并敢声称，有旨亦不能遵"[4]。肃顺于咸丰帝生前的专擅行为，与其"赞襄皇上（同治帝）"时的表现具有一定因果关系，后者是前者的继续和发展。

清朝皇权日益衰微，列强侵略逐渐深入，中国主权不断丧失之际，君臣关系中出现与清朝前期、中期大力强化皇权的趋势背道而驰的现象，并不奇怪。它反映出皇权进入衰微阶段后，在列强入侵与农民起义的双重打击下，咸丰帝已缺乏乾纲独断，支撑残局的能力，皇帝的绝对权威发生动摇，君臣之间不可逾越的界线开始被打破。甚至在当时英国驻广州领事罗伯孙（Robertson）的眼中，咸丰帝也是"一个当国家危急时机，不顾国政的人物"，是"毫无精力的皇族代表"；中国百姓"对于他们皇帝之懦弱

---

1 《清史稿》卷20，《本纪》20，《文宗本纪》；《清朝野史大观》卷4，《咸丰八年科场案》。
2 薛福成：《庸盦笔记》卷1，《咸丰季年三奸伏诛》。
3 中国第一历史档案馆：《清代档案史料丛编》第1辑，第91-92页，北京：中华书局，1978年。
4 《清代档案史料丛编》第1辑，第114页。

无力是十分清楚的,他们谈到他就表示鄙视"[1]。

正是在上述政治与社会背景之下,出现皇权统治形式的变化——慈禧专权,皇位与皇权长期分离。

乾隆时期,清朝皇权的集中与强化达到极致,成功地杜绝后妃、外戚、宦官、权臣以及地方势力等对皇权的干扰。乾隆帝对此曾多次言及,颇感自豪。然而,具有讽刺意味的是,他去世63年后,其曾孙媳慈禧皇太后开始掌握清朝军政大权,为时长达47年之久。不仅同治、光绪二帝始终处于傀儡地位,宣统帝溥仪继承皇位、醇亲王载沣出任摄政王及其与隆裕太后之间的权力分配,均由慈禧临终前所确定。清朝的最后三年,依然处于慈禧余威的影响之下。

咸丰帝对自己身后的安排,为慈禧的专权开辟了道路。

咸丰帝继位后,遵照皇考遗旨,将奕䜣封为恭亲王,但始终对奕䜣心怀疑忌。他逃往热河时,命奕䜣留在京师与英法联军谈判和约问题。在咸丰帝的遥控下,咸丰十年(1860)九月、十月,奕䜣代表清朝与英、法、俄等列强分别签订《北京条约》,中国丧失了更多的主权和大片领土。清朝处于又一重大转折关头。

奕䜣对于资本主义列强的看法,原本与咸丰帝及其亲信肃顺等人并无不同。签订中英、中法《北京条约》,英法联军随即撤离京津地区后,以奕䜣为首的部分清朝统治集团成员,开始总结此次战争的经验教训。他们认为对清朝而言,"发捻交乘,心腹之害也;俄国壤地相接,有蚕食上国之志,肘腋之忧也;英国志在通商,暴虐无人理,不为限制则无以自立,肢体之患也。故灭发捻为先,治俄次之,治英又次之"[2]。因此,应改变对外方针,与列强"权宜和好",以便集中力量,必要时借助列强之力,镇压太平天国、捻军等农民起义,同时开展自强运动,挽救、振兴清朝。辛酉政变后,上述主张大都付诸实施,这使清朝得以渡过最困难的阶段,并在一定程度上推动了中国的近代化进程。但是,这一切未能扭转清朝日渐

---

1 严中平:《1861年北京政变前后中英反革命的勾结》(续),载《历史教学》1952年5月号。
2 奕䜣等:《奏通筹洋务全局酌拟章程六条折》,载中国近代史资料丛刊《第二次鸦片战争》第5册,第341页,上海:上海人民出版社,1978年。

衰微的趋势，中国也因此进一步陷入半殖民地深渊。

通过议和与签订《北京条约》，列强逐步了解奕䜣的有关看法，开始对他产生好感，予以扶持。这是奕䜣的声望迅即上升的一个重要因素。与此同时，奕䜣充分利用在京主持议和的时机，扩充实力，并表现出与肃顺集团的专断严苛所不同的作风。他将长期对肃顺集团疑畏嫉恨，并被咸丰帝及肃顺集团抛弃在京师的大批高层官员，团结在自己周围，同时又取得直、鲁、豫、皖地区的清军统帅胜保与僧格林沁的支持，形成一个在清朝政坛上举足轻重的利益集团。

咸丰帝临终前，鉴于顺治帝幼年受制于多尔衮的教训，加之对奕䜣不能消除疑忌，故以载垣、端华、肃顺等八人"赞襄一切政务"，共同辅佐同治帝[1]，却将奕䜣排除在赞襄大臣之外。同时，咸丰帝将两道印章分别赐与皇后钮祜禄氏与皇子载淳，即后来的慈安皇太后（谥"孝贞显皇后"）和同治帝，"母后用'御赏'印，印起。上用'同道堂'印，印讫。凡应用朱笔者，用此代之。述旨亦均用之，以杜弊端"[2]。显然，这是为防止肃顺等人专权，以行牵制之策。

咸丰帝将两枚印章分别赐与慈安及同治帝，却未提及同治帝的生母慈禧，当时尚为懿贵妃的叶赫那拉氏（谥"孝钦显皇后"）。这表明咸丰帝试图采取区别对待的方式，遏制慈禧的揽权欲望。下述记载，多少可以印证这一点。

慈禧"生穆宗（同治帝载淳），进为妃。迨贵，渐怙宠而肆骄，久之，不能制。适粤寇难发，文宗忧勤国是，丛脞万端，乃得以弄权宫掖，文宗浸知之，渐恶其为人"。曾拟"效汉武帝之于钩弋夫人故事"，处死慈禧，以防其日后依恃皇帝生母之尊，擅权乱政。[3]同道堂印并未给予慈禧，而是交付同治帝本人，说明咸丰帝对慈禧有所防范。可是，同治帝只有六岁，慈禧是其生母，由她代掌此印乃在情理之中，除非咸丰帝明令在先，方能禁止。但咸丰帝并没有这样做。授印同治帝，无异于授印慈禧。看来，除

---

1 《清代档案史料丛编》第1辑，第83页。
2 《热河密札》，载《近代史资料》总第36号，第13页，北京：中华书局，1978年。
3 徐珂编撰：《清稗类钞》第1册，第382–383页。

去遏制和防范外，咸丰帝对慈禧还有利用之意，即让她协助慈安，保护幼子，防止肃顺等八大臣专权。

咸丰帝对继承人的辅佐班子做出上述安排，旨在其身后形成一个相互制约的权力系统：以赞襄大臣排斥并牵制恭亲王奕䜣，又以慈安、慈禧制约赞襄大臣，而赞襄大臣显然也对两宫皇太后具有牵制作用。时人认为，"诸事母后颇有主见，垂帘辅政，盖兼有之"[1] 另一方面，慈安、慈禧之间虽有主次之分，彼此也有制约关系。这一互为牵制的复杂系统，是咸丰帝总结清初皇位继承中的经验教训，并依据其去世前清朝最高统治集团内部的具体情况而精心设计。他自以为此乃万全之策，其子载淳成人后，即可收回赞襄大臣与两太后的权力，亲掌大政。可是，事态发展方向却与他的初衷相反。

命以两印代替朱笔，等于授予掌印者决策权，但咸丰帝对于掌印者是否具有阅折权力这一关键问题，却未明言。然而，未曾阅折又何所根据而钤印？所以，慈禧于咸丰帝去世不久，在慈安的支持下，向肃顺等赞襄大臣提出阅折要求，经过一番激烈较量，终于达到目的。[2] 这为慈禧以同治帝生母身份逐步独掌清廷最高决策权，进一步创造了条件。

需要指出，慈安虽然是咸丰帝的正宫皇后，但生性懦弱，较少权力欲望，才智也相对逊色。[3] 自此以降，直至光绪七年（1881）慈安去世，20年间她一直为慈禧所拉拢和利用，基本上处于服从地位。

肃顺集团大权独揽，专横跋扈，也引起慈安的强烈不满。慈禧则利用这一点，联合慈安，密谋清除肃顺集团。因肃顺集团握有军政大权，掌控行在各项事宜，两宫太后势单力薄，只有与奕䜣集团联合，方能击败对手。史载："当是时，肃顺专大权，暴横不可制，（慈安）太后与慈禧太后俯巨缸而语，计议甚密。于是羁縻肃顺，外示委任，而召恭亲王至热河，与王密谋……"[4]

1　佚名：《热河密札》，载《近代史资料》总第36号，第13页。
2　参见黄濬：《花随人圣盦摭忆》，《补篇》第6—7页；另参见佚名：《热河密札》，载《近代史资料》总第36号，第11页；《清代档案史料丛编》第1辑，第105页。
3　参见黄濬：《花随人圣盦摭忆》，《补篇》第5页。
4　薛福成：《庸盦笔记》卷2，《慈安皇太后圣德》。

奕䜣虽然颇具实力，咸丰帝却将他排斥在顾命大臣之外，使之在与肃顺集团斗争中名不正，言不顺，处于劣势。他唯有与慈禧联合，并打出两宫太后垂帘听政的旗号，以此取代肃顺等人的襄赞权力，方能充分发挥其优势，将肃顺等战而胜之。

总之，咸丰十一年（阴历辛酉，1861）咸丰帝死后，最高统治层中围绕垂帘还是赞襄问题展开激烈斗争。经过慈禧与奕䜣的周密策划与部署，在咸丰帝灵柩运回北京途中，两宫太后与同治帝先行回到京师，发动突然袭击，一举清除肃顺集团，夺取清朝最高统治权。是为辛酉政变[1]。慈禧专权统治的序幕，由此拉开。

恭亲王奕䜣与慈禧能够联手战胜肃顺集团，其原因之一，是得到西方列强的支持。

首先，奕䜣是以他同西方列强在谈判交往中建立的关系，作为政治资本，并因此成为列强能够在清朝最高统治集团内部直接施以较大影响之人。英法等国对于奕䜣夺取更多权力的企图，当然会尽全力促成。

其次，列强的支持态度打消了慈禧对发动政变的顾虑。同绝大多数清朝统治集团成员一样，慈禧曾对西方列强怀有很重的疑惧心理。奕䜣向她担保"外国无异议"[2]，"他个人愿对外国人任何冒犯行为负责。另一方面，他又力说只要她回到北京则任何事情他都能办到"[3]。免去后顾之忧，慈禧"即令王传旨回銮，令肃顺护梓宫继发。既之京，即发诏罪状顾命八臣，俱拿问"[4]。政变一举成功。

辛酉政变所以不同于以往历代王朝统治集团内部的权力之争，是由于有西方列强插手其间，而且成为决定双方斗争胜负的一个重要因素；这一清朝最高领导层内部的权力斗争，又与西方列强在华利益密切相联。正如当时英国驻清朝公使卜鲁斯（Sir Frede Rick W. A. Bruce）致英国外交大臣罗素（Lordgohn Russell）的信中所指出："我相信现任者恭亲王不致使我

---

[1] 参见《清代档案史料丛编》第1辑，第101-103、112-117页。
[2] 王闿运：《祺祥故事》，载中国近代史资料丛刊《第二次鸦片战争》第2册，第326页，上海：上海人民出版社，1978年。
[3] 严中平：《1861年北京政变前后中英反革命的勾结》（续），载《历史教学》1952年5月号。
[4] 王闿运：《祺祥故事》，载中国近代史资料丛刊《第二次鸦片战争》第2册，第326页。

们失望",他正是"对我们信任的"少数中国政治家中的一员。[1] "恭亲王及其同僚之操权,乃是对外国人维持友好关系使然……这次危机之决定转向有利于我们在华利益的方向,实受我们所执行的路线的极大影响。"[2]

早在1861年(咸丰十一年)5月,英国驻广州公使罗伯孙就已认为,"中国政府似乎是急于要全部忠实履行其条约义务似的",他甚至想将奕䜣"培养成一个人物",以取代咸丰帝。[3] 辛酉政变成功,表明中国半殖民地统治秩序正在形成,"以前中国是处于命令的地位去决定国际关系的各种条件,而现在则是西方各国强把他们的意图加在中国身上的时候了"[4]。随着各国公使进驻北京,以及总税务司这一重要职务由英国人赫德担当,西方列强通过各种方式,劝说、影响、强迫清廷履行条约义务,并按照列强的意愿改造清廷,使其成为他们统治中国的工具。在列强支持下掌握皇权的清朝最高统治者慈禧及其主要助手奕䜣等人,须在各方面更多地照顾支持者的利益,从而进一步受到列强的控制与利用。[5]

上述种种主客观条件及诸多个人因素,均对辛酉政变的发生起着重要影响,但归根到底,这一事件还是皇权衰微使然。由于皇权的绝对权威发生动摇,咸丰帝的威信急剧下降,他的遗旨不再具有使朝臣无条件执行的威慑力量。因此,慈禧与奕䜣等人方敢于公然违背咸丰帝的意志,推翻其既定方针,改变他以八位顾命大臣赞襄一切政务的安排,重新进行权力分配。若非皇权已经衰微,皇帝不再具有至高无上的威严,咸丰帝生前制定的八大臣赞襄体制不会旋即为垂帘听政体制所取代,慈禧纵然善于玩弄手腕,也难以迅速改变大行皇帝的生前决策。

(二)垂帘听政体制的确立

辛酉政变后,慈禧与奕䜣之间在权力分配问题上展开较量。作为两宫皇太后代表的慈禧,一开始便处于主动位置。这是因为慈安乃咸丰帝正宫皇后,慈禧是同治帝的生母,更重要的是,两人分别掌握咸丰帝赐予的体

---

1 严中平:《1861年北京政变前后中英反革命的勾结》(续),载《历史教学》1952年5月号。
2 严中平:《1861年北京政变前后中英反革命的勾结》,载《历史教学》1952年4月号。
3 严中平:《1861年北京政变前后中英反革命的勾结》(续),载《历史教学》1952年5月号。
4 [美]马士:《中华帝国对外关系史》第1册,张汇文等译,第696页。
5 参见杨遵道、叶凤美编著:《清政权半殖民地化研究》,北京:高等教育出版社,1993年。

现最高决策权的"御赏""同道堂"二印。因此,唯有她们两人,能够名正言顺地代表皇权,在清除肃顺集团的激烈斗争中发挥举足轻重的作用。同时,也只有打出两宫皇太后垂帘听政的旗号,方能取代咸丰帝以肃顺等八位顾命大臣赞襄一切政务的决定。政变成功后,慈禧遂凭借这一重要优势,迫使奕訢在权力分配问题上作出让步。

慈禧首先以同治帝的名义,向全体大臣反复强调,两宫皇太后拥有最高决策权。这集中体现在三道谕旨中。

其一,咸丰十一年(1861)十月初七日,内阁奉上谕:

> 朕奉母后皇太后、圣母皇太后(按,两称号分别指慈安、慈禧)懿旨,各直省将军督抚等折奏,向于呈递之次日朱批发还;其有应降谕旨者,亦即令军机大臣缮拟,于进呈后即行交发;其各路军营紧要奏报,则无论何时呈递,均系即行办理。
>
> 现在,一切政务仰蒙两宫皇太后躬亲裁制,慈怀冲挹,深恐于披览章奏未能周详。嗣后,各直省及各路军营折报应行降旨各件,于呈递两宫皇太后慈览,发交议政王、军机大臣后,该王、大臣等悉心详议,于当日召见时恭请谕旨,再行缮拟,于次日恭呈母后皇太后、圣母皇太后阅定颁发;应行批答各件,该王、大臣查照旧章,敬谨缮拟呈递后,一并于次日发下;其紧要军务事件,仍于递到时立即办理,以昭慎重。钦此。[1]

其二,咸丰十一年十月初八日,内阁奉上谕:

> 恭亲王奕訢奏沥陈悚惕,请饬诸臣各抒所见,以求折衷一折。朕奉母后皇太后、圣母皇太后懿旨,授恭亲王奕訢为议政王,在军机处行走,诚以朕年在幼冲,遽膺大宝,仰承皇考付托之重,幸蒙两宫皇太后庶务亲裁,使非辅翼得人,何以勤求上理?恭亲王奕訢贤亲众著,朝野咸知。皇考大行皇帝在位,曾蒙特简赞理枢廷,深资倚畀。上年京畿弗靖,又复留驻京师,办理一切事务,均极妥协。我母后皇太后、圣母皇太后谨循家法,授以议政王,并掌枢机,此实默体皇考

---

[1]《清代档案史料丛编》第1辑,第119页;参见《清穆宗实录》卷6,咸丰十一年十月壬戌。

> 燕翼贻谋。该亲王滋命益恭，其尽忠竭虑以保乂（义）我邦家，固为至谊，所不容辞，讵非天下臣民所同系望也……[1]

其三，咸丰十一年十月初九日，内阁奉上谕：

> 朕奉母后皇太后、圣母皇太后懿旨，现在一切政务均蒙两宫皇太后躬亲裁决，谕令议政王、军机大臣遵行，惟缮拟谕旨仍应作为朕意宣示中外。自宜钦遵慈训，嗣后议政王、军机大臣缮拟谕旨，著仍书朕字。将此通谕中外知之。钦此。[2]

上述三道上谕，确定了两宫皇太后与奕䜣之间的权力关系，即一应政务均由两宫皇太后"躬亲裁决"，议政王奕䜣则是从旁"辅翼""遵行"，双方的主从地位明确无误。谕旨还表明，两宫皇太后虽然不像咸丰帝那样，在奏折上亲做朱批，但其权力相当集中，与咸丰帝在世时相比并无实质性差别。这在奏折的呈览、请旨、缮拟、阅定、颁发等处理程序中有充分反映。[3]

确立对清朝政务的最高决策权，是两宫皇太后于辛酉政变后重新进行权力分配时，必须解决的头等大事，而两太后拥有垂帘听政的权力，即听政大权，则为实现其最高决策权的关键环节。

最高统治者听理政务，是直接接触、深入了解中央及地方各级官员，予以任用、控制，并及时、准确地掌握信息，制定政策的首要途径。是否亲自听理政务，关系到最高统治者能否真正掌握决策大权、人事大权，以及其决策能否及时、无误地贯彻实施等重大问题。权力欲望十分强烈的慈禧重视垂帘听政的原因，即在于此。

两宫皇太后掌握清朝最高决策权，成为清朝权力主体这一既定事实，奕䜣集团已无从改变，两太后垂帘听政也是势在必行之事。但是，奕䜣集团不愿慈禧的权力过大，因而处心积虑地在垂帘章程上做文章。他们依据汉族王朝母后垂帘听政的先例，制定这一规章制度，以尽可能地抑制慈禧的权势。

---

1 《清代档案史料丛编》第1辑，第122页；参见《清穆宗实录》卷6，咸丰十一年十月癸亥。
2 《清代档案史料丛编》第1辑，第123页；参见《清穆宗实录》卷6，咸丰十一年十月甲子。
3 参见徐立亭：《咸丰同治帝》，第242-244页，长春：吉林文史出版社，1993年；徐彻：《慈禧大传》，第162-165页，沈阳：辽海出版社，1994年。

咸丰十一年（1861）十月二十六日出台的垂帘章程，是双方经过一番斗争，最终达成协议后形成的权力分配方案，其核心是两宫皇太后拥有清朝最高决策权，但又与皇帝有所区别。《垂帘章程》总计十一条，包括三方面内容。

第一方面，祭祀典礼的职责权力。第一、二、三、四条，郊坛大祀与太庙祭享，即祭天、祭祖重大祭典，因同治帝年幼不能亲临，故"遣王恭代"，俟数年后"亲诣行礼"。与祭天、祭祖相比，其重要性相对次要的谒陵、御门、经筵、耕藉等活动，均暂缓举行。元日、万寿节、传胪等大典礼，"皇上升殿，均拟请照常举行"。

第二方面，听政权力与除授官员的人事大权。第五、六、七条，"召见内外臣工，拟请两宫皇太后、皇上同御养心殿，皇太后前垂帘，于议政王、御前大臣内轮派一人，将召见人员带领进见。京外官员引见，拟请两宫皇太后、皇上同御养心殿明殿……引见如常仪，其如何简用，皇太后于名单内钦定，钤用御印，交议政王等军机大臣传旨发下。该堂官照例述旨"。"除授大员，简放各项差使，拟请将应补、应升、应放各员开单，由议政王、军机大臣于召见时呈递，恭候钦定。将除授简放之员，钤印发下缮旨。"

第三方面，确定部分科举试题的撰拟者、内外臣工所上请安折的呈送对象以及同治帝入学读书时的"授业之仪"。第八、九条，"顺天乡试、会试以及凡在贡院考试，向系钦命诗文各题，均拟援照外省乡试之例，请由考官出题"。朝考及各项殿廷考试题目、殿试武举等，出题人均由（皇帝）"钦派"。等等。第十条规定，内外臣工请安折谨缮三分，分呈母后皇太后、圣母皇太后及皇上。第十一条规定，皇上入学读书，为师傅设座授读。[1]

据此，垂帘章程在赋予两宫皇太后听政大权与人事大权，使其完整地拥有对所有政务的最高决策权的同时，又为她们与皇帝之间划出一条清晰的界线，两种角色各司其职，不可相互混淆。

"国之大事，在祀与戎。"按照垂帘章程的规定，所有祭祀典礼均为皇

---

[1] 《清穆宗实录》卷8，咸丰十一年十月辛巳。

帝的职任，或暂派人恭代，或暂缓举行，或亲自主持，两太后不能越俎代庖。垂帘听政的皇太后不得主持王朝重大祭祀典礼的情况，并非清朝所独有，反映了男尊女卑的封建伦理观念。这在客观上为慈禧由垂帘听政发展到南面称尊，设下障碍。

开科取士之权本为皇帝所独掌，因同治帝年幼不能亲自出题，《垂帘章程》中明确规定，顺天乡试、会试等，改由考官出题；朝考、殿试等，出题人员由皇帝"钦派"，实际上是由两宫太后指定。可见，作为涉及人事大权之一的开科取士之权，慈禧只是掌握了其中一部分。

《垂帘章程》的上述规定，意味着慈禧的名分只是一位皇太后，她是以皇帝代表者的身份行使皇权。从某种角度看，这无疑是为慈禧的专权划出了一定范围。不过，慈禧终究已是王朝最高权力的实际掌握者，拥有决策大权，与奕䜣等人之间是君臣关系，这是她通过垂帘章程的议定而获得的重大胜利。

以《垂帘章程》的出台为标志，清朝历史上从未曾有的垂帘听政体制基本确定。《垂帘章程》也为慈禧在特定范围内垄断最高权力，提供了法律依据。

（三）慈禧专权的四个阶段

慈禧专权自同治元年至光绪三十四年（1862—1908），共计47年。这是清廷日益屈服于西方列强，中国社会半殖民地化不断加深，清朝统治集团进一步腐朽时期。

慈禧专权期间，光绪十年（1884）以前的23年，她受到奕䜣及慈安太后不同程度的制约；此后的24年，是她相对更多地独揽大权时期。在其专权的全过程中，随着资本主义列强对中国侵略的深入，慈禧所掌握、行使的皇权不断被侵夺。《辛丑条约》后，这一情况更为严重。此外，地方督抚对慈禧所拥有的最高决策权的影响与牵制，也在日益增加。所以，慈禧的专权终究发生在清朝皇权衰微之际，同鸦片战争前的清帝专权不可同日而语。

慈禧的专权经历了一个逐步发展的过程，可以分做四个阶段。

慈禧专权的第一阶段，自同治元年至同治四年（1862—1865）三月之前，历时不足四载。

同治初年，慈禧"甫经听政，诸事究未娴熟"[1]，对各级官员的情况缺乏了解，加之清廷与列强之间交涉事务纷繁复杂，对太平天国的镇压又处于紧要关头，因此不得不在掌握决策大权的前提下，重用、依靠奕䜣。奕䜣身为议政王，统领军机处与总理各国事务衙门，这两个重要部门的主要成员多为其亲信。史载，恭亲王"总揽大纲"，凡事"所承之旨，即军机之旨，所书之谕，即军机之谕，此亦事实之不可掩者也"[2]；"军机处仅事承宣，久无实权，惟恭忠亲王议政时略可专断"[3]。

但是，奕䜣"不是摄政者，最后的决定权不在他的手里"[4]。事实上，当慈禧与慈安分别得到咸丰帝赐予之印，从而握有清朝一应政务的最后决定权后，她们就获得高居所有宗亲贵族之上的法定地位。垂帘章程的确定，使这种地位得到巩固和加强，她们代表幼龄皇帝行使皇权的做法，也因此得到制度上的确认与保证。奕䜣虽然"颇有大权"[5]，对于慈禧的专权起有一定制约作用，但说到底，仍是慈禧行使皇权的得力工具。

慈禧专权的第一阶段，是清朝最高层内部基本做到求同存异的短暂时期，也是所谓"同治中兴"的开端。

同治三年（1864），太平天国革命失败，清朝"心腹之害"被消除后，慈禧与奕䜣之间日趋激烈的权力之争开始公开化。

同治四年（1865年）三月，"两太后谕责王信任亲戚，内廷召对，时有不检，罢议政王一切职任"。因大部分王公大臣为之求情，奕䜣最终被撤销议政王而保留其他职务。[6] 褫夺议政王称号是对奕䜣的重击，也是慈禧排斥奕䜣集团，进一步集中权力的进程中，具有决定意义的胜利。

慈禧专权的第二阶段，自同治四年三月至光绪十年（1865—1884），

---

1 何刚德：《春明梦录》上，影印本，第11页，上海：上海古籍书店，1983年。
2 何刚德：《客座偶谈》卷1，影印本，第9页，上海：上海古籍书店，1983年。
3 金梁：《光宣小记》，第15页，上海：上海书店出版社，1998年。
4 [美]马士：《中华帝国对外关系史》第2册，张汇文等译，第67—68页。
5 [英]濮兰德、白克好司：《慈禧外纪》，陈冷汰等译述，第40页，上海：中华书局，1917年。
6 《清史稿》卷221，《列传》8，《诸王》7，《恭忠亲王奕䜣》。

历时19年。

在此期间，奕䜣继续统领军机处与总理衙门，"像主妇和管家一样"[1]处于慈禧的严密控制之下，"事无大小，皆谨守绳尺，无敢偭越"[2]，"仅保位而已"[3]。不过，在有关宫廷内部事务等某些具体问题上，奕䜣对于慈禧的专权仍有所抵制。如同治十一年（1872），同治帝大婚后，"慈禧太后面谕军机大臣云：'……今距归政不远，欲择日遍召大学士、御前大臣、六部九卿，谕以宏济艰难之道，惟养心殿地太迫窄'。言至此，恭亲王遽对曰：'着，（原书按：着者，是之辞，京话如此。）慈宁宫是太后地方'。太后遂止不语，后亦不遍谕于大臣。盖后意欲御乾清宫，恭邸窥其意，而先为几谏也"。[4]又如同治十三年（1874），奕䜣联同奕譞、文祥等众多王公大臣，坚决阻谏同治帝重新修复被英法联军付之一炬的圆明园。修复圆明园乃慈禧之意，同治帝"曾以后意，明告谏者"[5]。由于众人的反对，这一工程被迫停止。然而凡重大政务，奕䜣皆依慈禧旨意而行。如同治帝死后，在决定皇位继承人这一关键问题上，是由慈禧一言而定，奕䜣同其他宗室王公、文武重臣一样，处于被动与从属的地位；慈安皇太后最终也只有服从慈禧的意愿。

即使如此，对于慈禧来说，奕䜣仍然是其专权的一个妨碍。光绪十年（阴历甲申，1884）三月，中法战争正在进行中，慈禧以"委靡因循"等理由撤销奕䜣一切职务，令其家居养疾；并全盘改组军机处，由礼亲王世铎出任首枢，紧要事件会同醇亲王奕譞商办。这次重大人事变更，史称"甲申易枢"。慈禧为独掌清朝军政大权，踢开最后一块绊脚石。

奕䜣在其全部政治生涯中的所作所为表明，他尽管精明机敏，很有才干，但缺乏一位政治家的谋略，也不善于驾驭群臣。奕䜣可以是一个具体部门的杰出领导者，是有关方针政策的制定者或出色执行者，却并非一位刚毅果敢、统领全局的决策者。他在与慈禧的权力角逐中之所以始终处于

---

1 ［美］马士：《中华帝国对外关系史》第2册，张汇文等译，第68页。
2 《清朝野史大观》卷1，《慈禧之侈纵》。
3 金梁：《光宣小记》，第15页。
4 黄濬：《花随人圣盦摭忆》，第508-509页。
5 黄濬：《花随人圣盦摭忆》，第504页。

劣势，其性格、作风的某些特点也起有一定作用。

　　在慈禧专权的第二阶段，清廷内部发生了一系列重要事件。同治十二年（1873）正月同治帝亲政，两宫皇太后撤帘归政。翌年（1874）十二月同治帝病逝，光绪帝继位，两宫皇太后再次垂帘听政。光绪七年（1881）三月，慈安皇太后去世。这些情况，均未对清廷的权力格局造成大的影响。同治帝亲政后并无实权，幼龄光绪帝更无庸论。

　　慈禧专权的第三阶段，自光绪十年至光绪二十四年（1884—1898），历时14年。以此阶段为始，清朝中央政权机构中已不存在能够与慈禧相抗衡的实力集团，慈禧专权的程度较前又提高一步。

　　光绪十三年（1887），17岁的光绪帝亲政。慈禧以退为进，允其亲信醇亲王奕譞等人奏请，进行与垂帘听政并无本质差异的所谓训政。十五年（1889）正月，光绪帝大婚，二月，慈禧方行归政。所以，严格意义上说，十五年二月方为光绪帝亲政之始。此后直到二十四年（1898）八月百日维新失败，其亲政时期约有十年。

　　光绪十四年（1888）十二月，由担任首枢的礼亲王世铎提出，得到慈禧首肯的所谓《归政条目》[1]，为慈禧继续独掌大权，与臣工保持直接联系，进而掌握第一手信息，控制臣工，驾驭全局，提供了保证。

　　慈禧归政的十年中，"大约寻常事上决之，稍难事枢臣参酌之，疑难者请懿旨"[2]，即所谓"朝廷大政，必请命乃行"[3]。慈禧"表面上虽不预闻国政，实则未尝一日离去大权，身虽在颐和园，而精神实贯注于紫禁城也"[4]。

　　光绪帝是清朝后期诸帝中颇思有所作为者，却无法改变空有皇位而无实权的处境，其原因是多方面的。

　　光绪帝亲政时，慈禧已专权20余年，于朝内外树立起很高威严，由皇太后亲裁要务这一既成事实，早已为世人接受。加之"同、光以来，内

---

[1]　朱寿朋：《光绪朝东华录》第5册，第2524页，台北：文海出版社，1963年。
[2]　陈义杰点校：《翁同龢日记》第4册，第2262页，北京：中华书局，1992年。
[3]　《清史稿》卷214，《列传》1，《后妃》。
[4]　［英］濮兰德、白克好司：《慈禧外纪》，陈冷汰等译述，第112页。

外重臣皆孝钦所亲拔，德宗虽亲政，实未敢私用一人，其势固已孤矣"[1]。这些官员尽为慈禧的亲信，他们在晚清统治集团上层形成一股强大势力。

光绪帝能够继承帝位，是由慈禧一言而定，二者之间一开始便具有主从关系。自幼缺乏亲情的宫中环境，使光绪帝本已相当内向、温顺的个性进一步发展，形成懦弱的性格，本能地对慈禧怀有畏惧心理。光绪帝的禀性气质，使他更适合做一位学者，而非统领广土众民之人，他与慈禧关系中的先天弱点，也极大地阻碍他从慈禧手中夺回本应属于他的权力。显然，他不具备一位乾纲独断之君所必须具有的气魄与胆识。

光绪帝亲政后，围绕皇帝与皇太后之间的权力之争，朝中日渐形成相对立的帝党与后党。这是实力相差悬殊，完全不足以相抗衡的两派政治力量。只是因光绪帝在中日战争中坚意主战，后又力主变法图强，而以慈禧为首的后党对日本侵略者妥协退让，极力反对变法，两派一度出现过尖锐对立。由于上述情况，这一时期的帝后权力之争，具有不同于以往中国皇权史上任何一次最高权力之争的特殊性质。

百日维新中，光绪帝曾发布百余道变法谕旨。这是光绪帝亲政十年中，唯一一次相对独立地行使皇权。因各级官员持观望态度，对这些谕旨基本没有执行。虽然如此，光绪二十四年（阴历戊戌，1898）四月"明定国是"诏颁布后数日，慈禧即迫使光绪帝将其老师、帝党核心成员、协办大学士、户部尚书翁同龢开缺回籍；明申皇太后掌有对二品以上大员补授权[2]；并将她的亲信荣禄升任直隶总督，兼充北洋通商大臣统辖北洋三军。[3]可见，光绪帝宣布实行变法后，慈禧立即采取防范措施，以削弱光绪帝权势，为最终扼杀变法、再行专权埋下伏笔。

慈禧思想保守，与变法维新格格不入，何况变法还将打乱多年来她在中央政权机构中建立的统治格局，不利于她的专权。变法维新也有损朝中众多官员的既得利益，他们之中大多数人具有浓厚的保守思想，是慈禧的主要支持者，并对慈禧产生一定影响。光绪二十四年（1898）八月，慈禧

1　　胡思敬：《国闻备乘》卷4，《保皇党》。
2　　《清德宗实录》卷418，光绪二十四年四月己酉。
3　　《清德宗实录》卷419，光绪二十四年五月丁巳。

发动政变,捕杀维新人士,囚禁光绪帝,百日维新以失败告终。

戊戌变法虽然遭到统治集团内部以慈禧为首的保守派镇压,但它却是面临严重危机的皇权为维持其生存,而不得不进行的一次调整与改革。这是中国皇权史上从未有之事。

帝后党争与戊戌变法中,帝党与维新派受到英、日等国支持,后党得到沙俄的支持。百日维新失败后,维新派领袖康有为、梁启超等是在英、日等国保护下,逃离清廷的缉捕。这些情况反映了列强在华利益的冲突与矛盾,是其直接插手清廷内部事务的具体表现,也是清朝皇权发生重大变化的又一证明。

慈禧专权的第四阶段,以光绪二十四年八月戊戌政变为起始,至三十四年(1908)十月,历时十载。慈禧的专权在此期间达到高峰。

戊戌政变后,慈禧第二次训政。她本欲谋害光绪帝,后又立溥儁为皇子(大阿哥),拟以溥儁取代光绪帝,均因遭到各方面反对而未遂。光绪帝虽然名义上仍在帝位,却被囚禁瀛台,失去人身自由,成为不折不扣的傀儡。光绪二十六年(1900)七月,八国联军攻入北京,慈禧挟持光绪帝逃往西安,翌年返京。三十四年(1908)十月,光绪帝与慈禧仅隔一日相继去世。

综观同治、光绪两朝,曾先后实行两宫垂帘以及慈禧训政、归政、再次训政等各种政治体制。无论形式如何变化,慈禧是皇权的实际行使者,皇位与皇权始终处于分离状态。

(四)慈禧长期专权的原因

晚清皇权的重大变化所导致的皇权迅速衰微,是咸丰帝死后,他所确立的赞襄体制旋即为垂帘听政体制所取代,慈禧开始实行专权统治的首要原因。咸丰帝对身后的安排,也为慈禧凭借自己为同治帝生母这一政治资本,利用肃顺集团与奕訢集团的尖锐矛盾,联合奕訢并取得列强的支持,发动辛酉政变,提供了必要条件。不过,此后慈禧竟能以母后身份掌权达47年之久,则是多种因素相互作用所致。通过对慈禧得以长期专权的复杂原因进行分析,也能部分反映出慈禧专权的某些特点。

嘉庆以降,清帝总体素质与才力不高,而且呈下降趋势,即使是力行变法图强的光绪帝，也缺少韬略，乏于权术。清廷所面临的极其严峻的内外交困局面，使它急需一位能够统领全局，慑服众臣，稳定统治秩序之人。最高统治层核心人物的匮乏与现实的迫切需要，构成慈禧专权赖以存在的政治空间。

慈禧曾对大臣们说："我十八岁入宫，文宗显皇帝在宫内办事时，必敬谨侍立，不敢窃（旁）窥，一无所晓。后来军务倥偬，折件极繁，文宗常令清检封简（事），略知分类。垂帘以来，阅历始多，犹至今犹时时加慎，惟恐用心不到。"[1] 看来，当她还是妃子时，已开始接触政务，若非显露出对政治的浓厚兴趣与较强的权力欲望，咸丰帝则不会"常思防范，以限制其权力"[2]。协助夫君"清检封简"，可能不只懿贵妃一人，咸丰帝的其他后妃或也有此经历。但慈禧所不同的是，她不仅有强烈的权力欲望，而且具有个性与才智方面的特点、优势。她在专权后表现出"性警敏，锐于任事"[3]，"勇气智力，迥非寻常男子所及"[4]，是其原有处事风格与才力的进一步发展、提高。

慈禧在47年的专权统治中，对资本主义列强虽然也有抗争，但基本采取退让、屈服、投降方针，以此取得对方的支持。同时，她继续实行咸丰时期任用汉臣的做法，对于以汉族疆臣为代表的地方势力，采取容忍、妥协、合作态度，获得其拥护。作为清朝最高统治集团利益的代表者，慈禧与列强和地方势力之间存在尖锐矛盾，但是，她同双方也程度不同地具有既冲突又相互合作的关系。慈禧对于同双方关系的灵活把握、适度调整，以及列强与地方势力对她的支持，是她能够长期占据清廷统治集团第一把交椅的重要原因。

慈禧还长于在统治集团内部不同派别（包括满族贵族各派系）之间玩弄权术，操纵各方，既充分使用，又严密控制，从而能够勉强维持统治层

1　瞿鸿禨：《圣德纪略》（不分卷），1920年石印本。按，原文"窃"字旁边另写"旁"；"简"字旁边另写"事"。
2　许指严：《十叶野闻》上卷，《圆明园修复议三则》。
3　张采田：《清列朝后妃传稿》传下，第68页。
4　《景善日记》，光绪二十六年五月二十四日，载《清代野史》第1辑，第196页。按，[美] A·W.恒慕义主编《清代名人传略》下册第433、434页载，有人"已证明该日记是由一个或几个人利用各种史料伪造的"。

内部相对统一、稳定的局面。这对她的专权起有较大促进作用。

慈禧专权后，出现"同治中兴"，初步恢复了统治秩序。清朝虽然千疮百孔，风雨飘摇，但终究得以暂时渡过前所未有的难关，又存在了半个世纪之久。这些客观情况，有助于慈禧树立威信，使她进一步成为清统治集团内部具有一定凝聚力，能够团结内外臣工的核心。慈禧的专权统治，也正是在此过程中一步步得到巩固。

不容忽略的是，延续将近两个世纪的皇权高度集中与强化，成为清朝皇权政治的一个重要传统，也为慈禧的专权提供了历史依据。虽然晚清皇权发生重大变化，迅速衰微，但广大朝臣仍受到这一传统的较大影响，又因长期处于专权统治之下，已经形成思维定式，对此习以为常，视为当然。因此，慈禧的专权虽然引起王公大臣们的不满，其所作所为仍为他们所接受、容忍。

清朝近三百年历史中，只是在其首尾，出现了两位以不同方式参与朝政的皇太后，即孝庄与慈禧。清朝后妃里，她们是兼具权势与政治影响力的仅有两人。这是由于清朝前期，皇权的集中与强化呈上升态势，清帝乾纲独断，严防大权旁落，并建立起一套较为完备的规章制度。加之其他一些原因，所以，自清初孝庄以降，直至晚清慈禧专权以前，除去极特殊情况外（如皇太后钮祜禄氏以懿旨命皇次子旻宁继位），170余年间清朝后妃中竟无一位参政之人。

清朝入关前，满洲（女真）妇女在经济生产中发挥重要作用，这使她们具有较高的社会地位，加之尚未受到封建伦理观念的束缚，因而贵族女子参与政治的现象并非少见。皇太极死后，孝庄在解决继统危机过程中扮演了他人无可替代的角色，这种情况只能出现在那一特定的历史条件之下。清朝入关后，满族妇女不再在经济生产中发挥重要作用，其总体社会地位也就无法与入关前同日而语。随着满汉文化的逐步融合，儒家思想对满族统治层的影响日益加深，逐渐成为束缚包括后妃在内满族妇女的精神桎梏。诚然，直到晚清，某些满洲习俗在人们的日常生活中还有诸多体现。如满洲女子于家中地位较高，其中不少人具有爽快干练的性格特点。末代皇帝溥仪曾在回忆录中写道："有人说旗人的姑奶奶往往比姑爷能干，或许是真的……据说旗人姑娘在家里能主事，能受到兄嫂辈的尊敬，是由于每个姑娘都有机会选到宫里当上嫔妃……"[1]溥仪之所闻，从一个侧面反映出晚清旗人的妇女价值观，即因八旗少女无一例外备选秀女，有可能成为妃嫔而受到兄长辈敬重。但是，这同清入关前满族妇女因直接参与经济生产而较受社会重视，自身地位较高的情况，有着本质之别。慈禧能够长期进行专权统治，与满洲女子"能主事"的传统不无关联，但这只是一个次要因素。

中国历代大一统中央王朝历史上，不乏亲掌最高统治权的后妃，其中最为著名的当属吕后、武则天与慈禧三人。这三次后妃当政的典型案例，分别出现在中国封建社会的前期、中期与后期，各自具有不同时期所赋予的特点。慈禧专权与汉初吕后、唐朝前期武则天专权的一个显著不同处，是她没有像吕后、武则天那样，掌权后便重用外戚。慈禧之兄兆祥（一作照祥）任护军统领（正二品），袭三等承恩公；弟桂祥官至都统（从一品），封三等承恩公，曾任神机营管理大臣。他们两人都不曾进入清朝最高决策层。桂祥是光绪帝皇后叶赫那拉氏之父，直至光绪三十年（1904）仍在世。[2]可是，这位当朝皇太后与皇后的懿亲，在晚清政治舞台上始终不算显赫。据载："孝钦当国，其弟桂公祥，又为德宗之外舅，常以闲秩无聊，求补一官，破例授工尚，不三月，卒令解秩，以其不称职，恐滋物议也。"[3]

慈禧没有重用外戚，也未效法武则天登上皇帝宝座。她之所以如此，非不为也，势不能也。

西汉初年，专制主义皇权刚刚建立，在政治与思想文化方面的控制相对松弛，妇女的地位高于中国封建社会晚期。临朝称制的吕后大封吕氏子弟为王，试图以吕氏天下取代刘氏天下而少所顾忌。经过历时数百年的民族大融合，处于封建社会鼎盛阶段的唐朝相对开放，妇女总体地位较高，武则天自立为帝（遗诏去帝号）这一异常之举，因此能为社会所包容。然

---

1 爱新觉罗·溥仪：《我的前半生》，第32页，北京：群众出版社，1978年。
2 参见岳超：《皇姥姥的丧礼殡仪回忆》，载《晚清宫廷生活见闻》，第149页，北京：文史资料出版社，1982年。
3 夏仁虎：《旧京琐记》卷4，第96页，沈阳：辽宁教育出版社，1998年。

而晚清时期，清朝皇权高度集中与强化的传统仍在发挥作用，男尊女卑等封建伦理观念也依然对统治集团成员产生很大影响。所以，慈禧的专权虽然为统治集团成员所容忍，但后者显然又无法接受她自立为帝的做法。

事实上，慈禧以皇太后名义代理皇权，即《垂帘章程》所确立的垂帘听政体制，已是清朝统治集团成员所能容忍的最大限度，并日益引起清皇室成员的反感。与慈禧共同策划辛酉政变的恭亲王奕訢，也曾忿忿言："我大清宗社乃亡于方家园。"[1] 王公亲贵及高层官员的这种心态以及《垂帘章程》的有关规定，共同构成对慈禧的无形压力，迫使她始终将自己的权力与地位，限制在一定范围之内，保留一定余地。这是慈禧比较明智之处，也是她的专权能够存在47年之久的一个原因。

慈禧的专权，出现在中国封建社会向半殖民地半封建社会转变，清朝皇权发生重大变化，皇权日渐衰微，最高统治集团内部相对混乱的特殊时期。同清朝前期与中期的皇帝相比，她的专权程度已大为削弱，并具有与历代王朝最高统治者的专权统治很不相同处。

慈禧专权是建立在对列强愈益妥协退让，对汉族督抚愈益包容，但同时对两者又愈益依赖的基础上。因此，在慈禧专权的同时，中国主权不断丧失，地方分权倾向不断加重，清廷决策日益多元化，她的权力也在不断被分割。

慈禧专权时，中国社会已处于转型期，出现了新的阶级，社会结构正在发生变化，救亡图存、改革旧制的思潮逐步高涨。这一切都对慈禧的专权形成强烈冲击与有力牵制。

慈禧是在中国发生前所未有的社会巨变，皇权正在逐步消亡这一总体形势下，进行了47年的专权统治。她的专权最终将清朝送上灭亡之路，也为中国皇权的终结敲响了丧钟。

三、地方势力的增长

地方势力迅速增长，是晚清皇权衰微的又一体现。

---

[1] 王照：《方家园杂咏纪事》，载荣孟源、章伯锋主编：《近代稗海》第1辑，第1页，成都：四川人民出版社，1985年。按，慈禧娘家住在北京东城方家园。

太平天国革命爆发后，湘军与淮军相继组建，势力发展很快。由于乾隆后期八旗及绿营兵日趋腐朽，在维护清朝统治方面已很不得力，加之地方绅衿的实力逐步增长，清朝对于地方基层的控制不断削弱。因此，嘉庆初年白莲教大起义后，地主士绅自行组建地方武装与起义军对抗，成为清军的重要补充。道光年间，各地广大基层民众展开形形色色的反剥削、反压迫斗争，民间宗教与民间结社组织的武装起义逐渐增多。地方绅衿开始组织武装，配合清军进行镇压。湘淮军就是在此基础上，迅速崛起。

　　作为汉族地主绅缙所组建的武装，湘淮军兵为将有，军饷自筹，不受清廷控制。咸同以降，靠镇压太平天国革命起家的湘淮军将领陆续出任督抚，逐步掌握了所在省份的政治、司法、财政、经济等权力。由于列强对中国各地的侵略、控制日渐深入，并将督抚大员作为他们在地方上的代理人，双方关系密切，督抚权力逐步扩展到外交领域。如直隶总督和两江总督分别兼任北洋大臣与南洋大臣，负责管理北方与南方各个通商口岸事务。这两项重要职务长期由湘淮两系首领曾国藩、李鸿章等人充当，其权力超出一般督抚。他们既是南北两个中枢地区最高长官，又负责对外交涉、通商、关税等各项事务。由于中国社会半殖民地化程度日益加深，清廷的涉外事务越来越多等原因，南北洋大臣在清朝统治集团中逐渐起到举足轻重的作用，这在李鸿章任北洋大臣期间尤为突出。

　　曾国藩、李鸿章等还曾先后担任大学士，于重大政务具有相当大的发言权。"慈禧有所作，每询疆臣等意思若何，是宫中滋忌者疆臣。"[1]同治帝"每简督抚"，事前必向曾国藩"密询其人"[2]。另一方面，以往清廷进行有关地方事务的决策时，首先考虑中央利益，这时却发生很大变化，清帝决策中凡涉及地方事务时，更加重视督抚的意见。"间有廷臣条奏饬部核定之件，部臣每以情形难以遥度，仍请交督抚酌议。"[3]

　　百日维新后，慈禧密议废黜光绪帝，别立近支宗亲为同治嗣。"顾宫议垂定，而必得南省各督抚之同意，方敢实行。"及密询两江总督刘坤一、

1　王无生：《述庵秘录》（不分卷），《光绪帝之几废》，载《清代野史》第3辑，第352页。
2　《清史稿》卷405，《列传》192，《曾国藩》。
3　朱寿朋：《光绪朝东华录》第2册，第1030页。

两湖总督张之洞等,刘坤一"乃独自拜折而强争之"[1],称"君臣之分已定,中外之口宜防"[2],坚执异意。张之洞"则援吴可读以自解,不敢苟为异同"[3]。地方势力的反对,是慈禧未能废黜光绪帝的原因之一。刘坤一、张之洞等都是洋务派代表人物,在晚清统治集团中思想较为开明,与西方列强之间也有着种种联系。他们认为,维新变法虽然失败,乃大势所趋,慈禧等人的顽固守旧之策早已落伍,没有出路。光绪二十七年(1901)夏由刘、张二人所上,对晚清十年新政起有重要推动作用的《江楚会奏三折》,进一步表明了这一认识。这是他们反对慈禧废立图谋的深层次原因。

督抚大吏在处理与中央的关系中所具有的独立性,也在不断增强。如光绪二十六年(1900),慈禧下达对外宣战诏书,命各省督抚速派军队,驰赴京师,并清除各自辖区内的洋人。可是,在列强的支持下,两广总督李鸿章、两江总督刘坤一、湖广总督张之洞等人,却将清廷下达的对外宣战上谕视为"矫诏",拒不遵行调兵勤王的旨令。刘坤一、张之洞等随后又与驻上海的各国领事订立《东南互保章程》。刘、张等人都很清楚,清廷并不愿与洋人开衅,无论是对义和团的招抚还是对外宣战,都是权宜之计。果然,东南互保的作法得到慈禧的默认与首肯,刘、张两人也因此进一步提高并巩固原有地位,更加受到朝廷器重。这是晚清地方督抚对中央决策进一步产生影响的一个突出事例。

鸦片战争后,清朝最高统治者的最高决策权被资本主义列强不断侵夺,太平天国起义爆发后,地方督抚对清朝最高决策所产生的影响日渐增加。清朝最高决策权逐步分散,是清朝皇权式微的一个重要标志。

以湘淮军首领为代表的地方实力派的崛起,使康熙朝平定三藩、统一台湾以来所形成的政治格局,亦即满汉关系、满汉统治者的力量对比,发生重大变化,导致满汉地主阶级在地方与中央政权机构中权力的重新分配。为了维持以满族统治者为主体的满汉地主阶级联合统治局面,慈禧为首的满族统治集团不得不对此状况予以容忍和承认。[4]

---

1 宋玉卿编:《戊壬录》(不分卷),《立储始末》,载《清代野史》第1辑,第352页。
2 王无生:《述庵秘录》(不分卷),《光绪帝之几废》,载《清代野史》第3辑,第352页。
3 天嘏:《清代外史》第七篇第十一章《皇嗣之变更》,载《清代野史》第1辑,第151页。
4 参见许曾重:《论清史分期问题》,载《中国社会科学院研究生院学报》1985年第2期。

事实表明，在清朝末年的特殊历史背景下，地方势力既是皇权的侵夺者，是清朝中央的强大掣肘力，又是皇权的重要支柱。因此，当慈禧临终前所指定的摄政王载沣，改变慈禧对于汉族疆臣大吏的团结、拉拢方针，重用皇族亲贵，将"军政、盐政厚集中央，督、抚权削"后，"疆事遂亘不支焉"[1]。清末，地方要求立宪与清廷的曲意拖延，固然是双方矛盾的一个重要根源，但载沣的集权举措无疑适得其反，增加地方对中央的离心力，破坏满汉地主阶级联盟，加速了清朝的覆灭。

宣统三年（1911）辛亥革命爆发，各省纷纷宣布独立，同年十二月二十五日（1912年2月12日）清帝退位。这不仅是清朝皇权的末日，已标志着存在两千余年的中国皇权的终结。

第二节　内外矛盾交织下的皇位传承

一、秘密建储制度的终结

道光二十二年（1842）《南京条约》签订后，中国主权部分丧失，清朝皇权开始发生变化，但秘密建储制度的实施暂未受到影响。道光二十六年（1846），道光帝遵行"家法"，秘密建储，四年后（道光三十年，1850）顺利完成皇位传承。

秘密建储制度的实施，需要有高度集中与强化的皇权作为保障。秘密建储中最关键的内容是皇帝全权决定储君人选，只有做到这一点，才有可能实施秘密建储的其他各项宗旨，即在一定前提下择贤而立、严格保密、暗中考察培养储君等。由于晚清皇权的衰微，清朝最高统治者已不再拥有完整的决策权，秘密建储制度赖以实施的各种条件遭到破坏。另一方面，清帝子嗣的情况也加速了这一制度的终结。

咸丰帝仅有二子。其中，六年（1856）三月懿嫔叶赫那拉氏所生皇长子载淳长大成人；八年十二月玫贵人徐佳氏所生皇二子，出生当日卒。同

---

[1]　《清史稿》卷116，《志》91，《职官》3；卷114，《志》89，《职官》1。

治帝与光绪帝皆未生子。所以，咸、同、光三朝都不具备实施秘密建储制度的客观条件，无从实行秘密建储。

咸丰十一年（1861）七月十六日，住在热河避暑山庄的咸丰帝病笃。召御前大臣载垣、端华、肃顺，军机大臣穆荫等八人"承写朱谕，立皇长子载淳为皇太子"。翌日，咸丰帝去世。[1]

同光二帝一生未育，无子嗣，唯有另择它法，解决皇位传承问题。附带一提，清朝末帝溥仪七岁（1912）逊位，但同样终身未育。

清帝少子或无子，是秘密建储制度无法在晚清继续实施的直接原因。清朝前期与中期诸帝，子嗣皆旺。康熙帝居首，共有35子（成年者20人），乾隆帝次之，共有17子。从清太祖努尔哈赤至宣宗道光帝共八帝中，嘉庆帝皇子最少，也有五人。晚清诸帝的生育情况，何以与清朝前期、中期诸帝如此不同，其原因复杂，有待进一步研究。

二、光绪帝继统

同治十三年（1874）十二月初五日，19岁的同治帝病逝，无子。两宫皇太后慈安与慈禧召集王公大臣会议立嗣，懿旨令醇亲王奕譞之子、四岁的载湉"承继文宗显皇帝为子，入承大统，为嗣皇帝"[2]。是为光绪帝。[3] 未几，懿旨称："俟嗣皇帝生有皇子，即承继大行皇帝为嗣。"[4]

此次由皇太后专门召集的讨论立嗣问题会议，参加者除去奕誴、奕䜣、载治等满族王公外，还有宝鋆、沈桂芬、翁同龢等满汉大臣，总计20余人，这种立储模式为清朝所未有。这是由于晚清皇权衰微，慈禧在宣布立嗣决定前，必须走此过场，作出愿意接受众人意见的姿态。[5]

关于同治帝死后皇位传承问题，正史的记载较为简略，一些传记与野史笔记中，透露出清统治集团内部对于嗣君人选的不同主张。

---

1 《清穆宗实录》卷1，咸丰十一年七月癸卯；《清文宗实录》卷356，咸丰十一年七月壬寅、癸卯。
2 《清穆宗实录》卷374，同治十三年十二月甲戌。
3 光绪元年（1875）正月载湉即位，是年5岁。
4 朱寿朋：《光绪朝东华录》第1册，第4页。
5 参见德龄：《瀛台泣血记》，秦瘦鸥译述，第39页，昆明：云南人民出版社，1980年。

其一，载澍说。同治帝死前，曾以"国赖长君"为计，对其老师、军机大臣李鸿藻口授遗诏，命以奕瞻之子载澍入承大统。李鸿藻遂向慈禧告密，遗诏被毁。[1]同治帝临终前，当会虑及继承人问题。可是，载澍与同治帝同辈，生于同治九年（1870）十月，是康熙帝长子允禔四世孙奕瞻的嫡长子，这时年仅五岁。同治帝本人童年继位而无实权，始终受到母后的严密控制，岂愿再立一幼龄后继者，使之重蹈覆辙？况且五岁小儿亦非"长君"，与同治帝本意并不相符。载澍本名载楫，光绪四年（1878）八月奉旨改名载澍，过继孚敬郡王奕譓为嗣，封多罗贝勒，多次受到恩赏。其嫡福晋是慈禧之兄兆祥女叶赫那拉氏。因载澍同情光绪帝，不满慈禧专权，光绪二十三年（1897）三月"奉懿旨"革爵圈禁，二十七年（1901）二月开释。[2]如果他真的曾为同治帝所属意，慈禧必不会予以优宠，并将侄女嫁与为妻，直到20余年后，方予报复。所以，载澍被同治帝选中的可能性不大。

其二，奕䜣说。同治帝去世前，向李鸿藻"当面交出朱谕一道，大概说时事艰难，赖国有长君，可传位于朕叔恭亲王（奕䜣），并命到了时候再宣布"。慈禧侦知，"遂将李鸿藻叫进宫内，问出朱谕，截留撕毁"[3]。

其三，载澂说与溥伦说。据《慈禧外纪》载：立嗣会议上，"慈安皇太后发言曰：'据我之意，恭王之子（载澂）可以承袭大统。'恭王在下闻之，叩头言不敢。又曰：'依承袭之正序，应立溥伦为大行皇帝之嗣子'。溥伦之父载淇（按，应为载治），亦叩头言不敢。"[4]奕䜣长子载澂生于咸丰八年（1858）八月。同治帝去世时，载澂"年已十七，如立之，则不久即须亲政"[5]。溥伦是道光帝长子奕纬之长孙（排行第四子，其上三子均早卒），生于同治十三年（1874）十月，同治帝去世时，他出生才两个月。

---

1 《清朝野史大观》卷1，《穆宗垂殁之状》。
2 《爱新觉罗宗谱》甲册，第54-56页；又参见胡思敬：《国闻备乘》卷2，《一门两皇后两福晋三夫人》。
3 恽宝惠：《清末贵族之明争暗斗》，载《晚清宫廷生活见闻》，第61页。
4 ［英］濮兰德、白克好司：《慈禧外纪》，陈冷汰等译述，第84页。
5 ［英］濮兰德、白克好司：《慈禧外纪》，陈冷汰等译述，第84页。

溥伦虽然在同治帝的子辈中居长，但其父载治乃奕纬过继之子[1]，与同治帝的血缘关系相对"疏属"，这一点对于继统者来说，"颇有妨碍"。[2] 主张立溥伦或立载澂之说，在大臣中都有一定代表性，拥护者较多。[3]

其四，同治帝之子说。据说同治帝去世时，皇后阿鲁特氏已怀孕。故奕䜣主张俟阿鲁特氏生育，"如生皇子，自当嗣立，如生为女，再议立新帝不迟也"。慈禧则以"南方尚未平定，如知朝廷无主，其事极险，恐致动摇国本"相反驳。参加会议的三位汉臣，"极以太后此言为然"[4]。

其五，于溥字辈内择贤而立，即"为皇上立太子说"。当慈禧询问诸臣，"宗室中谁可承大统者，众多不敢作一语，独文祥（因病开缺大学士）微言曰：'分当为皇上立太子，溥字辈，近支已有数人，请择其贤者立之。'慈禧闻而色变，不答，徐曰：'醇亲王之子载湉，甚聪睿，必能承继大统，吾欲立之，为文宗显皇帝嗣。卿辈以为何如？'文祥知其意已决，不复谏，众皆唯唯……立德宗之议遂定"[5]。

综析上述史料，奕䜣说以及同治帝之子说均不足信，同治帝不会传位年已43岁的叔父奕䜣，而阿鲁特氏已怀孕之说即使属实，也不可能为待其生子而使皇位长时间空缺。

众人在立嗣上的意见大体分为两种，一是立与同治帝同辈的宗室，即载字辈；一是立同治帝的子辈，即溥字辈。值得注意的是，大臣们（包括慈安太后）的看法中相对较为集中的两个人选，乃奕䜣长子载澂与奕纬长孙溥伦。载澂口碑不佳。据说同治帝与载澂"尤善，二人皆好著黑衣，倡寮酒馆，暨摊肆之有女者，遍游之"[6]。此时载澂已17周岁，如继统，即当亲政，慈禧无从再行垂帘。况且其父奕䜣可为之出谋划策，有利于摆脱慈禧的控制。溥伦当时刚出生两个月，如果以其继统，同治帝皇后阿鲁特氏

---

1 《爱新觉罗宗谱》甲册，第1—2页。
2 《清朝野史大观》卷1，《德宗继统私记》；[英]濮兰德、白克好司：《慈禧外纪》，陈泠汰等译述，第84页。
3 [英]濮兰德、白克好司：《慈禧外纪》，陈泠汰等译述，第84、85页。
4 [英]濮兰德、白克好司：《慈禧外纪》，陈泠汰等译述，第85、86页；另参见许指严：《十叶野闻》上卷，《孝贞后五则》。
5 《清朝野史大观》卷1，《德宗之承大统》。
6 《清朝野史大观》卷1，《同治帝之殊趣》。

则为皇太后，慈禧与慈安为太皇太后，即使仍行垂帘，垂帘者当为皇太后阿鲁特氏，而非太皇太后慈禧与慈安。

看来，包括慈安在内大多数统治集团成员考虑嗣帝人选时，无不将该人选与大行皇帝的血缘关系及其本人贤否，置于次要位置，而是以能否不再受到慈禧的控制，即迫使慈禧无法再行垂帘，做为主要取舍标准。显然，无论立载澂或溥伦为嗣帝，都能达到这一目的。至于嗣君年龄的大小，同样是相对次要因素。正如《慈禧外纪》中指出："当时皇族长支中，忌叶赫那拉之势力者甚多。及帝崩，遂倡议立道光长子之长孙溥伦嗣位，此说甚为有力。盖立溥伦，则可为同治帝之嗣子也。"[1]

同治帝死后，宗室王公关于择选嗣君的意见，曲折地反映出他们对于慈禧专权的不满与抵触，以及企图改变这一状况的强烈意愿。这种情绪压抑多年，只是在此特殊场合，通过这种特殊的方式表现出来。

慈禧表示在皇位继承人问题上愿听取王公大臣意见，虽是故作姿态，却充分表明清朝皇权的衰微。不过，已实行专权统治十余载的慈禧，仍掌握着皇位传承问题的最后决定权。实际上，王公大臣会议只是走一形式，慈安太后也是作为陪衬。[2]立嗣之议的参与者、"弘德殿行走"翁同龢在日记中所述情况，当较为可信：

（同治十三年十二月）初五日晴寒。卯正二入……即入城小憩，未醒忽传急召，驰入内尚无一人也，时日方落。有顷惇、恭邸，宝、沈、英桂、崇纶、文锡同入见于西暖阁，御医李德立方奏事急……太后哭不能词。仓猝间御医称牙关不能下矣，诸臣起立奔东暖阁，上扶坐瞑目，臣上前遽探视，弥留矣……惨读脉案，云六脉俱脱，酉刻崩逝。戌正（原书按：摘缨青袿），太后召诸臣入，谕云此后垂帘如何？枢臣中有言宗社为重，请择贤而立，然后恳乞垂帘。谕曰，文宗无次子，今遭此变，若承嗣年长者实不愿，须幼者乃可教育，现在一语即定，永无更移，我二人（两宫皇太后）同一心，汝等敬听。

---

1 ［英］濮兰德、白克好司：《慈禧外纪》，陈冷汰等译述，第84页。
2 一说慈安未参加这一会议，参见《清朝野史大观》卷1，《德宗之承大统》。

则即宣曰某（载湉）。维时醇郡王（载湉之父奕𫍽）惊遽欷唯碰头痛哭，昏迷伏地，掖之不能起……[1]

当时，"宫中沿路排立太监皆满，布置严密。凡宫中紧要之处，皆驻以亲信之军队，其中多数为荣禄之旗兵及叶赫那拉氏之兵"[2]。慈禧"尤恐其族人争立，或至变生不测也，令李鸿章统重兵，驻京师以防守之，始宣布其事，以明年为光绪元年"[3]。

在解决同治帝身后皇位传承问题的关键时刻，慈禧依恃她所掌握的清朝最高权力，经过周密准备，并以武力为后盾，压制众人的不同意见，终于实现其个人意志。

为了保证自己能继续掌握清朝最高统治权，慈禧选择皇位继承人的标准，主要有以下两项。一是只能与同治帝同辈，不能是其子辈，即使由此违反父死子继的清朝皇位继承传统，也在所不惜。因唯有如此，慈禧才能继续做皇太后，通过垂帘听政方式控制小皇帝。二是嗣皇帝必须与慈禧有血缘关系。

以此标准择嗣，四岁的载湉是独一无二人选。其父奕𫍽为道光帝第七子，其生母叶赫那拉氏则是慈禧的亲妹。载湉既是咸丰帝之侄，为同治帝堂弟，同时又是慈禧的外甥。而奕𫍽曾在决定慈禧命运的辛酉政变中，亲手捕拿肃顺，立有"功勋"。[4]

同治帝死后不及百天，光绪元年（1875）二月二十日，皇后阿鲁特氏弃世。"道路传闻，或称伤悲致疾，或云绝粒陨生"[5]。按照父死子继规则，阿鲁特氏本应成为皇太后，却做了新帝之嫂。她终因不堪凌辱而自尽，以示对慈禧的强烈不满。她的死，在朝廷内外引起不小的震动。

对于慈禧在决定皇位继承问题上的专断之举，一些朝臣早有不满情绪，以"尸谏"方式表示抗议的吴可读即是其一。光绪五年（1879），"穆

1　陈义杰点校：《翁同龢日记》第 2 册，第 1086-1087 页，北京：中华书局，1989 年。
2　［英］濮兰德、白克好司：《慈禧外纪》，陈冷汰等译述，第 85 页。
3　汉史氏述：《清代兴亡史》第三章第六十八节《载湉以旁支承继帝位》，载《清代野史》第 1 辑，第 58 页。
4　参见爱新觉罗·溥仪：《我的前半生》，第 3、5 页。
5　《清史稿》卷 214，《列传》1，《后妃》。

宗（同治帝）奉安惠陵"，吏部主事吴可读自请随往。闰三月初五日夜，吴可读于蓟州服毒自尽。死前，留下遗疏，"请为穆宗立嗣"[1]，意指当立同治帝的子辈为嗣帝。对此，慈禧以曾经降旨，"嗣后皇帝生有皇子，即承继大行皇帝为嗣，此次吴可读所奏，前降旨时即是此意"为由，轻而易举地搪塞过去。[2]

上述各方面情况表明，同光两朝交替之际，慈禧在朝中的权力相当集中，无人能与抗衡。因此，她在决定皇位继承问题上可以为所欲为，而反对意见相对微弱，对她并未构成威胁。

光绪帝继位伊始，其父奕譞奏请两太后"许乞骸骨"。接着，又上奏《豫杜妄论》一折，表示为保全名节，不愿他人以皇帝生父缘故加以推崇："仰恳皇太后将臣此折，留之宫中。俟皇帝亲政，宣示廷臣世赏之由及臣寅畏本意，千秋万岁，勿再更张。"直到光绪十六年（1890）奕譞去世前，"每优加异数，涕泣恳辞"，甚至连光绪帝所赐杏黄轿也始终不敢乘坐。[3] 奕譞身为光绪帝生父，完全清楚慈禧太后对他怀有的防范心理，因而时时处处做出谦抑戒惧姿态，以避免祸端，求得善终。这从一个侧面显示，虽然皇权衰微，慈禧威势仍高，对朝臣仍具有很强慑服力。

三、戊己废立

光绪二十四年（1898）八月戊戌变法失败后，复行"训政"的慈禧大造舆论，称光绪帝病重。"每日造脉案药方，传示各衙门"[4]，拟行谋害，或予废黜。这一图谋遭到各方面的坚决反对。

慈禧制造的光绪帝病重消息一经传出，以英国为首的一些国家很快出面干预。法国使馆派医生为光绪帝诊治，证明光绪帝并无危及生命的疾患[5]，从而戳穿这一骗局。

---

1 《清史稿》卷445，《列传》232，《吴可读》。
2 朱寿朋：《光绪朝东华录》第2册，第709页。
3 《清史稿》卷221，《列传》8，《诸王》7，《醇贤亲王奕譞》。
4 恽毓鼎：《清光绪帝外传》（原名《崇陵传信录》），载《清代野史》第4辑，第8页。
5 参见《英国蓝皮书内关于戊戌变法的文件》第363、373号，载中国近代史资料丛刊《戊戌变法》第3册，第548、549页，上海：上海人民出版社，1961年。

以南方督抚为代表的地方大吏,对慈禧的废立图谋明确表示不赞同态度,前已述及。此外,商人、华侨以及逃往海外的维新人士,也是不可小觑的反对力量。史载:"且兹事又康梁诸人所闻,急行宣布,联合南洋群岛诸华商为保皇会,特致电信与政府,极力争执。"[1]候选知府经元善在上海联合海外侨民,"公电西朝请保护圣躬"。内外压力迫使慈禧不得一意孤行,"非常之谋竟寝"[2]。

光绪二十五年(1899),在承恩公崇绮(同治帝皇后阿鲁特氏之父)、大学士徐桐等人策划下,由"孝钦最为亲信,言无不从"的荣禄建议,择宗室近支子建为大阿哥,"为上嗣,兼祧穆宗,育之宫中,徐承大统",实际上是为废黜光绪帝作准备。这一建言得到慈禧的首肯。[3]一说端王载漪曾"主动向太后建议",愿将他的一个亲子(次子溥儁)送进宫来做大阿哥,当时正值载漪倍受慈禧宠信之际,而慈禧本人"也没有什么亲人能做大阿哥,便爽快一诺无辞的答应了"[4]。不过,慈禧既然已于一年前拟行废黜光绪帝,当时就会虑及接替光绪帝的人选。何况她极有主见,政治经验丰富,在此重大问题上,不可能尽如上述史料所言,处于被动地位。看来,慈禧或许早有立溥儁以取代光绪帝之念。[5]

光绪二十五年(1899)十二月,慈禧以光绪帝名义颁诏:"……叩恳圣慈,于近支宗室中慎简元良,为穆宗毅皇帝立嗣,以为将来大统之归。再四恳求,始蒙俯允,以多罗端郡王载漪之子溥儁,承继为穆宗毅皇帝之子。钦承懿旨,感幸莫名,谨当仰遵慈训,封载漪之子溥儁为皇子,以绵统绪。"[6]又谕内阁:"明年(光绪二十六年)正月初一大高殿、奉先殿、寿皇殿三处,著派大阿哥溥儁,恭代行礼。"[7]同时,谕令15岁的溥儁在宫内读书。这是一次虽未明言但意图昭著,无建储之名而有其实的立储。溥儁

---

1 宋玉卿编:《戊壬录》(不分卷),《立储始末》,载《清代野史》第1辑,第352页。
2 恽毓鼎:《清光绪帝外传》,载《清代野史》第4辑,第8页。
3 恽毓鼎:《清光绪帝外传》,载《清代野史》第4辑,第8-9页。
4 德龄原著:《瀛台泣血记》,秦瘦鸥译述,第313-314页。
5 参见郭卫东:《简论慈禧与载漪的关系——兼议有关论著中的史实叙述》,载《清史研究通讯》1990年第2期。
6 《清德宗实录》卷457,光绪二十五年十二月丁酉。
7 《清德宗实录》卷457,光绪二十五年十二月丁酉。

尽管无皇太子之名，却公开地居于皇储之位。乾隆帝关于不可明诏立储的禁令，历经四代（嘉、道、咸、同四朝）后被一举打破。

溥儁同慈禧无血缘关系。其父载漪是道光帝之孙，同治十年（1871）正月过继瑞敏郡王绵忻子奕志为嗣，是年六月袭封多罗贝勒，光绪二十年（1894）正月晋封端郡王。溥儁生母是载漪继福晋博尔济吉特氏，和硕阿拉善亲王贡桑珠尔默特之女。[1] 溥儁之所以被选中，主要是因其父载漪乃慈禧亲信，担任御前大臣等要职，管理神机营、火器营事务，深受倚重。立载漪之子为帝，慈禧完全能够予以控制，并继续掌握实权。另一方面，慈禧既然要废黜光绪帝，由储嗣取而代之，为不授人以口实，储君年龄便不能过小。所以，她同意选择溥儁，仅从年龄而言非其本意，乃不得已为之。

这次变相立储，仍为慈禧决断，同时还有一批亲信为之筹谋划策。这与20多年前为同治帝选立继承人时，慈禧"一语即定，永无更移"的情况已有较大不同。这是一个重要迹象，表明由于清朝皇权受到前所未有的挑战和多方面的牵制，即使在皇位继承问题上，专权的慈禧也已很难真正做到独断专行。

果然，立嗣之谕传出，立即遭到各方抵制与反对。上海绅商士庶"纷然哄动，皆谓名为立嗣，实则废立"，共有1231人"合词电奏"以示抗议；"南洋各埠华人闻废立信息，异常哗愤"[2]。与此同时，"各国公使，拟决意出而干预此事"[3]，对于慈禧拟行谋害、废黜光绪帝以及立溥儁为储嗣等一系列计划，英、日、法等国皆持反对态度。[4] 如英国公使表示："邻国

---

1 《爱新觉罗宗谱》甲册，第61-66页。按，《清史稿》卷221，《列传》8，《诸王》7记载，"载漪福晋，承恩公桂祥女，太后侄也"。此说有误。除继福晋博尔济吉特氏外，载漪有嫡福晋、庶福晋各一人，分别为伊尔根觉罗氏，员外郎绍昌之女；赵佳氏，赵延之女。
2 光绪二十六年正月十五日《知新报》，载中国近代史资料丛刊《戊戌变法》第3册，第474、475页。
3 光绪二十六年正月十五日《知新报》，载中国近代史资料丛刊《戊戌变法》第3册，第473页。
4 郭卫东《光绪帝位危机与外国干预》一文（《故宫博物院院刊》1993年第4期）认为，从戊戌到己亥，又到庚子、辛丑，列强的干预有一个逐步递进、迅速加深的过程。直到庚子年间，列强才以比较直接深入的方式全面插手清室帝位问题，终至出现了没有外国主子的"恩准"，清朝的统治者便难于安其位的严重情况。

固无干与之权，然遇有交涉，我英认定光绪二字，他非所知。"[1] 慈禧"先是将废立事询荣禄，荣禄谓须探外人暨疆臣意见。乃命李鸿章探外使，而法使首弗允（原文按：时外报屡腾废立之说即指此）"[2]。另据《方家园杂咏记事》载，义和团运动发生后，"闻洋人在上海已先议决。除杀端王（溥儁之父载漪）外，尚有专条干涉立大阿哥事"[3]。慈禧曾斥责端王载漪，称"只有我一人有废立的权柄"[4]。实际上，她已无法像以往清帝那样，在决定储位问题上一人说了算，而是必须考虑列强以及清朝地方督抚等各方面的意见。清朝最高统治者在决策中一向具有的独断性与随意性，已逐步为决策权力的分散化所取代。

列强之所以反对慈禧的废立图谋，因为在他们看来，戊戌变法失败后，"中国政府的国内政策，是要回复至四十年前排斥外国人的时代"[5]，这将直接损害列强在华利益，当然不能为其所接受。

从整体素质而论，溥儁是清朝所有储嗣内相对最差的一个。他被立为大阿哥后，"最懒于攻读"，"每日总是与宫监们玩耍"[6]。因顽劣恣肆，颇招非议。光绪二十六年（1900）义和团运动中，其父载漪主张围攻使馆，故《辛丑条约》签订时被指为"祸首"，革爵遣戍新疆。迫于各方压力，光绪二十七年（1901）十月，慈禧从西安返京途中，将溥儁撤去大阿哥名号，命即出宫，"加恩赏给入八分公衔"[7]。溥儁后来娶博尔济吉特氏（溥儁舅父和硕阿拉善亲王多罗特色楞之女）为嫡妻。其晚年潦倒，1927年后病逝于罗王（多罗特色楞之子塔旺布里贾拉）府中。[8]

在废立问题上，慈禧面临的反对力量主要来自三个方面，即西方列强、地方督抚大吏和以侨民、商人、士绅为代表的广大民众。在上述三方

1　胡思敬：《国闻备乘》卷4，《孝钦仇恨外人》。
2　王无生：《述庵秘录》（不分卷），《光绪帝之几废》，载《清代野史》第3辑，第352页。
3　王照：《方家园杂咏纪事》，载《近代稗海》第1辑，第14页。
4　《景善日记》，光绪二十六年五月二十九日，载《清代野史》第1辑，第204页。
5　《字林西报周刊》，载中国近代史资料丛刊《戊戌变法》第3册，第517页。
6　毓运述、罗恒年记：《"废黜出宫"以后的大阿哥》，载《晚清宫廷生活见闻》，第109页。
7　《清德宗实录》卷488，光绪二十七年十月壬子。
8　参见毓运述、罗恒年记：《"废黜出宫"以后的大阿哥》，载《晚清宫廷生活见闻》，第107-113页。

力量综合作用下，她的企图以失败而告终。

综上，光绪二十四年（阴历戊戌）、二十五年（阴历己亥）期间，慈禧先是谋废光绪帝，继而立溥儁为储嗣。这一史事被称之为"戊己废立"；立溥儁为储嗣之举，被称之为"己亥建储"。这是一次由戊戌变法失败而引发，又因中外势力的干预而未能实现的清朝皇位传承个案。

19世纪中后期，中国社会逐步由封建社会转变为半殖民地半封建社会的同时，也在缓慢地由传统农业社会向近代工业社会过渡，出现了无产阶级与资产阶级。作为民族资产阶级代表的绅商阶层，开始在政治舞台上崭露头角。他们拥护因力图变法而被囚禁的光绪帝，反对慈禧废立之举，即是其积极参与政治的表现。另一方面，经过戊戌变法运动，清朝统治集团内部部分成员的思想观念也在发生变化。正是在这一中国历史上从未曾有的形势下，发生了同样未有先例的官员、绅商共同干预皇位继承的事件。它是中国社会正在转型、清朝皇权濒临灭亡的双重态势，在皇权传承问题上的客观显现。至于资本主义列强干涉戊己废立，则是出于维护其在华权利的考虑，与中国民众及部分清朝官员的有关行为具有不同性质。

四、最后一次皇位交接

光绪三十四年（1908）十月二十一日，38岁的光绪帝在囚禁中病逝。翌日，74岁的慈禧也撒手人寰。光绪帝去世前一日，慈禧决定，醇亲王载沣之子溥仪，"著在宫内教养，并在上书房读书"；醇亲王载沣授为摄政王。[1] 光绪帝去世当日，懿旨宣布溥仪"入承大统为嗣皇帝"，"承继穆宗毅皇帝为嗣，并兼承大行皇帝之祧"[2]。这是慈禧第三次，也是最后一次立储，它不仅是清朝历史上，也是中国两千余年皇权发展史上最后一次皇权传承。

立储决定是当光绪帝病危后，由早已成竹在胸的慈禧做出，除极少数亲信大臣外，外界事前并未得知。由于这种特殊情况，所以，与戊己废立相较，此次立储基本没有受到其他因素的牵制与影响，慈禧的意志顺利得

---

1 《清德宗实录》卷597，光绪三十四年十月壬申。
2 《宣统政纪》卷1，光绪三十四年十月癸酉。

以实现。

一说慈禧做出决定前，召枢臣世续、张之洞、奕劻等人商议。世续建议"选择年长者"，奕劻等提出溥伦、溥伟（奕䜣之孙）等人选。[1]

一说慈禧病危时，召军机大臣奕劻等五人入宫，问"近支王子，何人堪继皇位？"受召见者之一袁世凯建议立贝子溥伦，慈禧斥之曰："尔毋喋喋，予自有主张！嗣后尔宜慎言谨行，仇尔者大有人在也。"袁骇汗伏地，不敢仰视者久之。慈禧遂宣明己意，"众唯唯"[2]。

一说世续、张之洞"恐皇后再出垂帘，因合词奏曰：'国有长君，社稷之福，不如径立载沣'"。慈禧则以"不为穆宗立后，终无以对死者"相反驳，称"今立溥仪，仍令载沣主持国政，是公义、私情两无所憾也"[3]。

诸大臣所提上述嗣君人选，皆已成年。这表明此次参与商议的人数，虽较慈禧第一次立储时大为减少，而且尽为慈禧亲信，但两次参与者的出发点却有相同处，即力求避免再次出现皇太后垂帘局面，故并不注重辈分之别与亲疏之分。

仍同以往，慈禧所谓征询意见，只是走过场而已。她对上述建言不屑一顾，提出己见后，亦无人敢于提出异议。这表明她直到去世前，专权依旧，未有改变。

由此可见，直至光绪帝去世之日，即慈禧本人去世前一天，她仍未放弃清朝最高统治权力，依然想以太皇太后之名，行最高决策者之实。她之所以选中溥仪，也是出于这一目的。

道光帝的曾孙溥仪年三岁，第二代醇亲王载沣与荣禄之女瓜尔佳氏所生。载沣本人之亲母，乃第一代醇亲王奕譞的侧福晋刘佳氏。慈禧之妹、奕譞嫡福晋叶赫那拉氏是溥仪的嫡祖母，慈禧则是溥仪姨奶。所以，溥仪与慈禧有亲属关系，但并无血缘关系。溥仪的外祖父荣禄是慈禧的亲信，生母瓜尔佳氏也与慈禧多有接触，很受宠爱，而载沣又是一个优柔寡断、缺乏才力之人。所以，让溥仪继承大统，无论从哪个方面讲，作为太皇太

---

[1] 徐珂编撰：《清稗类钞》第1册，第375—376页；《慈禧及光绪宾天厄》，载《清代野史》第4辑，第35—36页。
[2] 陈灨一：《睇向斋谈往》（不分卷），《睇向斋秘录·孝钦轶事二则》。
[3] 胡思敬：《国闻备乘》卷3，《孝钦临危定策》。

后的慈禧皆能继续控制清朝大政。

慈禧宣布溥仪入承大统的同时，发布懿旨："著摄政王载沣为监国，所有军国政事，悉秉承予之训示，裁度实施。俟嗣皇帝年岁渐长，学业有成，再由嗣皇帝亲裁政事。"[1] 其继续专权之意，昭然若揭。不料事与愿违，翌日，慈禧病势危笃，"恐将不起"。至此方出懿旨："嗣后军国政事，均由摄政王裁定，遇有重大事件，须请皇太后懿旨者，由摄政王随时面请施行。"[2] "皇太后"即慈禧侄女、隆裕太后叶赫那拉氏（光绪帝皇后，谥"孝定景皇后"）。慈禧并未真正当上皇帝，却掌握清廷实权47年之久，直至病危时，还牢牢抓住最高统治权力，不肯放松须臾。皇权的独占性与排他性，竟在一位皇太后身上表现得如此淋漓尽致。

慈禧临终前，将清朝最高权力托付给摄政王载沣和隆裕太后，并赋予隆裕军国大政的最后决定权，以至时人有垂帘复活之说。可是，清朝皇权已无可挽回地走至尽头，加之载沣与隆裕皆乏才智，不堪其任。因此，宣统朝在风雨飘摇中仅仅度过三年，清朝统治即寿终正寝，中国封建君主专制制度永远退出了历史舞台。

第三节　慈禧的权力传承思想

懿旨确立嗣君，是清朝皇位继承制度的演变中一个重要组成部分。它同秘密建储制度有着内在联系，但又是一个相对独立的皇位继承形态。

晚清同光两朝懿旨确立嗣君下的皇位传承情况，基本反映出慈禧的权力传承思想。这是中国皇帝制度灭亡前夕，最后一位掌握实权的最高统治者的权力传承思想。由于中国已进入半殖民地半封建社会，清朝皇权发生重大变化，慈禧则是以皇太后的身份决断皇位继承问题，因此，她的权力传承思想具有与历代清帝所不同的内涵和特点。

1　《宣统政纪》卷1，光绪三十四年十月癸酉。
2　《宣统政纪》卷1，光绪三十四年十月甲戌。

一、对秘密建储制度的吸收借鉴

慈禧的权力传承思想受到秘密建储制度的影响，这主要体现在同光二帝的皇位交接个案与光宣二帝的皇位交接个案中。

例如，在清朝皇权受到各方面较大牵制，清朝最高统治者已不再拥有完整的决策权情况下，慈禧仍坚持由其本人独断决定嗣君人选。

无论是同治帝身后或光绪帝病危时，慈禧在决定皇位继承人选前，都曾召集宗室成员及满汉重臣征询意见，参与者也曾提出建议。但是，皇位继承人的最终确立，无不是由慈禧"一语即定"，并非集体议定，皇位继承人选的确立体现了她的个人意志。慈禧在嗣君人选上的这种专断行为，不能不说在较大程度上遵循了秘密建储制度中皇帝全权决定储君人选的原则。

光绪元年（1875）正月，对于慈禧立载湉为嗣君的做法深为不满的内阁侍读学士广安，上折请求颁立铁券，以确保"俟嗣皇帝生有皇子，即承继大行皇帝为嗣"。其奏折中写道："窃惟立继之大权，操之君上，非臣下所得妄预也。"[1] 五年（1879）四月，礼亲王世铎等遵旨阅看吴可读的遗疏后奏称："建储大典，非臣子所敢参议，则大统所归，岂臣下所得擅请。"[2] 这些情况说明，虽然清朝皇权日趋衰微，但皇权高度集中与强化的传统，以及秘密建储制度的基本内容，仍对臣工具有较大影响，嗣君人选乃由最高统治者独断，他人无权干预的观念，于部分臣工思想中依然占有一席之地。慈禧之所以能够在皇位传承问题上实行专断之举，这是原因之一。

又如，上述两次决定皇位继承人选的过程中，慈禧基本上坚持了保密方针，并未将物色好的嗣君人选，事先透露给众臣。

同治帝死后，慈禧是于召集王公大臣议立嗣君时，突然提出立载湉为嗣君。她虽然早有以其亲信荣禄之女与醇亲王载沣所生长子溥仪立为嗣君之意，然而却是当光绪帝病危，必须立即决定嗣君人选时，方宣布这一决定。这种做法，可能也是受到秘密建储制度下，皇帝临终前或死后，储君

---

[1] 朱寿朋：《光绪朝东华录》第1册，第4页。
[2] 朱寿朋：《光绪朝东华录》第2册，第723页。

人选方被公布，嗣君立即即皇帝位这一既定规则的影响与启发。慈禧在懿旨确立嗣君前，坚持对嗣君人选严格保密，能够避免统治集团内部过早地由此引起矛盾纷争，有利于维护她的专权。

二、传位不传权的主旨

传承皇位而非传承皇权，是懿旨确立嗣君的本质内涵，也是慈禧权力传承思想的核心内容。

通常情况下，皇位的传承即皇权传承，获得皇位，也就意味着拥有对国家的最高统治权。可是，如果皇位继承人尚在幼龄，势必呈现皇位传承与皇权传承相分离的状况，由母后、辅政大臣等代行皇权。这在中国历史上不乏其例。如清初顺治帝与康熙帝都是幼龄继位，因而分别由多尔衮摄政或四大臣辅政，出现皇位传承与皇权传承的暂时分离。

晚清懿旨确立嗣君下皇位传承与皇权传承的分离，与顺治初年和康熙初年的情况又有所不同。

慈禧专权后，即逐步产生长期掌握清朝最高统治权的想法。所以，她所操纵下的皇位传承，无论采取何种方式，目的皆在于维护皇位传承与皇权传承的分离。

慈禧考虑皇位传承问题的出发点，是保证在皇位交接完成后，她本人能够继续掌握实权，使皇权与皇位相分离的状况，长期保持下去。这使慈禧与历代清帝在选择嗣君方面有较大区别。清帝择嗣目的，是通过传承皇位，完成最高权力的交接，以保证王朝的长治久安，故大都以择贤作为遴选嗣君的重要标准，体现出对于王朝前途的思虑与关怀。康熙帝虽然曾以嫡长身份作为唯一择嗣标准，但对皇太子允礽予以中国历代帝王中所仅见的精心培养。慈禧则为了达到最大限度地监控嗣君的目的，先后选立四龄童载湉与三龄童溥仪为嗣君。她可以置清朝命运于不顾，公然背弃择贤而立的传统，在镇压戊戌变法后，将素质甚低的溥儁立为大阿哥，拟以之取代光绪帝。这些事实都充分体现出她在择立嗣君问题上的指导方针。在慈禧看来，既然由她掌握实权，皇帝完全为其所控制，嗣君个人情况如何也就无关紧要了。

严格地说，慈禧专权时期以传位不传权为本质内涵的懿旨确立嗣君模式，并非皇位继承制度，而是在中国社会性质发生改变，皇权衰微，母后掌握实权的特殊情况下，用以解决皇位传承问题的一种应急措施。

从保证其本人能够长期独掌皇权的角度看，慈禧的懿旨确立嗣君与王莽专权、武后专权时的有关情况，不无相似处。只是后二者最终都取代傀儡皇帝，自立为帝，并改元建立新的王朝，而慈禧则始终是以垂帘听政或训政方式，控制傀儡皇帝。

以传位不传权思想为主导方针的皇位传承，必然导致皇位传承与皇权传承相分离，因而有悖于皇权的绝对独占性，是对皇权的分割与破坏。同时，它也必然致使皇帝成年后，与专权者之间产生无法调和的矛盾。皇位传承与皇权传承相分离的最终结局，或是皇帝清除专权者，实现皇位与皇权的统一（如康熙初年），或是皇位与皇权分离状况长期持续下去，母后、权臣等继续掌握皇权，当皇帝去世后，继承人只是继承皇位，并非继承皇权，因此也就成为新的傀儡皇帝。由慈禧太后做出决定而继承皇位的光绪帝，即属于后一种情况。

慈禧专权时期皇位传承与皇权传承长期分离现象，为清朝前期与中期所未有。这是晚清皇权衰微的生动写照，也是皇权的集中、强化达于极致后，向否定自身存在的方向演变这一事物发展规律的部分体现。

三、联姻的策略

早在咸丰十年（1860），尚是懿贵妃的慈禧积极谋划，将其亲妹叶赫那拉氏嫁与咸丰帝之弟奕𧮪。当同治帝病逝后，慈禧决意将奕𧮪与己亲妹叶赫那拉氏之子载湉立为嗣君（光绪帝）。其后，慈禧又将其亲侄女（弟桂祥之女）叶赫那拉氏嫁与光绪帝，此即宣统时的隆裕皇太后。同治帝是慈禧亲生子，已有一半叶赫那拉氏血统；光绪帝是慈禧亲妹之子，也有二分之一叶赫那拉氏血统。而其侄女叶赫那拉氏倘若与光绪帝生子，血统成分中则是以叶赫那拉氏为主了。从上述事实不难看出，在建储方面，慈禧很可能怀有一种希冀：她本人虽然未能当上女皇，却竭力促使叶赫那拉氏与清帝联姻，使兼具叶赫那拉氏血统与爱新觉罗氏血统之人，长期拥有皇位或掌握清朝皇权。但是，光绪帝与皇后叶赫那拉氏并未生子，她的期望因之落空。

慈禧选择嗣君时，完全是从个人私利出发，既充分显示出随意性，又具有明显的局限性。

按照慈禧的择储标准，嗣君人选必须是近支宗室中具有叶赫那拉氏血统的幼儿。在这种传近不传远、传小不传大的原则约束下，为其所中意者寥寥无几。所以，当戊戌变法失败后慈禧决意废黜光绪帝时，竟难以找出符合上述标准之人，不得不将秉性顽劣的溥儁立为大阿哥。光绪帝病危时，慈禧立奕譞第二子载沣与荣禄之女瓜尔佳氏的长子溥仪为嗣皇帝，显然也有违其初衷。溥仪虽为幼龄，他的亲祖母却是刘佳氏，载沣、溥仪父子并无叶赫那拉氏血统，只是溥仪的嫡祖母为慈禧亲妹，故溥仪本人与慈禧仅有亲属关系。

看来，慈禧还有另一个择嗣标准。嗣君如果并未兼有叶赫那拉氏血统，那么，则须是其在近支宗室中的亲信的子嗣，或是具有其亲信血统的近支宗室成员。前者如大阿哥溥儁之选，后者如溥仪被确立为嗣君。

慈禧决定立溥仪为储嗣时，对奉召与议之臣说："以前我将荣禄之女说与醇王为福晋，即定意所生长子立为嗣君，以为荣禄一生忠诚之报。"[1]溥仪在《我的前半生》一书中的有关回忆进一步显示，慈禧是以联姻作为实现其个人政治意图的有效途径。溥仪写道：

> 关于我父母这段姻缘，后来听到家里的老人们说起，西太后的用意是很深的。原来政变以后，西太后对醇王府颇为猜疑。据说在我祖父（奕譞）园寝上有棵白果树，长得非常高大，不知是谁在太后面前说，醇王府出了皇帝，是由于醇王坟地上有棵白果树，"白"和"王"连起来不就是个"皇"字吗？慈禧听了，立即叫人到妙高峰把白果树砍掉了。引起她猜疑的其实不仅是白果树，更重要的是洋人对于光绪和光绪兄弟（载沣）的兴趣。庚子事件前，她就觉得可怕的洋人有点倾心于光绪，对她却是不太客气。庚子后，联军统帅瓦德西提出，要

---

[1]《慈禧及光绪宾天厄》，载《清代野史》第4辑，第35页；另参见［英］庄士敦：《紫禁城的黄昏》，陈时伟等译，第33页，北京：求实出版社，1989年。

皇帝的兄弟做代表，去德国为克林德公使被杀事道歉。父亲到德国后，受到了德国皇室的隆遇（重）礼遇，这也使慈禧大感不安，加深了她心里的疑忌：洋人对光绪兄弟的重视，这是比维新派康有为更叫她担心的一件事。为削除这个隐患，她终于想出了办法，就是把荣禄和醇王府撮合成为亲家。西太后就是这样一个人，凡是她感到对自己有一丝一毫不安全的地方，她都要仔细加以考虑和果断处理，她在庚子逃亡之前，还不忘叫人把珍妃推到井里淹死，又何尝不是怕留后患而下的毒手？维护自己的统治，才是她考虑的一切根据。就这样，我父亲于光绪二十七年在德国赔了礼回来，在开封迎上回京的銮驾，奏复了一番在德国受到的种种"礼遇"，十一月随驾走到保定，就奉到了"指婚"的懿旨。[1]

然而在此之前，载沣已由生母刘佳氏为其定婚。溥仪在《我的前半生》一书中说：

> 我祖母（刘佳氏）刚给我父亲说好一门亲事，就接到慈禧给我父亲指婚的懿旨。原来我父亲早先订了亲，庚子年八国联军进北京时，许多旗人因怕洋兵而全家自杀，这门亲家也是所谓殉难的一户。我父亲随慈禧光绪在西安的时候，祖母重新给他订了一门亲，而且放了"大定"，即把一个如意交给了未婚的儿媳。按习俗，送荷包叫放小定，这还有伸缩余地，到了放大定，姑娘就算是"婆家的人"了。放大定之后，如若男方死亡或出了什么问题，在封建礼教下就常有什么望门寡或者殉节之类的悲剧出现。慈禧当然不管你双方本人以及家长是否同意，她做的事，别人岂敢说话。

刘佳氏既不敢得罪慈禧，又怕退"大定"致使女方发生意外，左右为难之下，"精神失常的病患又发作了"[2]。

光绪二十七年（1901）十月，溥儁被撤去大阿哥名号。仅仅相隔一月后，慈禧不顾载沣已定婚的事实，强行为他与荣禄之女瓜尔佳氏指婚。这

---

1 爱新觉罗·溥仪：《我的前半生》，第 15-16 页。
2 爱新觉罗·溥仪：《我的前半生》，第 31 页。

表明，慈禧撤去溥儁大阿哥名号的同时，已在重新物色可用以取代光绪帝的人选，其废黜光绪帝的企图虽一再失败，却终未罢休。上述指婚之举，旨在采取一种迂回方式，俟载沣与瓜尔佳氏生子，即以该子作为皇位继承人，实现最终废黜光绪帝的目的。当光绪帝与叶赫那拉氏并无子嗣，慈禧想使清朝皇帝继续兼有叶赫那拉氏血统的期望落空后，另一择嗣方案便成为她的首选。光绪三十二年（1906）正月十四日，载沣与瓜尔佳氏的长子溥仪出生。两年后（1908），慈禧指令溥仪承继其伯父光绪帝之位。

值得注意的是，慈禧临终前指定载沣为摄政王，由慈禧侄女隆裕太后掌握大政方针的决策权，形成具有爱新觉罗血统的载沣与具有叶赫那拉氏血统的隆裕分掌清朝皇权的权力格局。这是对其上述策略的一个补充。

晚清最后半个世纪内的皇位传承，是慈禧权力传承思想的完整实践。慈禧的传权思想，既对秘密建储制度有所借鉴，同时也具有公然违背"本朝家法"，一切以有利于其本人继续专权为目的的鲜明特点；既带有强烈的个人主观色彩，显示出较强的专断性与随意性，同时也受到多种客观因素的制约，具有一定的变通性。这是此阶段中，皇位传承缺乏规则，呈现出非制度化倾向的主要原因。

另需指出，咸、同、光三朝既未实行嫡长子皇位继承制，也未实施秘密建储制，除去咸丰帝立独子载淳为嗣君外，另外两次皇位传承以及一次未遂的废立活动，皆为懿旨所钦定。

咸丰帝以其子载淳为帝，尚为父子相承；同治帝死后，慈禧不为之立嗣，而是以同治帝的堂弟载湉承继咸丰帝为子，"入承大统"；慈禧为实现废黜光绪帝的图谋，选立属于光绪帝子辈的溥儁，但又未将溥儁立为光绪帝之嗣，而让他承继同治帝为子；光绪帝病危时，慈禧方决定以溥仪承继同治帝为嗣，并兼祧光绪帝。上述三次皇位传承以及一次未能成功的建储，分别代表四种承继关系。这些情况，无不表明晚清皇权传承处于较为紊乱状态。

结　语

中国封建王朝皇位继承制度发展演变历程中，清朝皇位继承制度处于一个相对特殊的地位。它是中国最后一个王朝的皇位继承制度，具有不同于历代王朝皇位继承制度的独特之处。

同历代王朝皇位继承制度相比较，清朝皇位继承制度所具有的特点，主要体现在皇位继承形态的复杂性、多样性。

清朝皇位继承形态不断发生变化，曾先后出现汗位推选制、嫡长子皇位继承制、秘密建储制、懿旨确立嗣君等四种模式。此外，康熙帝的继位主要由孝庄皇太后而定，雍正帝则是利用康熙帝实行秘密建储计划中的失误，侥幸取得皇位。晚清三次以懿旨确立嗣君方式出现的皇位继承个案（包括未能成功的己亥建储），继承人与皇帝的辈分关系及其承继关系也各不相同。

清以前历代王朝恪守嫡长子皇位继承制，无论在实施中出现何种情况，这一制度本身并未发生变化，其发展轨迹具有静态特征。与此不同，清朝皇位继承制度呈现出不断改革调整，以便更加适合客观形势需要的演变轨迹，具有动态的发展特征。这种制度化与灵活性相结合，不拘泥于已有模式，而是根据实际情况的变化，对原有制度及时做出更改、修正，甚至废弃的特点，反映了满族统治者的创新、务实精神。

清朝皇位继承形态的不断变化，实际上主要是择嗣标准的反复变化，以及储君、储权的时有时无。

清朝皇位继承制度中选立储君的标准，有过数次改变。

汗位推选制下，八王（诸贝勒）以贤能与否作为唯一标准，在八王范围内推选汗位继承人。

康熙帝实施嫡长子皇位继承制时，以皇子是否具有嫡长身份作为择定皇位继承人的唯一标准。

秘密建储制下，皇帝以选贤为标准，择定皇位继承人，但优先考虑具有嫡长身份的皇子。

上述三种皇位继承形态中，择嗣标准出现了由贤能到嫡长，又到二者兼顾，既择贤而立，又重视嫡长的变化，呈现出否定之否定的发展轨迹。

懿旨确立嗣君的皇位继承形态下，血缘关系与年龄因素是慈禧所考虑的主要方面。由她选中的嗣君人选，除去具备近支宗室身份，还要具有叶赫那拉氏血统，同时必须是幼龄。

清朝皇位继承制度的演变中，储君与储权时有时无，而且两者的变化并非完全一致。

天命、天聪、崇德三朝确立、实施的汗位推选制度，以及顺治朝的皇位传承，均无储君，亦无储权。

康熙前期与中期实施嫡长子皇位继承制，公开册立储君，储权随之而生。

康熙后期实行秘密建储计划，虽有暗定储君，没有储权。雍、乾、嘉、道各朝实施秘密建储制度过程中，均有皇帝所密立的储君，但储君身份不公开，因而不存在储权。

咸、同、光、宣各朝，既未公开建储，亦无密立储君，储权无从产生。己亥建储属于特殊情况，大阿哥溥儁身在储位，并无储权，唯有听任慈禧的摆布。

概言之，清朝四种皇位继承形态演进过程中，在册立储君问题上曾先后出现三次重大转折，从不预立储君（汗位推选制）到预立储君（嫡长子皇位继承制），又到密立储君（秘密建储制），再到不预立储君（懿旨确立嗣君）。另一方面，储权也经历了一个从无（汗位推选制）到有（嫡长子皇位继承制），又到消失（秘密建储制与懿旨确立嗣君）的变化历程。

此外，东宫机构建制，即"东宫官属"的有无及其实际运作，则与储权存在与否相一致。有清一代，只有康熙朝实施嫡长子皇位继承制的37年期间，存在储权和名实相符的东宫机构詹事府。康熙以降，直至光绪年间¹,詹事府虽然继续存在,已无从司其职。乾隆四十八年(1783)九月,乾隆帝指出,"现在詹事官属,虽沿旧制,而其实一无职掌,只以备员为翰林升转之资耳"²。

以满汉文化为主的多种文化有机结合、相互补充,是清朝皇位继承形态之所以具有复杂性与多样性特点的主要原因,也是清朝皇位继承制度有别于历代皇位继承制度的根源所在。

明朝建州女真居住在浑河、牡丹江、松花江三河上游以及鸭绿江、图们江一带,长期处于汉族、朝鲜族经济、文化的影响之下。其先世斡朵里部、胡里改部等,在元代居住于牡丹江下游今依兰县一带,与蒙古族文化有密切接触。所以,建州女真是在本民族文化与相对先进的上述三种文化的长期交往、相互影响下,逐步成长起来。³

这种较为特殊的文化环境,是女真族的一个得天独厚之处,有利于其政治、经济和文化的发展。女真族贵族在考虑与规划本民族的未来前景时,面对多种参照体,这使其具有较为开阔的视野,拥有多样选择机会。他们善于吸收、借鉴明朝、蒙古、朝鲜的诸多长处和经验,制定出符合本民族发展实际的方针、政策,并予以有效实施。16世纪以降,当明朝、蒙古各部日益衰落之际,女真族迅速崛起,建立地方政权,又于1644年借助李自成农民军推翻明王朝的时机入关,经过长期征战,终于成为统治全中国的中央王朝。

相对丰富的文化资源,赋予清朝皇位继承制度较大的包容性。清朝皇位继承制度的演变历程表明,清朝统治者并非一成不变地承袭汉制或因袭满洲旧制,而是将吸收与保留相结合,既学习、借鉴汉族有关经验,又尽可能地保持满族传统制度与习俗的某些特点,将两者融为一体,有所创新和发展,并随着形势的变化与需要不断予以改进。这是清朝皇位继承制度在实施中,所以相对成功的最重要原因。与此形成对比的是,辽、金、元

---

1 《清德宗实录》卷494,光绪二十八年(1902)正月戊子条载:"谕内阁,詹事府系沿前明官制,名实本不相符,应即归并翰林院。"另参见《清德宗实录》卷523,光绪二十九年十一月丙戌。
2 《钦定古今储贰金鉴》卷首,《上谕》。
3 参见李洵:《清代全史》第一卷第一章《满族的先世》。

等朝处理皇位继承问题时，也曾不同程度地学习汉族王朝统治者的做法，立嫡立长。但是，与清朝相比，辽、金、元等都未能较好地处理采用汉制与保留本民族传统旧制的关系，因而皇位继承大都处于无序状态，对其统治造成程度不同的危害。

满汉文化相融合的土壤，以及清朝内外形势所构成的压力，滋养、造就了清朝数代杰出帝王，康、雍、乾三帝是其代表。

清朝皇位继承制度的两次重大变革（从汗位推选制到嫡长子皇位继承制，又到秘密建储制），都出现在康、雍、乾时期，三帝在清朝皇位继承制度演变中所起的至要作用，为其他清帝所不及。康、雍、乾三帝均处于清朝的上升时期（乾隆后期开始停滞），尤其是他们都具备较为深厚的满汉文化素养，因而能够多视角地考虑如何促进皇权集中、强化与改革皇位继承制度等问题，实施一系列行之有效的措施。此外，三帝的统治时期长达百年以上，这也是他们能够在强化皇权与改革皇位继承制度等两个方面，取得较大进展的一个客观条件。

清朝皇位继承制度的演变作为一个有机整体，反映出满汉文化相互撞击、交流、融合的清朝历史特色，也为我们观察清朝皇权政治打开一扇窗口。

还应指出，中国皇帝制度近两千年的发展、演变中，历代统治者已积累了丰富的统治经验，清朝统治者在此基础上又提高一步。因此，清朝皇位继承制度的变革呈水到渠成之势，乃是皇权政治愈益成熟的反映。清朝作为中国封建社会最后一个王朝，历史性地扮演了对中国古代皇位继承制度总其成的角色。

与其他大一统中央王朝相比较，清朝皇位继承形态虽然复杂多样，皇位传承却相对平稳。如果将清朝入关前皇太极继承汗位包括在内，将近300年中，清朝累计完成11次皇位交接。少数情况下，皇位争夺也很激烈，如皇太极去世后曾出现继统危机，康熙后期诸皇子角逐储位，以至雍正帝侥幸继位后大规模清洗政敌。但是，尽管最高统治层内部出现激烈纷争，均未酿成内乱，11次皇位传承，大都比较平稳，统治秩序基本上未受干扰。不仅如此，清朝前期与中期的一些皇权传承个案（如顺、康、雍三朝的皇位传承），从其结局与效果看，还促使清朝统治得到进一步加强。

　　清朝皇位继承制度的改革，以及历次皇位交接的相对平稳，都推动了皇权的集中与强化，使清朝大政方针在制定与贯彻中始终保持延续性与稳定性，清朝在较长时期内，拥有一个相对安定的内部环境。在此前提下，出现了康乾盛世，中国作为一个广土众民、泱泱大国的统治格局，最终确立。

　　清朝皇位继承制度在中国古代皇位继承制度发展史上独树一帜，具有一定开创性，然而其终极目的，是延续已经腐朽、没落的中国皇帝制度，维护并巩固清朝皇帝的专权统治，所以，它又是一个保守、落后的最高权力传承制度。正是中国皇帝制度与清帝的专权统治以及其他原因，严重地阻碍中国封建社会晚期的社会转型，致使中国进一步落后于西方，造成鸦片战争后中华民族长时期的深重灾难。

　　清朝皇位继承制度早已成为历史的遗迹，我们应当采取辩证的态度，总结它的功过得失，以资借鉴。

附 录

附表一：清朝皇帝简表

（一）清朝入关前诸帝

顺序	年号	庙号	谥号	名字	在位时间	即位年龄	在位年数	寿命	陵名
1	天命	太祖	高皇帝	努尔哈赤	天命元年正月至天命十一年八月	58岁	11年	68岁	福陵（辽宁沈阳）
2	天聪（天聪元年正月至十年四月）崇德（崇德元年四月至八年八月）	太宗	文皇帝	皇太极	天命十一年九月至崇德八年八月	35岁	17年	52岁	昭陵（辽宁沈阳）

（二）清朝入关后诸帝 [1]

顺序	年号	庙号	谥号	名字	在位时间	即位年龄	在位年数	寿命	陵名
1	顺治	世祖	章皇帝	福临	崇德八年八月至顺治十八年正月	6岁	18年	24岁	孝陵（河北遵化）

注：1. 部分参考了中国第一历史档案馆制《清代皇帝世系一览表》。

续表

顺序	年号	庙号	谥号	名字	在位时间	即位年龄	在位年数	寿命	陵名
2	康熙	圣祖	仁皇帝	玄烨	顺治十八年正月至康熙六十一年十一月	8岁	61年	69岁	景陵（河北遵化）
3	雍正	世宗	宪皇帝	胤禛	康熙六十一年十一月至雍正十三年八月	45岁	13年	58岁	泰陵（河北易县）
4	乾隆	高宗	纯皇帝	弘历	雍正十三年八月至乾隆六十年十二月	25岁	60年	89岁	裕陵（河北遵化）
5	嘉庆	仁宗	睿皇帝	颙琰	嘉庆元年正月至嘉庆二十五年七月	37岁	25年	61岁	昌陵（河北易县）
6	道光	宣宗	成皇帝	旻宁	嘉庆二十五年八月至道光三十年正月	39岁	30年	69岁	慕陵（河北易县）

续表

顺序	年号	庙号	谥号	名字	在位时间	即位年龄	在位年数	寿命	陵名
7	咸丰	文宗	显皇帝	奕䜣	道光三十年正月至咸丰十一年七月	20岁	11年	31岁	定陵（河北遵化）
8	同治	穆宗	毅皇帝	载淳	咸丰十一年十月至同治十三年十二月	6岁	13年	19岁	惠陵（河北遵化）
9	光绪	德宗	景皇帝	载湉	光绪元年正月至光绪三十四年十月	5岁	34年	38岁	崇陵（河北易县）
10	宣统			溥仪	光绪三十四年十一月至宣统三年十二月	3岁	3年	62岁	

附表二：清朝皇子简表[1]

（一）太祖天命汗诸子

齿序	名字	生卒时间	生母	封爵	寿命	备注
第一子	褚英	明万历八年至四十三年闰八月	元妃佟佳氏	广略贝勒	36岁	明万历四十三年获罪拘禁，于禁所被处死。子三人。
第二子	代善	明万历十一年七月初三日至顺治五年十月十一日	元妃佟佳氏	和硕兄礼亲王	66岁	谥"烈"。子八人。第七子满达海袭爵，改号巽亲王，该爵后由代善第八子祜塞之第三子杰书袭，改号康亲王。乾隆四十三年追复礼亲王原爵，世袭罔替，代善配享太庙。代善第一子岳托（死于军中）追封多罗克勤郡王，崇德四年四月，乾隆四十三年正月配享太庙。爵位世袭罔替。顺治五年九月，以军功封多罗顺承郡王，世袭罔替。代善第三子萨哈璘之第二子勒克德浑，封第三子萨哈璘，世袭罔替。故代善一支中，封有三个世袭罔替王爵。
第三子	阿拜	明万历十三年八月十五日至顺治五年二月二十一日	庶妃兆佳氏	三等镇国将军	64岁	顺治十年五月追晋镇国公，谥"勤敏"。子七人。
第四子	汤古代	明万历十三年十一月初四日至崇德五年九月二十九日	庶妃钮祜禄氏	三等镇国将军	56岁	顺治时追谥"克洁"。子二人。

注：1. 根据《爱新觉罗宗谱》《星源集庆》《清皇室四谱》《清史稿》中皇子表，传以及《清实录》《八旗艺文编目》等有关记载制作。所录皇子爵位，皆以《清皇室四谱》等有关记载，皇子生母、皇子生前所封位号（尊号、徽号除外），其次是死后追封名号。生前最后一次封爵，有个别例外或逝后追封者，均见备注；皇子生母，首先录其生前所封位号（尊号、徽号除外），其次是死后追封名号。

续表

齿序	名字	生卒时间	生母	封爵	寿命	备注
第五子	莽古尔泰	明万历十五年至天聪六年十二月初一日	继妃富察氏	贝勒	46岁	天聪五年十月革大贝勒，降居诸贝勒之列，九年十二月以生前谋逆罪夺爵，子孙黜宗室，康熙五十二年七月赐子红带，附入玉牒之末。子九人。
第六子	塔拜	明万历十七年二月十八日至崇德四年八月初九日	庶妃钮祜禄氏	辅国将军	51岁	顺治十年五月追晋辅国公，谥"悫厚"。子八人。
第七子	阿巴泰	明万历十七年六月十六日至顺治三年三月二十五日	侧妃伊尔根觉罗氏	饶余郡王	58岁	康熙十年六月追谥"敏"。子五人。
第八子	皇太极	明万历二十年十月二十五日至崇德八年八月初九日	孝慈高皇后叶赫纳喇氏		52岁	天命十一年九月即汗位，改元天聪，十年四月受尊号称皇帝，国号大清，改元崇德。子十一人。
第九子	巴布泰	明万历二十年十一月初十日至顺治十二年正月二十二日	庶妃嘉穆瑚觉罗氏	镇国公	64岁	谥"恪僖"。子三人。
第十子	德格类	明万历二十四年十一月十三日至天聪九年十月初二日	继妃富察氏	贝勒	40岁	天聪九年十二月以生前谋逆罪夺爵，子孙黜宗室，康熙五十二年七月赐子红带，附入玉牒之末。子三人。

注：1. 清帝内，除去道光帝生母喜塔腊氏、咸丰帝生母钮祜禄氏外，余者之生母均在其子继位后方加封皇后名号，或由其子追封。皇太极生母叶赫纳喇氏（逝于明万历三十一年，年29岁）的皇后名号，也是皇太极受尊号称皇帝后，为其追上尊谥所封。叶赫纳喇氏生前位号史籍中无载，她大约是努尔哈赤的数位主要福晋之一。

续表

齿序	名字	生卒时间	生母	封爵	寿命	备注
第十一子	巴布海	明万历二十四年十一月二十八日至崇德八年八月二十三日	庶妃嘉穆瑚觉罗氏		48岁	原封镇国将军，崇德七年削爵，除宗籍，翌年处死。无嗣。
第十二子	阿济格	明万历三十三年七月十五日至顺治八年十月十六日	大妃乌拉纳喇氏		47岁	原封和硕英亲王，顺治八年正月革爵圈禁，是年十月赐死，子孙降为庶人。乾隆四十三年正月特旨列入宗谱。子十一人。
第十三子	赖慕布	明万历三十九年十二月二十四日至顺治三年五月十一日	庶妃西林觉罗氏	奉恩将军	36岁	顺治十年五月追封奉恩辅国公，谥"介直"。子一人。
第十四子	多尔衮	明万历四十年十月二十五日至顺治七年十二月初九日	大妃乌拉纳喇氏	和硕睿亲王	39岁	顺治五年十一月晋称皇父摄政王。死后追尊义皇帝，庙号成宗，升祔太庙。八年二月以谋逆罪削帝号，夺庙享，革爵，除宗籍，追还原封爵，世袭罔替。乾隆四十三年正月诏复宗籍追还原封爵，世袭罔替，补谥"忠"，配享太庙。无子，以弟多铎子多尔博为嗣。
第十五子	多铎	明万历四十二年二月二十四日至顺治六年三月十八日	大妃乌拉纳喇氏	和硕豫亲王	36岁	顺治四年七月加封辅政叔德豫亲王，九年三月追降郡王，康熙十年六月追谥"通"。乾隆四十三年正月诏复亲王，世袭罔替，配享太庙。子八人。
第十六子	费扬果（费扬古）	天命五年十月生，卒年未详	未详			太宗时获罪赐死，削宗籍，康熙五十二年七月子孙получил红带，附入玉牒之末。子四人。

（二）太宗崇德帝诸子

齿序	名字	生卒时间	生母	封爵	寿命	备注
第一子	豪格	明万历三十七年三月十三日至顺治五年四月	继妃乌拉纳喇氏	和硕肃亲王	40岁	顺治五年三月革爵幽禁，自杀，八年二月复封爵，改号曰显。十三年九月追谥"武"。三年正月配享太庙，乾隆四十三年始复封之号，世袭罔替。子七人。
第二子	洛格	明万历三十九年至天命六年十月	继妃乌拉纳喇氏		11岁	无嗣。
第三子	洛博会	明万历三十九年至天命二年	元妃钮祜禄氏		7岁	《清皇室四谱》无嗣。
第四子	叶布舒	天聪元年十月十八日至康熙二十九年九月二十二日	庶妃颜札氏	辅国公	64岁	子一人。
第五子	硕塞	天聪二年十二月二十四日至顺治十一年十二月初五日	侧妃叶赫纳喇氏	和硕承泽亲王	27岁	康熙十年六月追谥"裕"，子四人，第一子博果铎于顺治十二年六月袭亲王，改号庄。[1]

注：1.《清史稿》卷161，《表》1，《皇子世表》1载："惟睿、礼、郑、豫、肃、庄、克勤、顺承八王，以佐命殊勋，世袭罔替……雍正后，惟怡贤亲王以公忠体国，恭亲王以赞襄大政，醇贤亲王以德宗本生考，至未年，而庆亲王奕劻乃亦懵姿懋赏矣。"又据吴振棫《养吉斋丛录》卷1载："惟礼亲王、睿亲王、肃亲王、郑亲王、豫亲王、庄亲王、克勤郡王、顺承郡王，皆国初有大勋劳者，世袭不隆封，或获罪革爵，仍以旁支承封。京师俗谓诸谓之铁帽子王。"《爱新觉罗宗谱》《星源集庆》《清皇室四谱》等史籍中，除庄亲王外，其他十一位亲（郡）王爵位奉世袭罔替事，皆在不同处有载。但从《爱新觉罗宗谱》所载庄亲王爵封袭情况看，自博果铎以下确为世袭罔替。

续表

齿序	名字	生卒时间	生母	封爵	寿命	备注
第六子	高塞	崇德二年二月十六日至康熙九年七月二十二日	庶妃纳喇氏	镇国公	34岁	号霓庵，又号敬一主人，著有《恭寿堂集》。谥"悫厚"。子五人。
第七子	常舒	崇德二年四月十九日至康熙三十八年十二月二十五日	庶妃伊尔根觉罗氏	辅国公品级	63岁	子十八。
第八子	未有名	崇德二年七月初八日至崇德三年正月二十八日	东关雎宫宸妃博尔济吉特氏，即敏惠恭和元妃		2岁	无嗣。
第九子	福临	崇德三年正月三十日至顺治十八年正月初七日	西永福宫庄妃博尔济吉特氏，即孝庄文皇后		24岁	崇德八年八月即位，改元顺治。尝自号臆庵道人。子八人。
第十子	韬塞	崇德四年二月初八日至康熙三十四年二月初九日	庶妃（氏族未详）	辅国公	57岁	子十二人。
第十一子	博穆博果尔	崇德六年十二月二十日至顺治十三年七月初三日	西麟趾宫贵妃博尔济吉特氏，即懿靖大贵妃	和硕襄亲王	16岁	康熙十年六月追谥"昭"。无嗣。

(三)世祖顺治帝诸子

齿序	名字	生卒时间	生母	封爵	寿命	备注
第一子	钮钮	顺治八年十一月初一日至九年正月三十日	庶妃巴氏		2岁	无嗣。
第二子	福全	顺治十年七月十七日至康熙四十二年六月二十六日	庶妃栋鄂氏，即宁悫妃。	和硕裕亲王	51岁	谥"宪"。子六人。
第三子	玄烨	顺治十一年三月十八日至康熙六十一年十一月十三日	妃佟佳氏，即孝康章皇后。		69岁	顺治十八年正月即位，改元康熙。有御制诗文集。子三十五人。
第四子	未有名	顺治十四年十月初七日至十五年正月二十四日	皇贵妃董鄂氏，即孝献皇后		2岁	顺治十五年三月追封和硕荣亲王。无嗣。
第五子	常宁（常颖）	顺治十四年十一月初四日至康熙四十二年六月初七日	庶妃陈氏	和硕恭亲王	47岁	子六人。
第六子	奇授	顺治十六年十一月二十一日至康熙四年十一月初六日	庶妃唐氏		7岁	无嗣。
第七子	隆禧	顺治十七年四月二十二日至康熙十八年七月十五日	庶妃钮氏	和硕纯亲王	20岁	谥"靖"。子一人。
第八子	永幹	顺治十七年十二月二十三日至康熙六年十二月初二日	庶妃穆克图氏		8岁	无嗣。

（四）圣祖康熙帝诸子

1. 序齿皇子

齿序	名字	生卒时间	生母	封爵	寿命	备注
第一子	允禔	康熙十一年二月十四日至雍正十二年十一月初一日	惠妃纳喇氏	多罗直郡王	63岁	康熙四十七年十一月革爵幽禁，以固山贝子礼葬。子十五人。
第二子	允礽	康熙十三年五月初三日至雍正二年十二月十四日	皇后赫舍里氏，即孝诚仁皇后	皇太子	51岁	康熙四十七年九月废黜，翌年三月复立，五十一年十月再废，幽禁，死子禁所，追封和硕理亲王，谥"密"。有诗见《熙朝雅颂集》。子十二人。
第三子	允祉	康熙十六年二月二十日至雍正十年闰五月十九日	荣妃马佳氏	和硕诚亲王	56岁	雍正八年五月革爵拘禁，死于禁所，以郡王礼葬。乾隆二年十二月追谥"隐"。著有《课余诗稿》等。子十一人。
第四子	胤禛	康熙十七年十月三十日至雍正十三年八月二十三日	德妃乌雅氏，即孝恭仁皇后	和硕雍亲王	58岁	康熙六十一年十一月即位，改元雍正。有御制诗文集。子十人。
第五子	允祺	康熙十八年十二月初四日至雍正十年闰五月十九日	宜妃郭络罗氏	和硕恒亲王	54岁	谥"温"。有诗见《熙朝雅颂集》。子七人。
第六子	允祚	康熙十九年二月初五日至二十四年五月十四日	德妃乌雅氏，即孝恭仁皇后		6岁	无嗣。
第七子	允祐	康熙十九年七月二十五日至雍正八年四月初二日	成妃戴佳氏	和硕淳亲王	51岁	谥"度"。有诗见《熙朝雅颂集》。子七人。

续表

齿序	名字	生卒时间	生母	封爵	寿命	备注
第八子	允禩	康熙二十年二月初十日至雍正四年九月	良妃卫氏	和硕廉亲王	46岁	雍正四年正月革爵，黜宗室，圈禁高墙，改名阿其那，收入宗籍。死子禁所。乾隆四十三年正月诏复原名。子一人。
第九子	允禟	康熙二十二年八月二十七日至雍正四年八月二十七日	宜妃郭络罗氏	固山贝子	44岁	雍正三年七月革爵，四年正月黜宗室，改名塞思黑，死子禁所。乾隆四十三年正月诏复原名，收入宗籍。子八人。
第十子	允䄉	康熙二十二年十月十一日至乾隆六年九月初九日	贵妃钮祜禄氏，即温僖贵妃。	多罗敦郡王	59岁	雍正二年四月爵禁锢。高宗即位，释之，乾隆二年二月授奉恩辅国公品级。以固山贝子礼葬。子六人。
第十一子	允䄉	康熙二十四年五月初七日至三十五年七月二十五日	宜妃郭络罗氏		12岁	无嗣。
第十二子	允祹	康熙二十四年十二月二十四日至乾隆二十八年七月二十四日	定嫔万琉哈氏，即定妃。	和硕履亲王	79岁	谥"懿"。子六人，皆早卒。乾隆二十八年十一月以皇四子永珹为嗣。
第十三子	允祥	康熙二十五年十月初一日至雍正八年五月初四日	妃章佳氏，即敬敏皇贵妃。	和硕怡亲王	45岁	卒后诏复其名，上一字为胤，谥"贤"。乾隆十九年十二月诏以其爵世袭罔替。配享太庙。著有《交辉园遗稿》等。子九人。

续表

齿序	名字	生卒时间	生母	封爵	寿命	备注
第十四子	允禵（胤祯）	康熙二十七年正月初九日至乾隆二十年正月初六日	德妃乌雅氏，即孝恭仁皇后。	多罗恂郡王	68岁	康熙四十八年三月封固山贝子，雍正元年五月晋多罗贝勒，三年十二月降为贝子，四年四月革爵，禁锢。高宗即位，释之。乾隆二年三月封奉恩辅国公品级，十二年三月晋多罗贝勒，十三年正月晋多罗恂郡王。谥"勤"。爵停袭。子四人。
第十五子	允禑	康熙三十二年十一月二十八日至雍正九年二月初一日	密嫔王氏，即顺懿密妃。	多罗愉郡王	39岁	谥"恪"。子五人。
第十六子	允禄	康熙三十四年六月十八日至乾隆三十二年二月二十日	密嫔王氏，即顺懿密妃。	和硕庄亲王	73岁	雍正元年二月过继庄靖亲王博果铎为嗣，袭封和硕庄亲王。谥"恪"。著有《九宫大成南北词宫谱》等。子十八。
第十七子	允礼	康熙三十六年三月初二日至乾隆三年二月初二日	勤嫔陈氏，即纯裕勤妃。	和硕果亲王	42岁	著有《春和堂诗集》《静远斋诗集》等。子一人，早卒。乾隆三年二月以世宗第六子弘曕为嗣，谥"毅"。
第十八子	允祄	康熙四十年八月初八日至四十七年九月初四日	密嫔王氏，即顺懿密妃。		8岁	无嗣。
第十九子	允禝	康熙四十一年九月初五日至四十三年二月二十三日	庶妃高氏，即襄嫔。		3岁	无嗣。

续表

齿序	名字	生卒时间	生母	封爵	寿命	备注
第二十子	允祎	康熙四十五年七月二十五日至乾隆二十年正月初九日	庶妃高氏，即襄嫔。	多罗贝勒	50岁	谥"简靖"。子二人。
第二十一子	允禧	康熙五十年正月十一日至乾隆二十三年五月二十一日	庶妃陈氏，即熙嫔。	多罗慎郡王	48岁	号紫琼道人，又号春浮居士，著有《花间堂诗钞》《紫琼岩诗钞》等。谥"靖"。子二人，皆早卒。乾隆二十四年十二月以皇六子永瑢为嗣。
第二十二子	允祜	康熙五十年十二月初三日至乾隆八年十二月二十九日	庶妃色赫图氏，即谨嫔。	多罗贝勒	33岁	谥"恭勤"。子一人。
第二十三子	允祁	康熙五十二年十一月二十八日至乾隆五十年七月二十七日	庶妃石氏，即静嫔。	多罗贝勒	73岁	乾隆四十九年十一月加郡王衔。谥"诚"。子七人。
第二十四子	允祕	康熙五十五年五月十六日至乾隆三十八年十月二十日	庶妃陈氏，即穆嫔。	和硕诚亲王	58岁	谥"恪"。有诗见《熙朝雅颂集》。子四人。

2. 未序齿皇子

名字	生卒时间	生母	封爵	寿命	备注
承瑞	康熙六年九月二十日至九年五月二十四日	荣妃马佳氏		4岁	
承祜	康熙八年十二月十三日至十一年二月初五日	皇后赫舍里氏,即孝诚仁皇后		4岁	
承庆	康熙九年二月初一日至康熙十年四月十八日	惠妃纳喇氏		2岁	
赛音察浑	康熙十年十二月二十五日至十三年正月二十九日	荣妃马佳氏		4岁	
长华	康熙十三年四月初六日生,本日卒	荣妃马佳氏			
长生	康熙十四年六月二十一日至十六年三月二十六日	荣妃马佳氏		3岁	
万黼	康熙十四年十月初八日至十八年正月二十九日	贵人纳喇氏		5岁	
允禶	康熙十八年二月三十日至十九年四月初二日	贵人纳喇氏		2岁	
允禑	康熙二十二年七月二十三日至二十三年六月初六日	贵人郭络罗氏		2岁	
允祂	康熙三十年正月二十六日至三月初一日	赫舍里氏,即平妃。		不足2个月	
允禐	康熙五十七年二月初一日生,本日卒	贵人陈氏			

（五）世宗雍正帝诸子

1. 序齿皇子

齿序	名字	生卒时间	生母	封爵	寿命	备注
第一子	弘晖	康熙三十六年三月二十六日至雍正十三年十一月初六日	皇后乌拉纳喇氏，即孝敬宪皇后		8岁	雍正十三年十一月高宗追封为和硕亲王，谥"端"。无嗣。
第二子	弘昀	康熙三十九年八月初七日至四十九年十月二十五日	齐妃李氏		11岁	无嗣。
第三子	弘时	康熙四十三年二月十三日至雍正五年八月初六日	齐妃李氏		24岁	雍正四年正月逐出宫廷，令为允禩之子，二月黜宗室，交与允祹约束奉赡。高宗即位，令复宗籍，追复宗籍。子一人，四岁卒，无嗣。
第四子	弘历	康熙五十年八月十三日至嘉庆四年正月初三日	熹贵妃钮祜禄氏，即孝圣宪皇后	和硕宝亲王	89岁	雍正十年后赐号长春居士，自号信天主人，七十岁自称"古稀天子""十全老人"。雍正元年八月密立为皇储，十三年九月即位，改元乾隆，嘉庆元年正月内禅，称太上皇。著有《乐善堂全集》及御制诗文集。子十七人。
第五子	弘昼	康熙五十年十一月二十七日至乾隆三十五年七月十三日	裕妃耿氏，即纯懿皇贵妃。	和硕亲王	60岁	谥"恭"。著有《稽古斋全集》。子八人。
第六子	弘曕	雍正十一年六月十一日至乾隆三十年三月初八日	谦嫔刘氏，即谦妃。	多罗果郡王	33岁	号经畲道人。乾隆三年二月过继果毅亲王允礼为嗣，袭封和硕亲王，二十八年降贝勒，三十年二月病笃，特晋多罗果郡王。谥"恭"。著有《鸣盛集》。子三人。

2. 未序齿皇子

名字	生卒时间	生母	封爵	寿命	备注
弘盼	康熙三十六年六月初二日至三十八年二月二十九日	齐妃李氏		3岁	
福宜	康熙五十九年五月二十五日至六十年正月十三日	皇贵妃年氏，即敦肃皇贵妃。		2岁	
福惠（福慧）	康熙六十年十月初九日至雍正六年九月初九日	皇贵妃年氏，即敦肃皇贵妃。		8岁	以亲王例葬。雍正十三年十一月高宗追封为和硕亲王，谥"怀"。无嗣。
福沛	雍正元年五月初十日生，本日卒	皇贵妃年氏，即敦肃皇贵妃。			

（六）高宗乾隆帝诸子

齿序	名字	生卒时间	生母	封爵	寿命	备注
第一子	永璜	雍正六年五月二十八日至乾隆十五年三月十五日	富察氏，即哲悯皇贵妃		23岁	追封和硕定亲王，谥"安"。子二人。
第二子	永琏	雍正八年六月二十六日至乾隆三年十月十二日	皇后富察氏，即孝贤纯皇后		9岁	乾隆元年七月密立为皇储，三年十一月追封皇太子，谥"端慧"。无嗣。
第三子	永璋	雍正十三年五月二十五日至乾隆二十五年七月十六日	纯皇贵妃苏佳氏，即纯惠皇贵妃		26岁	追封多罗循郡王。子二人。
皇四子	永珹	乾隆四年正月十四日至四十二年二月二十八日	嘉贵妃金佳氏，即孝仪嘉皇贵妃	多罗履郡王	39岁	乾隆二十八年十一月出继履懿亲王允祹孙，降袭履郡王。以亲王例厚葬，谥"端"。嘉庆四年三月追晋亲王。著有《葆畅斋诗稿》。子六人。
第五子	永琪	乾隆六年二月初七日至三十一年二月初八日	愉妃珂里叶特氏（以贵妃礼葬）	荣亲王	26岁	号筠亭。谥"纯"。著有《焦桐䲣稿》。子六人。
第六子	永瑢	乾隆八年十二月十四日至五十五年五月初一日	纯皇贵妃苏佳氏，即纯惠皇贵妃	和硕质亲王	47岁	号九思主人，又号西园主人，乾隆二十四年十二月出继慎靖郡王允禧孙，降袭贝勒，三十七年十月晋质郡王，五十四年十一月晋质亲王，谥"庄"。著有《九思堂诗抄》。子六人。

续表

齿序	名字	生卒时间	生母	封爵	寿命	备注
第七子	永琮	乾隆十一年四月初八日至十二年十二月二十九日	皇后富察氏，即孝贤纯皇后		2岁	谥"悼敏阿哥"。嘉庆四年三月追封和硕哲亲王。无嗣
第八子	永璇	乾隆十一年七月十五日至道光十二年八月初七日	嘉贵妃金佳氏，即淑嘉皇贵妃	和硕仪亲王	87岁	谥"慎"。子二人。
第九子	未有名	乾隆十三年七月初九日至十四年四月二十日	嘉贵妃金佳氏，即淑嘉皇贵妃		2岁	无嗣。
第十子	未有名	乾隆十六年五月十九日至十八年六月初七日	舒妃叶赫纳喇氏		3岁	无嗣。
第十一子	永瑆	乾隆十七年二月初七日至道光三年三月三十日	嘉贵妃金佳氏，即淑嘉皇贵妃	和硕成亲王	72岁	少字镜泉，后号少厂，又号即斋。自择书迹刻为《诒晋斋帖》，手诏为序。著有《诒晋斋集》《诒晋斋诗集》《仓龙集》等。谥"哲"。子七人。
第十二子	永璂	乾隆十七年四月二十五日至四十一年正月二十八日	皇后纳喇氏（以皇贵妃礼葬）		25岁	嘉庆四年三月追封多罗贝勒。著有《日课诗稿》。子一人。
第十三子	永璟	乾隆二十年十二月二十一日至二十二年七月二十四日	皇后纳喇氏（以皇贵妃礼葬）		3岁	无嗣
第十四子	永璐	乾隆二十二年七月十七日至二十五年三月十八日	令皇贵妃魏佳氏，即孝仪纯皇后		4岁	无嗣

续表

齿序	名字	生卒时间	生母	封爵	寿命	备注
第十五子	颙琰	乾隆二十五年十月初六日至嘉庆二十五年七月二十五日	令皇贵妃魏佳氏，即孝仪纯皇后	和硕嘉亲王	61岁	乾隆三十八年冬密立为皇储，六十年九月册立为皇太子，嘉庆元年正月即位，改元嘉庆。著有《味余书室全集定本》。子五人。
皇十六子	未有名	乾隆二十七年十一月三十日至乾隆三十年三月十七日	令皇贵妃魏佳氏，即孝仪纯皇后		4岁	无嗣。
皇十七子	永璘	乾隆三十一年五月十一日至嘉庆二十五年三月十三日	令皇贵妃魏佳氏，即孝仪纯皇后	和硕庆亲王	55岁	谥"僖"。子六人。

（七）仁宗嘉庆帝诸子

齿序	名字	生卒时间	生母	封爵	寿命	备注
第一子	未有名	乾隆四十四年十二月二十九日至四十年三月初六日	诚贵妃刘佳氏，即和裕皇贵妃		2岁	嘉庆二十五年八月宣宗即位，追封多罗郡王，谥"穆"。无嗣。
第二子	旻宁	乾隆四十七年八月初十日至道光三十年正月十四日	皇后喜塔腊氏，即孝淑睿皇后。	和硕智亲王	69岁	嘉庆四年四月密立为皇储，二十五年八月即位，改元道光。有《御制养正书屋集》。子九人。
第三子	绵恺	乾隆六十年六月二十二日至道光十八年十二月初四日	皇后钮祜禄氏，即孝和睿皇后	多罗惇郡王	44岁	嘉庆二十四年正月封多罗惇郡王，翌年晋亲王，道光七年降为郡王，八年赏还亲王，十八年六月复降郡王。卒后追还亲王。谥"恪"。子二人。
第四子	绵忻	嘉庆十年二月初九日至道光八年八月十九日	皇后钮祜禄氏，即孝和睿皇后	和硕瑞亲王	24岁	谥"怀"。子一人。
第五子	绵愉	嘉庆十九年二月二十七日至同治三年十二月十二日	如妃钮祜禄氏，即恭顺皇贵妃。	和硕惠亲王	51岁	谥"端"。著有《爱日斋集》。子六人。

（八）宣宗道光帝诸子

齿序	名字	生卒时间	生母	封爵	寿命	备注
第一子	奕纬	嘉庆十三年四月二十一日至道光十一年四月十二日	和妃纳喇氏		24岁	嘉庆二十四年正月封多罗贝勒。宣宗登极后仍居皇子位。以皇子例治丧。追封多罗贝勒，谥"隐志"。道光三十年正月文宗即位，追晋多罗郡王。无子，以从子（载治）为嗣。
第二子	奕纲	道光六年十月二十三日至七年二月初八日	皇贵妃博尔济吉特氏，即孝静成皇后		2岁	道光三十年正月文宗即位，追封多罗郡王，谥"和"。无嗣。
第三子	奕继	道光九年十一月初七日生，十二月二十八日卒	皇贵妃博尔济吉特氏，即孝静成皇后		1个月	道光三十年正月文宗即位，追封多罗顺郡王，谥"质"。无嗣。
第四子	奕詝	道光十一年六月初九日至咸丰十一年七月十七日	皇后钮祜禄氏，即孝全成皇后		31岁	道光二十六年六月密立为皇储，三十年正月十四日立为皇太子，是月二十六日即位，改元咸丰。有《御制履信书屋集》。子二人。
第五子	奕誴	道光十一年六月十五日至光绪十五年正月十九日	祥妃钮祜禄氏（降为贵人，复追封祥妃）	和硕惇亲王	59岁	号东园主人。道光二十六年正月过继惇恪亲王绵恺为嗣，降袭郡王，咸丰十年正月晋亲王。谥"勤"。著有《东园诗集》《藏修斋诗稿》等。子八人。

续表

齿序	名字	生卒时间	生母	封爵	寿命	备注
第六子	奕訢	道光十二年十一月二十一日至光绪二十四年四月初十日	皇贵妃博尔济吉特氏，即孝静成皇后	和硕恭亲王	67岁	号鉴园主人，著有《乐道堂全集》《萃锦吟》等。生前奉旨以亲王世袭罔替。谥"忠"，配享太庙。子四人。
第七子	奕譞	道光二十年九月二十一日至光绪十六年十一月二十一日	琳贵妃乌雅氏，即庄顺皇贵妃	和硕醇亲王	51岁	号朴庵，同治十三年十二月德宗即位，奉旨以亲王世袭罔替。谥"贤"。光绪十四年奉旨皇帝本生考醇贤亲王，诏定称号曰皇帝本生祖考醇贤亲王。著有《课窗存稿》等。子七人。
第八子	奕詥	道光二十四年正月二十六日至同治七年十一月初四日	琳贵妃乌雅氏，即庄顺皇贵妃	多罗钟郡王	25岁	谥"端"。著有《四知堂遗稿》。无子，以从子（载涛）为嗣。
第九子	奕譓	道光二十五年十月十六日至光绪三年二月初八日	琳贵妃乌雅氏，即庄顺皇贵妃	多罗孚郡王	33岁	同治十一年加亲王衔。谥"敬"。无子，以族子（载沛）为嗣。

（九）文宗咸丰帝诸子

齿序	名字	生卒时间	生母	封爵	寿命	备注
第一子	载淳	咸丰六年三月二十三日至同治十三年十二月初五日	懿贵妃叶赫那拉氏，即孝钦显皇后		19岁	咸丰十一年七月十六日立为皇太子，十月初九日即位，改元同治。无子，光绪二十五年十二月以从弟端郡王载漪之子溥儁为嗣，二十七年十月复以宣统帝溥仪为嗣。[1]
承继子	载湉	同治十年六月二十八日至光绪三十四年十月二十一日	醇贤亲王奕𫍽嫡福晋叶赫那拉氏		38岁	醇贤亲王奕𫍽第二子。同治十三年十二月奉懿旨，以载湉承继文宗为子，入承大统，光绪元年正月即位，改元光绪。无子，以宣统帝溥仪兼祧。
第二子	未有名	咸丰八年十二月初五日生，当日卒	玫嫔徐佳氏，即玫贵妃。			穆宗即位，追封为悯郡王。无嗣。

注：1. 穆宗同治帝承继子溥仪，光绪三十二年（1906）正月十四日生，和硕醇亲王载沣第一子，生母为醇亲王嫡福晋瓜尔佳氏。光绪三十四年十月奉懿旨，以溥仪承继穆宗毅皇帝为嗣，兼承德宗景皇帝为桃，入承大统。宣统三年（1911）十二月退位。1967年10月17日卒，终年62岁。

主要参考资料[1]

档案

中国第一历史档案馆藏：宫中全宗·满文朱批奏折
中国第一历史档案馆藏：宫中全宗·满文朱谕
中国第一历史档案馆藏：宫中全宗·满文杂件
中国第一历史档案馆藏：宫中全宗·汉文杂件
中国第一历史档案馆藏：宗人府全宗·满文玉牒
中国第一历史档案馆藏：宗人府全宗·汉文玉牒
中国第一历史档案馆藏：内务府全宗·满文杂件
中国第一历史档案馆藏：内务府全宗·汉文杂件
中国第一历史档案馆藏：内阁全宗·八旗世袭谱档
中国第一历史档案馆藏：军机处全宗·上谕档
中国第一历史档案馆藏：国史馆全宗·传包
台北故宫博物院：《宫中档康熙朝奏折》第8辑（《满文谕折》第1

---

[1] 除中国第一历史档案馆藏档案外，其他档案按类别、档案年代排序。无作者文献，按类别排序；有作者文献，按作者姓名首字笔划排序。今人著作，按作者姓名首字笔划排序。参考论文详见第一章第三节《清朝皇位继承制度研究回顾》及正文注释。

辑），台北故宫博物院印行，1977年。

台北故宫博物院：《宫中档康熙朝奏折》第9辑（《满文谕折》第2辑），台北故宫博物院印行，1977年。

台北故宫博物院：《宫中档雍正朝奏折》第28辑（《满文谕折》第1辑），台北故宫博物院印行，1980年。

《重译满文老档·太祖朝》，辽宁大学历史系清初史料丛刊本，1978—1979年。

《汉译满文旧档》，辽宁大学历史系清初史料丛刊本，1979年。

中国第一历史档案馆、中国社会科学院历史研究所译注：《满文老档》，北京：中华书局，1990年。

关嘉录、佟永功、关照宏译：《天聪九年档》，天津：天津古籍出版社，1987年。

中国人民大学清史研究所、中国第一历史档案馆译：《盛京刑部原档》，北京：群众出版社，1985年。

中国第一历史档案馆：《清初内国史院满文档案译编》，北京：光明日报出版社，1989年。

《清代内阁大库散佚满文档案选编》，天津：天津古籍出版社，1991年。

季永海、李盘胜、谢志宁翻译点校：《年羹尧满汉奏折译编》，天津：天津古籍出版社，1995年。

安双成：《宗札布案满文译稿》，《历史档案》1997年1期。

中央研究院历史语言研究所编：《明清史料》甲编，1931年铅印本。

中国科学院编：《明清史料》丁编，上海：商务印书馆，1951年铅印本。

《天聪朝臣工奏议》，辽宁大学历史系清初史料丛刊本，1980年。

《清太宗实录稿本》，辽宁大学历史系清初史料丛刊本，1978年。

中国第一历史档案馆：《康熙起居注》，北京：中华书局，1984年。

台北故宫博物院：《清代起居注册·康熙朝》，台北：台湾联经出版事业公司，2009年。

中国第一历史档案馆：《康熙朝汉文朱批奏折汇编》，北京：档案出版社，1984年。

吴丰培编纂：《抚远大将军允禵奏稿》，北京：全国图书馆文献缩微复制中心，1991年。

中国第一历史档案馆：《雍正朝起居注册》，北京：中华书局，1993年。

中国第一历史档案馆：《雍正朝汉文朱批奏折汇编》，南京：江苏古籍出版社，1991年。

中国第一历史档案馆：《雍正朝汉文谕旨汇编》，桂林：广西师范大学出版社，1999年。

中国第一历史档案馆：《清中前期西洋天主教在华活动档案史料》，北京：中华书局，2003年。

故宫博物院文献馆编：《文献丛编》第1、3、4辑，1930年。

故宫博物院掌故部编：《掌故丛编》，影印本，北京：中华书局，1990年。

故宫博物院明清档案部编：《李煦奏折》，北京：中华书局，1976年。

故宫博物院明清档案部编：《清代档案史料丛编》第1辑，北京：中华书局，1978年。

佚名：《热河密札》，载《近代史资料》总第36号，北京：中华书局，1978年。

宝鋆等撰：《筹办夷务始末》（同治朝），影印本，故宫博物院，1929年。

奕訢等：《奏通筹洋务全局酌拟章程六条折》，载中国近代史资料丛刊《第二次鸦片战争》第5册，上海：上海人民出版社，1978年。

文献

《黄帝内经素问》，康熙九年（1670）内府刻本。

《史记》，北京：中华书局标点本，1959年。

《汉书》，北京：中华书局标点本，1962年。

《资治通鉴》，北京：北京古籍出版社，1956年。

《贞观政要》，影印四库全书本。

《旧唐书》，北京：中华书局标点本，1975年。

《建炎以来系年要录》，光绪庚子年广雅书局刊，台北：文海出版社，1970年印行。

《金史》，北京：中华书局标点本，1975年。

《明史》，北京：中华书局标点本，1974年。

《明实录》，台湾"中央研究院"历史语言研究所刊行，1962年。

《清太祖武皇帝实录》，载《清入关前史料选辑》第1辑，北京：中国人民大学出版社，1984年。

《清实录》，北京：中华书局影印本，1985—1987年。

《十二朝东华录》，台北：文海出版社，1963年。

光绪《清会典》，北京：中华书局，1991年。

光绪《清会典事例》，北京：中华书局，1991年。

《清朝文献通考》，上海：商务印书馆，1936年。

《清史稿》，北京：中华书局标点本，1977年。

《清史列传》，北京：中华书局标点本，1987年。

《清代碑传全集》，影印本，上海：上海古籍出版社，1987年。

《满汉名臣传》，哈尔滨：黑龙江人民出版社，1991年。

《八旗满洲氏族通谱》，影印本，沈阳：辽沈书社，1989年。

《爱新觉罗宗谱》，（含《星源集庆》），奉天爱新觉罗宗谱修谱处，1938年。

《张廷玉年谱》，北京：中华书局，1992年。

《王士禛年谱》，北京：中华书局，1992年。

《清朝野史大观》，上海：上海书店，1981年。

《御撰内则衍义》，顺治刻本。

《御制行状》，民国六年（1917）刻本。

《亲征平定朔漠方略》，康熙四十七年（1708年）内府刻本。

《圣祖庭训格言》，雍正六年（1728年）内府刻本。

《圣祖御制文集》，光绪朝武英殿刻本。

《世宗宪皇帝御制文集》，光绪朝武英殿刻本。

《清高宗（乾隆）御制诗文全集》，影印本，北京：中国人民大学出版社，1993年。

乾隆《御制诗》，景印文渊阁四库全书本，台北：台湾商务印书馆，1982—1986年。

《清仁宗御制诗》，故宫珍本丛刊本，海口：海南出版社，2000年。

《上谕八旗》，雍正刻本。

《上谕内阁》，浙江书局刊本。

《评鉴阐要》，影印四库全书本。

《正教奉褒》，光绪二十九年（1903）上海慈母堂第三次排印。

《钦定八旗通志》，嘉庆四年（1799）刊本，台北：台湾学生书局，1968年初版；长春：吉林文史出版社，2002年。

《钦定宫中现行则例》，光绪六年（1880年）武英殿刻本。

《钦定古今储贰金鉴》，乾隆五十年（1785年）刻本。

《大义觉迷录》，载《清史资料》第4辑，北京：中华书局，1983年。

《悔逸斋笔乘》，载《清代野史》第7辑，成都：巴蜀书社，1987年。

《啁啾漫记》，载《清代野史》第7辑，成都：巴蜀书社，1987年。

《春冰室野乘》，载《清代野史》第5辑，成都：巴蜀书社，1987年。

《景善日记》，载《清代野史》第1辑，成都：巴蜀书社，1987年。

《慈禧及光绪宾天厄》，载《清代野史》第4辑，成都：巴蜀书社，1987年。

陈义杰点校：《翁同龢日记》第2册，北京：中华书局，1989年。

陈义杰点校：《翁同龢日记》第4册，北京：中华书局，1992年。

中国史学会主编：中国近代史资料丛刊《戊戌变法》，1—4册，上海：上海人民出版社，1961年。

王士禛：《居易录》，康熙刻本。

王士禛：《香祖笔记》，上海：上海古籍出版社，1982年。

王无生：《述庵秘录》，载《清代野史》第3辑，成都：巴蜀书社，1987年。

王庆云：《石渠余纪》，北京：北京古籍出版，1985年。

王利器：《李士桢李煦父子年谱》，北京：北京出版社，1980年。

王应奎：《柳南随笔 续笔》，北京：中华书局，1983年。

王锺翰辑录：《朝鲜〈李朝实录〉中的女真史料选编》，辽宁大学历史系清初史料丛刊本，1979年。

王闿运：《祺祥故事》，载中国近代史资料丛刊《第二次鸦片战争》第2册，上海：上海人民出版社，1978年。

王掞监修、王原祁等纂：《万寿盛典初集》，影印文渊阁四库全书，上海：上海古籍出版社，1986—1990年。

王照：《方家园杂咏纪事》，载荣孟源、章伯锋主编：《近代稗海》第1辑，成都：四川人民出版社，1985年。

天嘏：《清代外史》，载《清代野史》第1辑，成都：巴蜀书社，1987年。

方苞：《方望溪全集》，北京：中国书店，1991年。

汉史氏述：《清代兴亡史》，载《清代野史》第1辑，成都：巴蜀书社，1987年。

永忠：《延芬室集》，影印本，上海：上海古籍出版社，1990年。

弘旺：《皇清通志纲要》，民国抄本，北京图书馆善本部藏。

朱元璋：《皇明祖训》，四库全书存目丛书本，济南：齐鲁书社，1996年。

庄吉发：《故宫档案述要》，台北故宫博物院，1983年。

庆桂等编纂：《国朝宫史续编》，北京：北京古籍出版社，1994年。

刘潞选注：《清宫词选》，北京：紫禁城出版社，1985年。

许指严:《十叶野闻》,开封:河南大学出版社,1991年。

阮葵生:《茶余客话》,北京:中华书局,1959年。

严中平:《1861年北京政变前后中英反革命的勾结》,《历史教学》1952年4月号。

严中平:《1861年北京政变前后中英反革命的勾结(续)》,《历史教学》1952年5月号。

杜文凯编:《清代西人见闻录》,北京:中国人民大学出版社,1985年。

李元度:《国朝先正事略》,长沙:岳麓书社,1991年。

李光地:《榕村语录 榕村续语录》,北京:中华书局,1995年。

李清植纂辑:《文贞公年谱》,道光刊本。

吴云等辑:《义门先生集》,道光三十年(1850年)刊本。

吴永口述:《庚子西狩丛谈》,长沙:岳麓书社,1985年。

吴庆坻:《蕉廊脞录》,北京:中华书局,1990年。

吴振棫:《养吉斋丛录》,北京:北京古籍出版社,1983年。

吴晗辑:《朝鲜李朝实录中的中国史料》,北京:中华书局,1980年。

何刚德:《春明梦录·客座偶谈》,影印本,上海:上海古籍书店,1983年。

宋玉卿编:《戊壬录》,载《清代野史》第1辑,成都:巴蜀书社,1987年。

张采田:《清列朝后妃传稿》,绿樱花馆平氏墨版,1929年。

陈邦彦:《匏庐公日记》,上海图书馆藏稿钞本日记丛刊本,北京:国家图书馆出版社、上海:上海科学技术文献出版社,2017年。

陈康祺:《郎潜纪闻初笔 二笔 三笔》,北京:中华书局,1984年。

陈灨一:《睇向斋谈往》,上海:上海书店出版社,1998年。

邵懿辰:《半岩庐遗集》,续修四库全书本,上海:上海古籍出版社,1996—2003年。

林华等编:《历史遗痕》,北京:中国人民大学出版社,1994年。

枝巢子撰注:《清宫词》,手录稿本,1941年。

明复法师主编：《禅门逸书初编》第 10 册，台北：台湾明文书局，1980 年。

明复法师主编：《禅门逸书续编》第 10 册，台北：台湾汉声出版社，1987 年。

金梁：《光宣小记》，上海：上海书店出版社，1998 年。

赵翼：《簷曝杂记》，北京：中华书局，1982 年。

赵翼：《廿二史札记》，北京：中国书店，1987 年。

赵翼：《陔余丛考》，石家庄：河北人民出版社，1990 年。

胡思敬：《国闻备乘》，上海：上海书店出版社，1997 年。

昭梿：《啸亭杂录》（含《啸亭续录》），北京：中华书局，1980 年。

侯堮：《觉罗诗人永忠年谱》，载《燕京学报》第 12 期，1932 年。

俞益谟：《孙思克行述》，载《清史资料》第 2 辑，北京：中华书局，1981 年。

恽宝惠：《清末贵族之明争暗斗》，载《晚清宫廷生活见闻》，北京：文史资料出版社，1982 年。

恽毓鼎：《清光绪帝外传》（原名《崇陵传信录》），载《清代野史》第 4 辑，成都：巴蜀书社，1987 年。

袁行云：《清人诗集叙录》，北京：文化艺术出版社，1994 年。

夏仁虎：《枝巢四述·旧京琐记》，沈阳：辽宁教育出版社，1998 年。

恩华辑：《八旗艺文编目》，民国铅印本。

钱良择：《出塞纪略》，载《奉使俄罗斯行程录（及其他一种）》，北京：中华书局，1991 年。

钱泰吉：《曝书杂记》，光绪刊本。

徐珂编撰：《清稗类钞》，北京：中华书局，1984 年。

高士奇：《蓬山密记》，载《清代野史》第 6 辑，成都：巴蜀书社，1987 年。

唐邦治：《清皇室四谱》，上海：聚珍仿宋印书局，1923 年印本。

谈迁：《北游录》，北京：中华书局，1960 年。

黄濬：《花随人圣盦摭忆》（含《补篇》），上海：上海古籍出版社，

1983年。

萧奭:《永宪录》,北京:中华书局,1959年。

鄂尔泰等修:《八旗通志初集》,长春:东北师范大学出版社,1985年。

鄂尔泰、张廷玉等编纂:《国朝宫史》,北京:北京古籍出版社,1987年。

崇彝:《道咸以来朝野杂记》,北京:北京古籍出版社,1982年。

章乃炜、王蔼人编纂:《清宫述闻》,北京:紫禁城出版社,1990年。

章梫纂:《康熙政要》,光绪刊本影印,台北:华文书局。

梁章钜:《枢垣记略》,北京:中华书局,1984年。

傅恒等编:《御批历代通鉴辑览》,上海:上海古籍出版社,1990年。

震钧:《天咫偶闻》,北京:北京古籍出版社,1982年。

颙琰:《味余书室全集定本》,嘉庆五年(1800年)内府刊本。

德龄:《瀛台泣血记》,秦瘦鸥译述,昆明:云南人民出版社,1980年。

潘喆、孙方明、李鸿彬编:《清入关前史料选辑》,1—3辑,北京:中国人民大学出版社,1984、1989、1991年。

薛福成:《庸盦笔记》,南京:江苏人民出版社,1983年。

魏源:《圣武记》,北京:中华书局,1984年。

瞿鸿禨:《圣德纪略 僾值纪略 恩遇纪略 旧闻纪略》,石印本,1920年。

(朝鲜)《沈阳状启》,辽宁大学历史系清初史料丛刊本,1983年。

《张诚日记》,张宝剑等译,载《清史资料》第5辑,北京:中华书局,1984年。

《耶稣会士书简集中国书简选》,耿昇译,载《清史资料》第6辑,北京:中华书局,1986年。

朱静编译:《洋教士看中国朝廷》,上海:上海人民出版社,1995年。

(美)马士:《中华帝国对外关系史》,张汇文等译,1—3册,北京:商务印书馆,1960年。

（俄）史禄国：《满族的社会组织——满族氏族组织研究》，高丙中译，北京：商务印书馆，1997年。

（法）白晋：《康熙帝传》，马绪祥译，载《清史资料》第1辑，北京：中华书局，1980年。

（朝鲜）申忠一：《建州纪程图记》，辽宁大学历史系清初史料丛刊本，1979年。

（英）庄士敦：《紫禁城的黄昏》，陈时伟等译，北京：求实出版社，1989年。

[朝鲜]朴趾源：《热河日记》，朱瑞平校点，上海：上海书店出版社，1997年。

（朝鲜）李民寏《建州闻见录》，辽宁大学历史系清初史料丛刊本，1978年。

（朝鲜）李肯翊：《燃藜室记述》，载《清入关前史料选辑》，第1辑，北京：中国人民大学出版社，1984年。

（捷克）严嘉乐：《中国来信（1716—1735）》，丛林、李梅译，郑州：大象出版社，2002年。

（法）杜赫德编：《耶稣会士中国书简集——中国回忆录》第4卷，耿昇译，郑州：大象出版社，2005年。

（美）A·W 恒慕义主编：《清代名人传略》，中国人民大学清史研究所《清代名人传略》翻译组译，西宁：青海人民出版社，1990年。

（德）恩格斯：《家庭、私有制和国家的起源》，载《马克思恩格斯选集》第4卷，北京：人民出版社，1972年。

（英）斯当东：《英使谒见乾隆纪实》，叶笃义译，上海：上海书店出版社，1997年。

（美）路易斯·亨利·摩尔根：《古代社会》，杨东莼、马雍、马巨译，北京：商务印书馆，1997年。

（德）魏特：《汤若望传》，杨丙辰译，上海：商务印书馆，1949年。

（英）濮兰德、白克好司：《慈禧外纪》，陈冷汰等译述，上海：中华书局，1917年。

Matteo Ripa: *Memoirs of Father Ripa*, selected and translated byFortunato Prandi, John Murray, London, 1855.

今人著作

《清代人物传稿》1—9卷,北京:中华书局,1984-1995年。
《清史全史》1—10册,沈阳:辽宁人民出版社,1991年—1993年。
《清帝列传》15册,长春:吉林文史版社,1993年。
王冬芳:《满族崛起中的女性》,沈阳:辽宁民族出版社,1996年。
王亚南:《中国官僚政治》,北京:中国社会科学出版社,1981年。
王思治:《清史论稿》,成都:巴蜀书社,1987年。
王锺翰:《清史杂考》,北京:中华书局,1963年。
韦庆远:《明清史辨析》,北京:中国社会科学版社,1989年。
方豪:《中国天主教史人物传》,北京:中华书局,1988年。
孔祥吉:《康有为变法奏议研究》,沈阳:辽宁教育出版社,1998年。
白钢:《中国皇帝》,天津:天津人民出版社,1993年。
白钢主编:《中国政治制度通史》1—10卷,北京:人民出版社,1996年。
白新良:《乾隆传》,沈阳:辽宁教育出版社,1990年。
冯尔康:《雍正传》,北京:人民出版社,1985。
冯佐哲:《和珅评传》,北京:中国青年出版社,1998年。
冯其利:《寻访京城清王府》,北京:文化艺术出版社,2006年。
邢莉:《游牧文化》,北京:燕山出版社,1995年。
刘泽华:《中国的王权主义》,上海:上海人民出版社,2000年。
刘小萌:《满族的部落与国家》,长春:吉林文史出版社,1995年。
刘小萌:《满族的社会与生活》,北京:北京图书馆出版社,1998年。
祁美琴:《清代内务府》,北京:中国人民大学出版社,1998年。
杜家骥:《清皇族与国政关系研究》,台北:五南图书出版有限公司,

1998年。

杨启樵:《雍正帝及其密折制度研究》,广州:广东人民出版社,1983年。

杨启樵:《揭开雍正皇帝隐秘的面纱》,增订本,上海:上海书店出版社,2011年。

杨英杰:《清代满族风俗史》,沈阳:辽宁人民出版社,1991年。

杨珍:《康熙皇帝一家》,修订本,北京:学苑出版社,1997年。

杨珍:《历程 制度 人——清朝皇权略探》,北京:学苑出版社,2013年。

杨鸿年、欧阳鑫:《中国政制史》,合肥:安徽教育出版社,1989年。

杨遵道、叶凤美编著:《清政权半殖民地化研究》,北京:高等教育出版社,1993年。

时和兴:《关系、限度、制度:政治发展过程中的国家与社会》,北京:北京大学出版社,1996。

何冠彪:《戴名世研究》,香港大学中文系,1987年。

宋德宜:《康熙思想研究》,北京:中国社会科学出版社,1990年。

宋德宜:《满族哲学思想研究》,沈阳:辽宁大学出版社,1994年。

张玉芬:《清朝皇嗣制度》,大连:大连出版社,1991年。

张寿安:《十八世纪礼学考证的思想活力——礼教论争与礼秩重省》,台湾"中央研究院"近代史研究所,2001年。

张佳生主编:《满族文化史》,沈阳:辽宁民族出版社,1999年。

张晋藩、郭成康:《清入关前国家法律制度史》,沈阳:辽宁人民出版社,1988年。

张晋藩主编:《清朝法制史》,北京:中华书局,1998年。

张德泽:《清代国家机关考略》,北京:中国人民大学出版,1981年。

陈祖武:《清初学术思辨录》,北京:中国社会科学出版社,1992年。

季士家:《明清史事论集》,南京:南京出版社,1993年。

佩环、霁虹:《塞外汗王宫》,北京:紫禁城出版社,1996年。

金承艺:《清朝帝位之争史事考》,北京:中华书局,2010年。

周远廉:《清朝开国史研究》,沈阳:辽宁人民出版社,1981年。

周良宵:《皇帝与皇权》,上海:上海古籍出版社,1999年。

定宜庄:《清代八旗驻防制度研究》,天津:天津古籍出版社,1992年。

定宜庄:《满族的妇女生活与婚姻制度研究》,北京:北京大学出版社,1999年。

孟昭信:《康熙评传》,南京:南京大学出版社,1998年。

孟森:《明清史讲义》,北京:中华书局,1981年。

孟森:《明清史论著集刊》,北京:中华书局,1984年。

孟森:《明清史论著集刊续编》,北京:中华书局,1986年。

赵秉忠、白新良:《清史新论》,沈阳:辽宁教育出版社,1992年。

胡如雷:《李世民传》,北京:中华书局,1984年。

胡绳:《从鸦片战争到五四运动》,北京:人民出版社,1981年。

姜相顺、佟悦:《盛京皇宫》,北京:紫禁城出版社,1987年。

姚念慈:《满族八旗制国家初探》北京:燕山出版社,1996年。

莫东寅:《满族史论丛》,北京:生活·读书·新知三联书店,1979年。

徐广源:《清朝皇陵探奇》,北京:新世界出版社,1998年。

徐彻:《慈禧大传》,沈阳:辽海出版社1994年。

爱新觉罗·溥仪:《我的前半生》,北京:群众出版社1978年。

高翔:《康雍乾三帝统治思想研究》,北京:中国人民大学出版社,1995年。

高翔:《近代的初曙:18世纪中国观念变迁与社会发展》,北京:社会科学文献出版社,2000年。

郭成康:《十八世纪的中国与世界·政治卷》,沈阳:辽海出版社,1999年。

郭松义、杨珍:《康熙帝本传》,沈阳:辽宁古籍出版社,1996年。

董守义:《恭亲王奕䜣大传》,沈阳:辽宁人民出版社1989年。

谢俊美:《政治制度与近代中国》,上海:上海人民出版社,1995年。

谢维扬:《中国早期国家》,杭州:浙江人民出版社,1995年。

赖惠敏:《天潢贵胄:清皇族的阶层结构与经济生活》,台湾"中央研究院"近代史研究所，1997年。

戴逸:《乾隆帝及其时代》，北京：中国人民大学出版社，1992年。

魏开肇:《雍和宫漫录》，郑州：河南人民出版社，1985年。

（美）加布里埃尔·A. 阿尔蒙德、小 G. 宾厄姆·鲍威尔:《比较政治学：体系、过程和政策》，曹沛霖、郑世平、公婷、陈锋译，上海：上海译文出版社，1987年。

（美）安东尼·M. 奥勒姆:《政治社会学导论——对政治实体的社会剖析》，董云虎、李云龙译，杭州：浙江人民出版社，1989年。

Jonathan D. Spence, *Emperor of China, Self-portrait of K'ang-hsi*, A Random House, New York, 1974.

Silas H. L. Wu, *Pasage to Power, K'ang-hsi and His Heir Apparent, 1661—1722*, Harvard University Press, 1979.